Edition Forschung und Entwicklung in der Strafrechtspflege

Reihe herausgegeben von
B. Maelicke, Kiel, Deutschland
S. Suhling, Celle, Deutschland
W. Wirth, Düsseldorf, Deutschland

Die Organisationen der Strafverfolgung, Strafzumessung und Strafvollstreckung werden in der medialen und politischen Diskussion oftmals kritisch bewertet. Anlass sind vor allem spektakuläre Einzelfälle der Gewaltkriminalität. Der Umgang mit solchen Ereignissen bestimmt das öffentliche Bild der Strafrechtspflege, obwohl sie nur einen kleinen Ausschnitt der Kriminalität betreffen.

Die Buchreihe „Forschung und Entwicklung in der Strafrechtspflege“ will dagegen ein realistisches Abbild von den Möglichkeiten und Grenzen der gesamten Strafrechtspflege vermitteln. Es werden Forschungsergebnisse und innovative Praxisprojekte aus den Bereichen Polizei, Staatsanwaltschaften und Gerichte sowie aus dem Strafvollzug, den Sozialen Diensten der Justiz und der Freien Straffälligenhilfe dargestellt. Ziel dabei ist, die Entwicklung von wirksamen Maßnahmen und Programmen der Vermeidung bzw. Reduzierung von Kriminalität zu fördern.

Damit wird das Begriffspaar „Forschung und Entwicklung“ Ausdruck einer systematischen Innovationsstrategie: Im Interesse wirkungsorientierter Steuerung werden Wissenschaft und Praxis gezielt miteinander verknüpft, um das Wissen über die Institutionen der Strafrechtspflege ebenso stetig zu verbessern wie ihre Qualität, Effektivität und Effizienz.

Weitere Bände in der Reihe http://www.springer.com/series/15862

Bernd Maelicke · Stefan Suhling
(Hrsg.)

Das Gefängnis auf dem Prüfstand

Zustand und Zukunft des Strafvollzugs

Springer

Herausgeber
Bernd Maelicke
Deutsches Institut für Sozialwirtschaft
Kiel, Schleswig-Holstein, Deutschland

Stefan Suhling
Kriminologischer Dienst, Bildungsinstitut
des niedersächsischen Justizvollzuges
Celle, Niedersachsen, Deutschland

ISSN 2523-7349 ISSN 2523-7357 (electronic)
Edition Forschung und Entwicklung in der Strafrechtspflege
ISBN 978-3-658-20146-3 ISBN 978-3-658-20147-0 (eBook)
https://doi.org/10.1007/978-3-658-20147-0

Die Deutsche Nationalbibliothek verzeichnet diese Publikation in der Deutschen Nationalbibliografie; detaillierte bibliografische Daten sind im Internet über http://dnb.d-nb.de abrufbar.

Gedruckt auf säurefreiem und chlorfrei gebleichtem Papier

Springer ist ein Imprint der eingetragenen Gesellschaft Springer Fachmedien Wiesbaden GmbH und ist Teil von Springer Nature
Die Anschrift der Gesellschaft ist: Abraham-Lincoln-Str. 46, 65189 Wiesbaden, Germany

Vorwort

Wie jedes Buch, so hat auch dieser Sammelband seine ganz eigene Biografie:

Bernd Maelicke und Stefan Suhling hatten die Idee, eine aktuelle Bestandsaufnahme zu den unterschiedlichen und mannigfaltigen Themenbereichen des Strafvollzugs und der mit ihm kooperierenden Organisationen im Prozess der Resozialisierung zu erstellen.

Im Springer-Verlag fanden wir als Herausgeber in Dr. Andreas Beierwaltes und Carina Berg zwei Mitstreiter und Förderer, die nicht nur einen einmaligen Sammelband, sondern darüber hinausgehend eine auf Nachhaltigkeit angelegte neue Edition „Forschung und Entwicklung in der Strafrechtspflege" anboten. Für diese Edition sind – zusammen mit Wolfgang Wirth als drittem Herausgeber – bereits mehrere Titel in der Planung und im Entstehen.

In diesem Band 1 der Reihe beschreiben nun insgesamt 41 Autorinnen und Autoren Zustand und Zukunft verschiedenster Themenbereiche des Strafvollzugs und der Resozialisierung. Entstanden ist ein produktives Arbeits- und Spanungsverhältnis in einem Netzwerk von Wissenschaftlern, Fachkräften und Führungskräften, die gemeinsam das Gefängnis und das gesamte Reso-System auf den Prüfstand stellen und weiter entwickeln wollen.

Wir können all diesen Mitwirkenden nur danken für ihr Engagement, ihre Geduld und ihren großartigen Einsatz ihrer Kapazitäten – jeder einzelne Beitrag soll und wird die weitere bundesweite Fachdiskussion bereichern und anregen.

Dieser produktive Prozess hat nun zu diesem ersten Zwischenergebnis geführt – einer von vielen Meilensteinen in der nie endenden Daueraufgabe der kontinuierlichen Verbesserung des Strafvollzugs, der stationären und der ambulanten Resozialisierung, ja der gesamten Strafrechtspflege.

Wir erhoffen eine wertschätzende Aufnahme in der Fachöffentlichkeit, auch an kritischem Feedback sind und bleiben wir interessiert.

Hamburg und Celle
im Januar 2018

Bernd Maelicke
Stefan Suhling

Inhaltsverzeichnis

Autorenverzeichnis

Kai Abraham Diplom Sozialpädagoge (FH-Potsdam), Master Sozialmanagement (Leuphana Universität Lüneburg) – Fachreferent in der Berliner Senatsverwaltung für Justiz, Verbraucherschutz und Antidiskriminierung.

Frank Arloth Dr. jur, Ministerialdirektor, Amtschef des Bayerischen Staatsministeriums der Justiz, Honorarprofessor für Strafrecht an der Universität Augsburg.

Tillmann Bartsch Dr. iur, Juniorprofessor für Kriminologie und Strafrechtspflege an der Eberhard Karls Universität Tübingen.

Verena Boxberg Dr. phil. Dipl.-Päd., wissenschaftliche Mitarbeiterin am Institut für Kriminologie der Universität zu Köln.

Maike Breuer Dr. Dipl.-Psych., Kriminologischer Dienst des bayerischen Justizvollzugs.

Axel Dessecker Prof. Dr. iur., M.A., apl. Professor an der Georg-August- Universität Göttingen, Stellv. Direktor der Kriminologischen Zentralstelle (KrimZ), Wiesbaden.

Kirstin Drenkhahn Prof. Dr. iur., Professorin für Strafrecht und Kriminologie an der Freien Universität Berlin.

Brigitte Elgeti-Starke Ministerialrätin, Referentin für die Bildung der Gefangenen im Niedersächsischen Justizministerium, Hannover.

Johann Endres Dr. Dipl.-Psych., Leiter des Kriminologischen Dienstes des bayerischen Justizvollzugs.

Sarah E. Fehrmann M.A. Rehabilitationswissenschaften, wissenschaftliche Mitarbeiterin am Institut für Kriminologie der Universität zu Köln.

Tobias Geiger Ministerialrat, Leiter des Referats für Grundsatzangelegenheiten, Abteilung Justizvollzug, Bayerisches Staatsministerium der Justiz.

Marcel Guéridon MSc. Psychologie, wissenschaftlicher Mitarbeiter im Kriminologischen Dienstes des niedersächsischen Justizvollzugs, Celle.

Ulrike Häßler Sozial- und Organisationspädagogin, wissenschaftliche Mitarbeiterin im Kriminologischen Dienst des niedersächsischen Justizvollzugs, Celle.

Susanne Jacob Dr. Dipl.- Psych., MA phil., Psychologieoberrätin, stellv. Leiterin der JVA Celle, Leiterin des Projektes „Opferorientierung" im niedersächsischen Justizvollzug, Celle.

Christiane Jesse Dipl.-Psych., MDGtin, Leiterin der Abteilung Justizvollzug des niedersächsischen Justizministeriums, Hannover.

Jörg Jesse Ministerialdirigent, Abteilungsleiter Justizvollzug, Ambulante Straffälligenarbeit und Gnadenwesen im Justizministerium Mecklenburg-Vorpommern, Schwerin.

Jürgen Kilian-Georgus Leiter des Referates „Neue Steuerungsinstrumente, Haushalt, Arbeit und Qualifizierung von Gefangenen" im Justizministerium des Landes Schleswig-Holstein, Kiel.

Wolfgang Klug Dr. phil., Dipl.-Sozialpädagoge (FH), M.A., Professor für Methoden der Sozialen Arbeit, Katholische Universität Eichstätt-Ingolstadt, Eichstätt.

Nicole Knapp Diplom-Verwaltungswirtin, systemische Beraterin, im Rahmen einer Abordnung an das Ministerium für Justiz, Europa, Verbraucherschutz und Gleichstellung des Landes Schleswig-Holstein u. a. zuständig für die familienorientierte Vollzugsgestaltung, aktuell Verwaltungsdienstleiterin der JVA Kiel.

Gerd Koop Dipl.-Sozialarbeiter, Dipl.-Pädagoge, Leitender Sozialdirektor, Anstaltsleiter der Justizvollzugsanstalt Oldenburg.

Sabine Kramp Leiterin der Abteilung Soziale Dienste der Justiz im Landesamt für ambulante Straffälligenarbeit Mecklenburg-Vorpommern.

Bernd Maelicke Ass. Dr. iur., MDGt a.D., Honorarprofessor Leuphana Universität Lüneburg, Gründungsdirektor Deutsches Institut für Sozialwirtschaft (DISW), Kiel/Hamburg.

Thomas Maiwald Diplom-Sozialpädagoge, Sozialamtsrat, Mitarbeiter im Sozialen Dienst und Verantwortlicher für die Suchtarbeit in der JVA Meppen, Landessuchtkoordinator der niedersächsischen Suchtberatungsdienste.

Norman Meuschke Mag. rer. nat., Klinischer und Gesundheitspsychologe im österreichischen Maßnahmenvollzug.

Maren Michels Dipl. Pol., MA Soziale Arbeit, Hamburger Fürsorgeverein von 1948 e. V.

Frank Neubacher Ass. Dr. iur., M.A., Professor für Kriminologie und Strafrecht, Direktor des Instituts für Kriminologie der Universität zu Köln.

Thomas Papies Dipl.-Verwaltungswirt, Leitender Regierungsdirektor, Anstaltsleiter der Justizvollzugsanstalt Celle.

Susann Prätor Dr. Soziologin, M.A., Wissenschaftliche Mitarbeiterin im Kriminologischen Dienst des niedersächsischen Justizvollzugs, Celle.

Ineke Pruin Prof. Dr. iur., Assistenzprofessorin, Institut für Strafrecht und Kriminologie, Universität Bern.

Yvonne Radetzki Juristin, Leitende Regierungsdirektorin, Leiterin der Justizvollzugsanstalt Neumünster, 2. Vorsitzende der Bundesvereinigung der Anstaltsleiter und Anstaltsleiterinnen e. V.

Klaus Roggenthin Dr. phil., Geschäftsführer Bundesarbeitsgemeinschaft für Straffälligenhilfe e. V.

Johannes Sandmann Ass. iur., MDGt a.D., Vizepräsident DBH e. V. - Fachverband für Soziale Arbeit, Strafrecht und Kriminalpolitik, Köln.

Monica Steinhilper Dr. phil., Dipl. Psychologin, Ministerialdirigentin i.R., bis 2015 Leiterin der Abteilung Justizvollzug im niedersächsischen Justizministerium.

Stefan Suhling Dr. Dipl.-Psych., Psychologiedirektor, Leiter des Kriminologischen Dienstes des niedersächsischen Justizvollzugs, Celle.

Elisabeth Theine Diplom Pädagogin mit Schwerpunkt Sozialpädagogik und Lehrerin für Grund- und Hauptschulen, bis Juli 2017 Fachreferentin im Ministerium der Justiz des Landes Brandenburg.

Judith Treig wissenschaftliche Assistentin am Institut für Strafrecht und Kriminologie (Prof. Dr. Ineke Pruin) Universität Bern, Doktorandin der Universität Greifswald (Prof. em. Dr. Frieder Dünkel).

Hilde van den Boogaart Dr. phil., Dipl.-Kriminologin, Leiterin der Sozialtherapeutischen Abteilung der JVA Lübeck, Vorsitzende des Arbeitskreises Sozialtherapeutische Anstalten im Justizvollzug e. V.

Philipp Walkenhorst Dr. paed. habil., Professur für Erziehungshilfe und Soziale Arbeit am Department Heilpädagogik der Universität zu Köln; Redaktionsmitglied der „Zeitschrift für Jugendkriminalrecht und Jugendhilfe" sowie „Forum Strafvollzug".

Ronny Werner Dr. Dipl.-Psych., Leiter der Bildungsstätte Justizvollzug M-V bei der FHöVPR Güstrow und IT in den JVA´en und dem LaStar.

Wolfgang Wirth Dipl.-Soz., Leitender Regierungsdirektor, Leiter des Kriminologischen Dienstes des Landes Nordrhein-Westfalen, Düsseldorf.

Bernd Wischka Dr. Dipl.-Psych., Ltd. Psychologiedirektor a. D., ehem. Leiter der sozialtherapeutischen Abteilung der JVA Lingen und Koordinator für die sozialtherapeutischen Einrichtungen im niedersächsischen Justizvollzug.

Einführung

„Strafvollzug im Übergang" – dieser Titel der Habilitationsschrift von Horst Schüler-Springorum kennzeichnete im Jahr 1969 die damalige Lage des Gefängnissystems in der alten Bundesrepublik Deutschland. Die Nachkriegsjahre waren überwunden, es galt auch für den Strafvollzug zu neuen Ufern aufzubrechen.

Das Bundesverfassungsgericht forderte, die bundeseinheitliche Dienst- und Vollzugsordnung (DVollzO) der Länder von 1962 durch ein modernes Bundes-Strafvollzugsgesetz abzulösen, die Wissenschaft orientierte sich an internationalen Entwicklungen, Fach- und Führungskräfte in den Gefängnissen forderten eine grundlegende Modernisierung und Behandlungsorientierung, wie sie bereits in Modellanstalten in den Niederlanden, in der Schweiz und in den skandinavischen Ländern stattgefunden hatte.

Das Strafvollzugsgesetz von 1977 zog eine erste politisch mehrheitsfähige Zwischenbilanz aller Reformvorschläge; endlich hatte das deutsche Gefängnissystem eine rechtstaatlich einwandfreie Grundlage erfahren. Aber für viele Kritiker war dieses Gesetz nur ein Torso, es enthielt viele Übergangsregelungen und griff wichtige Modernisierungsvorschläge aus der Praxis und aus der Wissenschaft nicht auf.

Die Wiedervereinigung brachte einen weiteren wichtigen Einschnitt in die Geschichte des Strafvollzugs in Deutschland. Das DDR-Zwangssystem musste überwunden werden (anfangs mit weitgehend übernommenem Personal und in den alten DDR-Gefängnissen), die westlichen Bundesländer übernahmen wichtige Aufbauhilfen. Das Bundes-StVollzG wurde 1:1 übernommen – ungeprüft wurde die Chance vertan, konzeptionelle Bausteine des früheren Vollzugs- und Wiedereingliederungsgesetzes der DDR bundesweit zu übernehmen wie z. B. die Verzahnung der Maßnahmen des Vollzugs mit denen der Arbeitsbrigaden und den Nachbarschaften in den Wohnquartieren nach der Entlassung.

Für die Fachwelt überraschend und gegen ihren erbitterten Widerstand wurde dann im Jahr 2006 durch die Föderalismusreform II die Gesetzgebungskompetenz für den Strafvollzug vom Bund auf die Länder übertragen. Seitdem wurden in allen 16 Bundesländern spezifische Gesetze zum Jugend- und Erwachsenenvollzug, zur U-Haft, zum Jugendarrest und zur Sicherungsverwahrung verabschiedet. Gleichzeitig setzten die Urteile des Bundesverfassungsgerichts zum Jugendstrafvollzug vom 31.5.2006 (2 BvR 1673/04, 2 BvR 2402/04) und zur Sicherungsverwahrung vom 4.5.2011 (u. a. 2 BvR 2365/09, 2 BvR 740/10) neue Maßstäbe für die Ausgestaltung des Vollzugs und seiner Behandlungsmaßnahmen.

Eine aktuelle Bilanz der Veränderungen bzw. des Erreichten, also des Zustands des Strafvollzugs, fehlt indes noch. Zwar gibt es in der Zwischenzeit mehrere Kommentare zu den Ländergesetzen, aber eine Bestimmung des bundesweiten status quo des Gefängnissystems aus inhaltlicher und auch praktischer Perspektive wird übereinstimmend vermisst.

Wir haben es uns und den Autorinnen und Autoren dieses Bands deshalb zur Aufgabe gemacht, die verschiedenen Bereiche und Aspekte des Strafvollzugs näher zu beleuchten. Es geht darum, in Bezug auf Themen wie Behandlung, Bildung, Sicherheit, Vollzugsklima, Gewalt, Übergangsmanagement usw. die aktuelle Situation darzustellen (den „Ist"-Zustand) und auch Aufgaben, Zukunftsprojekte und Desiderata („Soll-Zustände") aufzuzeigen. Kurz, die Autorinnen und Autoren sollten versuchen, das Gefängnis auf den Prüfstand zu stellen und gegebenenfalls Veränderungs- und Entwicklungsbedarfe zu formulieren.

Dabei haben wir sowohl Autorinnen und Autoren aus dem wissenschaftlichen Bereich als auch Praktikerinnen und Praktiker für die Analyse gewinnen können; einige Autorinnen und Autoren können für sich reklamieren, beides zu sein. So ergibt sich ein abwechslungsreiches Werk mit Betrachtungen aus der Distanz einerseits und herangezoomten Blicken andererseits.

Die Praxis des Strafvollzugs war zwischen den Bundesländern, aber auch innerhalb dieser zwischen den Anstalten schon immer heterogen. Die Strafvollzugsgesetze haben diese Unterschiede gesetzlich nachvollzogen und legitimiert. Deshalb war uns von vornherein klar, dass die Autorinnen und Autoren nicht „den" Zustand des Strafvollzugs und seiner Partner bestimmen können, sondern dass vielfach auch subjektive Perspektiven, individuelle Erfahrungen und ideografische Bewertungen in die Analysen mit einfließen werden. Wir sind überzeugt, dass auch dieser Aspekt den vorliegenden Band interessant macht, weil Leserinnen und Leser aus dem Bereich der Wissenschaft tiefere Einblicke in die Wahrnehmungen der Praxis und Praktikerinnen und Praktiker Reflexionsanstöße für ihre Erfahrungen und Auffassungen erhalten.

Die Perspektiven auf die Themen sind auch deshalb mitunter subjektiv, weil die Forschung bislang zu wenige „übergreifende" bzw. auf breiter Basis gültige Ergebnisse zum Strafvollzug in Deutschland erbracht hat. Die initiale Herausgeberidee, alle Themen aus der Perspektive der Wirkungsorientierung zu betrachten (vgl. dazu Kap. 2 von Suhling), konnte angesichts der aus Forschungssicht immensen Wissensdefizite in vielen Feldern des Strafvollzugs und der Resozialisierung natürlich nicht vollständig realisiert werden. Vom „Strafvollzug im Übergang" zum „Übergangsmanagement", von der „Behandlungsorientierung" zur „Wirkungsorientierten Steuerung" – dies sind trotzdem die konzeptionellen Leitlinien für die folgenden Beiträge der Herausgeber und Autorinnen und Autoren als erste Bausteine dieser bisher fehlenden Bilanz.

Im Teil A wird unter den Innovationsstrategien von Forschung und Entwicklung (F & E) und von Wirkungsforschung und Wirkungsorientierter Steuerung der konzeptionelle und fachliche Rahmen für die folgenden Vertiefungen zur Ist-Situation und zur Darlegung von Soll-Vorschlägen gezogen. Das Kapitel über F & E als Innovationsstrategie zeigt einleitend auf, wie der Strafvollzug eingebunden ist in den allgemeinen gesellschaftlichen sozialen Wandel und welche Beiträge forschungsbasierte Systementwicklungen zur Optimierung des Gesamtsystems der ambulanten und stationären Resozialisierung leisten können. Der Fortschritt der Fachdiskussion seit 1969 wird im folgenden Beitrag über Wirkungsforschung und wirkungsorientierte Steuerung deutlich: Im Zentrum steht nun – ebenfalls auf der Grundlage der Rechtsprechung des Bundesverfassungsgerichts – der Stand der wissenschaftlichen Erkenntnisse zur Feststellung und Bewertung der Erfolge und Misserfolge des Vollzugs. Die Suche nach den besten Lösungen soll angespornt und die demokratische Verantwortung soll geltend gemacht werden.

In Teil B werden zur Klärung der Ausgangslage zwei besonders wichtige Entwicklungslinien des Strafvollzugs dargelegt: die Entwicklung und Prognose der Gefangenenpopulation und ihrer Merkmale und die veränderten rechtlichen Rahmenbedingungen nach der Föderalismusreform.

Teil C entfaltet den Stand der Entwicklung einer „Wirkungsorientierten Vollzugsgestaltung": Ausgangspunkt sind Behandlungsmaßnahmen und -programme, es folgen Vertiefungen zu Bildung und Qualifizierung, zur Sozialtherapie, zur Opferorientierung, zur Familienorientierung, zu Gewalt und Subkultur, zur Sicherheit und zum Klima im Justizvollzug.

Teil D wendet sich spezifischen Zielgruppen und Haftarten zu: Jugendstrafvollzug und Jugendarrest, kurzen und Ersatzfreiheitsstrafen, lebenslangen Freiheitsstrafen, Sicherungsverwahrung, straffällig gewordenen Frauen, älteren Gefangenen, drogenabhängigen und ausländischen Gefangenen.

Teil E spricht die Ebene der strategischen Steuerung an, exemplarisch dargestellt an den Herausforderungen für die Zukunft der Vollzugspraxis und für die Strategische Personalentwicklung.

Teil F integriert abschließend und perspektivisch die über das Gefängnissystem hinausgehende Aufgabe der Entwicklung und Optimierung des Gesamtsystems der stationären und ambulanten Resozialisierung – ebenfalls mit der Zielsetzung der verbesserten Wirkungsorientierung. Die thematischen Schwerpunkte sind: Steuerung und Erfolgskontrolle im Übergangsmanagement, Traditionen und aktuelle Diskurse der Sozialen Dienste der Justiz, Probleme und Perspektiven der Wirkungsforschung der Freien Straffälligenhilfe, ein exemplarischer Faktencheck ambulanter und stationärer Resozialisierung im Land Schleswig-Holstein und die abschließende Fragestellung, ob Resozialisierung eine exklusive Aufgabe des Strafvollzugs ist?

Insgesamt ergibt sich so ein aktuelles Bild über den Strafvollzug, seine Einbindung und seinen Stellenwert in einem Gesamtsystem der ambulanten und stationären Resozialisierung. Gemessen an der „Neuen Vollzugslehre" der Wirkungsorientierung und der strategischen Steuerung wird deutlich, wie immens der weitere Entwicklungsbedarf ist – zielgruppenspezifisch, anstaltsbezogen, anstaltsübergreifend, regional und überregional, systembezogen und auch gesamtgesellschaftlich.

In der Gesamtbetrachtung wird deutlich, dass nur der Faktencheck aus Schleswig-Holstein das ungemein wichtige Thema der Kosten bzw. der aufgewendeten finanziellen Mittel vertieft. Wirkungsorientierte Steuerung des Vollzugs und der Aktivitäten aller weiteren Akteure der Resozialisierung wird im Alltag der politischen Entscheidungen in den Landtagen weitgehend durch die Spielräume bestimmt, die durch die Haushalte der Länder definiert werden. Hier geht es z. B. konkret um die Personalausstattung, den Neubau oder die Modernisierung der Haftanstalten, um die Finanzierung von Behandlungsprogrammen, aber auch um Projekte der Freien Straffälligenhilfe oder um Fallzahlen der Bewährungshilfe. Diese Kosten in Zusammenhang zu bringen mit Erfolgs- oder Misserfolgsindikatoren der Resozialisierung und so Erkenntnisse für die wirkungsorientierte politische Steuerung zu gewinnen – dies wird die nächste Phase von Forschung und Entwicklung des Strafvollzugs und der ambulanten Resozialisierung bestimmen.

Die konzeptionellen und realen Fortschritte seit 1969 sind offenkundig, ebenso der weitere strategische und operative Entwicklungsbedarf.

Teil A
Einleitung

Forschung und Entwicklung als Innovationsstrategie für den Strafvollzug

Bernd Maelicke

1 Auswirkungen des Sozialen Wandels auf den Strafvollzug

Der Strafvollzug als gesellschaftliche und staatliche Aufgabe befindet sich in Deutschland und europa- und weltweit in einem ständigen Wandel. Die Gefängnisse als zugleich reale wie symbolträchtige Institutionen sind trotz der Abgrenzung nach außen durch Mauern dennoch Brennpunkte und Spiegel der Zustände der Gesellschaften und Staaten. Trends und Megatrends in der Gesellschafts- und Sozialpolitik (vgl. Abb. 1) wirken sich mittelbar und unmittelbar auf die Vollzugs- und Resozialisierungspraxis aus (Maelicke 2013).

Globalisierung: Auswirkungen der Globalisierung, also der internationalen Verflechtungen zwischen Individuen, Gesellschaften, Institutionen und Staaten, zeigen sich im Bereich des Strafvollzugs vor allem im steigenden Anteil der Gefangenen aus anderen Ländern. Daraus resultieren neue Anforderungen an effektive Behandlungs- und Integrationskonzepte, aber auch an die innere und äußere Sicherheit der Anstalten. Die Unterschiede in der Qualität des Gefängniswesens werden europa- und weltweit immer größer, ebenso die Gefahr des Absenkens der Standards. Internationale Organisationen wie EU und UN sind gefordert, ein wirksames Regelwerk der grenzüberschreitenden Zusammenarbeit zu entwickeln.

Demografie: Die demografische Entwicklung beschreibt Veränderungen z. B. in der Altersstruktur der Bevölkerung und im Anteil von Inländern und

B. Maelicke (✉)
Hamburg, Deutschland
E-Mail: maelicke@institut-Sozialwirtschaft.de

B. Maelicke und S. Suhling (Hrsg.), *Das Gefängnis auf dem Prüfstand*,
Edition Forschung und Entwicklung in der Strafrechtspflege,
https://doi.org/10.1007/978-3-658-20147-0_1

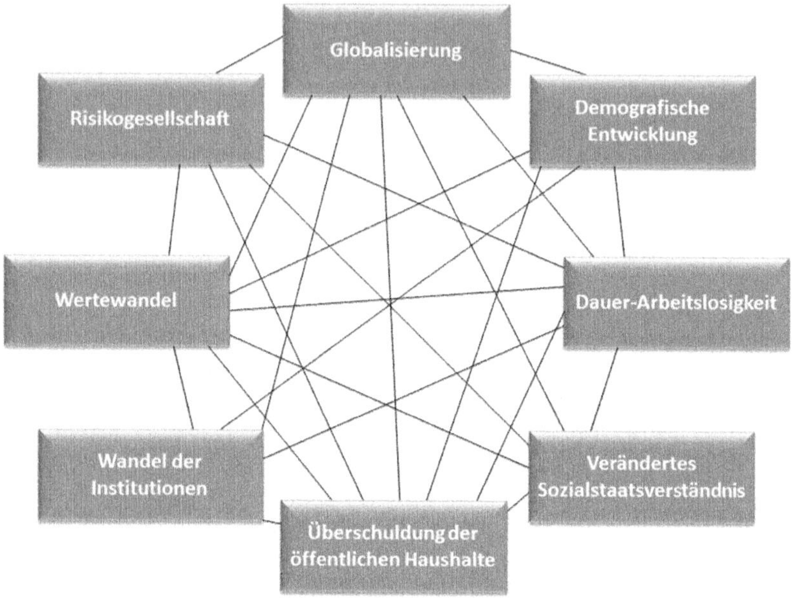

Abb. 1 Trends und Megatrends

Ausländern – alles mit direkten Auswirkungen auf die stationäre und ambulante Resozialisierung in Deutschland.

Dauerarbeitslosigkeit: In den Ländern der Europäischen Union hat sich trotz wirtschaftlichen Aufschwungs das Phänomen der Langzeitarbeitslosigkeit verfestigt, dies gilt auch für Deutschland. Eine Folge ist der dauerhafte Ausschluss eines immer größer werdenden Anteils der erwerbsfähigen Bevölkerung aus dem Arbeitsmarkt und die damit verbundene soziale Ausgrenzung. Da sich Arbeitslosigkeit als ein zentraler Faktor der Erhöhung der Rückfallgefahr erwiesen hat, verstärken sich die Anforderungen an neue Formen der Zusammenarbeit mit Arbeitsagenturen, kommunalen Beschäftigungsträgern und den Organisationen des Übergangsmanagements.

Verändertes Sozialstaatsverständnis: Zu den internationalen Trends und Megatrends mit nachhaltigen Auswirkungen gehört auch ein sich schrittweise durchsetzendes neues Verständnis des Sozialstaats. Staatliche Aufgaben und Ausgaben werden kritisch überprüft – Mindeststandards, Grundsicherung und privat finanzierte Zusatzleistungen sind neue Zielvorgaben, verbunden mit neuen Formen der wirkungsorientierten Steuerung. Auch der Strafvollzug und die ambulante Resozialisierung müssen sich in diesem zunehmenden Verteilungskampf um Mittel und Ressourcen behaupten und offensive Innovations- und Politikstrategien entwickeln.

Überschuldung der öffentlichen Haushalte: Die Aufgaben der Kriminalitätsbekämpfung, der Resozialisierung der Täter und des Schutzes der Opfer sind zuförderst staatliche Aufgaben, auch wenn soziale Integration letztlich nur im Zusammenwirken mit allen gesellschaftlichen Kräften gelingt. Trotz steigender Steuereinnahmen haben sich in den letzten Jahren die Verteilungsspielräume für die Finanzierung öffentlicher Aufgaben in Bund und Ländern verringert, der Kampf um die Zuteilung von Haushaltsmitteln verringert auch die Entwicklungschancen des Vollzugs-und Resosystems.

Wandel der Institutionen: Auch die öffentlichen und freien Träger und Institutionen müssen sich auf diese Trends und Megatrends einstellen, sie entwickeln sich zu „Lernenden Organisationen", spalten sich auf in „Kernunternehmen" und „Satellitenorganisationen", stellen sich um auf „wirkungsorientierte Steuerung", auf „Lebenslanges Lernen" aller Fach- und Führungskräfte und benötigen neue Konzepte der Führung und Zusammenarbeit.

Wertewandel: Der Begriff Wertewandel kennzeichnet eine dauerhafte Veränderung gesellschaftlicher und individueller Normen und Wertvorstellungen. Immer wieder stellen soziologische Untersuchungen z. B. abnehmenden Gemeinsinn und ein sinkendes politisches Engagement fest. Kirchen, Verbände, Parteien und Autoritäten generell verlieren an Bedeutung – die sich daraus ergebenden Gefährdungen für die gesellschaftliche Akzeptanz und Unterstützung der Aufgabe der Resozialisierung sind offenkundig.

Risikogesellschaft: Bereits 1986 hat der Soziologe Ulrich Beck in seinem Buch „Risikogesellschaft" den „Weg in eine andere Moderne" beschrieben, auf dem sich auch die deutsche Gesellschaft befindet. Die Konturen der klassischen Industriegesellschaft lösen sich auf, die „Moderne" entwickelt Risiken in der Ökologie und in sozialen Gefährdungslagen, die sich letztlich nicht mehr an der Verteilung von Reichtum oder Armut orientierten, sondern jeden Menschen bedrohen können (Beck 1986).

Zu solchen sozialen Gefährdungslagen, die nicht mehr nur schichtspezifisch zu erklären sind, gehören z. B. Arbeitslosigkeit, unbezahlbare Wohnungen, Anstieg von Verschuldungen, Abhängigkeit von Drogen, gesundheitliche Gefährdungen, Bedrohungen durch Kriminalität. All dies sind Faktoren, die sich als zentral für Erfolg oder Misserfolg von sozialen Integrationsmaßnahmen auch in den Resozialisierungskonzepten erwiesen haben.

Das Gesamtbild dieser Trends und Megatrends mit ihren noch weitgehend unabsehbaren Folgen macht deutlich, wie sehr dadurch auch die weitere Entwicklung des Strafvollzugs beeinflusst werden wird – sowohl im Hinblick auf jeden Einzelfall wie bezogen auf das gesamte Reso-System. Es gilt zur Aufrechterhaltung von Standards, zur Sicherung von Qualität und zur Optimierung der Wirksamkeit Innovationsstrategien zu etablieren, die bisher in diesem wichtigen gesellschaftlichen und staatlichen Arbeitsfeld noch weitgehend unterentwickelt sind.

2 Merkmale erfolgreicher Organisationen

Gefängnisse als Organisationen sind wie auch andere Akteure in der „Wertschöpfungskette Resozialisierung“ in öffentlicher oder freier Trägerschaft (Staatsanwaltschaften, Gerichte, Jugend- und Sozialämter, Dienste und Einrichtungen der Freien Straffälligenhilfe etc.) in einem dauerhaften Veränderungsprozess, der sich stark an Parallel- Entwicklungen von Betrieben und Unternehmen in der Wirtschaft und in der Sozialwirtschaft orientiert bzw. orientieren sollte.

Abb. 2 zeigt den Diskussions- und Entwicklungsstand in anderen Arbeitsfeldern sozialer Dienstleistungen, von denen auch für die Institutionen der ambulanten und

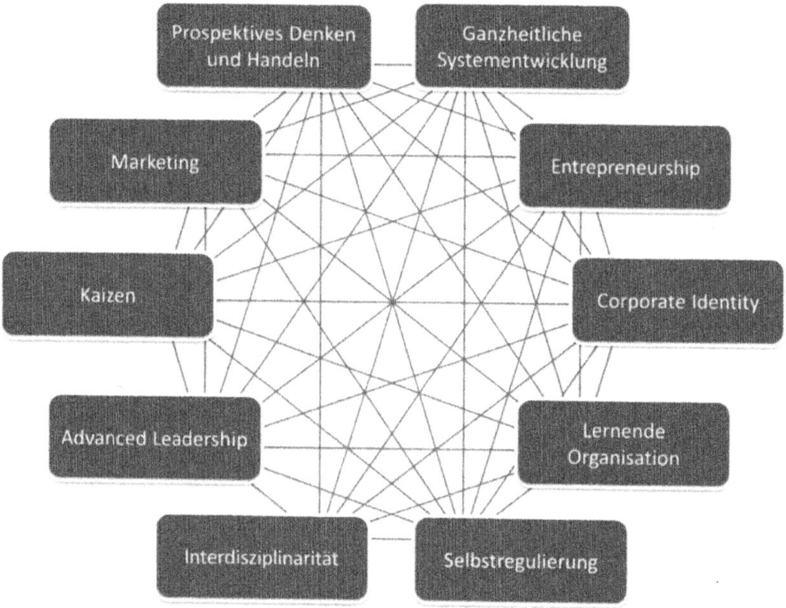

Abb. 2 Merkmale erfolgreicher Organisationen

stationären Resozialisierung als „Lernende Organisationen" Impulse und Anregungen ausgehen.

Ganzheitliche Systementwicklung: Dieses Merkmal verweist auf die Notwendigkeit, die eigene Organisation als Teil eines umfassenden und vernetzten Systems zu verstehen. Nur in diesen Netzwerk-Strukturen kann erfolgreich agiert werden und können die intendierten Wirkungen erzielt werden. Für Gefängnisse bedeutet dies, dass sie Teil eines Gesamt-Systems der Ausformungen sowohl des Rechtsstaats wie des Sozialstaats sind. Vielfältige rechtliche und sozialpolitische Rahmenbedingungen wirken sich strukturell und alltäglich auf ihre Möglichkeiten und Grenzen aus, ihren Resozialisierungsauftrag und ihren Sicherheitsauftrag erfolgreich zu erfüllen.

Entrepreneurship: Der Begriff „Entrepreneurship" (Unternehmertum) ist nach modernem Verständnis nicht (mehr) zwingend mit der Eigentümerfunktion verbunden, sondern verweist auf die entscheidende Eigenschaft, neue Ideen in erfolgreiche Innovationen umzusetzen und dafür die Verantwortung zu übernehmen. So werden analog zu den gesellschaftlichen Veränderungsprozessen auch die Organisationen modernisiert und tragen zum gesellschaftlichen Fortschritt bei, zugleich sichern sie auch ihre eigene Überlebensfähigkeit. Diese Eigenschaft sollte nicht nur die Führungskräfte, sondern auch alle Fachkräfte und am Unternehmenserfolg mitwirkenden Akteure auszeichnen und verbinden. In der Fort- und Weiterbildung der Fach- und Führungskräfte des Vollzugs wird diese Haltung und Verantwortungsübernahme zunehmend vermittelt.

Corporate Identity: Unter dem Begriff CI wird im deutschsprachigen Raum „Unternehmensidentität" oder „Unternehmenspersönlichkeit" verstanden. Gerade Gefängnisse verfügen über zum Teil seit Jahrhunderten entwickelte spezifische Merkmale, die sie signifikant von anderen unterscheiden. Bei der Zielsetzung der permanenten Weiterentwicklung der Unternehmen ist die Profilierung der CI unverzichtbare Basis und wichtiger Baustein einer nachhaltigen und wirkungsorierten Innovationsstrategie. Viele Gefängnisse haben mittlerweile in einem offenen Prozess der Mitwirkung aller Mitarbeiter und weiterer Interessengruppen schriftlich fixierte Leitbilder erarbeitet, um so die spezifischen Merkmale ihrer Organisation auszudrücken und für verbindlich zu erklären.

Lernende Organisation: Eine lernende Organisation ist dadurch gekennzeichnet, dass sie sich ständig in einem Veränderungsprozess befindet und diesen bewusst gestaltet. Ereignisse im alltäglichen Ablauf werden für den Entwicklungsprozess genutzt, um Wissensinventar und Handlungsspielräume an neue Erfordernisse anzupassen. Wegen ihrer Einbindung in die oben aufgeführten Trends und Megatrends und in die ganzheitliche Systementwicklung verstehen sich (auch im Rahmen der Verwaltungsmodernisierung) Gefängnisse immer mehr als „Lernende Organisationen".

Selbstregulierung, auch Selbstorganisation genannt, verweist auf die in jeder Organisation und in jeder Person vorhandenen Eigenkräfte und -potenziale zur Definition von Zielen und Aufgaben und zu ihrer Realisierung. Erfolgreiche Unternehmen setzen auf diese Potenziale, schaffen entsprechende Freiräume zur Gestaltung und bündeln mit Zielvereinbarungen diese Kräfte zur positiven Gesamtentwicklung der Organisation. In Gefängnissen hat die Mitarbeiterschaft große eigenverantwortliche Gestaltungsmöglichkeiten in der Herstellung insbesondere der Prozess- und Ergebnisqualität – dies gilt allerdings auch für die Gegenkräfte der Selbstorganisation, die in der Subkultur der Gefangenen ihre kontraproduktive Wirkungen entfalten.

Interdisziplinarität ist ein Handlungskonzept für den professionellen Umgang mit komplexen Problemkonstellationen. Zukunftsorientierte und nachhaltige Problemlösungen sind prinzipiell mit dem begrenzten Handlungsrepertoire nur einer Fachdisziplin (z. B. Recht, Psychologie, Pädagogik, Medizin etc.) nicht zu erreichen – das frühere mechanistische Vorgehen (mit monokausalen Analysen und Strategien) wurde abgelöst durch ein systemisches Konzept, in dem Prozessorientierung und Synergiemanagement die neuen Leitkategorien geworden sind. Das fachliche Konzept der „Komplexleistung Resozialisierung" steht exemplarisch für diesen Ansatz (Maelicke 2009). In den modernen Gefängnissen arbeiten Juristen, Psychologen, Sozialarbeiter/Sozialpädagogen, Pädagogen, Mediziner, Verwaltungsfachkräfte, Mitarbeiter des allgemeinen Vollzugsdienstes, Werkmeister und weitere Fachkräfte im vollzuglichen Alltag im Einzelfall und einzelfallübergreifend eng zusammen, um so gemeinsam die Zielvorgaben zu erreichen. Dieses Handlungskonzept gilt weit über die Anstalten hinaus auch für alle weiteren Akteure in der „Wertschöpfungskette Resozialisierung".

Advanced Leadership bezeichnet einen Paradigmenwechsel in der Führung von Lernenden Organisationen. Der autoritäre Führungsstil wurde abgelöst durch den Kooperativen und Situativen Führungsstil. Er erlaubt ein Höchstmaß an Sachorientierung und Mitarbeiterorientierung und gewichtet besonders stark die Faktoren des organisationalen Kontextes und des Netzwerkes, in die die Organisation eingebunden ist und in denen sie Wirkung entfaltet. Modernes Vollzugsmanagement ist Grundlage für dieses Führungskonzept und wird in den Vollzugsschulen und -akademien vermittelt.

Kaizen bedeutet kontinuierliche Verbesserung und stammt aus der japanischen Management- Philosophie. Ziel ist die ständige Verbesserung aller Aktivitäten des Unternehmens. Bedingt durch den Sozialen Wandel (Trends und Megatrends) sind die Organisationen gezwungen, immer neue Veränderungsmaßnahmen einzuleiten.

Ziel ist die immerwährende Suche nach besseren Lösungen, die allerdings nie einen Endzustand erreichen kann. In Lernenden Organisationen wird dieses Prinzip alltäglich realisiert.

Marketing umfasst alle Kommunikationsmaßnahmen der Organisation nach innen und außen, um eine größtmögliche Zustimmung der relevanten Ziel- und Interessengruppen wie auch der internen Fach- und Führungskräfte für die Produkte und Dienstleistungen des Unternehmens zu gewinnen. Dieses Erfolgsmerkmal wird noch nicht genügend in der Unternehmenskommunikation der Gefängnisse strategisch und operativ eingesetzt. Dies gilt sowohl nach innen, um die Motivation der Mitarbeitenden permanent aufrechtzuerhalten bzw. zu erhöhen, wie auch nach außen gegenüber allen Kooperationspartnern wie auch dem umgebenden Gemeinwesen.

Prospektives Denken und Handeln unterstreicht die Zukunftsorientierung einer Organisation. Im ständigen Prozess des Sozialen Wandels nimmt die Lernende Organisation Impulse dieses permanenten Veränderungsprozesses auf, um ihre eigene Überlebensfähigkeit und ihre gegenwärtige und zukünftige Leistungsqualität zu überprüfen, fortzuentwickeln und abzusichern. Prospektives Denken und Handeln ist ein Qualitätsmerkmal einer nachhaltigen Unternehmensführung und zugleich ein verbindendes Handlungskonzept für alle Fach- und Führungskräfte. Diese Eigenschaft bündelt auch für Gefängnisse die Anforderungen, die sich aus allen anderen Merkmalen erfolgreicher Unternehmen ergeben. Der Blick in die Zukunft verbindet alle Akteure, vermittelt Maßstäbe für die Zielorientierung und den aktuellen Veränderungsbedarf vom IST zum SOLL.

Dieser analytische Zugang zur Ausgangslage und zum Veränderungsbedarf des deutschen Strafvollzugs wurde ausgewählt, um den Zusammenhang zur Fachdiskussion insbesondere zu anderen Non-Profit-Organisationen (NPO) der Sozialwirtschaft herzustellen (vgl. Simsa et al. 2013). Die Chancen des Gefängnis- und Reso-Systems von diesen Parallelentwicklungen zu lernen, sind offenkundig. Zugleich zeigt sich die Notwendigkeit der Entwicklung und strukturellen Absicherung von nachhaltig wirksamen Innovationsstrategien.

3 Forschung und Entwicklung (F & E) als Innovationsstrategie

Die Kombination von Forschung und Entwicklung (F & E) ist zu einem Qualitätsmerkmal von Branchen und Unternehmen geworden, die sich erfolgreich den besonderen Herausforderungen des sozialen Wandels stellen wollen bzw. zur Sicherung ihrer Überlebensfähigkeit stellen müssen. F & E umfasst daher alle planvollen und systematischen Aktivitäten auf der Basis wissenschaftlicher Methoden, deren Ziel der Erwerb neuen Wissens bezogen auf die Ergebnis-, Prozess- und Strukturqualität der jeweiligen Organisation ist (Maelicke 2013).

Während in der Wirtschaft insbesondere im Hinblick auf die Erhaltung oder Steigerung ihrer Wettbewerbsfähigkeit die F & E-Ausgaben hohe und steigende Anteile am Umsatz haben (vgl. z. B. Siemens, VW, SAP), setzen die Organisationen der Sozialwirtschaft (vgl. z. B. die Betriebe und Unternehmen der Freien Wohlfahrtspflege) und staatliche Institutionen (kommunale Ämter, Landes- und Bundesbehörden u. a.) nur geringe Mittel für diese Aufgabe ein. Historisch bedingt und mit einem Selbstverständnis als Monopolisten ausgestattet, die sich nicht einem Existenzwettbewerb stellen müssen, konnten in diesen Non-Profit- Organisationen Qualitätsfragen bisher nur nachrangig behandelt werden (Maelicke 2011).

Veränderte gesellschaftliche und staatliche Rahmenbedingungen führen nun verstärkt dazu, auch und gerade an diese NPO-Organisationen Maßstäbe der Nachhaltigkeit und der Wirkungsorientierung anzulegen. Dabei geht es um den Einsatz der personellen und materiellen Ressourcen (Effizienz) und um die angestrebten und tatsächlich erzielten Wirkungen (Effektivität) – Fragen, die sich auch grundlegend für den Strafvollzug und alle ambulanten Maßnahmen der Resozialisierung stellen.

F & E ist eine geeignete Strategie, um sich diesen bisher weitgehend offen gebliebenen Fragen zu stellen. Sie versucht, zwei Formen der Ungewissheit Schritt für Schritt und immer wieder neu (Kaizen) prospektiv zu klären: die Ungewissheit über die Entwicklung der gesellschaftlichen Rahmenbedingungen und die Ungewissheit über die zukünftigen Standards der Optimierung von Dienstleistungen und Produkten (Ergebnis-, Prozess- und Strukturqualität).

Es werden drei Arten von F & E-Zielen unterschieden (Specht et al. 2002):

- die Grundlagenforschung (basic research) ermittelt fundamentale Erkenntnisse, die Grundlage für spätere Prozess- und Produktentwicklungen sind
- die angewandte Forschung (applied research) entwickelt neue Verfahren und Produkte
- die Weiterentwicklung (further research) verbessert bestehende Verfahren und Produkte.

Für die zielgerichtete Durchführung von F & E sorgt das F & E-Management. Seine Aufgaben sind die strategische Planung, die Ideengenerierung, die zweckmäßige Organisation der F & E-Prozesse, die Budgetierung und das Controlling. Je größer oder je innovativer die Unternehmen ausgerichtet sind, desto größer sind i. d. R. die F & E-Einheiten. In NPO-Organisationen (s. o.) sind diese weitgehend unterentwickelt, deshalb werden häufig F & E-Projekte an externe Fachinstitute oder Unternehmensberatungen ausgegliedert.

4 F & E im deutschen Strafvollzug

4.1 Das kriminalpolitische Kraftfeld

Der deutsche Strafvollzug ist seit dem Inkrafttreten des Bundes-Strafvollzugsgesetzes am 1. Januar 1977 zu einem dauerhaften Brennpunkt der Kriminal- und Sozialpolitik geworden. Mit dem neuen StVollzG wurden große Erwartungen an einen wirksamen bundesweiten Behandlungsvollzug verbunden. In nahezu allen Ländern fanden seitdem anhaltende Modernisierungsprogramme statt, begleitet von einer weichenstellenden Rechtsprechung vor allem des Bundes-Verfassungsgerichts. Diese kontinuierliche Verbesserung umfasste seit der Wiedervereinigung im Jahr 1990 auch die Neuen Bundesländer mit ihrem extrem großen Nachhol- und Entwicklungsbedarf (Maelicke 2007). Seit der Föderalismusreform 2006 liegt die Kompetenz der Gesetzgebung für den Vollzug nunmehr bei den Ländern, bundeseinheitliche Rahmenbedingungen für F & E-Prozesse wurden bewusst aufgegeben.

Das früher bundespolitisch geprägte kriminalpolitische Kraftfeld, das die Qualitätsentwicklung des Strafvollzugs bestimmt, hat sich nunmehr auf die Länder verschoben.

Abb. 3 zeigt die zentralen Faktoren auf, die den größten Einfluss auf die Gestaltung einer nachhaltigen und wirksamen Kriminalpolitik ausüben. Diese Faktoren stehen in einem systemischen Zusammenhang, sie sind miteinander verbunden in wechselseitigen und dynamischen Prozessen, sodass das gesamte

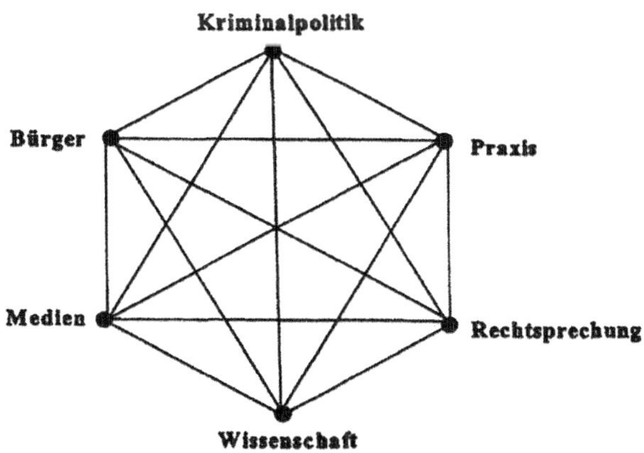

Abb. 3 Kriminalpolitisches Kraftfeld

Kraftfeld sich in einer permanenten Veränderung befindet, je nachdem welche Impulse von welchen Faktoren ausgelöst werden. Die Entwicklung jedes einzelnen Faktors hat Auswirkungen auf Stand und Veränderungsgeschwindigkeit aller anderen. Die Relevanz der einzelnen Faktoren in der gesellschaftlichen Realität ist allerdings außerordentlich wechselhaft und unterschiedlich. So hat der Einfluss der Wissenschaft im Vergleich zu der Reformphase in den 70er und 80er Jahren des letzten Jahrhunderts stark abgenommen, in gleichem Maße hat sich der Einfluss der Medien gesteigert.

Der Faktor Kriminalpolitik (dies sind nach der Föderalismusreform in erster Linie die verantwortlichen Politiker in den 16 Landtagen und Landesregierungen) steht entsprechend der staatlichen Ordnung in Deutschland an der Spitze des Kraftfelds und entscheidet über gesetzliche Grundlagen, Strategien und Programme der jeweiligen landesspezifischen Kriminalpolitik, wobei allerdings weitere bundes- und landesgesetzliche Regelungen und Rahmenbedingungen zu berücksichtigen sind.

Grundlage und in direkter Linie verbunden mit dieser Programmentwicklung sind die Ergebnisse der einschlägigen wissenschaftlichen Fachdisziplinen wie Kriminologie, Recht, Psychologie, Sozialarbeit, Pädagogik, Medizin – mehr oder weniger gebündelt in interdisziplinären Prozessen und Erkenntnissen zu einem Gesamtverständnis einer „Komplexleistung Resozialisierung".

Weitere wichtige Einfluss nehmende Faktoren sind die Organe der Justiz (Gerichte, Staatsanwaltschaften) und die Praxis der Resozialisierung (u. a. Strafvollzug; Gerichtshilfe/Bewährungshilfe/Führungsaufsicht; Freie Straffälligenhilfe). Sie prägen über ihre Aktivitäten die Qualität der Umsetzung der durch die jeweilige Kriminalpolitik angestrebten Ziele und sind ihrerseits mehr oder wenig stark verbunden mit den Ergebnissen der Wissenschaft.

Unmittelbar durch demokratische Prozesse verbunden und legitimiert sind die Kriminalpolitiker mit den Bürgern. Diese bestimmen durch ihre Einstellungen zum rationalen oder irrationalen Umgang mit Kriminalität weitgehend das kriminalpolitische Klima- in enger Wechselwirkung mit den Politikern selbst (z. B. deren populistischem oder verantwortungsvollem Agieren).

Der Faktor Medien darf in seiner wirkungsvollen Einflussnahme auf die Kriminalpolitik nicht unterschätzt werden. Sowohl durch ihre alltägliche wie durch ihre an Schlagzeilen und Sensationen orientierte Berichterstattung und Kommentierung bestimmen sie mehr als alle anderen Faktoren das gesamte Kriminalpolitische Kraftfeld und damit weitgehend die Programme und Aktivitäten der Kriminalpolitik. Wenn sie Themen wie fehlende Abschreckung der Maßnahmen der Justiz oder Vernachlässigung der Opferperspektiven zur öffentlichen Diskussion stellen, können sie großen Druck auf die Politiker ausüben und zugleich Bürger und Parteien aktivieren.

Eine Gesamtwürdigung macht deutlich: Wissenschaft, Justiz und Praxis haben an Relevanz verloren. Das Zusammenspiel zwischen auflagenorientierten Medien, verunsicherten Bürgern und Politikern mit befristeten Mandaten erschwert nachhaltige und wirkungsorientierte Innovationsprozesse. Umso mehr wird der Blick gerichtet auf die Notwendigkeit einer stark ausgebauten und einflussreichen Forschung und Entwicklung in der Kriminalpolitik.

4.2 Ansätze von F & E im deutschen Strafvollzug

Stefan Suhling und Nicole Neumann haben im Jahr 2015 eine Zwischenbilanz zur Strafvollzugsforschung in Deutschland vorgelegt und Herausforderungen für Wissenschaft und Praxis definiert (Suhling und Neumann 2015). Grundlage und Ausgangspunkt ist die Feststellung, dass die Freiheitsstrafe nicht zweckfrei aus sich heraus gerechtfertigt, sondern mit Zielen verbunden ist, sodass sich notwendigerweise die Frage erhebt, ob sie die Zwecke auch erfüllt (Jehle 1999). Das Erreichen des Ziels, die Gefangenen zu befähigen, künftig in sozialer Verantwortung ein Leben ohne Straftaten zu führen, und die Erfüllung der Aufgabe des Schutzes der Allgemeinheit lassen sich mit empirischen Methoden überprüfen. Eine „evidenzbasierte Kriminalpolitik" kann nicht nur die Humanität des Strafvollzugs steigern, sondern dient auch der Sicherheit der Allgemeinheit und der Verhinderung weiterer Opfer. Während für die Jahre 1950 bis 1990 eher ein „Rückzug der Strafvollzugsforscher" konstatiert wird (Dünkel 1996), stellen Suhling und Neumann seit 1990 zwar Anzeichen für eine Belebung fest, beklagen aber zugleich, dass die Bedeutung des Strafvollzugs heute – auch angesichts der Kosten, die er produziert – für die Forschung als gering eingestuft werden muss. Auch die neueren Übersichtsarbeiten stellen übereinstimmend empirische Forschungsdefizite im Bereich des Strafvollzugs fest (Greve 2002; Gratz 2010; Jehle 2013; Koop 2013).

Anzeichen für eine positive Entwicklung sehen Suhling und Neumann in der Evidenzbasierung neuer Modelle der Verwaltungssteuerung (New Public Management) und in der Rechtsprechung des Bundesverfassungsgerichts (z. B. Urteil zum Jugendstrafvollzug vom 31.05.2006 mit der Forderung nach „wissenschaftlicher und politischer Erkenntnisgewinnung sowie einer öffentlichen Diskussion, die die Suche nach den besten Lösungen anspornt und demokratische Verantwortung geltend zu machen erlaubt" (2 BvR 1673/04 – 2 BvR 2402/04).

Hinzu kommt, dass alle Ländergesetze zum Strafvollzug verbindliche Regelungen zur Evaluationsforschung und Weiterentwicklung enthalten. Beispielhaft ist § 189 StVollzG des Landes Niedersachsen:

(1) Die im Vollzug eingesetzten Maßnahmen, namentlich Therapien und Methoden zur Förderung der Gefangenen, sind vom Fachministerium und den Vollzugsbehörden in Zusammenarbeit mit Einrichtungen der Forschung im Hinblick auf ihre Wirksamkeit zu überprüfen. Dabei sind alters- und geschlechtsspefische Besonderheiten des Vollzugs zu berücksichtigen, soweit dies für die Aussagekraft der Untersuchung von Bedeutung ist. Die Ergebnisse der Überprüfung sind für die Zwecke der Strafrechtspflege nutzbar zu machen. Auf der Grundlage der gewonnenen Erkenntnisse sind Konzepte für den Einsatz vollzuglicher Maßnahmen zu entwickeln und fortzuschreiben. Auch im Übrigen sind die Erfahrungen mit der Ausgestaltung des Vollzugs durch dieses Gesetz sowie der Art und Weise der Anwendung der Vorschriften dieses Gesetzes zu überprüfen.
(2) Zu diesen Zwecken sind landesweit von den einzelnen Vollzugsbehörden aussagefähige und auf Vergleichbarkeit angelegte Daten zu erheben, die eine Feststellung und Bewertung der Erfolge und Misserfolge des Vollzugs, insbesondere im Hinblick auf Rückfallhäufigkeiten, sowie die gezielte Erforschung der hierfür verantwortlichen Faktoren ermöglichen. Entsprechende Daten für Bereiche außerhalb des räumlichen Geltungsbereiches dieses Gesetzes sind einzubeziehen und zu vergleichen, soweit solche Daten für das Fachministeriums zugänglich sind. § 199 gilt entsprechend.

Regelungen zur Evaluation und zu Kriminologischen Diensten finden sich in allen Länder-Strafvollzugsgesetzen, allerdings ist die jeweiligen Ausstattung und Relevanz außerordentlich unterschiedlich, dies betrifft sowohl die personellen Kapazitäten wie auch die Nutzung und Wertschätzung ihrer Arbeitsergebnisse. Thematisch sehen Suhling und Neumann positive Entwicklungen vor allem in den ländervergleichenden Analysen zum Jugendstrafvollzug, zur Sicherungsverwahrung und zur Sozialtherapie, zu vollzuglichen Dokumentationssystemen, zum Erfolgskriterium „Entwicklungsfortschritt" und zum Thema „Gewalt im Justizvollzug".

5 F & E als Baustein der Reso-Systementwicklung

5.1 Optimierung des Gesamtsystems der ambulanten und stationären Resozialisierung

Die bisherige Strafvollzugsforschung beschränkt sich weitgehend auf den geschlossenen und offenen Vollzug und differenziert dabei nach alters-, delikts- und geschlechtsspezifischen Kriterien (z. B. Jugend- oder Erwachsenenvollzug,

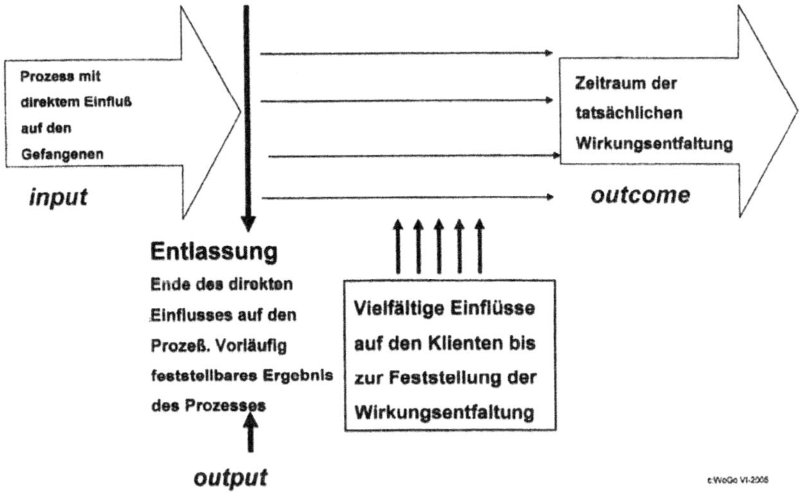

Abb. 4 Wirkungsorientierung

Männer oder Frauen, Ersatzfreiheitsstrafer, Kurzstrafer, Langstrafer, Drogenabhängige, Migranten, Sexual- und Gewalttäter etc.). Die Untersuchungen beziehen sich dabei auf die Struktur-, Prozess- und Ergebnisqualität der vollzuglichen Programme und reichen vom Aufnahme- bis zum Entlassungsvollzug.

Auch die aktuellen Projekte zur Erfassung der „Entwicklungsfortschritte" (Budde 2015; Suhling et al. 2015), die die Gefangenen während der Inhaftierung machen (oder auch nicht), messen „nur" die dynamischen Risikofaktoren, deren wiederholte Messung zu Beginn und Ende der Haft eine Aussage dazu erlauben sollen, ob sich die Wahrscheinlichkeit der Legalbewährung im Haftverlauf verändert hat. Es geht also immer um den „output", das am Ende der Leistungserbringung feststellbare Ergebnis, nicht jedoch um die mittel-oder langfristige Wirkung („outcome") nach der Entlassung[1] (vgl. Abb. 4). Ob ein Gefangener erfolgreich befähigt wurde, künftig in sozialer Verantwortung ein Leben ohne Straftaten zu führen, zeigt sich immer erst nach der Entlassung, deshalb ist die Output-oder Wirkungsorientierung der wichtigste Erfolgsfaktor für den gesamten Prozess der stationären und ambulanten Resozialisierung.

[1]vgl. aber auch die anderslautende Auffassung von Suhling im zweiten Kapitel dieses Bandes.

Wirkungsorientierte und nachhaltige Forschung und Entwicklung des Systems des Strafvollzugs darf sich also konzeptionell und strukturell nicht nur auf die stationäre Resozialisierung beschränken, sie muss das soziale Umfeld und das Arbeitsfeld der ambulanten Resozialisierung als Wirkfaktoren vor, während und nach der Inhaftierung miteinbeziehen und in der strategischen und operativen Programmplanung und deren Evaluation fest verankern und mit entsprechenden Ressourcen ausstatten.

Konzeptionelle Bausteine wie „Wertschöpfungskette Resozialisierung", „Integrierte Resozialisierung" (Maelicke 2008) und „Komplexleistung Resozialisierung" finden unter diesem strategischen Blickwinkel der Entwicklung eines leistungsfähigen Gesamtsystems der Resozialisierung ihre fachliche Bedeutung. Zugleich verweisen sie auf den dringlichen und grundlegenden Entwicklungsbedarf in den kriminalpolitischen Kraftfeldern in den Bundesländern.

5.2 Forschungsbasierte Systementwicklungen

Systementwicklungen der Optimierung der ambulanten und stationären Resozialisierung sind in Deutschland in den letzten Jahren und Jahrzehnten nur sehr begrenzt festzustellen. Die durch die Wahlen bedingten ständigen Wechsel der Landesregierungen führen auf der Ebene der 16 Bundesländer dazu, dass die Regierungsprogramme nur auf eine Dauer von 4 oder 5 Jahren angelegt sind – Nachhaltigkeit und Wirkungsorientierung benötigen andere Laufzeiten und mehr Konstanz – programmatisch, personell und die Ressourcen betreffend.

Dennoch gibt es positive Ansätze und Beispiele: z. B. in Niedersachsen in der Amtszeit von Hans-Dieter Schwind (1978 bis 1982) die Gründung eines bis heute wirksamen Netzwerkes ambulanter Anlauf- und Beratungsstellen für Straffällige und ihre Angehörigen, entwickelt und begleitet durch eine Projektgruppe „Planung und Forschung" im Justizministerium (Schwind und Steinhilper 1982). Außerdem gründete Schwind 1979 das „Kriminologische Forschungsinstitut Niedersachsen (KFN)" mit der Aufgabe der praxisorientierten kriminologischen Forschung. Mittlerweile wurden 130 Forschungsberichte veröffentlicht, die thematischen Schwerpunkte liegen in der Kriminalitätsentwicklung, Viktimisierung und Präventionsforschung. In der Institutionen- und Sanktionenforschung gibt es Untersuchungen zu diversen vollzuglichen Themen – allerdings (noch) nicht zur Thematik der Etablierung eines optimierten Gesamtsystems der ambulanten und stationären Resozialisierung in Niedersachsen oder in anderen Ländern.

In Schleswig-Holstein beauftragte die neue Landesregierung in den Jahren 1989 ff. das Institut für Sozialarbeit (ISS), Frankfurt a. M. (Renate Simmedinger, Heinz Cornel), und das Max-Planck-Institut für ausländisches und internationales Strafrecht, Freiburg i. Br. (Frieder Dünkel) mit einer Analyse der wichtigsten kriminologischen Daten als Grundlage für die Entwicklung eines umfassenden Reformkonzepts für den Strafvollzug, die Sozialen Dienste der Justiz und die Freie Straffälligenhilfe. F & E Elemente des Auftrags waren sowohl Grundlagenforschung wie angewandte Forschung wie die Weiterentwicklung bestehender Verfahren und Produkte. Die Umsetzung der Erkenntnisse erfolgte in den Folgejahren durch verschiedene Kabinettsbeschlüsse und Aktionsprogramme, deren nachhaltige Wirkungen auch nach 25 Jahren noch festgestellt werden können (Maelicke 1993; Hurlin 2012). Auch in der Freien und Hansestadt Hamburg wurden durch eine Fachkommission aus Vertretern der Praxis und unabhängigen Wissenschaftlern im Jahr 2010 Analysen und Vorschläge zur „Optimierung der stationären und ambulanten Resozialisierung in Hamburg" vorgelegt. Ein Großteil wurde mittlerweile umgesetzt und befindet sich auch in der aktuellen Legislaturperiode in der Umsetzung (Maelicke 2010).

Als positives Beispiel sind auch die zahlreichen Forschungsprojekte und Evaluationsstudien des Kriminologischen Dienstes des Landes Nordrhein-Westfalen (KrimD NRW) aufzuführen, insbesondere zur Entwicklung, Erprobung und Verfestigung und strategischen Steuerung des Übergangsmanagements, insbesondere zur beruflichen Eingliederung von Strafgefangenen und Haftentlassenen. Ausgangspunkt war die durch eine wissenschaftliche Untersuchung belegte Erkenntnis, dass rückfallmindernde Effekte von vollzuglichen Qualifizierungs- und Ausbildungsmaßnahmen zu großen Teilen verpuffen, wenn sie nicht schon während der Haft und insbesondere nach der Entlassung durch konkrete Vermittlungsaktivitäten in Arbeit oder (Folge-) Ausbildungen ergänzt werden. Die Schulung von zertifizierten Case-Managern durch den KrimD NRW runden diese Netzwerkaktivitäten ab (Wirth 2016).

Als modellhaft kann auch die Entwicklung in England gelten: Seit 2005 wird dort eine Längsschnitt-Studie durchgeführt und durch verschiedene Ministerien finanziert, die Daten zu Erfahrungen und Situationen vor der Haft, Behandlungsbedarfen, Entwicklungen und Erlebnissen in der Haft, absolvierten Maßnahmen, der Situation in Freiheit und der Rückfallhäufigkeit erheben, mit entsprechenden Konsequenzen für die weitere Systementwicklung des optimierten Zusammenwirkens der Gefängnisse und der ambulanten Dienste (Brunton-Smith und Hopkins 2014).

6 Resumee

Die bisherigen Ausführungen haben gezeigt, dass für das gesellschaftlich eminent wichtige Arbeitsfeld des Strafvollzugs und auch der ambulanten Resozialisierung ein dauerhafter und gravierender Innovationsbedarf besteht – eingebunden in die Prozesse des sozialen Wandels und orientiert an Parallelentwicklungen in der Wirtschaft, in der Sozialwirtschaft und in der Verwaltungsmodernisierung. Mehr als bisher ist dabei „neues Denken und Handeln in der Resozialisierung" gefordert, also ein Selbstverständnis aller zuständigen Organisationen, dass Resozialisierung in jedem Einzelfall und als Gesamtsystem nur im optimierten und vernetzten Zusammenwirken aller Akteure erfolgreich bewirkt werden kann.

Zurzeit gibt es zwei Themen in der kriminalpolitischen Diskussion, in denen sich nahezu alle Merkmale erfolgreicher Organisationen im Kriminalpolitischen Kraftfeld bewähren müssen: Übergangsmanagement und Landes-Resozialisierungsgesetze. Die in den letzten Jahren als neu erkannte Aufgabenstellung des Übergangsmanagements (Maelicke 1977, 2008; Wirth 2009; Reckling 2012; Matt 2014) verweist auf die zunehmende Bedeutung der Faktoren Wirkung und Vernetzung. Ziel ist es, durch eine bessere Kooperation und Koordination aller Teilleistungen der öffentlichen und privaten Organisationen der Resozialisierung zu einer „Komplexleistung" mit einem Fallmanagement aus einer Hand zu kommen, um so wirksamer als bisher erneute Straffälligkeit verhindern bzw. reduzieren zu können. Landes-Resozialisierungsgesetze sind erforderlich, um neben den Landes-Vollzugsgesetzen auch die ambulanten Hilfen und Maßnahmen konzeptionell, rechtlich, organisatorisch und personell so zu strukturieren, dass ein leistungsfähiges und optimiertes Gesamtsystem ambulanter und stationärer Resozialisierung entsteht und abgesichert werden kann (Maelicke 1986, 2014; Cornel et al. 2015).

Diese permanente Qualitätsentwicklung ist in starkem Maße abhängig von den Faktoren und von der Dynamik des Kriminalpolitischen Kraftfeldes, um so wichtiger ist es, sich in diesem permanenten Auseinandersetzungsprozess auf einen fundierten Bestand von empirisch abgesicherten Daten und auf evidenzbasiertes Fachwissen berufen und stützen zu können. Eine selbstkritische Analyse macht jedoch deutlich, dass die Merkmale erfolgreicher Unternehmen zwar als Anforderungsprofil auch für alle Organisationen der Resozialisierung gelten, diese aber in diesem Arbeitsfeld noch sehr unterschiedlich ausgeprägt sind. Der Optimierungsbedarf ist offensichtlich.

Die Analyse führt konsequent zum ebenso kritischen Blick auf den Mangel an einer leistungsfähigen F & E-Struktur im Arbeitsfeld der ambulanten und stationären Resozialisierung. Hoffnungsvolle Beispiele und Ansätze dürfen nicht darüber hinwegtäuschen, dass wiederum im Vergleich zu anderen gesellschaftlichen Leistungsbereichen und Arbeitsfeldern qualitativ und quantitativ ein großer Nachholbedarf besteht. Der Feststellung von Suhling und Neumann (2015) kann nur zugestimmt werden, dass die föderale Struktur Deutschlands im Hinblick auf die strategische Planung von Forschung (und Entwicklung) im Strafvollzug nicht immer zweckdienlich ist – eher untertreibend ausgedrückt.

7 Perspektiven

In vergleichbaren Arbeitsfeldern sind in den letzten Jahrzehnten länder- und trägerübergreifend Fachinstitute etabliert worden, die sich der zentralen Aufgabe der Forschung und Entwicklung der jeweiligen Leistungsbereiche dauerhaft stellen. Genannt seien hier als Beispiele das Deutsche Jugendinstitut (DJI, München), das Institut für Sozialarbeit und Sozialpädagogik (ISS, Frankfurt a. M.), das Institut zur Qualitätsentwicklung im Bildungswesen (IQB, Berlin) und das Institut für Qualität und Wirtschaftlichkeit im Gesundheitswesen (IQWiG, Köln) – alle institutionell durch Bund und Länder gefördert und damit dauerhaft abgesichert. Schon in ihrem Titel drücken die Institute IQB und IQWiG den neuen Ansatz von Forschung und Entwicklung aus: Es geht länder- und trägerübergreifend um den zentralen Zusammenhang von Qualität und Kosten – im Interesse der Zielgruppen/Kunden, der Träger, der Finanziers – aber auch der leistungserbringenden Organisationen selbst und ihrer Fach- und Führungskräfte, letztlich also aller relevanten gesellschaftlichen und staatlichen Akteure. Und auch die Bürger und die Medien können einer Steigerung der öffentlichen Sicherheit bei gleichzeitig sorgfältiger Abwägung der Kosten nur zustimmen.

Es ist offensichtlich, dass der Strafvollzug und die ambulanten Dienste einer dauerhaft abgesicherten und wissenschaftlich fundierten Begleitung ihrer Qualitäts- und Kostenentwicklung bedürfen. Dies erfordert allerdings prospektives und nachhaltiges Agieren der für diese Rahmenbedingungen verantwortlichen Politiker, Wissenschaftler und Fach- und Führungskräfte. Ausgangs- und Kristallisationspunkt könnte/sollte die „Kriminologische Zentralstelle" (KrimZ) sein, die zentrale Forschungs- und Dokumentationseinrichtung des Bundes und der Länder für den Bereich der Strafrechtspflege. Seit 1986 dokumentiert sie Forschungsergebnisse und führt eigene praxisbezogene Forschungsprojekte durch. Der Schwerpunkt der Erforschung und Entwicklung des Zusammenhangs von Qualität und Kosten der ambulanten und stationären Resozialisierung ist allerdings bisher auch bei der KrimZ unterentwickelt, bisher fehlen dafür die methodischen, personellen, finanziellen und strukturellen Voraussetzungen und Ressourcen. Es besteht offenkundig Handlungsbedarf.

In diese F & E-Schwerpunktsetzung sollte auch die vom Bundesministerium der Justiz herausgegebene bundesweite Rückfalluntersuchung von Jehle und Albrecht (2013) inhaltlich und strukturell integriert werden. Die bundesweit erhobenen Daten gewinnen eine zusätzliche wissenschaftliche, praxisbezogene und politische Aussagekraft, wenn sie länderspezifisch und ggf. auch anstaltsbezogen verbunden und veröffentlicht (!) werden mit den dort erhobenen Daten zum outcome der stationären und ambulanten Reso-Programme und den jeweils entstandenen Kosten (Maelicke 2015).

Dieser Beitrag wollte Wege aufzeigen, die Bedeutung des Strafvollzuges und der ambulanten Resozialisierung in der gesellschaftlichen und medialen Wahrnehmung eines zwar komplexen, aber zugleich anerkannten Leistungsbereichs zu stärken und entsprechend ihre Erfolgsmerkmale zu profilieren. Dies wird allerdings nur gelingen, wenn Wirkungsorientierung und Nachhaltigkeit mehr als bisher das Denken und Handeln aller betroffenen und verantwortlichen Akteure im kriminalpolitischen Kraftfeld und auch gesamtgesellschaftlich bestimmen.

Literatur

Beck, U. (1986). *Risikogesellschaft. Auf dem Weg in eine andere Moderne*. Frankfurt a. M.: Suhrkamp.

Brunton-Smith, I., & Hopkins, K. (2014). *The impact of experience in prison on the employment status of longer-sentenced prisoners after release*. London: Ministry of Justice Analytical Series. https://www.gov.uk/government/uploads/system/uploads/attachment_data/file/296320/impact-of-experience-in-prison-on-employment-status-of-longer-sentenced-prisoners.pdf. Zugegriffen: 21. Juni 2016.

Budde, S. (2015). Die Messung des Entwicklungsfortschritts im hessischen Jugendstrafvollzug. *Forum Strafvollzug, 64,* 116–121.

Cornel, H., Dünkel, F., Pruin, I., Sonnen, B.-R., & Weber, J. (2015). *Diskussionsentwurf für ein Landesresozialisierungsgesetz. Nichtfreiheitsentziehende Maßnahmen und Hilfeleistungen für Straffällige*. Mönchengladbach: Forum Verlag.

Dünkel, F. (1996). *Empirische Forschung im Strafvollzug. Bestandsaufnahme und Perspektiven*. Mönchengladbach: Forum Verlag Godesberg.

Gratz, W. (2010). Fünf Gründe oder Anlässe, sich im Strafvollzug mit Wissenschaft zu befassen. In H. Preusker (Hrsg.), *Das Gefängnis als Risiko-Unternehmen* (S. 275–290). Baden-Baden: Nomos.

Greve, W. (2002). Forschungsthema Strafvollzug. Aussichten für wissenschaftliche Zugänge zu einer verschlossenen Institution. *Kriminalpädagogische Praxis, 41,* 25–31.

Hurlin, I. (2012). Faktencheck ambulante und stationäre Resozialisierung in Schleswig-Holstein. *Forum Strafvollzug, 2012*(61), 31–35.

Jehle, J.-M. (1999). Strafvollzug und Empirie. In W. Feuerhelm et al. (Hrsg.), *Festschrift für Alexander Böhm* (S. 235–249). Berlin: De Gruyter.

Jehle, J.-M. (2013). Kriminologische Forschung im Strafvollzug. Kommentierung zu § 166 Strafvollzugsgesetz. In H.-D. Schwind, A. Böhm, J.-M. Jehle, & K. Laubenthal (Hrsg.), *Strafvollzugsgesetz – Bund und Länder: Kommentar* (S. 1168–1180). Berlin: De Gruyter.

Jehle, J.-M., & Albrecht, H.-J. (2013). Legalbewährung nach strafrechtlichen Sanktionen. Eine bundesweite Rückfalluntersuchung 2007 bis 2010 und 2004 bis 2010.

Koop, G. (2013). Fragen an die Kriminologie… aus Sicht des Strafvollzuges. *Monatsschrift für Kriminologie und Strafrechtsreform, 96,* 201–206.

Maelicke, B. (1977). *Entlassung und Resozialisierung. Untersuchungen zur Sozialarbeit mit Straffälligen*. Karlsruhe: Müller.

Maelicke, B. (1986). Brauchen wir ein Bundesresozialisierungsgesetz? *Zeitschrift für Rechtspolitik, 19,* 203–205.

Maelicke, B. (1993). Umbau statt Ausbau – die Reform des Jugend- und Erwachsenenstrafvollzugs in Schleswig-Holstein. *Zeitschrift für Strafvollzug und Straffälligenhilfe, 43,* 134 ff.
Maelicke, B. (2007). Auf zu neuen Ufern? Konsequenzen aus der Föderalismusreform, *Forum Strafvollzug, 56,* 9 ff.
Maelicke, B. (2008). Integrierte Resozialisierung als strategische Innovationsaufgabe, *Forum Strafvollzug, 57,* 7 ff.
Maelicke, B. (2009). Komplexleistung Resozialisierung: im Verbund zum Erfolg. *Forum Strafvollzug, 58,* 60 ff.
Maelicke, B. (2010). Vernetzung statt Versäulung – Optimierung der stationären und ambulanten Resozialisierung in Hamburg. DBH Fachverband für Soziale Arbeit, Strafrecht und Kriminalpolitik.
Maelicke, B. (2011). Auf der Suche nach Managementmodellen in der Sozialen Arbeit. In A. Fritze, B. Maelicke, & B. Uebelhart (Hrsg.), *Management und Systementwicklung in der Sozialen Arbeit* (S. 137–146). Baden-Baden: Nomos.
Maelicke, B. (2013). Stichworte „Trendforschung" und „Forschung und Entwicklung". In K. Grunwald, G. Horcher, & B. Maelicke (Hrsg.), *Lexikon der Sozialwirtschaft.* Baden-Baden: Nomos.
Maelicke, B. (2014). Vom Reso-Flipper zum Reso-Gesetz. *Forum Strafvollzug, 63,* 113 ff.
Maelicke, B. (2015). *Das Knast-Dilemma. Wegsperren oder resozialisieren?* München: Bertelsmann.
Matt, E. (2014). *Übergangsmanagement und der Ausstieg aus Straffälligkeit.* Herbolzheim: Centaurus.
Reckling, P. (Hrsg.). (2012). Übergangsmanagement für junge Menschen zwischen Strafvollzug und Nachbetreuung. DBH Fachverband für Soziale Arbeit, Strafrecht und Kriminalpolitik.
Schwind, H.-D., & Steinhilper, G. (Hrsg.). (1982). *Modelle zur Kriminalitätsvorbeugung und Resozialisierung.* Heidelberg: Kriminalistik.
Simsa, R., Meyer, M., & Badelt, C. (Hrsg.). (2013). *Handbuch der Nonprofit-Organisation: Strukturen und Management* (5. Aufl.). Stuttgart: Schäffer-Poeschel.
Specht, G., Beckmann, C., & Amelingmeyer, J. (2002). *F&E-Management. Kompetenz im Innovationsmanagement* (2. Aufl.). Stuttgart: Schäffer-Poeschel.
Suhling, S., & Neumann, N. (2015). Strafvollzugsforschung im Wandel? Positive Entwicklungen und Herausforderungen für Wissenschaft und Praxis. *Kriminalpädagogische Praxis, 50,* 46–62.
Suhling, S., Budde, S., & Häßler, U. (2015). MeWiS: Messinstrument der Wirksamkeit des Strafvollzugs. *Forum Strafvollzug, 64,* 109–115.
Wirth, W. (2009). 3-Säulenstrategie zur beruflichen Integration von Gefangenen. *Forum Strafvollzug, 58,* 75 ff.
Wirth, W. (2016). NRW: Konzipierung und Koordinierung des Übergangsmanagements. *Forum Strafvollzug, 65,* 187 ff.

Wirkungsforschung und wirkungsorientierte Steuerung im Strafvollzug

Stefan Suhling

Anfang der 2000er Jahre war man auf dem Weg, neue Steuerungsmodelle für den Justizvollzug zu entwickeln und prüfte bzw. adaptierte Ideen des „New Public Management“: So wurde vielerorts die (Input-orientierte) Steuerung über die Zuweisung von Haushaltsmitteln abgelöst durch eine Output-orientierte Steuerung; Justizvollzugsanstalten bekamen mehr Autonomie und mehr eigene Entscheidungsbefugnisse, sie wurden budgetiert. Controllingsysteme wurden zur Überwachung des Outputs bzw. der Zielerreichung implementiert, Kosten-Leistungs-Rechnung und Zielvereinbarungsgespräche zur Festlegung von Produkten und Leistungen auf der einen und der Bereitstellung finanzieller Mittel auf der anderen Seite eingeführt (vgl. z. B. Fleck 2004; Gerlach 2009; Steinhilper 2003).

Eine systematische (und idealerweise wissenschaftlich gestützte) Bewertung der Einführung dieses neuen Steuerungsmodells im Strafvollzug steht zwar noch aus (vgl. zur Bewertung auf kommunaler Verwaltungsebene z. B. Bogumil et al. 2011). Zumindest für Niedersachsen, wo der Autor tätig ist, ist aber ein „Weg zurück“ sowieso kaum denkbar: Die Anstalten haben nicht nur gelernt, mit diesem neuen System „zurechtzukommen“, sondern schätzen die neue Autonomie und die entstandenen Handlungsspielräume für eigene Schwerpunktsetzungen und strategische Vorhaben. Daten des Controllings werden zu Steuerungszwecken oder zumindest als Anlass für Diskussionen über die aktuelle Praxis genutzt. Gleichzeitig kann die Aufsichtsbehörde z. B. gegenüber dem Finanzministerium darlegen, welchen Output der Justizvollzug erbracht hat (z. B. durchgeführte Behandlungs- und Qualifizierungsmaßnahmen sowie Lockerungen, Arbeitsplätze für Gefangene und

S. Suhling (✉)
Celle, Deutschland
E-Mail: stefan.suhling@justiz.niedersachsen.de

B. Maelicke und S. Suhling (Hrsg.), *Das Gefängnis auf dem Prüfstand*,
Edition Forschung und Entwicklung in der Strafrechtspflege,
https://doi.org/10.1007/978-3-658-20147-0_2

Auslastung dieser, Besuche; aber auch Personalpräsenz, Bedienstetenfortbildungen) und welche Kosten dabei entstanden sind. Durch Zielvereinbarungen/Kontraktmanagement sind neue, strategische Einflussmöglichkeiten für sie entstanden.

Seit dem Urteil des Bundesverfassungsgerichts zum Jugendstrafvollzug vom 31.05.2006 *(2 BvR 1673/04 und 2 BvR 2402/04)* ist eine Erweiterung oder gar Schwerpunktverschiebung dieses Steuerungsansatzes denkbar, wenn nicht gar geboten: Es forderte, dass sich die Ausgestaltung des Vollzugs unter anderem am Stand der wissenschaftlichen Erkenntnisse orientieren muss (RN 62) und führt dann aus, dass der Gesetzgeber.

> [...] sich selbst und den mit der Anwendung der gesetzlichen Bestimmungen befassten Behörden die Möglichkeit sichern [muss], aus Erfahrungen mit der jeweiligen gesetzlichen Ausgestaltung des Vollzuges und der Art und Weise, in der die gesetzlichen Vorgaben angewendet werden, und dem Vergleich mit entsprechenden Erfahrungen außerhalb des eigenen räumlichen Kompetenzbereiches zu lernen. In diesem Zusammenhang liegt vor allem die Erhebung aussagekräftiger, auf Vergleichbarkeit angelegter Daten nahe, die bis hinunter auf die Ebene der einzelnen Anstalten eine Feststellung und Bewertung der Erfolge und Misserfolge des Vollzuges – insbesondere der Rückfallhäufigkeiten – sowie die gezielte Erforschung der hierfür verantwortlichen Faktoren ermöglichen. Solche Daten dienen wissenschaftlicher und politischer Erkenntnisgewinnung sowie einer öffentlichen Diskussion, die die Suche nach den besten Lösungen anspornt und demokratische Verantwortung geltend zu machen erlaubt. (RN 64)

Alle seither in Kraft getretenen (Landes-) Gesetze zum Jugendstrafvollzug, zum Erwachsenen-Strafvollzug, zum Vollzug der Unterbringung in der Sicherungsverwahrung und auch zum Vollzug des Jugendarrests enthalten die im Wortlaut etwas unterschiedliche, aber in der Sache auf das Gleiche hinauslaufende Forderung: Die Wirksamkeit des Vollzugs ist wissenschaftlich-empirisch zu untersuchen und die vollzuglichen Konzepte und Maßnahmen sind entsprechend der Ergebnisse fortzuschreiben. Der Vollzug soll seine „Erfolge und Misserfolge" sowie die Ursachen dieser ermitteln und daraus Konsequenzen für seine zukünftige Gestaltung ableiten.

Man kann aus dem Urteil des BVerfG und den entsprechenden gesetzlichen Konkretisierungen die Schlussfolgerung ableiten, dass der Vollzug eine nicht (nur) Produkt- bzw. Output-fokussierte, sondern eine Ergebnis- bzw. Outcome-fokussierte Steuerung benötigt. Das würde bedeuten, dass es nicht (nur) darum ginge, wie viele Gefangene an Behandlungs- oder Qualifizierungsmaßnahmen teilgenommen haben, wie viele Lockerungen gewährt, Besuche durchgeführt, Arbeitsplätze in Haft zur Verfügung gestellt wurden usw. (=Produkt bzw. Output) – dies liefern die aktuellen Controllingsysteme. Darüber hinaus ginge es darum, was dabei im

Hinblick auf die Ziele des Strafvollzugs „herausgekommen“ ist, inwiefern also die Aktivitäten des Strafvollzugs intendierte, aber auch nicht intendierte Resultate erzielt haben (Ergebnis bzw. Outcome). Dies kann Controlling im Strafvollzug bislang noch nicht. Eine solche Steuerung würde nicht nur fragen, welche Ziele der Strafvollzug überhaupt hat und welche Aktivitäten und Maßnahmen man benötigen könnte, um diese Ziele zu erreichen. Sie würde überdies auch Indikatoren der Zielerreichung definieren und empirisch ermitteln, inwiefern sie erreicht werden und welche Aktivitäten und Maßnahmen dabei besonders erfolgversprechend sind. Diese Erkenntnisse würden dann die Grundlage für Steuerungsentscheidungen bilden, etwa, indem Anreize für die Durchführung von wirksamen Maßnahmen geschaffen und Standards für die Erbringung von Leistungen definiert werden.

„Wirkungsorientierung“ ist mittlerweile ein in vielen Disziplinen und gesellschaftlichen Handlungsfeldern verwendetes Konzept, etwa im Bildungssektor (z. B. Bromme et al. 2012; Wacker et al. 2012), in der Sozialarbeit im Allgemeinen (z. B. Kettinger und Schwander 2011; Otto et al. 2010) sowie in der Kinder- und Jugendhilfe im Speziellen (z. B. Albus et al. 2010; Macsenaere 2013). Wirkungsorientierung ist dabei eine Reaktion auf die vielfältigen gesellschaftlichen Veränderungen, die Bernd Maelicke in seinem Kapitel skizziert.

Vorbild für die vielfältigen Bestrebungen, die Ergebnisse und Wirkungen von Maßnahmen zum Ausgangspunkt für die Steuerung zu machen, ist sicherlich die Medizin, in der das Paradigma der „Evidenzbasierung“ schon länger erhebliches Gewicht erlangt hat (z. B. Kunz et al. 2007). Forderungen nach einer stärkeren Ausrichtung kriminalpolitischer Maßnahmen am Gedanken der Evidenzbasierung und damit an Befunden zur Wirksamkeit gibt es auch schon länger (Lösel et al. 2007; vgl. auch Dollinger 2015), ohne dass diese bislang durchgreifend im Strafvollzug diskutiert wurden.

Das Ziel dieses Kapitels ist nicht, ein wirkungsorientiertes Steuerungskonzept für den Justizvollzug vorzustellen; der Weg dorthin ist noch weit und kann im Rahmen von wenigen Seiten nicht entwickelt werden. Ziel ist vielmehr, die grundlegenden Ideen der Wirkungsforschung und der wirkungsorientierten Vollzugsgestaltung und -steuerung zu skizzieren. Dazu werden im ersten Abschnitt für die Wirkungsforschung und Wirkungsorientierung zentrale Begriffe und Konzepte beschrieben. Im zweiten und dritten Abschnitt erfolgt dann ihre Anwendung auf den Strafvollzug: Ziele des Strafvollzugs und mögliche Indikatoren ihrer Erreichung (Outcomes) werden skizziert. Der Zustand der Wirkungsforschung im Strafvollzug und diesbezügliche Verbesserungsmöglichkeiten werden in Abschn. 3 beschrieben. Abschn. 4 wagt einen kurzen Ausblick auf eine an Ergebnissen der Wirkungsforschung orientierte Steuerung des Strafvollzugs.

1 Grundlegende Begriffe und Konzepte

1.1 Programmelemente und Programmqualität

Beywl und Niestroj (o. J.) geben in ihrem Band „Das A-B-C der wirkungsorientierten Evaluation" eine sehr gute Übersicht über die verschiedenen Elemente eines Programms (vgl. Abb. 1). Auch definieren sie die Begriffe eingängig. Vorliegend wird sich eng an dieser Veröffentlichung orientiert, wobei sich Übereinstimmungen mit anderen wichtigen Publikationen in diesem Feld zeigen (z. B. Nullmeier 2011; Schober et al. 2013).

Als Programm kann man sich sehr unterschiedliche Dinge vorstellen, hier wird zunächst das Beispiel einer Anti-Gewalt-Maßnahme im Strafvollzug verwendet. Auf der Seite der Bedingungen sind mit dem **Input** zunächst die personellen, finanziellen, räumlichen usw. Ressourcen gemeint, die eine Anstalt in die Maßnahme investiert. Nicht nur die Zahl der Anti-Gewalt-Trainer ist dabei wichtig, sondern z. B. auch ihre Qualifikation, der Zeitaufwand, den sie für Vor- und Nachbereitung zur Verfügung haben und ob es für sie bezüglich der Maßnahme ein Supervisionsangebot gibt. Als **Income** werden die Merkmale bezeichnet, die die Programmteilnehmer „mitbringen": Ihre Bedarfe und Bedürfnisse (z. B. geringe Selbstkontrolle, Wutneigung), rückfallrelevanten Einstellungen (z. B. gewaltaffine Vorstellungen von

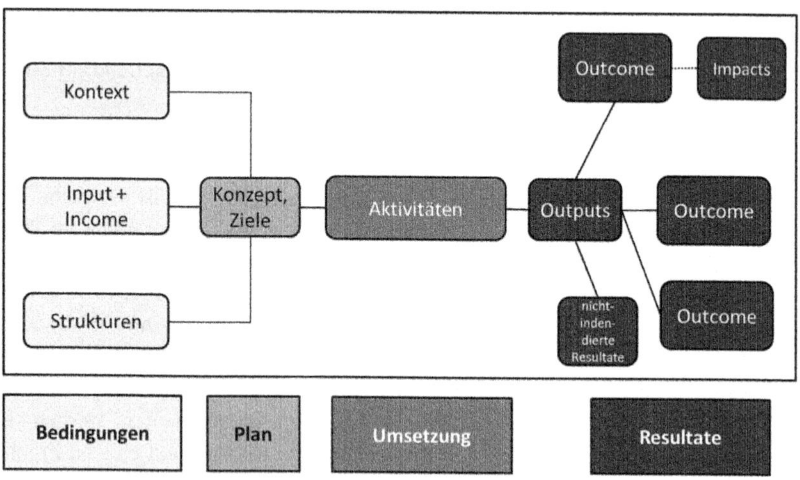

Abb. 1 Programmelemente. (In Anlehnung an Beywl und Niestroj o. J.)

Männlichkeit und Ehre) und Verhaltensdispositionen, ihre Aufmerksamkeitsspanne und Teilnahmemotivation usw.

Inputs und Incomes beeinflussen am Ende nicht nur mit, welche Resultate ein Programm erzielt, sondern bilden zunächst einmal vor allem auch die Grundlage, auf der das Maßnahmenkonzept, der Plan, verfasst wird. Zentrale Stellung nimmt in diesem die Formulierung des **Ziels** oder der Ziele der Maßnahme ein. Ziele sind angestrebte Zustände bei den Teilnehmern. Im Beispiel könnte das Ziel der Anti-Gewalt-Maßnahme sein, dass die Teilnehmer hinterher über mehr Selbstkontrolle verfügen, Wut besser bewältigen können und im Stationsalltag weniger bedrohlich und einschüchternd auftreten. Es lassen sich unterschiedliche Zielebenen unterscheiden (z. B. proximale oder distale Ziele) – in Bezug auf den Strafvollzug wird darauf in Abschn. 2.1 näher eingegangen.

Neben Zielen enthalten Maßnahmen- bzw. Programmkonzepte natürlich unter anderem Beschreibungen der geplanten Aktivitäten, gegebenenfalls gibt es sogar Durchführungsmanuale. Bedingungen und Plan machen zusammen die **Strukturqualität** einer Maßnahme aus; sie lassen sich im Rahmen von Konzept-Evaluationsuntersuchungen auch unabhängig von Umsetzung und Resultaten im Hinblick auf ihr „Wirkungs- bzw. Wirksamkeits*potential*" analysieren. Hat eine Maßnahme z. B. tief greifende Persönlichkeitsveränderungen bei Gewalttätern zum Ziel, aber es stehen nur wenige Stunden, kaum einschlägig qualifizierte, nicht supervidierte Trainer und kleine, dunkle Räumlichkeiten (also ein mangelhafter Input) zur Verfügung, muss man die Strukturqualität eher als gering einschätzen. Ähnlich würde es sich verhalten, wenn in wenigen Stunden Täter mit vielen einschlägigen Vorstrafen, eingeschliffen gewalttätigen Verhaltensmustern und langen Vollzugskarrieren (also ein problematischer Income) behandelt werden sollten.

Aktivitäten im Rahmen der Maßnahme führen zunächst zu bestimmten **Outputs.** Damit sind zählbare Leistungen oder Produkte gemeint. Innerhalb der Anti-Gewalt-Maßnahme kann etwa die Zahl der tatsächlich durchgeführten Sitzungen, Rollenspiele, Konfrontationen auf dem „heißen Stuhl" oder geschriebener Opferbriefe als Output gelten, aber auch die Zufriedenheit und Mitarbeitsbereitschaft der Teilnehmenden, die Zahl der „regulären" Beender sowie der Anteil der Abbrecher. Weitere Output-Indikatoren sind denkbar. Aktivitäten und Outputs machen die **Prozessqualität** einer Maßnahme aus, die eine weitere Voraussetzung für die Wirksamkeit einer Maßnahme ist, aber keinen direkten Zielbezug aufweist. Wenn in der Anti-Gewalt-Maßnahme z. B. viele Sitzungen ohne Ersatz ausgefallen sind, wenn ein häufiger Wechsel der Trainer stattgefunden hat, die Arbeitsbeziehungen zwischen Trainern und Teilnehmern nicht gut und letztere mit der Maßnahme sehr unzufrieden waren und viele vorzeitig ausschieden, dann indiziert das eine geringe Prozessqualität bei dieser konkreten Maßnahmendurchführung. Formative oder Prozess-Evaluationen können diese ermitteln.

Über die Ergebnisse der Maßnahme im Sinne der intendierten Resultate, also die **Outcomes,** ist damit noch nichts bekannt. Hierzu muss man sich Indikatoren mit direktem Zielbezug ansehen. Outcomes der Anti-Gewalt-Maßnahme könnten das (aggressive bzw. nicht-aggressive) Verhalten im Stationsalltag oder sogar in der Maßnahme selbst sein, die (z. B. mit psychologischen Tests oder Fragebögen) gemessene Selbstkontrolle, gewaltaffine Einstellungen oder auch das gewaltbezogenes Wissen bzw. Wissen über Wut- und Aggressionskontrolle unter den Teilnehmenden sein. Wie Ziele können Outcomes unterschiedliche Abstraktionsgrade besitzen bzw. auf verschiedenen Ebenen angesiedelt sein (vgl. Abschn. 2.2). Outcomes betreffen letztlich das, worum es in der Maßnahme geht, was dabei herauskommt; sie sind Indikatoren der **Ergebnisqualität.**

Dazu gehören im Modell von Beywl und Niestroj (o. J.) auch die **Impacts.** Damit sind Resultate des Programms gemeint, die nicht bzw. nicht nur bei den Teilnehmenden beobachtbar sind, sondern auch in deren Umwelt. Impacts gehen über Outcomes hinaus und könnten im Beispiel darin bestehen, dass die Stationen, in denen die Teilnehmer der Anti-Gewalt-Maßnahme untergebracht sind, insgesamt friedlicher werden, dass das Klima der Anstalt positiver wird o. ä. Nicht alle Outcomes führen unbedingt zu Impacts.

Nicht zu vergessen sind die **nicht-intendierten Resultate,** die auch die Ergebnisqualität betreffen. Hier geht es um „Nebenwirkungen" der Maßnahme, die meist schädlicher Natur sind (wie z. B. bei Medikamenten). In der Anti-Gewalt-Maßnahme könnte z. B. während der Sitzungen auf dem heißen Stuhl das Selbstwertgefühl von Teilnehmern so beeinträchtigt worden sein, dass sie depressive Verstimmungen entwickeln. Oder sie könnten darin bestehen, dass die minutiösen Schilderungen der Gewaltdelikte im Rahmen der „Tataufarbeitung" einige besonders von Gewalt faszinierte Gruppenmitglieder auf neue Ideen für Delikte bzw. Deliktausführungen bringen (vgl. dazu Suhling und Endres 2016). Ergebnisqualität wird im Rahmen von summativen Evaluationen beurteilt.

1.2 Wirkung, Wirksamkeit, Effizienz, Wirkungsforschung und evidenzbasierte Praxis

Outcomes betreffen die Ziele einer Maßnahme. Wünschenswert ist, dass die Aktivitäten und Outputs von Programmen zu Outcomes führen in dem Sinne, dass eine kausale Beziehung zwischen ihnen besteht. Wenn dies der Fall ist, wenn also die Aktivitäten und Outputs die Outcomes verursachen, dann lassen sich die

Outcomes als **Wirkungen** des Programms bezeichnen. Dabei gilt, dass die **Wirksamkeit** einer Maßnahme als umso höher zu beurteilen ist, je umfangreicher die Ziele der Maßnahme durch die Maßnahme erreicht werden, je stärker also die Wirkungen ausfallen.

Am Beispiel des Anti-Gewalt-Trainings lässt sich dies veranschaulichen: Das Ziel der gesteigerten Selbstkontrolle wird z. B. gemessen durch den Outcome-Indikator eines Punktwerts in einem psychologischen Testverfahren, der zu Beginn und am Ende des Trainings (und ggf. noch einmal ein paar Wochen oder Monate später) erhoben wird. Ergibt sich eine Steigerung des Testwerts, kann dies zunächst als positiver Outcome gewertet werden. Eine Wirkung des Trainings ist damit allerdings noch nicht belegt, da allein mit der Steigerung der Selbstkontrolle während des Trainings nicht nachgewiesen ist, dass auch das Training die Ursache dafür ist. Es könnte nämlich auch sein, dass der Steigerung Reifungseffekte zugrunde liegen (v. a. bei jungen Menschen) oder die Person parallel ein Entspannungstraining mitgemacht hat. Wir können deshalb auch nicht allein aus der gesteigerten Selbstkontrolle schlussfolgern, dass das Training wirksam war.

Mit der Frage, wie dies zu bewerkstelligen ist, wie also Wirkungen und Wirksamkeit nachgewiesen werden können, befasst sich die **Wirkungsforschung.** Der Nachweis von kausalen Beziehungen zwischen Programm und Outcome ist eine Aufgabe, die sehr komplex sein kann und hier nur sehr rudimentär skizziert wird (vgl. näher z. B. Legewie 2012; grundlegend Shadish et al. 2002). Grundsätzlich steht die Evaluations- und Wirkungsforschung vor dem Problem, dass eine Person nicht gleichzeitig an einer Maßnahme teilnehmen und nicht teilnehmen kann. Wäre dies möglich, könnte man aus dem Vergleich Schlussfolgerungen über die Wirkungen der Maßnahme ableiten. In der Realität muss man sich damit behelfen, eine andere Person zu beobachten, die der an der Maßnahme teilnehmenden Person möglichst ähnlich ist, selbst aber nicht teilnimmt. Für den Nachweis von Wirkungen und Wirksamkeit benötigt man also zusätzlich zu Gruppen, die an einer Maßnahme teilnehmen, Kontroll- bzw. Vergleichsgruppen, die nicht teilnehmen, den Interventions-Probanden aber möglichst ähnlich sind. Aus dem Vergleich der Entwicklungen der beiden Gruppen in Bezug auf einen Erfolgs- bzw. Outcome-Indikator lässt sich dann auf die Wirkung der Intervention bzw. das Ausmaß ihrer Wirksamkeit schließen: Bei den Behandelten sollte die erwartete Veränderung im Outcome-Indikator größer sein.

Wirksamkeit ist von **Effizienz** zu unterscheiden: Wirksamkeit ist ein Maß für die Zielerreichung, Effizienz ist ein Maß für die Wirtschaftlichkeit. Effizienz geht über die Wirksamkeit hinaus und fragt nach dem Verhältnis zwischen der Zielerreichung und der Aufwendung von finanziellen Mitteln dafür, dem Input. Eine Maßnahme kann nur dann effizient sein, wenn sie überhaupt wirksam ist; Maßnahmen, die nur einen geringen Zielerreichungsgrad aufweisen, können kaum noch effizient sein. Eine eingeschränktere Definition der Effizienz bezieht nicht Outcomes, sondern Outputs auf den Input (die entstandenen Kosten). Es wird dann nicht gefragt, wie viele Mittel zur Erreichung der Ziele aufgewendet werden mussten, sondern wie teuer die Produkte (behandelte Gefangene, durchgeführte Maßnahmen usw.) waren. Diese Definition erscheint im Kontext der Wirkungsorientierung, die sich an Outcomes und nicht (nur) an Outputs orientiert, weniger passend, die so definierte Effizienz ist allerdings leichter zu ermitteln.

Wirkungsforschung ist eine notwendige Voraussetzung für eine **evidenzbasierte Praxis.** Dieses in den letzten Jahren auch im deutschen Sozialwesen immer wichtiger werdende Konzept fordert, dass nur oder vor allem solche (psychologischen, sozialarbeiterischen) Maßnahmen und Interventionen durchgeführt werden, für die ein empirischer Wirksamkeitsnachweis vorliegt, für die also die Forschung herausgefunden hat, dass die Maßnahme intendierte Resultate produziert (und nicht-intendierte negative Resultate ausbleiben). Eine evidenzbasierte Praxis hinterfragt Ansätze, die aus Tradition auf eine bestimmt Weise gemacht werden, weil man Dinge „schon immer so" gemacht hat oder die auf der Basis von Alltagsannahmen oder (politischen) Sachzwängen geschehen und hat das Ziel, auf der Basis umfangreicher Forschung Handeln in der Praxis wissenschaftlich zu fundieren. In der Medizin, in der das Konzept der Evidenzbasierung vermutlich am weitesten entwickelt und implementiert ist, hat das zur Entwicklung von störungsspezifischen Behandlungsleitlinien geführt (Kunz et al. 2007).

Im Bereich der (in der Regel primären oder sekundären) Prävention sozialer Probleme und Kriminalität hat Wirkungsforschung und die Orientierung am Konzept der evidenzbasierten Praxis zum Beispiel in den USA zu „Blaupausen"- oder „What works"-Listen geführt, in denen für bestimmte Problemlagen und Risikofaktoren (z. B. Drogenkonsum, Schulversagen, dissoziale Verhaltensprobleme) Programme und auch Praktiken aufgelistet sind, die sich in Wirksamkeitsstudien bewährt haben (vgl. z. B. www.crimesolutions.gov; www.blueprintsprograms.com [letzter Zugriff 14.07.2016]; zu weiteren Webseiten vgl. Guder und Sonnen 2014). Effizienzanalysen wurden dabei im kriminalpräventiven Kontext allerdings bisher selten durchgeführt. Hierzulande hat in diesem Kontext der Landespräventionsrat Niedersachsen eine ähnliche Liste entwickelt, in der (fast ausschließlich ambulante) Präventionsprojekte enthalten sind, die „Grüne Liste Prävention" (www.gruene-liste-praevention.de [letzter Zugriff 14.07.2016]) (vgl. Groeger-Roth 2014). Ziel ist, der Praxis die aufwendige Suche im „Maßnahmendschungel" zu erleichtern und fundierte Hinweise für die Wahl einer Erfolg versprechenden Maßnahme zu geben. Die Listen sollen die Praxis auch davon abhalten, Maßnahmen neu zu entwickeln, die erst noch wissenschaftlich erprobt werden müssten, wenn es für die thematisierte Problemlage schon erprobte Lösungen gibt.

Strittig ist indes, wie methodisch streng die zugrunde liegenden Wirksamkeitsstudien und wie vielfältig die wissenschaftlichen Befunde sein müssen, um eine Maßnahme als „evidenzbasiert" bezeichnen zu können. Die Kriterien unterscheiden sich je nach Liste (vgl. z. B. Nutley et al. 2013). Das US-amerikanische National Institute of Justice qualifiziert Programme in Abhängigkeit von diesen Kriterien als „effektiv", „vielversprechend" oder „ineffektiv", die deutsche „Grüne Liste" unterscheidet – auf der Grundlage anders akzentuierter Kriterien – zwischen Programmen, deren Effektivität theoretisch gut begründet ist, solchen, deren Effektivität wahrscheinlich ist und Maßnahmen, deren Effektivität nachgewiesen ist.

2 Ziele und Outcome-Indikatoren im Strafvollzug

Nach den Ausführungen des letzten Abschnitts kann man festhalten, dass **wirkungsorientierte Steuerung** bedeutet, dass die angestrebten Wirkungen und die sich in diesem Sinne als wirksam identifizierten Maßnahmen und Programme den Ausrichtungsmaßstab des Verwaltungshandelns bilden. Jedes Konzept wirkungsorientierter Steuerung muss zunächst einmal beantworten, welche Ziele angestrebt werden (Abschn. 2.1) und an welchen Outcome-Indikatoren die Zielerreichung gemessen werden soll (Abschn. 2.2). Bevor auf empirischer Basis durch Wirkungsforschung zu ermitteln ist, welche Aktivitäten in diesem Zusammenhang wirksam sind (Abschn. 3), müssen also Entscheidungen getroffen werden. Diese tragen im Kontext Strafvollzug (aber auch in allen Feldern, in denen wirkungsorientiert gesteuert und gehandelt werden soll) normativen Charakter; Zieldefinitionen und Outcome-Indikatoren sind nicht selbst-verständlich oder gar naturgegeben (Albus und Ziegler 2013; Dollinger 2015). Strafvollzugsgesetze definieren Ziele und Grundsätze, Politik und die Verwaltung interpretieren die mitunter vagen Begriffe und setzen Schwerpunkte, aktuelle fach- und medienöffentliche Diskussionen können ebenfalls von Gewicht sein. Im Strafvollzug zeigt sich dies z. B. am Vorrang des Schutzziels vor dem Resozialisierungsziel in Bayern, während etwa in Niedersachsen die beiden Ziele gleichrangig sind und z. B. in Nordrhein-Westfalen dem Resozialisierungsziel Vorrang gegeben wurde. Dies muss aber aufgrund der Einflüsse und Prägungen durch aktuelle kriminalpolitische Tendenzen und handelnde Akteure in der Praxis nicht unbedingt zu sehr verschiedenen Praktiken und Aktivitäten führen. Gleichzeitig können Länder mit ähnlicher Gesetzeslage unterschiedliche Schwerpunkte in der Zielsetzung und Definition des Erfolgs setzen. Ein Diskurs über Ziele und Outcome-Indikatoren erübrigt sich bei der Entwicklung wirkungsorientierter Steuerungskonzepte nie.

2.1 Ziele des Strafvollzugs

Schon eine nähere Betrachtung des Ziels der Resozialisierung (der „Befähigung zu einer künftigen Lebensführung in sozialer Verantwortung ohne Straftaten") eröffnet die Komplexität der genaueren Ziel-Operationalisierung. In früheren Veröffentlichungen wurde bereits dargelegt, dass man unterschiedliche Zielebenen unterscheiden sollte (Suhling 2009; vgl. ausführlicher auch Suhling 2012):

- Zunächst verfolgt der Strafvollzug mit seinen einzelnen Maßnahmen bestimmte Ziele. Zum Beispiel hat eine Schuldenberatung die Klärung und Bewältigung der Schuldensituation zum Ziel, ein Bewerbungstraining die Fähigkeit zur Erstellung einer aussagekräftigen Bewerbungsmappe, für ein Anti-Gewalt-Training wurden mögliche Ziele bereits in Abschn. 1 beschrieben. Auf dieser Ebene der Maßnahmen ist der Vollzug wirksam, wenn die Aktivitäten in den Maßnahmen dazu führen, dass die (einzelnen) *Maßnahmenziele* erreicht werden.
- Betrachtet man den individuellen Strafvollzugsverlauf „insgesamt", geht es nicht um einzelne Maßnahmen und ihre Ziele, sondern, auf einer gröberen Auflösungsebene, gewissermaßen über alle Maßnahmen hinweg, um die Reduktion von Risikofaktoren und die Linderung von Problemlagen, die mit der Rückfälligkeit und einer sozial wenig verantwortlichen Lebensführung in Zusammenhang stehen. Die Ziele des Strafvollzugs auf dieser Ebene lassen sich als *Leistungsziele* bezeichnen.
- Beim Gedanken an die Wirksamkeit des Strafvollzugs kommen Politik, Medien und auch Strafvollzugspraxis zumeist als erstes das Rückfallkriterium in den Sinn, möglicherweise auch die soziale Integration der Entlassenen (Unterkunft, Beschäftigung, Finanzierung des eigenen Lebensunterhalts, soziale Beziehungen). Da es sich um Ziele/Outcomes handelt, die im gesellschaftlichen Bereich (außerhalb des Strafvollzugs) liegen, kann man sie als *Wirkungsziele* bezeichnen. Auch in der internationalen Forschung dominiert das Rückfallkriterium die Wirksamkeitsdebatte über den Strafvollzug.

Die drei Zielebenen sind kausal im Sinne einer Wirkungskette miteinander verbunden und ineinander verschachtelt. Die Annahme ist: Wenn bei einem Inhaftierten bestimmte Maßnahmen durchgeführt werden (z. B. ein Anti-Gewalt-Training), dann werden seine Fähigkeiten im Umgang mit Konflikten mit anderen Menschen (Maßnahmenziel) verbessert. Damit wird, im Konzert mit anderen Maßnahmen und Gestaltungsprinzipien des Strafvollzugs, seine Befähigung zu einem sozial integrierten Leben ohne Straftaten (Leistungsziel) gesteigert. Damit wiederum wird die Wahrscheinlichkeit erhöht, dass er sich tatsächlich sozial integriert und keine Straftaten mehr begeht (Wirkungsziel). Die Zielebenen haben also unterschiedliche Abstraktionsgrade und die Zahl der möglichen und tatsächlichen Aktivitäten, die ihre Erreichung (oder Nicht-Erreichung) beeinflussen, variiert: Maßnahmenziele werden von einer überschaubareren Zahl an Aktivitäten und Ereignissen beeinflusst als Leistungsziele, wobei beide in viel stärkerem Maße durch die Handlungen und Interventionen des Strafvollzugs erreichbar sind als die Wirkungsziele: Bei letzteren spielen die Leistungen von Bewährungshilfe, Führungsaufsicht, Arbeitsagentur, Jobcentern und vielen anderen Akteuren des Sozialstaats eine Rolle und auch die Einflüsse des sozialen Umfelds dürften insgesamt größer sein. Dies bedeutet auch, dass der (kausale) Nachweis von Wirkungen mit steigender Abstraktionsebene der Ziele schwieriger wird (vgl. dazu Abschn. 3).

Bei der Diskussion über Ziele des Strafvollzugs ist in jedem Fall auch das Schutzziel zu berücksichtigen. Dabei geht es nicht nur um die Verhinderung von Ausbrüchen, Lockerungsmissbräuchen oder Straftaten aus dem Vollzug heraus, sondern auch um Straftaten innerhalb des Vollzugs, etwa Gewaltdelikte unter Gefangenen. Die in diesem Sinne sichere Unterbringung gehört zu den Leistungszielen des Strafvollzugs (Suhling 2009). Die Verhinderung von Gewalt unter Gefangenen könnte dabei auch mit Bezug zum Gegenwirkungsgrundsatz (§ 3 Abs. 2 StVollzG) Zielcharakter haben. Daneben ist in der Wirksamkeitsdebatte bislang zu selten diskutiert worden, ob auch der Angleichungsgrundsatz (§ 3 Abs. 1 des StVollzG) den Status eines Ziels besitzt oder besitzen sollte und ob diesbezüglich entsprechende Outcome-Indikatoren zu erfassen sind.

Grundsätzlich wären daneben übrigens auch noch andere Ziele im Strafvollzug diskutierbar: So gibt es etwa in der ambulanten Arbeit mit Straffälligen einen im Vergleich zum Strafvollzug viel intensiveren Diskurs zur Frage, ob die Unterstützung der Probanden zu einem autonomen, zufriedenstellenden Leben ein wichtiges Anliegen der Tätigkeit sein sollte, das dem (eher dem Gemeinwohl verpflichteten) Ziel der Straftatfreiheit nicht untergeordnet werden sollte (vgl. z. B. die Ausgaben 1/2007 und 3/2007 der Zeitschrift „Bewährungshilfe“).

2.2 Outcome-Indikatoren

Aus der Vielschichtigkeit der Ziele des Strafvollzugs folgt eine ebensolche Heterogenität möglicher Outcome-Indikatoren: Wenn mit anderen Worten über die Wirkungen oder die Wirksamkeit des Strafvollzugs gesprochen wird, sollte genauer bestimmt werden, über welche Zielebene gesprochen wird: Geht es um Ziele (und Outcome-Indikatoren) auf der Ebene von Maßnahmen, des Vollzugs insgesamt oder der Zeit nach der Entlassung? Je nach Ebene sind unterschiedliche Outcome-Indikatoren relevant.

Auf der Ebene der Wirkungsziele nimmt in der internationalen wie nationalen Wirkungsforschung die Legalbewährung/Rückfälligkeit eine zentrale Rolle ein, trotz der vielfältigen Kritik an diesem Maß (vgl. z. B. Obergfell-Fuchs und Wulf 2008; Suhling 2016). Auf der Ebene der Leistungsziele fehlten bislang weitgehend Ansätze zur Messung; eine länderübergreifende Arbeitsgruppe des hessischen und niedersächsischen Justizvollzugs hat hier kürzlich ein „Messinstrument der Wirksamkeit des Strafvollzugs" („MeWiS") entwickelt. Es erfasst die „Befähigung" der Gefangenen zu einem Leben in sozialer Verantwortung ohne Straftaten im Vollzugsverlauf über die Messung von 14 veränderbaren Merkmale in den drei Merkmalsbereichen „Arbeitsmarktfähigkeit", „soziale Integration" und „Verhalten und Einstellungen" jeweils am Strafbeginn und -ende (Suhling et al. 2015). Auf der Ebene der Maßnahmenziele können spezifische Instrumente zur Erfassung von Wissen, Motivation, Kenntnissen oder auch konkreten Verhaltensweisen oder gar Produkten (wie einer Bewerbungsmappe) eingesetzt werden. Hier bieten z. B. die in der Psychologie und der Prognoseforschung erarbeiteten Instrumente und Kriterien einen reichhaltigen Fundus möglicher Operationalisierungen der Outcomes von Behandlungsmaßnahmen (vgl. Rettenberger und von Franqué 2013; Ronan et al. 2014). Die Zielerreichung kann dabei durch Bedienstete oder durch die Teilnehmer/innen selbst beurteilt werden; optimal wird mitunter eine Kombination von Selbst- und Fremdbeurteilung sein.

Zur Erfassung der Aspekte des Schutzziels liegen Instrumente ebenfalls vor, z. B. in den Controllingsystemen der Länder. Aber auch die Dunkelfeldforschung zur Gewalt unter Gefangenen hat brauchbare Instrumente entwickelt (vgl. dazu Baier und Bergmann 2013; Neubacher 2014; Neubacher & Boxberg, in diesem Band). Mögliche weitere Outcome-Indikatoren für Gegenwirkungs- und Angleichungsgrundsatz sind nicht bekannt, aber denkbar.

Wie bei der Definition von Zielen des Strafvollzugs gilt bei den Outcome-Indikatoren, dass sie nicht „naturgegeben" sind, sondern ihre Auswahl eine Entscheidung der an der Wirkungsforschung beteiligten Personen und Institutionen ist – so wie auch beim Output-orientierten Controlling die Indikatoren zum Gegenstand eines Diskurses gemacht werden können und sollten.

An dieser Stelle ist auch darauf hinzuweisen, dass der Blickwinkel auf den Strafvollzug und die damit verbundene Anspruchshaltung soweit führen können, dass vorliegend als Outcome definierte Indikatoren gar nicht als solche gesehen werden: So betrachtet Bernd Maelicke (in diesem Band, Abb. 4) die Rückfälligkeit/Legalbewährung als einzigen Outcome-Indikator des Strafvollzugs; für ihn stellen die Ergebnisse des Einflusses des Strafvollzugs, wie sie sich am Maßnahmenende oder am Ende des Aufenthalts im Strafvollzug darstellen, nur einen Output dar. Wirkungsorientierung bedeutet für ihn also grundsätzlich die Orientierung an Ergebnissen, die außerhalb des Strafvollzugs liegen. Diese Fokussierung auf distale Erfolgsindikatoren ist in seiner Sichtweise insofern stimmig, als Maelicke den Strafvollzug als einen von vielen Bestandteilen des Resozialisierungssystems versteht, deren gemeinsames Ziel die Verhinderung von Rückfällen ist. Die Akteure können in der Auffassung Maelickes nur im Konzert wirkungsvoll werden. Die im vorliegenden Ansatz vertretene Position versucht hingegen, auch proximalere (Leistungs- und Maßnahme-) Ziele des Strafvollzugs und ihre Outcomes zu explizieren, da eine Wirkungsforschung, die sich ausschließlich am Kriterium der Legalbewährung orientiert, kaum allein zu empirischen Evaluationsergebnissen führen wird, die wirkungsorientierte Steuerungsmodelle prägen können. Der Strafvollzug braucht mit anderen Worten im Kontext der komplexen Leistung der Resozialisierung „eigene“ Ziele und Outcomes, die weniger von den anderen Akteuren des Reso-Systems beeinflusst werden und gleichzeitig mit dem „großen“ Ziel der Legalbewährung assoziiert sein dürften.

3 Wirkungsforschung im Strafvollzug

Nach der Definition von Zielen und Outcome-Indikatoren (sowie möglichen nicht-intendierten Resultaten) ist zu erforschen, mit welchen Maßnahmen und Praktiken im Strafvollzug diese am besten zu erreichen sind. An dieser Stelle kann natürlich kein Überblick über die Prinzipien der Evaluationsforschung und ihre Anwendung auf den Strafvollzug gegeben werden (vgl. Lösel 2008 sowie Suhling 2012 für einige Aspekte). Die Entwicklung einer „evidenzbasierten Praxis“, die auf soliden Ergebnissen der Evaluations- bzw. Wirkungsforschung beruhen, erfordert neben der Definition von Zielen und der Identifikation von Outcomes idealtypisch folgende Schritte (vgl. auch Dodge und Mandel 2012):

1. Formulierung und Überprüfung theoretischer Modelle über die Entstehung von Outcomes (z. B. Selbstkontrolle, Wutneigung, Verschuldung, antisoziale Einstellungen) und ihrer Zusammenhänge (z. B. mit der – auch wiederholten – Begehung von Straftaten). Dazu ist auch Forschung zur objektiven, reliablen und validen Messung der Outcome-Indikatoren nötig.
2. Formulierung theoretischer Modelle zur Beeinflussbarkeit der Outcomes durch Interventionen und Entwicklung von Maßnahmen (z. B. Anti-Gewalt-Trainings) und/oder Praktiken (z. B. Verstärkung für prosoziales Verhalten, motivierende Gesprächsführung)

3. Überprüfung der Wirksamkeit der Maßnahmen und Praktiken in methodisch hochwertigen und kontrollierten Evaluationsstudien
4. Überprüfung der Wirksamkeit der Maßnahmen und Praktiken unter „realen" Alltags-Bedingungen[1]
5. Bei positiven Wirkungen und ausbleibenden negativen nicht-beabsichtigten Resultaten: Aufnahme der Maßnahmen und Praktiken in die Versorgung; Verbreitung der Maßnahme und fortlaufende Qualitätskontrolle

Dieses idealtypische Phasenmodell wird wohl in der Praxis, gerade im Kontext kriminalpräventiver Maßnahmen, eher selten durchlaufen, auch wenn, wie oben erwähnt, die Debatte – gerade in den USA – recht lebendig ist. Eine strenge Orientierung an diesem Modell würde für den deutschen Strafvollzug bedeuten, dass es wohl viele Jahre dauern würde, bis relevante Erkenntnisse gewonnen und wirksame Maßnahmen identifiziert sind. Auf dem Weg zu einer wirkungsorientierten Steuerung des Vollzugs wird man mit anderen Worten zunächst Abstriche machen müssen, zumal sich – nicht nur im Strafvollzug – viele methodische Fallstricke und offene Fragen ergeben (z. B. Guéridon 2016). Zum Beispiel muss befürchtet werden, dass Selbstauskünfte der Gefangenen (z. B. zu ihrer Selbstkontrolle, Wutneigung) nicht unverzerrt von Einflüssen bleiben, sich selbst in einem möglichst positiven Licht darzustellen. Auch Fremdbeurteilungen durch Bedienstete können einem Bias unterliegen, etwa zur Zuschreibung einer positiven Entwicklung beim Gefangenen im Rahmen einer Behandlungsmaßnahme, wenn diese durch die beurteilende Person selbst durchgeführt wurde. Methodisch strenge Untersuchungsdesigns wie echte Experimente lassen sich im Strafvollzug oftmals auch nicht realisieren, weil ethische Bedenken und/oder rechtliche Vorschriften die zufällige Zuweisung von Gefangenen zu Maßnahmen bzw. der (in Bezug auf diese Maßnahme unbehandelten) Kontrollgruppe nicht zulassen. Diese Grenze tritt z. B. bei der Evaluation der Sozialtherapie auf, die gesetzesmäßig für bestimmte Gefangene vorgesehen ist, die dorthin zu verlegen sind.

Diese oder ähnliche Herausforderungen gibt es indes in den meisten Anwendungsfeldern sozialwissenschaftlicher (Evaluations-)Forschung und dürfen kein Grund dafür sein, die Idee der Evidenzbasierung und der wirkungsorientierten Steuerung insgesamt abzulehnen oder gar Wirkungsforschung sein zu lassen. Grundsätzlich eignet sich der Strafvollzug nämlich sehr gut als Forschungsfeld,

[1]Wirksamkeit in kontrollierten Studien (Schritt 3) wird im Englischen als „efficacy" bezeichnet, Wirksamkeit unter Alltagsbedingungen (Schritt 4) als „effectiveness".

und mit der Übernahme Output-orientierter Steuerungsmodelle sind auch schon wichtige Schritte zu Outcome-orientierten Modellen gemacht worden. Auch gibt es mittlerweile Beispiele für gelungene randomisierte Versuchsdesigns (z. B. die Evaluation der Berufswegeplanung, Prätor und Häßler 2016 sowie die Evaluation von Naikan, Ansorge 2011).

3.1 Mangel an Wirksamkeitsstudien

Ein zentrales aktuelles Hindernis für eine wirkungsorientierte Steuerung des Strafvollzugs ist allerdings der Mangel an Wirksamkeitsstudien zu Maßnahmen und Praktiken im Strafvollzug. Es gibt einfach zu wenige – zumal deutsche – Erkenntnisse darüber, „what works". Auch wenn es Anzeichen für eine Verbesserung der Situation gibt (vgl. ausführlich Suhling und Neumann 2015, sowie die Beiträge in diesem Band), ist die Zahl der Studien insgesamt überschaubar. Zwar hat mit dem Ausbau der Kriminologischen Dienste auch die anwendungsbezogene Forschung zum Strafvollzug zugenommen (Suhling und Prätor 2014; vgl. auch Heft 3/2016 der Zeitschrift „Forum Strafvollzug"), es fehlen aber an allen Ecken und Enden verlässliche Befunde. Aktuell kommt es beispielsweise auch nur selten vor, dass die Zielerreichung von Maßnahmenteilnehmern standardisiert erfasst wird oder dass der Strafvollzug am Ende des Vollzugsaufenthalts eines Gefangenen eine systematische Bestandsaufnahme des Erreichten bzw. der Veränderungen während der Haftzeit vornimmt. Zu selten werden vollzugliche Maßnahmen wissenschaftlich begleitet, nicht nur hinsichtlich der Ergebnis- bzw. Wirkungsfeststellung, sondern auch im Hinblick auf die Durchführung der Maßnahme und damit ihre Prozessqualität. Aktuell werden zwar manche Prozessindikatoren als Output in Controllingsystemen abgebildet (z. B. die Zahl der Abbrecher), aber über die Qualität der Interaktionen, das Ausmaß der Abweichungen vom Maßnahmenkonzept und andere Merkmale der Implementation weiß man wenig (so schon Lösel und Bender 1997).

Diese Mängelfeststellung betrifft nicht nur die verschiedenen Phasen der Entwicklung einer evidenzbasierten Praxis, sondern konsequenterweise erst recht eine neue Richtung der Evaluationsforschung, die sich mit der Frage beschäftigt, wie Evaluationsergebnisse in die Praxis umgesetzt werden können, wie also z. B. Kriminalpolitik, Verantwortliche für den Strafvollzug in den Aufsichtsbehörden, Anstaltsleitungen und Praktikerinnen und Praktiker davon überzeugt werden können, Erkenntnisse der Wirkungsforschung zur Kenntnis zu nehmen und sie umzusetzen (vgl. z. B. Müller 2014). Diese Fragestellung lässt sich nicht unter

„What works?“ fassen, sondern unter „Making what works work“ (Andrews und Bonta 2010, S. 396). Im kommenden Abschnitt geht es jedoch zunächst darum, was benötigt wird, um die Wirkungsforschung im Strafvollzug zu verbessern und somit eine Grundlage für eine wirkungsorientierte Steuerung zu schaffen.

3.2 Was braucht Wirkungsforschung im Strafvollzug?

Zur Verbesserung der Wirkungsforschung im Strafvollzug werden vorliegend strukturelle Voraussetzungen auf der Ebene des Strafvollzugs genauso thematisiert wie Struktur- und Prozessbedingungen von Maßnahmen und die Messung der Ergebnisqualität (vgl. auch Guéridon 2016). Die aus Platzgründen stichwortartige Aufzählung ist auch inspiriert von dem Aufsatz von Hartenstein et al. (2016) vom Kriminologischen Dienst Sachsen und sicherlich nicht abschließend.

Strukturelle Voraussetzungen auf der Ebene des Strafvollzugs

- Der Strafvollzug braucht Offenheit und Bereitschaft zur Selbstreflektion, zum Hinterfragen dessen, was „man schon immer so gemacht“ hat und zum Lernen aus Erfahrung. Wirkungsforschung ist potenziell bedrohlich, da auch herauskommen kann, dass Praktiken und Maßnahmen, die zu einem „passen“ und die man für wirkungsvoll hält, möglicherweise nicht oder nur eingeschränkt wirksam sind. Unter anderem die kriminal- und justizpolitische Bedeutung, die hierarchische Organisation des Strafvollzugs und eine recht einseitig auf Verantwortungszuschreibung ausgelegte Fehlerkultur bedingen mitunter umfassende „Absicherungsstrategien“ aller Bediensteten, die das Eingeständnis von Irrtümern und das „offene“ Nachdenken über Verbesserungsmöglichkeiten erschweren. Selbstverständlich ist das keine Zustandsbeschreibung für den ganzen Strafvollzug, aber insgesamt braucht es mehr Raum für Reflexion und Selbstkritik.
- Diese Haltungen sollten durch verantwortliche Personen in Aufsichtsbehörde und Anstaltsleitung gefördert werden, indem die Bereitschaft signalisiert wird, einen gemeinsamen Diskurs mit Bediensteten über die Wirksamkeit vollzuglicher Maßnahmen, aber auch vollzuglicher Strategien zu führen. Es sollte eine Kultur in den Anstalten geschaffen werden, die auf positive Entwicklungen setzt sowie das Bestreben, als Organisation den Gesetzesauftrag besser zu erfüllen – und damit auch die Zufriedenheit in den Anstalten zu fördern. Diese Haltung impliziert, dass es nicht darum gehen darf, bei

ungünstigen Ergebnissen einzelne „Schuldige“ zu suchen oder Justizvollzugsanstalten im Rahmen von Haushaltsverhandlungen und Zielvereinbarungsgesprächen für solche abzustrafen.

- In diesem Zusammenhang ist ein Interesse der Praxis an Evaluation wichtig. Dazu gehört auch die leider nicht selbstverständliche Auffassung, dass wissenschaftliche Untersuchungen überhaupt gültige und relevante Erkenntnisse für die eigene Tätigkeit liefern können. Hier sind Aufklärungs- und Fortbildungsveranstaltungen ein mögliches Mittel.
- Es braucht Forscherinnen und Forscher, die bereit sind, sich auf Evaluation in der Strafvollzugspraxis einzulassen und die auch (z. B. durch die Langfristigkeit ihrer Beschäftigung) in der Lage sind, Wirkungsforschung im Strafvollzug vorzubereiten, durchzuführen und die Ergebnisse mit der Praxis zu diskutieren und gemeinsam Schlussfolgerungen abzuleiten.
- Nötig sind deutliche Verbesserungen der finanziellen Ressourcen für die Wirkungsforschung. Zwar wurden die Kriminologischen Dienste in den letzten Jahren ausgebaut (vgl. Suhling und Prätor 2014), aber die eigenen personellen und finanziellen Mittel und die Mittel für die gezielte Förderung universitärer Forschung sind zu knapp, um intensiv Wirkungsforschung betreiben zu können.
- Dazu kommt leider auch ein insgesamt geringes Interesse der Universitäten und sonstigen Forschungseinrichtungen an Evaluationsforschung im Strafvollzug (vgl. Koop 2013). Hier würde es vermutlich auch einer stärkeren „Einladung“ durch den Vollzug bedürfen – die wiederum ohne finanzielle Anreize wenig wirksam werden dürfte. Eine solche „Einladung“ müsste auch durch die Bereitschaft des Vollzugs signalisiert werden, sich auf methodisch anspruchsvolle Untersuchungsdesigns einzulassen, die häufig aufwendig zu implementieren sind, Personalkapazitäten binden und in der Praxis Erläuterungsbedarf hervorrufen (die also mit anderen Worten als „nervig“ empfunden werden können und die Motivierungsarbeit beim Personal erfordern).
- Der Vollzug benötigt unbedingt ein EDV-gestütztes Dokumentationssystem, das relevante Merkmale der Gefangenen und ihres Vollzugsverlaufs sowie der „Ergebnisse“ am Ende der Haft erlaubt. Soziodemografische und legalbiografische Daten, Informationen zur sozialen Integration vor der Haft, zur Persönlichkeit, zu individuellen Stärken und Ressourcen sowie zu sog. „kriminogenen Bedarfen“, also rückfallrelevanten und gleichzeitig veränderbaren Defiziten und Problemlagen, müssten ergänzt werden um Daten zu geplanten Maßnahmen und dem Ausgang der Planung während des Haftverlaufs. Solch ein System würde eine Vielzahl von Analysen zur Prozess- und Ergebnisqualität von Maßnahmen ermöglichen. Ideal wäre, wenn zum Strafende eine Erhebung des

Ausgangsstatus stattfinden würde, in dem das Erreichte bilanziert wird (vgl. dazu Suhling et al. 2015).

Erfassung von Strukturbedingungen von Maßnahmen
Für die Analyse der Strukturqualität von Behandlungs- und auch Qualifizierungsmaßnahmen sind deren Konzepte zentral:

- Maßnahmen sollten über Konzepte verfügen, in denen Rahmenbedingungen, „Input der Anstalt" (z. B. Räume, Personal, Material) und Qualifikation der Anbieter/Durchführenden, Merkmale der Zielgruppe, Maßnahmenziele und geplante Aktivitäten sowie verwendete Methoden dargelegt sind.
- Wichtig ist, dass Ziele formuliert werden, deren Erreichung schon im Vollzug messbar ist. Nur so lassen sich geeignete Outcome-Indikatoren finden.
- Es sollten die Wirkungsannahmen und Wirkungsketten in den Konzepten beschrieben und idealerweise auch veranschaulicht werden.

Erfassung von Prozessbedingungen von Maßnahmen

- Für die Analyse der Prozesse „Planung von Maßnahmen", „Zuweisung/Ablehnung" und „vorzeitiger Ausschluss/Abbruch" werden u. a. Informationen über die Merkmale der Gefangenen benötigt (s. o. zum EDV-Dokumentationssystem).
- Wichtig ist eine Dokumentation des Maßnahmenverlaufs: Zahl der Sitzungen, jeweilige Dauer, anwesende Durchführende und Gefangene, Themen, mögliche Störungen und Abweichungen vom geplanten Ablauf.
- Für die Analyse der Interaktionsqualität und der tatsächlichen Umsetzung des Konzepts sind Tonband- oder Videoaufnahmen günstig.
- Es sollten Messungen zur Zufriedenheit der Teilnehmenden und anderen Aspekten der Prozessqualität stattfinden (z. B. Arbeitsbeziehung zu Durchführenden, Gruppenklima).
- Idealerweise finden auch behandlungszielbezogene Veränderungsmessungen während der Maßnahme (und nicht nur zu Beginn und am Ende) statt.
- Gut wäre, wenn Intervisions-, Supervisions- und Coaching-Maßnahmen der Durchführenden in Bezug auf die Maßnahme dokumentiert würden.

Erfassung der Ergebnisqualität von Maßnahmen

- Eine Sichtung, Anpassung oder Entwicklung von Instrumenten zur Messung von Outcome-Indikatoren ist essenziell. Die Objektivität, Reliabilität und Validität dieser muss überprüft werden. Idealerweise führt dies für die zentralen

Maßnahmen im Vollzug zu einem „Methodenkoffer“ mit Instrumenten auf der Basis von Selbstauskünften durch die Gefangenen und Fremdbeurteilungen durch die Bediensteten.

- Die Instrumente sollten an großen Stichproben Gefangener auch normiert werden, um individuelle Ergebnisse einordnen zu können.
- Die Entwicklung und Implementation von Messinstrumenten, die wenig anfällig für Verzerrungen und Verfälschungen sind (z. B. implizite Maße, Leistungstests), sollte vorangetrieben werden.
- Behandlungszielbezogene Ergebnismessungen, auch im Rahmen von Vorher-Nachher-Vergleichen und anderen Varianten der Veränderungsmessung, sollten durchgeführt werden.
- Es sollten Untersuchungsdesigns mit Vergleichs- und Kontrollgruppen realisiert werden. Dabei sollte, wo möglich, auch auf echt-experimentelle Pläne (mit Zufallszuweisung zu Behandlungs- und Vergleichsgruppe) zurückgegriffen werden. Ansonsten können mithilfe des angesprochenen EDV-Dokumentationssystems auch methodisch anspruchsvolle quasi-experimentelle Designs realisiert werden. Auch Vergleiche zwischen gleichen Maßnahmen in unterschiedlichen Settings/Anstalten sowie zwischen unterschiedlichen Maßnahmen mit gleichen Behandlungszielen sollten durchgeführt werden (vgl. in Bezug auf die Sozialtherapie und entsprechendes „Benchmarking“ Suhling und Guéridon 2016). Untersuchungen unter „idealen“ und unter „realen“ Bedingungen sollten einander ergänzen.
- Wenn auch die Legalbewährung/Rückfälligkeit als Outcome betrachtet werden soll, wäre es günstig und wichtig, auch Informationen über die soziale Integration, die Entwicklung „kriminogener Bedarfe“ in Freiheit und die Unterstützungs- und Hilfsdienstleistungen anderer Akteure (Bewährungshilfe, Führungsaufsicht, JobCenter/Arbeitsagentur, Beratungsstellen usw.) zu erheben und sie mit den im Vollzug gesammelten Daten zu verknüpfen. Dies gestaltet sich aktuell praktisch wie datenschutzrechtlich als äußerst schwierig. Für eine im Hinblick auf das komplexe Ziel der Resozialisierung angemessene Wirkungsforschung erscheint eine Fokussierung auf den Strafvollzug aber zu kurz gegriffen. Im Prinzip kann damit aktuell festgestellt werden, dass eine methodisch „abgesicherte“ Resozialisierungsforschung mit dem Legalbewährungskriterium starken Einschränkungen unterliegt.
- Effizienzanalysen in Form von Kosten-Wirksamkeits-, Kosten-Nutzen oder „Social Return on Investment“-Berechnungen sollten durch die zusätzliche Erfassung von Kosten der Maßnahmen ermöglicht werden.

4 Von der Wirkungsforschung zur wirkungsorientierten Steuerung

Evaluations- und Wirkungsforschung ist in der Lage, den Nutzen von Maßnahmen und Praktiken aufzuzeigen. Dabei erscheint es wichtig, nicht nur die Wirkungen von Maßnahmen und Praktiken zu ergründen („ob"), sondern auch die Wirkungszusammenhänge und die der Wirkung zugrunde liegenden Prozesse („wie"). Deshalb sind Forderungen nach einem methodisch breiten Ansatz berechtigt, der quantitative und qualitative, summative und formative Aspekte vereint (z. B. Dollinger 2015; Maruna 2015).

Damit Evaluation und Wirkungsforschung im Strafvollzug auch einen „Steuerungsnutzen" (Stockmann 2012) entfalten können, müssen die gewonnenen Erkenntnisse in vielfältiger Weise verarbeitet werden. Folgt man einem technokratischen Verständnis wirkungsorientierter Steuerung, würden die Ergebnisse dazu führen, dass die Aufsichtsbehörden in der Folge schlicht vorgeben, dass nur noch solche Maßnahmen durchgeführt und nur noch solche Praktiken im Strafvollzug zur Anwendung kommen dürfen, die sich in den Studien bewährt haben. Man müsste sich dann vor allem darum kümmern, die Bediensteten in diesen Maßnahmen fortzubilden und das Controlling-System so umzubauen, dass entsprechende Anreize zur Implementation dieser Maßnahmen geschaffen werden.

Der Weg zu einer wirkungsorientierten Steuerung des Vollzugs wird indes eine breit angelegte Strategie erfordern, in die die Beteiligten in den Anstalten intensiv eingebunden werden müssen. Die Evaluationsforschung hat gezeigt, dass Ergebnisse umso eher auch zu ergebniskonformen Veränderungen führen, wenn die „Stakeholder", also diejenigen, die von den Ergebnissen betroffen sind, an der Wirkungsforschung und ihrer Diskussion beteiligt waren. Evaluation und Wirkungsforschung sind potenziell bedrohlich und werden auf Widerstand stoßen – umso mehr, je weniger partnerschaftlich bzw. partizipatorisch und je „managerialistischer" sie durchgeführt werden und je weniger die Praxis für sich (und für die Gefangenen) einen Nutzen erkennen kann.

Wichtig ist in jedem Fall die Definition von Zielen und Outcome-Indikatoren als erstem Schritt. Schon dann kann man auf dem Weg zur wirkungsorientierten Steuerung Maßnahmenkonzepte auf Kompatibilität mit den gewonnenen Vorstellungen überprüfen. Vor eigenen Wirksamkeitsuntersuchungen sollte vor der Neukonzeption von Behandlungsmaßnahmen zu bestimmten Zielbereichen auch zunächst einmal der (nationale und internationale) Markt sondiert werden: Gibt es zu diesem Behandlungsziel bereits evaluierte Programme? In manchen Bundesländern soll es sogar vorkommen, dass Wissen über die Existenz bereits existierender Programme nicht einmal anstaltsübergreifend vorliegt.

Da die meisten deutschen Programme den o. g. Standards des Wirksamkeitsnachweises nicht genügen dürften, muss die Wirkungsforschung ausgebaut werden. Hier wäre es durchaus begrüßenswert, wenn zunächst auch methodisch „schwächere" Untersuchungsdesigns implementiert werden, in denen z. B. Messmethoden und -instrumente ausprobiert werden. Zunächst wird es also auch nötig sein, „Evidenzbasierung" niedrigschwellig zu definieren, Abstriche bei den hohen methodischen Anforderungen zu machen, die in anderen Gebieten der Prävention vorherrschen. Mit wachsenden Erfahrungen und Routine sollten dann auch aufwendigere Studien folgen. Auch müssen Untersuchungen zur Struktur- und Prozessqualität von vornherein mitgeplant werden.

Viele der in den aktuellen Controlling-Kennzahlensystemen vorhandenen (Output-) Informationen wird man in einer outcomeorientierten Steuerung weiterverwenden. Wirkungsorientierung wurde in diesem Text begrifflich auf Wirkungen bei den Gefangenen und in der Folge für die Gesellschaft beschränkt. Wirkungen soll ein Steuerungsmodell jedoch immer auch auf die Bediensteten haben. Möglicherweise sind auch in diesem Bereich neben den schon existierenden Kennzahlen neue Indikatoren zu schaffen (neben Krankheits- und Fortbildungstagen z. B. Einstellungen zum Beruf, Arbeitszufriedenheit, Selbstwirksamkeitserleben), deren Erfassung zwar einen größeren Aufwand bedeutet, die Akzeptanz der Wirkungsorientierung aber erhöhen dürfte.

Zu den Grenzen einer „wirkungsforschungsbasierten" Steuerung gehört, dass Forschungsergebnisse selbst bei hohen methodischen Standards oftmals vage und interpretationsbedürftig sind. Eine einfache Übersetzung in Handlungsempfehlungen oder gar -vorschriften ist mit anderen Worten nur selten möglich. Wirkungsforschung kann deshalb nicht einfach zur Bereitstellung starrer Verhaltensrezepte und administrativer Handlungsvorschriften führen, sondern sollte in der „Erweiterung der professionellen Entscheidungsgrundlage um empirisch fundierte Erkenntnisse (‚evidenzbasierte Professionalisierung')" (Albus et al. 2009, S. 59) bestehen. Die Bediensteten im Strafvollzug sind keine Mechaniker, die bei Problem A routinemäßig Handgriff X ausführen; Ermessen auf der Grundlage individueller beruflicher Erfahrungen wird durch eine evidenzbasierte Praxis selten verzichtbar. Es wäre auch ein falsches Verständnis von Evidenzbasierung, wenn man glaubte, sie würde einem schematischen Umgang mit Problemen und Probanden Vorschub leisten. Allerdings liefern Forschungsergebnisse hin und wieder auch im kriminalpräventiven Kontext Hinweise auf die Überlegenheit eines evidenz- bzw. regelbasierten Vorgehens gegenüber einer Orientierung an subjektiven Erfahrungen: Studien zur Kriminalprognose zeigen etwa, dass die auf der Basis von rigoroser empirischer Forschung entwickelten Prognoseinstrumente Rückfälligkeit besser vorhersagen, wenn das Ergebnis des Verfahrens nicht durch die

Anwender ideografisch bzw. auf der Basis professioneller Einschätzungen verändert wird (also kein „professional override" vorgenommen wird; z. B. Wormith et al. 2012; Schmidt et al. 2016).

Wirkungsorientierte Steuerung kann natürlich nur in den Grenzen der Rechtmäßigkeit des Verwaltungshandelns stattfinden. Dollinger (2015) weist z. B. darauf hin, dass „der präventive Anspruch der Evidenzbasierung an sich keine Grenze kennen kann" (S. 432). Rein empirisch betrachtet sei etwa die Inhaftierung aller 14–21-jährigen Menschen ein wirksames Mittel gegen Jugendkriminalität. In ähnlicher Weise könnte die Kastration aller Sexualstraftäter eine „evidenzbasierte" Maßnahme sein und die Todesstrafe das beste Mittel zur Verhinderung der Rückfälligkeit der Täter. Wirkungsforschung und ihre Umsetzung in Steuerungsentscheidungen muss unter anderem die Verhältnismäßigkeit im Blick haben.

Aus hiesiger Sicht wäre es wünschenswert, eine Art Modellprogramm zum wirkungsorientierten Strafvollzug zu initiieren. In der Jugendhilfe hat es zwischen 2006 und 2009 ein vom BMFSFJ finanziertes bundesweites Projekt „Wirkungsorientierte Jugendhilfe" gegeben, das an 11 Standorten durchgeführt und wissenschaftlich von der Universität Bielefeld begleitet wurde (Albus et al. 2010). Angesichts föderalisierter Strukturen dürfte eine analoge Realisierung im Strafvollzug zwar schwierig sein. Bisherige Erfahrungen mit bundesweiten Forschungsprojekten wie z. B. der länderübergreifenden Evaluation des Jugendstrafvollzugs (vgl. Lobitz et al. 2012), in deren Rahmen unter anderem ein gemeinsam finanziertes Projektsekretariat entstanden ist, könnten allerdings als Vorbild für solch ein Projekt dienen. Wenn es in mehreren Bundesländern ähnliche Projekte gäbe, könnte auch eine Universität oder Hochschule mit der Begleitforschung beauftragt werden. Ziel wäre dabei, wirksame Strategien zur Implementation von Wirkungsforschung und zur Einführung wirkungsorientierter Steuerung im Strafvollzug im Sinne von „best practices" zu identifizieren. Vielleicht wäre das ein weiterer Baustein der angemessenen Umsetzung der Evaluationsforderung des Bundesverfassungsgerichts und der Länder-Strafvollzugsgesetze.

Literatur

Albus, S., & Ziegler, H. (2013). Wirkungsforschung. In G. Graßhoff (Hrsg.), *Adressaten, Nutzer, Agency. Akteursbezogene Forschungsperspektiven in der Sozialen Arbeit* (S. 163–180). Wiesbaden: Springer VS.

Albus, S., Greschke, H., Klingler, B., Messmer, H., Micheel, H.-G., Otto, H.-U., & Polutta, A. (2009). Elemente wirkungsorientierter Jugendhilfe und ihre Wirkungsweisen: Erkenntnisse der wissenschaftlichen Evaluation des Bundesmodellprogramms. In ISA Planung und Entwicklung GmbH (Hrsg.), *Praxishilfe zur wirkungsorientierten Qualifizierung der Hilfen zur Erziehung* (S. 24–60). http://www.wirkungsorientierte-jugendhilfe.de/seiten/material/wojh_schriften_heft_9.pdf. Zugegriffen: 21. Juli 2016.

Albus, S., Greschke, H., Klingler, B., Messmer, H., Micheel, H.-G., Otto, H.-U., & Polutta, A. (2010). *Wirkungsorientierte Jugendhilfe. Abschlussbericht der Evaluation des Bundesmodellprogramms „Qualifizierung der Hilfen zur Erziehung durch wirkungsorientierte Ausgestaltung der Leistungs-, Entgelt- und Qualitätsvereinbarungen nach §§ 78a ff SGB VIII"*. Münster: Waxmann.

Andrews, D. A., & Bonta, J. (2010). *The psychology of criminal conduct* (5. Aufl.). New Providence: LexisNexis.

Ansorge, N. (2011). Evaluation von Naikan im Justizvollzug – Erste Zwischenergebnisse. In N. Saimeh (Hrsg.), *Kulturelle und therapeutische Vielfalt im Maßregelvollzug. Materialien der 26. Eickelborner Fachtagung zu Fragen der Forensischen Psychiatrie* (S. 123–130). Bonn: Psychiatrie-Verlag.

Baier, D., & Bergmann, M. C. (2013). Gewalt im Strafvollzug – Ergebnisse einer Befragung in fünf Bundesländern. *Forum Strafvollzug, 62,* 76–83.

Beywl, W., & Niestroy, M. (o. J.). *Das A-B-C der wirkungsorientierten Evaluation.* Köln: Univation.

Bogumil, J., Grohs, S., & Kuhlmann, S. (2011). Evaluation des Neuen Steuerungsmodells. In B. Blanke, F. Nullmeier, C. Reichard, & G. Wewer (Hrsg.), *Handbuch zur Verwaltungsreform* (4. Aufl., S. 554–562). Wiesbaden: Springer VS.

Bromme, R., Prenzel, M., & Jäger, M. (2012). Empirische Bildungsforschung und evidenzbasierte Bildungspolitik. Eine Analyse von Anforderungen an die Darstellung, Interpretation und Rezeption der Befunde. *Zeitschrift für Erziehungswissenschaften, 17,* 3–54.

Dodge, K. A., & Mandel, A. D. (2012). Building evidence for evidence-based policy making. *Criminology & Public Policy, 11,* 525–534.

Dollinger, B. (2015). Was wirkt aus wessen Perspektive? Aktuelle Tendenzen der „evidence-based criminology" und ihre Konsequenzen für Politik und professionelle Praxis. *Monatsschrift für Kriminologie und Strafrechtsreform, 98,* 428–443.

Fleck, V. (2004). *Neue Verwaltungssteuerung und gesetzliche Regelung des Jugendstrafvollzuges*. Mönchengladbach: Forum Verlag.

Gerlach, S. (2009). Der Weg zur Wirkungsorientierung. Ein Werkstattbericht aus Berlin. *Forum Strafvollzug, 58,* 286–289.

Groeger-Roth, F. (2014). Die „Grüne Liste Prävention" – ein Beitrag zur nachhaltigen Kriminalprävention. In W. Schubarth (Hrsg.), *Nachhaltige Prävention von Kriminalität, Gewalt und Rechtsextremismus. Beiträge aus Wissenschaft und Praxis* (S. 127–143). Potsdam: Universitätsverlag.

Guder, P., & Sonnen, B.-R. (2014). Nachhaltige Kriminalprävention: Nationale und internationale Entwicklung. In W. Schubarth (Hrsg.), *Nachhaltige Prävention von Kriminalität, Gewalt und Rechtsextremismus. Beiträge aus Wissenschaft und Praxis* (S. 57–96). Potsdam: Universitätsverlag.

Guéridon, M. (2016). Ist eine Evaluation der Wirksamkeit von Sozialtherapie überhaupt möglich? *Rechtspsychologie, 2,* 285–309.

Hartenstein, S., Hinz, S., & Meischner-Al-Mousawi, M. (2016). Transparenz, Reflexion, Veränderung. *Forum Strafvollzug, 65,* 172–176.

Kettinger, D., & Schwander, M. (2011). Wirkungsorientierung in der Sozialen Arbeit – Möglichkeiten und Grenzen. In A. Fritze, B. Maelicke, & B. Uebelhart (Hrsg.), *Management und Systementwicklung in der Sozialen Arbeit* (S. 114–133). Baden-Baden: Nomos.

Koop, G. (2013). Fragen an die Kriminologie… aus Sicht des Strafvollzuges. *Monatsschrift für Kriminologie und Strafrechtsreform, 96,* 201–206.

Kunz, R., Ollenschläger, G., Raspe, H., Jonitz, G., & Donner-Banzhoff, N. (Hrsg.). (2007). *Lehrbuch evidenzbasierte Medizin in Klinik und Praxis* (2. Aufl.). Köln: Dt. Ärzte-Verlag.

Legewie, J. (2012). Die Schätzung von kausalen Effekten: Überlegungen zu Methoden der Kausalanalyse anhand von Kontexteffekten in der Schule. *Kölner Zeitschrift für Soziologie und Sozialpsychologie, 64,* 123–153.

Lobitz, R., Steitz, T., & Wirth, W. (2012). Evaluationen im Jugendstrafvollzug. Perspektiven einer empirischen Maßnahme- und Falldatenanalyse. *Bewährungshilfe, 59,* 163–174.

Lösel, F. (2008). Doing evaluation research in criminology: Balancing scientific and practical demands. In R. D. King & E. Wincup (Hrsg.), *Doing research on crime and justice* (2. Aufl., S. 141–169). Oxford: University Press.

Lösel, F., & Bender, D. (1997). Straftäterbehandlung: Konzepte, Ergebnisse, Probleme. In M. Steller & R. Volbert (Hrsg.), *Psychologie im Strafverfahren* (S. 171–204). Bern: Huber.

Lösel, F., Bender, D., & Jehle, J.-M. (Hrsg.). (2007). *Kriminologie und wissensbasierte Kriminalpolitik.* Mönchengladbach: Forum Verlag.

Macsenaere, M. (2013). Wirkungsforschung in den Hilfen zur Erziehung. In G. Graßhoff (Hrsg.), *Adressaten, Nutzer, Agency. Akteursbezogene Forschungsperspektiven in der Sozialen Arbeit* (S. 211–225). Wiesbaden: Springer VS.

Maruna, S. (2015). Qualitative research, theory development, and evidence-based corrections: Can success stories be "evidence"? In J. Miller & W. R. Palacios (Hrsg.), *Qualitative research in criminology* (S. 311–337). New Brunswick: Transaction.

Müller, W. (2014). Von der angewandten Sozialforschung zur Sozialforschung der Verwendung. In V. Hennefeld, W. Meyer, & S. Silvestini (Hrsg.), *Nachhaltige Evaluation? Auftragsforschung zwischen Praxis und Wissenschaft* (S. 15–40). Münster: Waxmann.

Neubacher, F. (2014). Gewalt im Jugendstrafvollzug – Ein Überblick über Ergebnisse des Kölner Forschungsprojekts. *Forum Strafvollzug, 63,* 320–326.

Nullmeier, F. (2011). Output-Steuerung und Performance Measurement. In B. Blanke, F. Nullmeier, C. Reichard, & G. Wewer (Hrsg.), *Handbuch zur Verwaltungsreform* (4. Aufl., S. 465–475). Wiesbaden: Springer VS.

Nutley, S., Powell, A., & Davies, H. (2013). What counts as good evidence? Provocation paper for the Alliance for Useful Evidence. https://www.alliance4usefulevidence.org/assets/What-Counts-as-Good-Evidence-WEB.pdf. Zugegriffen: 15. Juli 2016.

Obergfell-Fuchs, J., & Wulf, R. (2008). Evaluation des Strafvollzugs. *Forum Strafvollzug, 57,* 231–236.

Otto, H.-U., Polutta, A., & Ziegler, H. (Hrsg.). (2010). *What Works – Welches Wissen braucht die Soziale Arbeit?* Opladen: Budrich.

Prätor, S., & Häßler, U. (2016). *Evaluation des Pilotprojektes „Berufswegeplanung".* Celle: Kriminologischer Dienst des niedersächsischen Justizvollzuges.

Rettenberger, M., & von Franqué, F. (Hrsg.). (2013). *Handbuch kriminalprognostischer Verfahren.* Göttingen: Hogrefe.

Ronan, G. F., et al. (2014). *Practitioner's guide to empirically supported measures of anger, aggression, and violence*. New York: Springer.
Schmidt, F., Sinclair, S. M., & Thomasdóttir, S. (2016). Predictive validity of the Youth Level of Service/Case Management Inventory with youth who have committed sexual and non-sexual offenses. The utility of professional override. *Criminal Justice and Behavior, 43,* 413–430.
Schober, C., Rauscher, O., & Millner, R. (2013). Evaluation und Wirkungsmessung in NPOs. In R. Sima, M. Meyer, & C. Badelt (Hrsg.), *Handbuch der Nonprofit-Organisation* (S. 451–470). Stuttgart: Schäffer-Poeschel.
Shadish, W. R., Cook, T. D., & Campbell, D. T. (2002). *Experimental and quasi-experimental designs for generalized causal inference*. Boston: Houghton Mifflin.
Steinhilper, M. (2003). Controlling im niedersächsischen Justizvollzug. *Zeitschrift für Strafvollzug und Straffälligenhilfe, 52,* 143–145.
Stockmann, R. (2012). Evaluation und Gesellschaft. In R. Strobl, O. Lobermeier, & W. Heitmeyer (Hrsg.), *Evaluation von Programmen und Projekten für eine demokratische Kultur* (S. 195–220). Wiesbaden: Springer VS.
Suhling, S. (2009). Was ist vollzugliche Wirksamkeit und wie kann man das messen? In G. Koop & B. Kappenberg (Hrsg.), *Wohin fährt der Justizvoll-Zug? Strategien für den Justizvollzug von morgen* (S. 111–127). Lingen: Kriminalpädagogischer Verlag.
Suhling, S. (2012). Evaluation der Straftäterbehandlung und der Sozialtherapie im Strafvollzug: Ansätze zur Bestimmung von Ergebnis-, Struktur- und Prozessqualität. In B. Wischka, W. Pecher, & H. van den Boogart (Hrsg.), *Behandlung von Straftätern. Sozialtherapie, Maßregelvollzug, Sicherungsverwahrung* (S. 162–232). Pfaffenweiler: Centaurus.
Suhling, S. (2016). Wirksamkeitsuntersuchungen im Strafvollzug. *Forum Strafvollzug, 65,* 163–167.
Suhling, S., Budde, S., & Häßler, U. (2015). MeWiS: Messinstrument der Wirksamkeit des Strafvollzugs. *Forum Strafvollzug, 64,* 109–115.
Suhling, S., & Endres, J. (2016). Deliktorientierung in der Behandlung von Straftätern: Bestandsaufnahme und Kritik. *Rechtspsychologie, 2,* 345–371.
Suhling, S., & Guéridon, M. (2016). Vergleiche zwischen sozialtherapeutischen Einrichtungen. *Forensische Psychiatrie, Psychologie, Kriminologie, 10,* 32–44.
Suhling, S., & Neumann, N. (2015). Strafvollzugsforschung im Wandel? Positive Entwicklungen und Herausforderungen für Wissenschaft und Praxis. *Kriminalpädagogische Praxis, 50,* 46–62.
Suhling, S., & Prätor, S. (2014). Der Kriminologische Dienst als wissenschaftliche Einrichtung des Justizvollzugs. In D. Baier & T. Mößle (Hrsg.), *Kriminologie ist Gesellschaftswissenschaft. Festschrift für Christian Pfeiffer zum 70. Geburtstag* (S. 625–640). Baden-Baden: Nomos.
Wacker, A., Maier, U., & Wissinger, J. (Hrsg.). (2012). *Schul- und Unterrichtsreform durch ergebnisorientierte Steuerung. Empirische Befunde und methodische Implikationen*. Wiesbaden: Springer VS.
Wormith, J. S., Hogg, S., & Guzzo, L. (2012). The predictive validity of a general risk/needs assessment inventory on sexual offender recidivism and an exploration of the professional override. *Criminal Justice and Behavior, 39,* 1511–1538.

Teil B

Aktuelle Entwicklung des Strafvollzugs in Deutschland

Entwicklung und Prognose der Gefangenenpopulation und ihrer Merkmale

Kirstin Drenkhahn

1 Einleitung

Wie schön wäre es, wenn man die Zahl der Menschen prognostizieren könnte, für die mittel- bis langfristig Haftplätze vorhanden sein müssen. Wenn man dann noch vorhersehen könnte, welche Eigenschaften diese Menschen haben werden, die für die Vollzugsgestaltung relevant werden können wie z. B. Alter, Geschlecht, Bildungsgrad, psychologische Merkmale, „Gefährlichkeit" (in welche Richtung auch immer), dann könnte man sicher den perfekten Strafvollzug vorhalten – oder hätte zumindest keine Ausrede mehr für mangelnde oder zu späte Planung, da man ja hätte wissen können, wie die Zukunft werden würde.

Bekanntlich ist es mit Prognosen aber so eine Sache: Für diesen Blick in die Zukunft kann man, wenn es denn irgendwelche rationalen Anknüpfungspunkte geben soll, nur Befunde aus der und über die Vergangenheit zugrunde legen. Im Bereich der Kriminologie und der Strafvollzugsforschung spielen solche Vorhersagen vor allem in Bezug auf zukünftiges Verhalten einzelner Menschen, nämlich in Form von Rückfallprognosen, eine Rolle. Den damit verbundenen Problemen ist eine Unmenge an Literatur gewidmet, die in diesem Beitrag nicht aufbereitet werden soll. Trotzdem spielen die Probleme mit der Vorhersage des Verhaltens Einzelner auch für die Leitfrage dieses Textes eine Rolle, denn eine möglichst genaue Vorhersage der Gefangenenzahlen über einen längeren Zeitraum setzt vermutlich eine aggregierte Prognose des Verhaltens Einzelner voraus – zumindest

K. Drenkhahn (✉)
Berlin, Deutschland
E-Mail: kirstin.drenkhahn@fu-berlin.de

B. Maelicke und S. Suhling (Hrsg.), *Das Gefängnis auf dem Prüfstand*,
Edition Forschung und Entwicklung in der Strafrechtspflege,
https://doi.org/10.1007/978-3-658-20147-0_3

der potenziellen Straftäterinnen und Straftäter sowie der Angehörigen der Strafverfolgungsbehörden und der Gerichte.

Um sich der Frage zu nähern, ob und ggf. wie man Prognosen über die Gefangenenpopulation und ihre Merkmale anstellen kann, wird in diesem Beitrag in einem ersten Schritt die Entwicklung der Gefangenenpopulation in Deutschland in den vergangenen Jahrzehnten anhand offizieller Kennzahlen rekapituliert. Im zweiten Schritt werden Modelle zur Erklärung der Entwicklung der Gefangenenzahlen auf ihre Tauglichkeit zur Vorhersage der künftigen Entwicklung untersucht und Prognosemodelle vorgestellt und diskutiert.

2 Die Entwicklung der Gefangenenpopulation in der Vergangenheit

2.1 Grundsätzliche Überlegungen

Die Entwicklung der Gefangenenpopulation im Zeitverlauf ist in der Literatur gut dokumentiert und wird z. B. von Dünkel und Kollegen (Dünkel 1995, 2010; Dünkel und Geng 2013; Dünkel et al. 2015, 2016; Dünkel und Morgenstern 2010a) regelmäßig fortgeschrieben. Dabei geht es aber nicht nur um die Beschreibung der Entwicklung, sondern auch um die Erklärung von Verläufen, um im günstigsten Fall Regelmäßigkeiten herausarbeiten zu können (dazu z. B. Metz und Sohn 2009, 2015; Schott et al. 2004; Sohn und Metz 2011; Villmow et al. 2010a, b; Dünkel 2010; Dünkel et al. 2016; Beiträge in Dünkel et al. 2010). Diese Regelmäßigkeiten wiederum können möglicherweise zur Prognose von Gefangenenzahlen herangezogen werden (Metz und Sohn 2015; Sohn und Metz 2011). In diesem Beitrag ist nicht der Raum für ausführliche Erklärungsversuche bzgl. der bisherigen Entwicklung – diese findet man in den genannten Veröffentlichungen.

Als Basisgrößen für die Entwicklung der Gefangenenpopulation werden in der Regel stichtagsbezogen die Anzahl der Gefangenen und die Gefangenenrate, also die Zahl der Gefangenen pro 100.000 der Wohnbevölkerung, verwendet. Die Gefangenenrate wird als Maßzahl verwendet, um die Gefangenenpopulationen in Gebieten mit unterschiedlicher Einwohnerzahl im Querschnitt vergleichen zu können, aber auch um die Entwicklung im Zeitverlauf in einem Gebiet unabhängig von Veränderungen der Bevölkerungszahl sichtbar machen zu können. Allerdings ist auch die Gefangenenrate nur eine Näherung, da solche Personen nicht als Wohnbevölkerung erfasst werden, die nicht beim Einwohnermeldeamt registriert sind. Auch sie können jedoch durchaus als Gefangene in den Justizvollzug gelangen (von

Hofer 2010), während ihr Anteil an der Bevölkerung unbekannt ist. Trotzdem ist die Gefangenenrate geeignet, Regelmäßigkeiten zu dokumentieren, die auch für die Prognose der benötigten Zahl an Haftplätzen bedeutsam sein können.

Eine weitere Maßzahl ist die Inhaftierungsrate. Das ist die Zahl der Personen, die jährlich zu freiheitsentziehenden Sanktionen verurteilt werden pro 100.000 der Wohnbevölkerung (Drenkhahn 2013; Dünkel und Morgenstern 2010a). Diese Zahl ist nicht ohne weiteres für Vorhersagen in Bezug auf die benötigte Haftplatzzahl geeignet, da dafür auch die Verweildauer im Vollzug von Bedeutung wäre. Die stichtagsbezogene Anzahl der Gefangenen und die Gefangenenrate reichen insofern als Näherung für die Auslastung des Justizvollzugs aus, sodass die Inhaftierungsrate in diesem Beitrag außen vor bleiben kann.

Daneben ist für die Auslastung auch die Belegungsdichte, also die Anzahl der Gefangenen pro 100 Haftplätze bzw. die Auslastung der Haftplätze in Prozent bedeutsam. Mit diesen Daten kann die Genauigkeit der Planung rückblickend dokumentiert werden.

Merkmale, die für die mittel- bis langfristige Planung hinsichtlich der Vollzugsgestaltung, vor allem für die Personalausstattung bei den Fachdiensten, relevant sind, sind den Strafvollzugsstatistiken kaum zu entnehmen. Bedeutsam wären hier aggregierte Daten zu psychologischen Merkmalen, Sprachkompetenz und Bildungsstand. Solche Daten zu sammeln, ist unter den Bedingungen eines Bundesstaates relativ kompliziert, da sich die Bundesländer auf einheitliche Erhebungsinstrumente einigen müssten und eine solche Erhebung dann auch flächendeckend und regelmäßig durchgeführt werden müsste. Grundsätzlich geeignet dafür könnten Programme zur digitalen Erfassung von Gefangenenakten sein, allerdings müssten die Daten in einer Form erfasst werden, in der sie ohne weitere Kodierung quantifizierbar und mittels quantitativer Statistik auswertbar sind (vgl dazu auch Suhling, in diesem Band). Das ist bisher, soweit ersichtlich, nicht der Fall. Dokumentiert werden in der Strafvollzugsstatistik „Demographische und kriminologische Merkmale der Strafgefangenen zum Stichtag 31.3." des Statistischen Bundesamtes die Art der Freiheitsentziehung, der Anteil des offenen Vollzugs, Geschlecht, Alter nach Altersgruppen, Wohnsitz, Staatsangehörigkeit (erst ab 2015 nach Herkunftsland differenziert), Familienstand, schwerstes Einweisungsdelikt, Art und Häufigkeit von Vorstrafen. Diese Daten habe ich für diesen Beitrag nur zum Teil aufbereitet, da sie m. E. nur bedingt für die Planung relevant sind.

Noch eine Bemerkung zur Strafvollzugsstatistik des Statistischen Bundesamtes: Mit dem Berichtsjahr 1990 ist die Statistik in zwei Veröffentlichungen aufgeteilt worden, die Bestandszahlen werden seitdem unter der Kennung „Fachserie 10 Reihe 4.2: Bestand der Gefangenen und Verwahrten in den deutschen Justizvollzugsanstalten nach ihrer Unterbringung auf Haftplätzen des geschlossenen und offenen Vollzugs“ (seit 2003 online zu den Stichtagen 31.3., 30.8. und 30.11.) veröffentlicht, die weiteren Merkmale als „Fachserie 10 Reihe 4.1: Demographische und kriminologische Merkmale der Strafgefangenen zum Stichtag 31.3.“. Die Darstellung in den Veröffentlichungen und auch die erfassten Daten haben sich im Zeitverlauf teilweise geändert, für einige Jahre fehlen Angaben wie z. B. die Belegungsfähigkeit differenziert nach Männer- und Frauenvollzug zwischen 1984 und 2002.

2.2 Entwicklung der Gefangenenpopulation nach Daten der Strafvollzugsstatistik

2.2.1 Größe der Gefangenenpopulation

Die Entwicklung der Anzahl der Gefangenen und der Gefangenenrate in der Bundesrepublik Deutschland sind in Abb. 1 für die Gefangenenpopulation insgesamt,

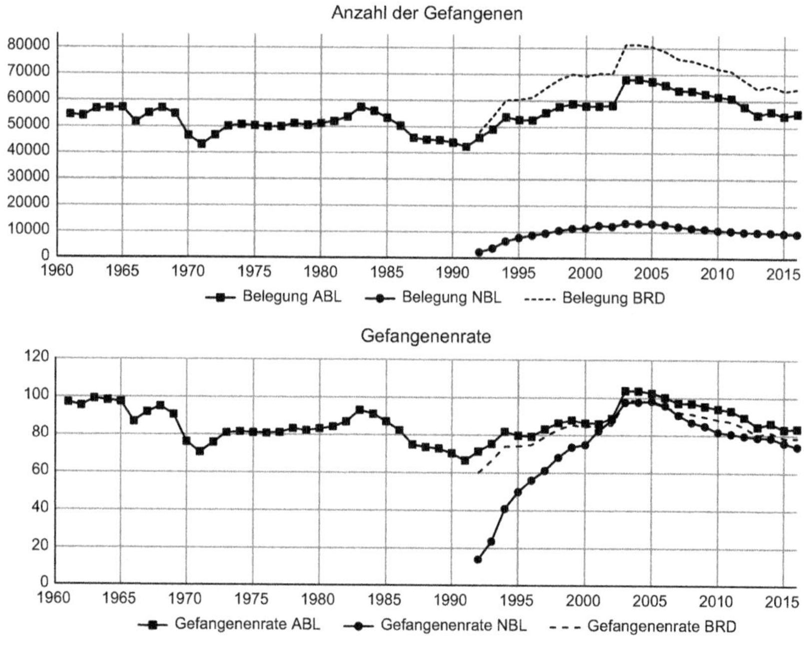

Abb. 1 Anzahl und Rate der Gefangenen, 1961–2016 (Anmerkung: ABL = alte Bundesländer/früheres Bundesgebiet, NBL = neue Bundesländer, BRD = Deutschland insgesamt)

in Abb. 2 für die weiblichen und in Abb. 3 für die männlichen Gefangenen dargestellt. Für das „frühere Bundesgebiet"/die „alten Bundesländer" (ABL) sind Daten ab 1961 verwendet worden. Daten für die „neuen Bundesländer" (NBL) sind erst ab 1992 verfügbar.

Man sieht hier die schon häufig beschriebenen Verläufe (Drenkhahn 2013; Dünkel und Morgenstern 2010b; Heinz 2014) mit einem starken Rückgang der absoluten Zahl der Gefangenen ebenso wie der Gefangenenrate zwischen 1968 und 1971, in dem sich eine direkte Auswirkung der Großen Strafrechtsreform zeigt, nämlich die Abschaffung der Haft als kurzer Freiheitsstrafe bei Übertretungen (heute: Ordnungswidrigkeiten). Bis Mitte der 1980er Jahre steigen die Zahlen und die Raten dann an, was üblicherweise einer Zunahme der Kriminalität mit Betäubungsmittelbezug und auch den Auswirkungen des Terrorismus durch die RAF und andere Gruppen auf die Aktivitäten der Strafverfolgungsbehörden zugeschrieben wird. Nach der Wende, die in der späten DDR mit weitreichenden Amnestien einherging (Dünkel 1995), nahm die Zahl und Rate der Gefangenen

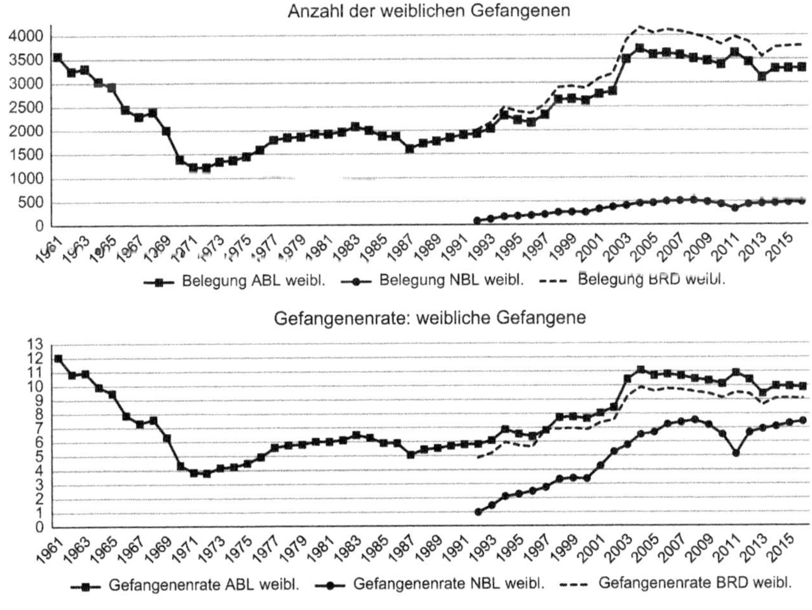

Abb. 2 Anzahl und Rate der weiblichen Gefangenen, 1961–2016 (Anmerkung: ABL = alte Bundesländer/früheres Bundesgebiet, NBL = neue Bundesländer, BRD = Deutschland insgesamt)

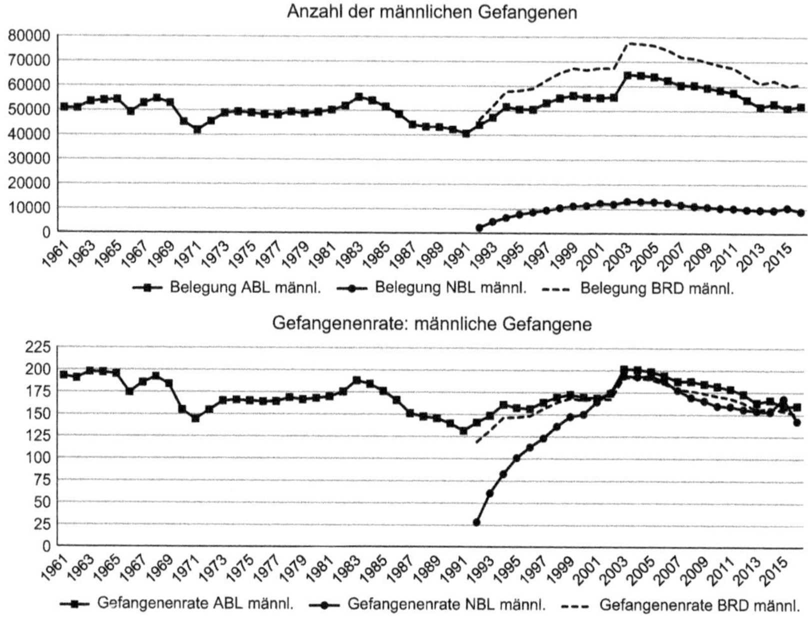

Abb. 3 Anzahl und Rate der männlichen Gefangenen, 1961–2016 (Anmerkung: ABL = alte Bundesländer/früheres Bundesgebiet, NBL = neue Bundesländer, BRD = Deutschland insgesamt)

sowohl in den westlichen als auch den östlichen Bundesländern bis 2003 deutlich zu, seitdem gab es einen erheblichen Rückgang bis 2013. Bis 2016 zeichnet sich eine gewisse Stagnation ab. Die Entwicklung verlief bei der weiblichen Gefangenenpopulation bei erheblich niedrigeren Ausgangszahlen zunächst markanter als beim männlichen Teil. Zwischen 1961 und 1972 ging die Zahl der weiblichen Gefangenen um zwei Drittel zurück von 3565 auf 1213. Die weitere Entwicklung ist dann jedoch sehr ähnlich. So liegt sowohl die Zahl der weiblichen als auch der männlichen Gefangenen in den westlichen Bundesländern einschließlich Berlin wieder ungefähr auf dem Niveau von Anfang der 1960er Jahre.

Die Entwicklung der absoluten Zahl und der Rate der Untersuchungsgefangenen hat seit der Wende einen etwas anderen Verlauf genommen als die der Zahl und der Rate der Gefangenen insgesamt (Abb. 4). Hier war der Höchststand bereits 1994 mit 21.785 Untersuchungsgefangenen und einer Rate von 26,8 pro 100.000 der Bevölkerung erreicht. Seitdem gab es einen stetigen Rückgang, bis

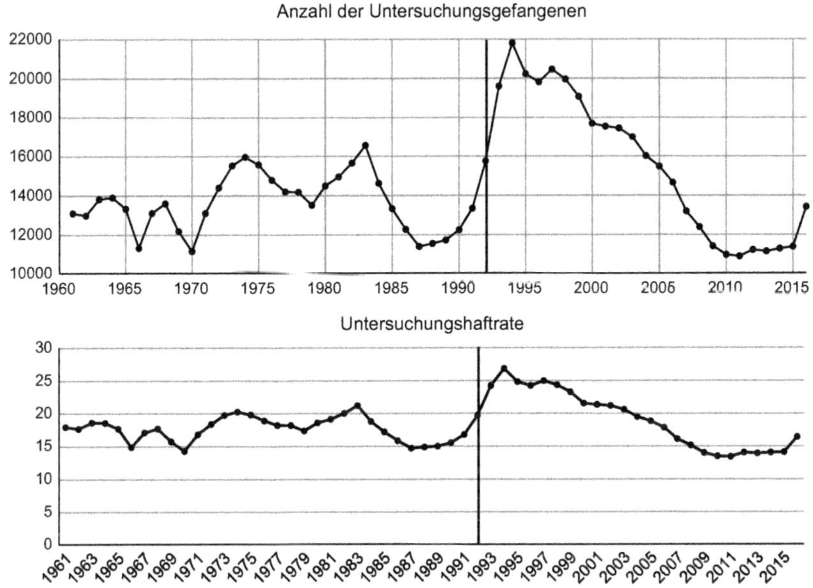

Abb. 4 Anzahl und Rate der Untersuchungsgefangenen, 1961–1991 früheres Bundesgebiet, ab 1992: Deutschland insgesamt

von 2015 auf 2016 die Zahl der Untersuchungsgefangenen um gut 2000 von 11.359 auf 13.389 anstieg (U-Haftrate: von 14 auf 16,3). Aus der Strafvollzugsstatistik lässt sich leider nicht ablesen, woran dieser deutliche Anstieg liegt, da sich der Teil der Statistik zu den demografischen und kriminologischen Merkmalen nur auf Strafgefangene und Sicherungsverwahrte, nicht aber auf Untersuchungsgefangene bezieht. Es liegt aber nicht fern anzunehmen, dass sich hier Auswirkungen der verstärkten Zuwanderung bemerkbar machen. Viele Menschen, die in den vergangenen Jahren und vor allem 2015 aus Bürgerkriegsgebieten und anderen konfliktbelasteten Regionen nach Deutschland gekommen sind, weisen Merkmale auf, die bei der Anordnung von Untersuchungshaft eine wichtige Rolle spielen. Wenn jemand in dieser Lage dann einer Straftat verdächtigt wird, liegt aus der Perspektive der Strafverfolgungsbehörden die Annahme von Fluchtgefahr nahe. So werden Flüchtlingsunterkünfte häufig nicht als fester Wohnsitz angesehen, zudem besteht die Gefahr, dass man einer anderen Unterkunft zugewiesen wird, sodass aus Sicht der Strafverfolgungsbehörden das Risiko besteht, eine verdächtige Person aus den Augen zu verlieren. Außerdem fehlen typischerweise soziale Bindungen am Wohnort. Hier sind jedoch noch weitere Untersuchungen und die Beobachtung der Entwicklung in den nächsten Jahren nötig.

2.2.2 Deliktsstruktur, Altersverteilung und Vollzugsdauer

In den Abb. 5 und 6 ist die Deliktsstruktur der Gefangenen zwischen 1970 bzw. 1975 und 2015 in Fünf-Jahres-Schritten dargestellt. Gezählt wird in der Strafvollzugsstatistik jeweils das schwerste Delikt der Anlassverurteilung. Die Abbildungen zeigen die Anteile einzelner Deliktsgruppen. Insgesamt hat sich die Struktur in den vergangenen 45 Jahren deutlich verändert. Insbesondere hat sich der Anteil der Gefangenen, die eine Strafe wegen Diebstahls oder Unterschlagung verbüßen, halbiert, während der von wegen einer Betäubungsmittelstraftat Verurteilten in den vergangenen 20 Jahre relativ konstant 13–15 % betrug. In den 1970er Jahren lag der Anteil dieser Straftaten im Vollzug noch unter der Wahrnehmungsschwelle. Zugenommen haben die Anteile der wegen Betrugs und Urkundenfälschung, Raubdelikten oder Körperverletzungsdelikten verurteilten Gefangenen. Eine erhebliche Abnahme ist beim Anteil der wegen Straftaten im

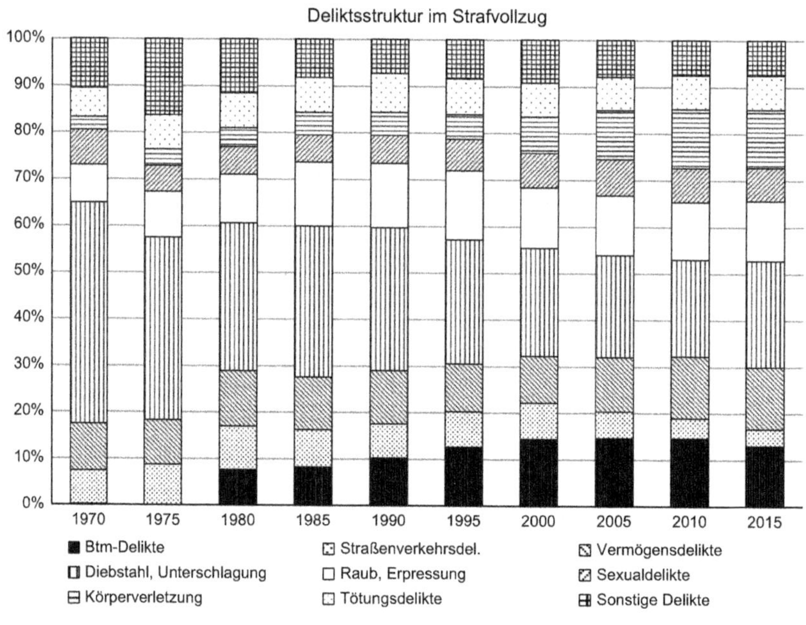

Abb. 5 Deliktsstruktur im Strafvollzug, 1970–2015

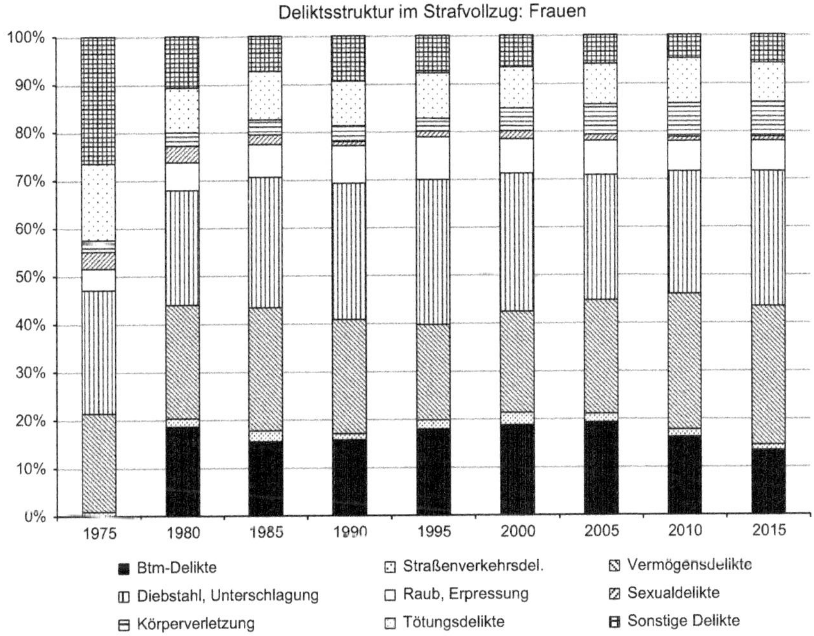

Abb. 6 Deliktsstruktur, weibliche Strafgefangene und Sicherungsverwahrte, 1975–2015

Straßenverkehr Verurteilten zu verzeichnen, während die Anteile der wegen eines Tötungsdelikts oder einer Sexualstraftat Verurteilten recht konstant geblieben sind. Insgesamt bedeutet dies, dass der Anteil der Gefangenen, die wegen eines Gewalt- oder Drogendelikts verurteilt wurden, erheblich zugenommen hat.

Während der Verlauf bzgl. der männlichen Gefangenen im Wesentlichen dem in der Gesamtpopulation entspricht und daher nicht mit einer eigenen Abbildung illustriert wird, ist die Entwicklung bei den weiblichen Gefangenen anders verlaufen (Abb. 6). Hier ist bereits seit Anfang der 1980er Jahre der Anteil der wegen eines Betäubungsmitteldelikts Verurteilten sehr hoch und schwankt zwischen 13–19 %. Der Anteil der wegen eines Vermögensdelikts Verurteilten hat erheblich stärker zugenommen als in der Gesamtpopulation und ist von ca. 20 % 1975 auf 29 % 2015 angewachsen. Auch der Anteil der wegen Diebstahls Verurteilten hat nicht ab-, sondern zugenommen. Ebenfalls größer geworden ist der Anteil der wegen Raub oder Körperverletzung Verurteilten, wobei hier die Anteile anders als bei den männlichen Gefangenen noch immer deutlich unter 10 % liegen. Der Anteil der wegen eines

Tötungsdelikts verurteilten Frauen im Vollzug ist seit Anfang der 1980er Jahre recht konstant bei 8–10 %. Der Anteil der wegen eines Sexualdelikts Verurteilten war hier immer geringer als bei den männlichen Gefangenen und liegt mittlerweile bei unter 1 %. Verurteilungen wegen Straßenverkehrsdelikten haben im Frauenvollzug immer nur eine marginale Rolle gespielt.

Im Hinblick auf die Altersverteilung (Abb. 7) ist festzustellen, dass die Gefangenenpopulation in Deutschland älter geworden ist. Während der Anteil der bis unter 25-Jährigen Anfang der 1980er Jahre noch bei ca. 30 % lag, ist er bis 1990 auf ca. 20 % abgesunken und auch seitdem noch weiter zurückgegangen. Währenddessen hat der Anteil der Gefangenen, die 45 Jahre oder älter sind, deutlich zugenommen. Hier sind sogar während des erheblichen Rückgangs der Gefangenenzahlen insgesamt die absoluten Zahlen angestiegen. Ungefähr die Hälfte der Gefangenen ist recht konstant der Altersgruppe zwischen 25–40 Jahren zuzurechnen, ein Drittel ist im Alter zwischen 25–35 Jahren.

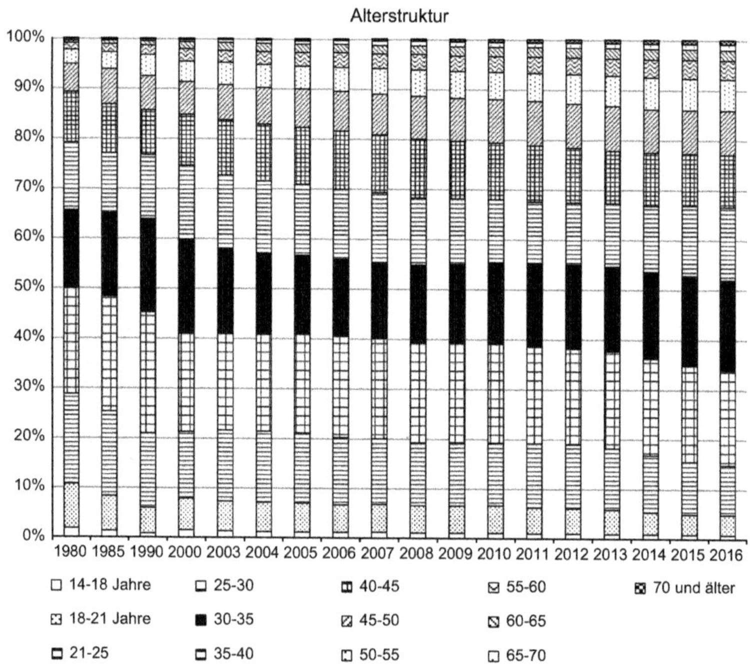

Abb. 7 Altersstruktur bei Strafgefangenen und Sicherungsverwahrten (%), 1980–2016, ab 2003 Jahresabstände

Zur voraussichtlichen Vollzugsdauer (Abb. 8) ist festzustellen, dass sie bei ca. 45 % der Gefangenen weniger als ein Jahr beträgt; innerhalb dieser Gruppe haben die Anteile der Gefangenen mit einer Verbüßungsdauer von 1–3 Monaten und 3–6 Monaten zugenommen. Auch der Anteil der ganz langen Strafen ist recht konstant geblieben. Allerdings hat der Anteil der Gefangenen mit einer lebenslangen Freiheitsstrafe zugenommen. Bis 2011 sind hier auch die absoluten Zahlen angestiegen (2048, in 2016: 1863), während der Anteil der Gefangenen mit einer voraussichtlichen Vollzugsdauer von 10–15 Jahren zurückgegangenen ist und sich ihre absolute Zahl seit 2004 halbiert hat (von 1051 auf 523 in 2016).

2.2.3 Auslastung des Justizvollzugs

Als Indikator für die Auslastung des Justizvollzugs seit 2003 sollen hier nur die Belegungsdichte, gemessen als Zahl der Gefangenen pro 100 Haftplätze, sowie der Anteil der Gefangenen, die gemeinschaftlich untergebracht sind, dienen. Natürlich hängt die tatsächliche Auslastung auch von der Personalstärke und weiteren Merkmalen des Personals ab wie z. B. der fachlichen Ausrichtung, bei

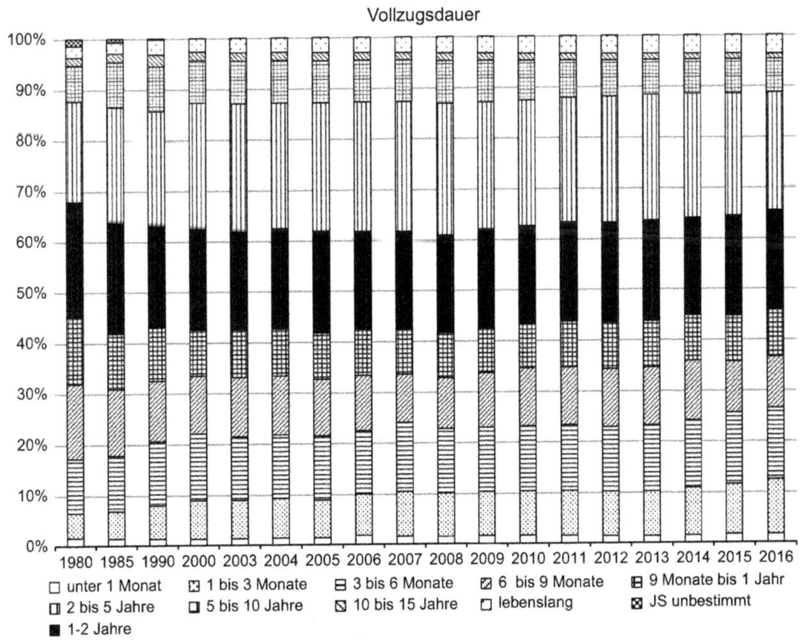

Abb. 8 Voraussichtliche Vollzugsdauer (%), 1980–2016, ab 2003 Jahresabstände

Beamten den Laufbahnen und insgesamt dem Krankenstand. Darüber gibt es aber keine regelmäßige zentrale Erhebung, die veröffentlicht wird (vgl. zu einigen Zahlen den Beitrag von Steinhilper & Papies, in diesem Band).

Was die Belegungsdichte angeht, so ist in den vergangenen Jahren insgesamt eine erhebliche Abnahme zu verzeichnen (Abb. 9 und 10). Allerdings sind die Verläufe in den Bundesländern recht unterschiedlich, können jedoch hier nicht im Einzelnen kommentiert werden. Festzuhalten ist aber, dass die Belegungsdichte 2003 in 13 Bundesländern bei annähernd 100 % oder mehr lag und in einigen Bundesländern in den folgenden Jahren bis 2005/2006 noch zugenommen hat. Spitzenreiter war Thüringen mit einer Auslastung von ca. 120 % bis 2006, danach ist auch dort der Belegungsdruck zurückgegangen; 2016 lag die Auslastung bei 81 %. Seit 2012 hielt sich die Belegungsdichte in Deutschland insgesamt zwischen 83–88 %, in einigen Bundesländern liegt oder lag sie aber zwischenzeitlich deutlich niedriger mit den geringsten Werten in Brandenburg (2012: 65,7 %), Bremen (2012: 67,9 %) und Hamburg (ca. 65 % in 2008,

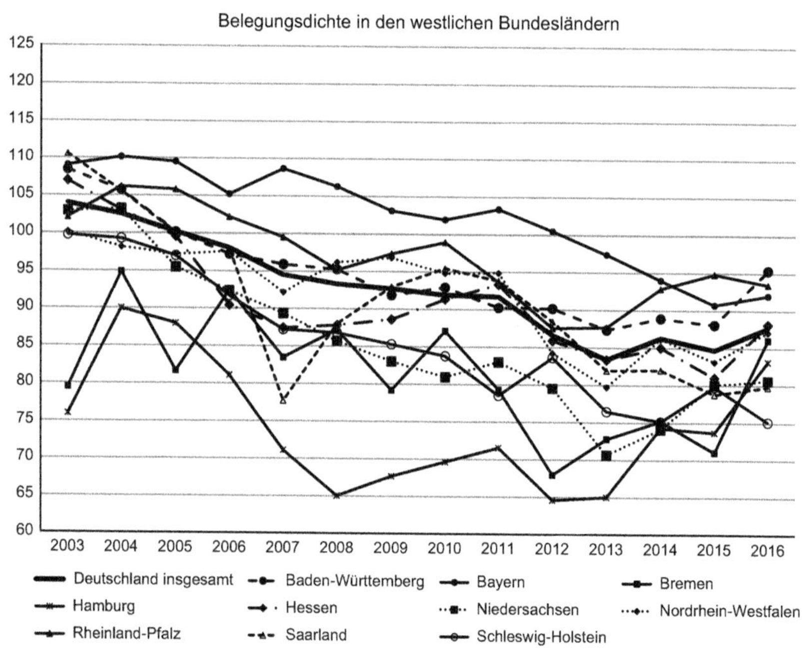

Abb. 9 Belegungsdichte in den westlichen Bundesländern und Deutschland insgesamt

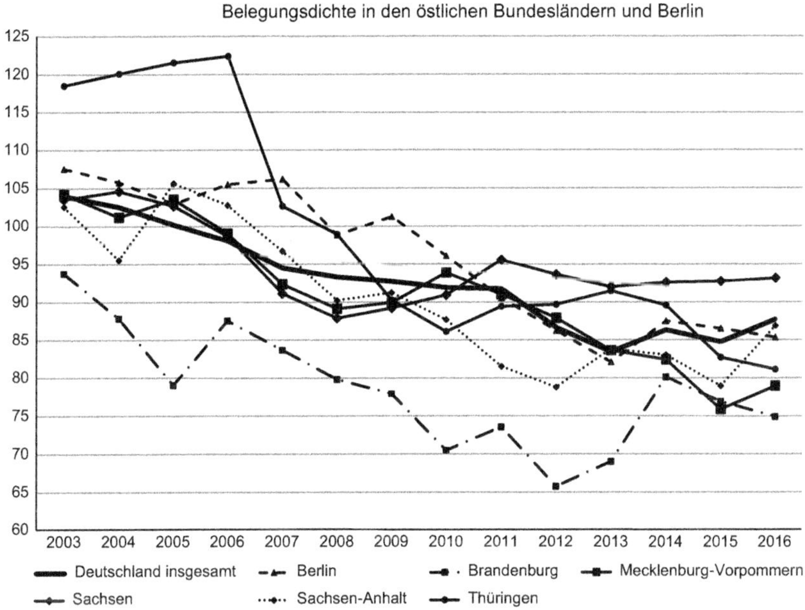

Abb. 10 Belegungsdichte in den östlichen Bundesländern einschließlich Berlin und Deutschland insgesamt

2012 und 2013; Villmow et al. 2010a, b). Bei der Bewertung dieser Daten ist zu berücksichtigen, dass eine Anstalt typischerweise bereits bei einer Auslastung von ca. 85 % voll belegt ist, da wegen Umzügen von Gefangenen und Renovierungsarbeiten immer einige Hafträume nicht belegt werden können (Drenkhahn 2013; Suhling und Schott 2001). Davon ausgehend herrschte 2016 immer noch in der Hälfte der Bundesländer zumindest leichte Überbelegung.

Auch beim Anteil an gemeinschaftlicher Unterbringung ist im Verlauf der letzten Jahre eine Besserung der Situation zu verzeichnen. Während am 31.03.2003 noch ca. 50 % der Gefangenen in Deutschland während der Nacht nicht allein untergebracht waren, obwohl dies die gesetzliche Idealvorstellung war und ist, betrug der Anteil am 31.03.2016 nur noch 26,2 % (Abb. 11). Beide Werte beziehen sich auf die Haftplätze insgesamt, also einschließlich des offenen Vollzugs, wo der Anteil der gemeinschaftlichen Unterbringung höher ist als im geschlossenen und nach der Gesetzeslage in den meisten Bundesländern auch höher sein

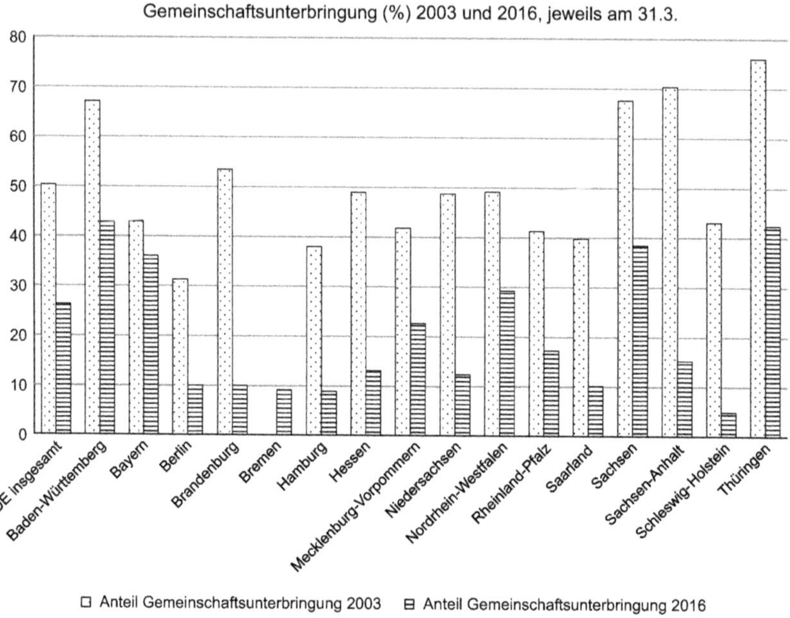

Abb. 11 Anteil an gemeinschaftlicher Unterbringung bezogen auf den Justizvollzug insgesamt, 31.03.2003 (ohne Bremen) und 31.03.2016

darf. Auch bei diesem Indikator sind große Unterschiede zwischen den Bundesländern mit Werten für 2016 zwischen 42 % (Baden-Württemberg, 10,6 % der Gefangenen im offenen Vollzug) und 5 % (Schleswig-Holstein, 6,5 % der Gefangenen im offenen Vollzug) zu beobachten.

So wünschenswert es wäre, im Strafvollzug einen geringen Belegungsdruck zu haben – in kriminalpolitischer Hinsicht kann eine hohe Auslastung gerade bei Haushaltsverhandlungen große Vorteile haben, da der Justizvollzug sich so gegen Budgetkürzungen gewissermaßen immunisieren kann. Eine recht einfache Möglichkeit, in den vergangenen Jahren bei einem Rückgang der absoluten Zahl der Gefangenen die Belegungsdichte nicht zu stark sinken zu lassen, war die Umwidmung von Hafträumen für Gemeinschaftsunterbringung in Einzelhafträume. Damit hat sich der Vollzug auch dem gesetzlichen Ideal weiter angenähert.

3 Prognose der Gefangenenpopulation

3.1 Erklärungen für die Entwicklung von Gefangenenzahlen als Grundlage für Prognosemodelle?

Zur Erklärung der Entwicklung von Gefangenenpopulationen und insb. der Gefangenenrate gibt es nicht nur national, sondern auch international umfangreiche Literatur (z. B. die Beiträge in Dünkel et al. 2010; Garland 2001, 2013; Lappi-Seppälä 2014). Dabei wird die Gefangenenrate meist als Indikator für die Ausprägung des Strafbedürfnisses in einer Gesellschaft (Punitivität) verwendet, sodass sich diese Literatur in den größeren Rahmen der Punitivitätsforschung einreiht (z. B. Hamilton 2014; Klimke et al. 2013; Simon 2007). Lappi-Seppälä (2010) entwirft z. B. ein Modell, in dem Demografie und Kriminalität latent zusammen wirken mit Sozialpolitik/wohlfahrtsstaatlicher Orientierung, dem Ausmaß sozialen Vertrauens und politischer Legitimität, Merkmalen des politischen Systems (Konsensorientierung vs. Konkurrenzorientierung), Medienkultur sowie Rechtskultur und -strukturen, um dann zu (kriminal-)politischen Ergebnissen zu führen. Diese Aspekte, die letztlich auch auf die Größe der Gefangenenpopulation bzw. die Höhe der Gefangenenrate einwirken sollen, können und sollen allerdings nur Unterschiede oder Parallelen zwischen Verläufen in verschiedenen Justizsystemen erklären und nicht begründen, warum die Gefangenenrate in einem Land zu einem bestimmten Zeitpunkt einen bestimmten Wert aufwies. Sie lassen sich kaum in numerisch messbare Variablen übersetzen, auch wenn Lappi-Seppälä für einige Aspekte Kennzahlen findet wie z. B. Ergebnisse des European Social Survey zu den Themen Verbrechensfurcht und Vertrauen in andere Menschen. Selbst wenn es gelingt, in solchen Erklärungsmodellen zugrunde gelegte Konzepte messbar zu machen, werden die entsprechenden Daten doch nicht so häufig und mit einem so großen und ausdifferenzierten Sample erhoben, als dass man sie gewinnbringend in ein Prognosemodell für die nationale oder regionale Ebene einbauen könnte.

Das heißt, dass man bei der Prognose von Gefangenenzahlen in theoretischer Hinsicht vor ähnlichen Problemen steht wie bei der Prognose von individuellem Verhalten in der Kriminologie: Auch die meisten Kriminalitätstheorien – selbst diejenigen auf der Individualebene – bieten kein Erklärungsmodell an, das sich ganz einfach in ein praktisch nutzbares Prognosemodell umbauen ließe. Auch bei den Erklärungsansätzen für die Entwicklung von Gefangenenzahlen stehen wir vor dem Problem, dass sie bisher zu ungenau und gleichzeitig zu komplex sind, um sie einfach in Prognosemodelle übertragen zu können. Wie gesagt, ist das jedoch hier wie dort auch meist gar nicht das Ziel der Forscherinnen und Forscher.

3.2 Prognosemodelle aus Deutschland auf der Basis statistischer Kennzahlen

Trotzdem ist es nicht so, dass es in Deutschland keine Prognosemodelle gäbe. Metz und Sohn (2009, 2015; Metz 2013; Sohn und Metz 2011) haben in ihren Untersuchungen zur Entwicklung und Prognose von Gefangenenzahlen in Hamburg und Hessen ein Modell entwickelt, das auf der Analyse langer Zeitreihen beruht und Daten zur Bevölkerungsentwicklung, zur Anzahl der Tatverdächtigen, zur Verurteilungspraxis und zur Gefangenenpopulation selbst einbezieht. Hierbei zeigte sich ein wichtiger Einfluss der Anzahl der Tatverdächtigen auf die Gefangenenzahlen, der mit einer Zeitverzögerung von vier Jahren wirkte. Als wesentlicher Einfluss auf die Zahl der nichtdeutschen Strafgefangenen wurde die Größe der nichtdeutschen Bevölkerung identifiziert, die sich mit einer Zeitverzögerung von fünf Jahren auswirkte. Die Autoren schließen daraus, dass sich diese Zeitreihen wegen der recht kurzen Zeitverzögerung auch für kurzfristige Prognosen verwenden lassen. Festzuhalten ist, dass es den Autoren – wohl – nicht um eine Bewertung der Einflussfaktoren geht, sondern um die Entwicklung eines praktisch nutzbaren Prognosemodells. Man muss dies dazusagen, denn in vielen der Beiträge von Metz und Sohn finden sich auch sehr harsche Bemerkungen über andere Autorinnen und Autoren, die sich mit der Erklärung von Gefangenenzahlen und -raten, nicht aber mit deren Prognose beschäftigen (z. B. Metz und Sohn 2015, S. 80). Metz (2013, S. 420) nennt als Trendwerte für die Zahl der Strafgefangenen (Freiheitsstrafe) insgesamt in Hessen für 2013 3866, für 2014 3896 und für 2015 3854. Für 2013 kommt diese Vorhersage der tatsächlichen Zahl von 3810 am 31.03.2013 aus der Strafvollzugsstatistik (demografische Merkmale) sehr nahe, für 2014 (3490) und 2015 (3317) liegen die Zahlen allerdings erheblich niedriger als die Trendwerte. In den letzten Veröffentlichungen lag der Schwerpunkt auf der Prognose der Zahl nichtdeutscher Gefangener, die sich ohne Daten auf Bundeslandebene nicht überprüfen lassen – in der Strafvollzugsstatistik werden diese Daten nur für Deutschland insgesamt mitgeteilt. Ausführlich wurde dieses Modell bisher nur mit Daten aus Hessen genutzt. Umfangreiche Tests mit den Daten anderer Bundesländer und anderer Gefangenengruppen stehen noch aus, sind aber dringend nötig, da die meisten Gefangenen in Deutschland nicht in Hessen untergebracht sind (64.400 zu 4700 am 31.03.2016) und die deutsche Staatsangehörigkeit haben (39.100 zu 13.300 am 31.03.2015).

Eine weitere Modellrechnung hat Heinz (2013) vorgestellt. Sie beruht auf der Prognose der demografischen Entwicklung bis 2060 durch die 12. koordinierte Bevölkerungsvorausberechnung des Statistischen Bundesamtes und deckt also einen deutlich längeren Zeitraum ab als die bisherigen Berechnungen von Metz und Sohn. Die Prognosen werden hier jedoch notwendigerweise ungenauer, je weiter sie in die Zukunft weisen. Einerseits muss die Bevölkerungsvorausberechnung selbst von einer relativen Konstanz der Entwicklung ausgehen, auch wenn verschiedene Modelle berechnet werden. Andererseits war der Zusammenhang zwischen demografischer Entwicklung und der Entwicklung der Gefangenenzahlen in der Vergangenheit weniger eng, als es für ein präzises Prognosemodell wünschenswert wäre (Heinz 2013; Simonson 2009). Heinz legt seiner Berechnung eine Variante dieser Bevölkerungsvorausberechnung zugrunde, nach der die Bevölkerung bis 2060 um insgesamt ca. 20 % zurückgehen wird (bezeichnet als „Mittlere Bevölkerung, Untergrenze“) und die auf der Annahme einer recht konstanten Entwicklung bei der Geburtenhäufigkeit, der Lebenserwartung und dem Wanderungssaldo basiert. Weitere Grundannahme ist die Konstanz der Gefangenenrate des Jahres 2010. Bei den konkreten Zahlen, die mit diesem Modell berechnet wurden, zeigt sich bereits das Problem dieses Ansatzes: Ausgehend von der Zahl der Strafgefangenen aus der Strafvollzugsstatistik 2010 (demografische und kriminologische Merkmale) von 60.157 kommt Heinz auf einen ersten Prognosewert von 55.513 für das Jahr 2020. Dieser Wert war aber bereits am Stichtag 31.03.2014 unterschritten (54.007 Strafgefangene), in der Bestandsstatistik waren für den zugrunde gelegten Stichtag 31.03.2010 nur 58.876 Strafgefangene ausgewiesen – eine Diskrepanz zwischen den beiden Statistiken findet sich erstaunlicherweise immer. Der für 2020 prognostizierte Wert war hier bereits 2012 unterboten (54.342 Strafgefangene). Die Wirklichkeit hat dieses Modell also sehr schnell überholt.

Eine dritte aktuelle und sehr gründliche Arbeit mit einer Prognose der Kriminalitätsentwicklung bis 2020 stammt von Hanslmaier et al. (2014). Grundlage sind hier Daten auf Ebene der Landkreise aus den Bundesländern Bayern, Brandenburg, Niedersachsen und Sachsen-Anhalt, für die in mehreren Schritten registrierte Fälle, Tatverdächtige, Verurteilte und Gefangene für die Jahre 2011–2020 prognostiziert werden. Ausgangspunkte sind die Prognose der Entwicklung der Fallzahlen insgesamt und für bestimmte Deliktsbereiche anhand verschiedener linearer und non-linearer Trendmodelle. Diese Trendmodelle werden mithilfe eines Paneldesigns mit den Landkreisen als Einheiten mit Daten für 1995 bis 2010 berechnet. Hier werden die Altersgruppenstruktur sowie soziale und wirtschaftliche Faktoren als unabhängige Variablen berücksichtigt. Im Ergebnis zeigte sich, dass keine dieser unabhängigen Variablen bei allen Deliktsbereichen in allen Bundesländern signifikant und in eine Richtung mit der Zahl der registrierten Fälle in der Vergangenheit korreliert. Interessant ist, dass hier der Ausländeranteil in einem Gebiet anders, als häufig angenommen, in den meisten Konstellationen nicht signifikant mit der Zahl der registrierten Fälle korreliert oder in Gebieten mit höherem Ausländeranteil die Fallzahlen sogar niedriger sind. Daneben wird zur Vorhersage der Fallzahlen auch die Extrapolation anhand der altersgruppenspezifischen Häufigkeitszahlen verwendet, wobei die Häufigkeitszahlen für 2010 als konstant gesetzt werden und die Grundlage bilden. Verwendet werden auch hier Daten der 12. Bevölkerungsfortschreibung und zwar dieselbe Variante wie bei Heinz. Zur Vorhersage der Tatverdächtigen, Verurteilten und Gefangenen werden zunächst die deliktsspezifischen Quotienten von Tatverdächtigen zu registrierten Fällen, von Verurteilten zu Tatverdächtigen und von Gefangenen zu Verurteilten verwendet und zwar anhand der jeweiligen Durchschnittswerte aus den Jahren 2008 bis 2010. Mit diesen als konstant angesehenen Quotienten wird dann auf der Grundlage der prognostizierten Fallzahlen die Zahl der Tatverdächtigen, Verurteilen und Gefangenen für die Jahre 2015 und 2020 berechnet. Für Bayern werden für 2015 8657 Gefangene und für 2020 8303 vorhergesagt, für Brandenburg 1310 (2015) und 1177 (2020), für Niedersachsen 5138 (2015) und 4913 (2020) sowie für Sachsen-Anhalt 1598 (2015) und 1398 (2020), wobei leider nicht deutlich wird, auf welche Gefangenen(gruppen) sich diese Prognosen beziehen. Die als Referenz mitgeteilte Zahl der Inhaftierten in 2009 ergibt sich nicht aus den Strafvollzugsstatistiken. Soweit es sich um Gefangene mit Freiheits- und Jugendstrafen handeln sollte, sind die für 2015 vorhergesagten Werte für Bayern (Bestand: 8254), Brandenburg (Bestand: 1160) und Niedersachsen (Bestand: 4158) jedoch deutlich zu hoch, während sie der Gefangenenzahl am 31.03.2015 in Sachsen-Anhalt (Bestand: 1563) sehr nahe kommen.

Allen Modellen ist gemein, dass sie Veränderungen der Parameter, die ihre Schätzgrundlagen beeinflussen, nicht vorhersehen und damit auch nicht einbeziehen können, was auch von den Autorinnen und Autoren gesehen wird. Da das Modell von Metz und Sohn mit einer Zeitverzögerung arbeitet, könnten hier jedoch langsamere gesellschaftliche Veränderungen aufgefangen werden wie z. B. die Veränderung des sozialen Vertrauens oder des Ausmaßes der wahrgenommenen politischen Legitimität, obwohl diese Merkmale nicht Bestandteil des Modells sind. Das politische System in Deutschland ist jedoch eher konsensorientiert (Mehrparteiensystem, Verhältniswahlrecht), sodass extreme Politikwechsel bisher nicht zu erwarten gewesen sind, wie sie in eher konkurrenzorientierten Systemen wie den USA oder Großbritannien (Zwei-Parteien-System, Mehrheitswahlrecht) zu beobachten sind. Trotzdem finden immer wieder überraschende und erhebliche Veränderungen statt wie z. B. die Wende 1989/1990 oder die sehr umfangreiche Immigration im Jahr 2015. Die Entwicklung nach der Wende ist bekannt, aber wie sich der Zuzug von Flüchtlingen mittelfristig auf die Gefangenenpopulation auswirken wird, lässt sich noch nicht gut vorhersagen, da es sich dabei um eine heterogene Gruppe handelt, über die für Prognosen noch immer zu wenig bekannt ist und deren Situation sich auch laufend ändert. Modelle, die nur wenige Jahre in die Zukunft projizieren, haben aber auch in solchen gesellschaftlichen Situationen Vorteile gegenüber langfristigen Schätzungen, da in der Konzeption angelegt ist, das Modell regelmäßig nachzujustieren und eben nicht der Anspruch besteht, langfristige Vorhersagen zu ermöglichen.

Trotzdem ist auch der Ansatz von Hanslmaier et al. vielversprechend, gerade weil hier neben demografischen Daten weitere soziale und wirtschaftliche Merkmale einer Region mit einbezogen werden und verschiedene, auch nonlineare Modelle berechnet werden. Solche Modelle haben den Vorteil, dass sie die Wirklichkeit zu einem späteren Zeitpunkt wieder einholen können, selbst wenn die Prognose für einen früheren Zeitpunkt sehr ungenau war.

Gegen kurzfristige Modelle spricht, dass auch damit nicht alle Probleme gelöst werden, die mithilfe einer Prognose vermieden werden sollen, denn viele Aspekte der Vollzugsentwicklung müssen über einen Zeitraum von mehr als vier bis fünf Jahre geplant werden. Die Planung und der Bau neuer Anstalten dauern länger. Auch für die Personalplanung ist eine längerfristige Perspektive sinnvoll, denn auch wenn die Ausbildung von Beamtinnen und Beamten des Allgemeinen Vollzugsdienstes weniger Zeit in Anspruch nimmt, so dauern Ausbildung und ggfs. weitere Qualifikation von akademisch ausgebildetem Personal meist fünf Jahre oder länger. Hier kann eine Herangehensweise wie bei Hanslmaier et al. helfen, da damit zumindest auch die Deliktsverteilung unter den Gefangenen vorausgesagt wird.

Bei der Personalplanung können im Übrigen auch Ereignisse wie der rasche Zuzug vieler Flüchtlinge noch auf andere Weise Auswirkungen haben, denn der Justizvollzug konkurriert zurzeit (Frühjahr 2017) mit anderen staatlichen und privaten sozialen Einrichtungen um Menschen mit einer Ausbildung in einem sozialen Beruf. Dabei ist fraglich, ob es dem Vollzug gelingt, sich dauerhaft als attraktiver Arbeitgeber zu positionieren.

Was keines der Modelle vorhersagen kann, sind weitere Merkmale der Gefangenenpopulation wie psychologische Merkmale und Bildungsstand, die jedoch für die Vollzugsgestaltung große Bedeutung haben und damit auch für die Personalplanung und die konzeptionelle Entwicklung von Maßnahmen. Allerdings ist auch nicht ersichtlich, wie die Entwicklung des Auftretens solcher Merkmale prognostiziert werden könnte, wenn es denn bereits so kompliziert ist, die Entwicklung der Grundgesamtheit vorherzusagen.

4 Fazit

Dieser Beitrag kann nur einen flüchtigen Blick auf die Entwicklung der Gefangenenpopulation und ihrer Merkmale in der Vergangenheit sowie die Möglichkeit der Prognose werfen. Dabei zeigt sich, dass diese Entwicklung nicht linear verläuft, sondern immer wieder Veränderungen auftreten oder der Verlauf sogar umschlägt. Zudem ist eine differenzierte Betrachtung verschiedener Gruppen im Vollzug nötig, wie die Beschreibung der Unterschiede zwischen männlichen und weiblichen Gefangenen deutlich macht. Die zum Teil sehr detaillierten, zum Teil aber auch eher globalen Erklärungsversuche für die Entwicklung von Gefangenenzahlen und -raten scheinen wenig konkrete Hinweise für die Entwicklung brauchbarer Prognosemodelle zu geben. Dementsprechend zeigt sich, dass auch die vorliegenden Prognosemodelle bisher nur eingeschränkt brauchbar sind: Entweder ist der Prognosezeitraum recht kurz oder die Prognose zu ungenau. Vom Idealzustand für die Vollzugsplanung, der in der Einleitung skizziert wurde, sind wir also noch weit entfernt.

Was bedeuten diese Erkenntnisse nun für die Praxis? Auch wenn die Prognosen noch stark verbesserungsbedürftig sind, erscheint es doch plausibel, jedenfalls langfristig von einem weiteren Rückgang der Gefangenenzahlen auszugehen. Man kann trotzdem nur zu Vorsicht bei der Planung raten. Belegungsrückgänge wie in den vergangenen Jahren sollten nicht zu einem proportionalen Abbau von Stellen führen, da eine Entwicklung kurzfristig auch wieder umschlagen kann und dann neues Personal nicht so schnell eingestellt werden kann, wie vorher Stellen gestrichen wurden. Ähnliches gilt für die Planung der Haftplätze: Relativ ruhige Phasen sollten auch für die Renovierung alter Einrichtungen nach modernem Standard oder die Errichtung von Ersatzbauten und nicht bloß zur proportionalen Verringerung der Haftplatzzahl durch Schließungen genutzt werden.

Literatur

Drenkhahn, K. (2013). Der deutsche Strafvollzug zwischen Über- und Unterbelegung. In A. Dessecker & R. Egg (Hrsg.), *Justizvollzug in Bewegung* (S. 67–84). Wiesbaden: Kriminologische Zentralstelle.

Dünkel, F. (1995). Imprisonment in transition. *British Journal of Criminology, 35,* 95–113.

Dünkel, F. (2010). Gefangenenraten im internationalen und nationalen Vergleich. *Neue Kriminalpolitik, 22,* 4–11.

Dünkel, F., & Geng, B. (2013). Die Entwicklung von Gefangenenraten im nationalen und internationalen Vergleich. *Soziale Probleme, 24,* 42–65.

Dünkel, F., & Morgenstern, C. (2010a). Einführung. In F. Dünkel, T. Lappi-Seppälä, C. Morgenstern, & D. van Zyl Smit (Hrsg.), *Kriminalität, Kriminalpolitik, strafrechtliche Sanktionspraxis und Gefangenenraten im europäischen Vergleich* (Bd. 1, S. 3–23). Mönchengladbach: Forum Verlag.

Dünkel, F., & Morgenstern, C. (2010b). Deutschland. In F. Dünkel, T. Lappi-Seppälä, C. Morgenstern, & D. van Zyl Smit (Hrsg.), *Kriminalität, Kriminalpolitik, strafrechtliche Sanktionspraxis und Gefangenenraten im europäischen Vergleich* (Bd. 1, S. 97–230). Mönchengladbach: Forum Verlag.

Dünkel, F., Lappi-Seppälä, T., Morgenstern, C., & Zyl Smit, D. van. (Hrsg.). (2010). *Kriminalität, Kriminalpolitik, strafrechtliche Sanktionspraxis und Gefangenenraten im europäischen Vergleich,* 2 Bände, Mönchengladbach: Forum Verlag.

Dünkel, F., Geng, B., & Wense, M. von der. (2015). Entwicklungsdaten zur Belegung, Öffnung und Lockerungspraxis im Jugendstrafvollzug. *ZJJ, 26,* 232–241.

Dünkel, F., Geng, B., & Harrendorf, S. (2016). Gefangenenraten im internationalen und nationalen Vergleich. *BewHi, 63,* 178–200.

Garland, D. (2001). *The culture of control.* Chicago: Chicago University Press.

Garland, D. (2013). The 2012 Sutherland address: Penality and the penal state. *Criminology, 51,* 475–517.

Hamilton, C. (2014). Reconceptualizing penality: Towards a multidimensional measure of punitiveness. *British Journal of Criminology, 54,* 321–343.

Hanslmaier, M., Kemme, S., Stoll, K., & Baier, D. (2014). *Kriminalität im Jahr 2020.* Wiesbaden: Springer VS.

Heinz, W. (2013). „Wir werden weniger und die Wenigen werden immer älter“. In A. Dessecker & W. Sohn (Hrsg.), *Rechtspsychologie, Kriminologie und Praxis – Festschrift für Rudolf Egg zum 65. Geburtstag* (S. 261–310). Wiesbaden: Kriminologische Zentralstelle.

Heinz, W. (2014). Das strafrechtliche Sanktionensystem und die Sanktionierungspraxis in Deutschland 1882–2012. http://www.ki.uni-konstanz.de/kis/. Zugegriffen: 9. März 2017.

Hofer, H. von. (2010). Anmerkungen zum Forschungsstand bzgl. der Erklärung von Gefangenenraten. In F. Dünkel, T. Lappi-Seppälä, C. Morgenstern, & D. van Zyl Smit (Hrsg.), *Kriminalität, Kriminalpolitik, strafrechtliche Sanktionspraxis und Gefangenenraten im europäischen Vergleich* (Bd. 1, S. 25–50). Mönchengladbach: Forum Verlag.

Klimke, D., Sack, F., & Schlepper, C. (2013). Wie der punitive turn an den deutschen Grenzen Halt machen soll. In D. Klimke & A. Legnaro (Hrsg.), *Politische Ökonomie und Sicherheit* (S. 99–158). Weinheim: Beltz.

Lappi-Seppälä, T. (2010). Vertrauen, Wohlfahrt und politikwissenschaftliche Aspekte – International vergleichende Perspektiven zur Punitivität. In F. Dünkel, T. Lappi-Seppälä, C. Morgenstern, & D. van Zyl Smit (Hrsg.), *Kriminalität, Kriminalpolitik, strafrechtliche Sanktionspraxis und Gefangenenraten im europäischen Vergleich* (Bd. 2, S. 963–1022). Mönchengladbach: Forum Verlag.

Lappi-Seppälä, T. (2014). Imprisonment and penal demands. Exploring the dimensions and drivers of systematic and attitudinal punitivity. In S. Body-Gendrot, M. Hough, K. Kereszi, & R. Lévy (Hrsg.), *The Routledge Handbook of European Criminology* (S. 295–336). London: Routledge.

Metz, R. (2013). Zeitreihen und Vollzugsprognosen. In A. Dessecker & W. Sohn (Hrsg.), *Rechtspsychologie, Kriminologie und Praxis – Festschrift für Rudolf Egg zum 65. Geburtstag* (S. 399–433). Wiesbaden: Kriminologische Zentralstelle.

Metz, R., & Sohn, W. (2009). Lassen sich Gefangenenzahlen vorhersagen? *soFid Kriminalsoziologie + Rechtssoziologie 2009*(1), 9–49 (Bonn: GESIS – Leibnizinstitut für Sozialwissenschaften).
Metz, R., & Sohn, W. (2015). Zur Prognose von Gefangenenzahlen in Hessen. *Archiv für Kriminologie, 235,* 80–98.
Schott, T., Suhling, S., Görgen, T., Löbmann, R., & Pfeiffer, C. (2004). *Der Anstieg der Belegung im Justizvollzug Niedersachsens und Schleswig-Holsteins. Forschungsbericht.* Hannover: KfN.
Simon, J. (2007). *Governing through crime: How the war on crime transformed American democracy and created a culture of fear.* Oxford: Oxford University Press.
Simonson, J. (2009). Die Auswirkungen der demografischen Entwicklung auf den Justizvollzug. In G. Koop & B. Kappenberg (Hrsg.), *Wohin fährt der Justizvoll-Zug?* (S. 128–141). Lingen: Kriminalpädagogischer Verlag.
Sohn, W., & Metz, R. (2011). Gefangenenzahlen in Hessen – Entwicklungsmuster und Einflussfaktoren. *BewHi, 58,* 24–53.
Statistisches Bundesamt. (1961–1975). *Fachserie 9 III Strafvollzug.* Wiesbaden: Statistisches Bundesamt.
Statistisches Bundesamt. (1976–1989). *Fachserie 10, Reihe 4: Strafvollzug.* Wiesbaden: Statistisches Bundesamt.
Statistisches Bundesamt. (1990a). *Fachserie 10, Reihe 4.1: Demographische Merkmale der Strafgefangenen zum Stichtag 31.3.* Wiesbaden: Statistisches Bundesamt. https://www.destatis.de/DE/Publikationen/Thematisch/Rechtspflege/StrafverfolgungVollzug/Strafvollzug.html. Zugegriffen: 6. März 2017.
Statistisches Bundesamt. (1990b). *Fachserie 10, Reihe 4.2: Bestand der Gefangenen und Verwahrten in den deutschen Justizvollzugsanstalten nach ihrer Unterbringung auf Haftplätzen des geschlossenen und offenen Vollzugs am 31.3. (ab 2003: jeweils zu den Stichtagen 31. März, 31. August und 30. November eines Jahres).* Wiesbaden: Statistisches Bundesamt. https://www.destatis.de/DE/Publikationen/Thematisch/Rechtspflege/StrafverfolgungVollzug/Strafvollzug.html. Zugegriffen: 6. März 2017.
Statistisches Bundesamt. (2009). *Bevölkerung Deutschlands bis 2060 – 12. koordinierte Bevölkerungsvorausberechnung.* Wiesbaden: Statistisches Bundesamt. https://www.destatis.de/DE/Publikationen/Thematisch/Bevoelkerung/VorausberechnungBevoelkerung/BevoelkerungDeutschland2060Presse2012.html. Zugegriffen: 6. März 2017.
Statistisches Bundesamt. (2016). *Fachserie 1, Reihe 1.3: Bevölkerung und Erwerbstätigkeit, Bevölkerungsfortschreibung auf Grundlage des Mikrozensus 2011.* Wiesbaden: Statistisches Bundesamt. https://www.destatis.de/DE/Publikationen/Thematisch/Bevoelkerung/Bevoelkerungsstand/Bevoelkerungsfortschreibung.html. Zugegriffen: 6. März 2017.
Suhling, S., & Schott, T. (2001). Ansatzpunkte zur Erklärung der gestiegenen Gefangenenzahlen in Deutschland. In M. Bereswill & W. Greve (Hrsg.), *Forschungsthema Strafvollzug* (S. 25–83). Baden-Baden: Nomos.
Villmow, B., Gericke, C., & Savinsky, A. L. (2010a). Überkapazitäten im Strafvollzug. *Neue Kriminalpolitik, 22,* 11–23.
Villmow, B., Gericke, C., & Savinsky, A. L. (2010b). Von der Überfüllung zur Schließung von Strafvollzugsanstalten? – Entwicklungen in der Hamburger Strafrechtspraxis. In F. Dünkel, T. Lappi-Seppälä, C. Morgenstern, & D. van Zyl Smit (Hrsg.), *Kriminalität, Kriminalpolitik, strafrechtliche Sanktionspraxis und Gefangenenraten im europäischen Vergleich* (Bd. 1, S. 231–260). Mönchengladbach: Forum Verlag.

Der deutsche Strafvollzug nach der Föderalismusreform

Frank Arloth und Tobias Geiger

Am 1. Oktober 2016 ist mit dem Gesetz zur Weiterentwicklung des Berliner Justizvollzugs[1] das 16. und damit letzte Landesstrafvollzugsgesetz in Kraft getreten. Das Strafvollzugsgesetz des Bundes von 1976 ist somit in keinem Land mehr in vollem Umfang anwendbar. Dies bedeutet den vorläufigen Abschluss einer im Jahr 2007 mit der Verabschiedung von Strafvollzugsgesetzen in Bayern, Hamburg und Niedersachsen begonnenen, rasanten zehnjährigen Entwicklung der Vollzugsgesetzgebung in Deutschland, die ihren Ausgangspunkt in der Übertragung der Gesetzgebungskompetenz auf die Länder im Rahmen der Föderalismusreform I im Jahr 2006 hatte.

Auch wenn der zu Beginn befürchtete „Wettbewerb der Schäbigkeit" (Dünkel und Schüler-Springorum 2006, S. 145). zwischen den Ländern nicht eingetreten ist, wurde der zehnte Jahrestag der Föderalismusreform zum Anlass genommen, sich erneut kritisch mit der damaligen Grundgesetzänderung und deren Folgen auseinanderzusetzen. Insbesondere wird in verschiedenen Beiträgen eine Zersplitterung des Rechts beklagt, die zu einer mutwilligen Gefährdung der Einheit des Rechtsstaats auf diesem sensiblen Gebiet geführt habe. Eine Diskussion über

[1]Abgeordnetenhaus Berlin Drucks. 17/2442.

F. Arloth (✉) · T. Geiger
München, Deutschland
E-Mail: frank.arloth@stmj.bayern.de

T. Geiger
E-Mail: Tobias.Geiger@stmj.bayern.de

B. Maelicke und S. Suhling (Hrsg.), *Das Gefängnis auf dem Prüfstand*,
Edition Forschung und Entwicklung in der Strafrechtspflege,
https://doi.org/10.1007/978-3-658-20147-0_4

Neuerungen im Vollzugssystem finde auf Bundesebene nicht mehr statt (Maelicke 2016). Heribert Prantl (2016) monierte gar in einem Beitrag für die Süddeutsche Zeitung, Gerechtigkeit sei zu einer Frage der Geografie geworden.

Aber ist dem wirklich so? Laufen die Strafvollzugssysteme der Länder wirklich in völlig unterschiedliche Richtungen? Und falls ja, bedarf dies einer Korrektur? Diese Fragen verdienen es – nach einem Überblick über die von den Ländern entwickelten verschiedenen Gesetzgebungsmodelle – anhand zweier konkreter Themenfelder, bei denen tatsächlich unterschiedliche Wege bei der Gestaltung der Vollzugssysteme eingeschlagen wurden, näher beleuchtet zu werden.

1 Gesetzgebungsmodelle im Strafvollzugsrecht

1.1 Verfassungsrechtliche Vorgaben

Nach der gefestigten Rechtsprechung des BVerfG ergibt sich aus Art. 2 Abs. 1 iVm Art. 1 Abs. 1 GG das verbindliche Gebot, den Strafvollzug auf das Ziel der Resozialisierung hin auszurichten. Der Gesetzgeber ist verpflichtet, ein wirksames Resozialisierungskonzept zu entwickeln und den Strafvollzug darauf aufzubauen. Allerdings gibt die Verfassung kein bestimmtes Regelungskonzept vor. Vielmehr besteht ein weiter Gestaltungsspielraum, innerhalb dessen ein wirksames Konzept entwickelt werden kann.[2] Den Ländern eröffnete sich daher nach der Föderalismusreform die Möglichkeit, Vollzugsgesetze zu schaffen, die innerhalb der verfassungsrechtlichen Leitplanken eigene Schwerpunkte setzen und neue Konzepte implementieren.

1.2 Eigenständige Gesetzentwürfe

Im Wesentlichen haben sich zwei Strömungen herausgebildet: Eine ganze Reihe von Ländern – Baden-Württemberg, Bayern, Hamburg, Hessen, Niedersachsen und Nordrhein-Westfalen – haben jeweils mehr oder wenig eigenständig Gesetzentwürfe entwickelt und sich dabei in vielen wesentlichen Punkten an den bewährten Regelungen des StVollzG orientiert, ohne auf eigene Schwerpunktsetzungen in bestimmten Bereichen zu verzichten:

[2] BVerfGE 35, 202, BVerfGE 98, 169.

So hat beispielsweise Baden-Württemberg – das sich bei der Regelungstechnik am weitesten vom StVollzG und von den anderen Ländern entfernt hat, indem alle Haftarten in einem Justizvollzugsgesetzbuch mit mehreren Büchern geregelt wurden – gesetzliche Mindeststandards für die Haftraumgröße und -ausstattung vorgegeben[3], während Hessen eine Haftraumbelegung mit mehr als drei Personen grundsätzlich untersagt hat.[4] Bayern hat in Art. 2 BayStVollzG klargestellt, dass der Schutz der Allgemeinheit der Resozialisierungsaufgabe nicht nachgeordnet ist[5] und Nordrhein-Westfalen hat sich entschieden, die Möglichkeiten zur Verhängung von Disziplinarmaßnahmen nach Art und Dauer deutlich zu reduzieren und stattdessen die einvernehmliche Streitbeilegung zu fördern.[6]

1.3 Musterentwurf zum Strafvollzugsgesetz

Die anderen zehn Länder haben sich hingegen für die gemeinsame Entwicklung eines Musterentwurfs zum Landesstrafvollzugsgesetz (ME) entschieden und diesen im Jahr 2011 veröffentlicht.[7] Nachdem zum Zeitpunkt der Fertigstellung des ME bereits gesetzliche Regelungen zum Jugendstrafvollzug vorlagen und der Untersuchungshaftvollzug ebenfalls von den Ländern in eigenen Gesetzen normiert worden war, enthielt der ME lediglich Regelungen zum Vollzug der Strafhaft und des Strafarrestes.

Inhaltlich und strukturell weicht der ME stärker vom StVollzG ab.[8] Beispielsweise soll die Gewährung von Vollzugslockerungen zur Wiedereingliederung erleichtert werden. § 42 Abs. 4 ME sieht dementsprechend vor, dass Lockerungen in den letzten sechs Monaten vor der Entlassung nur noch dann ausgeschlossen sein sollen, wenn „mit hoher Wahrscheinlichkeit“ von einer Flucht- oder Missbrauchsgefahr auszugehen ist. Andererseits sind offener und geschlossener Vollzug

[3]§ 7 Abs. 2, 3 JVollzGB I BW.

[4]§ 18 Abs. 1 S. 4 HStVollzG.

[5]Damit zwar abweichend von der zu § 2 StVollzG vertretenen herrschenden Meinung, aber konsequent der Auffassung des BVerfG folgend, welches Resozialisierung und Schutz der Allgemeinheit nicht als Gegensatz, sondern als zwei Seiten einer Medaille sieht (Arloth 2008, 2017).

[6]§ 79 Abs. 3, § 80 StVollzG NRW.

[7]Abzurufen in einer auf den Freistaat Thüringen angepassten Fassung unter: http://www.mj.sachsen-anhalt.de/fileadmin/Bibliothek/Politik_und_Verwaltung/MJ/MJ/jv/landesstrafvollzugsgesetz.pdf (letzter Zugriff: 10.09.2017).

[8]Überblick zum Inhalt des Musterentwurfs bei Laubenthal (2015).

als gleichrangige Unterbringungsformen geregelt (§ 15 Abs. 1 S. 1 ME), während das StVollzG – entgegen der tatsächlichen Vollzugspraxis – noch von einem Vorrang des offenen Vollzugs ausging. Auch werden die Mindestbesuchszeiten im Vergleich zum StVollzG verdoppelt, vgl. § 26 Abs. 1 S. 2 ME und die Arbeitspflicht der Gefangenen abgeschafft, § 22 S. 1 ME.

Im Rahmen der konkreten Gesetzgebungsverfahren in den Ländern sind jedoch mehr oder weniger starke Veränderungen vorgenommen worden. Letztlich haben sich insbesondere Mecklenburg-Vorpommern und das Saarland eng am Musterentwurf orientiert.

2 Gesetzgebung im übrigen Vollzugsrecht

2.1 Jugendstrafvollzugsgesetze

Die Gesetzgebungstätigkeit der Länder war zunächst schwerpunktmäßig auf die Schaffung einer verfassungskonformen Rechtsgrundlage für den Vollzug der Jugendstrafe gerichtet, weil das BVerfG hier den größten Handlungsbedarf sah.[9] In allen 16 Ländern gibt es deshalb inzwischen eigene gesetzliche Regelungen zum Vollzug der Jugendstrafe, wobei teilweise eine Integration in die übrigen Vollzugsgesetze erfolgte[10] und teilweise eigenständige Gesetze[11] verabschiedet wurden.

2.2 Untersuchungshaftvollzugsgesetze

Für den Vollzug der Untersuchungshaft gab es in § 119 StPO aF sowie in einigen wenigen Vorschriften des StVollzG und des Jugendgerichtsgesetzes nur eine sehr knappe gesetzliche Grundlage. Die nähere Ausgestaltung des Vollzugs der Untersuchungshaft war lediglich in einer weitgehend ländereinheitlichen Verwaltungsvorschrift, der UVollzO, geregelt, auf deren Basis sich jedoch keine Eingriffe in die Grundrechte der Untersuchungsgefangenen stützen ließen. Wie auch im Jugendstrafvollzug drohte deshalb insoweit ebenfalls eine Beanstandung durch das BVerfG.

Nach der Föderalismusreform I verblieb dem Bund nur noch die konkurrierende Gesetzgebungskompetenz für das gerichtliche Verfahren ohne das Recht

[9]BVerfGE 116, 69.

[10]Z. B. Baden-Württemberg, Bayern, Niedersachsen.

[11]Z. B. Hessen, Nordrhein-Westfalen, Schleswig-Holstein.

des Untersuchungshaftvollzugs. Umfasst ist davon die Frage des „Ob“ des Untersuchungshaftvollzugs und damit alle Eingriffe, die sich auf die Sicherung des jeweiligen Strafverfahrens beziehen. Von dieser Gesetzgebungskompetenz wurde 2009 durch die umfassende Neuregelung der §§ 119 ff. StPO Gebrauch gemacht.[12] Hingegen ist das „Wie“ des Vollzugs der Untersuchungshaft – also diejenigen Beschränkungen, die nicht der Sicherung des Strafverfahrens dienen, sondern dem Schutz der Sicherheit und Ordnung der Anstalt – seit 2006 Teil der Gesetzgebungskompetenz der Länder[13], die inzwischen jeweils Untersuchungshaftvollzugsgesetze erlassen haben.[14]

2.3 Sicherungsverwahrungsvollzugsgesetze

Das BVerfG hatte vor dem Hintergrund der Entscheidung des EGMR vom 17. Dezember 2009[15] mit dem Urteil vom 4. Mai 2011 alle bestehenden Vorschriften über den Vollzug der Sicherungsverwahrung für verfassungswidrig erklärt und konkrete Vorgaben für die erforderlichen Neuregelungen gemacht, die bis zum 31. Mai 2013 umgesetzt werden mussten. Insbesondere wurde ein Verstoß gegen das Abstandsgebot festgestellt, wonach sich aufgrund des präventiven Charakters der Sicherungsverwahrung diese wesentlich vom Vollzug der Freiheitsstrafe unterscheiden muss.[16] Sowohl der Bund[17] im Hinblick auf die Unterbringungsvoraussetzungen und den Rechtsschutz, als auch die Länder[18] bezüglich der konkreten Ausgestaltung des Vollzugs der Sicherungsverwahrung sind ihrer Verpflichtung fristgerecht nachgekommen. Die Umsetzung der Vorgaben des BVerfG

[12]Gesetz zur Änderung des Untersuchungshaftrechts vom 29.07.2009, BGBl. I 2274.

[13]In der Praxis kann dies dazu führen, dass zu ähnlichen Regelungsbereichen (z. B. bei der Besuchsüberwachung) von Gericht verfahrenssichernde Anordnungen erlassen werden, während die Anstalt gleichzeitig aus Gründen der Sicherheit und Ordnung eigenständige Anordnungen erlässt (Krä 2016).

[14]Mit Ausnahme von Baden-Württemberg, Bayern und Nordrhein-Westfalen hatten die Länder im Rahmen einer Arbeitsgruppe einen mit dem Bund abgestimmten Musterentwurf für ein Untersuchungshaftvollzugsgesetz erarbeitet.

[15]EGMR NStZ 2010, 263.

[16]BVerfG NStZ 2011, S. 450.

[17]Gesetz zur bundesrechtlichen Umsetzung des Abstandsgebotes im Recht der Sicherungsverwahrung vom 05.12.2012, BGBl. I 2425.

[18]Z. B. BaySvVollzG vom 22.05.2013, GVBl S. 275.

war für die Länder nicht nur mit gesetzgeberischem, sondern insbesondere auch mit einem hohen baulichen und personellen Mehraufwand verbunden.

2.4 Sonstige Vollzugsgesetze

Auch in weiteren Bereichen gab es in den letzten Jahren eine rege Gesetzgebungstätigkeit: So haben etwa die meisten Länder inzwischen die Ausgestaltung des Jugendarrests, der bis dahin auf der Grundlage von § 90 JGG sowie der JAVollzO von 1966 vollzogen wurde, neu geregelt.[19] Im Bereich des Maßregelvollzugs setzt sich ebenfalls mehr und mehr die Erkenntnis durch, dass es konkrete gesetzliche Vorgaben braucht, um den Anforderungen an einen sicheren, behandlungsorientierten und menschlichen Vollzug gerecht zu werden.[20] Abzuwarten bleibt hingegen, ob der Bund im Bereich der Zivilhaft und der Abschiebungshaft, für die bislang über entsprechende Verweisungen weiterhin das StVollzG gilt, über kurz oder lang ebenfalls eigenständige Gesetze in Angriff nehmen wird.

3 Arbeitspflicht der Gefangenen

Wie bereits dargestellt, haben die Länder einen relativ großen verfassungsrechtlichen Spielraum bei der Ausgestaltung der Vollzugssysteme. Dieser umfasst prinzipiell auch Grundsatzfragen, was sich unter anderem zeigt, wenn es um die Richtungsentscheidung geht, ob die in § 41 StVollzG vorgesehene Arbeitspflicht der Gefangenen, die der Bundesgesetzgeber bewusst beibehalten hatte, weiterhin Teil der Behandlung der Inhaftierten sein soll.

Dabei war und ist allgemein anerkannt, dass die Arbeitspflicht der Gefangenen weder verfassungsrechtlich (Art. 12 Abs. 3 GG) noch aufgrund entgegenstehender europäischer Rechtsnormen oder internationaler Vereinbarungen zu beanstanden ist, wenn sie in ihrer Ausgestaltung den Vorgaben aus § 41 StVollzG und dem Resozialisierungsgrundsatz entspricht (Schwind et al. 2013; Arloth und Krä 2017).[21]

---

[19]Teilweise auf Basis eines von mehreren Ländern entwickelten Musterentwurfs. Z. B. HmbJAVollzG vom 29.12.2014 HmbGVBl 2014, S. 542.

[20]Vgl. etwa MVollzG RhPf vom 22.12.2015, GVBl S. 487.

[21]Auch das vereinzelt vertretene Argument, die Arbeitspflicht sei ein unzulässiges zusätzliches Strafübel, überzeugt letztlich nicht. Vielmehr gehört die Arbeitspflicht zum durch die Verhängung einer Freiheitsstrafe auferlegten Strafübel dazu (Arloth und Krä 2017).

Dennoch haben sich Verfasser des Musterentwurfs entschieden, an der Arbeitspflicht nicht festzuhalten. § 22 S. 1 ME sieht dementsprechend vor, dass den Gefangenen (nur noch) auf Antrag oder mit ihrer Zustimmung Arbeit zugewiesen werden soll. Zwar wird die Wichtigkeit des Themas Arbeit nicht grundsätzlich bestritten. Die Arbeitspflicht wird aber trotzdem mit einem knappen Verweis auf den Angleichungsgrundsatz abgeschafft.[22] Diese Begründung konnte jedoch letztlich nicht alle beteiligten Länder überzeugen. Nur Brandenburg, Rheinland-Pfalz, das Saarland und Sachsen haben sich entschieden, dem Vorschlag des Musterentwurfs zu folgen.

Diese Entscheidung muss als rechtspolitischer Fehler bezeichnet werden. Denn die Bedeutung der Heranführung der Gefangenen an eine geregelte Arbeit kann – wie auch die schulische sowie berufliche Aus- und Fortbildung – im Hinblick auf die Resozialisierung der Gefangenen kaum überschätzt werden. Erhebungen in bayerischen Justizvollzugsanstalten zeigen, dass etwa die Hälfte der verurteilten Straftäter vor ihrer Inhaftierung keiner geregelten Arbeit nachgegangen ist. Dies mag nicht immer oder nur ausschließlich der Grund für eine spätere Straffälligkeit sein; jedoch besteht in vielen Fällen augenscheinlich ein Zusammenhang zwischen der fehlenden Möglichkeit, den eigenen Lebensunterhalt selbst zu bestreiten und späterer Delinquenz (Jehle 1994). Es wäre blauäugig zu glauben, dass alle Gefangenen ausschließlich auf freiwilliger Basis zur Arbeit motiviert werden können. Vielmehr ist zu bedenken, dass für nicht wenige Inhaftierte die in der Justizvollzugsanstalt zugewiesene Arbeit die erste dauerhafte berufliche Tätigkeit ist, der sie in ihrem Leben nachkommen. Das Erlernen eines festen Tagesablaufs durch die Eingliederung in betriebliche Abläufe und Strukturen kann daher im Einzelfall zumindest die Möglichkeit einer zwangsweisen Durchsetzung der Arbeitspflicht erforderlich machen. Gerade bei den genannten schwierigen Fällen ist es von herausragender Bedeutung, sie ggf. unter Zuhilfenahme der zur Verfügung stehenden Druckmittel an eine geregelte Arbeitstätigkeit heranzuführen. Daher ist es auch kein Gegenargument, wenn darauf hingewiesen wird, dass aufgrund der Beschäftigungssituation in den Anstalten in vielen Fällen gar nicht jedem Gefangenen eine Arbeit zugewiesen werden kann.

Unabhängig von der Frage der Sinnhaftigkeit kommt hinzu, dass die betroffenen Länder im Rahmen der konkreten Umsetzung zusammen mit der Arbeitspflicht zugleich den nicht-monetären Teil der Vergütung (vgl. § 43 Abs. 6 bis 11 StVollzG) unter Beibehaltung der Höhe der monetären Vergütung gestrichen haben. Dies ist nicht nur rechtspolitisch zu kritisieren – sondern schlicht verfassungswidrig, wie

[22] Vgl. Begründung zu § 22 ME.

die Feststellungen des BVerfG in einem obiter dictum zu einem Kammerbeschluss vom 16. Dezember 2015 zu einer Verfassungsbeschwerde im Hinblick auf die Regelung in §§ 29 Abs. 1 S. 1, 65 Abs. 1 Nr. 3, Abs. 2 LJVollzG RhPf zeigen.[23] Dieser Fingerzeig aus Karlsruhe kommt keinesfalls überraschend, denn bereits in den Entscheidungen vom 1. Juli 1998 und 24. März 2002 hatte das Gericht klare Vorgaben zur Ausgestaltung des Arbeitsentgelts gemacht und war insbesondere zum Ergebnis gekommen, dass geleistete Arbeit nur dann ein wirksames Resozialisierungsmittel sei, wenn diese angemessene Anerkennung finde. Zwar war das BVerfG bei der letztgenannten Entscheidung zu dem Ergebnis gekommen, dass die damals neu gefassten Regelungen zur Vergütung gerade noch verfassungsgemäß seien. Gleichzeitig hatte die Kammer jedoch zum Ausdruck gebracht, dass der Gesetzgeber aufgefordert sei, die Bezugsgröße nicht festzuschreiben, sondern – wie auch die nicht-monetäre Komponente – einer steten Prüfung zu unterziehen.[24] Wenn nun die monetäre Komponente unverändert fortgeschrieben, gleichzeitig aber die nicht-monetäre Komponente ganz wegfällt, erachtet dies das BVerfG selbst bei Anerkennung eines weiten Gestaltungsspielraums für den Gesetzgeber offensichtlich für verfassungswidrig. Die hierfür vorgebrachte Begründung, Pflichtarbeit und freiwillige Arbeit bedürften nicht im gleichen Maße der Anerkennung, wurde für nicht tragfähig erachtet.

Abzuwarten bleibt, ob die betroffenen Länder nunmehr zeitnah gesetzgeberisch aktiv werden oder das BVerfG bei nächster Gelegenheit in einem Urteil endgültige Klarheit schaffen muss. Das Ergebnis einer solchen Entscheidung dürfte jedenfalls vorhersehbar sein.

4 Spannungsfeld von Resozialisierung und Sicherheit

Unterschiedliche Ansätze verfolgen die Vollzugssysteme der Länder auch, wenn es darum geht, wann und in welchem Umfang Gefangene im offenen Vollzug untergebracht werden können und unter welchen Voraussetzungen Vollzugslockerungen beziehungsweise Urlaub aus der Haft in Betracht kommen.

Im Bundesgesetz war die Unterbringung im offenen Vollzug als Regelunterbringungsform für geeignete Gefangene im Rahmen einer „Soll"-Vorschrift

[23] BVerfG NStZ 2016, 236 mAnm Arloth.

[24] BVerfGE 98, 169, 201 ff., BVerfG NJW 2002, 2023.

vorgesehen, vgl. § 10 StVollzG. Hafturlaub sollte, bei Vorliegen der weiteren Voraussetzungen, grundsätzlich erst gewährt werden, wenn der Gefangene sechs Monate im Strafvollzug verbracht hatte (§ 13 Abs. 2 StVollzG). Für zu einer lebenslangen Freiheitsstrafe verurteilte Gefangene kam Urlaub erst nach zehn Jahren im Vollzug in Betracht, § 13 Abs. 3 StVollzG. Zudem konkretisierte die VV (Nr. 4 Abs. 2a) zu § 13 StVollzG die Norm dahin gehend, dass in der Regel Gefangene für Urlaub ungeeignet sind, wenn bis zum voraussichtlichen Entlassungszeitpunkt noch mehr als 18 Monate im Vollzug anstehen.

Die meisten Länder haben inzwischen vom offenen Vollzug als Regelunterbringungsform Abstand genommen und sich damit der Vollzugsrealität angepasst (vgl. etwa Art. 12 BayStVollzG). Die konkrete Ausgestaltung variiert jedoch: So sieht etwa Brandenburg einen Rechtsanspruch auf die Unterbringung im offenen Vollzug vor, wenn die Voraussetzungen erfüllt sind, § 22 Abs. 2 S. 1 BbgJVollzG. Andere Ländergesetze enthalten keine Regelvorgabe, vgl. etwa § 15 SächsStVollzG, § 11 HmbStVollzG.

Beim Hafturlaub, in manchen Ländern inzwischen als Langzeitausgang bezeichnet, wurden teilweise die Regelungen des StVollzG zur Wartezeit bei der Verbüßung lebenslanger Freiheitsstrafe übernommen (z. B. § 9 Abs. 3 S. 2 JVollzGB III BW, § 38 Abs. 3 S. 2 StVollzG M-V), während der Musterentwurf eine Absenkung auf nur fünf Jahre vorsah, § 38 Abs. 3 S. 2 ME. Teilweise wurde auch auf die Festlegung bestimmter Mindest-/Restverbüßungsdauern ganz verzichtet, vgl. § 46 BbgJVollzG, § 13 Abs. 3 S. 2 NJVollzG, und an andere Kriterien wie etwa eine zuvor erfolgte Bewährung in Lockerungen mit niedrigeren Freiheitsgraden angeknüpft. In Bayern ist Hafturlaub für zu lebenslanger Freiheitsstrafe verurteilte Gefangene hingegen erst nach zwölf Jahren (oder bei einer Verlegung in den offenen Vollzug) möglich, vgl. Art. 14 Abs. 3 BayStVollzG. Zudem wurde im BayStVollzG ausdrücklich geregelt, dass Vollzugslockerungen zudem nur nach gründlicher; bei Gewalt- und Sexualstraftätern nach besonders gründlicher Prüfung erfolgen sollen.[25]

Die unterschiedlichen Regelungen haben zu einer lebhaften Diskussion geführt. Insbesondere wurde die Frage aufgeworfen, ob eine restriktive Ausgestaltung der Urlaubsvorschriften dem verfassungsrechtlich garantierten Anspruch der Strafgefangenen auf Resozialisierung genügt. Teilweise wird die Auffassung vertreten, starre Fristen seien mit dem Resozialisierungsanspruch der Gefangenen

[25]Vgl. Art. 4, 15 S. 1 BayStVollzG.

unvereinbar.[26] Umgekehrt wird argumentiert, dass es den Gefangenen, die noch eine längere Zeit im Strafvollzug vor sich haben, erfahrungsgemäß besonders schwerfallen dürfte, nach einem Hafturlaub wieder in die Anstalt zurückzukehren und dass es deshalb gerade aus Resozialisierungsgesichtspunkten heraus erforderlich sei, von einer (zu) frühen Urlaubsgewährung, die noch dazu bei den Opfern oder deren Angehörigen auf wenig Verständnis stoßen dürfte, Abstand zu nehmen (Arloth 2017).

Bei der Diskussion darf jedoch nicht verkannt werden, dass die auseinanderlaufenden gesetzgeberischen Entwicklungen nichts anderes widerspiegeln, als die ohnehin – oftmals seit vielen Jahren – bestehende Vollzugspraxis in den einzelnen Ländern.[27] Im Spannungsfeld zwischen Resozialisierung und Sicherheit wurden seit jeher unterschiedliche Schwerpunkte gesetzt, die nach der Föderalismusreform I schlicht kodifiziert wurden. Eine Abkehr vom Vollzugsziel der Resozialisierung stellt aber keines der Gesetzgebungskonzepte dar. Vielmehr werden lediglich verschiedene behandlerische Ansätze auf dem Weg hin zu diesem Ziel verfolgt,[28] über die sich im Einzelnen trefflich streiten lässt.

5 Fazit

Festzuhalten ist also, dass es in Folge der Übertragung der Gesetzgebungskompetenz auf die Länder nicht zu einem unkontrollierten Auseinanderlaufen der Vollzugssysteme in den Ländern gekommen ist. Vielmehr haben sich primär lediglich die bereits seit Jahrzehnten in den einzelnen Ländern entwickelten Tendenzen der jeweiligen Vollzugspraxis in den neuen Landesgesetzen niedergeschlagen (vgl. Abschn. 4). Aber auch wenn die Länder den aus verfassungsrechtlicher

[26]Zur 10-Jahres-Frist bei Lebenslänglichen: Feest und Lesting 2012; zur Reststrafenregelung in VV (Nr. 4 Abs. 2a) zu § 13 StvollzG: Laubenthal et al. (2015).

[27]Vgl. etwa zur Zahl der Vollzugslockerungen und Lockerungsversager in den einzelnen Ländern die Übersicht bei Schwind et al. (2013).

[28]So verfolgt Bayern zwar im Bereich der Vollzugslockerungen bzw der Urlaubsgewährung einen restriktiveren Ansatz. Gleichzeitig wurden aber in Folge des Inkrafttretens des BayStVollzG die Behandlungsmöglichkeiten im Vollzug massiv ausgebaut. So stieg etwa die Zahl der Haftplätze in den Sozialtherapeutischen Einrichtungen/Abteilungen von 2006 bis 2015 von 201 auf 361. Insbesondere wurden die Behandlungskapazitäten für Gewaltstraftäter in erheblichem Umfang und mit entsprechendem finanziellen und personellen Aufwand erweitert.

Sicht bestehenden weiten Gestaltungsspielraum in einzelnen Bereichen vermehrt nutzen, wird jedenfalls eine problematische Zersplitterung des Rechts bzw. der Rechtspraxis durch die schon in der Vergangenheit wegweisende Rechtsprechung des BVerfG[29] zum Strafvollzugsrecht oder auch durch Entscheidungen von internationalen Gerichten wie dem EGMR verhindert. Die vom Grundgesetz und verstärkt auch von europäischen bzw. internationalen Menschenrechtsgrundsätzen vorgegebenen Rahmenbedingungen zur Resozialisierung von Straftätern müssen von den Landesgesetzgebern und der Vollzugspraxis beachtet werden, da sie ansonsten Gefahr laufen, dass Gerichte korrigierend eingreifen, vgl. etwa die unter C. dargestellte Entscheidung zur Vergütung der Gefangenenarbeit.

Weiter ist zu konstatieren, dass es innerhalb der (verfassungs-)rechtlichen Leitplanken einen Wettbewerb um den bestmöglichen Vollzug gibt. Die Länder wenden verschiedenste Behandlungsmethoden und Modelle an und setzen dabei selbstverständlich auch politische Schwerpunkte, die naturgemäß nicht immer jedermann von Anfang an überzeugen. Wissenschaftliche Evaluation und Diskussion sowie der ständig stattfindende Austausch zwischen den Ländern ermöglichen jedoch einen Vergleich der verschiedenen praxiserprobten Ansätze und letztlich werden sich die Modelle durchsetzen, die den größten nachweisbaren Erfolg im Hinblick auf das Erreichen der Vollzugsziele gewährleisten. Diesen „Wettbewerb der Ideen" (Schwind et al. 2013, Vor § 71 Rn. 7[30]) sollten wir auch als Chance und nicht ausschließlich als Risiko sehen.

6 Ausblick

Der vorläufige Abschluss der Gesetzgebungstätigkeit in den Ländern mag eine Zäsur sein. Das Ende der Fortentwicklung des Vollzugsrechts bzw. der Vollzugssysteme bedeutet er aber mitnichten. Auch in Zukunft werden neue Entwicklungen laufend eine Anpassung erfordern:

Beispielsweise ist nach dem starken Zustrom an Flüchtlingen nach Deutschland in den Jahren 2015/2016 und damit zusammenhängenden Effekten, wie etwa einem steilen Anstieg der sog. Schleuserkriminalität, eine starke Zunahme des Ausländeranteils unter den Gefangenen festzustellen. Alleine in Bayern ist dieser zwischen dem 31.12.2014 und dem 31.08.2017 von 35,99 % auf inzwischen

[29] Umfassende Rechtsprechungsübersicht bei Bachmann (2014).

[30] Zur Ausgestaltung der sozialen Dienste der Justiz.

44,32 % angestiegen.[31] Diese Entwicklung stellt die Anstalten vor große Herausforderungen: Erhebliche Sprachbarrieren müssen überwunden werden, Integrationsarbeit ist, teilweise bei Null beginnend, zu leisten und vermehrt sind die Bediensteten mit durch Flucht und Krieg schwer traumatisierten Gefangenen konfrontiert.[32]

Auch steigt nach Berichten der Praxis die Zahl der psychisch auffälligen Gefangenen insgesamt deutlich an, ebenso wie die Schwere der Störungen bzw. Erkrankungen, was wiederum eine verstärkte sozialpädagogische, psychologische und psychiatrische Betreuung erfordert. Gerade auch in diesem Zusammenhang sind vermehrt Übergriffe auf Bedienstete mit teilweise gravierenden Folgen zu beobachten, denen mit Nachdruck begegnet werden muss.

Abzuwarten bleibt zudem, welche neuen Herausforderungen sich im Zusammenhang mit einer zunehmenden Zahl an Gefangenen mit einem islamistisch/terroristischem Hintergrund ergeben. Die intensiven Diskussionen nach dem Selbstmord eines mutmaßlichen verhinderten Attentäters in der Justizvollzugsanstalt Leipzig am 12. Oktober 2016 zeigen, dass sich die Justizvollzugsanstalten – sofern noch nicht geschehen – insbesondere in den Bereichen Sicherheit und Suizidprophylaxe verstärkt auf diese neue Tätergruppierung einstellen müssen.

Neben diesen den Vollzug aufgrund von äußeren Einflüssen bzw. aktuellen gesellschaftlichen Entwicklungen treffenden Problemen wird aber auch zu überlegen sein, in welchen Bereichen künftig noch verstärkt im Sinne eines modernen Strafvollzugs aktiv an der Fortentwicklung der Vollzugssysteme gearbeitet werden sollte. So wäre es etwa bedenkenswert, das Thema „Opferorientierung im Justizvollzug" künftig noch mehr in den Fokus zu nehmen (vgl. Jesse et al., in diesem Band).

Es bleibt also auch künftig nur eines konstant: Der stete Wandel.

---

[31]Im Bereich der Untersuchungshaft liegt der Ausländeranteil noch deutlich höher bei bis zu 70 %.

[32]Bayern hat darauf u. a. durch die Schaffung neuer Stellen für Psychologen, zusätzlichen Mitteln zur Durchführung von Deutschkursen und die Pilotierung von Videodolmetschsystemen reagiert. Zudem können seit Inkrafttreten des Bayerischen Integrationsgesetzes vom 13.12.2016, GVBl. S. 335, aufgrund darin enthaltener Änderungen der Vollzugsgesetze Gefangene künftig zur Teilnahme an Deutsch- und Integrationskursen verpflichtet werden.

Literatur

Arloth, F. (2008). Neue Gesetze im Strafvollzug. *Goltdammers Archiv für Strafrecht, 155,* 129–141.

Arloth, F. (2017). Aufgaben des Vollzuges Art. 2 BayStVollzG. In J.-P. Graf (Hrsg.), *Beck'scher Onlinekommentar Strafvollzugsrecht Bayern* (8. Aufl.). Stand: 01.06.2017.

Arloth, F., & Krä, H. (2017). *Strafvollzugsgesetze* (4. Aufl.). München: Beck.

Bachmann, M. (2014). *Bundesverfassungsgericht und Strafvollzug – Eine Analyse aller veröffentlichten Entscheidungen.* Berlin: Duncker & Humblot.

Dünkel, F., & Schüler-Springorum, H. (2006). Strafvollzug als Ländersache? Der „Wettbewerb der Schäbigkeit" ist schon im Gange! *Zeitschrift für Strafvollzug und Straffälligenhilfe, 55,* 145–149.

Feest, J., & Lesting, W. (Hrsg.). (2012). *Strafvollzugsgesetze Kommentar (AK-StVollzG)* (6. Aufl.). Köln: Carl Heymanns.

Jehle, J.-M. (1994). Arbeit und Entlohnung von Strafgefangenen. *Zeitschrift für Strafvollzug und Straffälligenhilfe, 43,* 259–267.

Krä, H. (2016). Anwendungsbereich Art. 1 BayUVollzG. In J.-P. Graf (Hrsg.), *Beck'scher Onlinekommentar Strafvollzugsrecht Bayern* (8. Aufl.). Stand: 01.06.2017.

Laubenthal, K., Nestler, N., Neubacher, F., & Verrel, T. (Hrsg.). (2015). *Strafvollzugsgesetze* (12. Aufl.). Frankfurt: Beck.

Maelicke, B. (12. Oktober 2016). Wider den Drehtüreffekt. Süddeutsche Zeitung.

Prantl, H. (12. August 2016). Scharf, schärfer, am schärfsten. Süddeutsche Zeitung.

Schwind, H.-D., Böhm, A., Jehle, J.-M., & Laubenthal, K. (2013). *Strafvollzugsgesetz – Bund und Länder* (6. Aufl.). Frankfurt: Beck.

Teil C
Wirkungsorientierte Vollzugsgestaltung

Behandlungsmaßnahmen und -programme im Strafvollzug

Johann Endres und Maike M. Breuer

1) Was eigentlich soll Behandlung sein?

Der Strafvollzug in Deutschland soll der Resozialisierung dienen und ist deshalb als Behandlungsvollzug angelegt. Die Strafvollzugsgesetze verwenden im Zusammenhang mit den Regelungen zur Stellung der Gefangenen und der Vollzugsplanung Begriffe wie „Behandlungsauftrag", „Behandlungsuntersuchung" und „Behandlungsplan", lassen aber offen, was genau mit dem Begriff der Behandlung gemeint ist. Da Kriminalität etwas anderes ist als Krankheit (vgl. dazu ausführlich Endres und Schwanengel 2015), kann es nicht primär um Behandlung im medizinischen Sinn (Heilbehandlung zur Wiederherstellung der Gesundheit oder zur Abmilderung von Krankheitsfolgen) gehen. Die Verurteilung zu einer Freiheitsstrafe erfolgt aufgrund eines Schuldvorwurfs, setzt also voraus, dass die angeklagte Person absichtlich, und obwohl sie anders hätte handeln können, gegen eine verbindliche Norm (Strafgesetz) verstoßen hat. Nur in den Fällen, in denen Straftaten die Auswirkung psychischer Krankheiten oder Störungen darstellen, kommt in erster Linie die Unterbringung in einem psychiatrischen Krankenhaus (§ 63 StGB) in Betracht, nicht aber die Verurteilung zu einer Freiheitsstrafe.

Es erscheint sinnvoll, einen breiteren und einen engeren Behandlungsbegriff zu unterscheiden:

J. Endres (✉) · M. M. Breuer
Erlangen, Deutschland
E-Mail: johann.endres@jva-er.bayern.de

M. M. Breuer
E-Mail: maike.breuer@jva-er.bayern.de

B. Maelicke und S. Suhling (Hrsg.), *Das Gefängnis auf dem Prüfstand*,
Edition Forschung und Entwicklung in der Strafrechtspflege,
https://doi.org/10.1007/978-3-658-20147-0_5

- Behandlung im weiten Sinne bezeichnet im Strafvollzug alle Handlungen, die auf das Ziel ausgerichtet sind, die Gefangenen zu einem Leben ohne Straftaten hinzuführen, sie psychisch zu stabilisieren und unerwünschten Haftfolgen entgegenzuwirken. Diese Aufgaben obliegen allen Bediensteten des Justizvollzugs, die mit den Gefangenen zu tun haben. Auch schulischer und berufsqualifizierender Unterricht, seelsorgerische Betreuung, Entlassungsvorbereitung und Übergangsmanagement, Drogenberatung und Schuldnerberatung, die Gewährung von Vollzugslockerungen (s. u.), Sport- und Kulturangebote sowie generell die Gewährleistung eines geordneten Zusammenlebens und eines konstruktiven Anstaltsklimas stellen deshalb Teilaspekte der Behandlung dar.
- In einem engeren Sinne bezeichnet der Begriff Behandlung die mehr oder weniger geplanten und systematisch durchgeführten psychotherapeutischen, sozialtherapeutischen und sozialpädagogischen Maßnahmen, mit denen Risikofaktoren für zukünftige Kriminalität abgemildert und sozial adäquate Verhaltensmuster vermittelt werden sollen. Zur Bezeichnung dieser therapeutischen Formen von Behandlung ist auch der Begriff „Kriminaltherapie“ vorgeschlagen worden (vgl. Endres und Schwanengel 2016). „Therapeutisch“ sind dabei nicht die Ziele (es geht nicht primär um Heilbehandlung im Sinne der Gesundheitsfürsorge, sondern um die Vermeidung von zukünftigen Straftaten), sondern die eingesetzten Mittel, die aus der Psychotherapie übernommen werden.

Nachfolgend werden vor allem die Behandlungsmaßnahmen dargestellt, die im Strafvollzug außerhalb von sozialtherapeutischen Einrichtungen (teilweise auch dort als Bestandteile eines umfassenden Programms; vgl. dazu den Beitrag von Wischka & van den Boogaart, in diesem Band) durchgeführt werden und die in erster Linie der Kriminalprävention durch die Reduktion von Gefährlichkeit dienen.

2) Welche Formen der Straftäterbehandlung gibt es?
Im deutschen Strafvollzug gibt es eine schwer überschaubare Vielfalt von Behandlungsansätzen, Programmen, Trainings und Konzepten, die zwar alle dem Ziel der Rückfallprävention verpflichtet sind, die sich aber in vielfacher Hinsicht unterscheiden. Die wichtigsten Unterscheidungsmerkmale sind:

- *Strukturierung bzw. Manualisierung:* Es gibt auf der einen Seite stark strukturierte Maßnahmen (man spricht dann häufig von „Programmen“), die einen standardisierten Ablauf aufweisen, d. h. sie bestehen aus einer Abfolge aufeinander aufbauender Termine („Sitzungen“), deren Inhalte und methodische Vorgehensweisen in wesentlichen Punkten festgelegt sind. Idealerweise gibt es dazu ein „Manual“, d. h. eine ausführliche Anweisung, an der sich die Therapeuten orientieren sollen; dieses enthält eine detaillierte Durchführungsanleitung, wichtige Materialien (z. B. Arbeitsblätter für die Teilnehmer) und theoretische Hintergrundinformationen. Auf der anderen Seite gibt es unstrukturierte Konzepte (z. B. Selbsthilfegruppen, niedrigschwellige Gesprächsgruppen für Suchtmittelabhängige, regelmäßige Plenumsgespräche in Wohngruppen), die ohne derartige Vorgaben auskommen und dazu dienen, z. B. jeweils aktuelle Konflikte zu bearbeiten, um dadurch das soziale Lernen und den Aufbau erwünschter sozialer Kompetenzen zu fördern.

- *Individualisierung:* Strukturierung und Individualisierung stellen keine Gegensätze dar und schließen einander keinesfalls aus. Individualisierung bedeutet, dass auf die Besonderheiten des jeweiligen Einzelfalls eingegangen werden kann und soll. Vielfach ist im Rahmen strukturierter Programme vorgesehen, dass die Teilnehmer ihr spezifisches Delikt oder ihre individuelle biografische Problematik einbringen können und sollen.
- *Einzel- versus Gruppensetting:* Viele Behandlungsmaßnahmen sind für Gruppen gedacht, d. h. sie werden von einem oder zwei Trainern mit etwa fünf bis zehn Teilnehmern durchgeführt. Das hat nicht primär ökonomische Gründe (pro Trainer werden mehrere Inhaftierte erreicht), sondern auch inhaltliche: Das Gruppenformat soll soziales Lernen ermöglichen; insbesondere dort, wo es um die Vermittlung sozialer Kompetenzen geht (Kommunikation, Umgang mit Konflikten), können neue Verhaltensweisen in Rollenspielen eingeübt werden. Andere Gruppenmitglieder können als Vorbilder fungieren (Modell-Lernen). Das Gruppensetting weist allerdings auch einige Nachteile auf: So können in der Offenlegung individueller Lebensläufe und Delikthergänge Einzelne bloßgestellt und stigmatisiert werden. Die „Deliktbearbeitung" (vgl. dazu kritisch Suhling und Endres 2016) kann auch dazu beitragen, dass andere Teilnehmer Anregungen für neue Straftaten bekommen. Subkulturelle Einstellungen (z. B. hinsichtlich Gewalt gegen Frauen, fragwürdige Ehrkonzepte) können in der Gruppendiskussion als verbreitet und akzeptabel wahrgenommen werden. In Einzelmaßnahmen kann intensiver und zielgerichteter auf die individuelle Problematik eingegangen werden; Beeinflussungen durch andere Straftäter kommen (im Rahmen der jeweiligen Maßnahme) nicht zum Tragen.
- *Intensität und Umfang der Maßnahmen:* Es gibt sehr umfangreiche Behandlungsprogramme, die bis zu hundert Sitzungen umfassen. Dies ermöglicht ein sehr intensives Eingehen auf individuelle Problematiken und scheint erforderlich, wenn große Defizite aufgeholt und wenn eingeschliffene Verhaltensmuster geändert oder tief in der Biografie verwurzelte Fehlhaltungen und kriminogene Orientierungen (z. B. gewaltlegitimierende oder frauenfeindliche Denkmuster) aufgeweicht und umstrukturiert werden sollen. Sie sind aber

dann nur für Verurteilte mit längeren Strafen geeignet. Ein Beispiel für eine sehr kurze Maßnahme (5 h) ist KIM (Kurzintervention zur Motivationsförderung, s. u.). Nichtstandardisierte Programme wie z. B. Wohngruppenkonzepte haben keine vorgegebene Laufzeit und sind manchmal auf Dauer angelegt.

- *Anzahl und Spezifität der Ziele:* Manche Behandlungsmaßnahmen sind auf ein einzelnes, konkret benanntes Behandlungsziel ausgerichtet, z. B. die Stärkung von Opferempathie durch ein Empathietraining oder die Vermittlung spezifischer Fertigkeiten für die Gewinnung eines Arbeitsplatzes durch ein Bewerbertraining. Manche Maßnahmen sind eher unspezifisch (z. B. Wohngruppen mit einer Ausrichtung auf „soziales Lernen" oder Vollzugslockerungen mit dem Ziel der „Erprobung", s. u.) oder auf eine Vielzahl definierter Ziele ausgerichtet (z. B. das Behandlungsprogramm für Sexualstraftäter [BPS], s. u.).

Welche konkreten Behandlungsmaßnahmen einem Straftäter angeboten werden, hängt einerseits von seinen diagnostizierten Bedarfen, andererseits aber auch von organisatorischen Rahmenbedingungen ab (z. B. Haftdauer, Behandlungskapazitäten). Zudem erscheinen als Aspekte der Ansprechbarkeit persönliche Voraussetzungen (z. B. Sprachkenntnisse, Gruppenfähigkeit, Behandlungsmotivation) relevant. Sofern diese veränderlich erscheinen, werden im Vorfeld einer Behandlung auch entsprechende vorbereitende Maßnahmen durchgeführt (z. B. Sprachkurse, soziale Kompetenztrainings, Motivierungsgespräche). Aufgabe einer ausführlichen Eingangsdiagnostik (Behandlungsuntersuchung) ist es, die individuellen Behandlungsziele festzulegen, die Voraussetzungen der Teilnahme an den erforderlichen Behandlungsmaßnahmen festzustellen (z. B. Sprachkenntnisse, Motivation) und gegebenenfalls Schritte zu deren Förderung zu benennen.

3) Was sind die Ziele von Behandlungsmaßnahmen?

Das übergeordnete Ziel der Straftäterbehandlung ist die Vermeidung von Rückfällen durch die Befähigung des einzelnen Inhaftierten zu seinem sozial verantwortlichen Leben ohne Straftaten (Resozialisierung). Dies wird allgemein so verstanden, dass es darum geht, die in der Person und ihren Lebensumständen liegenden Ursachen für Kriminalität und Rückfallgefährdung zu beseitigen oder abzumildern und Schutzfaktoren zu stärken. In dieser Sicht kommt der Analyse individueller Risikofaktoren und protektiver Faktoren eine zentrale Bedeutung zu.

Häufig wird zwischen statischen und dynamischen Risikofaktoren unterschieden. Statische Faktoren sind solche, die in der Lebensgeschichte vorgegeben und nicht mehr modifizierbar sind. Dazu gehören die Herkunft, das Geschlecht, frühere Erkrankungen und die Vorstrafenbelastung. So wie früheres Verhalten generell einer der stärksten Prädiktoren für zukünftiges Verhalten ist, weist die zurückliegende Kriminalität in allen empirischen Erhebungen stets einen relativ engen[1] Zusammenhang mit der Rückfälligkeit auf. Bei diesen statischen Merkmalen handelt es sich aber nicht um kausale Faktoren, sondern eher um Risiko-Indikatoren. Aus ihnen lassen sich keine Behandlungsziele ableiten.

Hingegen sind dynamische Risikofaktoren Merkmale, die prinzipiell veränderbar sind und von deren Modifikation durch Behandlung man sich Auswirkungen auf die Rückfälligkeit verspricht. Dynamische Risikofaktoren sind kriminogene Defizite, also Ursachen kriminellen Verhaltens; aus ihnen ergeben sich also sinnvolle Interventionsziele.

Die vier bzw. acht wichtigsten Risikofaktoren wurden von Andrews und Bonta (2010) als die „Big Four" bzw. „Central Eight" bezeichnet; zu ihnen gehören neben der Vorgeschichte antisozialen Verhaltens, die einen statischen Faktor darstellt:

- *Antisoziale Persönlichkeit:* Merkmale von Dissozialität (Impulsivität, Gefühllosigkeit und fehlende Empathie, Bindungsunfähigkeit), Narzissmus (Größenvorstellungen, leichte Kränkbarkeit, hohes Geltungsbedürfnis, Neigung zu ausbeuterischem Verhalten) und Impulsivität (emotionale Labilität, geringe Selbstbeherrschung) stellen bekannte Risikofaktoren dar und sind zugleich Punkte, an denen viele Behandlungsprogramme ansetzen. Psychopathie im Sinne der PCL-R von Robert Hare fasst viele dieser Merkmale zusammen und ist einer der stärksten Prädiktoren von Kriminalität.
- *Antisoziale Einstellungen* sind Überzeugungen und Werthaltungen, die z. B. Gewalt legitimieren oder sexuelle Übergriffe verharmlosen.
- Ein *antisoziales Umfeld,* dem einige kriminelle und nur wenige oder keine sozial angepassten Freunde und Bekannte angehören, kann kriminelles Verhalten verstärken.
- Defizite hinsichtlich *Ausbildung und Arbeit* erschweren die soziale Integration. Durch unzureichende Leistung und fehlendes Engagement entfällt zudem eine mögliche Quelle für persönliche Belohnung und Genugtuung sowie finanzielle Sicherheit.

[1]Wir sprechen hier bezüglich Einzelmerkmalen von Korrelationen mit dem Rückfall in Höhe von ungefähr 0,30. Zusammengefasste Indizes (z. B. die Scores von Risikobeurteilungsinstrumenten) erreichen in seltenen Fällen eine prognostische Validität von ungefähr r = 0,40. Das ist weit entfernt von einer perfekten Vorhersage. Es lassen sich jedoch mit solchen Instrumenten Gruppen mit hohem Rückfallrisiko (z. B. im LSI-R 80 % Wiederverurteilung innerhalb von 2 Jahren) und mit geringem Rückfallrisiko (16 %) unterscheiden (Daten aus Dahle et al. 2012, S. 74).

- Missbrauch oder Abhängigkeit von *Alkohol und Drogen* stehen häufig in Verbindung mit einem kriminellen Lebensstil.
- Der *Familie und Partnerschaft* wird ein relevanter Einfluss zugesprochen. Bei Jugendlichen erscheint insbesondere die Qualität der Beziehung zu den Eltern und ihre Einstellung bzw. Reaktion auf antisoziales Verhaltens relevant, bei Erwachsenen die Partnerbeziehung.
- Hinsichtlich des *Freizeitverhaltens* gelten eine geringe Beteiligung bzw. wenig Freude an nicht-kriminellen Aktivitäten als dynamische Risikofaktoren.

Nicht alle postulierten Risikofaktoren, die durch verbreitete Behandlungsmaßnahmen angesprochen werden sollen, sind durch empirische Befunde ausreichend belegbar. Bezüglich der Behandlung von Sexualstraftätern gibt es Hinweise, dass Faktoren wie Mangel an Empathie, geringes Selbstwertgefühl oder fehlende Verantwortungsübernahme in ihrer Bedeutung überschätzt werden und dass darauf abzielende Interventionen keinen oder nur geringen belegten Nutzen aufweisen (Mann et al. 2010).

Protektive Faktoren (auch „Ressourcen" genannt) sind Merkmale, deren Vorliegen die Wahrscheinlichkeit kriminellen Verhaltens senkt und die als wesentlich für einen Ausstieg aus kriminellen Karrieren („desistance") angesehen werden (vgl. Lösel und Bender 2003). Viele protektive Faktoren stellen einfach die Gegenpole zu den oben beschriebenen Risikofaktoren dar (z. B. Empathiefähigkeit, negative Bewertungen antisozialen Verhaltens, ein stützender und sozial integrierter Freundeskreis usw.). Bei manchen Merkmalen ist es dosisabhängig, ob sie als protektiv oder als Risikofaktoren anzusehen sind: Es gibt Hinweise darauf, dass ein realistisches Selbstbild protektiv wirkt, während ein überhöhtes Selbstwertgefühl eher einen Risikofaktor darstellt (vgl. Lösel und Bender 2003, S. 169 ff.).

Darüber hinaus hat das „good lives model" (GLM) der Straftäterbehandlung (vgl. Göbbels et al. 2013) den Fokus auf Annäherungsziele gerichtet: Positive Perspektiven eines guten, gelingenden Lebens, und nicht nur der Wunsch, Strafen zu vermeiden, werden als wesentlich dafür genannt, dass ein Straftäter sich von seinem bisherigen Leben distanziert. Er soll die realistische Chance sehen, durch nichtkriminelles Verhalten die für ihn bedeutsamen Lebensziele zu erreichen (das GLM postuliert elf primäre Güter, u. a. Gemeinschaft, Exzellenz in der Arbeit, Kreativität, Glück, Spiritualität).

4) Woran lässt sich erkennen, ob die Ziele erreicht worden sind?

In dem Beitrag von Suhling wird ausführlich dargestellt, dass sich verschiedene Zielebenen und -horizonte unterscheiden lassen: *Leistungsziel* des Strafvollzugs ist entsprechend dem gesetzlichen Auftrag die Befähigung zu einem straffreien Leben. Dem dienen die einzelnen Maßnahmen, denen spezifische *Maßnahmeziele* zugeordnet sind (z. B. Förderung sozialer Kompetenz, Verminderung von Aggressivität oder Erwerb berufsbezogener Qualifikationen). Die darüber hinausreichenden *Wirkungsziele* sind die langfristigen, über den Strafvollzug hinausreichenden Effekte; dazu gehören die erfolgreiche Resozialisierung und die Sicherheit der Allgemeinheit.

Die Frage, was mit einer bestimmten Maßnahme im Einzelfall erreicht werden konnte, lässt sich je nach Analyseebene an unterschiedlichen Kriterien festmachen:

- Bei kurzfristiger und eher formaler Betrachtung ist die Teilnahme an einer Maßnahme und der reguläre Abschluss als Erfolg anzusehen. Das lässt sich leicht feststellen und quantifizieren. Zahlen von Teilnehmern und Absolventen von Maßnahmen sind nützliche Indizes zur Beschreibung dessen, was Personen oder Organisationen tun (Outputs). Sie geben aber noch keine Auskunft darüber, was damit erreicht wird.
- Schwierig gestaltet sich die Erfassung von Wirkungen auf der Ebene der einzelnen Risikofaktoren (Maßnahmenziele; Leistungsziel des Strafvollzugs). Zugewinne an sozialer Kompetenz, Problemlösefähigkeiten, Frustrationstoleranz, Selbstbeherrschung und Ablehnung des Drogenmissbrauchs lassen sich nicht leicht objektivieren, da sowohl Selbstauskünfte (oder entsprechende Fragebogenskalen) als auch Ratings durch die Trainer anfällig für Urteilsverzerrungen (z. B. soziale Erwünschtheit) sind. Verhaltensbeobachtungen sind prinzipiell aussagekräftiger, stoßen jedoch bald an Grenzen, insbesondere da in der Haftumgebung besondere Bedingungen herrschen (z. B. lässt sich bei Inhaftierten schwer beobachten, ob sie besser mit Alkohol bzw. entsprechenden Verführungssituationen umgehen können). Die in deutschen Evaluationsuntersuchungen bisher sehr beliebte Verwendung von Persönlichkeitsstrukturtests erscheint sehr fragwürdig (vgl. Schwedler und Schmucker 2012). Erstens handelt es sich nicht um Instrumente der Veränderungsmessung, da Persönlichkeitsmerkmale per definitionem relativ stabil und entsprechende Skalen wenig änderungssensitiv sind. Und zweitens hat sich gezeigt, dass Veränderungen auf diesen Skalen nicht mit Rückfälligkeit korreliert sind (Wößner und Schwedler 2014). Das Verfahren MeWiS (s. den Beitrag von Suhling) verspricht hier Fortschritte, muss aber noch evaluiert werden.
- Das wesentliche Erfolgskriterium für Maßnahmen der Straftäterbehandlung ist die Vermeidung von Rückfällen. Auch Rückfälle lassen sich jedoch nicht exakt erfassen. Nicht alle Straftaten werden registriert und angezeigt, nicht alle

Anzeigen führen zur Verurteilung eines Täters. In Deutschland werden meistens Bundeszentralregisterauszüge herangezogen; das erfordert jedoch lange Beobachtungszeiträume, da eine Tat manchmal erst nach vielen Monaten oder gar mehreren Jahren (Eintritt der Rechtskraft) dort verzeichnet wird. Rückfälle im Ausland finden nur ausnahmsweise Eingang in das Bundeszentralregister; manche Verurteilungen werden infolge von Schreibfehlern oder aus anderen Gründen nicht der richtigen Person zugeordnet. All dies führt zu Einschränkungen der Aussagekraft der nur scheinbar objektiven Hellfelddaten.

In anderen Ländern werden häufig auch polizeiliche Festnahmen oder Anklagen als Rückfälle ausgewertet, auch wenn sie nicht zu einer Verurteilung führen. Selbstauskünfte im Rahmen von Nachbefragungen können auch nicht registrierte Rückfälle einbeziehen; das setzt aber natürlich Erreichbarkeit, Auskunftsbereitschaft und Ehrlichkeit des Entlassenen voraus.

5) Beschreibung einiger ausgewählter Behandlungsmaßnahmen
Nachfolgend werden einige ausgewählte Maßnahmen etwas detaillierter dargestellt. Die Auswahl ist natürlich subjektiv; es geht uns auch darum, die Breite des Spektrums sichtbar zu machen. Dabei werden auch einige Schwächen und Grenzen dieser Maßnahmen benannt. Eine vollständige Übersicht über alle verbreiteten Maßnahmen sowie eine eingehende Darstellung der ausgewählten Maßnahmen in allen Facetten und eine umfassende kritische Würdigung kann schon aus Platzgründen hier nicht geleistet werden.

a) Reasoning & Rehabilitation (R&R©)
Reasoning & Rehabilitation ist ein Gruppen-Trainingsprogramm für vier bis maximal acht Teilnehmer, das darauf abzielt, „das impulsive, egozentrische, unlogische und rigide Denken von Straftätern zu modifizieren und ihnen beizubringen, inne zu halten und nachzudenken, bevor sie handeln" (Ross et al. 2004, Abschn. 1.3). Es umfasst eine Abfolge von 35 zweistündigen Sitzungen, gegliedert in neun Module: Problemlösen, soziale Fertigkeiten, Verhandlungsfertigkeiten, Umgang mit Emotionen, kreatives Denken, Werte, kritisches Urteilen sowie Fertigkeiten im Überblick und kognitive Übungen. Werden wie üblich die 35 Sitzungen im wöchentlichen Turnus durchgeführt, dauert das Programm etwa ein Dreivierteljahr.[2]

[2]Mittlerweile gibt es auch Kurzformen (R&R2) mit nur 14 Sitzungen für verschiedene Zielgruppen (Erwachsene, Jugendliche, Frauen, psychisch Auffällige), die aber noch nicht gut empirisch untersucht sind.

R&R ist eines der international am besten empirisch evaluierten Programme zur Straftäterbehandlung. Es basiert auf der Annahme, dass Straftäter, wenn sie über bessere kognitive Kompetenzen verfügen, häufiger sozial angemessene Entscheidungen treffen und deshalb weniger Straftaten begehen werden. Eine Vielzahl von Übungen dient dazu, starre Denkmuster zu überwinden und die Übernahme der Perspektiven anderer Beteiligter sowie das Berücksichtigen von Handlungskonsequenzen einzuüben.

Eine Meta-Analyse, in der 26 kontrollierte Einzelstudien zusammengefasst wurden (Tong und Farrington 2006), kam zu dem Ergebnis, dass R&R-Teilnehmer im Mittel um etwa 10 %[3] seltener rückfällig wurden als Personen aus Vergleichsgruppen, wobei die Effekte im Strafvollzug nur unwesentlich geringer waren als die Effekte im ambulanten Bereich und es keinen Unterschied machte, ob die Teilnahme am Programm freiwillig oder verpflichtend war.[4]

Hinsichtlich der theoretischen Fundierung ließe sich gegen R&R und ähnliche Programme einwenden, dass es auf einer sehr rationalistischen Auffassung menschlicher Problemlöseprozesse basiert. Empfehlungen wie diejenigen, alle Faktoren zu berücksichtigen, die positiven und negativen kurz- und langfristigen Konsequenzen aller Verhaltensoptionen abzuwägen und dann erst Entscheidungen zu treffen, erscheinen etwas realitätsfremd, und es ist fraglich, ob der kritische Unterschied zwischen Straftätern und anderen Menschen tatsächlich darin liegt, dass letztere sich eher an diesem Modell rationalen Entscheidens orientieren. Vielmehr spricht einiges dafür, dass Menschen Entscheidungen meist intuitiv, aufgrund von „Bauchgefühlen“ und Heuristiken (Daumenregeln, abgekürzte Einscheidungswege), treffen (Gigerenzer 2007). Man könnte vermuten, dass Straftäter nicht *häufiger,* sondern *andere* (z. B. selbstsüchtigere und rücksichtslosere) Heuristiken anwenden (kognitive Abkürzungen einschlagen) als andere Menschen.[5]

[3]Dies entspricht bei einer Basisrate von etwa 50 % der von Tong und Farrington (2006) berichteten mittleren Odds Ratio von 1,16.

[4]Im englischen Strafvollzug allerdings wurde R&R wegen unbefriedigender Ergebnisse vor einigen Jahren eingestellt und durch andere Programme ersetzt (Friedrich Lösel, persönliche Mitteilung).

[5]Dies sei an einem Beispiel erläutert: Angenommen, man wird an einer Bushaltestelle von einer Gruppe anscheinend Betrunkener belästigt. Nur ein Mister Spock, aber kein normaler Mensch wird sich dann im Sinne der R&R-Empfehlungen daran machen, alle möglichen Verhaltensoptionen hinsichtlich ihrer Konsequenzen sowie deren Eintrittswahrscheinlichkeiten und Valenzen zu analysieren. Die meisten Leute werden das Erstbeste tun, das ihnen einfällt, um die Situation zu beruhigen oder sich aus ihr zu entfernen. Manche aber werden vielleicht die Heuristik befolgen: Was werden meine Kumpels, wenn sie davon hören, für cool halten?

b) Behandlungsprogramm für Sexualstraftäter (BPS)
Das BPS (vgl. Rehder et al. 2013) ist in Deutschland das in sozialtherapeutischen Anstalten und Abteilungen am häufigsten angewendete strukturierte Gruppenbehandlungsprogramm (vgl. Niemz 2015, S. 73 ff.). Es wurde aus dem englischen Sexual Offender Treatment Programme (SOTP, vgl. Rooke 2002) entwickelt. Es umfasst einen unspezifischen Teil, in dem es um Denken, Wahrnehmen, Gefühle und Kommunikationen geht (ca. 33 Sitzungen), und einen deliktspezifischen Teil (ca. 58 Sitzungen), in dem für jeden Teilnehmer nach der Besprechung seiner individuellen Lebensgeschichte die dem sexuellen Übergriff („Deliktszenario") vorausgehenden Entscheidungen und die relevanten sexuellen Fantasien herausgearbeitet werden; auf dieser Basis sollen individuell angepasste Rückfallpräventionsstrategien entwickelt werden.

Zur Evaluation des BPS werden von Wischka (2014) Daten von 320 Sexualstraftätern berichtet, die zeigen, dass nach der Teilnahme am Programm deliktlegitimierende Einstellungen (z. B. die Aktzeptanz von sog. „Vergewaltigungsmythen") deutlich abgenommen haben (Wischka 2013). Auch Veränderungen auf Skalen von Persönlichkeitstests werden berichtet. Evaluationsergebnisse bezüglich der Auswirkungen auf die Rückfälligkeit wurden bisher nicht veröffentlicht. Außerdem fehlt bislang die Evaluation mit einer Kontrollgruppe.

Ein Nachteil des BPS besteht darin, dass es als Gesamtprogramm nur für diejenigen Teilnehmer geeignet ist, die bereit sind, in der Gruppe ihr eigenes Delikt darzustellen. Personen, die ihr Delikt leugnen (und das sind immerhin etwa ein Drittel der wegen eines Sexualdelikts Verurteilten; vgl. Endres und Breuer 2014), können nicht teilnehmen.

c) Kurzintervention zur Motivationsförderung (KIM)
Die Kurzintervention zur Motivationsförderung stellt ein neues Programm dar, das im bayerischen Strafvollzug für die Arbeit mit Gefangenen im Einzelsetting entwickelt wurde, aber auch in anderen Settings (z. B. ambulante Einrichtungen) gut einsetzbar erscheint (vgl. Breuer et al. 2014). Als Vorlage diente das neuseeländische Short Motivational Programme (Anstiss 2003; Steyn und Devereux 2006; Devereux 2007), zu dem bereits ermutigende Forschungsbefunde veröffentlicht wurden. Die Kurzintervention umfasst fünf Einzelgespräche, in denen die persönlichen Problembereiche identifiziert werden (1. Sitzung), die Auseinandersetzung mit der eigenen Straftat erfolgt (2. Sitzung), kurz- und langfristige Vor- und Nachteile kriminellen Verhaltens reflektiert werden (3. Sitzung), darüber gesprochen wird, welche Aspekte eine Veränderung kriminellen Verhaltens begünstigen oder ihr entgegenstehen können (4. Sitzung), um schließlich eine Entscheidung darüber zu treffen, ob der Teilnehmende sich verändern möchte und wie er dies konkret angehen kann (5. Sitzung). Die Vertraulichkeit der Gesprächsinhalte sowie die

Anwendung der Grundhaltung und Prinzipien der motivierenden Gesprächsführung werden für die Durchführung von KIM als zentral erachtet. KIM kann zum einen als eigenständige Behandlungsmaßnahme eingesetzt werden, z. B. vor der Entlassung; der am Ende erarbeitete Veränderungsplan muss dann von der Person selbstständig oder in Zusammenarbeit mit Bewährungshilfe oder nahestehenden Personen umgesetzt werden. Zum anderen kann KIM auch zur motivationalen Klärung und Vorbereitung auf andere, intensivere Behandlungsmaßnahmen dienen.

Eine erste Evaluation im bayerischen Strafvollzug wurde derzeit im Rahmen einer Masterarbeit vorgenommen. KIM erscheint grundsätzlich bei vielen Problembereichen anwendbar und eröffnet aufgrund der ökonomischen Durchführung auch ein Behandlungsangebot für Gefangene und Arrestanten, bei denen umfangreichere Maßnahmen wegen der kurzen Haftdauer organisatorisch nicht umsetzbar sind.

Mit KIM gibt es bisher noch keinen ausreichenden Erfahrungen; seine Wirksamkeit für die Förderung der Änderungsmotivation und für die Prävention von Straffälligkeit kann vorläufig noch nicht als erwiesen gelten.

d) Anti-Aggressivitäts-Training (AAT®) und Anti-Gewalt-Trainings (AGT)

Das Anti-Aggressivitäts-Training (Weidner et al. 2009) mit seinen Abwandlungen (für Sexualtäter das Anti-Sexuelle-Aggressivitäts-Training ASAT, das Coolness-Training) ist seit mehreren Jahrzehnten im Strafvollzug verbreitet (vgl. Hosser und Boxberg 2014). Es wird in Gruppen mit etwa acht Teilnehmern durchgeführt und setzt stark auf Methoden der konfrontativen Pädagogik: Zentrale Methode ist der „Heiße Stuhl“, d. h. jeder Teilnehmer wird reihum in den Fokus gestellt, ihm werden seine Straftaten vorgehalten und er wird von den anderen Teilnehmer provoziert, soll jedoch ruhig bleiben. Ihm soll dabei klar gemacht werden, dass Gewalt kein Ausdruck von Stärke ist, sondern von Unsicherheit; Gewaltfreiheit umgekehrt kein Ausdruck von Feigheit. Bei dem Training geht es insgesamt darum, „die Gewaltverherrlichung der Täter zu erschüttern, ihre Schuldgefühle zu wecken und Mitleid mit den Opfern zu fördern, denn ein Gewalttäter, der sich in das Leid der Opfer einfühlen kann, verliert seinen Spaß an der Gewalt und entwickelt Aggressivitäts-Hemmungen“ (Weidner et al. 2009, S. 12).

Beim AAT® handelt es sich um eine patentrechtlich geschützte Marke; dies wird mit dem Anliegen der Qualitätssicherung begründet[6]. Nicht geschützt sind die Begriffe „Anti-Gewalt-Training“ oder „AGT“. Damit bezeichnet man unterschiedliche Trainingsprogramme, die häufig nach dem Vorbild des AAT entstanden sind,

[6]Vgl. die Angaben auf der Website der Anbieter: http://www.konfrontative-paedagogik.de/grundlagen/anti-aggressivitats-training.

sich aber teilweise in ihrer theoretischen Fundierung und praktischen Vorgehensweise erheblich unterscheiden. Einige AGTs lehnen das konfrontative Vorgehen des AAT strikt ab und betonen stärker den Aufbau erwünschter Verhaltensweisen.[7]

AAT und AGT wurden wiederholt empirisch evaluiert; die Ergebnisse sind jedoch hinsichtlich der Senkung der Rückfallraten für Gewaltdelikte bisher nicht überzeugend (Hosser und Boxberg 2014, S. 456; Hirtenlehner und Hiebinger 2013; vgl. auch Endres et al. 2016).

AAT und AGT basieren auf einer Auffassung von Gewalttätigkeit als Ausdruck von Impulsivität, sozialer Unsicherheit und subkultureller Einstellungen. Ob es auch für Gewalttäter geeignet ist, deren Aggression vorwiegend instrumentell (Mittel zur Erreichung z. B. materieller Ziele) oder durch ideologische Überzeugungen (extremistischer Terrorismus) bestimmt ist, erscheint fraglich. Das konfrontative Vorgehen beim AAT wird häufig kritisiert, da es biografische Traumatisierungen auffrischen kann und da es selbst im Sinne des Modelllernens ein Vorbild für das Ausnutzen eines „Rechts des Stärkeren" ergeben kann. Gegen die oben zitierte Annahme, durch die auf dem „Heißen Stuhl" vermittelte Erfahrung, „wie es sich anfühlt, Opfer zu sein", ließen sich Opferempathie fördern und Hemmungen gegen Gewalt aufbauen, lässt sich einwenden, dass die meisten inhaftierten Gewalttäter aus eigener früherer Erfahrung sehr gut wissen, wie es sich anfühlt, Opfer von Gewalt zu sein, und gerade deshalb Täter geworden sind.

e) Wohngruppenkonzepte am Beispiel eines Verstärkerprogramms

Der sogenannte Wohngruppenvollzug ist nicht nur eine spezielle Form der Unterbringung (vgl. Endres 2015), die durch Gemeinschaftseinrichtungen (Küche, Aufenthaltsraum) charakterisiert ist. Viele Wohngruppen insbesondere im Jugendstrafvollzug verfügen auch über ein pädagogisches Konzept, wie das soziale Lernen gefördert werden kann. Eine besondere Form sind Wohngruppen, in denen Verstärkerprogramme (sog. „token economies", manchmal als „Münzverstärkungssysteme" übersetzt; vgl. dazu allgemein Ayllon und Cole 2008) implementiert sind.

Als Beispiel sei eine vom Erstautor mit initiierte Wohngruppe für „psychisch Auffällige" in einer Jugendstrafanstalt beschrieben, die seit über 10 Jahren mit fast unverändertem Konzept besteht. Die Insassen sind junge Männer, die über geringe soziale Kompetenzen und alltagspraktische Fähigkeiten verfügen, beträchtliche Milieuschädigungen aufweisen und häufig durch unangepasstes, auch aggressives

[7] Im bayerischen Strafvollzug wurde ein einheitliches Konzept für ein Anti-Gewalt-Training entwickelt. Zukünftige AGT-Trainer sollen ein an der Justizvollzugsakademie angebotenes AGT-Curriculum durchlaufen.

oder selbstverletzendes Verhalten auffallen. Normalerweise tendiert der Strafvollzug bei dieser Personengruppe dazu, auf die häufigen Pflichtverletzungen mit ebenso vielen negativen Sanktionen (Hausstrafen) zu reagieren. Das Bestrafen führt jedoch oft nicht dazu, dass mehr erwünschtes Verhalten gezeigt wird, sondern zu unerfreulichen Eskalationen. Umgesetzt wurde deshalb ein Konzept, bei dem erwünschtes Verhalten (z. B. rechtzeitiges morgendliches Aufstehen, Körperpflege, Reinigung des Haftraums, Teilnahme an Ausbildung oder Arbeit, Erledigung von besonderen Aufgaben) durch Pluspunkte belohnt wird. Diese Pluspunkte werden im Flur in einem Schaukasten angezeigt, sodass jeder Teilnehmer seinen aktuellen Stand jederzeit ablesen kann. Wird eine bestimmte Summe von Punkten erreicht, können diese in eine Vergünstigung umgetauscht werden.[8] Durch dieses Konzept, verbunden mit weiteren Maßnahmen (wöchentliche Plenumsgespräche, Arbeitstherapie, gemeinsames Kochen, individualisierter Unterricht), wurde es möglich, alltagspraktische Fähigkeiten relativ schnell und zuverlässig aufzubauen und zu stabilisieren. Die Erfahrungen mit diesem Konzept werden positiv beurteilt; eine Evaluation wurde aber bisher nicht durchgeführt.

Verstärkerprogramme sind sinnvoll anwendbar, wo es um die allmähliche Modifikation von Fehlverhalten durch den Aufbau neuer Verhaltensmuster geht. Mit ihnen können Gewohnheiten verändert werden, die dann möglicherweise auch in anderen Umgebungen beibehalten werden. Kriminelle Denkmuster, fest gefügte Überzeugungen oder deviante Motive lassen sich damit allenfalls sehr indirekt beeinflussen.

f) Vollzugslockerungen

Bei Lockerungen des Vollzugs können Inhaftierte die Anstalt zeitweise verlassen, in Form von Ausführungen oder Außenbeschäftigung (jeweils unter Aufsicht von Bediensteten), Ausgängen (stundenweise, üblicherweise in Begleitung von zuverlässigen Personen) bis hin zu Urlauben (mehrtägig mit Übernachtung), Freigang (häufig in Form eines „freien Beschäftigungsverhältnisses" bei einem Arbeitgeber außerhalb des Vollzugs) und Langzeitbeurlaubungen (über mehrere Wochen hinweg). Auch die Unterbringung in einer Anstalt oder Abteilung des offenen Vollzugs (mit deutlich reduzierten Vorkehrungen gegen Entweichung und großzügigen Aufschlussregelungen) kann als Lockerung angesehen werden.

[8]Eine große Schwierigkeit liegt im Strafvollzug darin, geeignete Verstärker/Anreize zu finden, auf die erstens die Inhaftierten nicht einen rechtlichen Anspruch haben und die zweitens nicht auf Sicherheitsbedenken stoßen. Beliebte Anreize im Rahmen des beschriebenen Konzepts sind die Erlaubnis, ein Telefongespräch zu führen (sonst im bayerischen Justizvollzug sehr restriktiv gehandhabt) oder Süßigkeiten und Getränke.

Die Regelungen zur Gewährung von Vollzugslockerungen in den Strafvollzugsgesetzen stellen vor allem darauf ab, dass die Gefangenen dafür geeignet sein sollen, was bedeutet, dass keine Flucht- oder Missbrauchsgefahren ihnen entgegen stehen. Angesichts dieser Verrechtlichung geraten ihre vielfältigen behandlerischen Funktionen etwas in den Hintergrund:

- Im Gesetz nicht explizit genannt, aber in der Praxis höchst bedeutsam ist die *motivierende Funktion* von Lockerungen: Die Aussicht darauf, bei regelkonformem und kooperativem Verhalten Freiräume zu erhalten, kann auch zur aktiven Beteiligung an Behandlungsangeboten beitragen.
- Die *Trainingsfunktion* von Lockerungen besteht darin, dass der Inhaftierte das, was er sich gedanklich in einer Behandlung erarbeitet hat, schrittweise anwendet, einübt und auf neue Situationen zu übertragen lernt. Unerwartete Schwierigkeiten können nachbesprochen und Verhaltensstrategien angepasst werden.
- In ihrer *diagnostischen Funktion* dienen Lockerungen der Erprobung: Noch weit vor der Entlassung und mit kalkulierbarem Risiko kann überprüft werden, ob der Inhaftierte Absprachen einhält und mit Versuchungssituationen klarkommt oder ob in bestimmten Bereichen noch weitergehende Hilfen erforderlich sind.
- Wesentliches Ziel von Lockerungen ist darüber hinaus die Aufrechterhaltung und Pflege der *Bindungen* zu nahestehenden Menschen. Über briefliche und telefonische Kontakte sowie die Treffen im Besuchsraum der Anstalt hinausgehend kann bei Lockerungen ein halbwegs natürliches Miteinander gelebt werden.
- Als Maßnahme der *Entlassungsvorbereitung* ermöglichen Vollzugslockerungen dem Inhaftierten, wichtige Termine wahrzunehmen (Vorstellungsgespräche, Probewohnen in Einrichtungen, Behördengänge), die einen nahtlosen Neuanfang in Freiheit erleichtern.

Diese Vielfalt von Funktionen spricht dafür, Lockerungen möglichst vielen Inhaftierten über einen längeren Zeitraum zu gewähren. Die Rücksicht auf die Sicherheit der Allgemeinheit erfordert jedoch eine intensive Prüfung der Eignung (bei Gewalt- und Sexualtätern auch durch interne oder externe Gutachten). Wenn viele Risikofaktoren vorliegen, können Lockerungen nur vorsichtig in einem begrenzten Umfang oder gar nicht gewährt werden[9]. Zudem legen Verwaltungsvorschriften zum Strafvollzugsgesetz zeitliche Voraussetzungen fest.

---

[9]Das Manual des standardisierten Prognoseverfahrens LSI-R (Dahle et al. 2012) gibt vorläufige Cutoff-Werte hinsichtlich einer Eignung für den Offenen Vollzug an.

6) Wie wirksam sind Behandlungsmaßnahmen im Strafvollzug und wo liegen ihre Grenzen?

Es gibt zwei entgegengesetzte Standpunkte zur Frage der Wirksamkeit, die beide hauptsächlich von Personen vertreten werden, die wenig mit der Behandlungspraxis zu tun haben:

- Der nihilistische Standpunkt („nothing works“) ist in manchen Bereichen der Medienöffentlichkeit verbreitet und verneint die Möglichkeit, dass Straftäter resozialisiert werden können. Jeder Rückfall eines Entlassenen ist natürlich für die Vertreter dieser Position ein neuer Beweis dafür, dass Behandlung allenfalls oberflächliche Anpassungen und Lippenbekenntnisse erzeugen kann, auf die dann Therapeuten und Gutachter naiverweise hereinfallen.
- Der entgegengesetzte Standpunkt, den man als „behandlungseuphorisch“ bezeichnen könnte, nimmt an, dass bereits die Teilnahme an Behandlungsmaßnahmen mehr oder weniger gleichbedeutend ist mit gelungener Resozialisierung. Er scheint, manchmal explizit, manchmal eher implizit, manchen juristischen Stellungnahmen zugrunde zu liegen.[10]

Die empirische Befundlage stützt keinen dieser extremen Standpunkte, sondern rechtfertigt nur entweder eine „vorsichtig optimistische“ oder aber eine skeptische Haltung gegenüber den Erfolgsaussichten der Resozialisierung durch Behandlungsmaßnahmen.

Es gibt eine Anzahl von Metaanalysen, in denen eine Vielzahl von Einzelstudien zur Straftäterbehandlung generell (Lipsey und Cullen 2007) oder speziell zur

[10]Das Bundesverfassungsgericht hat in seinem Urteil zur Sicherungsverwahrung vom 05. Mai 2011 (2 BvR 2365/09) u. a. gefordert, der Vollzug dieser Maßregel sei „so auszugestalten, dass die Perspektive einer Wiedererlangung der Freiheit sichtbar die Praxis der Unterbringung bestimmt“; hierzu bedürfe es eines „freiheitsorientierten Gesamtkonzepts der Sicherungsverwahrung mit klarer therapeutischer Ausrichtung auf das Ziel, die von dem Untergebrachten ausgehende Gefahr zu minimieren und auf diese Weise die Dauer der Freiheitsentziehung auf das unbedingt erforderliche Maß zu reduzieren“ (Rn 101) (vgl. auch Bartsch, in diesem Band). Das BVerfG verweist in seinen weiteren Ausführungen auf eine vorausgegangene Entscheidung des Europäischen Gerichtshofs für Menschenrechte, das durch ein „hohe(s) Maß an Betreuung durch ein multidisziplinäres Team sowie intensive und individuelle Arbeit mit den Untergebrachten anhand unverzüglich zu erstellender, individueller Pläne“ einen Weg sehe, „der Fortschritte in Richtung Entlassung ermögliche, wobei die Entlassung eine realistische Möglichkeit sein solle“ (Rn 107). Das klingt so, als biete guter Wille und stetes Bemühen bereits weitestgehend die Garantie dafür, dass das Resozialisierungsziel erreicht wird. Grenzen der Behandelbarkeit und dessen, was sich erreichen lässt, werden nicht angesprochen.

Behandlung von bestimmten Untergruppen, beispielsweise Sexualtätern (Hanson et al. 2009; Schmucker und Lösel 2015) oder Jugendlichen (Lösel et al. 2012) auf mathematische Weise zusammengefasst werden. Sie kommen zu dem Ergebnis, dass es insgesamt eher geringe Effekte gibt und dass keinesfalls alle Studien solche Effekte zeigen. Lösel (2014, S. 546) fasste den Forschungsstand so zusammen: „Bei adäquaten Programmen und zuverlässiger Durchführung zeichnet sich ab, dass sich die Rückfallraten um 10 bis 20 % senken lassen." Lösel (2016, S. 21) spricht von „insgesamt ermutigenden Befunde(n)", fügt jedoch an, dass diese im Vergleich zu den deutlich besseren Effekten für die Psychotherapie psychischer Störungen „pessimistisch stimmen mögen". Gerade für die deutsche Sozialtherapie fehlen bisher überzeugende Wirkungsnachweise (vgl. Wößner 2014).

Übersicht

Ob und in welchem Ausmaß rückfallpräventive Effekte zu registrieren sind, hängt von folgenden Merkmalen der Behandlung oder der Forschungsmethodik ab:

1. Programme mit einem kognitiv-behavioralen (die also in der sozialen Lerntheorie verankert sind) oder einem multi-systemischen Entwicklungshintergrund haben insgesamt bessere Effekte als andere (z. B. tiefenpsychologisch fundierte).
2. Behandlung ist eher dann wirksam, wenn sie explizit an den bekannten dynamischen Risikofaktoren (vgl. Beitrag von Suhling) ansetzt, also den individuellen kriminogenen Defiziten, und nicht unspezifische Ziele (z. B. „Selbstverwirklichung") verfolgt.
3. Es gibt Hinweise, dass Behandlung in Freiheit besser wirkt als Behandlung in Gefängnissen oder forensisch-psychiatrischen Einrichtungen. Allerdings fehlen bisher Untersuchungen, die unter sonst vergleichbaren Umständen direkt die Wirksamkeit in Abhängigkeit vom stationären versus ambulanten Setting verglichen hätten.
4. Häufig findet sich ein Zusammenhang zwischen dem Behandlungseffekt und der methodischen Qualität der Studien, in der Form, dass methodisch sorgfältigere Studien (z. B. die wenigen Studien mit einem experimentellen Design, bei dem die Zuweisung zu Behandlung oder einer Kontrollgruppe per Zufall erfolgt, um Äquivalenz und Vergleichbarkeit optimal zu gewährleisten) geringere Effekte erbringen. Dies könnte darauf hindeuten, dass häufig Selektionseffekte (in Behandlung kommen eher änderungsmotivierte Personen; in der Vergleichsgruppe sind häufig Behandlungsverweigerer und -abbrecher oder wenig Geeignete) die Behandlungseffekte überlagern.

Insgesamt muss der Stand der Forschung noch als wenig befriedigend bezeichnet werden. Methodische Schwächen von Evaluationsstudien, heterogene Ergebnisse, und interkulturelle Besonderheiten der Behandlungspraxis erschweren die Verallgemeinbarkeit bisheriger Forschungsbefunde. Die theoretische Fundierung von Behandlungsmaßnahmen ist in der Regel schwach, und Nebenwirkungen von Behandlung werden nur selten problematisiert. Entsprechend schlussfolgern Schmucker und Lösel (2015, S. 598), dass die Fragen wer, in welchem Setting unter welchen Umständen, hinsichtlich welcher Kriterien und warum von Behandlung profitieren kann, längst nicht ausreichend geklärt sind.

Relativ beeindruckende Effekte wurden bisher mit der multisystemischen Therapie (Borduin et al. 2009) erreicht[11], die jedoch nur im ambulanten Setting sinnvoll anwendbar ist. Bei dieser sehr intensiven Form der Straftäterbehandlung (Betreuung des Probanden und seiner Familie rund um die Uhr über mehrere Monate hinweg) wird sehr großer Wert auf die Einbeziehung des sozialen Umfelds gelegt. Dies ist im stationären Setting des Strafvollzugs schwierig, wird aber in den letzten Jahren im Rahmen von Entlassungsvorbereitung, Übergangsmanagement und Nachsorge (z. B. durch Fachambulanzen für Sexual- und Gewaltstraftäter) stärker angegangen.

7) Zusammenfassung und Fazit

Die Behandlungsmaßnahmen im Strafvollzug sind meist theoretisch plausibel, aber selten empirisch fundiert, d. h. in ihrer Wirksamkeit bestätigt. Das ist, zumal gemessen an den Forderungen einer „evidenzbasierten Praxis", ein sehr unbefriedigender Zustand. Denn für Praktiker gibt es keine handhabbaren Kriterien, welche Maßnahmen im Einzelfall als angezeigt gelten können. Es kann nicht einmal angenommen werden, dass die Maßnahmen, wenn sie schon vielleicht nicht so wirken wie vermutet, schon nicht schaden werden. Denn Risiken und Nebenwirkungen, in Bezug z. B. auf Medikamente und chirurgische Eingriffe jedem vertraut, können auch in diesem Bereich keinesfalls ausgeschlossen werden.

Es sollte deutlich geworden sein, dass die Behandlung von Straftätern nicht allein und auch nicht vorwiegend in der „Deliktbearbeitung" bestehen kann. Resozialisierung und Verhinderung zukünftiger Straftaten erfordert zum einen, dass kriminogene Defizite (Risikofaktoren) durch eine eingehende diagnostische Untersuchung erkannt und durch geeignete Maßnahmen abgemildert werden.

[11]Das gilt allerdings primär für die Studien, an denen die Urheber der Multisystemischen Therapie selber beteiligt waren. Replikationen dieser Effekte durch unabhängige Forscher stehen noch aus.

Zum anderen ist es aber auch erforderlich, nicht nur das Negative zu fokussieren, sondern eine positive Perspektive eines gelingenden Lebens zu eröffnen, die als Anreiz für eine Verhaltensänderung dienen kann. Im Rahmen einer Behandlung können Einsichten gefördert und individuelle Problembereiche bearbeitet werden, von denen angenommen wird, dass sie Kriminalität begünstigen. Die empirische Frage, ob und wann Behandlungsmaßnahmen im Strafvollzug kriminalpräventiv wirksam sind, ist bislang nicht geklärt, auch wenn eine „vorsichtig optimistische" Haltung unter Forschern verbreitet ist.

Obwohl im Strafvollzug eine Vielzahl verschiedenartiger Behandlungsmethoden zur Verfügung steht, die teilweise schon seit Jahrzehnten im Einsatz sind, gibt die Wirkungsforschung derzeit noch keinen Anlass, sich beruhigt zurückzulehnen. Damit der Strafvollzug als lernendes System sich weiterentwickeln kann, sind vielmehr erforderlich:

1. Eine fortgesetzte Beschäftigung mit den Ursachen von Kriminalität und Rückfälligkeit und daraus abgeleitete Überlegungen über wirkungsvolle Prävention,
2. eine beständige Auswertung der praktischen Erfahrungen mit den einzelnen Behandlungsmethoden und
3. methodische sorgfältige Evaluierungen einzelner Programme.

Literatur

Andrews, D. A., & Bonta, J. (2010). *The psychology of criminal conduct* (5. Aufl.). New Providence: LexisNexis.

Anstiss, B. (2003); Steyn, P., & Devereux, R. (2006); Devereux, R. (2007). *Psychologists short motivational programme (SMP) session guide for use with offenders.* Wellington: Department of Corrections.

Ayllon, T., & Cole, A. (2008). Münzverstärkung. In M. Linden & M. Hautzinger (Hrsg.), *Verhaltenstherapiemanual* (6. Aufl., S. 240–243). Berlin: Springer.

Borduin, C. M., Schaeffer, C. M., & Heiblum, N. (2009). A rondomized clinical trial of multisystemic therapy with juvenile sexual offenders: Effects on youth social ecology and criminal activity. *Journal of Consulting and Clinical Psychology, 77,* 26–37.

Breuer, M. M., Gerber, K., Buchen-Adam, N., & Endres, J. (Hrsg.). (2014). *Kurzintervention zur Motivationsförderung. Ein Manual für die Arbeit mit straffällig gewordenen Klientinnen und Klienten. Adaptierte Fassung des "Short Motivational Programme: Session guide for use with offenders" des Department of Corrections, New Zealand (Anstiss, 2003; Steyn & Devereux, 2006; Devereux, 2007).* Lengerich: Pabst.

Dahle, K.-P., Harwardt, F., & Schneider-Njepel, V. (2012). *LSI-R: Inventar zur Einschätzung des Rückfallrisikos und des Betreuungs- und Behandlungsbedarfs von Straftätern. Deutsche Version desLevel of Service Inventory-Revised nach Don Andrews und James Bonta.* Göttingen: Hogrefe.

Endres, J. (2015). Unterbringung. In W. Schweder (Hrsg.), *Handbuch Jugendstrafvollzug* (S. 228–244). Weinheim: Beltz.

Endres, J., & Breuer, M. M. (2014). Leugnen bei inhaftierten Sexualstraftätern. Ursachen, Korrelate und Konsequenzen. *Forensische Psychiatrie, Psychologie und Kriminologie, 8,* 263–278.

Endres, J., Breuer, M. M., & Stemmler, M. (2016). „Intention to treat" oder „treatment as received": Umgang mit Abbrechern in der Forschung zur Straftäterbehandlung. *Forensische Psychiatrie, Psychologie, Kriminologie, 10,* 45–55.

Endres, J., & Schwanengel, M. F. (2015). Straftäterbehandlung. *Bewährungshilfe, 62*(4), 293–319.

Endres, J., & Schwanengel, M. F. (2016). „Forensische Psychotherapie" und „Kriminaltherapie": Unterschiedliche Bezeichnungen oder divergierende Zielsetzungen in der Straftäterbehandlung? *Forensische Psychiatrie und Psychotherapie, 23,* 137–144.

Gigerenzer, G. (2007). *Bauchentscheidungen.* München: Bertelsmann.

Göbbels, S., Ward, T., & Willis, G. (2013). Die Rehabilitation von Straftätern: Das „Good-lives"-Modell. *Forensische Psychiatrie, Psychologie, Kriminologie, 7,* 122–132.

Hanson, R. K., Bourgon, G., Helmus, L., & Hodgson, S. (2009). The principles of effective correctional treatment also apply to sexual offenders: A meta-analysis. *Criminal Justice and Behavior, 36,* 865–891. https://doi.org/10.1177/0093854809338545.

Hirtenlehner, H., & Hiebinger, I. (2013). Rückfallergebnisse eines gruppenorientierten Antigewalttrainings in der Bewährungshilfe – Befunde aus Österreich. *Zeitschrift für Jugendkriminalrecht und Jugendhilfe, 31*(1), 57–64.

Hosser, D., & Boxberg, V. (2014). Intramurale Straftäterbehandlung. In B. Bliesener, F. Lösel, & G. Köhnken (Hrsg.), *Lehrbuch Rechtspsychologie* (S. 446–469). Bern: Huber.

Lipsey, M. W., & Cullen, F. T. (2007). The effectiveness of correctional rehabilitation: A review of systematic reviews. *Annual Review of Law and Social Science, 3,* 297–320.

Lösel, F. (2014). Evaluation der Straftäterbehandlung. In B. Bliesener, F. Lösel, & G. Köhnken (Hrsg.), *Lehrbuch Rechtspsychologie* (S. 529–555). Bern: Huber.

Lösel, F. (2016). Wie wirksam ist die Straftäterbehandlung im Justizvollzug? In M. Rettenberger & A. Dessecker (Hrsg.), *Behandlung im Justizvollzug* (S. 17–52). Wiesbaden: Kriminologische Zentralstelle e. V.

Lösel, F., & Bender, D. (2003). Protective factors and resilience. In D. P. Farrington & J. Coid (Hrsg.), *Early prevention of adult antisocial behaviour* (S. 130–204). Cambridge: Cambridge University Press.

Lösel, F., Koehler, J. A., & Hamilton, L. (2012). Resozialisierung junger Straftäter in Europa: Ergebnisse einer internationalen Studie über Maßnahmen zur Rückfallprävention. *Bewährungshilfe, 59,* 175–190.

Mann, R. E., Hanson, R. K., & Thornton, D. (2010). Assessing risk for sexual recidivism: Some proposals on the nature of psychologically meaningful risk factors. *Sexual Abuse A Journal of Research and Treatment, 22,* 91–217.

Niemz, S. (2015). *Evaluation sozialtherapeutischer Behandlung im Justizvollzug.* Wiesbaden: Kriminologische Zentralstelle e. V.

Rehder, U., Wischka, B., & Foppe, E. (2013). Das Behandlungsprogramm für Sexualstraftäter (BPS): Entwicklung, Aufbau, Praxis. In B. Wischka, W. Pecher, & H. van den Boogaart (Hrsg.), *Behandlung von Straftätern* (2. Aufl., S. 418–453). Freiburg: Centaurus.

Rooke, A. (2002). Das Sex Offender Treatment Programme (SOTP) in England und Wales. In B. Wischka et al. (Hrsg.), *Justizvollzug in neuen Grenzen. Modelle in Deutschland und Europa. 11. Bundeskongress im Justizvollzug in Barsinghausen* (S. 272–287). Lingen: Kriminalpädagogischer Verlag.

Ross, R. R., Fabiano, E. A., & Ross, R. (2004). *Reasoning & Rehabilitation: Handbuch zur Vermittlung kognitiver Fähigkeiten*. Haina: Institut für Forensische Psychiatrie (Original erschienen Ottawa, 1986).

Schmucker, M., & Lösel, F. (2015). The effects of sexual offender treatment on recidivism: An international meta-analysis of sound quality evaluations. *Journal of Experimental Criminology, 11,* 597–630.

Schwedler, A., & Schmucker, M. (2012). Verlaufsmessung im sozialtherapeutischen Behandlungsvollzug – Wie sinnvoll sind allgemeine Persönlichkeitsmaße? *Monatsschrift für Kriminologie und Strafrechtsreform, 95,* 269–280.

Suhling, S., & Endres, J. (2016). Deliktorientierung in der Behandlung von Straftätern: Bestandsaufnahme und Kritik. *Rechtspsychologie, 2,* 345–370.

Tong, L. S. J., & Farrington, D. P. (2006). How effective is the „Reasoning and Rehabilitation" programme in reducing reoffending? A meta-analysis of evaluations in four countries. *Psychology, Crime and Law, 12,* 3–24.

Weidner, J., Kilb, R., & Kreft, D. (Hrsg.). (2009). *Gewalt im Griff 1: Neue Formen des Anti-Aggressivitäts-Trainings* (5. Aufl.). Weinheim: Juventa.

Wischka, B. (2013). Das Behandlungsprogramm für Sexualstraftäter (BPS-R): Erfahrungen und Evaluationsergebnisse. *Recht & Psychiatrie, 31,* 138–145.

Wößner, G. (2014). Wie kann man in der Sozialtherapie Therapieerfolg feststellen oder messen? *Forensische Psychiatrie, Psychologie, Kriminologie, 8,* 49–58.

Wößner, G., & Schwedler, A. (2014). Correctional treatment of sexual and violent offenders: Therapeutic change, prison climate, and recidivism. *Criminal Justice and Behavior, 41,* 862–879.

Bildung und Qualifizierung

Elisabeth Theine und Brigitte Elgeti-Starke

1 Legalbewährung als Lernanlass

Ein am Resozialisierungsziel ausgerichteter Strafvollzug stellt einen hohen pädagogischen Anspruch dar. Versteht man den aus dem Ziel der Verhaltensänderung abgeleiteten Behandlungsanspruch in Anlehnung an den Erziehungsbegriff von Brezinka als „Hilfe zum Lernen" (vgl. Brezinka 1977), so weiß man, dass Änderungen von Dispositionen nicht unmittelbar bewirkt werden, sondern nur durch Kommunikation und Erleben angeregt oder erleichtert werden können. Es bedarf vielfältiger Lernanlässe, damit Gefangene neu erworbenes Wissen und Erkennen sowie neue Handlungsmuster erproben und anwenden können. Der Resozialisierungsauftrag des Gesetzgebers ist insofern auch ein pädagogischer Auftrag, und Bildungsangebote im Vollzug sind ein Teil davon. Durch den Erwerb von Kompetenzen, die es Gefangenen ermöglichen, ihr persönliches, berufliches und gesellschaftliches Leben verantwortlich und persönlich befriedigend zu führen, müssen diese auf eine erfolgreiche Integration vorbereitet werden, wenn der Gesetzesauftrag gelingen soll.

E. Theine (✉)
Berlin, Deutschland

B. Elgeti-Starke
Hannover, Deutschland
E-Mail: Brigitte.Elgeti-Starke@mj.niedersachsen.de

B. Maelicke und S. Suhling (Hrsg.), *Das Gefängnis auf dem Prüfstand*,
Edition Forschung und Entwicklung in der Strafrechtspflege,
https://doi.org/10.1007/978-3-658-20147-0_6

Straffällige und von Inhaftierung bedrohte Menschen sind überdurchschnittlich häufig schlecht gebildet, gering qualifiziert und verfügen nur über rudimentäre Erfahrungen auf dem Arbeitsmarkt. Diese Fakten, verbunden mit der gesellschaftlichen Stigmatisierung, führen zu schlechten Beschäftigungschancen und damit häufig zu (Langzeit-)Arbeitslosigkeit. So ergab eine Sonderauswertung der TU-Darmstadt für die Bundesarbeitsgemeinschaft der Straffälligenhilfe e. V. aus dem Jahr 2005, dass rund 15 % der Straffälligen gegenüber 7,5 % der Gesamtbevölkerung keinen Schulabschluss aufweisen. Für verschiedene Formen der Bildungs- und Berufsabschlüsse zeigen sich ähnliche Bilder. Während 28,5 % der Gesamtbevölkerung keinen Berufsabschluss haben, trifft dies auf nahezu 40 % der straffällig gewordenen Personen zu (vgl. Meyer 2005). Des Weiteren verweist der zweite Lebenslagenbericht der Bundesregierung darauf, dass Straffällige lediglich zu 31 % auf dem ersten Arbeitsmarkt und zu 16 % auf einer geförderten Stelle erwerbstätig waren. 38 % waren arbeitslos (vgl. Deutscher Bundestag 2005).

Eine Wirksamkeitsstudie des Kriminologischen Dienstes des Landes Nordrhein-Westfalen, die sogenannte MABIS-Studie (Marktorientierte Ausbildungs- und Beschäftigungsintegration für Strafgefangene und Haftentlassenen), hat die Bedeutung von Bildungsmaßnahmen für die Legalbewährung Haftentlassener am Beispiel junger Gefangener belegt (vgl. Wirth 2009). Danach werden im Vergleich zu jungen Straffälligen ohne Berufsabschluss, die nach der Haftentlassung arbeitslos sind und zu 90 % wieder rückfällig werden, junge Straffällige mit einem während der Haft erlangten Berufsabschluss, die einer ausbildungsgemäßen Beschäftigung nachgehen, lediglich in 32,8 % der Fälle nach der Haftentlassung rückfällig.

Auch internationale Forschungsergebnisse sprechen für die Wirksamkeit vollzuglicher Bildungs- und Qualifizierungsmaßnahmen. Auch wenn die Zahl der Studien und die Qualität der Studiendesigns oftmals zu wünschen übrig lässt (Lösel 2016; Wilson 2016), haben Übersichtsarbeiten herausgearbeitet, dass sowohl schulische Maßnahmen (mit einem High School- und vor allem mit einem College-Abschluss) als auch berufliche Qualifizierungen positive Wirkungen auf die Beschäftigung nach der Entlassung und auch auf die Rückfälligkeit haben können (McKenzie 2006; Davis et al. 2014).

Durch fehlende Bildung wird die legale Teilhabe am gesellschaftlichen Leben erheblich erschwert. Wer nur unzureichend lesen, rechnen oder schreiben kann, scheitert in vielen Alltagssituationen und läuft Gefahr, ausgegrenzt zu werden. Er fühlt sich schnell hilflos und ausgeliefert. Menschen reagieren in solchen Situationen oft völlig situationsunangemessen, werden aggressiv oder verweigern sich den an sie gestellten Ansprüchen. Prof. Dr. Phillip Walkenhorst sieht einen erheblichen Teil straffälligen Verhaltens in dieser Nichtanschlussfähigkeit an soziale Umgangsformen und Aktivitäten sowie soziales Engagement in dieser Gesellschaft begründet. Nach seiner Erkenntnis hat eine Vielzahl junger delinquenter Menschen aufgrund ihrer Sozialisation und ihrer möglicherweise fehlenden sprachlichen Kompetenz keinen Anschluss an nichtdelinquente Peer-Groups gefunden und sich deshalb mit anderen „Ausgestoßenen“ zusammengetan (vgl. Walkenhorst 2014).

Menschen mit mangelhafter Schulbildung und ohne Berufsausbildung finden zunehmend schwerer eine Nische auf dem Arbeitsmarkt, weil sie den Anforderungen einer modernen Informationsgesellschaft, in der bereits alltägliche Aktivitäten oder Dienstleistungen komplexe technische Kompetenzen verlangen, nicht gewachsen sind. Sofern Straffällige vor der Inhaftierung über eine Berufsausbildung verfügt haben, müssen sie nach der Haftentlassung häufig feststellen, dass das Erlernte nicht mehr den aktuellen Erfordernissen des Arbeitsmarktes entspricht.

Schulische und berufliche Bildungsangebote im Vollzug sind eine wichtige Voraussetzung dafür, dass es Gefangenen nach ihrer Haftentlassung gelingt, Arbeit zu finden und die Erfordernisse des Alltags zu bewältigen, um darüber gesellschaftlichen Halt und Anerkennung zu bekommen. Die reine Wissensvermittlung reicht dabei jedoch nicht aus. Die Gefangenen müssen die gesellschaftlichen Werte kennen und begreifen lernen, um sie akzeptieren zu können, und sie müssen ihre sozialen und personalen Kompetenzen weiterentwickeln, um sich innerhalb der Gesellschaft neu zu orientieren. Das gilt auch für den Arbeitsplatz, denn eine erfolgreiche Teilhabe am Erwerbsleben setzt nicht nur fachliche Fertigkeiten, sondern eine darüber hinausgehende Lebenstüchtigkeit voraus. Eine längerfristige Integration in den Arbeitsmarkt gelingt nur, wenn auch die persönlichen Fähigkeiten zur gesellschaftlichen Integration vorhanden sind. Ein positives Selbstwertgefühl, Konfliktlösungskompetenz, Fruststationstoleranz und Verantwortungsgefühl sind in diesem Zusammenhang neben den beruflichen Befähigungen wesentliche Schlüsselqualifikationen.

Eine solcherart gelungene Resozialisierung hat zur Voraussetzung, dass die jeweiligen Angebote des Justizollzuges geeignet sind, diese Lebenstüchtigkeit zu erhalten bzw. herzustellen. Aber auch die Übergänge aus der Haft müssen gelingen. Den vollzuglichen Bildungsprogrammen kommt deshalb eine besondere Bedeutung zu. Deren Ausgestaltung und Qualität erfordern eine regelmäßige Anpassung an sich wandelnde Bedarfe der Zielgruppen und an arbeitsmarktbezogene Erfordernisse.

Die Erziehungswissenschaft ist in diesem Zusammenhang als Anwendungswissenschaft von Bedeutung, denn nur wer weiß, wie Lernen funktioniert, kann erwünschte Lernsituationen zielgerichtet herbeiführen. Pädagogischen Fachkräften im Justizvollzug eröffnet sich in diesem Zusammenhang ein vielfältiges und anspruchsvolles Aufgabengebiet, da sie über die eigentliche Unterrichtsarbeit hinaus pädagogisch gestaltend tätig werden können und müssen. Sie verfügen über die notwendigen methodischen Instrumente, um im Rahmen von Bildungsangeboten neben schulischen und beruflichen Fertigkeiten auch soziale und personale Kompetenzen gezielt zu vermitteln. In Brandenburg sind zum Beispiel zu diesem Zweck im Jahr 2007 vom Justizministerium gemeinsam mit den Lehrkräften der Justizvollzugseinrichtungen methodische Standards für schulische und berufliche Bildungsangebote entwickelt worden, die alle Bildungsanbieter im dortigen Justizvollzug zur Anwendung bringen müssen (vgl. Ministerium der Justiz des Landes Brandenburg 2007).

Das Niedersächsische Justizministerium hat die für die Bildung der Gefangenen verantwortlichen Lehrkräfte in einer Fortbildung „Soziales Lernen als Chance für den Erfolg von Bildungsmaßnahmen" mit unterschiedlichen Methoden und Ansätzen zur Umsetzung des sozialen Lernens und der Übernahme von Verantwortung im Rahmen des Lernprozesses vertraut gemacht. In einem nächsten Schritt sind die Anstalten nun gehalten, diese Methoden in ihre Bildungskonzepte zu integrieren.

Gute Bildungsangebote leisten mehr als reine Wissensvermittlung. Die Vermittlung sogenannter Alltagskompetenzen trägt zur Lebenstüchtigkeit und damit zur Legalbewährung bei. Gute Bildungsangebote erweitern den persönlichen Wahrnehmungshorizont. Sie können Neugier erwecken und neue Lebensinhalte schaffen. Gute Bildungsangebote im Justizvollzug richten sich nicht allein am Lernangebot des öffentlichen Schulwesens aus, sondern vermitteln insbesondere auch Kenntnisse und Fertigkeiten, die die Gefangenen nach der Haftentlassung benötigen, um in ihrer Lebenswelt straffrei und zur persönlichen Zufriedenheit leben zu können. Dazu gehört insbesondere auch der Umgang mit Ämtern und Behörden. Bildungserfolg fördert Selbstvertrauen, schafft Perspektiven und kann den Mut stärken, sich auf neue Lern- und Arbeitssituationen einzulassen. Gute Bildungsarbeit im Justizvollzug kann ebenfalls dazu beitragen, gesellschaftliche Abläufe verstehbar zu machen. Wer die Grundlagen dieser Gesellschaft und die dort geltenden Regeln versteht, wird eher bereit und in der Lage sein, diese Regeln auch einzuhalten. Diese gute Bildungsarbeit erfordert nicht in erster Linie Wissensvermittlerinnen und -vermittler, sondern gute Pädagoginnen und Pädagogen, die ihr didaktisches und methodisches Handwerkszeug verstehen. Abb. 1 veranschaulicht den Wert guter Bildungsangebote.

Abb. 1 Der Beitrag von Bildung bei der Befähigung zur Legalbewährung. (Quelle: Theine)

2 Vollzuglicher Bildungsauftrag

Wenn vom sogenannten Behandlungsvollzug die Rede ist, denken viele Menschen in erster Linie an den Einsatz von sozialpädagogischem, psychologischem oder therapeutischem Fachpersonal. Ein Blick zurück in das ausgehende 19. Jahrhundert zeigt aber, dass es neben den Pfarrern gerade die Lehrkräfte waren, denen eine wichtige Rolle bei der „Läuterung“ von Strafgefangenen zugetraut wurde. In Preußen hatte man den Bildungsstand der Rückfalltäter erfasst und war zu der wenig überraschenden Erkenntnis gelangt, dass die Mehrheit von ihnen über eine sehr schlechte Schulausbildung verfügte und teilweise nicht einmal lesen und schreiben konnte. Die Eingliederung in das Arbeits- und Kulturleben, schon damals Vollzugsziele, erforderten aber ein Minimum an Bildung (vgl. Bundesarbeitsgemeinschaft der Lehrer im Justizvollzug 1999). Den Herausforderungen einer anspruchsvollen Bildungsarbeit haben sich engagierte Lehrkräfte im Justizvollzug der Bundesrepublik schon sehr früh verpflichtet gesehen. Weil sie sich jedoch nicht gut auf ihre Tätigkeit vorbereitet fühlten, die Ausbildung der Gefangenen einen geringen Stellenwert hatte und ihre Arbeitsbedingungen demzufolge unbefriedigend waren, gründeten sie im Jahr 1958 die „Bundesarbeitsgemeinschaft der Lehrer im Vollzug", die sich seitdem kontinuierlich mit vielfältigen Fragen der vollzuglichen Bildungsarbeit auseinandergesetzt und neben allgemeiner und beruflicher Bildung auch musische Bildung und Freizeitgestaltung sowie Methoden der Erwachsenenbildung oder Möglichkeiten des sozialen Lernens im Rahmen von Unterricht oder im Zusammenwirken mit anderen Fachdisziplinen zum Thema macht (vgl. Hilkenbach 1999). Um Nachwuchskräfte gut zu rüsten, führt die Bundesarbeitsgemeinschaft regelmäßig und mit großem Erfolg Grundseminare für neu in den Justizvollzug eingestellte Lehrerinnen und Lehrer durch.

Auch wissenschaftlich fanden der besondere Bildungsauftrag des Justizvollzuges und das dortige Lernen in der Folgezeit Beachtung. Als Protagonisten einer sogenannten Straffälligenpädagogik sind beispielhaft Hans-Jürgen Eberle (1980), Max Busch (1991), Heinz Cornell (1994), Phillip Walkenhorst (2002) und Jens Borchert (2016) zu nennen.

Aktuelle Gesetzesaufträge greifen die Besonderheiten vollzuglichen Lernens auf. Bereits im Strafvollzugsgesetz des Bundes (StVollzG) von 1976 hatten Aus- und Weiterbildung das Ziel, „Fähigkeiten für eine Erwerbstätigkeit nach der Entlassung zu vermitteln, zu erhalten oder zu fördern" (§ 37 Abs. 1 StVollzG). Diese Formulierung wurde teilweise sinngemäß oder wörtlich in die Ländergesetze übernommen (zum Beispiel § 35 Abs. 1 Niedersächsisches Justizvollzugsgesetz, NJVollzG). Die folgende neue Formulierung: „Schulische und berufliche Aus- und Weiterbildung und vorberufliche Qualifizierung (schulische und berufliche Qualifizierungsmaßnahmen) im Vollzug haben das Ziel, die Fähigkeiten der Gefangenen zur Eingliederung und zur Aufnahme einer Erwerbstätigkeit nach der Haftentlassung zu vermitteln, zu verbessern oder zu erhalten." (zum Beispiel § 29 Abs. 1 Brandenburgisches Justizvollzugsgesetz, BbgJVollzG) haben neben Brandenburg auch andere Länder in einem abgestimmten Verfahren in ihre Justizvollzugsgesetze aufgenommen. Diese Länder haben außerdem ein Arbeitstraining als neue Maßnahme eingeführt, welches dazu dient, „Gefangenen, die nicht in der Lage sind, einer regelmäßigen und erwerbsorientierten Beschäftigung nachzugehen, Fähigkeiten und Fertigkeiten zu vermitteln, die eine Eingliederung in das leistungsorientierte Arbeitsleben fördern. Die in der Anstalt dafür vorzuhaltenden Maßnahmen müssen den Anforderungen des Arbeitsmarktes Rechnung tragen" (zum Beispiel § 28 BbJVollzG).

Bundesweit gab es in den vergangenen Jahren eine Vielzahl innovativer und erfolgreicher Bildungsprojekte im Strafvollzug. Dabei konnte die Bildungsarbeit unter anderem mithilfe von Fördermitteln aus Programmen der Europäischen

Union aktualisiert werden. In länderübergreifenden Projekten wurden Lernszenarien und Lerninhalte für die besonderen Bildungsbedarfe der Gefangenen entwickelt und der Einsatz elektronischer Medien im Rahmen von schulischer und beruflicher Qualifizierung erprobt. Best-Practice-Beispiele und Materialien wurden ausgetauscht. Um gemeinsam Fremdmittel zu akquirieren und Erfolg versprechende Projektansätze zu erproben, gründeten die Justizverwaltungen der Bundesländer Berlin, Brandenburg, Bremen, Hamburg, Niedersachsen und Schleswig-Holstein im Jahr 2005 den RESO-Nordverbund. Aus ähnlichem Grund haben sich später die Justizverwaltungen der Länder Hessen, Rheinland-Pfalz und Saarland zu einem Süd-West-Verbund zusammengeschlossen. Seit dem Jahr 2010 tauschen sich zudem die Fachreferentinnen und -referenten der Landesjustizverwaltungen alle zwei Jahre im Rahmen einer bundesweiten Tagung zu ausgewählten Themen der Gestaltung vollzuglicher Bildungsarbeit aus. Als besonderer Erfolg dieser Länderkooperationen kann das in EU-Projekten entwickelte und nun gemeinschaftlich von Baden-Württemberg, Berlin, Brandenburg, Bremen, Hamburg, Hessen, Mecklenburg-Vorpommern, Niedersachsen, Nordrhein-Westfalen, Rheinland-Pfalz, Saarland, Sachsen und der Republik Österreich finanzierte und im Rahmen der schulischen und beruflichen Bildung der Gefangenen genutzte Online-Instrument „elis-Lernplattform" gewertet werden (vgl. Liere 2010; Theine 2014).

Die Identifizierung geeigneter Bildungsmaßnahmen für den Justizvollzug sowie die Verbesserung der Integration von Gefangenen in Arbeit oder Ausbildung nach der Haftentlassung sind durch die vielfältigen Verbünde und Aktivitäten Gegenstand eines länderübergreifenden Fachdiskurses geworden (vgl. Abschn. 3). Die Bildungslandschaft im bundesdeutschen Justizvollzug hat sich dadurch inhaltlich und methodisch erheblich weiterentwickelt. Durch eine Ausweitung der Kooperation mit dem öffentlichen Schulwesen und die verstärkte Verpflichtung externer Maßnahmeträger der beruflichen Bildung wurden notwendige Anpassungen vollzuglicher Bildungsangebote an zeitgemäße Erfordernisse vorgenommen.

3 Inhalte und Methoden vollzuglicher Aus- und Weiterbildung

Die Ziele von Bildung und Qualifizierung im Justizvollzug sind gesetzlich geregelt. Wie sehen aber die konkreten Inhalte aus und welche pädagogisch wirksamen Methoden werden eingesetzt?

In der täglichen Vollzugspraxis wird deutlich, dass es nicht Erfolg versprechend sein kann, allein die öffentliche Schule zu kopieren. Dort sind viele Gefangene gescheitert und haben Misserfolgserlebnisse gehabt, die sie seitdem mit Bildung und Lehrkräften in Verbindung bringen. Infolgedessen hatten sie meist jahrelang nichts mit bildenden Institutionen zu tun und sind lernentwöhnt. Das Lernen muss Ihnen erst wieder nahegebracht werden. Erfolgschancen dafür bestehen, wenn die neuen Lernangebote möglichst nicht mit den negativen Erfahrungen ihrer Schulzeit verbunden werden (vgl. Walkenhorst 2014).

Das vollzugliche Bildungsangebot erfordert deshalb besonders qualifiziertes und engagiertes Personal. Die Lehrkräfte müssen über ein vielfältiges methodisches Handwerkszeug verfügen und ihre Bildungsinhalte vorrangig daran messen lassen, ob sie tatsächlich geeignet sind, individuelle Lebenstüchtigkeit herzustellen oder zu verbessern. Dabei muss für die Gefangenen die Bedeutung der Lerninhalte für die eigene Lebensbewältigung klar erkennbar sein. Es muss deutlich aufgezeigt werden, warum etwas gelernt werden soll und wo das Erlernte im Alltag angewendet werden kann. Sowohl die bisherige als auch die zukünftige Lebenswelt der Gefangenen muss als Lernausgangslage Berücksichtigung finden. Die Gefangenen sind auf das Umfeld vorzubereiten, in dem sie nach ihrer Entlassung voraussichtlich leben und sich legal behaupten müssen. Dafür haben insbesondere ältere Gefangene in der Regel durchaus bereits Lebens- und Überlebenstechniken erworben, die völlig andere Zugänge zum Lernen als in der Schule möglich machen und die – legal eingesetzt – auch für eine straffreie Lebensbewältigung von Bedeutung sein können. Nach wie vor werden jedoch immer noch – nicht zuletzt aufgrund begrenzter Mittel – zu wenige Gefangene von Bildungsangeboten erreicht. Als Lernvoraussetzung muss zunächst Neugier geweckt werden, damit Erfahrungen gemacht werden können, die bislang nicht zugänglich waren. Dies kann zum Beispiel über niederschwellige Angebote sowie Lernsituationen erfolgen, die zunächst an das Lernen heranführen und in denen selbst die Leistungsschwächsten auch endlich einmal Erfolg haben können.

Dabei sind Hauptschul- und Realschulkurse keinesfalls ausreichend, um ein bedarfsgerechtes Bildungsangebot im Justizvollzug bereitzuhalten. Die Vorbereitung auf Kurse, die Schulabschlüsse vermitteln, erfolgt häufig in sogenannten Lift- oder Förderkursen. Darüber hinaus sind Lernbehinderungen durch Verhaltensstörungen zu berücksichtigen. Ausbildungsberufe müssen inhaltlich und methodisch angepasst und an der tatsächlichen Nachfrage auf dem Arbeitsmarkt ausgerichtet werden. Berufliche Bildungsmaßnahmen müssen einen Arbeitsmarktbezug aufweisen, auch wenn sie niederschwellig sind. Was über Jahre ein scheinbar zeitloses Qualifizierungsangebot war, ist zwischenzeitlich möglicherweise nicht mehr arbeitsmarktgerecht. Sofern Zertifikate ausgestellt werden, müssen diese auf dem Arbeitsmarkt Relevanz haben. Außerdem haben sich technische und methodische Anforderungen verändert und durch Modularisierungen und Teilqualifikationen sind neue Angebotsformen entstanden, die der Justizvollzug für seine besonderen Bedarfe nutzen sollte. Darüber hinaus sind Methoden der Erwachsenenbildung einzusetzen und die Gefangenen an die modernen Technologien heranzuführen. In jedem Fall aber muss Bildungsplanung im Justizvollzug ein interdisziplinär abgestimmter Bestandteil individueller Vollzugsplanung sein.

Vor dem Hintergrund solcher Ansprüche und Bedarfe hat sich in der vollzuglichen Bildungsarbeit ein vielfältiges und leistungsdifferenziertes Angebotsspektrum der Aus- und Weiterbildung mit länderspezifischen Besonderheiten entwickelt. In allen Bundesländern haben junge und erwachsene Gefangene Gelegenheit, Schulabschlüsse zu erwerben oder eine Berufsausbildung zu absolvieren. Es werden ebenfalls überall berufliche Vorbereitungsmaßnahmen oder vorberufliche Qualifizierungen angeboten. Zum Regelangebot gehören auch Maßnahmen der Grundbildung oder Kurse für Gefangene, die Deutsch als Fremdsprache erlernen wollen.

Berufliche Qualifizierungsangebote werden in den letzten Jahren immer häufiger modularisiert und es werden Teilabschlüsse angeboten, um auch an leistungsschwächere Gefangene oder an Gefangene mit einer kürzeren Haftdauer Kammerzertifikate auf jeweils unterschiedlichen Leistungsstufen vergeben zu können. In Brandenburg werden Gefangene zum Beispiel „unter Berücksichtigung vorhandener beruflicher Kenntnisse, Fähigkeiten, Fertigkeiten und Erfahrungen nach einem individuellen Bildungsplan auf der Basis eines modularen Qualifizierungsangebotes mit dem Ziel weitergebildet oder umgeschult, berufliche Vollabschlüsse, berufliche Teilqualifikationen oder zertifizierte Ausbildungsmodule zu erlangen. Die Qualifizierungsinhalte reichen entsprechend den individuellen fachlichen Voraussetzungen vom Erwerb von Teilqualifikationen wie Schweißerpässen über die Anpassungsqualifizierung an einen bereits erlernten Beruf oder eine über einen längeren Zeitraum ausgeübte Tätigkeit bis zur Vorbereitung auf eine Facharbeiter-/Gesellenprüfung bei der Industrie und Handelskammer beziehungsweise Handwerkskammer im Rahmen einer Umschulung“ (vgl. Ministerium der Justiz und für Europa und Verbraucherschutz des Landes Brandenburg 2014). Die Flexibilisierung beruflicher Angebotsformen, deren bessere Anpassung an die Bedarfe des Arbeitsmarktes, die Leistungsdifferenzierung schulischer Angebote und die besondere Berücksichtigung von Alltagskompetenzen im Rahmen der schulischen und beruflichen Aus- und Weiterbildung sind positive Entwicklungen, die in den vergangenen Jahren insbesondere durch länderübergreifende vollzugliche Bildungsprojekte entscheidenden Auftrieb bekommen haben. Engagierte Fachkräfte des Vollzuges haben in diesem Zusammenhang gemeinsam mit externen Maßnahmeträgern und weiteren pädagogischen Fachleuten wesentliche Beiträge geleistet.

Besonders bedeutsam für die Weiterentwicklung der vollzuglichen Bildungsarbeit ist der Einsatz der Neuen Medien. Kompetenzen und Fertigkeiten im Umgang mit moderner Informationstechnologie sind mittlerweile im Beruf und im Alltag unverzichtbar geworden. „Je weiter sich Informations- und Kommunikationstechnologien in unserer Gesellschaft verbreiten, desto stärker wirkt die digitale Spaltung als quasi automatischer Ausschluss von der wirtschaftlichen, kulturellen und politischen Entwicklung der Gesellschaft für diejenigen, die über geringere Zugangsmöglichkeiten und Kompetenzen für die Neuen Medien verfügen“ (Pfeffer-Hoffmann 2007). Der Justizvollzug muss sich diesen Entwicklungen stellen, weil es trotz vielfältiger Sicherheitsbedenken dauerhaft nicht möglich sein darf, Gefangene diesbezüglich auszugrenzen. Auch Gefangene müssen mit den Neuen Medien als Arbeitsmitteln und als Instrumente der Wissensaneignung vertraut gemacht werden, um auf die Anforderungen des modernen Arbeitsmarktes vorbereitet zu sein und sich nach der Haftentlassung in der Gesellschaft adäquat zu bewegen Schulische und berufliche Qualifizierungen im Justizvollzug müssen durch den Einsatz moderner Informations- und Kommunikationstechnologie zeitgemäßen Ansprüchen angepasst und weiterentwickelt werden. Insbesondere bei denjenigen Jugendlichen, Frauen und Männern im Justizvollzug, die hohe Bildungsdefizite haben und die bisher schulisch oder beruflich erfolglos waren, können die Möglichkeiten des neuen Mediums ausprobiert werden, um Bildungshemmnisse zu überwinden und neues Interesse am schulischen Lernen oder an Ausbildung zu erwecken (Theine 2002).

Schon in den 90er Jahren des letzten Jahrhunderts hat man teilweise damit begonnen, Teilnehmende an Schulkursen und Auszubildende im Justizvollzug mit digitalen Medien vertraut zu machen, um sie auf die Anforderungen des modernen Arbeitsmarktes vorzubereiten. Lernen am Computer wurde außerdem als Möglichkeit erkannt, Wissensaneignung für lernschwache oder lernungeübte Gefangene attraktiver zu gestalten. Der Einsatz der Neuen Medien im Rahmen von vollzuglicher Bildungsarbeit erwies sich als eine Erfolg versprechende Möglichkeit, individualisiertes und leistungsdifferenziertes Lernen zu fördern. Von 1998 bis 2000 gab es zu diesem Zweck bereits Kooperationen zwischen den Justizverwaltungen Brandenburg, Bremen und Niedersachsen über das gemeinsame EU-Projekt TELIS (Telelernen im Strafvollzug). Im Rahmen des EU-Projekts e-lis (e-learning im Strafvollzug) arbeiteten von 2002 bis 2005 Berlin, Brandenburg, Bremen, Hamburg, Mecklenburg-Vorpommern und Schleswig Holstein in einer sektoralen Partnerschaft zum gleichen Zweck zusammen und entwickelten gemeinsam die elis Lernplattform für Lernende und Lehrende im Vollzug als geschütztem Lernraum im Internet.

4 Individuelle Bildungsplanung

Nur wenn die unterschiedlichen Maßnahmen des Justizvollzuges zeitlich, inhaltlich und methodisch aufeinander abgestimmt sind, können sie ihre volle Wirkung entfalten. Die dafür erforderlichen Diagnoseverfahren sind länderspezifisch und sehr unterschiedlich, entweder in zentralen Einweisungsabteilungen bzw. -anstalten oder anstaltsspezifisch organisiert. An solche Diagnoseverfahren werden hohe fachliche Ansprüche gestellt, teilweise müssen sie explizit „wissenschaftlichen Erkenntnissen genügen" (§ 13, Abs. 2 BbgJVollzG).

Die Teilnahme an den sogenannten Behandlungsmaßnahmen war für Gefangene nach der Gesetzgebung des Bundes und nach den bundeseinheitlichen Verwaltungsvorschriften für den Jugendstrafvollzug freiwillig. Die Planung der Behandlung (§ 6 Abs. 3 StVollzG) bzw. die Planung des Vollzuges (Nr. 2 Abs. 3 Bundeseinheitliche Verwaltungsvorschriften zum Jugendstrafvollzug, VVJug) wurden mit der oder dem Gefangenen erörtert. Lediglich schulpflichtigen jungen Gefangenen musste Schulunterricht erteilt werden (Nr. 33, Abs. 2 VVJug, Nr. 80 Abs. 3 Untersuchungshaftvollzugsordnung, UVollzO), woraus sich im Umkehrschluss die Pflicht zur Teilnahme ableitete. Für alle anderen Gefangenen galt lediglich die allgemeine Arbeitspflicht (§ 41 StVollzG, Nr. 36 VVJug, Nr. 80 Abs. 2 UVollzO). In denjenigen Bundesländern, die sich im Rahmen der Erstellung von Landesgesetzen für den Justizvollzug zu einem gemeinsamen Gesetzesentwurf für Erwachsene zusammengeschlossen haben, wurde diese Arbeitspflicht teilweise abgeschafft. Stattdessen sind nunmehr Maßnahmen, „die nach dem Ergebnis des Diagnoseverfahrens als zur Erreichung des Vollzugszieles zwingend erforderlich erachtet werden, als solche zu kennzeichnen und gehen allen anderen Maßnahmen vor" (zum Beispiel § 15 Abs. 2 BbgJVollzG). Andere Maßnahmen dürfen nicht gestattet werden, soweit sie die Teilnahme an solchen Maßnahmen beeinträchtigen würden. Somit kann auch die Teilnahme an schulischen und beruflichen Qualifizierungsmaßnahmen im Einzelfall als zwingend erforderlich eingeschätzt werden. Aus pädagogischer Sicht hat das eine Kontroverse entfacht. Abgesehen von der pädagogischen Grundproblematik, die Weckung der Bereitschaft zur Teilnahme an schulischer und beruflicher Qualifizierung für erwachsene Menschen quasi durch eine Verpflichtung zu ersetzen, besteht im Einzelfall sogar die Gefahr, die in Artikel 12 Grundgesetz geregelte Freiheit der Berufswahl zu verletzen und der oder dem Gefangenen Beruf und Ausbildungsstätte vorzuschreiben, wenn zu wenig Alternativen in der jeweiligen Justizvollzugsanstalt angeboten werden können. Insbesondere sind bei der neuen Regelung aber interdisziplinäre Abstimmungsprozesse zwingend erforderlich, damit auch unterschiedlich eingestufte Behandlungsmaßnahmen zeitlich und organisatorisch umgesetzt werden können. Eine Berufsausbildung oder ein Schulabschlusskurs können beispielsweise leicht mit anderen Maßnahmen im Tagesablauf kollidieren. Die Teilnahme könnte auch daran scheitern, dass eine geeignete Qualifizierungsmaßnahme an einem anderen Standort angeboten wird als eine „zwingend erforderliche" verhaltensändernde Maßnahme.

In Ländern, in denen die Arbeitspflicht weiterhin besteht, kann folgender Konflikt entstehen: „In der Praxis finden sich Arbeit und Bildung im Vollzug sehr oft in einem Konkurrenzverhältnis, vor allem schließt eine Beschäftigung im Vollzug sehr oft die Teilnahme an Bildungsmaßnahmen aus bzw. auch umgekehrt. In diesem Sinne müssen sich Gefangene oft für das eine oder das andere entscheiden. Sich für die Bildung zu entscheiden bedeutet dann oft, einen guten Job zu verlieren und/oder weniger zu verdienen. In dieser Situation wählen Gefangene, durchaus verständlich, regelmäßig die Arbeit" (Hammerschick 2012).

Um sachgerecht entscheiden zu können, ist neben anderen Diagnoseverfahren auch eine gute pädagogische Diagnostik erforderlich. Ein solches Verfahren stellt die in Niedersachsen in vier Pilotanstalten erprobte „Berufswegeplanung" dar, die von einer interdisziplinär zusammengesetzten Arbeitsgruppe entwickelt und in der Behandlungsuntersuchung verortet wurde. Das Hauptziel dieses standardisierten Verfahrens ist es, geeignete Aus- und Weiterbildungsmaßnahmen für die Gefangenen im Vollzug zu finden bzw. zu entwickeln oder einen an den persönlichen Stärken der Gefangenen orientierten internen Arbeitseinsatz zu ermöglichen. Auf dieser Basis soll für alle Gefangenen ein an ihren persönlichen Bedarfen orientierter Berufsweg aufzeigt werden, der auch Perspektiven für die Zeit nach der Haft eröffnet. Die Fähigkeiten und Kompetenzen der Gefangenen werden mithilfe unterschiedlicher Instrumente in den ersten Wochen nach der Aufnahme in die Justizvollzugseinrichtung untersucht.

Anhand der eingesetzten Testverfahren kann eine Einschätzung der Mathematik- und Deutschkenntnisse, des Allgemeinwissens, des technischen Verständnisses sowie des räumlichen Vorstellungsvermögens erfolgen. Darüber hinaus werden mithilfe spezieller Tests vor allem Aufgaben aus dem handwerklich-gewerblichen Bereich nachempfunden. Die abschließend erstellte Empfehlung zum Berufswegeplan macht auch Angaben zur Vollstreckungssituation, zur Schul- und Berufsausbildung, zur bisherigen Berufstätigkeit und zu den beruflichen Wünschen der Gefangenen. Das Ergebnis soll in die Vollzugsplanung einfließen.

Im Auftrag des Niedersächsischen Justizministeriums erfolgte von Oktober 2013 bis April 2015 in den vier Pilotanstalten durch den Kriminologischen Dienst des niedersächsischen Justizvollzuges eine Evaluation mittels eines randomisierten Versuchs-/Kontrollgruppendesigns (vgl. Prätor und Häßler 2016). Hierbei wurden die Teilnehmenden zufällig einer der beiden Gruppen zugewiesen. Im vorliegenden Fall hat die Versuchsgruppe das Verfahren der Berufswegeplanung durchlaufen, während für die Kontrollgruppe das bislang übliche Verfahren der Zuweisung zu Arbeit und Qualifizierungsmaßnahmen angewendet wurde.

Im Ergebnis waren die Teilnehmer der Versuchsgruppe tendenziell zufriedener mit ihrem Arbeitseinsatz und bewerteten ihre Möglichkeiten nach der Haft positiver als diejenigen der Kontrollgruppe. In den drei beteiligten Justizvollzugsanstalten des Erwachsenenvollzuges wies allerdings bereits die Zuweisung zu den beiden Gruppen Mängel auf und auch die ausgesprochenen Empfehlungen wurden nicht im erwarteten Maß umgesetzt. In der Justizvollzugsanstalt Vechta für Jungtäter waren die Ergebnisse hingegen insgesamt sehr positiv. Das mag unter anderem darin begründet liegen, dass neben einem deutlich umfangreicheren Bildungsangebot im Jungtätervollzug das Testverfahren dort bereits im Vorfeld der Pilotphase seit einem längeren Zeitraum erfolgreich erprobt wurde. Die Schlussfolgerung liegt deshalb nahe, dass die Implementation eines Kompetenzfeststellungsverfahrens eine gewissen Zeit und Routine braucht, bevor die Akzeptanz bei allen Beteiligten steigt.

5 Organisation vollzuglicher Bildung

Die Vollzugslehrkräfte unterrichten häufig in Hauptschulabschluss- oder Realschulabschlusskursen. Daneben sind sie teilweise in leitender Funktion, beispielsweise als Rektorin oder Rektor, Abteilungsleiterin oder Abteilungsleiter einer Bildungsabteilung beziehungsweise als Leiterin oder Leiter für Bildung und Freizeit tätig. In Bildungsabteilungen mit vielen externen Bildungsanbietern übernehmen sie häufig das Bildungsmanagement. Neben Vollzugslehrkräften sind üblicherweise externe Lehrkräfte auf Honorarbasis oder im Auftrag örtlich zuständiger Schulämter in den Bildungsmaßnahmen des Justizvollzuges tätig. Die beruflichen Angebote werden von vollzugseigenen Ausbildungsmeisterinnen und -meistern oder von Fachkräften durchgeführt, die im Auftrag externer Maßnahmeträger tätig sind. Im Rahmen dieser beruflichen Qualifizierungsmaßnahmen werden häufig zusätzlich externe Stützmaßnahmen von sozialpädagogisch geschultem Personal angeboten. Auch für darüber hinausgehende pädagogische Angebote werden meist Honorarkräfte verpflichtet. Die Justizverwaltung in Nordrhein-Westfalen beschäftigt zu diesem Zweck zum Beispiel Diplom- bzw. Master-Pädagoginnen und Pädagogen.

Die Bildungsabteilungen der Justizvollzugsanstalten kooperieren außerdem mit Bildungseinrichtungen wie Volkshochschulen oder Fernlehrinstituten. Das zahlenmäßige Verhältnis von internen und externen Bildungsanbietern im Justizvollzug ist länderspezifisch sehr unterschiedlich geregelt. Während in den „alten Bundesländern" häufig vollzugseigene Lehrkräfte überwiegen, sind in den „neuen Bundesländern" besonders in der beruflichen Bildung mehrheitlich externe Fachkräfte beschäftigt. Das hat historische Gründe und ist unter anderem in unterschiedlichen Ausgangssituationen bei der Einwerbung von Drittmitteln der Bundesagentur für Arbeit oder aus dem Europäischen Sozialfonds (ESF) begründet. Externe Lehrkräfte stellen hier entweder den Pflichtschulunterricht sicher (Beispiel Brandenburg, wo Gefangene im Brandenburgischen Schulgesetz berücksichtigt wurden), sind auf der Grundlage von Kooperationsvereinbarungen mit dem Bildungsressort in ausgewählten Bildungsgängen tätig oder ergänzen als Honorarkräfte das vollzugliche Bildungsangebot.

Eine gelingende schulische und berufliche Qualifizierung im Justizvollzug setzt eine vertrauensvolle Zusammenarbeit zwischen den Bediensteten des Vollzuges, die über wesentliche Erfahrungen mit den besonderen Lernbedarfen und Lernproblemen der Gefangenen verfügen, und den externen Bildungsanbietern voraus. Der aktuelle Trend des Outsourcings in der vollzuglichen Bildungsarbeit hat bundesweit zu einer größeren Angebotsvielfalt und Flexibilisierung bei der Bereitstellung arbeitsmarktgerechter Ausbildungsangebote und bei der Erprobung neuer Organisationsformen geführt. Externe Lehrkräfte müssen allerdings beim Umgang mit den vollzuglichen Zielgruppen unterstützt und beraten werden. Sie benötigen zudem eine engmaschige fachliche Führung und vollzugsspezifischen Kontrolle, damit die didaktischen und methodischen Anforderungen an gute vollzugliche Bildungsarbeit und die besonderen Sicherheitsbedarfe des Justizvollzuges Berücksichtigung finden (vgl. Walkenhorst 2014). Aber auch das Gesamtangebot der schulischen und beruflichen Aus- und Weiterbildung sowie die Weiterentwicklung und Innovation der vollzuglichen Bildungsarbeit in den Justizvollzugsanstalten erfordern eine fachliche Führung: „Diese Fachaufsicht muss sich als proaktive, unterstützende Beratung und Begleitung der Prozesse und Menschen in den Justizvollzugsanstalten fühlen, die dort Bildung durchführen" (Walkenhorst 2014).

Controllingdaten sind für das Bildungsmanagement unverzichtbar, aber allein keinesfalls ausreichend. Sie können zwar Teilnehmerzahlen und Abschlüsse messen, geben aber keine Auskunft über die pädagogischen Prozesse, die zum Erwerb grundlegender sozialer Kompetenzen führen. Diesbezüglich sind begleitende qualitative Studien hilfreich, wie zum Beispiel eine im Jahr 2006 für die beruflichen Bildungsmaßnahmen im Justizvollzug des Landes Brandenburg durchgeführte Untersuchung (vgl. Kalman 2006). Außerdem geben Daten aus dem Controlling keine Auskunft über die Wirkung(en) vollzuglicher Bildung, etwa hinsichtlich der Arbeitsmarktintegration oder gar Rückfälligkeit (vgl. auch Suhling, in diesem Band).

In Niedersachsen entstand im Jahr 2005 aus der ursprünglichen Idee, einmal jährlich eine Übersicht über alle Behandlungsangebote mit Angaben zu Zielen, Inhalten und Methoden zu erstellen, unter Beteiligung der Anstalten der sogenannte Behandlungsatlas. Anstatt sich regelmäßig Übersichten der laufenden Maßnahmen vorlegen zu lassen, hat das Niedersächsische Justizministerium ein Online-Instrument entwickelt, das monatlich von Redakteuren in den Justizvollzugseinrichtungen aktualisiert wird. Diese Datenbank kann jederzeit von allen Bediensteten der niedersächsischen Anstalten in einem besonders gesicherten Raum des Internets eingesehen werden. Der umfangreichen Übersicht kann das breite Spektrum an schulischen und beruflichen Qualifizierungsmaßnahmen entnommen werden, die auf einem Bildungsrahmenkonzept des Landes beruhen. Mittlerweile hat jede Anstalt ihr eigenes, auf ihre besondere Klientel zugeschnittenes Bildungskonzept und hinterlegt sämtliche Angebote mit individuellen Maßnahmekonzepten. Die detaillierte Beschreibung der Maßnahmen dient dem gegenseitigen Informations- und Erfahrungsaustausch sowie der kompetenten Beratung der Gefangenen und einer optimalen Auslastung der Kurse. Benachbarte Justizvollzugsanstalten können so ein sich ergänzendes und vielseitiges Angebot vorhalten. Darüber hinaus gibt der Behandlungsatlas Auskunft über vorhandene Plätze, erreichte Abschlüsse und Auslastungsquoten in den einzelnen Kursen. Er ist inzwischen das anerkannte Steuerungsinstrument für die Aus- und Weiterbildung der Gefangenen in Niedersachsen. Bevor eine Maßnahme in diesen Atlas aufgenommen wird, durchläuft sie das Genehmigungsverfahren des Justizministeriums, den sogenannten Maßnahmen-TÜV. Berlin und Brandenburg setzen den Behandlungsatlas mit jeweils eigenen Zugängen und Schwerpunkten ebenfalls ein.

6 Pädagogisches Übergangsmanagement als gesamtgesellschaftliche Aufgabe

Die soziale Integration Haftentlassener stellt eine große Herausforderung dar, weil die Zeit unmittelbar nach der Entlassung eine außerordentlich kritische Phase ist. Die Gefahr des Rückfalls in Straffälligkeit ist hier besonders hoch. Nachweislich sind eine geregelte Arbeit oder ein Ausbildungsplatz entscheidende Faktoren, die dazu beitragen, dass Menschen wieder – oder erstmals – in der Gesellschaft Fuß fassen und ihr Leben sinnvoll gestalten können (z. B. La Vigne et al. 2008; Wirth 2009). Für den niedersächsischen Justizvollzug hat sich in diesem Rahmen die Ernennung von Entlassungskoordinatorinnen und –koordinatoren in den Justizvollzugseinrichtungen, aber auch beim Ambulanten Justizsozialdienst als wesentlicher Schritt erwiesen.

Als Folge der Gesetze zur Reform des Arbeitsmarktes ist das Leistungsspektrum für die Betroffenen allerdings erheblich unübersichtlicher geworden und viele Haftentlassene scheitern daran. Ein strukturierter Übergang von der Haft in die Freiheit und eine systematische Nachbetreuung haben einen entscheidenden Einfluss auf die erfolgreiche gesellschaftliche Reintegration von Gefangenen. Unter dem Begriff „Übergangsmanagement" vereinen sich mittlerweile zahlreiche und teilweise ganz unterschiedliche Aktivitäten, um Abläufe vor und nach der Haftentlassung im Sinne einer gelungenen Entlassungsbegleitung zu verbessern (vgl. Wirth, in diesem Band). Diese gesamtgesellschaftliche Aufgabe muss von den unterschiedlichen Akteuren angenommen werden, wenn sie erfolgreich sein soll. Vordringlich ist hierbei die konstruktive Zusammenarbeit mit Hilfesystemen, insbesondere den Kommunen, den Agenturen für Arbeit, den Trägern der Sozialversicherung und der Sozialhilfe sowie den forensischen Ambulanzen, den Verbänden der freien Wohlfahrtspflege und weiteren Personen und Einrichtungen außerhalb des Justizvollzuges. Es besteht ein dringender Bedarf an Leistungen der Arbeits- und Ausbildungsvermittlung, die noch während der Haft beginnen müssen, um die Übergänge rechtzeitig vorbereiten zu können. Besonders in Flächenländern muss frühzeitig Kontakt zu den Arbeitsagenturen, Jobcentern oder den sogenannten Optionskommunen am nicht selten entfernt liegenden Entlassungsort aufgenommen werden. Zahlreichen Justizverwaltungen ist es in den letzten Jahren erfolgreich gelungen, solche Leistungen für Gefangene und Haftentlassene im Rahmen von Kooperationsvereinbarungen zu regeln. Die arbeitsmarktpolitischen Instrumente der Bundesagentur für Arbeit können in solchen Fällen Anwendung finden. Die Justizministerinnen und Justizminister der Länder hatten darüber hinaus 2016 beschlossen, die Bundesregierung zu bitten, „dass auf der Grundlage der Kooperations- und Integrationsvereinbarungen in vielen Ländern § 15 Satz 2 Sozialgesetzbuch (SGB) III um die Zielgruppe der im Justizvollzug beziehungsweise der Sicherungsverwahrung befindlichen Personen ergänzt wird". Gefangene und Sicherungsverwahrte, die ebenfalls zu dem in § 15 SGB III beschriebenen Personenkreis der Ausbildungs- und Arbeitssuchenden als Zielgruppe von Leistungen gehören, werden aufgrund einer veränderten Geschäftspolitik der Bundesagentur für Arbeit zunehmend von ihnen zustehenden Leistungen nach diesem Gesetzbuch ausgeschlossen, insbesondere wenn sie in der Haft eine berufliche Qualifizierung oder Weiterbildung anstreben. Der Antrag auf Gesetzesänderung ist vom Bundesministerium für Arbeit und Soziales mittlerweile jedoch abschlägig beschieden worden. In Zeiten des Fachkräftemangels haben qualifizierte Haftentlassene in letzter Zeit trotzdem verbesserte Chancen auf dem Arbeitsmarkt. Das fördert ihre gesellschaftliche Integration und muss genutzt werden.

Modelle des Übergangsmanagements werden seit mehr als einem Jahrzehnt in zahlreichen Bundesländern mit ESF-Mitteln erfolgreich erprobt. Das Niedersächsische Justizministerium führt zum Beispiel in den Justizvollzugseinrichtungen des Landes auf der Grundlage seiner „Richtlinie über die Gewährung von Zuwendungen zur Förderung der beruflichen Wiedereingliederung von Strafgefangenen und Haftentlassenen" erfolgreich Integrationsprojekte durch. Darüber hinaus konnten im Rahmen des aus Bundes-ESF-Mitteln geförderten Projekts „AMOR – Arbeitsmarktorientierte Resozialisierung" nach Abschluss einer sechsmonatigen Nachbetreuungsphase 46,6 % aller Teilnehmer in eine Beschäftigung vermittelt werden. Die guten Vermittlungsergebnisse sind zu einem Großteil auf den unermüdlichen Einsatz von Integrationscoaches, aber auch auf das unter Mitwirkung aller niedersächsischen Justizvollzugseinrichtungen entwickelte (Online-)„Handbuch Übergangsmanagement", die „Netzwerkpartner-Datenbank", die Auskunft über Zuständigkeit, Kontaktdaten und Ansprechpersonen der eingetragenen Hilfesysteme gibt, sowie die Nutzung des Portals www.arbeit-regional.de der Firma Job4You Software KG, mit dessen Hilfe Bewerbungen erstellt und versendet werden können und das mittlerweile unmittelbar auf alle Stellen der Bundesagentur für Arbeit zugreift, zurückzuführen.

In Brandenburg wurden gelungene Übergänge im EU-Projekt WEGEBAU mit unterschiedlichen internen und externen Akteuren erprobt. Die Ergebnisse wurden im „Handbuch für die vernetzte Zusammenarbeit interner und externer Akteure" zusammengestellt. Wesentlich ist dabei ein Laufzettel für den Entlassungstag, der inzwischen im brandenburgischen Jugendstrafvollzug Anwendung findet (vgl. Ergokonzept 2011). Darüber hinaus werden im Rahmen des EU-Projekts „Haftvermeidung durch soziale Integration" in Brandenburg seit Jahren integrations- und berufsfördernde Maßnahmen zur sozialen Integration von Strafgefangenen, Haftentlassenen, Straffälligen und zu Geldstrafen Verurteilten, die zur Abwendung der Ersatzfreiheitsstrafe gemeinnützige Arbeit verrichten, erprobt (vgl. www.hsi-zabih.de).

Schulische und berufliche Qualifizierungsangebote im Justizvollzug müssen sich regelmäßig an den Erfordernissen eines pädagogischen Übergangsmanagements messen lassen. Ihre Inhalte und Methoden müssen zeitgemäßen Bedarfen entsprechen und wechselnde zielgruppenspezifische Besonderheiten berücksichtigen.

7 Resümee/Perspektiven

Bildung und Bildungsabschlüsse im Justizvollzug sind kein Selbstzweck. Die Teilnahme an einer schulischen oder beruflichen Maßnahme muss sich an den jeweiligen Bildungs- und Ausbildungsbedarfen der Gefangenen orientieren. Dabei kann es nicht das Ziel sein, ausschließlich die in einer Justizvollzugsanstalt bereits vorhandenen Maßnahmen zu „bedienen". Vielmehr ist im Rahmen der Behandlungsuntersuchung auf der Grundlage einer standardisierten Kompetenzermittlung für jede Gefangene und jeden Gefangenen eine individuelle Bildungs- und Ausbildungsplanung – auch für die Zeit nach der Haft – zu erstellen. In diesem Zusammenhang müssen leistungsdifferenzierte schulische und berufliche Qualifizierungsmaßnahmen in erforderlichem Umfang angeboten und die nötigen personellen und finanziellen Ressourcen bereitgestellt werden. Eine regelmäßige Auswertung der Bildungsbedarfe ermöglicht die kontinuierliche Anpassung des Bildungsangebotes im Justizvollzug an die Erfordernisse des Arbeitsmarktes.

Gute Bildungsangebote im Justizvollzug erfordern eine fachlich qualifizierte Fachaufsicht in den Aufsichtsbehörden und den Einsatz gut ausgebildeter pädagogischer Fachkräfte, die sich als Bestandteil eines interdisziplinären Teams verstehen, regelmäßig weiterbilden und fachlich (auch länderübergreifend) austauschen. Sie müssen verantwortlich in die Vollzugsplangestaltung der Gefangenen eingebunden sein. Externe Bildungsanbieter sind entsprechend einzubeziehen und fachlich zu betreuen.

Gute vollzugliche Bildungsangebote müssen die Lebenserfahrungen und die zukünftige Lebenswelt der Gefangenen einbeziehen und sind methodisch vielfältig zu gestalten, damit die erforderlichen sozialen Kompetenzen für die Legalbewährung gefördert werden. Verhaltensändernde Maßnahmen und Programme können ihre volle Wirkung dann besonders gut entfalten, wenn die Gefangenen über schulische und berufliche Aus- und Weiterbildung in den Arbeitsmarkt vermittelt worden sind. Deshalb müssen berufliche Qualifizierungen im Justizvollzug auch auf regelmäßigen Arbeitsmarktanalysen basieren. Hierbei gilt es jedoch zu berücksichtigen, dass viele Gefangene nicht in der Lage sind auf Anhieb einen Berufsabschluss zu erlangen, sondern zunächst die nötigen schulischen Grundkompetenzen und sonstigen Alltagskompetenzen erweben müssen, mit deren Hilfe sie einen Arbeitsplatz finden und den Arbeitsalltag dann auch durchstehen. Im Rahmen des Übergangsmanagements ist es dabei allerdings erforderlich, dass unterschiedliche gesellschaftliche Akteure rechtzeitig und eng mit dem Justizvollzug zusammenarbeiten und Haftentlassene dabei unterstützen, notwendige Leistungen in Anspruch nehmen und ihren Lebensunterhalt legal bestreiten zu können.

Literatur

Borchert, J. (2016). *Pädagogik im Strafvollzug – Grundlagen und reformpädagogische Impulse*. Weinheim: Juventa.

Brezinka, W. (1977). *Grundbegriffe der Erziehungswissenschaft* (S. 85). München: Reinhardt.

Bundesarbeitsgemeinschaft der Lehrer im Justizvollzug (Hrsg.). (1999). *Justizvollzug & Pädagogik: Tradition und Herausforderung* (S. 140). Herbolzheim: Centaurus.

Busch, M. (1991). Der Lehrer im Strafvollzug. *Zeitschrift für Strafvollzug und Straffälligenhilfe 5/91*, 7.

Cornell, H. (1994). Zur Situation, Funktion und Perspektive des Schulunterrichts im Justizvollzug heute. *Zeitschrift für Strafvollzug und Straffälligenhilfe 6/94*, 344–348.

Davis, L. M., Steele, J. L., Bozik, R., Williams, M. W., Turner, S., Miles, J. N., Saunders, J., & Steinberg, P. (2014). *How effective is correctional education, and where do we go from here? The results of a comprehensive evaluation*. Santa Monica: Rand.

Deutscher Bundestag. (2005). Lebenslagen in Deutschland – Zweiter Armuts- und Reichtumsbericht. Drucksache 15/5015, 15. Wahlperiode, 03.03.2005.

Eberle, H.-J. (1980). *Lernen im Justizvollzug, Voraussetzungen und Ansätze einer Justizvollzugspädagogik und ihrer Didaktik*. Frankfurt: Haag + Herchen.

Ergokonzept AG. (2011). *Wegebau – Übergangsmanagement im Jugendstrafvollzug*. Handreichungen für die vernetzte Zusammenarbeit interner und externer Akteure (Hrsg.). Potsdam: Ergomedien.

Hammerschick, W. (2012). Arbeit und Bildung im Strafvollzug als Herausforderung für das Vollzugssystem. *Forum Strafvollzug, 4*, 207.

Hilkenbach, H. (1999). *40 Jahre Bundesarbeitsgemeinschaft (BAG) der Lehrerinnen und Lehrer im Justizvollzug e.V.* Bundesarbeitsgemeinschaft der Lehrer im Justizvollzug (Hrsg.). Pfaffenweiler: Justizvollzug & Pädagogik.

Kalman, M. (2006). Studie zur Evaluation von Qualifizierungsprojekten im Brandenburger Strafvollzug für MdJE und MASGF Brandenburg.

La Vigne, N., Davies, E., Palmer, T., & Halberstadt, R. (2008). *Release planning for successful reentry: A guide for corrections, service providers, and community groups*. Washington: Urban Institute, Justice Policy Center.

Liere, H. (2010). Inhaftierte lernen übers Internet. *ReformZeit, 16*, 16–17.

Lösel, F. (2016). Behandlung im Justizvollzug. In M. Rettenberger & A. Dessecker (Hrsg.), *Kriminologie und Praxis* (Bd. 71). Wiesbaden: KrimZ.

McKenzie, D. L. (2006). *What works in corrections. Reducing the criminal activities of offenders and delinquents*. Cambridge: University Press.

Meyer, S. (2005). BAG-S-Sonderauswertung: Lebenslagen straffällig gewordener Menschen.

Ministerium der Justiz des Landes Brandenburg. Erlass v. 3. August 2007, Az. 4560 IV.1.

Ministerium der Justiz und für Europa und Verbraucherschutz des Landes Brandenburg. Richtlinie zur Förderung von beruflichen Qualifizierungsmaßnahmen im Justizvollzug des Landes Brandenburg in der EU- Förderperiode 2014–2020, Nr. 2.1.

Pfeffer-Hoffmann, C. (2007). Neue Medien – Neue Chancen für Jugendliche mit besonderem Förderungsbedarf. In W. Hendricks et al. (Hrsg.), *Kompetenzerwerb in der Berufsvorbereitenden Bildung* (S. 32). Tönning: Der Andere.

Prätor, S., & Häßler, U. (2016). Evaluation des Pilotprojektes „Berufswegeplanung". Forschungsbericht. www.bildungsinstitut-justizvollzug.niedersachsen.de/download/113515.
Theine, E. (2002). Digitales Lernen im Justizvollzug. *Zeitschrift für Strafvollzug und Straffälligenhilfe, 5,* 218.
Theine, E. (2014). Außenkontakte der Gefangenen – Die Bedeutung digitaler Medien. *Forum Strafvollzug, 63,* 161–162.
Walkenhorst, P. (2002). Jugendstrafvollzug als „gute Schule". *DVJJ-Journal, 13*(3), 290–300.
Walkenhorst, P. (2014). Interview anlässlich der Fachtagung der Bildungsreferentinnen und Bildungsreferenten der Länder „Erfolgreiche Bildungsarbeit im Justizvollzug – Management, Evaluation, Controlling – vom 15. bis 17. September 2014 in der Akademie des Sports in Hannover.
Wirth, W. (2009). Aus der Haft in Arbeit und Ausbildung. *Bewährungshilfe, 56,* 156–164.
Wilson, D. B. (2016). Correctional programs. In D. Weisburd, D. P. Farrington, & C. Gill (Hrsg.), *What works in crime prevention and rehabilitation* (S. 193–217). New York: Springer.

Sozialtherapie im Justizvollzug

Bernd Wischka und Hilde van den Boogaart

1 Anfänge der Sozialtherapie und Einflüsse gesetzlicher Reformen

Maelicke (in diesem Band) hat die zentralen Faktoren des Kraftfeldes veranschaulicht, die die Vollzugswirklichkeit wechselseitig gestalten: Kriminalpolitik, Praxis, Rechtsprechung, Wissenschaft, Medien, Bürger. Für die Entwicklung der sozialtherapeutischen Einrichtungen im Justizvollzug sind die Wechselwirkungen dieser Faktoren besonders gut erkennbar. Deutlich wird auch, dass die Veränderungen dieser Faktoren nicht einem „Masterplan" gefolgt sind. Längst nicht alle Entwicklungen erscheinen „logisch" oder lassen sich zu einer Deckung bringen. Dadurch sichtbare Fragen und Inkongruenzen verweisen aber auf künftige Aufgaben.

Ausgangspunkt für die Entwicklung der Sozialtherapie im Justizvollzug war die „große Strafrechtsreform" in einer „kriminalpolitischen Schönwetterperiode" mit ökonomisch stabilen Verhältnissen und innovativem, vom Fortschrittsglauben geprägten Zeitgeist zwischen 1969–1975 (Frommel 2008). Die Strafrechtsreform von 1969 setzte auf Haftvermeidung und Alternativen zur Strafhaft. Eine behandlungsorientierte Form des Vollzugs von Freiheitsstrafen durch Unterbringung in eine sozialtherapeutische Anstalt (§ 65 StGB) als Maßregel neben der Unterbringung in einem psychiatrischen Krankenhaus (§ 63 StGB), in einer Entziehungsanstalt (§ 64 StGB)

B. Wischka (✉)
Lingen, Deutschland
E-Mail: wischka@t-online.de

H. van den Boogaart
Lübeck, Deutschland
E-Mail: hilde.vandenboogaart@JVAHL.landsh.de

B. Maelicke und S. Suhling (Hrsg.), *Das Gefängnis auf dem Prüfstand*,
Edition Forschung und Entwicklung in der Strafrechtspflege,
https://doi.org/10.1007/978-3-658-20147-0_7

oder in der Sicherungsverwahrung (§ 66 StGB) sollte ein Kernstück dieser Reform werden. Für eine Unterbringung nach § 65 StGB kamen vor allem Täter einer vorsätzlichen Straftat in Betracht, die eine schwere Persönlichkeitsstörung aufwiesen oder wenn die Verurteilung „wegen einer vorsätzlichen Straftat erfolgte, die auf seinen Geschlechtstrieb zurückzuführen ist". Infrage für diese Unterbringung kamen auch junge Täter unter 27 Jahren mit ungünstiger Prognose und schuldunfähige oder vermindert schuldfähige Täter, „wenn die besonderen Mittel und sozialen Hilfen dieser Anstalt zu seiner Resozialisierung besser geeignet sind als die Behandlung in einem psychiatrischen Krankenhaus". Diese „Maßregellösung" trat nie in Kraft und wurde 1984 wieder aus dem StGB gestrichen.

Im Jahre 1977 schaffte ein Strafvollzugsgesetz (StVollzG) erstmalig für den Strafvollzug eine gesetzliche Grundlage. Bis dahin richtete sich der Vollzug der Freiheitsstrafe nach der Dienst- und Vollzugsordnung von 1961. Das StVollzG eröffnete in § 9 die Möglichkeit zur Verlegung in eine sozialtherapeutische Anstalt als „Vollzugslösung". Geregelt wurden die Vorschriften bundeseinheitlich als „Kannbestimmung".[1] In Verwaltungsvorschriften konkretisierten die Länder die Umsetzung. Die geringe Anzahl der Behandlungsplätze, die Freiwilligkeit der Aufnahme und das Zustimmungserfordernis des Leiters führten zu einer sehr uneinheitlichen Indikationspraxis, insbes. hinsichtlich Delikt, Strafrest oder Alter. Hieran änderten auch die Verbindlichkeiten durch geänderte gesetzliche Rahmenbedingungen, Erweiterungen der Behandlungskapazitäten und Empfehlungen des Arbeitskreises Sozialtherapeutischer Anstalten e. V.[2] (im Folgenden AK; siehe Abschn. 3.1.) wenig (Suhling und Wischka 2008).

Von 1969 bis zur Inkraftsetzung des StVollzG entstanden Modellanstalten in mehreren Bundesländern. Insgesamt gab es 368 Behandlungsplätze in 10 Sozialtherapeutischen Einrichtungen am 01.03.1976 (Egg und Schmitt 1993; s. Abb. 1). Bis auf die Abteilung in München und die Teilanstalt in Berlin handelte es sich

---

[1]§ 9 1) StVollzG: Ein Gefangener kann in eine sozialtherapeutische Anstalt verlegt werden, wenn die besonderen therapeutischen Mittel und sozialen Hilfen einer solchen Anstalt zu seiner Resozialisierung angezeigt sind. Er kann wieder zurückverlegt werden, wenn mit diesen Mitteln und Hilfen dort kein Erfolg erzielt werden kann.

2) Zu einer Untersuchung, ob die Voraussetzungen des Absatzes 1 Satz 1 vorliegen, kann der Gefangene bis zu drei Monaten in eine sozialtherapeutische Anstalt oder eine sozialtherapeutische Beobachtungsstelle verlegt werden.

3) Die Verlegung bedarf der Zustimmung des Leiters der sozialtherapeutischen Anstalt (§ 9 StVollzG aF).

[2]www.sotha.de.

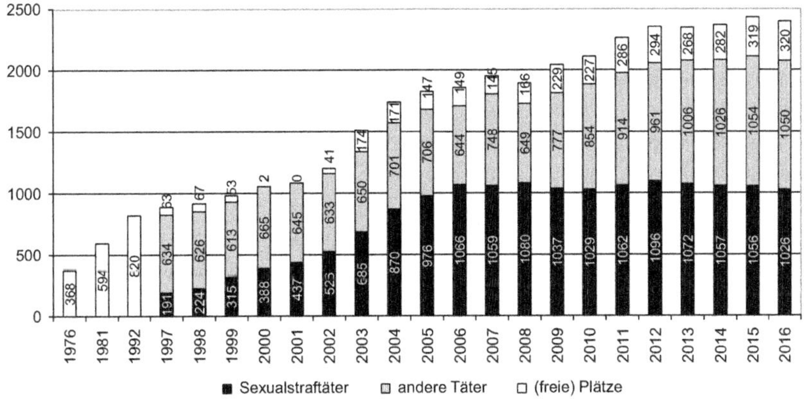

Abb. 1 Entwicklung der Haftplätze in den sozialtherapeutischen Einrichtungen der BRD. (Quellen: Egg und Schmitt (1993) für 1976 bis 1992 (deliktspezifische Daten liegen hier nicht vor); Etzler (2016) für 1997 bis 2016)

um selbstständige Anstalten. Es gehörte zu den damaligen Grundüberzeugungen, dass Therapie im System einer „normalen" Justizvollzugsanstalt nicht möglich sei. Allerdings verstanden sich die sozialtherapeutischen Anstalten auch als Keimzelle einer Entwicklung, die letztlich das gesamte System Justizvollzug reformieren und behandlungsorientierter gestalten sollte.

Einen sehr bedeutsamen Einfluss auf die Weiterentwicklung der Sozialtherapie im Justizvollzug hatte das Gesetz zur Änderung des Strafvollzugsgesetzes vom 20.12.1984. Die „Maßregellösung" (§ 65 StGB) wurde aufgegeben und in § 123 StVollzG der Grundsatz in Abs.1, dass für den Vollzug gem. § 9 von den übrigen Vollzugsanstalten getrennte sozialtherapeutische Anstalten vorzusehen sind, um Abs. 2 ergänzt, dass „aus besonderen Gründen" auch sozialtherapeutische Abteilungen eingerichtet werden können. Es war klar, dass vor allem fiskalische Gründe maßgeblich für diese Ergänzung waren. Die Einrichtung sozialtherapeutischer Anstalten ging schleppend voran und es war in näherer Zukunft nicht zu erwarten, dass sich Gerichte im Strafverfahren der Anordnung dieser Maßregel flächendeckend bedienen konnten. Außerdem hatte sich die politische Stimmung verändert. Die „Aufbruchsstimmung" der endsechziger und siebziger Jahre des letzten Jahrhunderts war zusammen mit ersten vorliegenden Wirksamkeitsstudien nüchterneren Beurteilungen gewichen.

Die Möglichkeit, sozialtherapeutische Abteilungen einzurichten war unter Fachleuten heftig umstritten. Es wurde „Etikettenschwindel" durch billige Lösungen befürchtet und erwartet, dass in sozialtherapeutischen Abteilungen innerhalb normaler Vollzugsanstalten kaum mehr als üblicher Strafvollzug plus die eine oder andere Behandlungsmaßnahme stattfinden würde (Rehn 1990). Vom AK gingen in dieser Phase wichtige Impulse aus, „besondere Gründe" sowie therapeutische, organisatorische und personelle Mindeststandards zu definieren (AK 1988; Henze 1990; Specht 1990; Wischka 1987; Wischka und Specht 2001). Diese Standards bildeten im weiteren Entwicklungsverlauf der Sozialtherapie einen wichtigen Maßstab. Letztlich haben sich aber die Befürchtungen bewahrheitet, dass der Ausbau der Sozialtherapie ausschließlich in Form von Abteilungen stattfinden und wenig Mühe darauf verwandt wird, „besondere Gründe" dafür anzuführen. Die „Mindeststandards" wurden zumeist als „Standards" interpretiert und oft nicht erreicht.

Eine neue Schwerpunktsetzung hat die Sozialtherapie durch das „Gesetz zur Bekämpfung von Sexualdelikten und anderen gefährlichen Straftaten" vom 26.01.1998 erfahren. Spektakuläre Sexualmorde an Kindern, zunächst in Belgien (der Fall „Dutroux") und kurz darauf in Nord- und Süddeutschland haben nach intensiver Medienberichterstattung und öffentlichen Druck auf die Politiker in kurzer Zeit zu der Gesetzesänderung geführt. Gleichzeitig wurde der Strafrahmen für Sexualdelikte durch das 6. Strafrechtsreformgesetz heraufgesetzt. Bekanntermaßen waren in erster Linie Medieneffekte Ursache für das „Bekämpfungsgesetz".

Es bestand nunmehr in § 9 StVollzG für Sexualstraftäter ein Rechtsanspruch auf Verlegung in eine sozialtherapeutische Einrichtung, wenn sie angezeigt sei. Die Zustimmung des Leiters der Einrichtung entfiel. Die Länder waren in der Pflicht, die Sozialtherapie im Justizvollzug bedarfsgerecht auszubauen. Für andere Straftäter blieb es bei der Bestimmung, dass die Verlegung erfolgen „kann". Der Anteil der Sexualstraftäter in sozialtherapeutischen Einrichtungen stieg daraufhin bis zum nächsten großen Einschnitt in die gesetzlichen Rahmenbedingungen durch die Föderalismusreform 2006 deutlich an, um sich danach wieder zu relativieren. Seitdem macht sich an einem Anstieg des Anteils der Gewaltstraftäter (Elz 2016) bemerkbar, dass nur noch wenige Bundesländer den Verlegungsvorrang für Sexualstraftäter in ihren Justizvollzugsgesetzen vorsehen.

Der bislang letzte Eingriff in die Rechtslage der Sozialtherapie im Justizvollzug wurde durch das Urteil des Bundesverfassungsgerichts vom 4. Mai 2011 (2 BvR 2365/09) veranlasst. Das BVerfG hatte festgestellt, dass die bestehenden Vorschriften über die Anordnung und Dauer der Sicherungsverwahrung verfassungswidrig sind und Bund und Länder verpflichtet, bis zum 31.05.2013 Neuregelungen zu verabschieden. Das BVerfG gab vor, woran sich die Gesetzgebung zu orientieren hat und dabei die Bedeutung sozialtherapeutischer Behandlungsmaßnahmen hervorgehoben (vgl. Bartsch, in diesem Band). Das daraufhin beschlossene „Gesetz zur bundesrechtlichen Umsetzung des Abstandsgebotes im Recht der Sicherungsverwahrung“ vom 05.12.2012 fordert insbesondere eine sozialtherapeutische neben einer psychiatrischen und psychotherapeutischen Behandlung zur Erreichung des Ziels, die Vollstreckung der Sicherungsverwahrung zur Bewährung aussetzen zu können (§ 66c Abs. 1 Nr. 1a StGB). Mit der Forderung, vollzugsöffnende Maßnahmen zu gewähren und Entlassungsvorbereitungen zu treffen (§ 66c Abs. 1 Nr. 3a StGB), wird zudem ein für die Wiedereingliederung zentraler Aspekt betont, der im Konzept der integrativen Sozialtherapie schon immer einen hohen Stellenwert hatte. Für Täter, bei denen im Anschluss an die Freiheitsstrafe Sicherungsverwahrung angeordnet oder vorbehalten ist, bestimmt § 66c Abs. 2 StGB, dass bereits im Justizvollzug insbes. eine sozialtherapeutische Behandlung mit dem Ziel anzubieten ist, die Vollstreckung der Unterbringung aussetzen zu können.

2 Sozialtherapie in den Justizvollzugsgesetzen der Länder

Mit dem Ziel der Modernisierung der bundesstaatlichen Ordnung und Verbesserung der Handlungs- und Entscheidungsfähigkeit von Bund und Ländern trat am 01.09.2006 die Föderalismusreform in Kraft. Dabei erhielten die Länder im Gegenzug für eine Reduzierung der Beteiligung an nationalen Gesetzgebungsverfahren die ausschließliche Gesetzgebungskompetenz u. a. für das Strafvollzugsrecht. Von dieser Möglichkeit machten einige Länder unverzüglich Gebrauch, andere orientierten sich zunächst weiter am Bundesgesetz (vgl. Boogaart 2013; Arloth & Geiger, in diesem Band). Inzwischen haben alle Bundesländer Justizvollzugsgesetze verabschiedet und dabei auch die Sozialtherapie neu geregelt. Sie haben dabei durchaus verschiedene Wege eingeschlagen.

Der nachfolgende knappe Überblick muss sich aus Platzgründen darauf beschränken, die wesentlichsten Eckpunkte der sich explizit auf die Sozialtherapie beziehenden gesetzlichen Regelungen und deren mögliche Auswirkungen zu benennen.

Schon ein Blick auf die Verlegungsvorschriften der Länder zeigt unterschiedliche Akzentuierungen. So haben die Länder Bayern, Hamburg, Hessen und Nordrhein-Westfalen – mit kleinen sprachlichen Abweichungen – den Verlegungsvorrang der Sexualstraftäter des StVollzG übernommen.[3] Niedersachsen hat

[3]Art. 11 Abs. 2 BayStVollzG; § 10 HmbStVollzG; § 12 HStVollzG; § 13 Abs. 1 StVollzG NRW.

die Pflicht zur sozialtherapeutischen Behandlung namentlich auf die Gewaltstraftäter ausgedehnt[4] und Baden-Württemberg ist zu der generellen „Kann-Bestimmung" des StVollzG von vor 1998 zurückgekehrt.[5] Die übrigen Bundesländer verknüpfen die Verlegung an die zu prüfende Gefährlichkeit des Gefangenen. Diese ist dann anzunehmen, wenn schwerwiegende Straftaten gegen Leib und Leben, die persönliche Freiheit oder gegen die sexuelle Selbstbestimmung zu erwarten sind.[6] In allen Gesetzen wird auch anderen Gefangenen zugebilligt, in die Sozialtherapie aufgenommen zu werden, wenn dies der Erreichung des Vollzugszieles dient.

Wie das StVollzG machen die Gesetze der Länder Bayern, Baden-Württemberg und Hamburg keine Aussage dazu, wann ein Gefangener in die Sozialtherapie aufzunehmen ist. Hessen und Niedersachsen haben in dieser Frage fast gleichlautende Regelungen getroffen: Die Verlegung soll zu einem Zeitpunkt erfolgen, „der den Abschluss der Behandlung zum voraussichtlichen Entlassungszeitpunkt erwarten lässt".[7] Alle übrigen Landesgesetze sehen vor, dass die Unterbringung zu einem Zeitpunkt erfolgen soll, der entweder den Abschluss der Behandlung zum voraussichtlichen Entlassungszeitpunkt erwarten lässt oder die Fortsetzung der Behandlung nach der Entlassung ermöglicht. Bei angeordneter oder vorbehaltener Sicherungsverwahrung soll die Unterbringung zu einem Zeitpunkt erfolgen, der den Abschluss der Behandlung noch während des Vollzugs der Freiheitsstrafe erwarten lässt.[8]

Einer gesetzlichen Regelung des Aufnahmezeitpunktes kommt insofern Bedeutung zu, als Gerichte durchaus feststellen, eine Verlegung in die Sozialtherapie dürfe nicht von der Länge der noch zu verbüßenden Strafe abhängig sein (KG Berlin ZfStrVo, 2002, 182; OLG Frankfurt NstZ 2004, 349). Sie sei auch dann angezeigt, wenn sich der Behandlung noch keine Entlassung anschließen könne und der Gefangene nach der Therapie in den Normalvollzug zurückverlegt werden müsse. Auch wenn das Argument, eine möglichst frühe Verlegung

---

[4]§ 104 NJVollzG.

[5]§ 8 JVollzGB-3.

[6]§ 24 Abs. 2 JVollzGB LSA; § 17 Abs. 2 BremStVollzG; § 24 Abs. 2 ThüJVollzGB; § 25 Abs. 2 BbgJVollzG; § 18 Abs. 2 StVollzG Bln: § 18 Abs. 1 LStVollzG SH; § 17 abs. 2 StVollzG MV; § 24 Abs. 2LJVollzG; § 17 Abs. 2 SLStVollzG; § 17 Abs. 2 SächsStVollzG.

[7]§ 12 Abs. 2 Satz 2 HStVollzG; § 104 Abs.3 NJVollzG.

[8]Einzig Nordrhein-Westfalen hat den Passus zum Verlegungszeitpunkt bei angeordneter oder vorbehaltener Sicherungsverwahrung nicht aufgenommen (vgl. § 13 abs. 3 StVollzG NRW).

begünstige die Behandlung, indem die Eindrücke der Tat noch frisch sind, nicht von der Hand zu weisen ist, verabschiedet sich eine solche intermittierende Sozialtherapie von wesentlichen Elementen sozialtherapeutischer Arbeit, zu der vollzugsöffnende Maßnahmen sowie die Vorbereitung der Entlassung untrennbar gehören.[9] Die ganz überwiegende Mehrheit der Länder geht mit ihren Vorschriften zum Verlegungszeitpunkt hiervon aus.

Das StVollzG sah als vorrangige Organisationsform für die Sozialtherapie die eigenständige Anstalt vor, Abteilungen nur aus besonderen Gründen.[10] In der Praxis sind jedoch inzwischen fast 90 % der Sozialtherapien Abteilungen normaler Vollzugsanstalten. Diese Entwicklung ist auf absehbare Zeit wohl unumkehrbar. Sie spiegelt sich entsprechend in den neuen Länderregelungen. Lediglich Hessen bleibt bei sozialtherapeutischen Anstalten als Regelform und erwartet für Abteilungen besondere Gründe.[11] Baden-Württemberg, Bayern, Berlin, Hamburg und Niedersachsen sehen für den sozialtherapeutischen Vollzug „Anstalten oder Abteilungen" vor.[12] Schleswig-Holstein und Nordrhein-Westfalen verwenden ausschließlich den Begriff „Sozialtherapeutische Einrichtung"[13] und lassen damit zumindest die Option selbstständiger Anstalten offen. Die übrigen Länder kennen nur noch sozialtherapeutische Abteilungen.

Bis auf Nordrhein-Westfalen, das, bei Vorliegen der Voraussetzungen, vor der Entlassung lediglich ein höheres Kontingent an Langzeitausgängen zur Eingliederung gewährt[14], sehen alle Ländergesetze den bis zu sechs Monate dauernden „Urlaub zur Vorbereitung der Entlassung" weiterhin vor. Eine Mehrheit dehnt dieses ursprünglich nur der Sozialtherapie vorbehaltene Instrument nun sogar auf alle Gefangenen aus.

Nachbetreuung zur Sicherung der Eingliederung sehen alle Länder weiterhin vor. Allerdings schreibt kein Bundesland mehr vor, dass die Fachkräfte der sozialtherapeutischen Anstalt so zu bemessen seien, dass die nachgehende Betreuung der Gefangenen gewährleistet ist. Die „anderweitige" Betreuung rückt klar in den Vordergrund, in Niedersachsen ist sie sogar die einzige Form. In zehn Bundesländern wird eine Nachbetreuung für alle Gefangenen vorgesehen, jedoch auf 6 Monate begrenzt, sodass diese nicht als die notwendige therapeutische Nachbetreuung nach

---

[9] Zu dieser Diskussion vgl. Rehn und Boogaart 2012, § 9 Rn.13.

[10] § 123 StVollzG.

[11] § 70 Abs. 3 HStVollzG.

[12] § 94 JVollzGB-3; Art. 117 BayStVollzG; § 99 Abs. 2 HmbStVollzG; § 103 NStVollzG.

[13] § 13 StVollzG NRW; § 27 Abs. 1 LStVollzG SH.

[14] § 59 Abs. 2 StVollzG NRW.

Sozialtherapie verstanden werden kann. Einzig Schleswig-Holstein erwartet neben dieser Regelung in § 29 LStVollzG SH eine therapeutische Nachsorge durch die Sozialtherapie.

Die Aufnahme auf freiwilliger Grundlage wird in allen Ländern weiterhin ermöglicht, in der Mehrheit der Länder sogar auf alle Gefangenen ausgedehnt, jedoch z. T. auf die ersten sechs Monate nach der Entlassung begrenzt.

Die Arbeitsgrundlage der Sozialtherapie hat sich durch die Föderalismusreform vervielfältigt und ausdifferenziert. Der von Fachleuten erwartete „Wettlauf der Schäbigkeit" (Dünkel und Schüler-Springorum 2006) ist im Großen und Ganzen ausgeblieben. Mit Blick auf die Wirksamkeit der Sozialtherapie ist eine Reihe von Regelungen (vor allem deren Unterlassung) zu kritisieren. Es wurde vielfach versäumt, die neue Gesetzgebung für eine Stärkung der Sozialtherapie zu nutzen. Insgesamt schaffen die Ländergesetze eine unübersichtliche Komplexität.

3 Wirksame Behandlungsmaßnahmen

3.1 Das Konzept der integrativen Sozialtherapie

Die Pioniere, die Ende der 60er Jahre des letzten Jahrhunderts vor der Aufgabe standen, sozialtherapeutische Anstalten zu gründen, konnten kritische Impulse aus wissenschaftlicher Sicht zur Kenntnis nehmen (Heinz und Korn 1973; Steller 1977) und richteten ihren Blick auf Modellanstalten, die sich in Holland und Dänemark entwickelt hatten. Erprobt wurden dort völlig neue Formen der Unterbringung, um soziales Lernen zu ermöglichen. Die Gestaltung eines therapeutischen Milieus i. S. Maxwell Jones und die Ausrichtung der gesamten Einrichtung unter therapeutischer Prämisse waren zentrale Ziele. Damit erhielt auch das Basispersonal, der allgemeine Vollzugsdienst, die Berufsgruppe, die die meiste Zeit mit den Insassen verbrachte, einen höheren Stellenwert bei der gemeinsamen Aufgabe und relativierte den Stellenwert der Ärzte und anderen Fachkräfte. „Ohne Frontarbeiter sind die Therapeuten impotent" (Reicher 1976, S. 610).

In verschiedenen Bundesländern bildeten sich Arbeitsgruppen mit dem Ziel, Konzepte zu erarbeiten und sich zu vernetzen. Der entstandene Austausch, die fachliche Begleitung bei Aufbau und die Entwicklung von Behandlungskonzepten wurde fortlaufend dokumentiert und diente als Konzeptgrundlage (Bundeszusammenschluß 1981; Schmitt 1977; Driebold et al. 1984; Egg 1984). Aus diesen Gruppierungen bildete sich 1983 der bis heute bundesweit wirkende AK.

Wichtige Impulse gingen dabei von dem im Zusammenhang mit dem Aufbau der Sozialtherapeutischen Anstalt Bad Gandersheim entwickelten Konzept der

„Integrativen Sozialtherapie“ aus (Baulitz et al. 1980; Specht 1986, 1993; Wischka und Specht 2001). Drei Hauptmerkmale charakterisieren dieses Konzept:

1. Berücksichtigung und Einbeziehung des gesamten Lebensumfeldes in und außerhalb der sozialtherapeutischen Einrichtung bis zur Entlassung.
2. Gestaltung der Handlungsmöglichkeiten und Beziehungsformen innerhalb der sozialtherapeutischen Einrichtung im Sinne einer therapeutischen Gemeinschaft.
3. Modifizierung und Verknüpfung psychotherapeutischer, pädagogischer und arbeitstherapeutischer Vorgehensweisen.

Als unverzichtbar wurde angesehen, dass nicht nur Einfluss auf den Täter genommen wird, sondern dass Personen des sozialen Umfeldes einbezogen werden und dass ein Empfangsraum für die Zeit nach der Entlassung aufgebaut wird, in dem kriminogene Einflüsse minimiert sind. Unverzichtbar sind zudem Möglichkeiten zum sozialen Lernen. Dies setzt Strukturen voraus, in denen Konflikte mit sozial akzeptablen Mitteln gelöst und neue Kommunikationsstrukturen ausprobiert, korrigiert und verstärkt werden können. Erfolg versprechend erschienen Behandlungsmethoden, in denen sich in einem interdisziplinären Team unterschiedliche Behandlungsmethoden ergänzen.

Die Behandlung erfolgt nach dem Konzept der integrativen Sozialtherapie in *Phasen* mit unterschiedlichen Schwerpunkten:

1. In der *Vorbereitungs- oder Aufnahmephase* stehen Diagnostik, Behandlungsplanung, Eingewöhnung in die Wohngruppe und Herstellung eines Arbeitsbündnisses im Fokus.
2. In der *Behandlungsphase* erfolgt im Einzel- und Gruppensetting die Verarbeitung lebensgeschichtlicher Ereignisse, die Deliktbearbeitung, die Entwicklung sozialer Kompetenzen und die Bearbeitung psychischer Störungen, verbunden mit Erprobungsmöglichkeiten in der Wohngruppe und wenn möglich in Vollzugslockerungen.
3. In der *Entlassungsphase* stehen die soziale und berufliche Wiedereingliederung, Rückfallpräventionsplanung und die Etablierung der Nachsorge im Vordergrund.
4. Die *Nachsorge* wird in der Regel von ambulanten Einrichtungen nach Vorbereitung durch die sozialtherapeutische Einrichtung durchgeführt.

Mit unterschiedlicher Akzentuierung stehen in diesen Behandlungsphasen immer wieder drei Schwerpunkte im Fokus: die Lebensgeschichte, die Straftaten und die aktuellen Beziehungen. Zum Deliktverständnis ist die Thematisierung der Lebensgeschichte mit den Beziehungserfahrungen und erworbenen Einstellungen und Grundüberzeugungen unerlässlich. Im Verhalten und in den Beziehungen der Gegenwart ist die Lebensgeschichte in ihren deliktrelevanten Aspekten aktualisiert und deshalb veränderbar sowie gleichzeitig Indikator für bereits erfolgte Veränderungen (Wischka 2001).

3.2 Die RNR-Prinzipien

Anders als zu Beginn der Erprobung von Behandlungsmaßnahmen, lässt der Stand der internationalen Forschung heute eine positive Antwort auf die Frage zu, ob die Behandlung von Straftätern die Rückfälligkeit reduziert. Die große Anzahl der inzwischen vorliegenden internationalen Studien, Metaevaluationen und Übersichtsarbeiten kommt zu Schlussfolgerungen, die mit dem Konzept der integrativen Sozialtherapie gut kompatibel sind. Auf die Darstellung einzelner Befunde kann aus Platzgründen hier nicht eingegangen werden. Es gibt überzeugende wissenschaftliche Belege für folgende Annahmen, die als Basis für die Entwicklung wirksamer Behandlungskonzepte dienen können:

1. Dafür, dass ein auf bloße Freiheitsentziehung, Zufügung von Übeln, Abschreckung oder militärisch („boot camps") ausgerichteten Strafvollzug rückfallreduzierende Effekte ausgehen, gibt es keine evidenten Belege. Es kann bei dieser Vollzugsgestaltung eher von einer kriminalitätsverstärkenden Wirkung ausgegangen werden (Lipsey und Cullen 2007; Endrass et al. 2012).
2. Behandlungsmaßnahmen sind besonders wirksam, wenn sie die RNR-Prinzipien *(Risk-, Need-, Responsivity-Principles)* berücksichtigen, die Andrews & Bonta (2010) aus empirischen Befunden extrahiert haben. Dies gilt offensichtlich für Straftäter mit verschiedensten Delikten, auch z. B. für Sexualstraftäter (Hanson et al. 2009). D. h. die Auswahl der Behandlungsmaßnahmen, Anzahl, Intensität und Dauer der Maßnahmen sowie Art und Weise ihrer Anwendung müssen berücksichtigen,
   - dass bei einer als gering einzuschätzenden Rückfallgefahr weniger intensive, möglichst ambulante Maßnahmen in Betracht zu ziehen sind und dass keine negativen Einflüsse durch stark risikobehaftete Personen erfolgen. Personen mit hohem Risiko müssen entsprechend länger und intensiver behandelt werden *(Risikoprinzip)*,
   - dass gezielt auf die Merkmale fokussiert wird, die sich bei dem einzelnen Straftäter als kriminogene Faktoren erwiesen haben (Bedürfnisprinzip). Dies sind insbes.

antisoziale Persönlichkeitsmuster (Impulsivität, abenteuerliche Vergnügungssucht, rastlose Aggressivität, leichte Irritierbarkeit)
pro-kriminelle Einstellungen (Rechtfertigungen für Kriminalität, negative Einstellungen zur Justiz)
soziale Unterstützung für Kriminalität (kriminelle Freunde, wenig Kontakt zu prosozialen anderen)
Alkohol- und Drogenmissbrauch
problematische Beziehungen (schwache familiäre Beziehungen, unangemessene elterliche Kontrolle und Disziplinierung)
Probleme in der Schule bzw. bei der Arbeit (schwache Leistungen, geringer Grad von Befriedigung in diesem Bereich)
defizitäre Freizeitaktivitäten (fehlende Einbindung in prosoziale Erholungs- und Freizeitaktivitäten)

- dass die Behandlungsmaßnahmen den kognitiven und sozialen Fähigkeiten, dem Lernstil, der Motivation, den kulturellen Prägungen, der Geschlechtszugehörigkeit, den Besonderheiten bestimmter Störungsmerkmale und Stärken des Einzelnen angepasst werden *(Ansprechbarkeitsprinzip)*.

3. Als besonders wirksam hat sich der Einsatz von kognitiv-behavioralen Methoden mit manualisierten Behandlungsprogrammen erwiesen (Andrews & Bonta 2010; Schmucker 2004). Erreichte positive Einstellungs- und Verhaltensänderungen müssen konsistent verstärkt werden.
4. Als besonders hilfreich für die Behandlungsplanung kann eine Diagnostik gelten, die darauf ausgerichtet ist, mit validierten Erhebungsinstrumenten die Risiko-, Bedürfnis- und Ansprechbarkeitsfaktoren im Sinne der RNR-Prinzipien von Andrews und Bonta zu identifizieren und dynamisch Ist-Soll-Analysen durchzuführen (Dahle et al. 2012; Endres et al. 2013; Suhling 2013).
5. Für die Arbeit mit Straftätern sind Personen besonders geeignet, die respektvoll, gerecht, konstant, zurückhaltend, normativ mit ihrer Klientel umgehen. Beziehungsfähigkeit, verbunden mit hoher Strukturierungsfähigkeit, Einsatzfreude, wirksamem Einsatz von Autorität und Vorbildverhalten sind weitere Kriterien, die bei der Auswahl und Schulung des Personals berücksichtigt werden sollten. Durch Supervision und Mitbeobachtung des Behandlungsverhaltens (Monitoring) können diese Kompetenzen erweitert werden. Führungskräfte sollten dafür sorgen, dass sich besonders engagiert Kräfte nicht überlasten (Andrews & Bonta 2010; Boogaart 2016; Wischka 2001).

Erste Metaevaluationsstudien (Martinson 1974) hatten eine als gering bewertete Wirksamkeit von Behandlungsmaßnahmen erbracht. Die auch in späteren nordamerikanischen und deutschen Metaevaluationen ermittelte durchschnittliche

Rückfallreduzierung um ca. 10 % (Lösel et al. 1987; Egg et al. 2001) wurde häufig i. S. von „nothing works“ (über-)interpretiert und gern von „Behandlungspessimisten“ aufgegriffen. In diesen Metaanalysen waren auch Behandlungen mit Methoden enthalten, die aus heutiger Sicht als „überholt“ gelten können. Differenziertere Analysen und neuere Untersuchungen, die empirisch fundierte Behandlungsformen untersuchen, die kognitiv-behaviorale Programme einsetzen und sich an den RNR-Prinzipien orientieren, kommen zu besseren Ergebnissen (Andrews & Bonta 2010; Endres et al. 2013; Lipsey und Cullen 2007; Lösel 2012; McGuire 2013; Schmucker 2004; Suhling und Wischka 2013; Wischka 2013c). Mit Konzepten, die den berichteten Kriterien entsprechen, sind Rückfallreduzierungen um 50 % nicht unrealistisch.

Die sozialtherapeutischen Einrichtungen haben sich zunehmend an den RNR-Prinzipien orientiert und setzen kognitiv-behaviorale Programme ein. Sie wurden aus Nordamerika übernommen, wie das Reasoning & Rehabilitation-Programm (R&R) von Ross und Ross (1995). Für Sexualstraftäter wurde in England und Wales auf der Basis nordamerikanischer Programme das Sex Offender Treatment Programme (SOTP) entwickelt (HM Prison Service 2000) und auch in Deutschland eingesetzt (Fuchs und Mann 2007). Das Behandlungsprogramm für Sexualstraftäter, das inzwischen in revidierter Form (BPS-R; Wischka et al. 2012; Rehder et al. 2013) und in einer Modifikation für Lernbehinderte (Löhr und Wenzlaw 2013) vorliegt, hat in den sozialtherapeutischen Einrichtungen der BRD die weitaus größte Verbreitung (Spöhr 2009; Niemz 2014), zunehmend auch im Maßregelvollzug. Es liegen inzwischen auch erste Befunde vor, die auf eine Reduzierung kriminogener Faktoren durch das Programm hindeuten (Wischka 2013a).

Manualisierte Behandlungsprogramme haben sich als wertvolle Bereicherungen der Konzepte sozialtherapeutischer Einrichtungen erwiesen, sind aber letztlich „nur“ Bausteine in einem integrativen Gesamtkonzept. Die Verbindung ihrer Inhalte und die Beteiligung der sie durchführenden Praktiker an der gesamten Behandlungsplanung darf nicht verloren gehen. Auch bei der Anwendung inhaltlich und zeitlich strukturierter Programmeinheiten mit vorgegebenen Materialien sind therapeutische Grundhaltung, positive Arbeitsbeziehungen, individuelle Ansprache und Förderung der Gruppenprozesse von großer Bedeutung. So berichtet Mann (1999) über die Praxis mit dem SOTP, dass die erfolgreichsten Gruppen diejenigen waren, die von den Teilnehmern hinsichtlich ihres Zusammengehörigkeitsgefühls am besten eingestuft worden sind. Die Arbeit war weniger erfolgreich, wenn sie von Therapeuten durchgeführt wurden, die in ihrem Stil stark direktiv und konfrontativ waren. Die Teilnehmer gaben sich am meisten bei freundlich unterstützenden Therapeuten Mühe, die sich sicher waren im Ausdruck von Gefühlen sowie bestimmt, aber nicht aggressiv mit Problemen wie Unehrlichkeit und Verleugnung umgehen konnten.

Damit sozialtherapeutische Einrichtungen aus ihren Erfahrungen und den Erfahrungen anderer Einrichtungen mit einzelnen Behandlungsmaßnahmen lernen und sie optimieren können und damit die erzielten Resultate wissenschaftlichen Untersuchungen zugänglich sind, ist auf dem Weg der Entwicklung evidenzbasierter Methoden Programmintegrität erforderlich (s. a. Suhling, in diesem Band). Die Beantwortung der Frage, ob intendierte Effekte durch die Maßnahme tatsächlich eintreten, ist nur dann möglich, wenn Methoden nicht mit einer gewissen Beliebigkeit vermittelt und angewendet werden. Bei der Einweisung von Mitarbeitern in bestimmte Behandlungsmethoden, deren Anwendung in der Praxis und Supervision sollte auf diesen Aspekt deutlich mehr Wert gelegt werden als bisher. Letztlich wird es aber schwierig bis unmöglich bleiben, die Effekte einzelner Maßnahmen in der Vielzahl der anderen Maßnahmen des integrativen Gesamtkonzepts isoliert zu ermitteln.

4 Mindestanforderungen und Realität

4.1 Mindestanforderungen

Um der schon vor der Föderalismusreform divergierenden Ausgestaltung der Sozialtherapie zu begegnen, formulierte der 1983 gegründete AK allgemeine Mindestanforderungen als qualitätssichernde Bedingungen an Sozialtherapeutische Einrichtungen (AK 1988). Diese wurden laufend aktualisiert (Wischka und Specht 2001; AK 2007, 2016). Kernstück der Orientierung ist auch hier das Konzept der Integrativen Sozialtherapie.

Um dieses Konzept angemessen umsetzen zu können, bedarf die Einrichtung einer überschaubaren Größe (min. 20, max. 60 Plätze) und soll in Wohngruppen von 8 bis 12 Gefangenen gegliedert sein. Die Gefangenen werden grundsätzlich in Einzelhafträumen untergebracht. Die Sozialtherapie muss von anderen Vollzugseinrichtungen so eindeutig abgegrenzt sein, dass ihr die eigene Gestaltung möglich ist und Entscheidungen, die den einzelnen Gefangene betreffen, nicht durch andere Vollzugsformen beeinflusst werden. Dies kann am besten die selbstständige Sozialtherapeutische Anstalt leisten, die deshalb die Regelform ist. Abteilungen müssen organisatorisch, räumlich und personell eigenständig sein und über eigene Behandlungs- und Diensträume sowie eigene Arbeits-, Sport- und Freizeitangebote verfügen. Sie bedürfen einer festen Anzahl von Stellen aller notwendigen Fachrichtungen und Laufbahnen und regeln den Einsatz der ihr zugewiesenen Mitarbeiter selbstständig. Die Leitung der Abteilung ist für alle Gefangene und Mitarbeiter betreffenden Entscheidungen zuständig und kann auch über eigene Haushaltsmittel verfügen.

In der Sozialtherapie müssen die Mitarbeiter aller Laufbahnen über besondere Befähigungen für die sozialtherapeutische Arbeit verfügen und diese ständig weiterentwickeln. Dazu erhalten sie Fortbildungen und externe Teamberatung. Das Tragen von Dienst- und Gefangenenkleidung stellt eine kontraproduktive Belastung der Behandlungsbeziehung dar, deshalb ist in der Sozialtherapie darauf zu verzichten.

Die Verlegung in eine sozialtherapeutische Einrichtung ist so zu planen, dass genug Zeit für das besondere sozialtherapeutische Vorgehen zur Verfügung steht und zugleich bei einem günstigen Verlauf die Entlassung zum frühestmöglich verantwortbaren Zeitpunkt unmittelbar aus der Einrichtung erfolgt. Bei angeordneter oder vorbehaltener Sicherungsverwahrung bleibt diese bei der Bestimmung des voraussichtlichen Entlassungszeitpunktes außer Betracht. Die Sozialtherapie muss mit ihren alltäglichen Lebensbedingungen eine weitgehende Annäherung an die Lebensverhältnisse außerhalb des Vollzugs herstellen. Deshalb ist auch zur Festigung und Überprüfung der Behandlungsergebnisse so früh wie möglich mit vollzugsöffenden Maßnahmen zu beginnen.

Die für eine sozialtherapeutische Einrichtung notwendigen Personalstellen des grundsätzlich in die Behandlungs- und Beobachtungsaufgaben einbezogenen allgemeinen Vollzugsdienstes sind mindestens mit einer Stelle auf zwei Gefangene bemessen. Bei kleinen Anstalten kann eine Stelle auf einen Gefangenen erforderlich sein. Sofern allgemeine Sicherheits- und Verwaltungsaufgaben durch die Gesamtanstalt gewährleistet werden, ist mindestens eine Stelle des allgemeinen Vollzugsdienstes auf drei Gefangene erforderlich. Bei den Fachdiensten ist je eine Stelle Psychologischer Dienst (vorzugsweise Psychologische Psychotherapeuten) und eine Stelle Sozialpädagogischer Dienst für zehn Gefangene vorzusehen. Die Leitung der Einrichtung wird auf die Bemessung nicht angerechnet. Für ihre besonderen Dokumentations- und Berichtsaufgaben verfügt die Einrichtung über einen eigenen Schreib- und Bürodienst. Ist die Einrichtung auch für die Behandlung von Gefangenen mit angeordneter oder vorbehaltener Sicherungsverwahrung und/oder Sicherungsverwahrte vorgesehen, ist der höhere Aufwand an Behandlungsmaßnahmen sowie Dokumentation personell auszugleichen. Ist die Einrichtung auch mit der Nachbetreuung betraut, so ist diese ebenfalls personell abzusichern. Ressourcenvergeudung durch Fehlbelegungen ist durch ein geeignetes Prüf- und Verlegungsverfahren unter Mitwirkung der Sozialtherapie zu vermeiden.

4.2 Die aktuelle Situation 2016

Über die Realität der Sozialtherapie gibt die Stichtagserhebung der Kriminologischen Zentralstelle Auskunft (Etzler 2016). Diese seit 1997 jährlich vorgelegte Totalerhebung liefert wertvolle Verlaufszahlen und gibt Informationen zur aktuellen Situation.[15]

Aus den beiden ersten 1969 eröffneten sozialtherapeutischen Modellanstalten in Baden-Württemberg (Hohenasperg) und Hamburg (Bergedorf) sind inzwischen 71 Einrichtungen geworden. Die Aufnahmekapazität stieg in diesem Zeitraum auf 2396. Abb. 1 belegt die starke Abhängigkeit dieser Erweiterung von der kriminalpolitischen Entwicklung. Anfangs fand der Ausbau der Behandlungsplätze zögerlich statt. Mit dem „Gesetz zur Bekämpfung von Sexualdelikten und anderen gefährlichen Straftaten" vom 26.01.1998 erfolgte der Zuwachs an Behandlungsplätzen beinahe ausschließlich zugunsten der wegen Sexualdelikten verurteilten Straftäter. Mit der Föderalismusreform im Jahre 2006 und der Ablösung des Bundesgesetzes durch Ländergesetze fanden Straftäter, die wegen anderer Delikte verurteilt worden sind – insbesondere wegen Gewaltstraftaten – wieder eine stärkere Berücksichtigung. Die vorhandenen Plätze waren am 31.03.2016 zu 86,6 % belegt.

Der Anteil der im Deliktschwerpunkt zu Sexualdelikten verurteilten Insassen sozialtherapeutischer Einrichtungen stieg von 23,2 % (1997) auf 62,5 % (2008) an und sank dann wieder auf 49,4 % (Abb. 1). Der Anteil der Tötungsdelikte variierte im Zeitraum zwischen 1997 und 2016 wenig (zwischen 17,1 % und 23,1 %). Deutlich zurückgegangen sind in dieser Zeit die Insassen mit dem Schwerpunkt Eigentums- und Vermögensdelikte (von 44,5 % auf 14,9 %).

Der 2006 vom Bundesverfassungsgerichts erfolgte Auftrag an die Länder, den Jugendstrafvollzug bis Ende 2007 gesetzlich neu zu regeln, führte zur gesetzlichen Verankerung der Sozialtherapie im Jugendstrafvollzug und entsprechenden Erweiterungen der Behandlungskapazität. Sie stieg von 138 im Jahre 2006 (9,2 % aller Gefangenen in sozialtherapeutischen Einrichtungen) auf 457 im Jahre 2016 (19,1 %). Die aktuelle Auslastung dieser Plätze ist allerdings mit 81,8 % geringer als in den sozialtherapeutischen Einrichtungen insgesamt.

Für weibliche Gefangene standen 1997 in sozialtherapeutischen Einrichtungen 35 Plätze zur Verfügung (3,9 % von 888). Der Anteil ist nach zunächst rückläufiger Quote, die 2007 ihr Minimum erreichte (1,9 % von 1952 Plätzen) inzwischen

[15] Sofern nicht anders angegeben, sind alle Daten in diesem Kap. Etzler (2016) entnommen (www.krimz.de).

wieder gleich. 2016 gab es 94 von 2396 Plätzen (3,9 %) für weibliche Gefangene in sozialtherapeutischen Einrichtungen. Sie sind allerdings nur zu 77,7 % belegt.

Rehn (2001) hat auf der Basis der Gesetzesänderungen vom Januar 1998 einen Bedarf von 5,5 % Sozialtherapieplätzen im Strafvollzug insgesamt berechnet. 2000 gab es 1055 Plätze bei 60.798 Strafgefangenen und Sicherungsverwahrten in der BRD (Statistisches Bundesamt 2016). Das ist ein Anteil von 1,74 %. Bis 2015 hat sich die Zahl der Plätze auf 2429 für 52.412 Strafgefangene und Sicherungsverwahrte (Statistisches Bundesamt 2016) erhöht. Damit ist der Anteil auf 4,63 % angestiegen und hat beinahe den von Rehn ermittelten Bedarf erreicht. Allerdings profitieren vor allem im Erwachsenenvollzug überproportional Deutsche von der Sozialtherapie. Nur 8,9 % der Insassen sozialtherapeutischer Einrichtungen für Erwachsene sind Nicht-Deutsche. Im gesamten Erwachsenenstrafvollzug ist ihr Anteil deutlich höher (25,3 %). Im sozialtherapeutischen Jugendvollzug nähert sich der Anteil Nicht-Deutscher mit 17,6 % dagegen ihrer Quote im gesamten Jugendvollzug (24 %) an.

Bemerkenswert sind die Veränderungen der Altersverteilung. Während 1997 nur 3,2 % der Insassen sozialtherapeutischer Einrichtungen 50 und älter waren, ist dieser Anteil bis 2016 auf 23,8 % gestiegen. Bis zum „Bekämpfungsgesetz" im Januar 1998 galt, dass die Aufnahme freiwillig ist und dass auch die Leitung der Einrichtungen zustimmen musste. Diese Rechtslage hatte faktisch zum Ausschluss älterer Strafgefangener geführt, auch wenn es keine gesetzlich geregelte Altersgrenze gab. Die neue Rechtslage seit 1998, die 2007 eingeführten Landesgesetze und die damit einhergehende stärkere Anpassung der Behandlungsplätzte an den Bedarf haben die Auswahlkriterien deutlich beeinflusst.

Die Dauer der zeitigen Freiheits- oder Jugendstrafen, zu denen Insassen der sozialtherapeutischen Einrichtungen verurteilt worden sind, hat sich im Zeitraum zwischen 1997 und 2016 nicht wesentlich verändert. 1997 lag der Anteil der kürzeren Strafen (bis 3 Jahre) bei 14,1 %, 2016 bei 18,1 %. Der Anteil der langen Strafen (7 bis 15 Jahre) lag 1997 bei 26,9 %, 2016 bei 23,9 %. Deutlich angestiegen ist in dieser Zeit dagegen der Anteil der zu lebenslanger Haft verurteilten: von 3,8 % auf 10,7 %, bei Frauen von 3,03 % auf 16,5 %. Zugenommen hat auch der Anteil der Gefangenen mit angeordneter oder vorbehaltener Sicherungsverwahrung (s. Abschn. 4.1).

Geringe Differenzen zwischen 1998 und 2016 gab es bei den Vorstrafen der Insassen sozialtherapeutischer Einrichtungen. Der Anteil ohne Vorstrafen variierte zwischen 35,4 % (1998) und 44,2 % (2009), der Anteil mit mehr als 8 Vorstrafen zwischen 6,9 % (2014) und 9,8 % (1998).

Eine bedeutsame Kennzahl für die Effektivität der Sozialtherapie ist die Rückverlegungsquote. Nach den Stichtagserhebungen der Kriminologischen Zentralstelle hat sie sich zwischen 1997 und 2016 von 35,1 % auf 41,9 % erhöht. Dass mehr als ein Drittel der in eine sozialtherapeutische Einrichtung verlegten Gefangenen mit dieser Maßnahme nicht erreicht werden können, muss als deutliches Signal aufgefasst werden, die Indikationsprüfung, die Ansprechbarkeit auf die Behandlungsmaßnahmen und die Rahmenbedingungen zu verbessern.

Von den am 31.03.2016 existenten 71 sozialtherapeutischen Einrichtungen waren sechs selbstständige Anstalten (Asperg, Erlangen, Gelsenkirchen, Hamburg, Kassel, Ludwigshafen), eine hatte die Organisationsform einer Teilanstalt (Berlin-Tegel), eine die einer Außenstelle (Rottweil), die übrigen 63 Einrichtungen sind als Abteilung einer Anstalt des Strafvollzuges für Erwachsene oder Jugendliche organisiert. Auch wenn die Organisationsform als Abteilung nicht automatisch bedeutet, dass diese nicht fachgerecht arbeiten kann, darf doch vermutet werden, dass in vielen Fällen die Normalanstalt als Masterstruktur Einfluss auf die Möglichkeiten der sozialtherapeutischen Abteilung hat, vor allem, wenn es sich um sehr kleine Abteilungen handelt.[16] Eine größtmögliche Unabhängigkeit gewährleistende Struktur als selbstständige Anstalt lag in 2016 nur bei 8,5 % der Einrichtungen vor. Es darf allerdings nicht gefolgert werden, dass eigenständige Anstalten grundsätzlich eine höhere Behandlungsqualität gewährleisten. Die Einrichtungen haben sich viel zu heterogen entwickelt, um eine solche Schlussfolgerung ziehen zu können. Für eine Bewertung der Behandlungsqualität müssen v. a. der Grad der Autonomie in der Organisation der Justizvollzugsanstalt, die Haushaltsmittel oder der Personalschlüssel und -einsatz, das Behandlungskonzept, die Praxis der Entlassungsvorbereitung sowie das Nachsorgekonzept als zentrale Merkmale verglichen werden. Die besonderen Schwierigkeiten sozialtherapeutischer Abteilungen, in der Praxis ihren notwendigen fachlichen Standard im Rahmen größerer Anstalten zu entwickeln und zu halten ist jedoch mehrfach beschrieben worden (u. a. Boogaart 2016; Krüger 2004; Musolff und Bormann 2004; Rehn 1990, 2008).

Sozialtherapeutische Einrichtungen des offenen Vollzuges gibt es gleichbleibend wenige. 2016 waren es 2,8 %. Dabei sind erhebliche Unterschiede zwischen Einrichtungen für Männer (1,9 %) und Frauen (22,3 %) zu beobachten. Diese geringe Quote für Männer muss vor dem Hintergrund der Konzeption der jeweiligen Einrichtungen beurteilt werden. Wenn die für jede sozialtherapeutische Einrichtung bestehenden gesetzlichen Möglichkeiten zur Integration in die Gesellschaft ausgeschöpft werden, ist eine Differenzierung zwischen offenem

---

[16] Über ein Drittel der Einrichtungen in 2016 bestanden nur aus einer Wohngruppe.

und geschlossenem Vollzug nicht erforderlich. Sie kann sogar zusätzliche Risiken erzeugen, wenn die Verlegung mit einem Wechsel des Bezugspersonals verbunden ist. Die Quote der Plätze im offenen Vollzug sagt somit wenig über die Qualität der Entlassungsvorbereitungen aus.

Die vom AK als sinnvoll angesehene Mindestforderung, Wohngruppen nicht mit mehr als 12 Gefangenen zu belegen, wird in 66,3 % der 199 Wohngruppen realisiert.

Insgesamt scheint die Einzelunterbringung überwiegender Standard der Sozialtherapie (bei 82,4 % der Wohngruppen). Über die notwendigen Gemeinschaftsräume zur alleinigen Nutzung konnten 8 % der Wohngruppen überhaupt nicht verfügen, 45,6 % hatten einen, 28,6 % zwei, 12,1 % drei und 6 % vier bis sieben solche Räume.

Bis auf eine, nutzen alle Abteilungen auch Räumlichkeiten zusammen mit der Gesamtanstalt. Dies gilt vor allem für Sporträume (fast 100 %), Besuchsräume (fast 90 %), Behandlungsräume (60 %) und Freizeiträume (50 %).

Es bleibt alles in allem festzustellen, dass die räumliche Eigenständigkeit der sozialtherapeutischen Abteilungen unzureichend ist. Insbesondere die Besuchssituation, die für fast 90 % der Abteilungen im Rahmen der Besuchsorganisation der Hauptanstalt stattfindet, ist nicht akzeptabel, weil gerade der Besuch unzählige Möglichkeiten bietet, mit dem Umfeld des Gefangenen in Kontakt zu treten, dieses Umfeld für die Ziele und Methoden der Sozialtherapie zu sensibilisieren und sie in die Behandlung einzubeziehen.

Die Quote der Gefangenen in sozialtherapeutischen Einrichtungen, denen vollzugsöffnenden Maßnahmen gewährt werden, hat sich in den letzten zwanzig Jahren dramatisch verschlechtert (Abb. 2).

Drei Einrichtungen gewähren aus konzeptionellen Gründen grundsätzlich keine vollzugsöffnenden Maßnahmen. Eine Abteilung des Jugendvollzuges verzichtete 2016 aus personellen Gründen auf Ausführungen. Insgesamt ist die Gewährung von Lockerungen im Laufe der Jahre immer weiter gesunken.[17]

Seit der ersten Stichtagserhebung 1997 ist die Zahl der Haftplätze um das 2,7-Fache, die aller verfügbaren Personalstellen nur um das 2,2-Fache gestiegen.

---

[17]Diese Entwicklung zeigt sich ähnlich für weibliche Gefangene in sozialtherapeutischen Einrichtungen, deren Zahlen seit 2003 separat ausgewiesen werden (Etzler, S. 46). Die Quote der im Jugendvollzug nicht zu selbstständigen Lockerungen zugelassenen Gefangenen liegt mit Ausnahme von 2006 immer um einige Prozent über derjenigen der Gesamtgruppe. Die Differenz wurde kleiner, bis sie 2016 nur noch um 3,2 % höher lag (a. a. O. S. 47 f.).

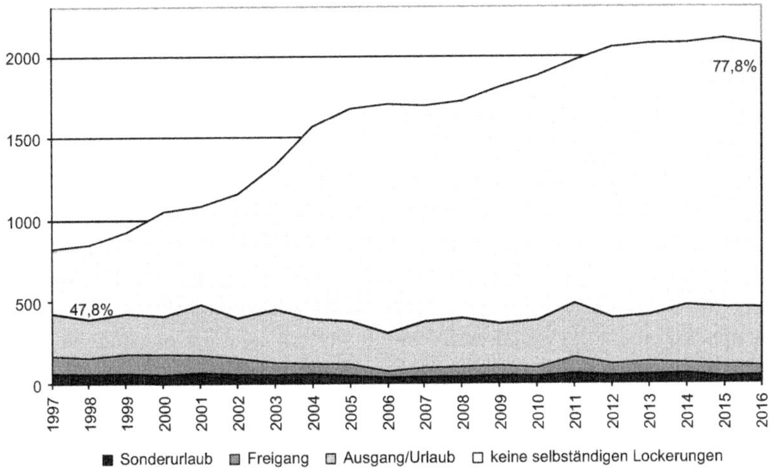

Abb. 2 Vollzugsöffnende Maßnahmen in den sozialtherapeutischen Einrichtungen der BRD von 1997 bis 2016. (Etzler 2016)

Dabei hat sich das zahlenmäßige Verhältnis der Berufsgruppen seit Erhebungsbeginn verändert. So hat sich der Anteil der Fachdienststellen von 19 % im ersten Erhebungsjahr auf inzwischen 27 % erhöht.

Frappierend ist der Rückgang der Leitungsstellen. Standen in 2013 noch 60,9 solcher Stellen zur Verfügung, waren dies in 2016 nur noch 56,5 Stellen. Zwei Einrichtungen verfügten über keine Leitungsstelle, 12 weitere nur über eine in Teilzeit mit einem Stellenanteil von unter 50 %.

Für das Zahlenverhältnis von Mitarbeitern zu Gefangenen ergibt sich: Im Bereich des allgemeinen Vollzugsdienstes erfüllen laut Stichtagserhebung seit 2011 über 60 % die Mindestanforderung des AK. Umgekehrt heißt dies, dass knapp 40 % diese Anforderung nicht erfüllen. Im Bereich der Fachdienste ergibt sich im Durchschnitt aller Einrichtungen eine Quote von einer Fachdienststelle auf 6,2 Haftplätze. Für mindestens erforderlich hält der AK eine Fachdienstkraft auf 5 Gefangene, hier besteht also noch Bedarf. Doch selbst das im Schnitt mit 1:6,2 noch ganz passabel wirkende Verhältnis sagt nichts über die tatsächliche Situation in der einzelnen Einrichtung aus. Nur 11 Einrichtungen erfüllen dabei den geforderten Schlüssel von je einer psychologischen und einer pädagogischen Fachkraft auf zehn Haftplätze. Die überwiegende Mehrheit erfüllt diese Mindeststandards nicht. Es ist zu vermuten, dass die fehlenden Stellen durch engagierte Mehrarbeit des vorhandenen Personals und/oder durch Abstriche in der Behandlungsqualität kompensiert werden (müssen). Dies dürfte auch für Lücken gelten, die durch Abzug des Personals durch die Hauptanstalt entstehen, was eine bittere, tägliche Realität für viele Abteilungen ist, die von der Stichtagserhebung nicht erfasst wird. Ob die Betreuung von Strafgefangenen mit angeordneter oder vorbehaltener Sicherungsverwahrung sowie Sicherungsverwahrten in den Einrichtungen personell zusätzlich unterstützt wird, ist der Erhebung nicht zu entnehmen.

Bis auf eine boten in 2016 alle Einrichtungen Einzel-, Team- und/oder Gruppensupervision an. Während die Teamsupervisionen ausschließlich durch Haushaltsmittel finanziert wurden, wurde die Gruppensupervision in einer Einrichtung teilweise privat, die Einzelsupervision in neun Einrichtungen ausschließlich privat finanziert. Offen bleibt, wer an den Supervisionen teilnimmt. Es ist zu vermuten, dass dies vor allem die Fachdienste sind. Inwiefern auch der im Sinne der integrativen Sozialtherapie selbstverständlich an der Behandlung beteiligte allgemeine Vollzugsdienst von Supervision profitiert, lässt die Erhebung offen.

Insgesamt ist aus den berichteten Daten ersichtlich, dass die Behandlungskapazitäten in den sozialtherapeutischen Einrichtungen deutlich zugenommen haben. Der Anteil wegen Sexualdelikten verurteilter Gefangener ist größer geworden. Insassen mit dem Deliktschwerpunkt Eigentums- oder Vermögendelikte sind kaum noch anzutreffen, die Quote älterer Insassen und die der zu lebenslanger Haft oder Sicherungsverwahrung verurteilten hat sich deutlich erhöht. Auf diese Veränderungen müssen sich die sozialtherapeutischen Einrichtungen einstellen.

Gleichzeitig sind die sozialtherapeutischen Einrichtungen nunmehr in ihrer Mehrheit Abteilungen, in ihren Möglichkeiten unterschiedlich und häufig nicht ausreichend ausgestattet.[18] Viele Einrichtungen machen auch von den gesetzlich vorhandenen Chancen, insbes. von den möglichen vollzugsöffnenden Maßnahmen, in unterschiedlichem Ausmaß Gebrauch. Auch hier liegen Aufgaben für die Zukunft.

5 Herausforderungen

5.1 Sozialtherapie und Sicherungsverwahrung

Mit der Vorgabe des BVerfG durch das Urteil vom 04.05.2011 (2BvG 2365/09) und den darauf erlassenen gesetzlichen Regelungen des Bundes und der Länder, in denen sozialtherapeutischer Maßnahmen einen hohen Stellenwert erhalten,

[18]Dieses Bild ergibt sich bereits aus den vergleichsweise wenigen Daten der Stichtagserhebung, in der zentrale Behandlungs- und Alltagsmerkmale wie z. B. die Rolle des allgemeinen Vollzugsdienstes, Umgang mit Regelverletzungen, Beteiligung des Umfeldes etc. nicht erhoben werden.

ergibt sich die Notwendigkeit der Klärung, wo und wie Sozialtherapie für Sicherungsverwahrte und Gefangene mit angeordneter und vorbehaltener Sicherungsverwahrung angeboten wird.

Sicherungsverwahrte weisen oftmals Merkmale auf, nach denen auf der Basis der Empfehlungen des Arbeitskreis Sozialtherapeutische Anstalten im Justizvollzug e. V. (2016) die Verlegung in eine sozialtherapeutische Einrichtung nicht angezeigt ist weil:

- keine ausreichende Behandlungsfähigkeit oder -bereitschaft besteht,
- die sprachlichen oder intellektuellen Fähigkeiten nicht ausreichend sind,
- erhebliche Sicherheitsbedenken (erhöhte Ausbruchsgefahr, erhebliche Gefährdung anderer) bestehen,
- bereits eine oder mehrere Sozialtherapien, die Unterbringung im Maßregelvollzug (§ 63 oder/und § 64 StGB) oder andere Therapieversuche gescheitert sind,
- psychiatrische Behandlungsmaßnahmen erforderlich sind, die in der sozialtherapeutischen Einrichtung nicht angeboten werden können,
- erhebliche hirnorganische Veränderungen (z. B. durch Demenz oder Alkoholmissbrauch) bestehen (Wischka 2014).

Es ist offenkundig, dass die Behandlung Sicherungsverwahrter unter Berücksichtigung des Trennungsgebotes und anderer Unterschiede in den gesetzlichen Rahmenbedingungen, der Störungsbilder, der therapeutischen Vorgeschichte und unter Sicherheitsgesichtspunkten andere Behandlungsschwerpunkte setzen muss als sozialtherapeutische Einrichtungen. In dieser neuen Situation erscheinen folgende Zielsetzungen angezeigt:

- Die abgebenden Vollzugsanstalten verbessern bei Gefangenen mit angeordneter oder vorbehaltener Sicherungsverwahrung durch eine genauere Diagnostik und Indikationsstellung, durch Motivierungsmaßnahmen, Sprachförderung und vorbereitende Angebote die Fähigkeiten zur Teilnahme an einer integrativen Sozialtherapie.
- Die sozialtherapeutischen Einrichtungen entwickeln ihre Behandlungskonzepte weiter, um dem Auftrag des § 66c Abs. 2 besser gerecht werden zu können, die Unterbringung in der Sicherungsverwahrung zu vermeiden. Der Vollzug der Sicherungsverwahrung in einer sozialtherapeutischen Einrichtung erscheint nur dann sinnvoll, wenn die Sozialtherapie nicht bis zum Antritt der SV abgeschlossen werden kann, eine voraussichtliche Entlassung aber absehbar zu erwarten ist.

- Besondere Anstalten oder Abteilungen für den Vollzug der Sicherungsverwahrung nehmen bewährte Konzeptbestandteile der integrativen Sozialtherapie in ihre Behandlungskonzepte auf, ergänzen sie aber um Angebote, die den Besonderheiten der Klientel gerecht werden. Dazu gehören insbes. therapievorbereitende „niederschwellige" Maßnahmen, medizinische und psychiatrische Maßnahmen, z. B. mit Psychopharmaka oder triebdämpfender Medikation sowie eine differenzierte Unterbringung, um Gewalttätigkeiten, Drogenkonsum und subkulturelle Aktivitäten (temporär) unterbinden zu können. Die zuständigen Einrichtungen entwickeln für Sicherungsverwahrte, bei denen therapeutische Maßnahmen im engeren Sinn keinen Erfolg versprechen, Maßnahmen zum Aufbau von Alltagskompetenzen sowie zur Vorbereitung auf betreutes Wohnen und Maßnahmen sozialer Kontrolle, um auf diese Weise die Gefährlichkeit möglichst so zu reduzieren, dass eine Entlassung verantwortet werden kann.

Tendenziell weisen die Belegungszahlen in diese Richtung. Die Zahl der Gefangenen mit angeordneter oder vorbehaltener SV in sozialtherapeutischen Einrichtungen erhöhte sich seit dem Urteil des BVerfG von 67 (2011) auf 114 (2016). 2015 waren es sogar 144 (Etzler 2016).

5.2 Die Notwendigkeit von Erprobungsräumen

Dass erworbenes Wissen und Einsichten ausprobiert, geübt, kontrolliert und nachgebessert werden müssen, um wirkungsvoll angewendet werden zu können, ist geradezu trivial. Das ist in der Schule ebenso wie in der Berufsausbildung, an der Universität oder im Sport. Beim Erlernen sozialer Kompetenzen, der Entwicklung neuer Beziehungsformen oder beim Lösen von Konflikten ist dies natürlich nicht anders. Lernen ist keine Frage von Einsicht, sondern von wiederholten Erfahrungen. Therapeutische Veränderungen beruhen letztlich auf Veränderungen synaptischer Übertragungsbereitschaften. Damit neue neuronale Bahnungen entstehen, müssen die den Therapiezielen entsprechenden Verhaltensweisen, Gedanken und Gefühle möglichst häufig, konsistent, intensiv und lang andauernd aufrechterhalten werden (Grawe 2004).

Bei der Behandlungsplanung für einen Klienten muss deshalb überlegt werden: Wie können wir ihn oder sie motivieren, bestimmte Erfahrungen zu machen? Wie kann das gesamt Behandlungsteam dafür sorgen, dass diese Erfahrungen oft gemacht und positiv erlebt werden? Wie können gegenläufige Erfahrungen vermieden werden? Dazu sind Erprobungsräume notwendig, die Minimierung von (subkulturellen) Einflüssen, die diese Erfahrungen behindern, Verhaltensbeobachtungen, korrigierende Einflussnahmen und positive Verstärkungen und regelmäßige Absprachen im gesamten Behandlungsteam.

Mit dem Konzept der integrativen Sozialtherapie und damit der Organisation von überschaubaren Wohngruppen im Verständnis von therapeutischen Gemeinschaften, der möglichst weitgehenden Abgrenzung vom Normalvollzug, dem Einsatz verschiedenster Methoden, der Zusammenarbeit verschiedener Professionen mit regelmäßigen Absprachen, der Einbeziehung externer Personen in den Behandlungsverlauf und der schrittweisen Öffnung des Vollzuges sind die Voraussetzungen dafür grundsätzlich geschaffen. Die RNR-Prinzipien präzisieren dabei, welche Erfahrungen unter Berücksichtigung der individuellen kriminogenen Faktoren gemacht werden müssen, dass dabei die Vorbereitung auf Rückfallgefahren sehr wichtig ist und wie dabei methodisch vorgegangen werden sollte.

Die intramurale Realisierung dieser Erprobungsräume mit baulichen, organisatorischen und personellen Maßnahmen ist eine notwendige, aber nicht hinreichende Bedingung. Es sind auch Erprobungsmöglichkeiten außerhalb der Mauern erforderlich. Wenn die Notwendigkeit erkannt worden ist, nach der Entlassung nicht wieder in „alte Kreise" zu geraten, muss das Passungsvermögen zu einer Bezugsgruppe erreicht werden, die prosoziales Verhalten unterstützt. Dazu kann die Integration in einen Arbeitsbetrieb außerhalb der Anstalt, in einen Sport- oder Freizeitverein Bedeutsames leisten. Wenn ein Missbrauchstäter seine Risikosituationen erkannt hat, muss er lernen, damit umzugehen. Er muss einen Beruf und Hobbys entdecken und ausprobieren, in denen er den Kontakt zu Kindern vermeiden kann. Die Einsicht und der innere Beschluss „ich will nicht wieder rückfällig werden!" wird bei Straftätern ebenso wenig ausreichend sein wie beim Alkoholiker oder Übergewichtigen, wenn nicht konkretes Verhalten im Alltag verankert und stabilisiert wird (Wischka 2013b). Es kommt außerdem darauf an, das Leben außerhalb der Mauern so zu strukturieren, dass Beziehungen, berufliche und Freizeitaktivitäten – i. S. des „Good-Live-Modells" (Ward et al. 2007) zu einem zufriedenen Leben führen. Dazu ist es wichtig, nicht nur Vermeidungsziele anzustreben, sondern vor allem Annährungsziele.

Die Bereitstellung von Erprobungsräumen innerhalb und außerhalb der Anstalt muss deshalb wichtiger Bestandteil des Behandlungskonzepts sein. Insbesondere sozialtherapeutische Abteilungen im Normalvollzug stehen vor der Aufgabe, diese Bedingungen mit dem Normalvollzug auszuhandeln und mit dessen Sicherheitserfordernissen in Einklang zu bringen. Dies wird offenbar immer schwieriger, wie der dramatische Rückgang der Lockerungsgewährung in sozialtherapeutischen Einrichtungen (Abb. 2) zeigt.

Diese Entwicklung passt zu der insgesamt in der BRD feststellbaren restriktiver werdenden Lockerungspraxis. Erkennbar sind im Ländervergleich erhebliche

Unterschiede, den Vollzug überleitungsorientiert zu gestalten. Besonders zurückhaltend sind hier die neuen Bundesländer (Dünkel und Pruin 2015). Geografische Lage und politische Färbung der Landesregierung haben ganz offensichtlich einen größeren Einfluss auf die Quote gelockerter Gefangener als deren objektive Gefährlichkeit.

6 Schlussbemerkung

Insgesamt bietet die derzeitige Situation der Sozialtherapie im Justizvollzug der BRD sowohl Anlass zu Optimismus als auch zur Sorge. Die Behandlungskapazität ist deutlich angestiegen und die sozialtherapeutischen Einrichtungen konnten auf der Grundlage der internationalen wissenschaftlichen Forschung ihr Methodenrepertoire erweitern und damit potenziell ihre Wirksamkeit erhöhen. Von diesem Potenzial könnte grundsätzlich auch der normale Strafvollzug mehr profitieren, wie es zu Beginn der Sozialtherapie intendiert war und auch jetzt immer wieder empfohlen wird (Maelicke 2015). Die Hervorhebung sozialtherapeutischer Maßnahmen für Sicherungsverwahrte durch das BVerfG unterstützt dies.

Auf der anderen Seite haben die mehrfach veränderten gesetzlichen Rahmenbedingungen und auch die Erwartungen und Befürchtungen der Öffentlichkeit Herausforderungen an die Sozialtherapie herangetragen, die längst nicht als bewältigt gelten können. Die Behandlung ist u. a. durch ein höheres Durchschnittsalter und eine höhere Deliktbelastung der Klientel schwieriger geworden. Erwartungen an eine sichere Unterbringung, insbes. an vollzugsöffnende Maßnahmen ohne Vorkommnisse, haben zu einer restriktiveren Vollzugspolitik geführt und den Handlungsraum für die Gestaltung veränderungsfördernder Rahmenbedingungen intramural und extramural eingeschränkt. Es ist zu befürchten, dass dadurch die Wirksamkeit der Sozialtherapie und damit der Nutzen für die Allgemeinheit sinkt.

Die Aushandlungsprozesse um das, was für eine wirkungsvolle Sozialtherapie wesentlich ist, bleiben noch zu häufig den internen Konfliktlinien innerhalb der Anstalt überlassen. Sozialtherapeutische Abteilungen sind zwingend durch geeignete strukturelle, organisatorische, räumliche und personelle Eigenständigkeit in ihrer Aufgabe abzusichern, dies findet in den Ländergesetzen nicht den notwendigen Niederschlag.

Auf dem Weg zu evidenzbasierten Behandlungskonzepten bedarf es weiterer Forschung. Die Probleme dabei liegen vor allem in der Realisierung hoher methodischer Standards, z. B. weil aus rechtlichen und ethischen Gründen keine randomisierten Kontrollgruppen gebildet werden können und weil die Einflüsse der verschiedenen, integrativ verknüpften therapeutischen und pädagogischen Methoden, dem therapeutischen Klima, der Beziehungsgestaltung mit Personen innerhalb und außerhalb der Anstalt nur schwer isoliert untersucht werden können (s. Guéridon 2016 und Suhling in diesem Band).

Zu welchem Anteil die erfolgreiche Resozialisierung eines Straftäters in einer sozialtherapeutischen Einrichtung einem kognitiv-behavioralen Gruppenprogramm der Verarbeitung der Lebensgeschichte oder den Beziehungserfahrungen in der Einzeltherapie zu verdanken ist, ist kaum zu ermitteln. Für den einen wird die krisenüberdauernde Beziehung zu seinem als Vorbild erlebten Betreuungsbeamten, die Erfahrung, bei Regelverstößen nicht sofort (wie bisher immer) „rausgeschmissen", sondern ausgehalten zu werden entscheidend gewesen sein, für andere das soziale Lernen im therapeutischen Milieu der Wohngruppe, die neue Berufsausbildung, der Sportverein, dem er sich in Vollzugslockerungen angeschlossen hat oder die die dabei geknüpfte Beziehung zu seiner Freundin. Töricht wäre jedenfalls der allen therapeutischen Erfahrungen widersprechende Schluss, dass das ohne Wert ist, was sich empirisch (noch) nicht nachweisen lässt.

Literatur

Andrews & Bonta. (2010). *The Psychology of criminal conduct* (5. Aufl.). New Providence: Matthew Bender & Company Inc.

Arbeitskreis Sozialtherapeutische Anstalten im Justizvollzug. (1988). Mindestanforderungen an Sozialtherapeutische Einrichtungen. *Monatsschrift für Kriminologie und Strafrechtsreform, 71,* 334–335.

Arbeitskreis Sozialtherapeutische Anstalten im Justizvollzug e. V. (2007). Sozialtherapeutische Anstalten und Abteilungen im Justizvollzug: Mindestanforderungen an Organisation und Ausstattung sowie Indikation zur Verlegung. *Forum Strafvollzug, 56,* 100–103.

Arbeitskreis Sozialtherapeutische Anstalten im Justizvollzug e. V. (2016). Sozialtherapeutische Anstalten und Abteilungen im Justizvollzug: Mindestanforderungen an Organisation und Ausstattung sowie Indikation zur Verlegung. *Forum Strafvollzug, 65,* 37–40.

Baulitz, U., Driebold, R., Eger, H.-J., Flöttmann, U., Kober, B., Kollwig, M., Lohse, H. & Specht, F. (1980). *Integrative Sozialtherapie. Innovation im Justizvollzug*. Bad Gandersheim: Eigenverlag.

Boogaart, H. v. d. (2013). Varietas delectat – Vielfalt erfreut? Die Sozialtherapie in den Landesstrafvollzugsgesetzen. In Wischka et al. (Hrsg.), *Behandlung von Straftätern* (S. 81–100). Freiburg: Centaurus.

Boogaart, H. v. d. (2016). Luft zum Atmen – Anforderungen an die Sozialtherapie. In M. Rettenberger & A. Dessecker (Hrsg.), *Behandlung im Justizvollzug* (S. 131–149). Wiesbaden: Kriminologische Zentralstelle.

Bundeszusammenschluß für Straffälligenhilfe. (Hrsg.). (1981). *Sozialtherapie als kriminalpolitische Aufgabe. Empfehlungen zur zukünftigen rechtlichen und tatsächlichen Ausgestaltung der Sozialtherapie im Justizvollzug*. Bonn: Selbstverlag.

Dahle, K.-P., Harwardt, F., & Schneider-Njepel, V. (2012). *LSI-R. Inventar zur Einschätzung des Rückfallrisikos und des Betreuungs- und Behandlungsbedarfs von Straftätern.* Göttingen: Hogrefe.

Driebold, R., Egg, R., Nellessen, L., Quensel, S., & Schmitt, G. (1984). *Die sozialtherapeutische Anstalt. Modell und Empfehlungen für den Justizvollzug.* Göttingen: Verlag für Medizinische Psychologie.

Dünkel, F., & Pruin, I. (2015). Wandlungen im Strafvollzug am Beispiel vollzugsöffnender Maßnahmen – Internationale Standards, Gesetzgebung und Praxis in den Bundesländern. *Kriminalpädagogische Praxis, 43,* 30–45.

Dünkel, F & Schüler-Springorum, H. (2006). Strafvollzug als Ländersache? Der „Wettbewerb der Schäbigkeit" ist schon im Gange! *Zeitschrift für Strafvollzug und Straf-fälligenhilfe,* 145–149.

Egg, R. (1984). *Straffälligkeit und Sozialtherapie. Konzepte, Erfahrungen und Entwicklungsmöglichkeiten.* Köln: Heymanns.

Egg, R., Pearson, F. S., Cleland, C. M., & Lipton, D. S. (2001). Evaluation von Straftäterbehandlungsprogrammen in Deutschland: Überblick und Meta-Analyse. In G. Rehn, B. Wischka, F. Lösel, & M. Walter (Hrsg.), *Behandlung „gefährlicher Straftäter": Grundlagen, Konzepte, Ergebnisse* (2. Aufl., S. 321–347). Herbolzheim: Centaurus.

Egg, R., & Schmitt, G. (1993). Sozialtherapie im Justizvollzug: Synopse der sozialtherapeutischen Einrichtungen. In R. Egg (Hrsg.), *Sozialtherapie in den 90er Jahren: Berichte, Materialien, Arbeitspapiere* (S. 113–189). Kriminologische Zentralstelle: Wiesbaden.

Endrass, J., Rossegger, A., & Braunschweig, M. (2012). Wirksamkeit von Behandlungsprogrammen. In J. Endrass, A. Rossegger, F. Urbaniok, & B. Borchard (Hrsg.), *Interventionen bei Gewalt- und Sexualstraftätern* (S. 45–69). Berlin: Medizinisch Wissenschaftliche Verlagsgesellschaft.

Endres, J., Schwanengel, M. F., & Behnke, M. (2013). Diagnostik und prognostische Beurteilung in der Sozialtherapie. In B. Wischka, W. Pecher, & H. v. d. Boogaart (Hrsg.). *Behandlung von Straftätern: Sozialtherapie, Maßregelvollzug, Sicherungsverwahrung.* (2. Aufl., S. 101–122) Freiburg i. Br.: Centaurus.

Etzler, S. (2016). *Sozialtherapie im Strafvollzug 2016. Ergebnisübersicht zur Stichtagserhebung zum 31.03.2016.* Wiesbaden: Kriminologische Zentralstelle. www.krimz.de/publikationen.

Frommel, M. (2008). 40 Jahre Strafrechtsreform. *Neue Kriminalpolitik, 20,* 133–139.

Fuchs, A., & Mann, R. (2007). Das Sex Offender Treatment Programme (SOTP) in England und Wales. In W. Berner, P. Briken, & A. Hill (Hrsg.), *Sexualstraftäter behandeln mit Psychotherapie und Medikamenten* (S. 33–45). Köln: Deutscher Ärzte-Verlag.

Grawe, K. (2004). *Neuropsychotherapie.* Göttingen: Hogrefe.

Guéridon, M. (2016). Ist eine Evaluation der Wirksamkeit von Sozialtherapie überhaupt möglich? *Rechtspsychologie, 2,* 285–309.

Hanson, R. K., Bourgon, G., Helmus, L., & Hodgson, S. (2009). The principles of effective correctional treatment also apply to sexual offenders: A meta-analysis. *Criminal Justice and Behavior, 36,* 865–891.

Heinz, W., & Korn, S. (1973). *Sozialtherapie als Alibi.* Frankfurt a. M.: Fischer.

Henze, H. (1990). Mindestanforderungen an sozialtherapeutische Einrichtungen aus rechtlicher Sicht. *Kriminalpädagogische Praxis, 18*(30), 18–22.

Krüger, M. (2004). Probleme der Einbettung von Sozialtherapeutischen Abteilungen in Anstalten des Regelvollzuges. Ein Plädoyer wider die Gleichbehandlung. In G. Rehn et al. (Hrsg.), *Freiheit und Unfreiheit. Arbeit mit Straftätern innerhalb und außerhalb des Justizvollzuges* (S. 234–240). Herbolzheim: Centaurus.

Lipsey, M. W., & Cullen, F. T. (2007). The effectiveness of correctional rehabilitation: A review of systematic reviews. *Annual Review of Law and Science, 3,* 297–320.

Löhr, F., & Wenzlaw, S. (2013). Manual für Lernbehinderte. In B. Wischka, U. Rehder, & E. Foppe (Hrsg.), *BPS-R. Behandlungsprogramm für Sexualstraftäter – revidiertes Manual.* Lingen: Kriminalpädagogischer Verlag.

Lösel, F. (2012). Offender treatment and rehabilitation: What works? In M. Maguire, R. Morgan, & R. Reiner (Hrsg.), *The Oxford handbook of criminology* (5. Aufl., S. 986–1016).

Lösel, F., Köferl, P., & Weber, F. (1987). *Meta-Evaluation der Sozialtherapie: Qualitative und quantitative Analysen zur Behandlungsforschung in sozialtherapeutischen Anstalten des Justizvollzuges.* Stuttgart: Enke.

Maelicke, B. (2015). *Das Knast-Dilemma. Wegsperren oder resozialisieren? Eine Streitschrift.* München: Bertelsmann.

Mann, R. E. (1999). Kognitiv-behaviorale Therapie von inhaftierten Sexualtätern in England und Wales. In G. Deegener (Hrsg.), *Sexuelle und körperliche Gewalt: Therapie jugendlicher und erwachsener Täter* (S. 340–360). Weinheim: Psychologie Verlags Union.

Martinson, R. (1974). What works? Questions and answers about prison reform. *The Public Interest, 35,* 22–54.

McGuire, J. (2013). "What works" to Reduce Re-offending: 18 years on. In L. A. Craig, L. Dixon, & T. A. Gannon (Hrsg.), *What works in offender rehabilitation: An Evidence-based approach to assessment and treatment* (S. 20–49). Chicester: Wiley.

Musolff, C., & Bormann, M. (2004). Die Sozialtherapeutische Abteilung – Autonomie oder Verschmelzung? In G. Rehn et al. (Hrsg.), *Freiheit und Unfreiheit. Arbeit mit Straftätern innerhalb und außerhalb des Justizvollzuges* (S. 241–253). Herbolzheim: Centaurus.

Niemz, S. (2014). Sozialtherapie in Deutschland – eine Zwischenbilanz. *Forum Strafvollzug, 63,* 212–217.

Rehder, U., Wischka, B. & Foppe, E. (2013). Das Behandlungsprogramm für Sexualstraftäter (BPS): Entwicklung, Aufbau, Praxis. In B. Wischka, W. Pecher, & H. v. d. Boogaart (Hrsg.). *Behandlung von Straftätern: Sozialtherapie, Maßregelvollzug, Sicherungsverwahrung* (2. Aufl., S. 418–453). Freiburg i. Br.: Centaurus.

Rehn, G. (1990). Sozialtherapie: Strafvollzug plus Behandlung? Kritische Bemerkungen am Beispiel sozialtherapeutischer Abteilungen. *Kriminalpädagogische Praxis, 18*(30), 7–13.

Rehn, G. (2001). „Wer A sagt…" – Haftplätze und Haftplatzbedarfe in Sozialtherapeutischen Einrichtungen. In G. Rehn, B. Wischka, F. Lösel, & M. Walter (Hrsg.), *Behandlung „gefährlicher Straftäter". Grundlagen, Konzepte, Ergebnisse* (S. 264–275). Herbolzheim: Centaurus.

Rehn, G. (2008). Die Sozialtherapeutische Anstalt – das andere Gefängnis? Anmerkungen zur kurzen Geschichte einer Reform. *KrimJ,* 42–53.

Rehn, G. & Boogaart, H. v. d. (2012). Kommentierung der §§ 9 und 123ff. In J. Feest & W. Lesting (Hrsg.), *StVollzG. Kommentar zum Strafvollzugsgesetz.* Köln: Heymanns.

Reicher, J. W. (1976). Die Entwicklungspsychopathie und die analytische Psychotherapie von Delinquenten. *Psyche, 30,* 604–612.

Ross, R. R., & Ross, R. D. (Hrsg.). (1995). *Thinking straight: The reasoning and rehabilitation programme for delinquency prevention and offender rehabilitation*. Ottawa: AIR Training and Publications.

Schmitt, G. (1977). Synopse der Sozialtherapeutischen Anstalten und Abteilungen. In Bundeszusammenschluß für Straffälligenhilfe (Hrsg.). *Sozialtherapeutische Anstalten – Konzepte und Erfahrungen* (S. 182–219). Bonn: Selbstverlag.

Schmucker, Martin. (2004). *Kann Therapie Rückfälle verhindern? Metaanalytische Befunde zur Wirksamkeit der Sexualstraftäterbehandlung*. Herbolzheim: Centaurus.

Specht, F. (1986). Die Zukunft der sozialtherapeutischen Anstalten. In H. Pohlmeier, E. Deutsch, & H.-L. Schreiber (Hrsg.), *Forensische Psychiatrie heute* (S. 108–118). Berlin: Springer.

Specht, F. (1990). Anforderungen an sozialtherapeutische Einrichtungen. *Kriminalpädagogische Praxis, 18*(30), 14–17.

Specht, F. (1993). Entwicklung und Zukunft der Sozialtherapeutischen Anstalten im Justizvollzug der Bundesrepublik Deutschland. In R. Egg (Hrsg.), *Sozialtherapie in den 90er Jahren* (S. 11–17). Wiesbaden: Kriminologische Zentralstelle.

Spöhr, M. (2009). *Sozialtherapie von Sexualstraftätern im Justizvollzug: Praxis und Evaluation*. Mönchengladbach: Forum-Verlag Godesberg.

Statistisches Bundesamt. (2016). *Strafvollzug: Demographische und kriminologische Merkmale der Strafgefangenen zum Stichtag 31.3.* https://www.destatis.de/DE/Publikationen/Thematisch/Rechtspflege/StrafverfolgungVollzug/Strafvollzug2100410157004.pdf?__blob=publicationFile.

Steller, M. (1977). *Sozialtherapie statt Strafvollzug: Psychologische Probleme der Behandlung von Delinquenten*. Köln: Kiepenheuer & Witsch.

Suhling, S. (2013). Evaluation der Straftäterbehandlung und der Sozialtherapie im Strafvollzug. In B. Wischka, W. Pecher, & H. v. d. Boogaart (Hrsg.). *Behandlung von Straftätern: Sozialtherapie, Maßregelvollzug, Sicherungsverwahrung*, (2. Aufl., S. 162–232). Freiburg: Centaurus.

Suhling, S., & Wischka, B. (2008). Indikationskriterien für die Verlegung von Sexualstraftätern in eine sozialtherapeutische Einrichtung. *Monatsschrift für Kriminologie und Strafrechtsreform, 91*, 210–226.

Suhling, S., & Wischka, B. (2013). Behandlung in der Sicherungsverwahrung. *Kriminalpädagogische Praxis, 41*, 47–61.

Ward, T., Mann, R. E., & Gannon, T. A. (2007). The good lives model of offender rehabilitation: Clinical implications. *Aggression and Violent Behavior, 12*, 87–107.

Wischka, B. (1987). Zur Organisation von Bedingungen für soziale Entwicklungsprozesse im Strafvollzug: Überlegungen aus kognitivstruktureller und systemischer Perspektive. *Kriminalpädagogische Praxis, 15*(25/26), 7–15.

Wischka, B. (2001). Die Faktoren Milieu, Beziehung und Konsequenz in der stationären The-rapie von Gewalttätern. In G. Rehn, B. Wischka, F. Lösel, & M. Walter (Hrsg.), *Behandlung „gefährlicher Straftäter": Grundlagen, Konzepte, Ergebnisse* (2. Aufl., S. 125–149). Herbolzheim: Centaurus.

Wischka, B. (2013a). Das Behandlungsprogramm für Sexualstraftäter (BPS-R): Erfahrungen und Evaluationsergebnisse. *Recht & Psychiatrie, 31*, 138–145.

Wischka, B. (2013b). Zur Notwendigkeit von Erprobungsräumen innerhalb und außerhalb der Mauern. In B. Wischka, W. Pecher, & H .v. d. Boogaart (Hrsg.), *Behandlung von Straftätern: Sozialtherapie, Maßregelvollzug, Sicherungsverwahrung* (2. Aufl., S. 487–509). Freiburg: Centaurus.

Wischka, B. (2013c). Kognitivbehaviorale Therapie für Sexualstraftäter im Kontext einer integrativen Sozialtherapie. In A. Dessecker & W. Sohn (Hrsg.), *Rechtspsychologie, Kriminologie und Praxis. Rudolf Egg zum 65. Geburtstag* (2. Aufl., S. 539–584). Wiesbaden: Kriminologische Zentralstelle.

Wischka, B. (2014). Sozialtherapie für Sicherungsverwahrung. *Forum Strafvollzug, 63,* 227–231.

Wischka, B., & Specht, F. (2001). Integrative Sozialtherapie: Mindestanforderungen, Indikation und Wirkfaktoren. In G. Rehn, B. Wischka, F. Lösel, & M. Walter (Hrsg.), *Behandlung „gefährlicher Straftäter": Grundlagen, Konzepte, Ergebnisse* (2. Aufl., S. 249–263). Herbolzheim: Centaurus.

Wischka, B., Rehder, U., & Foppe, E. (2012). *BPS-R. Behandlungsprogramm für Sexualstraftäter- revidiertes Manual.* Lingen: Kriminalpädagogischer Verlag.

Opferorientierung im Justizvollzug

Theoretische Grundlagen, empirische Befunde und Leitlinien für eine praktische Umsetzung

Christiane Jesse, Susanne Jacob und Susann Prätor

1 Einleitung

Die Aufgaben des Justizvollzuges sind in den Strafvollzugsgesetzen klar geregelt: Die Gefangenen sollen zu einem künftigen Leben in sozialer Verantwortung ohne Straftaten befähigt und die Allgemeinheit soll vor weiteren Straftaten geschützt werden. Im Mittelpunkt der Aufgabenerfüllung stehen die Täterinnen und Täter. Gelingt eine Wiedereingliederung in die Gesellschaft, können damit auch künftige Opfer vermieden werden. Die Initiativen für eine Opferorientierung im Strafvollzug gehen über den Gedanken des Opferschutzes durch Verhinderung künftiger Straftaten hinaus. Die Einsicht der Gefangenen in das Unrecht ihrer Straftaten und die Bereitschaft, für deren Folgen einzustehen, sollen geweckt und gefördert werden. Die durch die Kriminalität verursachten Leiden und der entstandene Schaden werden in der Gestaltung des Justizvollzuges in den Blick genommen. Ist eine so verstandene Opferorientierung vereinbar mit dem Ziel, Straftäterinnen und Straftäter wieder in die Gesellschaft einzugliedern? Oder führt der Blick auf die Tatopfer

C. Jesse (✉)
Hannover, Deutschland
E-Mail: christiane.jesse@mj.niedersachsen.de

S. Jacob
Uelzen, Deutschland
E-Mail: susanne.jacob@justiz.niedersachsen.de

S. Prätor
Celle, Deutschland
E-Mail: susann.praetor@justiz.niedersachsen.de

B. Maelicke und S. Suhling (Hrsg.), *Das Gefängnis auf dem Prüfstand*,
Edition Forschung und Entwicklung in der Strafrechtspflege,
https://doi.org/10.1007/978-3-658-20147-0_8

nicht zwangsläufig zu einer punitiven Vollzugsgestaltung? Im Rahmen dieses Beitrages soll herausgearbeitet werden, wie Opferorientierung in Übereinstimmung mit dem Resozialisierungsziel theoretisch zu bestimmen ist, welche Erfahrungen und empirischen Erkenntnisse mit Blick auf die Wirkung opferorientierter Maßnahmen im Strafvollzug bereits existieren und welche Ziele und Maßnahmen hin zu einer Opferorientierung im Justizvollzug formuliert werden können.

2 Was bedeutet Opferorientierung im Justizvollzug?

Opferorientierung stellt den Justizvollzug vor die Aufgabe, sowohl die Aufmerksamkeit auf die Belange der Opfer von Straftaten zu richten als auch die Verantwortungsübernahme der Täter für die Folgen der Straftaten zu wecken und zu fördern. In den Ansätzen der *Restorative Justice* finden sich theoretische Überlegungen, die beide Aspekte miteinander in Verbindung bringen. *Restorative Justice* (unzureichend als wiederherstellende Gerechtigkeit übersetzt) beschreibt einen auf Wiedergutmachung ausgerichteten *Prozess* im Umgang mit Kriminalität. Den Beteiligten wird der durch Straffälligkeit angerichtete Schaden vor Augen geführt; sie suchen gemeinsam nach Wegen der Befriedung oder Wiedergutmachung. Im Mittelpunkt steht dabei, die Bedürfnisse der Opfer, der von der Straffälligkeit betroffenen Personen und der Gesellschaft wahrzunehmen und Täterinnen und Täter in der eigenen Auseinandersetzung mit den Straftaten für einen aktiven, verantwortlichen Umgang mit dem eigenen Handeln zu sensibilisieren (vgl. Zehr 2015). Im Kontext theoretischer Ansätze und Forschungen aus dem Bereich der Restorative Justice wird es möglich, auf Straftaten nicht nur mit Sanktionen zu reagieren, sondern alternativ eine individuelle, im direkten oder indirekten Dialog mit Leidtragenden der Kriminalität entstandene Auseinandersetzung zum Thema Straffälligkeit zu eröffnen. Das Ziel umfasst mehr als die Bestrafung begangenen Unrechtes: Es geht um die Wiederherstellung von Rechtsfrieden (als subjektiver Eindruck eines tatsächlichen Ausgleiches für geschehenes Unrecht). Howard Zehr, der als einer der Väter der Restorative Justice gilt, beschreibt drei zentrale Rollen oder Personengruppen, deren Interessen und Bedürfnisse von kriminellem Verhalten betroffen sind – Täterinnen und Täter, Opfer und die soziale Gemeinschaft (vgl. Zehr 2015, S. 20 ff.). Eine Wiedereingliederung in die Gesellschaft, ein Leben in sozialer Verantwortung ohne Straftaten, soll durch den Dialog von Täterinnen und Tätern, Opfern und dem sozialen Umfeld gefördert werden.

Daraus resultiert ein systematisches Modell für eine Opferorientierung im Justizvollzug, in dem die Opferorientierung mit dem Auftrag der Resozialisierung fest verbunden ist:

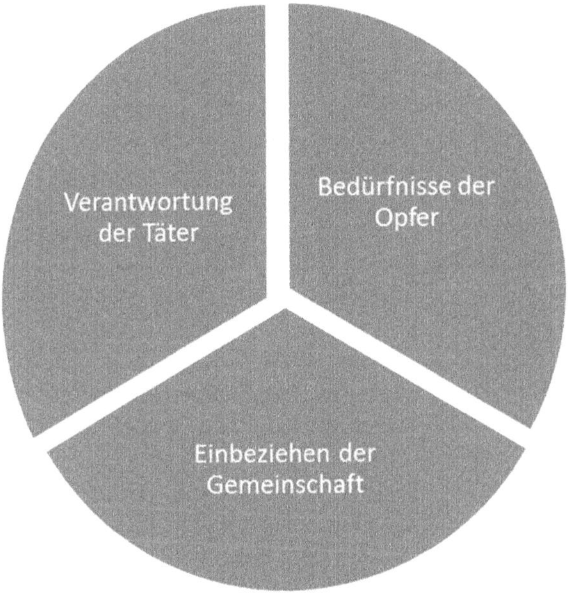

1. Die Verantwortungsübernahme der Täterinnen und Täter bildet den Kernbereich vollzuglicher Arbeit. Die Befähigung zu einem Leben in sozialer Verantwortung ist zentrale Aufgabe des Justizvollzuges. Unter Berücksichtigung eines Opferbezuges heißt dies, dass die Befähigung zu einem künftigen Leben in sozialer Verantwortung die Auseinandersetzung mit begangenem Unrecht einschließt. Eine Hinwendung zum Verletzten der Straftat im Sinne eines Opferbezuges beginnt mit der Einsicht der Gefangenen in das Unrecht ihrer Straftaten und der Bereitschaft, für deren Folgen einzustehen. Beides zu fördern, ist ein Ziel vollzuglicher Behandlung. Es schließt auch die Verantwortungsübernahme für diejenigen mit ein, die unter der Kriminalität infolge der Inhaftierung der Täterin oder des Täters leiden – die Angehörigen.
2. Die Berücksichtigung von Opferbedürfnissen erweitert das Aufgabenspektrum des Vollzuges. Es besteht ein großes Netzwerk an Opferhilfeeinrichtungen, deren Aufgabe in der Hilfe und Unterstützung von Tatopfern besteht. Bei einer Opferorientierung im Justizvollzug geht es darum, eine Schnittstelle zu den Institutionen der Opferhilfe für Anfragen und Bedürfnisse von Geschädigten zu schaffen. Ängste und Leiden der Opfer auf der einen Seite und der Wunsch der Täterinnen und Täter nach Konfliktbearbeitung, Tatausgleich und Wiedergutmachung auf der anderen Seite sind mit der Verpflichtung verbunden, ungewollten Kontakten

von Täterinnen und Tätern und Opfern entgegenzuwirken und gewollte Begegnungen und Gespräche zu ermöglichen.
3. Die soziale Gemeinschaft ist in vielfacher Hinsicht von den Folgen der Kriminalität betroffen. Im Alltagsleben, in Familien von Betroffenen oder Nachbarschaften entstehen Ängste, Leiden und soziale Nachteile. Zugleich ist es die soziale Gemeinschaft, die Opfer unterstützt und trägt. Oft sind Menschen im sozialen Umfeld erste Ansprechpartnerinnen und Ansprechpartner für Betroffene. Schließlich ist es auch die soziale Gemeinschaft, in der Täterinnen und Täter resozialisiert werden sollen, die sie wieder aufnehmen muss und von der wir erwarten, dass sie einen Integrationsprozess wohlwollend begleitet.

3 Wie wirkungsvoll sind Maßnahmen der Opferorientierung im Justizvollzug?

In der Literatur werden vielfältige Maßnahmen beschrieben, die national und international im Bereich der Opferorientierung im Vollzug existieren. Sie reichen von intensiver Auseinandersetzung der Täterin und des Täters mit seiner Straftat und den Folgen im Rahmen von deliktorientierter Behandlung über Täter-Opfer-Ausgleichsverfahren bis hin zu ehrenamtlicher Tätigkeit von Gefangenen. Bisweilen wird hierzu auch ein familienfreundlicher Vollzug gezählt, der entsprechend gestaltete Möglichkeiten der Begegnung von Täterinnen und Tätern mit ihren Familien vorhält. Doch was bringen all diese Maßnahmen? Sind Opfer und/oder Täterinnen bzw. Täter nach solchen Maßnahmen zufriedener? Können Opfer besser mit den Folgen der Straftat umgehen? Werden Täterinnen oder Täter seltener rückfällig? Im Folgenden werden Befunde zur Wirkung opferorientierter Maßnahmen im engeren Sinne, d. h. deliktorientierter Behandlung und vor allem Täter-Opfer-Begegnungen im Strafvollzug dargestellt.[1]

[1]Für die anderen Bereiche soll an dieser Stelle nur auf entsprechende Literatur verwiesen werden: Für den Bereich ehrenamtliche Arbeit durch Gefangene vgl. z. B. Coyle (2002), Dinsdale (2002) und Stamatakis und Vandeviver (2013), wobei diese Untersuchungen keine Evaluation im engeren Sinne darstellen, sondern z. B. die Aufgeschlossenheit gegenüber diesen Maßnahmen bei Gefangenen erfragt. Die Bedeutung des Erhalts familiärer Beziehungen in Haft für die Legalbewährung prüfen beispielsweise Markson et al. (2015). Diese Studie ergab, dass Gefangene, die während ihrer Inhaftierung Beziehungen zu ihrer Familie aufrechterhalten konnten, eher eine Unterkunft nach der Entlassung fanden, weniger Alkohol- und Drogenprobleme hatten, bessere Bewältigungsstrategien mit Blick auf die Herausforderungen der Wiedereingliederung zeigten und insgesamt positivere Familienbeziehungen aufwiesen.

Ein zentrales Ziel deliktorientierter Maßnahmen stellt die Förderung von Opferempathie dar. Dies soll z. B. durch das Anschauen von Videos, in denen Opfer von ihren Gefühlen und Folgen nach einer Straftat berichten, durch das Verfassen von (nicht abzusendenden) Briefen an das eigene Opfer oder durch Inszenierung von Rollenspielen, in denen Tatsituationen (sowohl aus Täter- als auch Opferperspektive) nachgespielt werden, erfolgen. Ferner soll die allgemeine Empathiefähigkeit z. B. durch Wissensvermittlung oder Rollenspiele gefördert werden (Suhling und Endres 2016). Hintergrund dieser Verfahren ist die Annahme, dass „die (rückwirkende) Perspektivenübernahme Fehlwahrnehmungen und falsche Annahmen über die Opfersituation bei der Tatbegehung korrigieren hilft und dass dadurch die Fähigkeit entsteht, in zukünftigen Situationen empathisch zu reagieren, was wiederum potentielle Impulse zur Tatbegehung hemmen sollte“ (Suhling und Endres 2016, S. 357). Im Hinblick auf den Einfluss von Opferempathie auf die Rückfallgefahr einer Person deuten die Befunde allerdings auf eher geringe bis gar keine Zusammenhänge zwischen beiden Merkmalen hin (vgl. z. B. Vachon et al. 2014; Hanson und Morton-Bourgon 2004; Jolliffe und Farrington 2004). Das Risiko der allgemeinen oder einschlägigen Rückfälligkeit ist somit weitgehend unabhängig vom Ausmaß der individuell ausgeprägten Empathie, wobei einschränkend zu erwähnen ist, dass in den Studien sehr unterschiedliche Arten der Messung von Empathie zugrunde gelegt wurden. Die Veränderbarkeit von Opferempathie im Rahmen von Behandlungsmaßnahmen ist vor dem Hintergrund der hierzu existierenden Forschungsarbeiten ebenfalls umstritten. So fehlt es bislang an überzeugenden Belegen dafür, dass deliktorientierte Maßnahmen Empathie fördern (Day et al. 2010; Pithers 1997; positive Effekte für die Gruppe der Kindesmissbrauchstäter hingegen bei Wastell et al. 2009). In Anbetracht der aktuellen Forschungslage sollten daher keine allzu großen Erwartungen an die Wirkung von (deliktorientierten) Maßnahmen zur Entwicklung von Opferempathie gerichtet werden.

Täter-Opfer-Begegnungen sind in verschiedenen Konstellationen möglich: Eine Täterin oder ein Täter und sein unmittelbares Opfer treffen (ggf. unter Beteiligung des weiteren sozialen Umfeldes der Täterin/des Täters und des Opfers) aufeinander oder aber es findet eine Begegnung von Täterinnen und Tätern und Opfern nicht der gleichen Straftat statt. Hierbei handelt es sich – im Unterschied zum Zusammentreffen von Täterinnen und Tätern und direktem Opfer – meist um größere Gruppen, d. h. mehrere Täterinnen und Täter kommen mit mehreren Opfern (nicht der gleichen Straftat) zusammen.

Die Forschungsbefunde zu Maßnahmen, die Begegnungen von Täterinnen und Tätern mit ihren direkten Opfern umfassen, verweisen insgesamt auf positive Effekte sowohl für Täterinnen und Täter als auch für Opfer. Sherman et al.

(2015) haben hierzu eine Metaanalyse mit Blick auf sogenannte Restorative Justice Konferenzen (nicht allein begrenzt auf den Strafvollzug) durchgeführt. An diesen Konferenzen nehmen neben Täterinnen und Tätern und unmittelbaren Opfern auch (vom Opfer benannte) Familienangehörige und Mitglieder der Gemeinde teil und setzen sich mit der Straftat auseinander. Die in der Begegnung erarbeiteten Vereinbarungen werden anschließend schriftlich festgehalten. Über alle Studien hinweg kann eine positive, d. h. das Rückfallrisiko verringernde Wirkung dieser Konferenzen festgestellt werden (Sherman et al. 2015, S. 11). Eine Studie im Rahmen dieser Metaanalyse betrachtet explizit die Wirkung dieser Konferenzen im Gefängniskontext (Shapland et al. 2008). Für wegen Körperverletzung verurteilte inhaftierte Täter, die einer Auseinandersetzung mit dem Opfer und einer zufälligen Zuweisung zu Versuchs- und Kontrollgruppe zugestimmt hatten (N=103), wurden Rückfallraten innerhalb eines Zwei-Jahres-Zeitraums nach Entlassung analysiert. Dabei zeigt sich, dass Täter mit Teilnahme an diesen Restorative Justice Konferenzen seltener rückfällig werden als Täter ohne Teilnahme an diesen Konferenzen (34,6 % vs. 38,1 %), wobei dieser Unterschied statistisch nicht signifikant ist. Weiterführende Analysen zur Wirkung dieser (nicht allein auf den Gefängniskontext bezogenen) Konferenzen zeigen zudem, dass Opfer nach Teilnahme an solchen Konferenzen gegenüber herkömmlichen Verfahren eine geringere Kriminalitätsfurcht, ein geringeres Rachebedürfnis und schließlich weniger Anzeichen eines Posttraumatischen Belastungssyndroms aufweisen (Strang et al. 2013, S. 33 ff.). Damit übereinstimmend ergeben Befragungen von Tätern (schwerer Gewalttaten) und Opfern in zwei amerikanischen Gefängnissen (Texas und Ohio), dass die Begegnung im Rahmen einer Mediation im Gefängnis bei 87 % der Täter und 60 % der Opfer zu positiven Veränderungen der Persönlichkeit geführt hat (Umbreit et al. 2006, S. 43). Mehr als die Hälfte der involvierten Opfer bzw. deren Angehörige geben zudem an, dass sich durch die Mediation die Gefühle gegenüber dem Täter in positiver Hinsicht gewandelt haben. Insgesamt konnten allerdings nur 20 Opfer und 39 Täter befragt werden.

In Deutschland finden direkte Begegnungen zwischen Täterinnen und Tätern und Opfern bislang vor allem im Rahmen eines Täter-Opfer-Ausgleichs statt. Entsprechende Pilotprojekte mit systematischer Dokumentation der entsprechenden Fälle finden sich für Bremen (Hartmann et al. 2012a), Bayern und Baden-Württemberg (Kaspar und Mayer 2015).[2] Aus diesen Projekten, die neben einer

[2]In anderen Bundesländern (z. B. Nordrhein-Westfalen) wurde der Täter-Opfer-Ausgleich als Maßnahme der Opferorientierung im Vollzug ebenfalls implementiert. Allerdings findet sich hierzu keine veröffentlichte Dokumentation über Zahl und Bearbeitung der Fälle.

zahlenmäßigen Dokumentation z. T. qualitative Interviews mit Opfern beinhalteten, lassen sich folgende Erkenntnisse zusammenfassen: Für einen Täter-Opfer-Ausgleich im Strafvollzug kommen prinzipiell auch Täterinnen und Täter schwerer Straftaten in Betracht, sodass nicht vorab bereits Einschränkungen im Hinblick auf bestimmte Delikte gemacht werden sollten (Kaspar und Mayer 2015, S. 266). In allen drei Bundesländern wurden für die Durchführung des Täter-Opfer-Ausgleichs externe Anbieter herangezogen, wodurch eine Neutralität/Objektivität im Rahmen des Ausgleichsverfahrens vermutlich am besten gewahrt werden konnte. Oftmals kam es (aufgrund fehlender Bereitschaft auf Opfer- oder Täterseite) nicht zu direkten Begegnungen zwischen den Beteiligten, sondern zu indirekten Formen der Mediation in Form einer Kommunikation vermittelt über die Mediatorin/ den Mediator oder durch Verwendung von Videobotschaften (Hartmann et al. 2012a, S. 33). Der Vollzug sollte insofern eine gewisse Flexibilität aufweisen, was den Einbezug von Dritten bzw. indirekte oder alternative Formen der Mediation betrifft. Es empfiehlt sich zudem eine intensive Vorbereitung sowohl auf Täter- als auch auf Opferseite vor Durchführung eines Täter-Opfer-Ausgleichs (Hartmann et al. 2012b, S. 260). So belegt beispielsweise eine Studie von Stamatakis und Vandeviver (2013), dass die Bereitschaft zur Teilnahme an Maßnahmen der Wiedergutmachung umso größer ausfällt, wenn Gefangene vorher an einem Programm teilgenommen haben, in dem sie sich intensiv mit den Folgen ihrer Straftat für das Opfer auseinandergesetzt haben.

Eine recht umfängliche Studie zur Wirkung der Begegnung zwischen Täterinnen und Tätern und stellvertretenden Opfern (also Täterinnen und Tätern und Opfern nicht der gleichen Straftat) liegt von Feasey und Williams (2009) vor, die das international weit verbreitete „Sycamore Tree Programm“ für Großbritannien evaluiert haben. Im Rahmen dieses Programms erfolgt in mehreren Sitzungen eine Auseinandersetzung mit den Prinzipien der Restorative Justice, mit den Konsequenzen der Taten für die Opfer, die Familie und die Gesellschaft und schließlich eine Begegnung mit Opfern, die über ihre Erlebnisse erzählen. Durch eine schriftliche Befragung der Täterinnen und Täter vor und nach der Maßnahme (N = 5007) konnte gezeigt werden, dass eine signifikante Verbesserung in allen erfragten Bereichen festzustellen ist (z. B. Kriminalitätseinstellungen, Einschätzung zukünftiger Kriminalität, Opferempathie, Wahrnehmung eigener Probleme). Diese positiven Veränderungen lassen sich für beide Geschlechter, verschiedene Altersgruppen und unterschiedlich schwere Straftaten belegen, wobei keine weiteren Einflussfaktoren einbezogen wurden, die für die Einstellungsänderung verantwortlich sein können. Leider gibt es in dieser Studie keine Kontrollgruppe, was die Aussagekraft der Studie einschränkt (vgl. zu methodischen Herausforderungen der

Evaluation opferorientierter Maßnahmen Prätor 2016). Im Rahmen einer (unveröffentlichten) Masterarbeit konnte jedoch gezeigt werden, dass die Rückfallrate von 62 Sycamore Tree-Teilnehmerinnen und Teilnehmern ein Jahr nach Entlassung gegenüber der landesweiten Rückfallrate in Großbritannien (32,3 % vs. 46,2 %) geringer ausfällt (http://www.prisonfellowship-rj.ch/what-is-the-impact-of-stp.html). Im Rahmen des ähnlich angelegten „Bridges-to-life" – Programms ermitteln Armour et al. (2005) für den Bundesstaat Texas (USA) ebenfalls eine geringere Rückfallrate (12,4 %) von Teilnehmerinnen und Teilnehmern (N=1021) an dem Programm gegenüber der Rückfallrate in Texas insgesamt (31,4 %). Um eine Erklärung für die geringen Rückfallraten der Teilnehmerinnen und Teilnehmer zu erhalten, wurden ergänzend qualitative Interviews durchgeführt. In diesen beschreiben die Täterinnen und Täter, dass ihnen durch das Programm die Folgen ihrer Straftat für das Opfer besser vor Augen geführt wurden, sie eher Verantwortung für ihre Tat übernehmen und ein stärkeres Bedürfnis haben, etwas für das Opfer zu tun. Im deutschsprachigen Raum zeigt Lummer (2015) auf Basis eines Modellprojektes in Schleswig-Holstein, dass Opfer das Zusammentreffen mit Täterinnen und Tätern als positiv und hilfreich für die Bewältigung der Straftat und der damit einhergehenden Ängste wahrnehmen.[3] Begleitend zu den Opferempathietrainings für die Täterinnen und Täter, in denen es um die Auseinandersetzung mit der eigenen Straftat und den Möglichkeiten der Wiedergutmachung ging, fanden Straftat-Dialoggruppen statt, in denen Opfer und Täterinnen und Täter aufeinander trafen. Nach dem Programm äußerten drei von 36 Gefangenen den Wunsch nach einem Täter-Opfer-Ausgleich, der allerdings nur in einem Fall realisiert werden konnte.

Anhand der Forschungsarbeiten wird deutlich, dass es im Hinblick auf die Frage nach der Wirkung opferorientierter Maßnahmen im Vollzug nicht nur um die Reduktion des Rückfallrisikos gehen kann, sondern weitere bzw. auch andere Ziele in den Blick genommen werden sollten. So ist möglicherweise bereits dann von einem Erfolg bzw. einer positiven Wirkung auszugehen, wenn die Maßnahme dazu beiträgt, dass ein Opfer weniger Abneigung gegenüber der Täterin oder dem Täter empfindet, dass ein Opfer durch die Äußerung seiner Gedanken und Gefühle gegenüber der Täterin oder dem Täter die Tat besser verarbeiten kann oder aber, dass eine Täterin oder ein Täter ein besseres Verständnis für die Folgen seiner bzw. ihrer Taten zu entwickeln beginnt.

[3]Allerdings konnten nur fünf Opfer gefunden werden, die zu einer Begegnung mit der Täterin oder dem Täter bereit waren.

4 Welche Bedeutung hat das Thema Opferorientierung bislang im deutschen Strafvollzug?

Das Thema Opferorientierung hat bislang nicht nur Eingang in die Strafvollzugsgesetze der Länder, sondern auch in deren vollzugliche Praxis gefunden (vgl. für eine ausführliche Darstellung der rechtlichen Grundlagen einer Opferorientierung im deutschen Strafvollzug Schöch 2016). Bereits in einer Bundesratsinitiative aus dem Jahr 1988 wurde die Idee einer Opferperspektive im Strafvollzug formuliert, die jedoch nie beschlossen worden ist. In dem Entwurf heißt es: „Zur Erreichung des Vollzugszieles sollen die Einsicht des Gefangenen in die Folgen der Tat, insbesondere für das Tatopfer, geweckt und geeignete Formen des Ausgleichs angestrebt werden." (Gerber und Walter 2013; BT-Dr. 1/3694 vom 08.12.1988). Die Formulierung diente als Grundlage für legislatorische Vorhaben, die die Berücksichtigung der Perspektive der Opfer betreffen. Sie findet sich in vergleichbarer Form in den meisten Ländergesetzen zum Strafvollzug. Die zentrale Verankerung in den allgemeinen Bestimmungen zur Gestaltung des Justizvollzuges zeigt eindrücklich die gewachsene Bedeutung der Thematik. Die Befähigung zur Auseinandersetzung mit den Folgen des begangenen Unrechtes, insbesondere für die Tatopfer und ihre Angehörigen, gehört damit zu den zentralen Aufgaben vollzuglichen Handelns.

In allen drei Kernbereichen vollzuglicher Opferorientierung (1. Verantwortung der Täterinnen und Täter, 2. Bedürfnisse der Opfer und 3. Einbeziehen der Gemeinschaft) existieren Maßnahmen und Initiativen.

A. Der Justizvollzug entwickelte vollzugliche Maßnahmen, die geeignet erscheinen, die Auseinandersetzung mit den Tatfolgen zu befördern. Neben Bemühungen um Täter-Opfer-Ausgleich im Justizvollzug (u. a. in Baden-Württemberg, Bayern, Bremen, Hamburg, Nordrhein-Westfalen) gehören Maßnahmen zur Deliktbearbeitung einschließlich der Förderung der Opferempathie in allen Bundesländern zu den vollzuglichen Behandlungsmaßnahmen. Auch durch die Förderung materieller Opferentschädigung wird die Verantwortungsübernahme der Gefangenen für die Tatfolgen aktiv unterstützt.
B. Die Berücksichtigung der Bedürfnisse der Tatopfer erfolgt in unterschiedlicher Weise: Durch die Regelungen in § 406d der Strafprozessordnung besteht zunächst eine direkte Verpflichtung des Justizvollzuges, bei berechtigten Anträgen Auskunft über die Unterbringung und Lockerungsmaßnahmen der Gefangenen zu erteilen. Entsprechend finden sich in den Strafvollzugsgesetzen der Länder Abschnitte zum Datenschutz, die die Umsetzung dieser Auskunftsansprüche regeln. Seitens des Vollzuges werden Opferbedürfnisse

zudem bei Gestaltung von Lockerungsmaßnahmen durch Weisungen gezielt berücksichtigt. Einige Ländergesetze nehmen darüber hinaus bei den Regelungen zu den Außenkontakten (Briefkontakte, Besuch) darauf Bezug, dass Opfersituationen besonders geschützt werden müssen (z. B. Rheinland-Pfalz: § 34 Nr. 3 LJVollzG; § 26 Abs. 2 Nr. 3 JVollzG V BW). Schließlich ist für die Berücksichtigung der Bedürfnisse der Opfer eine Kooperation mit Opferhilfeeinrichtungen notwendig. Solche Kooperationen und Schnittstellen existieren bereits vereinzelt an Justizvollzugsanstalten.

C. Ein Beispiel dafür, dass die Gemeinschaft in die Auseinandersetzung mit den Folgen der Straffälligkeit einbezogen wird, bilden Maßnahmen zur symbolischen Wiedergutmachung und Verantwortungsübernahme für das soziale Umfeld. Ehrenamtliches Engagement von Gefangenen existiert in vielen Justizvollzugsanstalten, betrifft aber zumeist nur einzelne Gefangene. Systematische Kooperationen wie mit der Sepp-Herberger-Stiftung zur Ausbildung ehrenamtlicher Schiedsrichter, mit Vereinen wie „Gefangene helfen Jugendlichen e. V." oder lokalen Vereinen wie der Freiwilligen Feuerwehr zeigen neue Möglichkeiten symbolischer Wiedergutmachung von Täterinnen und Tätern auf und werden beispielsweise in Niedersachsen von der Jugendanstalt Hameln bereits seit mehreren Jahren gepflegt.

Ebenso können die Entwicklungen im Bereich des familienorientierten Strafvollzuges durch das Einbeziehen des direkten sozialen Umfeldes der Gefangenen und die explizite Verantwortungsübernahme für die in diesem Bereich durch die Kriminalität entstandenen Schäden als flankierender Bereich der Opferorientierung im Strafvollzug betrachtet werden (vgl. Sandmann & Knapp, in diesem Band). Hier gibt es in einigen Bundesländern Entwicklungen. In Sachsen gibt es einen landesweiten Koordinator für familienorientierte Maßnahmen. Ähnlich wie in Schleswig-Holstein und Bremen werden Besuchsbedingungen besonders familienfreundlich gestaltet. In Niedersachsen entstehen darüber hinaus immer mehr Behandlungsmaßnahmen, die Gefangene in ihrer Verantwortungsübernahme für Familien und Kinder fördern.

5 Wie kann Opferorientierung im Justizvollzug weiterentwickelt werden?

Die Bestandsaufnahme zeigt, dass einer mittlerweile recht umfassenden gesetzlichen Normierung eine vollzugliche Praxis gegenübersteht, in der diese Aspekte erst langsam und schrittweise umgesetzt werden. Nachfolgend sollen Leitlinien einer Opferorientierung im Justizvollzug dargestellt werden, die ein Rahmenkonzept bilden können und eine systematische Weiterentwicklung der Opferorientierung im Vollzug ermöglichen. Sie sind das Ergebnis einer Projektarbeit im niedersächsischen Justizvollzug. Im Einzelnen sind sie beispielhaft mit möglichen Maßnahmen unterlegt, die teilweise bereits in niedersächsischen Justizvollzugsanstalten erprobt worden sind.

1. *Der Justizvollzug stellt Opfern von Straftaten im Rahmen der gesetzlichen Vorschriften Informationen über Inhaftierte zur Verfügung, behandelt entsprechende Anfragen mit besonderer Sorgfalt und hält die dafür erforderlichen Strukturen vor.*
   Opfer von Straftaten können gemäß § 406d StPO beantragen, Informationen über die Inhaftierung, Lockerung und Entlassung der Täterin oder des Täters zu erhalten. Es ist die Aufgabe des Justizvollzuges, in Zusammenarbeit mit den anderen verantwortlichen Stellen der Justiz sicherzustellen, dass diese Anträge zuverlässig und sorgfältig bearbeitet werden. Aufgrund der geringen Anzahl vorliegender Anträge existieren bisher keine Routinen. Daher sind genaue Absprachen zwischen Staatsanwaltschaften, Strafvollstreckungskammern und Justizvollzug ebenso notwendig wie eine formalisierte Abarbeitung der Anträge, die zugleich einen Schutz der Opferdaten garantiert.
   Um beispielsweise eine zuverlässige Information betroffener Tatopfer sicherzustellen, werden auf den Homepages der niedersächsischen Justizvollzugsanstalten künftig Informationen zu Opferbelangen und Kontaktdaten von Ansprechpartnerinnen bzw. Ansprechpartnern abrufbar sein. Eine Information der Opfer erfolgt darüber hinaus über ein Opferinformationsblatt, das bei Anzeigeerstattung ausgehändigt wird.
2. *Der Justizvollzug macht seine Ziele, Aufgaben und Arbeitsweise interessierten Tatopfern und deren sozialem Umfeld transparent.*
   Für Außenstehende, insbesondere für Tatopfer und ihre Angehörigen, aber auch für Mitarbeiterinnen und Mitarbeiter der Opferhilfeeinrichtungen ist zumeist nicht klar, ob sich die Täterinnen und Täter mit dem begangenen Unrecht auseinandersetzen und wie eine Freiheitsstrafe gestaltet ist. Bezüglich des genauen Ablaufes der Strafvollstreckung existieren Vorurteile und Mythen. Eine zielgruppenspezifische Öffentlichkeitsarbeit der Justizvollzugsanstalten kann dem entgegen wirken. Im Mittelpunkt soll dabei stehen, diejenigen besser zu informieren, die in Opferhilfebüros und bei Anlaufstellen die ersten Ansprechpartnerinnen und Ansprechpartner der Tatopfer und ihrer Angehörigen sind.

3. *Der Justizvollzug unterstützt die Vernetzung von Opferhilfe, Polizei und Justiz und entwickelt die Kommunikation mit Opferhilfeeinrichtungen und Konfliktschlichtungsstellen weiter.*
   Basis einer Opferorientierung im Justizvollzug ist die Zusammenarbeit mit denjenigen Stellen, die bereits über umfangreiche Erfahrungen in der Arbeit mit Tatopfern verfügen. Vom Justizvollzug initiierte „Runde Tische" auf Anstaltsebene können einen regelmäßigen Austausch über Fragen der Opferorientierung im Justizvollzug ermöglichen. Eine Zusammenarbeit auf Leitungsebene der beteiligten Institutionen bietet eine wichtige Voraussetzung, um notwendige landesweite Regelungen zu schaffen und weiterzuentwickeln.
4. *Der Justizvollzug motiviert Inhaftierte zur Zahlung von Opferentschädigungen und Schmerzensgeld und wirkt Zahlungshindernissen aktiv entgegen.*
   Ein zentrales Bedürfnis der Tatopfer ist es, Opferentschädigungszahlungen und Schadensersatz tatsächlich zu erhalten. Seitens des Justizvollzuges können die bestehenden Forderungen im Rahmen der Vollzugsplanung dokumentiert und Möglichkeiten einer Zahlung mit der Täterin oder dem Täter besprochen werden. Zahlungshindernissen sollte, soweit dies möglich ist, entgegengewirkt werden.
5. *Der Justizvollzug fördert von Tatopfern gewünschte Gespräche mit Straftäterinnen und Straftätern zur Vereinbarung von Umgangsregeln, Tatausgleich oder Wiedergutmachung.*
   Für Tatopfer soll es möglich werden, ihre Anliegen im direkten oder vermittelten Kontakt zur Täterin oder zum Täter zu besprechen. Dazu ist es erforderlich, Kooperationen mit Mediatorinnen und Mediatoren zum Beispiel aus dem Bereich des TOA auszubauen, die den Kontakt zwischen beiden Parteien direkt oder indirekt herstellen und begleiten. Es ist anzustreben, dass Tatopfer und ihre Angehörigen über Kommunikationsmöglichkeiten auch lange nach der Tat und während der Inhaftierung informiert sind.
6. *Der Justizvollzug leistet einen Beitrag dazu, unerwünschten Opferbegegnungen und erneuten Opferschädigungen entgegen zu wirken. Hierfür werden straftatbezogene Merkmale erfasst und -soweit angezeigt- in der Vollzugs-, Lockerungs- und Entlassungsplanung berücksichtigt.*
   Bei der Gewährung von Lockerungen werden schon jetzt Weisungen zur Vermeidung von Opferbegegnungen erteilt. Voraussetzung ist, dass die Hintergründe der Straftaten ausreichend bekannt sind. Damit systematisch unerwünschten Opferbegegnungen und Opferschädigungen entgegen gewirkt werden kann, ist es notwendig, genaue Informationen zum Kontext der

Straftat zu erheben und diese im Rahmen der Lockerungsplanung und der Entlassungsvorbereitung zu berücksichtigen. Die Behandlungsuntersuchung zur Vorbereitung des ersten Vollzugsplanes bietet die Möglichkeit, aus den vorhandenen Unterlagen Informationen zu den Folgen der Straftat und den Tatumständen so zu erheben, dass daraus zuverlässige Hinweise für notwendige Lockerungsweisungen abgeleitet werden können.

7. *Der Justizvollzug stellt Maßnahmen bereit, damit im Vollzugsverlauf die Verantwortungsübernahme für kriminelles Verhalten und die Fähigkeit zur Perspektivenübernahme thematisiert und entwickelt werden.*
   Im Justizvollzug sind Maßnahmen zu entwickeln oder auszubauen, die eine auf die Folgen der Straftat ausgerichtete Behandlung ermöglichen. Dabei geht es nicht nur um die Reduktion eines Rückfallrisikos. Verantwortungsübernahme für Tatfolgen und das begangene Unrecht sind Zeichen einer ethischen Haltung, die kennzeichnend für ein Leben in sozialer Verantwortung ist, auch wenn ein solches Bekenntnis zur eigenen Kriminalität bezogen auf die Vorhersage von Lockerungsmissbrauch, Flucht oder Gefährlichkeit statistisch nicht unmittelbar relevant zu sein scheint.
8. *Der Justizvollzug unterstützt von beiden Seiten gewünschte Begegnungen zwischen direkten oder indirekten Opfern und Täterinnen und Tätern.*
   Zu den Maßnahmen, die im Sinne des opferorientierten Strafvollzuges weiterentwickelt werden sollen, gehören Täter-Opfer-Gespräche oder sogenannte Zirkelgespräche. Diese finden dann statt, wenn es seitens der Tatopfer das Bedürfnis gibt, Straftäterinnen und Straftätern im Allgemeinen oder der Täterin oder dem Täter der selbst erlittenen Straftat von ihren Erfahrungen zu berichten oder Details des Tatgeschehens zu besprechen. Auch seitens der Täterinnen und Täter kann das Bedürfnis entstehen, mit dem Tatopfer in Kontakt zu kommen. Auf der Grundlage der Bereitschaft bzw. des Bedürfnisses der Tatopfer sollen Täter-Opfer-Gespräche oder sogenannte Zirkelgespräche (Treffen von Täterinnen und Tätern und Opfern nicht der gleichen Straftat) in Kooperation mit erfahrenen Mediatorinnen und Mediatoren ermöglicht werden.
9. *Der Justizvollzug entwickelt und fördert ehrenamtliches Engagement von Gefangenen mit dem Ziel der gesellschaftlichen Reintegration und einer symbolischen Wiedergutmachung im Sinne des Restorative Justice Ansatzes.*
   Neben der unmittelbaren Wiedergutmachung eines angerichteten Schadens gegenüber dem Opfer verfolgen Ansätze der Restorative Justice das Ziel einer mittelbaren Wiedergutmachung gegenüber der Gesellschaft, der „Community". Durch die Regelverletzung ist das Verhältnis zwischen der Täterin oder dem Täter und der Gemeinschaft gestört. Freiwilliges ehrenamtliches

Engagement von Gefangenen kann in diesem Sinne als eine Handlung verstanden werden, die zwar nicht unmittelbar Schäden wiedergutmacht, die den Opfern von Straftaten entstanden sind, die aber geeignet ist, der Störung des Verhältnisses zwischen Täterin oder Täter und Gesellschaft entgegenzuwirken. In vielen niedersächsischen Justizvollzugsanstalten gibt es bereits Maßnahmen und Kooperationen, die Gefangenen ehrenamtliches Engagement ermöglichen oder sie dazu befähigen. Gefangene wirken in Lockerungen bei Einrichtungen und Vereinen ehrenamtlich mit (z. B. beim Tierheim e. V.). Ziel ist es, die Angebote und Kooperationen für ehrenamtliches Engagement systematisch auszubauen. Das erfordert die Schaffung regionaler Kooperationen auf Anstaltsebene.

10. *Der Justizvollzug hält Maßnahmen der Verantwortungsübernahme und Möglichkeiten der Kontaktpflege zu Angehörigen der Straftäterinnen und Straftäter vor, um den im persönlichen Umfeld entstandenen Schäden von Straftaten insbesondere für die Kinder entgegenzuwirken.*
Die Bereitschaft für die Folgen der Straftaten einzustehen bedeutet auch, soziale Verantwortung für die eigenen Angehörigen, insbesondere die Kinder zu übernehmen, die unter den Folgen der Straften leiden. Damit dies geschehen kann, müssen auf Seiten des Justizvollzuges entsprechende Voraussetzungen geschaffen werden.

6 Fazit

Der Perspektivenwechsel hin zu einer Opferorientierung im Justizvollzug ist Ausdruck dafür, dass die Entwicklungen des Opferschutzes nun auch in diesem originär täterorientierten Bereich angekommen sind. Aufgabe des Justizvollzuges ist es, Maßnahmen zu entwickeln und Bedingungen zu schaffen, die den berechtigten Bedürfnissen der Opfer Rechnung tragen, aber einer Resozialisierung nicht entgegenstehen. Täterinnen und Täter sind für die Folgen des von ihnen begangenen Unrechtes zu sensibilisieren. Auf den Justizvollzug gerichtete Bedürfnisse der Tatopfer müssen deutlicher wahrgenommen werden. Im Mittelpunkt steht dabei die soziale Verantwortung der Täterin und des Täters, aber auch des Justizvollzuges als Institution. Eine Opferorientierung im Justizvollzug hebt die gesamtgesellschaftliche Bedeutung des vollzuglichen Auftrages hervor.

Literatur

Coyle, A. (2002). *"We don't waste prisoners' time and we don't waste bicycles". The impact of restorative work in prisons.* http://www.prisonstudies.org/sites/default/files/resources/downloads/restorative_justice_1.pdf. Zugegriffen: 1. Nov. 2015.

Day, A., Casey, S., & Gerace, A. (2010). Interventions to improve empathy awareness in sexual and violent offenders: Conceptual, empirical, and clinical issues. *Aggression & Violent Behavior, 15,* 201–208.

Dinsdale, J. (2002). Restorative justice in HM Prison Holme House: A research paper restorative justice in prison project. In A. Coyle (Hrsg.), *"We don't waste prisoners' time and we don't waste bicycles". The impact of restorative work in prisons* (S. 39–63). The international centre for prison studies. http://www.prisonstudies.org/sites/default/files/resources/downloads/restorative_justice_1.pdf. Zugegriffen: 1. Nov. 2015.

Feasey, S., & Williams, P. (2009). *An evaluation of the Sycamore Tree programme based on an analysis of crime pics II data.* Sheffield: Sheffield Hallam University. http://shura.shu.ac.uk/1000/1/fulltext.pdf. Zugegriffen: 18. Sept. 2015.

Gerber, C., & Walter, M. (2013). Opferbezogene Vollzugsgestaltung – Theoretische Perspektiven und Wege ihrer praktischen Umsetzung. *Bewährungshilfe, 60,* 5–19.

Hanson, R. K., & Morton-Bourgon, K. (2004). *Predictors of sexual recidivism: An updated meta-analysis 2004-02.* Ottawa: Public Safety and Emergency Preparedness.

Hartmann, A., Haas, M., Steengrafe, F., & Steudel, T. (2012a). TOA im Strafvollzug – Zwischen Anspruch und Wirklichkeit. *TOA-Infodienst, 44,* 26–33.

Hartmann, A., Haas, M., Steengrafe, F., Geyer, J., Steudel, T., & Kurucay, P. (2012b). Prison mediation in Germany. In B. Tünde, B. Fellegi, & S. Windt (Hrsg.), *Responsibility-taking, relationship-building and restoration in prison. Mediation and restorative justice in prison settings.* Budapest: AduPrint. http://www.foresee.hu/uploads/tx_abdownloads/files/MEREPS_FinalPublication_EN.pdf. Zugegriffen: 18. Okt. 2015.

Jolliffe, D., & Farrington, D. P. (2004). Empathy and offending: A systematic review and meta-analysis. *Aggression and Violent Behavior, 9,* 441–476.

Kaspar, J., & Mayer, S. (2015). Täter-Opfer-Ausgleich im Strafvollzug – Grundlagen und praktische Erfahrungen aus Modellprojekten. *Forum Strafvollzug, 4,* 261–266.

Lummer, R. (2015). Schleswig-Holstein pilot project. In R. Lummer, O. Hagemann, & S. Reis (Hrsg.), *Restorative Justice at post-sentencing level in Europe.* Kiel. https://www.fh-kiel.de/fileadmin/data/sug/pdf-Dokument/Hagemann/Book_Final_without_coverpage.pdf. Zugegriffen:13. Okt. 2015.

Markson, L., Lösel, F., Souza, K., & Lanskey, C. (2015). Male prisoners' family relationships and resilience in resettlement. *Criminology & Criminal Justice, 15,* 423–441.

Pithers, W. D. (1997). Maintaining treatment integrity with sexual abusers. *Criminal Justice and Behavior, 24,* 34–51.

Prätor, S. (2016). Was wissen wir über die Wirkung von Täter-Opfer-Begegnungen im Strafvollzug? En Blick auf natioanle und internationale Forschungsbefunde. *Justiznewsletter 25,* S. 2–8. http://www.bildungsinstitut-justizvollzug.niedersachsen.de/newsletter/der-newsletter-der-fuehrungsakademie-94142.html. Zugegriffen: 16. Nov. 2016.

Schöch, H. (2016). Rechtliche Aspekte einer Opferorientierung im Strafvollzug. *Forum Strafvollzug, 4,* 274–278.

Shapland, J., Atkinson, A., Atkinson, H., Dignan, J., Edwards, L., Hibbert, J., & Sorsby, A. (2008). *Does restorative justice affect reconviction? The fourth report from the evaluation of three schemes*: Ministry of Justice Series 10/08. www.justice.gov.uk/publications/research.htm. Zugegriffen: 15. Okt. 2015.

Sherman, L., W., Strang, H., Mayo-Wilson, E., Woods, D. J., & Ariel, B. (2015). Are restorative justice conferences effective in reducing repeat offending? Findings from a Campbell systematic review. *Journal of Quantitative Criminology, 31,* 1–24.

Stamatakis, N., & Vandeviver, C. (2013). Restorative justice in Belgian prisons: The results of an empirical research. *Crime, Law and Social Change, 59,* 79–111.

Strang, H., Sherman, L., W., Mayo-Wilson, E., Woods, D., & Ariel, B. (2013). *Restorative Justice Conferencing (RJC) using face-to-face meetings of offenders and victims: Effects on offender recidivism and victim satisfaction* (S. 9). Campbell Systematic Reviews: A systematic review.

Suhling, S., & Endres, J. (2016). Deliktorientierung in der Behandlung von Straftätern: Bestandaufnahme und Kritik. *Rechtspsychologie, 2*(3), 345–371.

Umbreit, M. S., Vos, B., Coates, R. B., & Armour, M. P. (2006). Victims of severe violence in mediated dialogue with offender: The impact of the first multi-site study in the U.S. *International Review of Victimology, 13,* 27–48.

Vachon, D. D., Lynam, D. R., & Johnson, J. A. (2014). The (non)relation between empathy and aggression: Surprising findings from a meta-analysis. *Psychological Bulletin, 140,* 751–773.

Wastell, C. A., Cairns, D., & Haywood, H. (2009). Empathy training, sex offenders, and re-offending. *Journal of Sexual Aggression, 15,* 149–159.

Zehr, H. (2015). *The little book of restorative justice, revised and updated.* New York: Good Books.

Mehr Familie wagen – die längst überfällige Familienorientierung im Strafvollzug

Johannes Sandmann und Nicole Knapp

1 Einleitung

Das Thema „Familienorientierung" erfährt seit längerem in der Fachwelt, dem Strafvollzug und bei den freien Trägern eine hohe Aufmerksamkeit und Akzeptanz, die positiv stimmt. Dies soll aber nicht darüber hinweg täuschen, dass es noch vieler Veränderungen bedarf, um die Familienorientierung als ein vollzugliches Konzept umzusetzen. Der Begriff „Familienorientierung" scheint unterschiedlich ausgelegt zu werden und zieht sowohl in den Anstalten als auch außerhalb andere Maßnahmen und Angebote nach sich.

Dieser Beitrag wird sich insbesondere mit der Familienorientierung im Männervollzug beschäftigen, da die Umsetzung der familienorientierten Konzepte und Maßnahmen durchaus ein Novum in der Vollzugslandschaft darstellen. Grundsätzlich gilt etwa in Schleswig-Holstein die Familienorientierung für beide Geschlechter und sowohl der Männer- als auch der Frauenvollzug profitieren von den gesetzlichen Grundlagen. Dennoch gibt es viele Unterschiede bei den Bedarfen entsprechender Angebote und gerade im Männervollzug ist die Wahrnehmung des Inhaftierten als Partner und Vater eine Änderung der Perspektive, die im Frauenvollzug, vor allem bei Müttern, viel früher vollzogen wurde. Die Thematisierung

J. Sandmann (✉) · N. Knapp
Kiel, Deutschland

N. Knapp
E-Mail: nicole.knapp@jvaki.landsh.de

B. Maelicke und S. Suhling (Hrsg.), *Das Gefängnis auf dem Prüfstand*,
Edition Forschung und Entwicklung in der Strafrechtspflege,
https://doi.org/10.1007/978-3-658-20147-0_9

der Familienorientierung im Frauenvollzug ist unseres Erachtens einen gesonderten Beitrag wert, den die Verfasser mit diesem Beitrag nicht leisten können. Ebenso wie eine intensive Auseinandersetzung mit dem Begriff der „Familie", der wesentlich mehr umfasst als die heterosexuelle Kernfamilie (Vater, Mutter, Kind/er). Andere Familienmodelle, wie sog. Regenbogenfamilien bzw. gleichgeschlechtliche Eltern, Patchworkfamilien oder Familien mit leiblichen und angenommen Kindern, können in diesem Beitrag zwar nicht ausführlich berücksichtigt werden, wir sind jedoch sehr zuversichtlich, dass diese Diskussion über weitere Familienkonstellationen in den nächsten Jahren auch im Vollzug intensiv geführt werden muss, da sie Teil der gesamtgesellschaftlichen Realität und Auseinandersetzung sind.

2 Grundlagen

Schon die Dienst- und Vollzugsordnung für die Gefangenenanstalten der Justizverwaltung in Preußen vom 01.August 1923 enthielt unter der Überschrift „Fürsorge" in § 139 Absatz 2 folgende Regelung: „Durch die Fürsorge ist darauf hinzuwirken, dass die Gefangenen nach der Entlassung in geordnete Verhältnisse kommen und durch Arbeit ihren Lebensunterhalt erwerben können. Daher ist der Pflege der Familienverhältnisse der Gefangenen schon während der Haft besondere Sorgfalt zuzuwenden (Klein 1924)."

Das Bundesverfassungsgericht (BVerfG) hat in ständiger Rechtsprechung festgestellt, dass dem Schutz von Ehe und Familie gemäß Artikel 6 Abs. 1 Grundgesetz (GG) als wertentscheidende Grundsatznorm auch im Haftvollzug eine besondere Bedeutung zukommt. Jede Haft von längerer Dauer stellt für die Beziehung des Betroffenen zu seiner Familie regelmäßig eine empfindliche Belastung dar. Ihr Vollzug beeinträchtigt die notwendige Kommunikation zwischen dem Inhaftierten und seinen in Freiheit lebenden Angehörigen und kann dazu beitragen, dass sie einander tief greifend entfremdet werden. Aufgabe des Staates ist es, in Erfüllung seiner verfassungsrechtlichen Pflicht für die Erhaltung von Ehe und Familie zu sorgen[1]. Regelmäßig fördern der Bestand und die Stärkung einer ehelichen oder familiären Beziehung des Gefangenen die Chancen

[1]BVerfGE 42, 95 (101) vom 06.04.1976 zur Frage von Besuchsgelegenheiten von Ehegatten und Kindern von Untersuchungsgefangenen.

seiner Eingliederung, wie umgekehrt die Bemühungen um Resozialisierung auch solchen Beziehungen zugute kommt[2].

Die Bedeutung der Familienbeziehungen und der Möglichkeit, sie auch aus der Haft heraus zu pflegen, ist für die Gefangene besonders groß[3].

Die von der Rechtsprechung entschiedenen Fälle der Besuchskontakte sind als Verpflichtung des Strafvollzuges nur ein Teilaspekt der Familienorientierung im Justizvollzug. Die Beziehung zwischen den in Haft befindlichen Menschen und den von ihnen getrennten Familienangehörigen müssen vielfältig gestärkt und weiterentwickelt werden. Dazu gehören einmal die technische Unterstützung wie Bildtelefonie[4] (Skype, Facetime) und die Haftraummultimediasysteme, die u. a. das Telefonieren auf dem Haftraum und das Versenden von E-Mails ermöglichen.

Darüber hinaus müssen im Vollzug familienorientierte Therapeutinnen und Therapeuten eingesetzt werden, die eine Beratung für Gefangene und Familienangehörige anbieten, welche nach Bedarf auch nach der Haftentlassung fortgesetzt werden kann[5]. Wünschenswert wäre, dass die Landesgesetzgeber bei Änderung der Strafvollzugsgesetze einen Rechtsanspruch des Gefangenen auf Familienorientierung einfügen[6].

Eine umfassende Untersuchung über Ehe und Familienschutz inklusive der rechtlichen Grundlagen hat Christoph Thiele (2016) mit seinem Forschungsvorhaben „Ehe- und Familienschutz im Strafvollzug" vorgelegt. Er führt aus, „dass Ehe- und Familienschutz im Strafvollzug weiterhin eine zu erfüllende Aufgabe bleibt" (S. 321). Und weiter: „Das Resozialisierungsziel – als Ausfluss des Sozialstaatsprinzips und der Menschenwürde –, die Grundrechte (aus Art. 6 GG) sowie die besondere Wertentscheidung der Verfassung geben dem Strafvollzug vor, die Bedingungen dafür zu schaffen, dass Familienbeziehungen des Gefangenen geringstmöglich durch die Inhaftierung belastet werden und es dem

---

[2]BVerfGE 89, 315 (322) vom 08.12.1993 zur Frage eines Einsatzes einer Trennscheibe bei Ehegattenbesuch.

[3]BVerfG 116, 69 (87) vom 01.03.2006 zur Frage der Zulässigkeit von eingreifenden Maßnahmen im Jugendstrafvollzug.

[4]Die Bildtelefonie ist in einigen Ländern bereits vorhanden. Die Haftraummultimediasysteme sind bisher flächendeckend in Thüringen installiert und ausgeschrieben für 2017 in Schleswig-Holstein.

[5]z. B. Angebot der Familienberatung in der JVA Neumünster – soll flächendeckend 2017 in Schleswig-Holstein eingeführt werden.

[6]z. B. § 24 Landesstrafvollzugsgesetz des Landes Schleswig-Holstein (LStVollzG), in Kraft seit 01.09.2016.

Gefangenen nach Haftzeitende gelingen soll, in die Gesellschaft und in die Familie zurückzukehren. Dafür ist das Zusammenwirken der verschiedenen Akteure innerhalb und außerhalb des Strafvollzugs zwingend notwendig“ (Thiele 2016, S. 321).

2.1 Auswirkungen der Inhaftierung auf Familie und Kinder

Eine Inhaftierung stellt eine große Zäsur in dem familiären Gefüge dar, die erhebliche Auswirkungen auf alle Beteiligten hat. Mit dem Tag der Inhaftierung werden die zurückbleibenden Familienangehörigen (insbesondere die Partnerinnen und Partner sowie die Kinder) damit konfrontiert, dass sie ihr Leben neu sortieren müssen. Kontakte zur Familie werden durch Besuchskontingente reglementiert, Telefonate sind in der Regel nur eingeschränkt möglich, die Teilhabe am Alltag der Familie wird erschwert bzw. ist kaum noch möglich. Die Angehörigen und insbesondere die Kinder, die zu Besuch kommen, müssen Kontrollprozeduren über sich ergehen lassen, die für Außenstehende nicht immer leicht nachzuvollziehen sind. Die Atmosphäre in einem Gefängnis wirkt oft bedrohlich und der Umstand, dass ein Elternteil sich dort befindet, führt dazu, dass Ängste und Furcht sich mit der Fantasie des Kindes vermischen.

Wie soll man einem Kind erklären, dass die Qualität des Kontakts, der vor der Inhaftierung bestand, nicht mehr möglich ist? Wie kann in der Besuchszeit dafür Sorge getragen werden, dass die Kinder dort eine angenehme Zeit verbringen? Welche Angebote kann eine Justizvollzugsanstalt erbringen, damit das soziale Netz des Inhaftierten erhalten bleibt? Wie kann die Familie als Ressource miteinbezogen werden? Die Beantwortung dieser Fragen ist unseres Erachtens für die Konzeption einer familienorientierten Vollzugsgestaltung unerlässlich.

2.2 Internationale Untersuchungen

Das Resozialisierungsziel und der grundgesetzliche Schutz von Ehe und Familie müssen mit den Sicherheitsbelangen in einer Vollzugsanstalt stärker in Einklang gebracht werden. Die Folgen der „Mitbestrafung“ von Familien, insbesondere der Kinder, müssen minimiert werden. Die Situation von Angehörigen Inhaftierter ist seit längerem Gegenstand von Forschung, fachlichen Diskussionen und Veröffentlichungen (Kawamura-Reindl 2016). Die Situation der Kinder von Inhaftierten wurde von der COPING-Studie untersucht (Jones und Wainaina-Wozna 2013).

Zum damaligen Zeitpunkt der Studie wurde davon ausgegangen, dass ca. 800.000 Kinder in Europa von der Inhaftierung eines Elternteils betroffen waren. Allein in Deutschland wurde die Zahl auf 50.000 – 100.000 Kinder geschätzt. Die Studie brachte alarmierende Erkenntnisse über die Situation von Kindern Inhaftierter zutage und stellte zusammenfassend fest, „dass die Inhaftierung eines Elternteils erhebliche Auswirkungen hatte. Die Kinder wiesen deutlich mehr psychische und körperliche Probleme auf als Kinder der deutschen Normstichprobe. Gut ein Viertel der Kinder war auffällig psychisch belastet und 75 % berichteten über negative Folgen der Inhaftierung. Auffallend ist ebenfalls, dass die betroffenen Mädchen eher emotionale Schwierigkeiten aufwiesen, wohingegen die Jungen Verhaltensauffälligkeiten zeigten (z. B. durch Hyperaktivität)" (Bieganski et al. 2013, S. 10).

Dabei wird oft vergessen, dass für die Kinder die Grundrechte der sog. UN-Kinderrechtskonvention[7] gelten („Übereinkommen über die Rechte des Kindes", von Deutschland 1992 ratifiziert). In ihr sind die besonderen Schutz-, Fürsorge- (bzw. Leistungs-) und Beteiligungsrechte von Kindern als eigenständige Träger von Menschrechten festgeschrieben (Kittel 2016).

„Die Sicherheit der Allgemeinheit und das Verhindern weiterer Straftaten ist das legitime Ziel einer Inhaftierung. Gleichzeitig ist es jedoch ein Eingriff in die Rechte des Kindes. Artikel 3 der UN-Kinderrechtskonvention besagt, dass bei allen Maßnahmen, die Kinder betreffen, das Kindeswohl vorrangig berücksichtigt werden muss. Dies ist ebenso in der EU-Charta der Grundrechte in Artikel 24 festgeschrieben"[8]. Für den Vollzug sind die Kinderrechte bindend, sodass neben dem Resozialisierungsziel auch aus dieser Perspektive Handlungsbedarf besteht.

Die psychische Belastung von Kindern, die durch die Inhaftierung eines Elternteils zutage tritt, zeigt sich oftmals daran, dass die Kinder bzw. ihre Entwicklung sich verändert und sie sich oft „erwachsener" verhalten (müssen) als sie es sind. Rikke Betak, Familientherapeutin in der Pension Engelsborg in der Nähe von Kopenhagen[9], hat den Verfassern bei einem Besuch der Einrichtung in Dänemark eindrucksvoll geschildert, wie das familiäre Gefüge und die unterschiedlichen Rollen sich durch die Inhaftierung eines Elternteils verändern. Viele Kinder können durch diese Situation nicht mehr Kind sein, sondern übernehmen

[7]„Übereinkommen über die Rechte des Kindes" (am 20.11.1989 von der Generalversammlung der Vereinten Nationen verabschiedet, „UN-Kinderrechtskonvention").

[8]Charta der Grundrechte der europäischen Union (2010/C 83/02).

[9]Pension Engelsborg, Gammel Bagsværdvej 39, 2800 Kongens Lyngby, Dänemark.

innerhalb der Familie mehr Verantwortung, z. B. für die Geschwister oder für den zurückbleibenden Elternteil. Hinzu kommt die Belastung durch die Besuchssituation, wo in der kurzen Zeit des Zusammenseins nicht alle Bedürfnisse nach Aufmerksamkeit, Zuwendung und Gespräch befriedigt werden können. In der Einrichtung Pension Engelsborg haben die Kinder wieder die Möglichkeit, Kind sein zu dürfen. Durch das Zusammenleben der ganzen Familie in der Einrichtung, das unterstützt wird durch familientherapeutische Maßnahmen, werden die jeweiligen Rollen (als Eltern, als Partner und als Kind) gestärkt und die Ressourcen der jeweiligen Personen gefördert.

Darüber hinaus gibt es auch „stichhaltige Hinweise dafür, dass Familienarbeit im Gefängnis einen zweiten Ring von Sicherheit (second security) im Gefängnis zieht. „Befriedigendere Kontakte zu den Familienangehörigen", so die Familientherapeutin Betak, „steigern das Wohlbefinden und reduzieren destruktive Impulse der Inhaftierten"[10]. Damit leistet die familienorientierte Vollzugsgestaltung auch einen erheblichen Beitrag zur sozialen Sicherheit und trägt somit zur allgemeinen Sicherheit in einer Justizvollzugsanstalt bei.

Eine wissenschaftliche Untersuchung aus England (Lösel et al. 2012) führte Interviews mit zahlreichen Familien. Im Rahmen dieser Langzeitstudie wurden sowohl die vorher inhaftierten Väter als auch die Partner und Kinder zu den Auswirkungen nach der Inhaftierung, insbesondere zu Arbeitsbeschaffung und Schuldenregulierung, befragt.

Die Untersuchung hat folgende Ergebnisse ergeben:

- Intakte Familienbindungen sind eine wichtige Voraussetzung für eine erfolgreiche Wiedereingliederung in die Familienstruktur.
- Der regelmäßige Kontakt (möglichst viele Besuche und Telefonkontakte) zwischen dem inhaftierten Vater und seiner Familie ist extrem wichtig für eine Zukunftsplanung der Familie. Die Lebenspartner/Elternpartner müssen in die Entlassungsplanung und in das Übergangsmanagement unbedingt mit einbezogen werden.
- Probleme in den Bereichen, Wohnung, Arbeit und Finanzen erschweren den Prozess der Wiedereingliederung. Die Studie hat jedoch auch gezeigt, dass diese Schwierigkeiten nicht nur durch den Mangel an materiellen Ressourcen entstehen, sondern auch durch fehlende gute Familienbeziehungen und Sozialkontakte während der Inhaftierung.

---

[10]http://www.bag-s.de/aktuelles/aktuelles0/article/die-macht-der-schmetterlinge [letzter Zugriff 27.8.2017].

- Justizvollzugsanstalten, Bewährungshilfe und Freie Straffälligenhilfe müssen die Beziehungen zur Familie, zu Verwandten und Freunden für die Wiedereingliederung in die Familie effektiv verstärken.
- Familienprogramme zur Wiedereingliederung sind erfolgreich, wenn während der Haft die Qualität elterlicher Beziehungen ein Bestandteil des Programms ist. Es wird deshalb empfohlen, Familienprogramme und deren Methodik zu evaluieren.
- Die Wichtigkeit der familiären Beziehungen vor und während der Inhaftierung zeigt auf, dass der Blick vom reinen Vollzug auf eine vorsorgende Familienorientierung erweitert werden muss.

2.3 Regelungen in Schleswig-Holstein

Die Familienorientierung im Vollzug muss sowohl die Situation der bzw. des Inhaftierten als auch die der Familie und Kinder berücksichtigen. Die Verwirklichung von Grund- und Kinderrechten ist in Einklang zu bringen mit der Resozialisierung und den Sicherheitsregelungen in einer Justizvollzugsanstalt.

Nach der Föderalismusreform liegt die Zuständigkeit bei den Ländern, in vielen Landesgesetzen wurden Regelungen für den Besuch, Mutter- bzw. Vater-Kind Stationen, Maßnahmen im Rahmen der Vollzugsplanung und bei der Entlassungsvorbereitung erlassen (vgl. Abschn. 2), durchgreifende Veränderungen im Bereich der Familienorientierung wurden jedoch nicht vollzogen. Einzig im neuen Landesstrafvollzugsgesetz Schleswig-Holsteins[11] wurde die Familienorientierung gesetzlich normiert und dadurch ein Rechtsanspruch begründet.

Gemäß § 24 Abs. 1 des LStVollzG-SH bieten familienunterstützende Angebote den Gefangenen Hilfe bei der Bewältigung ihrer familiären Situation, zur Aufrechterhaltung und Pflege ihrer familiären Beziehungen sowie Unterstützung in der Wahrnehmung ihrer elterlichen Verantwortung an, unter anderem im Rahmen von Familien- und Paarberatung sowie von Väter- oder Müttertraining. Kinder und Partner der Gefangenen können in die Gestaltung des Vollzuges einbezogen werden. In geeigneten Fällen nimmt die Anstalt Kontakt zu den zuständigen Sozialleistungsträgern auf.

Eine Inhaftierung trifft nicht nur die Gefangenen, Mitbetroffene sind stets auch Partnerin oder Partner, Kinder und weitere Familienangehörige. Auf absehbare

---

[11] Gesetz über den Vollzug der Freiheitsstrafe in Schleswig-Holstein (LStVollzG), in Kraft ab 01.09.2016.

Zeit fehlt damit eine wichtige Bezugsperson. So müssen für die Zeit des Vollzuges Möglichkeiten gefunden werden, den Kontakt zu halten und Begegnungen zu ermöglichen. Häufig sind Angehörige, insbesondere Kinder, auch Stigmatisierungen ausgesetzt und müssen Wege finden, hiermit umzugehen. Insbesondere nach längeren Haftzeiten müssen die Betroffenen nach der Rückkehr der oder des Gefangenen in die Familien das Zusammenleben neu gestalten. Der Vollzug kann das hierin liegende Konfliktpotenzial durch entsprechende Vorbereitungen deutlich reduzieren. In bestimmten Fällen mag die Inhaftierung auch eine zeitweise Erleichterung für ein konfliktbelastetes Familiensystem sein. Sie bietet dann jedenfalls die Chance auf Klärungsprozesse und auf die konstruktive Vorbereitung eines erneuten Zusammenlebens oder getrennter Lebensperspektiven.

Das Landesstrafvollzugsgesetz Schleswig-Holstein will hier die negativen Auswirkungen der Inhaftierung so weit als möglich mindern und zugleich den Erhalt der Beziehungen zu den Partnern und Kindern der Gefangenen stärken. Schon in den Grundsätzen stellt es deshalb heraus, dass die Belange der Familienangehörigen bei der Vollzugsgestaltung zu berücksichtigen sind und der Erhalt familiärer Bindungen gefördert werden soll. Entsprechend sollen Belange der Familienangehörigen auch bei der Vollzugsplanung einfließen. Weiterhin sieht das Gesetz eine Ausweitung der Besuchszeiten für Angehörige und Kinder sowie die Möglichkeit von Langzeitbesuchen vor.

In der Praxis soll die Familienorientierung des Vollzuges auch dadurch gefördert werden, dass besonders geschulte Bedienstete für die Beachtung der Belange von Kindern (bspw. bei der Besuchsgestaltung) verantwortlich sind. Das Gesetz sieht daher vor, dass Angebote mit unterschiedlicher Zielrichtung und Methodik vorgehalten werden. Dies können bspw. Gesprächs- oder Trainingsangebote sein mit dem Ziel, die positive Entwicklung der oder des Gefangenen in der Wahrnehmung ihrer oder seiner Partner- und Eltern-Rolle zu stärken. Gegenstand kann der gewaltfreie, möglichst konstruktive Umgang mit Konflikten in der Familie sein. Ausdrücklich ermöglicht wird es, Kinder und Partner in die Gestaltung dieser Gesprächs- und Beratungsangebote einzubeziehen. Hierfür müssen die Anstalten geeignete Räumlichkeiten vorhalten. In geeigneten Fällen soll die Anstalt auch den Kontakt zu externen Trägern von Sozialleistungen suchen, bspw. um eine nachgehende Beratung oder Betreuung zu initiieren oder um sich über das Vorgehen abzustimmen, wenn die oder der Gefangene oder die Familie bereits Leistungen (bspw. Erziehungshilfen nach dem Achten Buch Sozialgesetzbuch) erhalten.

Diese Grundlage verpflichtet die Vollzugsverwaltung, die entsprechenden Angebote bereit zu stellen und den Gefangenen in seiner partnerschaftlichen bzw. elterlichen Verantwortung zu stärken. Das Besondere dieser Vorschrift ist zudem, dass sie über die üblichen Behandlungsmaßnahmen im Vollzug hinausgeht.

Bei den familienunterstützenden Angeboten geht es nicht in erster Linie um Behandlungsmaßnahmen, die im Zusammenhang mit der Straffälligkeit stehen, sondern um Maßnahmen, die sowohl die Gefangenen als auch die Angehörigen, insbesondere die Kinder, während der Inhaftierung stärken und Beziehungsabbrüche verhindern sollen.

3 Projektbeispiele aus den Ländern

Überregional beschäftigt sich seit Jahren die Bundesarbeitsgemeinschaft für Straffälligenhilfe e. V. (BAG-S) intensiv mit der Situation der Kinder und Angehörigen von Inhaftierten und hat 2012 Empfehlungen für einen familiensensiblen Vollzug veröffentlicht, die nach wie vor wegweisend für die familienorientierte Vollzugsgestaltung sind. Darüber hinaus konnte mit der Unterstützung der BAG-S der norwegische Animationsfilm „Du velger selv“ (dt. Titel: Papa ist im Gefängnis) in Kooperation mit Methode Film[12] veröffentlicht werden. Der Film verdeutlicht auf sehr anschauliche Art und Weise die Gedanken- und Gefühlswelten von Kindern Inhaftierter und kann im Rahmen von Fortbildungen und Schulungen eingesetzt werden, um für diese Thematik zu sensibilisieren.

Ein bundesweites Online-Angebot hat auch die Caritas mit ihrer Website „Besuch im Gefängnis (www.besuch-im-gefaengnis.de [letzter Zugriff 27.8.2017]) entwickelt, das sich insbesondere an Kinder und Jugendliche richtet, die einen Angehörigen im Vollzug haben. Auf kindgerechte Art und Weise werden vollzugliche Abläufe erklärt und können Fragen gestellt werden. Insbesondere die Nutzung der neuen Medien wie das Internet stellen eine weitere Möglichkeit dar, sich dem Thema anzunähern und auch Zielgruppen zu erreichen, die vor Ort keine entsprechenden Angebote nutzen können oder aus Scham keine nutzen wollen.

Im europäischen Raum wird die außerordentlich wichtige Lobbyarbeit für die Kinder von Inhaftierten vom Netzwerk COPE[13] (Children of prisoners Europe – ehemals Eurochips) geleistet, das mit seinen jährlichen Kampagnen und Konferenzen, unermüdlich auf die Bedürfnisse, Interessen und Bedarfe der Kinder hinweist und über eine ausgezeichnete Vernetzung verfügt. Insbesondere der angelsächsische

[12]Methode Film, Dr. Barbara Kamp, Erzweg 26, 61.118 Bad Vilbel, www.methode-film.de [letzter Zugriff 27.8.17].

[13]COPE (Children of prisoners Europe), http://childrenofprisoners.eu/ [letzter Zugriff 27.8.17].

und skandinavische Raum sind federführend in der Umsetzung der Rechte von Kindern Inhaftierter tätig.

In Deutschland gibt es derzeit Planungen ebenfalls ein Netzwerk zu bilden, das sich mit der Situation der Kinder von Inhaftierten auseinandersetzt und die Familienorientierung im und außerhalb des Strafvollzuges weiterentwickeln möchte. Angeregt wurde dieser Prozess von Treffpunkt e. V., der Ende April 2016 zu der Konferenz „TAKTvoller Umgang mit Kindern von Inhaftierten" und der Präsentation des Leitfadens „Wir sind nicht schuld!" eingeladen hatte. Expertinnen und Experten aus der Praxis, Vertreterinnen und Vertreter aus den Justizministerien, dem Institut für Menschrechte in Berlin[14], Kinderrechtsvertretungen sowie aus den Fortbildungsinstituten und Akademien nahmen an dieser Konferenz teil und sprachen sich für die Bildung eines länderübergreifenden Netzwerkes aus, um die Situation der Kinder von Inhaftierten zu verbessern.

Die Konferenz diente auch als Plattform, viele überregionale Projekte, die sich im Laufe der Jahre in Deutschland entwickelt haben, vorzustellen. Viele dieser „best practice" Beispiele haben sich auch unabhängig von einer gesetzlichen Grundlage in den Ländern etabliert. Die Entstehungsgeschichten dieser Projekte sind so vielfältig wie die beteiligten Akteure. Daran sind die freien Träger, Vereine und auch Ehrenamtliche maßgeblich beteiligt, die viele Kooperationen außerhalb und innerhalb des Vollzuges (mit-)entwickelt haben.

Die nachfolgenden Beispiele und Ansätze in der Vollzugspraxis sollen einen Überblick über die familienorientierte Vollzugsgestaltung in den Bundesländern geben, wobei die Auflistung nicht abschließend ist.

3.1 Baden-Württemberg

In Baden-Württemberg ist in erster Linie das Projekt „Chance e. V." zu nennen, das durch sein flächendeckendes und gut vernetztes Angebot eine Lücke zwischen intramuralen und extramuralen Maßnahmen schließt (http://www.projekt-chance.de und http://www.badlandverb.de [beide: letzter Zugriff 27.8.2017]). Träger des Projektes ist das Netzwerk Straffälligenhilfe Baden-Württemberg GbR, bestehend aus dem Paritätischen BW e. V. und Badischer Landesverband

[14]Deutsches Institut für Menschenrechte – Monitoringstelle für die Umsetzung der UN-Kinderrechte, Zimmerstraße 26/27, 10.969 Berlin.

für soziale Rechtspflege sowie dem Verband Bewährungs- und Straffälligenhilfe BW e. V.

Der Verein hat Zugang zu den Inhaftierten über einen Koordinator des Vereins, der in den Justizvollzugsanstalten tätig ist. Durch die flächendeckende Vernetzung und die Vermittlung an einen Fallmanager können sowohl der Inhaftierte als auch die Familie die unterschiedlichen Beratungen nutzen. Ziele des Projekts sind den Inhaftierungsschock bei Kind und Eltern zu mildern, Inhaftierungsfolgen zu mindern, Besuchskontakte im Strafvollzug, die (lange) Haftzeit für Kind und Eltern zu überbrücken, die Haft zur Ordnung der Beziehungen zwischen Kind und Eltern zu nützen und die Rückkehr nach der Entlassung zu erleichtern.

Die Hilfen umfassen alle Maßnahmen zur Klärung und Förderung einer positiven Eltern-Kind-Beziehung während und nach der Inhaftierung eines Elternteils, wobei das Wohl des Kindes im Vordergrund steht.

3.2 Bayern

In Bayern gibt es Mütter- bzw. Väter-Kind Gruppen in den Justizvollzugsanstalten, Familienseminare und Ferienfreizeiten für Kinder von Inhaftierten („Indianerfreizeit" des Gemeindejugendwerks – www.gjw.de [letzter Zugriff 27.8.2017]). Besonders erwähnenswert ist die Arbeit des Vereins Treffpunkt e.V.[15], der nicht nur Partner bei der COPING-Studie war, sondern auch mit dem Projekt TAKT[16] einen wichtigen Leitfaden zum Umgang mit Kindern von Inhaftierten entwickelt hat. Der Leitfaden „Wir sind nicht schuld" erstreckt sich nicht nur auf den Vollzugsbereich, sondern richtet sich auch an Mitarbeiterinnen und Mitarbeiter bei der Polizei, den Jugendämtern, Schulen und Kindertagesstätten. Darüber hinaus wurden im Rahmen des Projektes auch Unterrichtsmaterialien, ein Kinderbuch und eine DVD entwickelt sowie eine Fortbildung zu Risiken und Nebenwirkungen elterlicher Inhaftierung. Treffpunkt e. V. bietet auch eine Anlaufstelle für die Angehörigen und betreibt die Onlineseite JuKi (www.juki-online.de [letzter Zugriff 27.8.2017]), die sich explizit an Kinder und Jugendliche von Inhaftierten wendet.

---

[15]Treffpunkt e. V.,Fürther Str. 212, 90.429 Nürnberg, www.treffpunkt-nbg.de [letzter Zugriff 27.8.2017].

[16]TAKT – Projekt: https://www.treffpunkt-nbg.de/hilfen-fuer-familien/takt.html [letzter Zugriff 27.8.2017].

3.3 Berlin

Seit 2012 besteht der Arbeitskreis „Kinder und Familie im Netzwerk Integration von Haftentlassenen", in dem sich Vertreterinnen und Vertreter fast aller Berliner Haftanstalten und freier Träger der Straffälligenhilfe regelmäßig zu Themen wie einer familienfreundlichen Vollzugsgestaltung, der Etablierung von Elterngruppen in den Haftanstalten oder der notwendigen Sensibilisierung von Mitarbeitenden im Vollzug für die Belange von Kindern und anderen Angehörigen austauschen. 2016 wurde der erste Fachtag durchgeführt, der vom IBI – Institut für Bildung in der Informationsgesellschaft gGmbH und vom Paritätischen Landesverband Berlin e. V. organisiert wurde[17].

3.4 Bremen

Seit 2009 wird das Projekt „Ich lese für dich. Gute-Nacht-Geschichten aus dem Gefängnis" im Bremer Justizvollzug umgesetzt. Dieses Projekt eröffnet inhaftierten Müttern und Vätern die Möglichkeit, für ihre Kinder (Gute-Nacht-) Geschichten auf CDs zu sprechen. Träger des Projektes ist Hoppenbank e.V.[18].

Darüber hinaus gibt es das Angebot der Sozialberatung für Angehörige des Vereins Bremische Straffälligenbetreuung (VBS) und ein „Eltern-Kind-Projekt" sowie die Möglichkeit der Schuldnerberatung für Angehörige des VBS. Vom Senator für Justiz und Verfassung wurde ein Info-Flyer für Inhaftierte und ein Checkheft „Haft-Entlassung – Ratgeber für Angehörige" veröffentlicht. Zudem gibt es für den bremischen Justizvollzug einen Familienbeauftragten.

3.5 Hamburg

Das Projekt „Papas Brieftaube"[19] wird seit September 2013 in der JVA Billwerder und seit Januar 2014 in der Untersuchungshaftanstalt Hamburg angeboten. Auch bei diesem Projekt geht es darum, dass Inhaftierte für ihre Kinder Geschichten vorlesen, die dann auf CD zur Verfügung stehen.

---

[17] http://www.netzwerk-haftentlassung-berlin.de/index.php/fachtag-angehoerigenarbeit-09-12-2016 [letzter Zugriff 27.8.2017].

[18] http://www.hoppenbank.info/projekte/eu-projekte/ich-lese-fuer-dich.html [letzter Zugriff 27.8.2017].

[19] http://www.integrationshilfen-hamburg.de [letzter Zugriff 27.8.2017].

In den Justizvollzugsanstalten Billwerder und Fuhlsbüttel werden über den Hamburger Fürsorgeverein[20] „Vater-Kind“ Gruppen angeboten. Im Frauenvollzug gibt es die Möglichkeit einer Mutter-Kind Unterbringung und den sog. Familienbesuch, der eine Erweiterung der Besuchszeiten vorsieht.

3.6 Hessen

Das Land Hessen beteiligte sich in dem Zeitraum von 2011 – 2013 an dem EU-Projekt „FliP – family learning in prisons“[21], bei dem das Familienlernen bzw. die Angehörigenarbeit im Gefängnis und im Rahmen des Übergangsmanagements im Vordergrund stand. An dem zweijährigen Projekt waren Praktiker und Behörden aus fünf Ländern beteiligt: Großbritannien (G4S Care & Justice Services), Irland (Saint Nicholas‘ Trust), Finnland (Helsingin vankila), Dänemark (Kriminalforsorgen Pension Engelsborg) und Deutschland (Hessisches Ministerium der Justiz, für Integration und Europa in Kooperation mit dem Grone Bildungszentrum Hessen). Aufgrund der nachhaltigen Sensibilisierung für die Thematik sind bis heute in fast allen Anstalten kinder- und familienorientierte Angebote, wie z. B. Familienbesuchstage, Familienwochenenden, Vätergruppen, Vater-Kind-Gruppen (ohne Mütter), Angehörigentage, Väter lesen Geschichten für ihre Kinder etc. geschaffen worden. Darüber hinaus gibt es Mütter-Kind-Gruppen im geschlossen und offenen Frauenvollzug in Frankfurt Preungesheim[22]. In Hessen gibt es auch das Angebot der „Indianerfreizeit“ für die Kinder von Inhaftierten, die vom Gemeindejugendwerk durchgeführt wird.

3.7 Nordrhein-Westfalen

In vielen Anstalten des Landes gibt es ganz unterschiedliche Projekte und Kooperationen mit dem Schwerpunkt „Familienorientierung“. Es gibt z. B. in den Justizvollzugsanstalten Köln und Bielefeld-Brackwede sog. Kinderbesuchswege, die anhand von bestimmten Markierungen (Bärentatzen, Rabe) den Kindern von der

[20]http://www.hamburger-fuersorgeverein.de/angebote-fuer-angehoerige-von-straftaetern/vater-kind-gruppen/ [letzter Zugriff 27.8.2017].

[21]http://www.bag-s.de/aktuelles/aktuelles0/article/die-macht-der-schmetterlinge [letzter Zugriff 27.8.2017].

[22]http://starweb.hessen.de/cache/DRS/19/9/01.269.pdf [letzter Zugriff 27.8.2017].

Pforte bis zum Besuchsraum den Weg weisen. Auch die Besuchsräume wurden zum Teil umgestaltet und den Bedürfnissen der Kinder angepasst. Darüber hinaus gibt es in NRW Vater-Kind-Wochenenden (wird u. a. von der Diakonie Bielefeld durchgeführt), Vätergruppen, Familienseminare, Paargesprächsgruppen, eine Mutter-Kind-Abteilung und eine Mutter-Kind-Einrichtung im offenen Vollzug des Justizvollzugskrankenhauses Fröndenberg.

3.8 Niedersachsen

In der JVA Meppen wurde 2012 das Modellprojekt „Wartezeit" begonnen[23].

Auch bei diesem Projekt ging es um eine familiensensible Ausrichtung des Strafvollzuges. Bestandteile von „Wartezeit" sind längere Besuchszeiten, Vater-Kind-Sonntage, ein Fahrdienst und eine Vätergruppe. Nach Abschluss der Projektphase wurden die angefangenen Maßnahmen fortgesetzt.

Im Rahmen der Vätergruppe werden vor allem Erziehungsfragen der inhaftierten Väter behandelt.

Darüber hinaus wurde das Besuchskontingent erhöht. In der JVA Meppen stehen jedem Häftling zweimal zwei Stunden Besuch im Monat zu, mehr als in einigen anderen Gefängnissen. Zu den Besuchen gibt es auch noch die Möglichkeit, an den Vater-Kind-Sonntagen teilzunehmen. An diesen Tagen stehen den inhaftierten Vätern sieben Stunden mit den Kindern zur Verfügung, die für das gemeinsame Spielen, Kochen und Reden genutzt werden.

Mit der JVA Vechta besteht in Niedersachsen eine eigenständige Frauenanstalt mit einem differenzierten Angebot für die weiblichen Inhaftierten, inklusive eines Mutter-Kind-Bereiches.

Im niedersächsischen Landtag wurde am 13.06.17 das Gesetz zur Änderung des Niedersächsischen Justizvollzugsgesetzes beschlossen. Neben einer Erhöhung des Mindestbesuchsanspruchs sieht das Gesetz eine Verpflichtung zur Schaffung flexiblerer Besuchszeiten und zur kindgerechten Ausgestaltung der Besuchsräume vor. Die Lebensverhältnisse von Berufstätigen sowie Familien mit – schulpflichtigen – Kindern sind bei der Gestaltung von Besuchsdauer, -häufigkeit und -zeiten sowie im Rahmen der räumlichen Ausstattung zu berücksichtigen. Geeignete Gefangene können zudem im Rahmen eines Langzeitbesuches über mehrere Stunden ohne

[23]http://www.deutschlandradiokultur.de/familienfreundlicher-strafvollzug-zu-besuch-bei-papa-im.1001.de.html?dram:article_id=320.474 [letzter Zugriff 27.8.2017].

Aufsicht mit ihren Angehörigen zusammen sein. Neben der Beziehung zu Partnerinnen, Partnern, Geschwistern oder Eltern werden insbesondere die Kinder der Gefangenen in den Fokus gerückt. Diese leiden häufig besonders stark unter der Inhaftierung eines Elternteils. Mit den gesetzlichen Neuregelungen werden Gefangene und ihre Familien dabei unterstützt, ihre Beziehungen während der Haftzeit zu pflegen und zu stärken und die Erziehung der Kinder aktiv mitzugestalten[24].

3.9 Mecklenburg-Vorpommern

Das Projekt „Papa ist auf Montage" (http://www.papa-ist-auf-montage.de [letzter Zugriff 27.8.2017]) wurde in der JVA Bützow entwickelt und seit 2012 umgesetzt. „Das Projekt soll vor allem den Kindern zugutekommen, die als Halt eine starke Familie benötigen. Denn nicht wenige Familien zerbrechen an einer Inhaftierung des Vaters. Gerade deshalb ist ein enger Kontakt zwischen Kind und Vater wichtig. Für einen liebevollen Umgang innerhalb der Gefängnismauern gestaltete die JVA Bützow den ehemaligen Kirchen- und Kinosaal mit ehrenamtlicher Unterstützung, z. B. bei der Wandgestaltung, in einen großen Spielplatz um, der altersgerecht unterteilt ist. Auch die Mütter und Frauen werden miteinbezogen und es gibt außerhalb des Vollzuges entsprechende Angebote für sie[25]." Das Projekt hat einen ganzheitlichen Ansatz und soll allen betroffenen Familienmitgliedern zugutekommen. Darüber hinaus wurde in der JVA Bützow ein neuer Haftbereich mit Haftraumtelefonie ausgestattet, sodass die Inhaftierten ihre Kontakte aktiv gestalten können.

3.10 Sachsen

In Sachsen wurde ein Koordinator für Familienorientierung installiert, der im Rahmen einer Landesarbeitsgruppe die Maßnahmen und Angebote in den Anstalten koordiniert. Sachsen hat zudem auch die Funktion der Angehörigenbeauftragten eingerichtet, die für die Angehörigen bei Fragen zur Verfügung stehen.

---

[24]https://www.mj.niedersachsen.de/startseite/themen/justizvollzug/niedersaechsisches_justizvollzugsgesetzes_njvollzg/justizvollzugsgesetz-wird-erneuert-opfer-erhalten-unmittelbaren-auskunftsanspruch-familiaere-bindungen-werden-staerker-beruecksichtigt-151.361.html [letzter Zugriff 29.08.17].

[25]http://www.svz.de/lokales/buetzower-zeitung/kinderspiele-hinter-gittern-id4208.626.html [letzter Zugriff 27.8.2017].

Besonders erwähnenswert ist die Arbeit des Vereins „Mitgefangen e. V." (http://www.mitgefangenverein.de [letzter Zugriff 27.8.2017]), bei dem sich Justizbedienstete in ihrer Freizeit für die Belange der Kinder von Inhaftierten ehrenamtlich einsetzen und engagieren. Der Verein führt auch regelmäßig Ausflüge mit inhaftierten Vätern und ihren Kindern durch und wurde vom Bundesinnenminister de Maiziere 2015 mit dem Preis der Kinderarche Sachsen ausgezeichnet. Darüber hinaus gibt es vielfältige intramurale und extramurale Projekte wie eine Väterwohngruppe, Familiennachmittage, Angehörigencafes, das Kursangebot des Deutschen Kinderschutzbundes e. V. „Starke Eltern – starke Kinder"®, familienorientierte Wohngruppen, „Spielzeit" – ein besonderes Angebot für Väter und ihre Kinder im Rahmen des Besuchs und Freizeitangebote. Für inhaftierte Frauen gibt es ein Mütterkompetenztraining und im offenen Vollzug eine Mutter-Kind-Station.

Der sächsische Träger Triade GbR arbeitet mit einem systemischen Ansatz und hat das Angebot „Drin ist nicht raus aus der Familie" (Engelmann und Palme 2016) für Angehörige mit mindestens einem inhaftierten Familienmitglied entwickelt. Dabei wird sowohl mit der inhaftierten Person als auch mit den Angehörigen systemisch gearbeitet.

3.11 Schleswig-Holstein

Bereits vor Inkrafttreten des neuen Landesstrafvollzugsgesetzes wurde eine Landesarbeitsgruppe „Familienorientierung" installiert, die unterschiedliche Angebote und Maßnahmen in den Justizvollzugsanstalten entwickelt hat. Daneben wird regelmäßig eine Fortbildung zu dem Thema angeboten und das Thema „Familienorientierung" wurde verbindlich in das Ausbildungscurriculum für den Allgemeinen Vollzugsdienst aufgenommen. So soll sichergestellt werden, dass neue Bedienstete von Anfang an mit dem Thema vertraut gemacht werden und sie diesen Ansatz in der Praxis umsetzen. Die familienorientierte Vollzugsgestaltung in Schleswig-Holstein umfasst vor allem die Schwerpunkte Kommunikation (Haftraumtelefonie), Besuche (auch via Videotelefonie), Infoportal für Kinder von Inhaftierten in Kooperation mit der Caritas, Freizeitaktivitäten (Sommerfest, Weihnachtsplätzchen backen, Projekt „Hörpost" – vergleichbar mit dem Bremer Projekt „Ich lese für dich"), Familienberatung/-therapie sowie die Durchführung von Vätergruppen.

4 Perspektiven der Wirkungsorientierung

Wie bereits erwähnt, können die o.g. Beispiele nur einen exemplarischen Überblick über die vielfältigen Angebote und Maßnahmen geben, die in einzelnen Bundesländern durchgeführt werden. Sie zeigen auch, dass nach der Föderalismusreform der von vielen befürchtete „Wettbewerb der Schäbigkeit" im Strafvollzug nicht eingesetzt hat, sondern auch viele positive Änderungen eingetreten sind, die zum damaligen Zeitpunkt (noch) nicht möglich erschienen.

Die Grundlagen für die vielfältigen Projekte sind zum einen die Kinderrechtskonvention, die Kindern von Inhaftierten das unveräußerliche Recht einräumt, Kontakt zu dem inhaftierten Elternteil zu halten und zum anderen der Resozialisierungsauftrag.

Insbesondere für die Resozialisierung als Kernaufgabe des Vollzuges müssen die Aspekte herausgearbeitet werden, die zu einer gelingenden Wiedereingliederung beitragen können. Die bisherigen Bemühungen und auch Anstrengungen, die unternommen wurden, um (erneute) Straffälligkeit zu verhindern, zielten oftmals auf die defizitorientierte Wahrnehmung und Behandlung der/des Gefangenen ab. Bei der Frage nach den Ressourcen muss auch das jeweilige soziale Umfeld stärker in den Mittelpunkt der Vollzugsplanung rücken, um positive Veränderungsprozesse und Perspektivwechsel zu gestalten. Bislang wurde dieser Verzahnung zu wenig Beachtung geschenkt. Der Erfolg einer familienorientierten Vollzugsgestaltung kann jedoch nur nachhaltig bestehen, wenn nicht nur die/der Inhaftierte, sondern auch die Familie während der Haftzeit und im Rahmen des Überganges Unterstützung erfährt. Die Struktur der Angebote wurde bereits in der COPING-Studie untersucht, dort heißt es:

> Die strukturelle Trennung von Justiz und sozialem Hilfenetzwerk sei laut Fachpersonal eines der größten Probleme. Generell seien die Inhaftierten Zielgruppe von gefängnisinternen Hilfsangeboten und die Angehörigen würden nur in Ausnahmefällen mit einbezogen. Unterstützungsangebote von der Stadt oder freien Trägern wiederum richten sich weniger an die Inhaftierten, da diese bereits Hilfe von der Justiz erhielten. Hier sei es wichtig, dass sich beide Hilfenetzwerke miteinander verknüpfen, was in einigen Städten bereits vorbildlich umgesetzt werde. Zusammenfassend kann gesagt werden, dass die Qualität der Angebote nach Meinung der befragten FachexpertInnen sehr hoch ist, sie aber zu selten oder oft nur temporär angeboten würden. Darüber hinaus gibt es keine systematische Vernetzung der verschiedenen Dienste in Deutschland (Bieganski et al. 2013, S. 23).

Die Ressource Familie als Teil der Lösung zu begreifen ist zwar keine neue Erkenntnis, dennoch wurde die Familie von Gefangenen eher partiell wahrgenommen, z. B.

als sozialer Empfangsraum bei Lockerungen oder im Rahmen der Entlassungsvorbereitung. Die Familie wurde jedoch nicht in die vollzuglichen Entscheidungen miteinbezogen.

Nicht nur die Langzeitstudie von Lösel et al. (2012) kam zu dem Ergebnis, dass die Effektivität der Wiedereingliederung erhöht wird, wenn die Familien in den Prozess eingebunden sind, dieses Ergebnis wurde auch durch die Erkenntnisse des EU-Projekts „FliP" (family learning in prisons) gestützt. Corin Morgan-Armstrong, Mitglied der britischen Delegation von FliP, ist davon überzeugt, dass eine rationale Justizpolitik verstärkt auf Familienorientierung im Vollzug setzen sollte, um die Wiedereingliederung zu fördern „Unsere Daten aus Großbritannien zeigen unzweifelhaft, dass Familienarbeit einen wesentlichen Beitrag zur Resozialisierung der Inhaftierten leistet … die Rückfallquote bei Gefangenen ohne familienunterstützende Maßnahmen beträgt 70 Prozent" und weiter: „Gefangenen, denen man während der Haft hinreichende Kontakte zu ihren Kindern, Partnern und Angehörigen ermöglichte, wurden nur noch zu 52 Prozent wieder straffällig."[26]

Bislang wurde im Rahmen des Übergangsmanagements großen Wert darauf gelegt, die Inhaftierten in den Arbeitsmarkt zu integrieren bzw. schulische und berufliche Qualifizierungsmaßnahmen zu ermöglichen. Die bisherigen Untersuchungen im Bereich der Familienorientierung zeigen jedoch, dass bei der Wiedereingliederung auch die familiären, sozialen und emotionalen Herausforderungen unbedingt miteinbezogen werden müssen und die Gefangenen mit ihren Familien hier ebenfalls Unterstützung benötigen.

Die vielfältigen Aspekte dieses Themas können in diesem Beitrag nur angerissen und als Anregung für Vollzugspraktikerinnen und –praktiker verstanden werden, dieses Thema fortzuentwickeln. Das Thema bietet sich auch für weitere Untersuchungen, Studien und Evaluationen an, hier sind vor allem die Landesjustizverwaltungen gefordert, entsprechende Vorhaben zu fördern.

Die familienorientierte Vollzugsgestaltung ist keine modell- oder projekthafte Idee, sondern muss unseres Erachtens gesetzlich verankert werden, damit durch den Rechtsanspruch dauerhaft die finanziellen und personellen Ressourcen gewährleistet sind. Ebenso erscheint es unerlässlich, dieses Thema in die Aus- und Fortbildung zu integrieren.

---

[26]http://www.bag-s.de/aktuelles/aktuelles0/article/die-macht-der-schmetterlinge/ [letzter Zugriff 27.8.2017].

Literatur

Bieganski, J, Starke, S.& Urban, M. (2013). Informationsbroschüre Kinder von Inhaftierten. Auswirkungen. Risiken. Perspektiven. Ergebnisse und Empfehlungen der Coping-Studie. http://www.treffpunkt-nbg.de/tl_files/PDF/Projekte/Coping/Broschuere.pdf. Zugegriffen: 27. Aug. 2017.

Engelmann, A. & Palme, W. (2016). „Drin ist nicht raus aus der Familie". In L. Halbhuber-Gassner, B. Kappenberg & W. Krell (Hrsg.), *Wenn Inhaftierung die Lebenssituation prägt. Lokale Unterstützungsangebote und Online-Beratung für Angehörige* (S. 69–82). Freiburg im Breisgau: Lambertus.

Jones, A.D. & Wainaina-Wozna, A.E. (Hrsg.). (2013). Children of prisoners. Interventions and mitigations to strengthen mental health. http://childrenofprisoners.eu/wp-content/uploads/2013/12/COPINGFinal.pdf. Zugegriffen: 27. Aug. 2017.

Kawamura-Reindl, G. (2016). Zur „Konjunktur" der Hilfe für Angehörige Inhaftierter in Deutschland. In L. Halbhuber-Gassner, B. Kappenberg & W. Krell (Hrsg.), *Wenn Inhaftierung die Lebenssituation prägt. Lokale Unterstützungsangebote und Online-Beratung für Angehörige* (S. 13–36). Freiburg im Breisgau: Lambertus.

Kittel, C. (2016). Die Rechte der Kinder von Inhaftierten. In L. Halbhuber-Gassner, B. Kappenberg & W. Krell (Hrsg.), Wenn Inhaftierung die Lebenssituation prägt. Lokale Unterstützungsangebote und Online-Beratung für Angehörige (S. 177–186). Freiburg im Breisgau: Lambertus.

Klein, A. (1924). *Die Vorschriften über Verwaltung und Vollzug in den Gefangenenanstalten der Preußischen Justizverwaltung*. Berlin: Vahlen.

Lösel, F., Pugh, G., Markson, L., Souza, K.A., & Lanskey, C. (2012). Risk and protective factors in the resettlement of imprisoned fathers with their families. http://www.crim.cam.ac.uk/research/fathers_in_prison/final_report.pdf. Zugegriffen: 27. Aug. 2017.

Thiele, C. W. (2016). *Ehe- und Familienschutz im Strafvollzug: Strafvollzugsrechtliche und -praktische Maßnahmen und Rahmenbedingungen zur Aufrechterhaltung familiärer Beziehungen des Strafgefangenen*. Mönchengladbach: Forum Verlag Godesberg.

Gewalt und Subkultur

Frank Neubacher und Verena Boxberg

1 Gefangenensubkultur

Der Begriff *Subkultur* bezeichnet ein Ensemble von Werten, Regeln und Ausdrucksformen, das in einer gesellschaftlichen Teilgruppe vorherrscht und der dominanten Mehrheitskultur – zumindest in Bezug auf einige Lebensbereiche – entgegengesetzt wird. Auf das Gefängnis bezogen geht es um das Gegenüber bzw. Nebeneinander von offiziellen Vorgaben der Anstalt (z. B. gesetzliche Vorgaben, Hausordnung, Umgangsformen) und inoffiziellen Normen und Regeln der Gefangenen, die deren Verhalten untereinander und zu den Bediensteten betreffen. Gefangenensubkultur beschreibt zum einen also die Kultur einer Teilgruppe, die über weniger Macht verfügt als die vorherrschende Kultur. Zum anderen weist der Begriff die Konnotation des Untergründig-Widerständigen auf. Als „Gefangenensubkultur" werden üblicherweise typische Einstellungen, Normen und Gebräuche unter Gefangenen bezeichnet, die ihr Verhalten steuern (Laubenthal 2015, S. 138 ff.; Harbordt 1972; Hürlimann 1993). Hierzu zählen das Verbot des „Verzinkens" (d. h. Bediensteten das unerlaubte Verhalten eines Gefangenen zu melden), der Appell an eine Solidarität unter Gefangenen, die Akzeptanz von „Hackordnungen", die Hinnahme eines schattenwirtschaftlichen Systems, in dem Waren und Dienstleistungen ausgetauscht werden, die Übernahme von Sprachmustern sowie bestimmte Einstellungen zu

F. Neubacher (✉) · V. Boxberg
Köln, Deutschland
E-Mail: F.Neubacher@uni-koeln.de

V. Boxberg
E-Mail: vboxberg@uni-koeln.de

B. Maelicke und S. Suhling (Hrsg.), *Das Gefängnis auf dem Prüfstand*,
Edition Forschung und Entwicklung in der Strafrechtspflege,
https://doi.org/10.1007/978-3-658-20147-0_10

Männlichkeit und Gewalt. Dass sich Gefangene an solchen inoffiziellen Regeln ausrichten, beruht zum Teil auf Überzeugung, zum Teil auch auf Furcht vor gewaltsamer Sanktionierung durch Mitgefangene im Falle der Regelverletzung. Erving Goffman (1972) wies in seiner Studie über totale Institutionen, zu denen er u. a. Gefängnisse, Psychiatrien und Kasernen zählte, auf die fundamentale Trennungslinie zwischen Insassen und Personal hin (Goffman 1972). Tatsächlich kommen die unterschiedlichen Welten und Rollenverständnisse etwa in einem für beide Seiten geltenden Verbot, mit der Gegenseite „gemeinsame Sache zu machen", und dem Gebot, untereinander „Solidarität" zu üben, zum Ausdruck (Neubacher 2008, S. 13). Darüber hinaus kennzeichnet nach Goffman (1972) das Gefängnis die Intention, die Inhaftierten im Sinne eines vorgegebenen Behandlungsziels zu „bessern" und zur Erreichung dieses Ziels immer wieder korrigierend oder disziplinierend einzugreifen. Das gehe mit der Einbeziehung und Reglementierung aller Lebensbereiche einher. Diese nahezu lückenlose Kontrolle, die vor grundlegenden Bereichen wie Schlafen, Essen und dem Aufenthaltsort nicht Halt macht, ist für manche Gefangene ein Anlass, sich – gleichsam als Akt des Widerstands und der Selbstbehauptung – auch unter Verletzung geltender Regeln der Kontrolle zu entziehen.

Gegen Ende der 1950er Jahre analysierte Gresham M. Sykes (1958) das subkulturelle Sozialsystem der Gefangenen. Er hielt die Herausbildung einer Gefangenensubkultur für eine Reaktion der Gefangenen auf die vielfältigen Deprivationen, mit denen sie zu kämpfen hatten und die er als „pains of imprisonment" bezeichnete. Im Einzelnen meinte er damit den Entzug von Freiheit, die fehlende Möglichkeit, nach eigenem Gutdünken Waren und Dienstleistungen zu beziehen, den Mangel an heterosexuellen Beziehungen sowie den Verlust von Autonomie und Sicherheit. Wenn es aber stimmt, dass Gefangene subkulturelle Normen und Verhaltensweisen in einem Prozess der Anpassung und des sozialen Lernens übernehmen, um im Gefängnis zu überleben, trägt das Gefängnis selbst zur Hervorbringung dieser Verhaltensweisen bei.

Als Reaktion auf die einseitige Fokussierung der Strafvollzugswissenschaft auf männliche Gefangene wandte sich Rose Giallombardo in den 1960er Jahren weiblichen Inhaftierten zu (Giallombardo 1966). Sie gestand ihnen zu, ebenso wie die Männer unter den „pains of imprisonment" zu leiden. Zwar müssten sie physische Übergriffe durch ihre Mitgefangenen weniger fürchten als die männlichen Gefangenen, doch hätten sie nicht weniger Angst vor verbalen und psychischen Attacken. Giallombardo (1966) benannte einen weiteren Unterschied zwischen den Geschlechtern, der durch nachfolgende Untersuchungen wiederholt bestätigt wurde: Weibliche Gefangene gehen häufiger als männliche Gefangene intraprisonäre romantische Beziehungen ein – oder leben sie offener aus (Greer 2000). Die Gefangenen im deutschen Frauenstrafvollzug werden des Öfteren als anpassungsfähiger und anpassungsbereiter als die männlichen Gefangenen beschrieben. Dass sie den Anstalten zudem weniger Sicherheitsprobleme bereiten (Schöner 2004), sollte jedoch nicht darüber hinwegtäuschen, dass Untersuchungen – zumindest im Jugendstrafvollzug – Verhaltensweisen entdecken, die seinerzeit schon Sykes (1958) beschrieb und die als durchaus „männlich" gelten können (Neuber 2015; Jansen 2007). Die „pains of imprisonment" bestimmen jedenfalls auch heute noch das Erleben der Gefangenen. Im Jugendstrafvollzug betrifft das nicht nur die männlichen Jugendstrafgefangenen (Bereswill 2001; Wolter und Boxberg 2016). Vergleichbare Deprivationen werden auch für die Gemeinschaft der weiblichen Gefangenen beschrieben (Giallombardo 1966; McGuire 2011; Neuber 2015).

Der beschriebenen Deprivationsthese wird in der Literatur die Importationsthese gegenübergestellt, die davon ausgeht, dass die Regeln und Verhaltensweisen der Gefangenensubkultur – wie andere Probleme auch (z. B. Suchtverhalten) – durch die Gefangenen bei Haftantritt mit ins Gefängnis eingebracht würden (Irwin und Cressey 1963). Man muss nicht einer der beiden Auffassungen zulasten der anderen den Vorzug geben, da beide Sichtweisen ihre Berechtigung und erst kumulativ Erklärungskraft haben (Suhling und Rabold 2013). Die Gefangenen müssen sich gleich zu Beginn ihrer Inhaftierung zur Subkultur positionieren, da sie von Mitgefangenen regelmäßig provoziert, eingeschüchtert oder durch Zugangs- und Unterwerfungsrituale zur Abgabe von Geld oder Waren, zum Reinigen von Hafträumen oder anderen Handlungen gezwungen werden. Eigenes Gewaltverhalten ist dabei häufig das Mittel der Wahl, um (weitere) Viktimisierungen zu vermeiden (Hürlimann 1993). Im Folgenden wenden wir uns der Frage zu, wie Importation und Deprivation intraprisonäre Gewalthandlungen beeinflussen, inwiefern auch Gewalt als Ausdruck der Gefangenensubkultur begriffen werden muss, um danach zu diskutieren, wie es gelingen kann, das Gewaltproblem einzuhegen. Wir greifen hierzu auf Daten zurück, die aus einschlägigen Forschungsprojekten stammen, welche am Institut für Kriminologie der Universität zu Köln seit 2010 durchgeführt werden.

2 Importation, Deprivation und Gewalt

Importation und Deprivation werden nicht nur hinsichtlich des Einflusses auf subkulturelle Einstellungen, sondern auch in Bezug auf den Zusammenhang mit intraprisonärer Gewalt diskutiert. Aus der nationalen und internationalen Forschung ist bekannt, dass Opfer von Gewalttaten eine erhöhte Wahrscheinlichkeit aufweisen, selbst Gewalt auszuüben („Kreislauf der Gewalt") (Pfeiffer und Wetzels 1999;

Walter und Neubacher 2011; DeLisi et al. 2010). Gefangene, die durch ihre Eltern Gewalt erfahren haben, sind in der Haft häufiger selbst gegenüber Mitgefangenen gewalttätig als andere Insassen (Ernst und Neubacher 2014; Schmidt 2013). In der biografischen Perspektive wird jedoch deutlich, dass diese Gewalttätigkeit eng mit Autonomie- und Abhängigkeitskonflikten zusammenhängen. Gewalt zeigt sich dann als „Abwehr schmerzhafter (biografischer) Konflikterfahrungen" (Neuber 2014, S. 86). Insbesondere Gewalterfahrungen in der Herkunftsfamilie wirken in dieser Abwehr nach. So zeigt sich, dass insbesondere schwer und häufig viktimisierte Gefangene missachtete Anerkennungsbedürfnisse in „gewaltsam eingeforderte Anerkennungsansprüche" (Schmidt 2013, S. 203) umwandeln, um Respekt zu erlangen und einen Reputationsgewinn zu erfahren. Konflikte mit Mitgefangenen wie auch mit Bediensteten bergen für die Gefangenen die Möglichkeit der „Anerkennung als unabhängiges Gegenüber" (Bereswill 1999, S. 24 f.). Die Gefangenen greifen hierbei auf Strategien zurück, die sie oftmals erfolgreich in (stationären) Einrichtungen der Jugendhilfe erprobt haben. Obwohl für Gefangene mit Heimerfahrung das Gefängnis die erste Institution ist, bei der fortwährende Provokationen nicht zum Rauswurf führen können, so halten sie oftmals aus Ermangelung an alternativen Anerkennungserfahrungen an diesen Strategien fest (Meier 2002). Gewalt als erfolgreiche Handlungsoption wird also durchaus in das Gefängnis importiert. Sie wird dort aber in einer für das Gefängnis spezifischen Art und Weise ausgelebt, die ohne die Gefangenensubkultur und die Anstaltsumgebung kaum möglich wäre. Hierzu zählen vor allem alltägliche Begegnungen mit Mitgefangenen, die Reaktionen auf Gewalt und Provokationen unausweichlich werden lassen (Kühnel 2012; Schmidt 2013). Man kann in dieser Umgebung eben nicht so „einfach seine Ruhe haben", wie es sich Gefangene oft wünschen (Meier 2002, S. 144). Selbst der Wunsch nach Nähe kann zu gewalttätigen Übergriffen führen. Vor dem Hintergrund von romantischen Beziehungen erscheint Gewalt unter weiblichen Gefangenen oft auch als Partnergewalt oder als handgreiflicher Konflikt aufgrund von Eifersucht (Wulf-Ludden 2013).

Den Nährboden für die gewaltsame Positionierung innerhalb der Gefangenensubkultur liefern institutionelle Zwänge der Ein- und Unterordnung und das „weitgehend Entpersönlicht-, Entmündigt- und Verwaltetsein" (Kerner et al. 1990, S. 570). Die institutionelle Verknappung und Verteuerung von Gütern (Tabak, Süßigkeiten, Hygieneartikel) begünstigen die gewaltsame Wegnahme, erniedrigende Handelsbeziehungen ebenso wie den Statusgewinn durch den Besitz dieser Güter (Walkenhorst 2007). Auch die bereits erwähnten „pains of imprisonment" erhöhen die Wahrscheinlichkeit intraprisonärer Gewalt. Beispielsweise berichten Inhaftierte, die unter sexueller Deprivation leiden, häufiger davon, Gewalt in verschiedenen Formen auszuüben (Wolter und Boxberg 2016).

Insbesondere ist es der empfundene Mangel an Autonomie, der die Anwendung psychischer und physischer Gewalt wahrscheinlicher werden lässt. In diesem Zusammenhang ist auch das Verhalten der Bediensteten für den Umgang der Gefangenen mit den „pains of imprisonment“ relevant. Sehen sich die Gefangenen nämlich von den Bediensteten fair und mit Respekt behandelt („Verfahrensgerechtigkeit“), mildert das den ungünstigen Einfluss des Autonomieverlusts ab und hat einen indirekten negativen Effekt auf alle vier untersuchten Gewaltarten (psychische Gewalt; physische Gewalt; Zwang/Erpressung; materielle Schädigung[1]). Mit anderen Worten: Gefangene, die sich fair behandelt fühlen, sind trotz ansonsten widriger Umstände nachweisbar weniger gewalttätig (Wolter und Boxberg 2016; ähnl. Baier und Bergmann 2013; Neubacher 2014; Van der Laan und Eichelsheim 2013).

3 Gewalt als Ausdruck von Gefangenensubkultur

Als wichtigste Begründung für Übergriffe auf andere Gefangene wird sowohl von weiblichen als auch von männlichen Gefangenen der Bruch von subkulturellen Regeln genannt (Häufle et al. 2013; McGuire 2011; Neuber 2015). Darüber hinaus werden Beleidigungen und Provokationen als Gründe angeführt. Jedoch hat das Ausüben von Gewalt auch die Funktion, Respekt und Ansehen zu gewinnen (Jansen 2007; Kühnel 2012). Dabei geht es nicht nur darum, das eigene Durchsetzungsvermögen zu demonstrieren, sondern auch darum, kein Opfer zu sein und einer Subordination zu entgehen (Neuber 2014; Schmidt 2013). Entsprechend besteht ein Zusammenhang zwischen subkulturellen Einstellungen und Übergriffen auf andere Gefangene (Ernst und Neubacher 2014; Häufle et al. 2013). Für Gefangene stellt die Subkultur ein „anerkennungsstiftendes Identitätsangebot“ dar, insbesondere für Gefangene, die in ihren Herkunftsfamilien intensiv, d. h. besonders gravierend oder mehrfach viktimisiert wurden (Schmidt 2013, S. 203). Anders stellt es sich für Gefangene dar, die leichte Formen familiärer Gewalt erfahren haben. Sie sehen Gewalt zwar als ein mitunter wirksames Mittel der Konfliktbewältigung an, ohne jedoch Anerkennung aus handgreiflichen Übergriffen zu ziehen oder starke subkulturelle Überzeugungen aufzuweisen. Inhaftierte wiederum, die von keiner Viktimisierungserfahrung in ihrer Familie berichten, stehen der Gefangenensubkultur kritischer gegenüber und üben

[1]Zu diesen Kategorien von Gewalt und zu den Messinstrumenten: Boxberg et al. (2013); Häufle et al. (2013); Neubacher (2014).

selbst kaum Gewalt aus (Schmidt 2013). Dies verweist auf die Dreiteilung der Gefangenen durch Irwin und Cressey (1963). Danach sucht die erste Gefangenengruppe Macht und Einfluss und weist eine starke Orientierung an den Normen der Gefangenensubkultur auf. Für die zweite Gruppe sind diese Normen zwar nicht bedeutungslos, jedoch fokussiert sie ihr Bemühen auf eine schnelle Entlassung. Die dritte Gruppe hingegen verhält sich unauffällig, meidet regelwidriges Verhalten und subkulturell aktive Mitgefangene. Diese Dreiteilung spiegelt sich auch in unseren Daten aus dem deutschen Jugendstrafvollzug wider. Die ersten beiden Gefangenengruppen üben gleichermaßen Gewalt aus und werden viktimisiert (Boxberg und Bögelein 2015). Dabei unterscheiden sie sich dahin gehend, dass die eine Gruppe versucht, allzu auffälliges oder stark regelwidriges Verhalten zu umgehen, die andere jedoch nicht. Die dritte Gruppe versucht indes, Täter- und Opfererfahrungen ganz zu vermeiden.

4 Das Kölner Forschungsprojekt

Bisherige Untersuchungen waren ausschließlich querschnittlich angelegt. Sie zeigen zwar den engen Zusammenhang zwischen Subkultur und intraprisonärer Gewalt, lassen jedoch offen, ob und inwiefern subkulturelle Einstellungen späteres Gewalthandeln beeinflussen bzw. – umgekehrt – erst die Folge eigener Täterschaft sind. Diesen Fragen gehen wir im Folgenden auf der Grundlage eines längsschnittlichen Forschungsprojekts nach, welches das Institut für Kriminologie der Universität zu Köln in den Jahren 2010–2017 mit männlichen und weiblichen Jugendstrafgefangenen in Deutschland durchführte. Im Fokus des Forschungsvorhabens stand die Gewalt unter Gefangenen in all ihren Facetten. Daneben ging es aber auch um die Zustimmung zu subkulturellen Normen und Einstellungen, die Perzeption der Anstalt, Deprivationserfahrungen und die biografischen Vorbelastungen.

Die verschiedenen Gewalthandlungen wurden retrospektiv, für die zurückliegenden drei Monate und nach der Häufigkeit ihrer Ausführung, abgefragt.[2] Die häufigste Gewaltart in Haft ist demnach die psychische Gewalt; 84 % der befragten männlichen[3] und 80 % der befragten weiblichen Jugendstrafgefangenen räumten

---

[2]Eine genaue Beschreibung der Studie und der verwendeten Skalen findet sich bei Häufle et al. 2013.

[3]An dieser Stelle werden die Nennungen sämtlicher Befragten über alle Erhebungswellen hinweg gemittelt. Einbezogen sind 1769 Antworten von 883 männlichen Befragten und 469 Antworten von 269 weiblichen Befragten.

ein solches Verhalten für die zurückliegenden drei Monate ein. 64 % der männlichen und 49 % der weiblichen Befragten gaben an, physische Gewalt angewendet zu haben. 45 % der männlichen und 22 % der weiblichen Inhaftierten berichteten, eine Körperverletzung begangen zu haben („absichtlich verletzt", „getreten oder geschlagen"). Zwang und Erpressung anderer Gefangener wurden ebenfalls häufiger von männlichen Gefangenen (43 %) als von weiblichen Gefangenen (22 %) angegeben. Insgesamt üben männliche Jugendstrafgefangene also signifikant häufiger Gewalt aus, doch ist die Gewalttätigkeit unter weiblichen Gefangenen in ihrem Ausmaß keinesfalls unbedeutend.[4] Auch in einer Befragung des Kriminologischen Forschungsinstituts Niedersachsen im Erwachsenenvollzug berichteten männliche Inhaftierte häufiger als weibliche Inhaftierte davon, selbst physische Gewalt ausgeübt bzw. andere erpresst zu haben. Im Vergleich wiesen die gleichzeitig befragten männlichen Jugendstrafgefangenen höhere Prävalenzraten auf als die Befragten im Erwachsenenvollzug (Baier und Bergmann 2013). Für männliche wie für weibliche Jugendstrafgefangene besteht das Problem der intraprisonären Gewalt in erster Linie darin, dass sie sich jederzeit manifestieren *kann.* Dies geschieht jedoch nicht permanent. In unserer Studie haben wir zwischen der persönlichen Betroffenheit der Befragten in den zurückliegenden drei Monaten *(Prävalenz)* und der Häufigkeit entsprechender Ereignisse im selben Zeitraum *(Inzidenz)* unterschieden. Diese Inzidenz einschlägiger Vorfälle wurde durch die Antwortkategorien „nie", „selten", „manchmal" und „oft" erfasst. Zwar räumten viele Gefangene eigene Gewaltausübung ein bzw. berichteten von einer Viktimisierung, doch geschahen solche Vorkommnisse im entsprechenden Zeitraum nicht besonders häufig. Die Gefangenen wählten zum überwiegenden Teil die Kategorie „selten". Wenn man also zu Recht von der „Alltäglichkeit der Gewalt" im Jugendstrafvollzug oder von einer „Gewaltkulisse" spricht, ist das Gewaltproblem dahin gehend zu präzisieren, dass Gewalt zwar täglich um eine Gefangene bzw. einen Gefangenen herum geschieht und insoweit auch nicht ohne Eindruck auf sie bzw. ihn bleiben wird, dass sie bzw. er sie aber nicht selbst in eigener Person täglich erleidet.

Mit unseren Daten lässt sich nachweisen, dass eine über die Zeit zunehmende Gewalt der Gefangenen auf eine intraprisonäre Viktimisierung zu einem früheren Zeitpunkt zurückzuführen ist (Häufle und Wolter 2015). Längsschnittlich zeigt sich sowohl für physische als auch für psychische Gewalt eine Zunahme während der Zeit der Inhaftierung. Der Verlauf der psychischen Gewalt wird v. a. durch

[4]Psychische Gewalt: $\chi 2(1) = 4.33$; $p = 0{,}037$; physische Gewalt: $\chi 2(1) = 34{,}79$; $p < 0{,}001$; Körperverletzung: $\chi 2(1) = 1{,}85$; $p < 0{,}001$; Zwang/Erpressung: $\chi 2(1) = 18{,}71$; $p < 0{,}001$.

vorangegangene physische und psychische Viktimisierung beeinflusst. Während des gesamten Beobachtungszeitraums von 12 Monaten sind etwa 39 % der männlichen Jugendstrafgefangenen sowohl als Täter als auch als Opfer in *physische Gewalt*[5] involviert. Eine strikte Unterscheidung in „Täter" und „Opfer" geht also an der Realität der Gefängnisgewalt vorbei. Werden alle 641 Gefangenen betrachtet, von denen Angaben zu zwei Messzeitpunkten vorliegen, so zeigen sich gewisse Veränderungen bei den Täter- und Opfererfahrungen hinsichtlich physischer Gewalt. Während 60 % der Gefangenen drei Monate nach der ersten Befragung ganz ähnliche Angaben zu ihren Täter- und Opfererfahrungen machen wie zuvor, hat sich der Status bei 40 % der Befragten (n = 269) verändert. Sie berichten mehrheitlich von erstmaligen Täter- bzw. Opfererfahrungen. Dabei ist die Gruppe derer, die erstmalig eigene Gewalttätigkeit angeben, größer als die Gruppe derer, die erstmals keine Gewalttätigkeit angeben (32 % zu 19 %). Mit anderen Worten heißt das, dass das Gewaltgeschehen im Gefängnis dynamisch ist und mit der Zeit mehr Gefangene von diesem „Sog der Gewalt" erfasst werden. Dabei zeigen Personen mit mehr vollzuglichen Opfererfahrungen eine stärkere Zunahme der selbst ausgeübten Gewalt als Personen mit weniger Opfererfahrungen (Häufle und Wolter 2015). Eigene Opfererfahrungen spielen offenbar eine entscheidende Rolle und sind mitverantwortlich dafür, dass Gewalt „Kreise zieht", dass sie „Schule macht" und dass sie das „Klima vergiftet". Es mag tatsächlich einige (wenige) typische „Täter"- und „Opfertypen" geben. Jeder Vollzugspraktiker und jede Vollzugspraktikerin wird sich an entsprechende Personen und Beispielsituationen erinnern können. Aber das ist nur ein Teil des Gewaltproblems. Denn auch jemand, der Gewalt abgeneigt ist und von sich aus keine Gewalt ausüben würde (der also Gewalt nicht ins Gefängnis importiert), wird in den Auseinandersetzungen mit Mitgefangenen irgendwann dazu gebracht werden, sich in der Gefangenensubkultur – ggf. auch mit Gewalt – zu positionieren. Diese Erkenntnisse haben große Bedeutung für Präventionsbemühungen, auf die später zurückzukommen sein wird.

Erwartungsgemäß gehen mit der Gewaltausübung bestimmte Einstellungen der Täter einher, die (weitere) Gewalt begünstigen, nämlich Akzeptanz von Gewalt, Männlichkeitsvorstellungen sowie eine positive Einstellung zu subkulturellen Werten und Verhaltensweisen.[6] Gefragt nach ihrer Zustimmung zu subkulturellen

---

[5]Einschließlich der Androhung von körperlicher Gewalt; bei Ausweitung auf Formen psychischer Gewalt (z. B. Beleidigen, Lästern, Ignorieren) ist der entsprechende Kreis von Gefangenen deutlich größer.

[6]Bei einer Stichprobe aus männlichen Gefangenen (Häufle et al. 2013).

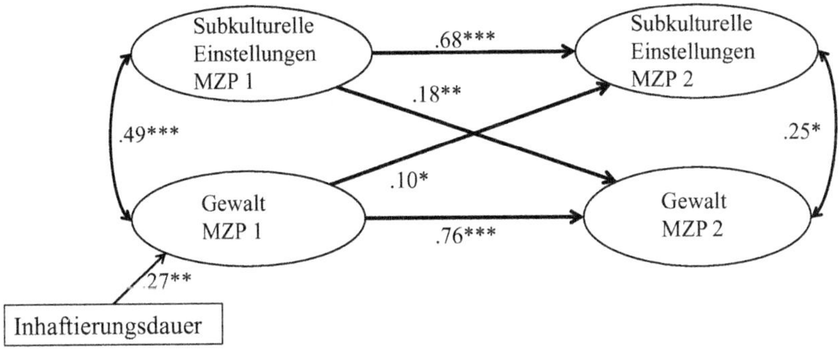

Abb. 1 Autoregressives Modell der männlichen Jugendstrafgefangenen. (Modellgüte: $\chi^2(199) = 369{,}95$ [$p < 0{,}001$]; RMSEA = 0,041 [0,035–0,048]; CFI = 0,98; TLI = 0,98; $+p < 0{,}1$; $^{*}p < 0{,}05$; $^{**}p < 0{,}01$; $^{***}p < 0{,}001$)

Einstellungen (Beispielitems: *„Mit den Bediensteten arbeitet man nicht zusammen."* *„Den Opfern unter den Gefangenen kann man nicht helfen."*), äußern zwar einige Gefangene ihre volle Zustimmung, die meisten stimmen ihnen jedoch eher nicht zu ($M = 2{,}06$; $SD = 0{,}71$; auf einer Likertskala von 1 bis 4). Dabei haben die männlichen Jugendstrafgefangenen ($M = 2{,}12$; $SD = 0{,}72$) einen signifikant höheren Mittelwert als die befragten weiblichen Jugendstrafgefangenen ($M = 1{,}83$; $SD = 0{,}59$; $t[219{,}5] = 4{,}796$; $p < 0{,}001$).

Inwiefern subkulturelle Einstellungen und Gewalt längsschnittlich zusammenhängen, wird mithilfe autoregressiver Modelle (Christ und Schlüter 2012) mit kreuzverzögerten Effekten überprüft.[7] Die Modelle für die männlichen Gefangenen (Abb. 1) bzw. die weiblichen Gefangenen (Abb. 2) zeigen, dass subkulturelle Einstellungen die entsprechenden Einstellungen drei Monate später vorhersagen.

[7]In der Analyse wurden alle 500 Männer und alle 123 Frauen berücksichtigt, die zweimal befragt werden konnten. Der Stichprobendropout ist vornehmlich der Entlassung aus dem Strafvollzug geschuldet, von einer Verzerrung ist daher nicht auszugehen. Um Messfehler auszuschließen, wurden zunächst die Annahmen überprüft, dass sich sowohl die Messung zwischen den Messzeitpunkten als auch zwischen den weiblichen und männlichen Gefangenen nicht unterscheiden (Messinvarianz). Während für die längsschnittliche Messungen partielle skalare Messinvarianz vorliegt, ist die Invarianz zwischen den Befragtengruppen nicht gegeben. Daher werden die Ergebnisse für die Männer und die Frauen getrennt dargestellt. Für beide Befragtengruppen liegt längsschnittlich skalare Messinvarianz vor (Christ und Schlüter 2012). Der Modellfit beider Modelle ist gut.

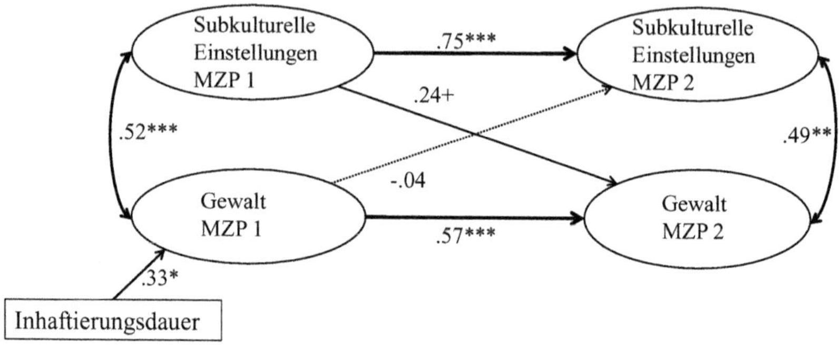

Abb. 2 Autoregressives Modell der weiblichen Jugendstrafgefangenen. (Modellgüte: $\chi^2(199) = 213{,}26$ [p < 0,001]; RMSEA = 0,024 [0,000–0,047]; CFI = 0,99; TLI = 0,99; $+ p < 0{,}1$; $^{*}p < 0{,}05$; $^{**}p < 0{,}01$; $^{***}p < 0{,}001$)

Auch die Ausübung von physischer Gewalt ist ein Prädiktor für spätere Gewalttätigkeit. Erwartungsgemäß korrelieren in beiden Modellen die subkulturellen Einstellungen mit der ausgeübten physischen Gewalt zum jeweiligen Messzeitpunkt. Der längsschnittliche Zusammenhang zwischen Gewalt und subkulturellen Einstellungen zeigt sich deutlich im Modell der männlichen Gefangenen. Dabei erhöhen eigene Gewalttätigkeiten zum ersten Messzeitpunkt die subkulturellen Einstellungen drei Monate später. Umgekehrt führen subkulturelle Einstellungen zur vermehrten eigenen Gewalttätigkeit zum zweiten Messzeitpunkt. Letzteres zeigt sich für die weiblichen Gefangenen zumindest tendenziell.

Da frühere Analysen darauf hinwiesen, dass jüngere Gefangene sowie jene mit längerer Inhaftierungsdauer häufiger Gewalt ausüben (Wolter und Boxberg 2016), berücksichtigen beide Modelle zunächst Alter und Inhaftierungsdauer (in Monaten) als Kontrollvariablen. Da das Alter in diesen Modellen jedoch keinen Einfluss auf das Ausüben physischer Gewalt bzw. auf subkulturelle Einstellungen hat, geben die Abb. 1 und 2 die reduzierten Modelle ohne die Variable *Alter* wieder. Physische Gewalt nimmt im Laufe der Inhaftierung zu, während subkulturelle Einstellungen auch unabhängig von der Inhaftierungsdauer sind.[8]

[8]Die Varianzen sind für subkulturelle Einstellungen und Gewalt nicht besonders hoch: 60 % (subkulturelle Einstellungen) bzw. 67 % (physische Gewalt) werden im ersten Modell (Abb. 1) erklärt; das Modell für die weiblichen Inhaftierten erklärt mit 54 % (subkulturelle Einstellungen) bzw. 52 % (physischen Gewalt) noch etwas weniger (Abb. 2).

Im Ergebnis bestehen nur für junge männliche Gefangene längsschnittlich reziproke Zusammenhänge zwischen subkulturellen Einstellungen und physischer Gewalt, nicht aber für die jungen Frauen. Für diesen Unterschied zwischen den Befragtengruppen gibt es zwei mögliche Lesarten. Zunächst ist es denkbar, dass unter weiblichen Gefangenen der Zusammenhang infolge der geschlechtsspezifischen Sozialisation oder infolge von Selektionsprozessen, die zur Inhaftierung führen, weniger ausgeprägt ist. Zumindest für den angloamerikanischen Raum wird diskutiert, ob das geringere Maß an Zustimmung zu subkulturellen Normen unter weiblichen Gefangenen ein Hinweis darauf sein könnte, dass diese Normen trotz aller Ähnlichkeit doch nicht mit jenen der männlichen Gefangenen kongruent sind (McGuire 2011). Wir möchten hingegen zu bedenken geben, dass in Deutschland die für weibliche Jugendstrafgefangene zuständigen Abteilungen des Vollzugs aufgrund der geringen Gefangenenzahl[9] sehr kleine Einheiten sind und ein „Anhängsel" des Frauenvollzugs[10] bilden. Neben vielerlei Nachteilen (Jansen 2007) haben diese Abteilungen den Vorzug, dass sie überschaubar und einer geringen internen Fluktuation bei Gefangenen und Bediensteten ausgesetzt sind. Das Vollzugsgeschehen wird bei einer Belegung mit 10–20 jungen Frauen deutlich weniger dynamisch sein als in einer mit mehreren hundert männlichen Jugendstrafgefangenen belegten Anstalt. Darüber hinaus können mit einem festen Stamm an Beamtinnen und Beamten stabilere Beziehungen zwischen Gefangenen und Bediensteten aufgebaut werden. Da sich die Anstaltsgröße in der bisherigen Forschung zum deutschen Erwachsenenvollzug nicht als Prädiktor für intraprisonäre Gewalt erwiesen hat (Baier et al. 2014), vermuten wir hier keinen *linearen* Zusammenhang in dem Sinne, dass proportional zur Anstaltsgröße die Gewalt zunähme. Vielmehr erscheint es plausibel, dass in kleineren Einheiten, in denen eine kritische Masse nicht überschritten wird, die Inhaftierten seltener Gewalt ausüben als in größeren Organisationseinheiten. Wir gehen deshalb davon aus, dass in größeren Anstalten die Zustimmung der Gefangenen zu subkulturellen Normen höher ist und die festgestellten Unterschiede zwischen männlichen und weiblichen Gefangenen auf die strukturellen Bedingungen und nicht (nur) auf die Subjekte zurückzuführen sind (Neuber 2015). Wir meinen, dass Gewalt nicht nur in einem Zusammenhang mit der Gefangenensubkultur steht (Ernst und Neubacher 2014), sondern überdies haftspezifischen Umständen bzw. einem lokalen „Anstaltsklima"

[9]Am Stichtag 30.11.2015 befanden sich 3796 Männer und 149 Frauen im Jugendstrafvollzug (Statistisches Bundesamt 2016).

[10]Dieser ist mitunter selber das Anhängsel einer Anstalt für männliche Strafgefangene (Neuber et al. 2011).

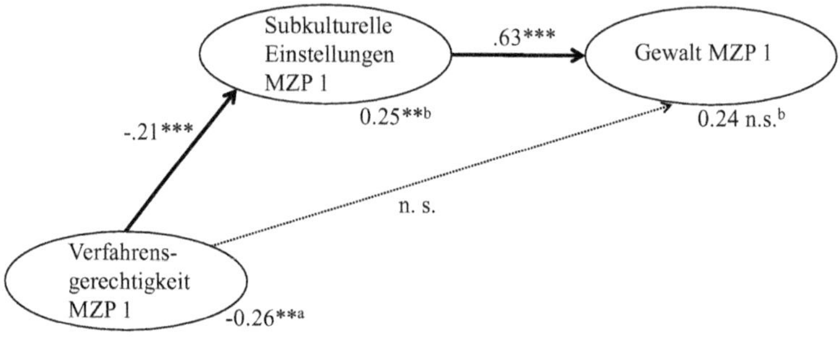

Abb. 3 Multipler Gruppenvergleich der weiblichen und männlichen Jugendstrafgefangenen. (Modellgüte: χ^2 (227) = 369,34 [P = 0,00]; RMSEA = 0,044 [0,036–0,052]; CFI = 0,99; TLI = 0,99; + $p < 0,1$; $^{*}p < 0,05$; $^{**}p < 0,01$; $^{***}p < 0,001$; [a]Mittelwertsunterschiede: Männer – Frauen; [b]Interceptunterschiede: Männer – Frauen)

Bedeutung zukommt. Im Folgenden prüfen wir daher, inwiefern sich die Haltung der Bediensteten den Gefangenen gegenüber in beiden Gruppen auswirkt. Hierzu wurde auf die Skala „Verfahrensgerechtigkeit" von Reisig und Mesko (2009) zurückgegriffen. Die Skala umfasst sechs Items mit einer vierstufigen Likertskala (bspw. *„Die Gefangenen werden von den Bediensteten mit Respekt behandelt." „Die Bediensteten erklären den Gefangenen ihre Entscheidungen."*). Im Geschlechtervergleich zeigt sich, dass die männlichen Gefangenen signifikant seltener angaben, von den Bediensteten respektvoll und fair behandelt zu werden ($M = 2,37$; $SD = 0,03$), als die weiblichen Gefangenen ($M = 2,52$; $SD = 0,06$; $t[210,93] = -2,17$; $p < 0,05$). Dieser Befund unterstützt die These, dass die unterschiedlichen Bedingungen die Atmosphäre in den kleineren Abteilungen des Jugendstrafvollzugs positiv verändern.

Zur Vertiefung soll nun ein multipler Gruppenvergleich für die männlichen und weiblichen Gefangenen berechnet werden. Dem liegt ein Strukturgleichungsmodell zugrunde, das überprüft, inwiefern Einschätzungen zur Verfahrensgerechtigkeit subkulturelle Einstellungen und physische Gewalt beeinflussen. Dabei gehen wir – wie bereits dargelegt – davon aus, dass subkulturelle Einstellungen physische Gewalttätigkeit nach sich ziehen.[11] Die Ergebnisse sind Abb. 3 zu entnehmen.

[11]Aufgrund der geringen Zahl weiblicher Inhaftierter, die zweimal an der Erhebung teilnahmen, wurde das Modell querschnittlich modelliert. Die partielle skalare Messinvarianz zwischen den Gruppen ist gegeben (s. dazu Christ und Schlüter 2012). Der Modellfit ist erneut gut.

Sie belegen, dass sich, wie schon im Längsschnitt für die männlichen Gefangenen gezeigt, subkulturelle Einstellungen auf eigene physische Gewalttätigkeit auswirken. Das Erleben von Verfahrensgerechtigkeit verringert hingegen subkulturelle Einstellungen und hat dadurch indirekt einen gewaltreduzierenden Einfluss (totaler Effekt = −0,21**). Da die Zusammenhänge zwischen den latenten Variablen für beide Gruppen gleich sind, gelten die Aussagen sowohl für männliche wie für weibliche Gefangene. Zwar stimmen männliche Gefangene signifikant häufiger subkulturellen Einstellungen zu und können seltener Verfahrensgerechtigkeit bei den Entscheidungen und Anweisungen der Bediensteten erkennen als die weiblichen Gefangenen, jedoch ergeben sich daraus keine Unterschiede für den Zusammenhang mit der eigenen Gewaltanwendung. Die geringere Gewalttätigkeit der weiblichen Gefangenen wird vielmehr durch das geringere Maß an subkulturellen Einstellungen und die häufigere Wahrnehmung von Verfahrensgerechtigkeit erklärt.

Die beschriebenen Differenzen werden offenbar durch strukturelle Unterschiede zwischen den Anstalten hervorgerufen. Die Befunde zur Bedeutung von Verfahrensgerechtigkeit sind ein Hinweis darauf, dass in kleineren Abteilungen bzw. Vollzugseinheiten die Transparenz von Entscheidungen eher gewährleistet werden kann und Beziehungen besser aufgebaut werden, wodurch respektvolle und faire Verhaltensweisen mehr zum Tragen kommen. Umgekehrt kann ein geringer Bekanntheitsgrad zwischen Bediensteten und Inhaftierten dazu führen, dass vonseiten der Bediensteten häufiger Disziplinarmaßnahmen verhängt werden (Walter 1998) und das Verhalten der Bediensteten vonseiten der Gefangenen eher als ungerecht empfunden wird. In jedem Fall lässt sich konstatieren, dass in den kleineren Abteilungen der weiblichen Jugendstrafgefangenen subkulturelle Einstellungen weniger ausgeprägt und die Beziehungen zwischen Bediensteten und Gefangenen dort besser ausgebildet sind. Beide Faktoren tragen maßgeblich zur Eindämmung physischer Gewalt bei.

5 Anstaltsklima und Gewalt

Es scheint uns evident zu sein, dass in einem Klima der Gewalt junge Menschen nicht zu einem gewaltfreien Leben ohne Straftaten befähigt werden können. Der Strafvollzug befindet sich also in einem Dilemma. Einerseits hat er den verfassungsrechtlichen und gesetzlichen Auftrag, Strafgefangene zu einem Leben ohne Straftaten hinzuführen (s. z. B. § 2 Satz 1 StVollzG, § 1 StVollzG NRW, § 2 Satz 1 JStVollzG NRW), schädlichen Folgen des Freiheitsentzugs entgegenzuwirken (z. B. § 3 Abs. 2 StVollzG, § 2 Abs. 1 Satz 4 StVollzG NRW, § 3

Abs. 2 Satz 3 JStVollzG NRW) und Gefangene vor wechselseitigen Übergriffen zu schützen (z. B. § 6 Abs. 5 Satz 1 StVollzG NRW, § 7 Abs. 5 Satz 1 JStVollzG NRW sowie BVerfG NJW 2006, 2093 [2096]).[12] Andererseits gelingt es dem Vollzug trotz ständiger Überwachung nicht, die Verhältnisse so zu kontrollieren, dass die Viktimisierung von Gefangenen ausgeschlossen wäre, mit allen negativen Konsequenzen auch für das vollzugliche Behandlungsziel. Das Vorhandensein zweier Ordnungen mit gegensätzlichen Verhaltensnormen stürzt aber auch die Gefangenen in ein Dilemma: Entweder sie entsagen jeder Form von Gewalt und machen sich dadurch unter den Gefangenen angreifbar oder sie orientieren sich an den Erwartungen der Gefangenensubkultur und werden daraufhin von den Bediensteten negativ im Hinblick auf die Erreichung von Vollzugs- und Behandlungszielen etikettiert.

Die intraprisonäre Gewalt einzudämmen bedeutet, die Gefängnisgewalt und mit ihr die Macht der Subkultur zurückzudrängen und gewaltfördernde Strukturen der Anstalten zu ändern, um dadurch ein Klima des Miteinanders zu fördern. Bevor wir skizzieren, wie das gelingen könnte, möchten wir einen möglichen Einwand antizipieren. Aus den Reihen von Vollzugspraktikern haben wir oft gehört, es gebe „Null Toleranz" gegenüber Gewalt, jede Tat werde gemeldet und ziehe ein Disziplinarverfahren, unter Umständen auch eine Strafanzeige, nach sich. An der Entschlossenheit des Vollzugs, nicht wegzusehen und gegen Gewalt vorzugehen, zweifeln wir nicht. Wir möchten aber fragen, ob mit dieser Vorgehensweise das Gewaltproblem möglicherweise einfach nur unterdrückt wird. Wird nicht eine (legitime und sublime) Form der Gewalt gegen eine andere gesetzt? Hilft diese Demonstration, wer das Sagen hat und der Stärkere ist, den Gefangenen wirklich, zu verstehen, warum Gewalt im Umgang miteinander der falsche Weg ist? Wozu wird er bzw. sie durch diese Lektion befähigt? Und wird dieses Vorgehen dem erzieherischen Auftrag des Jugendstrafvollzugs gerecht? Zur Disziplinierung im Jugendstrafvollzug liegen nur wenige Daten vor; einige davon wurden im Kontext unseres Forschungsprojektes erhoben. Sie zeigen, dass von Bundesland zu Bundesland und von Anstaltsleitung zu Anstaltsleitung die Anordnung von Disziplinarmaßnahmen sehr unterschiedlich gehandhabt wird. Vor allem aber lassen die Daten erkennen, dass Disziplinarmaßnahmen im Hinblick auf die erwünschten Verhaltensänderungen (nämlich keine gewalttätigen Übergriffe mehr) weitgehend unwirksam sind (Bachmann und Ernst 2015). Auch unsere Dunkelfelddaten zeigen, dass die

[12]Zu Schutz- und Verkehrssicherungspflichten des Vollzugs gegenüber Gefangenen bei einem gewalttätigen Mitgefangenen s. BVerfG, 3. Kammer des Zweiten Senats, Beschl. vom 05.10.2015 – 2 BvR 2503/14 – Rn.13–17.

bloße Anpassung der Gefangenen an die Erwartungen der Bediensteten – ohne die gleichzeitige Übernahme der dahinterstehenden Normen – zwar Gewalt reduziert, dass aber die Verhaltensänderung stärker und nachhaltiger ist, wenn die Gefangenen den Eindruck gewinnen, fair und respektvoll behandelt zu werden (Wolter und Boxberg 2016).

Wir halten es daher für fraglich, ob konstruktive Lernprozesse dadurch ausgelöst werden, dass man der Gewalt der Gefangenen mit einer sublimeren Form von Gewalt durch die Anstalt begegnet. Entscheidend wird es vielmehr sein, dass die Gefangenen nicht mehr Gewalt, sondern gewaltfreies Verhalten als Statusgewinn erfahren (Neubacher 2014). Das setzt einiges voraus, v. a. die Befähigung des Gefangenen zur Konfliktbearbeitung. In diesem Zusammenhang kommt auch den Verhaltens- und Umgangsweisen der Bediensteten große Bedeutung zu. Hier liegen entscheidende erzieherische bzw. behandlerische Aufgaben des Vollzugs. § 7 Abs. 5 JStVollzG NRW mahnt in diesem Zusammenhang zu Recht, „ein gewaltfreies Klima [zu] fördern und die Gefangenen vor Übergriffen Mitgefangener [zu] schützen." Hierzu „sollen Möglichkeiten aufgezeigt werden, Einstellungen und Fertigkeiten für sozial angemessene Verhaltensweisen zu entwickeln." Ferner seien bei den Gefangenen die „Fähigkeit zu gewaltfreier Konfliktlösung und einvernehmlicher Streitbeilegung sowie ihr Bewusstsein für Gefährdungen, die durch Fehlverhalten im Gewalt- oder Drogenbereich entstehen, [...] zu entwickeln und zu stärken."

6 Wege aus der Gewaltkulisse

Natürlich wissen die Vollzugsverantwortlichen um das Problem von Gewalt und Unterdrückung unter den Gefangenen. Bereits 2008 haben beispielsweise die Anstaltsleiterinnen und Anstaltsleiter im nordrhein-westfälischen Justizvollzug auf der Grundlage einer Anstaltsbefragung des Kriminologischen Dienstes zwölf Leitsätze zur Gewaltprävention[13] erarbeitet. Außerdem hat die Bundesarbeitsgemeinschaft der Jugendanstaltsleiter/innen sowie der besonderen Vollstreckungsleiter/innen im April 2013 eine „Stellungnahme zur Gewalt unter Gefangenen" verfasst (Jesse 2013). In Niedersachsen haben einzelne Anstaltsleitungen ihre Erfahrungen und Überlegungen veröffentlicht (Jesse 2015; Koop 2013). In diesen Papieren finden sich bemerkenswerte Sätze, zum Beispiel: „In der Überwachung

[13]Ein Dutzend Leitsätze zur Gewaltprävention, Papier vom 11.11.2008 (liegt den Autoren vor).

der Wohngruppen setzen wir auf Menschen und nicht auf Kameras. ‚Soziales Lernen‘ in den Wohngruppen erfordert mehr als Aufsicht. Alternative Problemlösungsstrategien müssen erprobt und in einem strukturierten Rahmen ermöglicht werden“ (Jesse 2015, S. 123). Wir sehen das genauso[14] (Neubacher 2014), möchten aber am Beispiel der Leitsätze aus NRW zeigen, dass der Weg von klaren Grundsätzen zu einem konkreten Anti-Gewalt-Konzept verschlungen sein kann.

Die zwölf Leitsätze aus NRW, die hier in aller Kürze, d. h. ohne die jeweils ein oder zwei erläuternden Sätze wiedergegeben werden, leuchten unmittelbar ein. Sie lauten:

1. Gewalt reduzierendes Klima schaffen
2. Binnendifferenzierung erweitern
3. Diagnostik und Verhaltensbeobachtung verfeinern
4. Betreuungsteams mit festem Personalstamm einrichten
5. Behandlungsmaßnahmen ausbauen
6. Beschäftigungssituation verbessern
7. Alltagsstrukturierende Freizeitangebote intensivieren
8. Deeskalations- und Schlichtungsstrategien trainieren
9. „Null-Toleranz-Haltung“ konsequent verwirklichen
10. Gewaltvorkommnisse aufarbeiten
11. Aus Gewaltvorkommnissen lernen
12. Probleme und Lösungsbeispiele öffentlich machen.

Der Leitsatz Nr. 9 („‚Null-Toleranz-Haltung‘ konsequent verwirklichen“) wirft wenigstens zwei Fragen auf. Die eine bezieht sich auf die – gleichermaßen konsequente – Intervention bei unterschiedlichen Formen von Gewalt. Muss schon bei vergleichsweise leichten Formen von psychischer Gewalt, z. B. bei Beleidigungen, Provokationen, Missachtungen u. ä., reagiert werden? Diese Frage kann man mit guten Gründen bejahen, denn es sind diese, durchaus häufig auftretenden Formen sozialer Missachtung, die den Ausgangspunkt der Gewaltspirale bilden und ein Klima von Gewalt und Einschüchterung entscheidend prägen. Die andere, zweite Frage betrifft das Zusammenspiel mit Leitsatz Nr. 10 („Gewaltvorkommnisse aufarbeiten“). Wie kann eine „Aufarbeitung von Gewalttaten, auch unter Einbeziehung des Gedankens der Wiedergutmachung sowie systematischer Methoden der Mediation“ (wie es in der Erläuterung dieses Leitsatzes heißt) gelingen, wenn gleichzeitig eine „Null-Toleranz-Haltung“ praktiziert werden soll,

[14]Zur Videoüberwachung: Witos et al. (2014).

die „grundsätzlich" und „unverzüglich" zur Einleitung eines Disziplinarverfahrens und – soweit „rechtlich geboten oder sachangemessen" – zur Strafanzeige führt?[15] Wir sehen hier einen Widerspruch im Sinne einer Zielkollision: Konsequente Bestrafung und gleichzeitiges soziales Lernen schließen sich weitgehend aus. Wie soll die Atmosphäre gestaltet sein, in der gleichzeitig (von oben nach unten) gestraft und (auf gleicher Höhe) miteinander geredet werden soll? Woher soll die Motivation des Gefangenen kommen, sich auf einen u. U. mühsamen Prozess der Infragestellung der eigenen Handlungsmaximen einzulassen, wenn ihm das mit einem strafenden Verfahren gedankt wird?

Besonders zustimmungswürdig erscheint uns die Vorstellung, „feste Ansprechpartner" anzubieten, um eine größere Nähe zu den Gefangenen herzustellen (Nr. 4), und das Freizeitangebot – auch und gerade an Wochenenden – auszubauen (Nr. 7). Ganz zentral ist darüber hinaus die Vermittlung von Deeskalations- und Schlichtungsstrategien durch Schulung der Bediensteten (Nr. 8), weil erst dadurch die Voraussetzungen für eine konstruktive Bearbeitung von Konflikten und ihren Ursachen geschaffen werden. Als Ergänzung zu Nr. 1 könnte man festhalten, dass nach wissenschaftlichen Befunden vor allem Verfahrensgerechtigkeit *(procedural justice)* geeignet ist, ein Gewalt reduzierendes Klima zu schaffen. Außerdem könnte der Umstand stärker berücksichtigt werden, dass Gewalt sehr oft in der sog. Freistunde auftritt. Bekanntlich meiden Gefangene manchmal den täglichen Aufenthalt im Freien, um für sie riskanten Situationen aus dem Weg zu gehen. Es fällt auf, dass sich Gefangene in eigenen Berichten oft auf Vorkommnisse in der Freistunde beziehen, diese aber vergleichsweise selten in den Gefangenenpersonalakten vermerkt sind, weil sie den Bediensteten offenbar nicht bekannt werden (Baumeister 2016). Bei diesen Vorkommnissen handelt es sich vermutlich in erheblichem Umfang um psychische Gewalt, also verbale Zurücksetzungen bzw. Einschüchterungen, die nicht mit Körperkontakt einhergehen und deshalb nicht leicht zu bemerken sind. Eine erhöhte Aufmerksamkeit sollte diesbezüglich Teil eines Anti-Gewalt-Konzeptes sein, um auch den Hof der sog. Freistunde als „Lernort" bzw. Handlungsfeld einzubeziehen.

Nach den Ergebnissen unserer Studie gelangen die Gefangenen durchaus zu differenzierten Aussagen über die Bediensteten in Justizvollzugsanstalten. Sie nehmen aufmerksam wahr, wer ihnen mit welcher Haltung begegnet. Dieser Befund sollte Konsequenzen für die Vollzugsgestaltung haben, denn hierüber sind Verbesserungen des Anstaltsklimas möglich, d. h. der Vollzug hält hier einen „Hebel" in der Hand. Umso dringlicher ist es, einem möglichen Missverständnis

[15] Kritik an einer „allein formal-disziplinarisch[en]" Reaktion schon bei Walkenhorst (2007).

vorzubeugen: „Verfahrensgerechtigkeit“ ist ein in der Wissenschaft entwickelter und etablierter Begriff, der auf die Interaktionen und die Fairness im Verhältnis zwischen Gefangenen und Bediensteten abhebt und letztlich eine professionelle Haltung beschreibt. Keinesfalls ist damit – in einem straftheoretischen Sinne – eine „ausgleichende“, vergeltende Gerechtigkeit gemeint oder das unerbittliche Nichtausbleiben einer gleichförmigen Sanktion. In Diskussionen haben wir manchmal die bedrückende Erfahrung gemacht, dass gerade juristisch ausgebildete Anstaltsverantwortliche den Begriff der Verfahrensgerechtigkeit in diesem Sinne umdeuten und (miss)verstehen wollen.

Es stellt sich die Frage, ob zur Erhöhung der Handlungssicherheit der Bediensteten ein einheitliches Konzept im Umgang mit festgestellter Gewalt entwickelt werden sollte. Im Hinblick auf die teilweise großen Unterschiede von Anstalt zu Anstalt und zur Vermeidung von automatisierten Reaktionen muss das aber keineswegs ein übergreifendes, für alle Anstalten verbindliches Konzept sein. Viel entscheidender wird sein, dass es vor Ort entwickelt und mitgetragen wird. Dabei geht es maßgeblich um den Beziehungsaspekt. Wir meinen deshalb, dass ein vollzugliches Anti-Gewalt-Konzept das Ergebnis eines bilateralen Verständigungsprozesses darüber sein sollte, was Gewalt ist (Schwingenheuer und Wirth 2011), welche Regeln insofern zu beachten sind und wie auf Regelverletzungen reagiert werden sollte. In diesen Prozess sind die Gefangenen einzubeziehen. Zum einen sind die meisten von ihnen in diesem Kontext ohnehin Experten, zum anderen darf eine größere Verbindlichkeit von Regeln unterstellt werden, an deren Formulierung die Gefangenen beteiligt waren. Der regelmäßige Austausch über das Miteinander in der Anstalt eröffnet den Gefangenen die Möglichkeit, Angelegenheiten anzusprechen und zu diskutieren, die sie selbst als Missstände, Enttäuschungen und Ungerechtigkeiten wahrnehmen. Eine solche Möglichkeit vermissen die Gefangenen gegenwärtig (Schmidt 2016). Die Bedingungen des Vollzugsalltags mitzugestalten kann zudem helfen, unnötige Frustrationen (durch Langeweile, überteuerte Güter o. ä.) zu vermeiden (Walkenhorst 2007). Und nicht zuletzt erfährt die bzw. der Gefangene auf diesem Weg Selbstwirksamkeit. Eine solche Erfahrung kann dazu ermutigen, sich zu öffnen, eigene Handlungsweisen zu reflektieren und auch das Gefängnis als veränderbare und lernende Organisation wahrzunehmen.

Durch ein solches, planvolles Vorgehen können „Arbeitsbündnisse“ zwischen Bediensteten und Inhaftierten entstehen, die einerseits Möglichkeiten zum Erlernen konformer Verhaltensweisen bieten, andererseits alternative Quellen von Anerkennungserfahrung erschließen (Hosser 2001). In der Anstalt erfordern diese Strategien, dass die Leitungsebene vorangeht und die Bediensteten, wo nötig, in Personalentwicklungs- und Weiterbildungsmaßnahmen vorbereitet (Walkenhorst

2007). Nicht zuletzt ist unter den Bediensteten untereinander sowie gleichermaßen im Verhältnis zwischen Bediensteten und Anstaltsleitung ein wertschätzender, respektvoller Umgang zu fördern.

7 Schluss

Subkulturelle Einstellungen und Verhaltensweisen sind auch heute noch im Jugendstrafvollzug nachweisbar. Sie konterkarieren die Behandlungsbemühungen des Vollzugs und sind für Gewalt unter Gefangenen verantwortlich. Unter weiblichen Gefangenen sind die Gefangensubkultur und – damit einhergehend – körperliche Gewalt weniger verbreitet. Das liegt an übersichtlichen und vertrauten Verhältnissen in sehr kleinen Einheiten mit festen Bezugspersonen ohne allzu große personelle Fluktuation. Diese Verhältnisse begünstigen einen fairen und respektvollen Umgang miteinander, der als Schlüssel für Veränderungen auf der Einstellungs- und (nachfolgend) Verhaltensebene verstanden werden muss.

Für Verbesserungen dieser „Verfahrensgerechtigkeit" ist ein systematisches Vorgehen erforderlich, welches alle, Gefangene, Bedienstete und Anstaltsleitung, einbezieht. Gewalt unter Gefangenen sollte nicht nur sanktioniert werden, sondern muss Anlass sein, die Gefangenen zu alternativen Verhaltensweisen zu befähigen. Da Gefangene in der Regel Täter- *und* Opfererfahrungen gemacht haben, kann auch bei Tätern an Opfererfahrungen angeknüpft werden, z. B. wenn es um die Vereinbarung und Begründung von Regeln geht. Für Gefangene müssen Angebote geschaffen werden, die alternativ zur Gefangenensubkultur Erfahrungen von Selbstwirksamkeit und Anerkennung vermitteln. Die Einbeziehung von Gefangenen bei der Gestaltung des Vollzugsalltags kann hierbei helfen, insbesondere wenn sie mit der Einräumung von Selbstverantwortung einhergeht (Galli et al. 2015). Von Erfolg gekrönt werden diese Ansätze dann, wenn es hierbei tatsächlich um Befähigung und Selbstwirksamkeit geht und die vorgeschlagenen Ansätze nicht nur eine „sanfte Strategie der Aufrechterhaltung von Sicherheit und Ordnung" darstellen (Stossun und Walkenhorst 2015, S. 80).

Literatur

Bachmann, M., & Ernst, A. (2015). Disziplinarmaßnahmen im Jugendstrafvollzug – Ergebnisse einer Länderbefragung sowie eines längsschnittlichen Projektes zum Jugendstrafvollzug in Nordrhein-Westfalen und Thüringen. *Monatsschrift für Kriminologie und Strafrechtsreform, 98*(1), 1–15.

Baier, D., & Bergmann, M. C. (2013). Gewalt im Strafvollzug – Ergebnisse einer Befragung in fünf Bundesländern. *Forum Strafvollzug, 62*(2), 76–83.

Baier, D., Pfeiffer, C., & Bergmann, M. C. (2014). Beeinflussen Merkmale von Justizvollzugsanstalten das Gewaltverhalten der Gefangenen? In F. Neubacher & M. Kubink (Hrsg.), *Kriminologie – Jugendkriminalrecht – Strafvollzug. Gedächtnisschrift für Michael Walter* (S. 473–490). Berlin: Duncker & Humblot.

Baumeister, B. (2016). *Gewalt im Jugendstrafvollzug*. Baden-Baden: Nomos.

Bereswill, M. (1999). *Was is das denn für'n Kindergarten hier. Die biographische Positionierung eines Jugendlichen in einer geschlossenen Haftanstalt*. Hannover: KFN.

Bereswill, M. (2001). Die Schmerzen des Freiheitsentzugs – Gefängniserfahrung und Überlebensstrategien männlicher Jugendlicher und Heranwachsender in Strafhaft. In M. Bereswill & W. Greve (Hrsg.), *Forschungsthema Strafvollzug* (S. 253–285). Baden-Baden: Nomos.

Boxberg, V., & Bögelein, N. (2015). Junge Inhaftierte als Täter und Opfer von Gewalt – Subkulturelle Bedingungsfaktoren. *Zeitschrift für Jugendkriminalrecht und Jugendhilfe, 26*(3), 241–247.

Boxberg, V., Wolter, D., & Neubacher, F. (2013). Gewalt und Suizid im Jugendstrafvollzug Erste Ergebnisse einer Längsschnittstudie. In A. Dessecker & R. Egg (Hrsg.), *Justizvollzug in Bewegung* (S. 87–125). Wiesbaden: KrimZ.

Christ, O., & Schlüter, E. (2012). *Strukturgleichungsmodelle mit Mplus: Eine praktische Einführung*. München: Oldenbourg Wissenschaftsverlag.

DeLisi, M., Drury, A. J., Kosloski, E., Caudill, J. W., Conis, P. J., Anderson, C. A., Vaughn, M. G., & Beaver K. M. (2010). The cycle of violence behind bars: Traumatization and institutional misconduct among juvenile delinquents in confinement. *Youth Violence and Juvenile Justice, 8*(2), 107–121.

Ernst, A., & Neubacher, F. (2014). Kontinuität oder Diskontinuität? – Was erklärt Gewaltverhalten im Jugendstrafvollzug? In M. A. Niggli & L. Marty (Hrsg.), *Risiken der Sicherheitsgesellschaft – Sicherheit, Risiko & Kriminalpolitik* (S. 170–182). Mönchengladbach: Forum Verlag Godesberg.

Galli, T., Weilandt, M., & Marcel, S. (2015). Do it yourself? Partizipation als Maßstab eines mündigen Vollzuges. *Forum Strafvollzug, 64*(2), 82–85.

Giallombardo, R. (1966). *Society of women: A study of a women's prison*. New York: Wiley.

Goffman, E. (1972). *Asyle: Über die soziale Situation psychiatrischer Patienten und anderer Insassen*. Frankfurt a. M.: Suhrkamp.

Greer, K. R. (2000). The changing nature of interpersonal relationships in a women's prison. *The Prison Journal, 80*(4), 442–468.

Harbordt, S. (1972). *Die Subkultur des Gefängnisses. Eine soziologische Studie zur Resozialisierung* (2. Aufl.). Stuttgart: Enke.

Häufle, J., Schmidt, H., & Neubacher, F. (2013). Gewaltopfer im Jugendstrafvollzug – Zu Viktimisierungs- und Tätererfahrungen junger Strafgefangener. *Bewährungshilfe, 60*(1), 20–38.

Häufle, J., & Wolter, D. (2015). The interrelation between victimization and bullying inside young offender institutions. *Aggressive Behavior, 4*(4), 335–345.

Hosser, D. (2001). *Soziale Unterstützung im Strafvollzug. Hafterleben und protektive Faktoren bei jungen Männern*. Baden-Baden: Nomos.

Hürlimann, M. (1993). *Führer und Einflussfaktoren in der Subkultur des Strafvollzugs*. Pfaffenweiler: Centaurus-Verlag-Ges.

Irwin, J., & Cressey, D. R. (1963). Thieves, convicts, and the inmate culture. In H. S. Becker (Hrsg.), *The other side: Perspectives on deviance* (S. 225–245). New York: Free Press.

Jansen, I. (2007). Weiblicher Jugendvollzug – Blick auf eine benachteiligte Klientel. In G. Kawamura-Reindl, L. Halbhuber-Gassner, & S. Wichmann (Hrsg.), *Gender Mainstreaming – Ein Konzept für die Straffälligenhilfe?* (S. 213–231). Freiburg: Lambertus.

Jesse, C. (2013). Bundesarbeitsgemeinschaft der Jugendanstaltsleiter/innen sowie besonderen Vollstreckungsleiter/innen: Stellungnahme zur Gewalt unter Gefangenen. *Forum Strafvollzug, 62*(5), 273–274.

Jesse, C. (2015). Aktuelle Herausforderungen im Jugendvollzug. Ein Praxisbericht aus der Jugendanstalt Hameln. *Zeitschrift für Jugendkriminalrecht und Jugendhilfe, 26*(2), 123–127.

Kerner, H.-J., Kaiser, G., Kreuzer, A., & Pfeiffer, C. (1990). Ursachen, Prävention und Kontrolle von Gewalt aus kriminologischer Sicht – Gutachten der Unterkommission IV. In H. D. Schwind, J. Baumann, et al. (Hrsg.), *Ursachen, Prävention und Kontrolle von Gewalt. Analysen und Vorschläge der Unabhängigen Regierungskommission zur Verhinderung und Bekämpfung von Gewalt (Gewaltkommission)* (Bd. II, S. 415–606). Berlin: Duncker & Humblot.

Koop, G. (2013). Erfolgreiche Gewaltprävention in der JVA Oldenburg – Erfahrungen eines Anstaltsleiters. *Forum Strafvollzug, 62*(2), 95–102.

Kühnel, W. (2012). Integrations- und Desintegrationsprozesse durch erzwungene Sozialbeziehungen in der Haft. In W. Heitmeyer & P. Imbusch (Hrsg.), *Desintegrationsdynamiken* (S. 239–257). Wiesbaden: VS Verlag.

Laubenthal, K. (2015). *Strafvollzug* (7. Aufl.). Heidelberg: Springer.

McGuire, M. D. (2011). Doing the life: An exploration of the connection between the inmate code and violence among female inmates. *Journal of the Institute of Justice and International Studies, 11,* 145–158.

Meier, A. (2002). Subkultur im Jugendstrafvollzug im Kontext von Jugendbiographien. *Zeitschrift für Strafvollzug und Straffälligenhilfe, 51*(3), 139–146.

Neubacher, F. (2008). *Gewalt hinter Gittern: Möglichkeiten und Grenzen der Kriminalprävention im Strafvollzug*. Stuttgart: Boorberg.

Neubacher, F. (2014). Gewalt im Jugendstrafvollzug – Ein Überblick über Ergebnisse des Kölner Forschungsprojekts. *Forum Strafvollzug, 63*(5), 320–326.

Neuber, A. (2014). „Die Demonstration kein Opfer zu sein" – Ein geschlechtertheoretischer Blick auf Opferschaft. In F. Leuschner & C. Schwanengel (Hrsg.), *Hilfen für Opfer von Straftaten. Ein Überblick über die deutsche Opferhilfelandschaft* (S. 75–91). Wiesbaden: KrimZ.

Neuber, A. (2015). Junge Frauen im (Jugend-)Strafvollzug – Ein Sonderfall? Das Hafterleben aus Sicht inhaftierter junger Frauen. In M. Schweder (Hrsg.), *Handbuch Jugendstrafvollzug* (S. 408–424). Weinheim: Beltz Juventa.

Neuber, A., Apel, M., & Zühlke, J. (2011). „Hier drinne kriegste schon irgendwann ne Krise" – Das Hafterleben junger Frauen im Jugendstrafvollzug. *Zeitschrift für Jugendkriminalrecht und Jugendhilfe, 22*(4), 371–378.

Pfeiffer, C., & Wetzels, P. (1999). *The structure and development of juvenile violence in Germany*. Hannover: KFN.

Reisig, M. D., & Mesko, G. (2009). Procedural justice, legitimacy, and prisoner misconduct. *Psychology, Crime & Law, 15*(1), 41–59.

Schmidt, H. (2013). „Er war halt der Meinung, er kann mich vollquatschen": Gewaltkarrieren junger Strafgefangener vor und während des Freiheitsentzuges. *Soziale Probleme, 24*(2), 175–212.

Schmidt, H. (2016). (In)justice in prison – A biographical perspective. In C. Reeves (Hrsg.), *Experiencing imprisonment* (S. 63–80). New York: Routledge.

Schöner, E. (2004). Frauenkriminalität und Frauenvollzug. In W. Pecher (Hrsg.), *Justizvollzugspsychologie in Schlüsselbegriffen* (S. 51–62). Stuttgart: Kohlhammer.

Schwingenheuer, Y.-L., & Wirth, W. (2011). Gewaltprävention im Strafvollzug aus der Sicht der Gefangenen. *Bewährungshilfe, 58*(2), 147–160.

Suhling, S., & Rabold, S. (2013). Gewalt im Gefängnis – Normative, empirische und theoretische Grundlagen. *Forum Strafvollzug, 62*(2), 76–83.

Stossun, A., & Walkenhorst, P. (2015). Partizipation als vollzugliche Gestaltungsaufgabe. *Forum Strafvollzug, 64*(2), 76–81.

Statistisches Bundesamt. (2016). Rechtspflege. https://www.destatis.de/DE/Publikationen/Thematisch/Rechtspflege/StrafverfolgungVollzug/BestandGefangeneVerwahrtePDF_5243201.pdf?__blob=publicationFile. Zugegriffen: 23. Mai 2016.

Sykes, G. M. (1958). *The society of captives*. Princeton: Princeton University Press.

Van der Laan, A., & Eichelsheim, V. (2013). Juvenile adaptation to imprisonment: Feelings of safety, autonomy and well-being, and behaviour in prison. *European Journal of Criminology, 10*(4), 424–443.

Walkenhorst, P. (2007). Strategien der Gewaltprävention im Jugendstrafvollzug. In Arbeitsstelle Kinder- und Jugendkriminalitätsprävention (Hrsg.), *Strategien der Gewaltprävention im Kindes- und Jugendalter – Eine Zwischenbilanz in sechs Handlungsfeldern* (S. 230–247). München: DJI.

Walter, J. (1998). *Formelle Disziplinierung im Jugendstrafvollzug*. Bern: Lang.

Walter, M., & Neubacher, F. (2011). *Jugendkriminalität: Eine systematische Darstellung* (4. Aufl.). Stuttgart: Boorberg.

Witos, G., Staiger, I., & Neubacher, F. (2014). Videoüberwachung im Strafvollzug. *Neue Kriminalpolitik, 26*(4), 59–379.

Wolter, D., & Boxberg, V. (2016). The perception of imprisonment and its effect on inmate violence. In C. Reeves (Hrsg.), *Experiencing imprisonment* (S. 156–175). New York: Routledge.

Wulf-Ludden, T. (2013). Interpersonal relationships among inmates and prison violence. *Journal of Crime and Justice, 36*(1), 116–136.

Soziale Sicherheit im Alltag des deutschen Strafvollzuges – ein Auslaufmodell?

Yvonne Radetzki

Um einen Staat zu beurteilen, muss man sich seine Gefängnisse von innen ansehen.
(Leo Nikolajewitsch Tolstoi, 1828–1910)

So wie Leo Nikolajewitsch Tolstoi zu seiner Zeit davon ausgegangen ist, dass die Gestaltung eines Gefängnisses ganz wesentlich den Staat und den Umgang des Staates mit den Inhaftierten und damit letztlich auch den Umgang mit Minderheiten in der Bevölkerung charakterisiert, in demselben Maße kann die bauliche und technische Gestaltung einer Justizvollzugsanstalt auch in der heutigen Zeit bei genauem Hinsehen ganz wesentliche Aussagen über die Sicherheitsphilosophie einer Anstalt vermutlich sogar bis hin zu dem Sicherheitsempfinden der Bevölkerung eines Staates machen. So kann der Schwerpunkt entweder auf baulichen Sicherheitsvorkehrungen, dem Einbau von viel Sicherheitstechnik oder auch auf dem weitgehenden Verzicht von beidem liegen. Dies lässt bei eingehender Betrachtungsweise auch die Frage entstehen, welche Rolle zum Beispiel das Prinzip der sozialen Sicherheit noch im Alltag des deutschen Strafvollzuges spielt? Handelt es sich dabei etwa um ein Auslaufmodell? Wird die soziale Sicherheit zunehmend von der baulichen und technischen Sicherheit verdrängt? Der folgende Beitrag stellt die Entwicklung, die Auswirkungen und die Grenzen eines Sicherheitsfaktors in deutschen Justizvollzugsanstalten dar.

Y. Radetzki (✉)
Neumünster, Deutschland
E-Mail: Yvonne.Radetzki@jvanm.landsh.de

B. Maelicke und S. Suhling (Hrsg.), *Das Gefängnis auf dem Prüfstand*,
Edition Forschung und Entwicklung in der Strafrechtspflege,
https://doi.org/10.1007/978-3-658-20147-0_11

1 Einleitung

Viele der heutigen Justizvollzugsanstalten befinden sich noch in Gebäuden des letzten oder sogar des vorherigen Jahrhunderts. Die Anstalten wurden aufgrund des damaligen Verständnisses des Strafvollzuges, der technischen Möglichkeiten und der Weltansicht errichtet. Entsprechend alt und überwiegend desolat ist die Bausubstanz, sodass sich in vielen Fällen nur die Frage nach einem Neubau oder nach der Grundinstandsetzung stellt. Es ist erfahrungsgemäß schwierig, ein Grundstück für einen Neubau zu finden, denn niemand möchte ein Gefängnis in der Nachbarschaft, deshalb bleibt oft nur die Sanierung. So wird auch die Justizvollzugsanstalt Neumünster, eine mittelgroße Anstalt mit 598 Haftplätzen in Schleswig-Holstein, seit 2007 bei laufendem Betrieb saniert. Die Grundinstandsetzung des größten Hafthauses der Liegenschaft, ein sogenannter „Vierstrahler", konnte im April 2016 abgeschlossen werden.

Die Verfasserin dieses Beitrages ist Leiterin der Justizvollzugsanstalt Neumünster und fortlaufend in Fragen der baulichen Gestaltung eingebunden. Im Rahmen von Bauplanungsbesprechungen stellen sich nicht immer wieder nur detaillierte Fragen sicherheitstechnischer Belange, es sind vor allem ganz grundsätzliche Fragen, die zu beantworten sind: Wie wirkt sich die bauliche Gestaltung auf Inhaftierte, Personal und organisatorische Abläufe aus? Wie viel Sicherheitstechnik benötigt eine Anstalt und wie wichtig ist dabei die soziale Sicherheit?

Die Sicherheitstechnik von Justizvollzugsanstalten hat sich im Laufe der Jahre immer weiter fort entwickelt. Die klassischen Sicherungssysteme alter Anstalten haben ausgedient. Heute wird vielmehr der Einbau von Mobilfunkblockern oder biometrischen Zugangssystemen, die Verwendung der elektronischen Fußfessel oder die Installation von Haftraummediensystemen diskutiert. Oft stellt sich ganz schlicht aber auch nur die Frage nach dem Einbau von Motorschlössern oder einer Mauerkronendetektion. All dies ist die technische Materie, mit der sich Leiterinnen und Leiter von Anstalten in der heutigen Zeit beschäftigen müssen, die vielfach aufgrund ihrer Profession jedoch nicht über das notwendige technische Wissen verfügen. Die Frage, die am Beginn einer Planungen stehen muss, nämlich nach der Zielsetzung einer Anstalt, wird oft gar nicht mehr gestellt, wenn Planer und Ingenieurbüros, diese wiederum in der Regel als vollzugliche Laien, Sicherheitstechnik vorschlagen.

Genau diese Problematik versucht die Verfasserin im folgenden Beitrag näher zu beleuchten. Ferner ist es der Versuch, Antworten auf die eingangs aufgeworfenen Fragen zu finden.

2 Justizvollzugsanstalten als totale Institutionen und deren bauliche Gestaltung

Justizvollzugsanstalten sind Musterbeispiele für totale Institutionen, die aus Personal und Insassen bestehen. Sie erfüllen alle Kriterien einer totalen Institution, so wie Goffman (Goffman 1977) sie definiert.

Sie haben die soziale Funktion eines Aufbewahrungsortes für delinquente Mitglieder der Gesellschaft. So lange es Gefängnisse gibt, so lange versucht man, Menschen durch äußere Sicherungen an einem Ort festzuhalten. In der Frühzeit geschah dies vermutlich in sogenannten Erdlöchern, später in Verliesen, Kellern und Türmen. Schon im Mittelalter wurde mit dem Wegschließen auch die exemplarische Funktion eines gesellschaftlichen Ausschlusses verbunden, das staatliche Machtmonopol sollte verdeutlicht werden und das Wegschließen der Abschreckung dienen (Maelicke 2008). In der heutigen Zeit sind es in der Regel hohe Mauern und Zäune, die Inhaftierte hindern, die Justizvollzugsanstalt zu verlassen. Mauerkronendetektionen runden die äußere Sicherung ab. Im Inneren sind die Inhaftierten in einzelnen Abteilungen und in Hafträumen untergebracht, die sie räumlich begrenzen. Die Fenster der Hafträume sind vergittert und die Türen häufig verschlossen. Ferner sorgen Mitarbeiterinnen und Mitarbeiter des Justizvollzuges dafür, dass die Inhaftierten Ihnen zugewiesene Orte nicht verlassen können. Lebensbereiche wie Arbeit, Wohnen und Freizeit sind für die Insassen nicht getrennt, sondern werden den Insassen strukturiert und durch Anstaltsvorschriften vorgegeben. Individuelle Freiräume sind so gut wie nicht vorhanden, ein enges Regelwerk gibt Strukturen vor. Die Klientel hat sich diesen Regeln anzupassen oder sie wird bei Verstoß hiergegen mit Sanktionen belegt. Verbunden damit ist für den Inhaftierten regelhaft der Verlust der eigenen Identität zugunsten einer Identität, die der totalen Institution angepasst ist (Bögemann 2010).

Ein Zielkonflikt totaler Institutionen ist dabei nicht zu vermeiden. So muss sich der Inhaftierte auf der einen Seite einer starken Reglementierung und den Vorschriften durch die Anstalt unterwerfen, einer Vorgabe, die in erster Linie dem Sicherheitsgedanken entspricht. Auf der anderen Seite wird ihm ein hohes Maß an Selbstkontrolle und Verantwortungsbewusstsein abverlangt. Anpassung und selbstverantwortliches Handeln, Sicherheit und Behandlung – eine Gradwanderung, die für jeden Inhaftierten eine hohe Herausforderung darstellen dürfte.

Dem Strafvollzugswesen ist der Begriff der Sicherheit immanent. Er ist stark belastet durch die Geschichte des Strafvollzuges. So war der Strafvollzug in vormaligen Zeiten noch vor der Entstehung eines Strafvollzugsgesetzes wesentlich stärker von einem Sicherheitsgedanken als von dem Ziel der Resozialisierung geprägt. Das Verwahren stand mehr im Vordergrund als die Behandlung.

Das Ziel der Resozialisierung und dessen Umsetzung steckten zur Entstehungszeit des Strafvollzugsgesetzes noch in den Kinderschuhen. Im Laufe der Zeit wurde der Justizvollzug liberaler und immer mehr von der Resozialisierungsaufgabe dominiert und man erkannte schnell den bereits Eingangs erwähnten Zielkonflikt, nämlich dass auf der einen Seite Sicherheit und Ordnung als ein starres reglementiertes System mit präzise einzuhaltenden Vorschriften standen und auf der anderen Seite der Gedanke der Übernahme von Selbstverantwortung durch die Inhaftierten, die für die spätere Entlassung von enormer Bedeutung ist.

Vor diesem Hintergrund der beginnenden Liberalisierung des Strafvollzuges wurde versucht, den Inhaftierten Freiräume zu gewähren und diese nicht nur auf ihren Hafträumen einzusperren. Denn nur, wenn der einzelne Inhaftierte selbst Entscheidungen treffen kann, ob er nun an einer Freizeitmaßnahme teilnehmen oder sich einfach nur im Wege des täglichen Aufschlusses mit Mitinhaftierten auf dem Abteilungsflur aufhalten will, übernimmt er die Verantwortung für sein eigenes Handeln, letztlich für die Gestaltung seiner Alltagsstruktur. So wurden im Laufe der Jahre immer mehr behandlerische und freizeitgestaltende Elemente eingeführt, die Inhaftierten befinden sich im Idealfall neben der Teilnahme an Arbeits-, Ausbildungs- und Qualifizierungsmaßnahmen sowie an Behandlungsmaßnahmen fast nur während der Nacht auf ihren Hafträumen.

Dies führt – nebenbei bemerkt – jedoch dazu, dass ausreichende Räumlichkeiten für diese Angebote in alten aus der Jahrhundertwende stammenden Anstalten Mangelware sind. Um 1900 haben die Bauherren der damaligen Zeit noch nicht darüber nachgedacht, dass man hierfür zusätzliche Räumlichkeiten benötigt. Zum Teil aufgrund von akuter Raumnot und wegen nicht zur Verfügung stehender Haushaltsmittel, wurden im Laufe der Jahre in vielen alten Anstalten neue Bereiche geschaffen, die als vorübergehende Notlösung gedacht waren, oft als Zwischenlösung bezeichnet wurden und im Laufe der Zeit irgendwie geblieben sind. Es stellt daher in der heutigen Zeit eine ganz wesentliche Herausforderung an Planer, Nutzer und Bauherren dar, die notwendigen Räumlichkeiten ohne Verlust von Haftplätzen in alten Anstalten zu schaffen.

Zurückkehrend zum Gedanken des Zielkonfliktes in einer totalen Institution, könnte aber doch Grund zur Sorge bestehen, ob die Inhaftierten in der voll versorgenden und überbevormundenden Haftsituation, in der eine hohe Regelungsdichte herrscht, sich überhaupt weiter entwickeln können oder ob ihnen nicht schlicht auf diese Weise die Grundlage für eine weitere Entwicklung entzogen wird? Auf der einen Seite sind die Perspektiven sehr eingeengt, viele Verhaltensweisen sind durch Regelungen vorgegeben. Nur auf diese Weise kann das Zusammenleben vieler Menschen auf engem Raum geordnet erfolgen und damit Sicherheit bieten. So muss zum Beispiel der Inhaftierte morgens zwingend aufstehen, zur Arbeit gehen, denn in einigen Bundesländern besteht noch eine Arbeitspflicht oder auch all seine Anliegen auf einem Antragsformular niederschreiben. Auf der anderen Seite wird ihm jedoch ein großes Maß an Selbstkontrolle und Verantwortung für sich und sein Verhalten abverlangt, so zum Beispiel im Rahmen von Behandlungsmaßnahmen oder auch im Rahmen der Gewährung von vollzugsöffnenden Maßnahmen. Der Inhaftierte muss durch seine Mitarbeit in Form der Auseinandersetzung mit oft unliebsamen Themen, die gerne verdrängt werden, einen Beitrag zu seiner Entwicklung erbringen.

Genau diesen Spannungsbogen zwischen der notwendigen Sicherheit, aber auch der gleichfalls erforderlichen Resozialisierung müssen die modernen Strafvollzugsgesetze und vor allem die Mitarbeiterinnen und Mitarbeiter in den Anstalten täglich meistern. An die Mitarbeiterinnen und Mitarbeiter werden daher besondere Anforderungen gestellt. Neben der Bereitschaft, soziales Verhalten mit den Gefangenen einzuüben (z. B. im Alltag oder auch in Behandlungsmaßnahmen wie der des Sozialen Trainings), wird von ihnen verlangt, dass sie gleichzeitig nicht die Sicherheit aus den Augen verlieren. Die Mitarbeitenden, die in einem ständigen Kontakt zu Inhaftierten stehen, könnten daher den Eindruck gewinnen, dass auch ihnen eine widersprüchliche Aufgabe gestellt ist, da sie von den Insassen Gehorsam erzwingen müssen, während sie gleichzeitig den Anschein erwecken sollen, dass menschliche Normen aufrecht erhalten und rationale Ziele der Institution verwirklicht werden sollen (Bögemann 2010).

Als totale Institutionen weisen die Justizvollzugsanstalten damit gewisse Gemeinsamkeiten auf, sollten sich aber besser durch ihre Unterschiede auszeichnen, allein schon um der jeweiligen Gefangenenklientel gerecht zu werden. Baulich äußern sich die Unterschiede oft nur in den jeweiligen Sicherheitsvorkehrungen (Seelich 2010).

Die gebräuchlichsten Bauformen von Justizvollzugsanstalten sind die Kamm- oder die Kreuzbauweise. Ab Ende des 18. Jahrhunderts wurde das panoptische System verwandt. Charakteristisch für dieses System ist, dass von einem zentralen Punkt aus in alle Haftbereiche Einblick genommen werden kann, weil sie sternförmig um eine Zentrale angeordnet sind. Diese Bauten besaßen keine geschlossenen Decken in den Fluren, sondern nur Erschließungsgänge für die Zellen (Köster 2016). So konnte eine geringe Zahl von Justizvollzugsbeamten eine möglichst große Zahl von Inhaftierten beaufsichtigen und man schuf im Falle des Eingriffs kurze Wege. Die Inhaftierten selbst erhielten gleichzeitig das Gefühl, ständig kontrolliert zu werden. Das Verhältnis zwischen effektiv ausgeübter Kontrolle und der Selbstkontrolle der Inhaftierten wurde auf ein Maximum erhöht. Auch die Justizvollzugsanstalt Neumünster ist in diesen letzten Jahren der preußischen Anstaltsarchitektur entstanden.

In modernen mit Kamerasensorik ausgestatteten Justizvollzugsanstalten der heutigen Zeit, egal ob Neubau oder saniert, spielen diese direkten optischen Kontrollmöglichkeiten vielfach nur noch eine untergeordnete Rolle. Zentrale Punkte, von denen aus man Einblick in die Haftbereiche oder sogar auf die einzelnen Hafträume hat, existieren in modernen oder modernisierten Anstalten so gut wie nicht mehr.

Mit Inkrafttreten des Strafvollzugsgesetzes des Bundes im Jahre 1977 wurde die bauliche Unterteilung einer Anstalt in abgeschlossene Haftbereiche als zielführender angesehen, weil sich durch die räumliche Trennung Möglichkeiten zur Binnendifferenzierung ergaben. So konnten Abteilungen für Strafgefangene oder Untersuchungsgefangene gebildet werden. Es ist auf diese Weise aber auch möglich, einzelne besondere Abteilungen zu schaffen, so zum Beispiele für die Unterbringung in einer Sozialtherapie, für die Unterbringung von psychisch auffälligen Inhaftierten oder auch nur für die Unterbringung von Inhaftierten, die ihre Drogenfreiheit nachweisen sollen und wollen. Eine differenzierte Unterbringung und damit auch Behandlung einzelner Gefangenengruppen ist auf diese Weise sehr viel effizienter möglich. Dies wiederum bedingt jedoch, dass Personal im größeren Umfang benötigt wird als noch zu den Entstehungszeiten älterer Anstalten.

Aber auch bei den Neubauten der Gegenwart ist es bei den typischen Abteilungen mit einzelnen aneinandergereihten Hafträumen geblieben, die über lange Gänge zu erreichen sind. Für den Wohngruppenvollzug gibt es nicht wirklich bauliche Neugestaltungen. Man gibt sich mit der Öffnung der Haftraumtüren über einen mehr oder weniger langen Tagesabschnitt zufrieden (Seelich 2010). Eine wirklich neue Typologie der baulichen Gestaltung von Gefängnissen hat sich noch nicht herauskristallisiert.

Die Haushaltskonsolidierung, die aufgrund der Überschuldung vieler Länder in den letzten Jahren notwendig wurde, machte auch vor dem Justizvollzug nicht halt. Das Gefängniswesen befindet sich damit in einer rezidivierenden Krise, bedingt durch den Geldmangel, aber auch durch die wechselnden gesellschaftspolitischen Meinungen der Verantwortlichen (Seelich 2010). Personaleinsparungen sind von Nöten. Nicht nur in neu errichteten Justizvollzugsanstalten werden daher abermals bauliche und technische Maßnahmen genutzt, um der nötigen Sicherheit zu entsprechen und den Personaleinsparmaßnahmen zu begegnen. Die digitale Panoptik ersetzt die bauliche Panoptik. Kameras und Motorschlösser ersetzen Mitarbeiter.

So entstehen – bevorzugt in neu errichteten Anstalten, in denen bauliche Gestaltungsmöglichkeiten in weitaus größerem Maße bestehen als in alten zu sanierenden Anstalten – lange Gänge, um Anstaltsteile, die für die Inhaftierten zugänglich sind, zu verbinden. Auf diesen sogenannten Magistralen, den Hauptverkehrswegen, können sich die Inhaftierten alleine, ohne die notwendige personelle Begleitung durch Mitarbeitende der Anstalt von A nach B bewegen. Die Bereichsabtrennungen und Zwischentüren sind vielfach mit Motorschlössern ausgestattet. Nach Sicht über einen Monitor, der in einer Zentrale aufläuft, oder über Meldung per Gegensprechanlage, wird die Tür für den Inhaftierten geöffnet. Mitarbeitenden der Anstalt sind teilweise sogar eigene Flure, Gänge oder Wege vorbehalten, die von Inhaftierten nicht betreten werden, sodass Mitarbeitende und Inhaftierte sich gewollt nicht einmal mehr begegnen. Der Kontakt der Inhaftierten mit Mitarbeitenden wird um ein vielfaches reduziert oder gar ganz vermieden.

Aber auch ganze Pfortenbereiche werden durch technische Maßnahmen so ausgerüstet, dass wenig Personal benötigt wird. Sie entwickeln sich immer mehr zu „Festungen", das Personal hinter dicken Scheiben verschanzt, aus Schutz vor terroristischen Anschlägen, Besucher und Inhaftierte davor. Der Kontakt erfolgt ausschließlich nur noch über Gegensprechanlagen und wird damit zunehmend anonym. Aber nur dem Laien ist dabei nicht bewusst, dass durch den Einbau technischer Sicherheit nicht nur die Macht des Staates demonstriert wird, sondern dem Inhaftierten und den Besuchern gleichsam die Angst des Vollzugspersonals vor dem Gegenüber vor Augen geführt werden kann, sodass sich der Einbau technischer Sicherheit in ihrer Wirkungsweise in das Gegenteil umkehren kann. Aus Angst vor Übergriffen besteht die Tendenz, sichtbare Barrieren zu schaffen, die die Inhaftierten oder Besucher fern halten sollen. Dem Gegenüber, Besucher oder Inhaftierten, kann es Angst des Vollzugspersonals signalisieren und damit seine eigene Gefährlichkeit verdeutlichen. Die Sicherheitsvorkehrungen können damit zur Folge haben, dass der Inhaftierte oder Besucher nicht Abschreckung erfährt oder gar verunsichert ist, sondern sich selbst überschätzt und sich gerade nicht unterordnet und kein angemessenes Verhalten zeigt, wie von ihm erwartet wird.

Auch die Büros des Personals auf den einzelnen Haftabteilungen werden bei Neubauten oder auch Anstaltssanierungen zunehmend mittig auf den Haftabteilungen angeordnet, vollverglast mit einem Vorbau auf den Flur, sodass eine Einsicht über den gesamten Flur möglich ist. Bedingt dadurch, dass eine Einsicht auf die Flure aus dem Büro heraus möglich ist, im schlimmsten Falle auch über Kameras, besteht für das Personal nicht mehr die Notwendigkeit über die Abteilungsflure zu gehen, so wie dies in früheren Jahren durchaus üblich war. Die Kommunikation mit den Inhaftierten kann im zunehmenden Maße auch oder ausschließlich über Gegensprechanlagen von den Büros auf die einzelnen Hafträume erfolgen. Der Inhaftierte muss hierzu nicht mehr persönlich vom Anstaltspersonal auf dem Haftraum aufgesucht werden.

Das Resultat dieser Modernisierungen hat in Verbindung mit den Personaleinsparungsmaßnahmen unter dem heutigen Kostendruck dazu geführt, dass sich Mitarbeitende, Inhaftierte und Besucher immer weniger im direkten Kontakt begegnen. Bei aller nötigen professionellen Distanz ist das notwendige Gespräch zwischen Mitarbeitenden und Inhaftierten über Befindlichkeiten, Sorgen und Nöte der Bewohner dieser totalen Institution kaum noch möglich. Bauliche und technische Neuerungen haben über die letzten Jahre dazu geführt, dass dem Inhaftierten, aber gleichzeitig auch den Besuchern, immer weniger Ansprechpersonen begegnen. Gesprächssituationen werden durch Technik bestimmt, werden zunehmend unpersönlich und reduzieren sich auf das Notwendige. Eine Kommunikation über das Notwendige hinaus kann so gut wie nicht mehr entstehen. Der Alltag in Justizvollzugsanstalten ist zunehmend durch Unpersönlichkeit geprägt, was auch dazu führen kann, dass Inhaftierte zunehmend nicht mehr mit nötigen Informationen versorgt werden; Hintergründe bestimmter Entscheidungen werden nicht mehr erklärt.

Hierzu ein ganz praktisches Beispiel: Den Inhaftierten wird über Lautsprecher von dem im Abteilungsbüro befindlichen Mitarbeiter angekündigt, dass Einschluss angeordnet werde. Die Gefangenen, kurz vor Beginn der Freistunde, haben hierfür kein Verständnis, weil sie nicht die Information erhalten, dass sich Mitarbeiter aufgrund der externen Zahnarztvorführung eines anderen Inhaftierten noch außerhalb der Anstalt befinden und die Freistunde deshalb noch nicht begonnen werden kann. Sie befinden sich im Unklaren darüber, wann die Freistunde beginnt und ob sie noch den vollen Zeitraum andauern wird. In einer totalen Institution, in der der Inhaftierte nicht selbst entscheiden kann, wann und wie lange er an die frische Luft geht, ist dies für die Inhaftierten von großer Bedeutung. Nach Rückkehr der Mitarbeitenden wird die Freistunde mit zeitlicher Verzögerung durchgeführt. Doch ca. 30 Inhaftierte weigern sich am Ende der Freistunde, wieder in die Hafthäuser einzurücken. In nachfolgenden Gesprächen zur Aufarbeitung des Vorfalls haben die Inhaftierten sehr wohl Verständnis dafür, dass es aufgrund des zu geringen Personalbestandes zu Verzögerungen kam. Eine ausreichende Kommunikation zum Zeitpunkt des Vorfalls hätte diesen jedoch vermeiden können. Es stellt sich die Frage, warum die Kommunikation nicht in ausreichendem Maße erfolgt war. Zwar mag dies einerseits daran liegen, dass die Bediensteten es nicht gewohnt sind, bestimmte Handlungen zu erklären. Auf der anderen Seite macht dies aber auch einen bestimmten Umgang in einem Wertesystem deutlich. Selbst bei einer erfolgten Durchsage per Lautsprecher muss man sich die Frage stellen: Wie behandele ich meinen Mitmenschen durch die Art meiner Kommunikation? Je nachdem wie er angesprochen wird, wird deutlich, was der Gesprächspartner von ihm hält (Schulz von Thun 2013).

Vor diesem Hintergrund liegt die Frage nahe, lässt sich damit der Spannungsbogen zwischen Sicherheit, vor allem bestimmt durch technische Systeme, und

Resozialisierung noch bewältigen? Wie wichtig ist uns – den Verantwortlichen in den Justizvollzugsanstalten – der Sicherheitsfaktor der sozialen Sicherheit? Können wir ihn angesichts des technischen Fortschritts derart vernachlässigen oder ist er gerade vor dem Hintergrund des Resozialisierungsauftrags ein sehr entscheidender Faktor, gerade auch für die Entwicklung des einzelnen Inhaftierten?

3 Sicherheitsfaktoren

Sicherheit bedeutet allgemein betrachtet zunächst „frei von unvertretbaren Gefahren". Im Zusammenhang mit dem Strafvollzugssystem lässt sich Sicherheit in die äußere und die innere Sicherheit aufspalten. Die äußere Sicherheit meint die Sicherheit vor der Entweichung und der Begehung von Straftaten. Im Rahmen der inneren Sicherheit soll durch einen Appell an das Verantwortungsbewusstsein des Inhaftierten ein erträgliches Zusammenleben in der Anstalt erreicht werden und erst in zweiter Linie dürfen Pflichten und Beschränkungen auferlegt werden.

Daneben sind drei weitere Pfeiler der Sicherheit zu unterscheiden. Differenziert werden kann nämlich weiter die instrumentelle, auch baulich-technische Sicherheit, die administrativ-organisatorische Sicherheit und die soziale Sicherheit. Da der letzte Pfeiler der drei genannten Sicherheiten entscheidend für die Beantwortung der aufgeworfenen Fragen ist, werden die beiden erstgenannten nur kurz erläutert.

3.1 Administrativ-organisatorische Sicherheit

Zunächst soll mit der administrativen Sicherheit begonnen werden, weil diese im Hinblick auf die im folgenden näher angesprochenen Problematiken die geringste Bedeutung erlangt. Unter administrativer Sicherheit wird gemeinhin die Gesamtheit der Schriftwerke einer Anstalt verstanden, die sich auf Sicherheit beziehen. Dies können verschiedenste Sicherheitskonzepte sein, z. B. in Form von Sicherungs- und Alarmplänen, Dienstplänen, Brandschutzordnungen, Nachtdienst- und Pfortenordnungen oder auch Anordnungen für Sicherungsmaßnahmen. Diese Konzepte enthalten Angaben zum Umgang mit zugehenden Inhaftierten, zu deren Unterbringung, zu Umwehrungen und Schlössern, zum Einsatz des Personals oder auch zur Verfahrensweise in Sicherheitslagen.

Aber auch Vollzugspläne sind hierunter zu fassen, weil sie die Unterbringung der Inhaftierten, ihre Behandlung und den Stand der Vollzugslockerungen bestimmen. Ferner regeln Abteilungskonzepte die Abläufe auf der jeweiligen Abteilung, sodass auch diese der administrativ-organisatorischen Sicherheit zuzurechnen sind. Ein wichtiger Baustein der administrativ-organisatorischen Sicherheit ist auch die Binnendifferenzierung (Stumpf 2008).

All diese Konzepte unterliegen einer ständigen Anpassung und Fortschreibung, abgestimmt auf die jeweils aktuelle Situation. Alle Mitarbeiter der Anstalt müssen sich mit diesen Schriftwerken vertraut machen. Die Regelungen müssen klar und deutlich formuliert sein. Sie müssen sich auf das Wesentliche beschränken, sodass sie für die Bediensteten und Inhaftierten klar und verständlich sind, denn nur dann ist eine Umsetzung auch in Eilsituationen schnell und ohne Missverständnisse möglich.

Die administrativ-organisatorische Sicherheit ist mehr oder weniger schon immer existent, seit es einen Strafvollzug gibt. Mag zwar die Zahl der hausinternen Anordnungen und Verfügungen in den letzten Jahren aufgrund größerer Regelungsdichte sehr zugenommen haben, so hat dies aber im Hinblick auf die beiden folgenden Sicherheitsinhalte nur geringe Bedeutung.

3.2 Instrumentelle (baulich-technische) Sicherheit

Unter der instrumentellen Sicherheit sind zunächst die Baulichkeiten, wie sie teilweise eingangs schon erwähnt wurden, zu verstehen. So sind hiermit Mauern, Räume, Fenster, Vergitterungen und Schlösser gemeint. Aber auch Fesseln und Waffen sind an dieser Stelle zu nennen. Es sind aber vor allem auch die technischen Sicherheitseinrichtungen hierunter zu fassen, die sich im Laufe der letzten Jahre immer weiter entwickelt haben, die immer ausgereifter werden und deswegen eines besonderen Blickwinkels bedürfen. So zählen hierzu die technischen Maßnahmen im Bereich der Kommunikation wie die Zellenkommunikation, Gegensprechanlagen, Personennotrufsysteme oder elektroakustische Anlagen, im Bereich der Gefahrenmeldeanlagen die Brandmeldeanlagen, Videoüberwachungsanlagen, Schloss- und Schleusensteuerungssysteme, außerdem die Anlagen der Perimetersicherung und Detektion an Zäunen, Mauern, Übersteigschutzkonstruktionen, Körperschalldetektionssysteme, Bodendetektionssysteme, Lichtschranken, aber auch Anlagen zur Detektion, Kontrolle und Unterbindung von drahtloser Kommunikation sowie Datennetze für Verwaltungs- und Sicherheitsaufgaben. Dabei handelt es sich nur um eine beispielhafte Aufzählung. Diese in der Gesamtheit zu erfassen, ist an dieser Stelle nicht das Ziel des Beitrages.

3.3 Vorteile und Nachteile instrumenteller Sicherheit

Aus technischen Einbauten sollen sich in erster Linie direkte und indirekte Vorteile der Sicherheit ergeben. Direkt, indem technische Einbauten Fehlerquellen unmittelbar erkennen und das Personal einer Anstalt darauf hinweisen. Indirekt, weil durch den Einbau technischer Maßnahmen das vorhandene Personal, insbesondere bei zeitintensiven Routinearbeiten, durch technische Maßnahmen unterstützt wird.

Es soll an dieser Stelle nicht unbeachtet bleiben, dass technische Einbauten der heutigen Zeit nicht nur die Sicherheit der Anstalt gewährleisten sollen. Denn auch für die Inhaftierten kann sich ein Nutzen ergeben. Die Ausstattung der Hafträume mit Telefonapparaten kann einen Anruf bei der Seelsorge ermöglichen und damit einem möglichen Suizid verhindern (Bennefeld-Kersten 2010). Ferner kann sich die Gefahr, dass Inhaftierte wegen der Herausgabe von Telefonkarten oder PIN-Nummern erpresst und unterdrückt werden, minimieren. Moderne Haftraummediensysteme ermöglichen den Inhaftierten den Kontakt zur Außenwelt und gleichzeitig die Gestaltung der Freizeit mit Fernsehen und DVD sowie über Bildungsprogramme. Der Einsatz der elektronischen Fußfessel in der Anstalt ist gleichfalls denkbar und wird bereits als Modellprojekt in einigen Anstalten versucht. Die Inhaftierten sind mittels Fußfessel über eine Technikzentrale an allen Punkten der Anstalt zu überwachen und zu steuern. Ihre Bewegungsfreiräume können so erhöht werden, für die Inhaftierten stellt sich dieses positiv dar. Auf der einen Seite lässt sich auf diese Art und Weise natürlich auch ein Verwahrvollzug realisieren, das soll an dieser Stelle nicht verschwiegen werden. Auf der anderen Seite kann aber auch ein zeitintensiver Behandlungsvollzug gefördert werden, indem mehr Personal, welches ausschließlich auf die Behandlung spezialisiert ist, mit wenig Sicherheitspersonal abgesichert wird (Gratz 2010).

Diese stark zunehmende Sicherheitstechnik hat in den letzten Jahren zur Folge, dass der Einsatz des Personals reduziert werden kann, gleichzeitig ist jedoch nicht zu vernachlässigen, dass neue Aufgaben entstehen. Kritisch betrachtet besteht zunächst die Gefahr, dass sich das Personal zum Sklaven der Technik macht und sich ihr unterwirft, ohne einen wirklichen Nutzen davon zu haben (Koop 2010). Aufwendige Schulungen der Mitarbeitenden sind zunächst notwendig, damit die Technik überhaupt bedient werden kann. Viel Arbeitszeit muss hierin investiert werden. Fällt die hochgerüstete Technik aus, können Arbeitsabläufe nicht mehr durchgeführt werden. Wertvolle Arbeitszeit geht verloren, zeitlich dringende Arbeiten können nicht erledigt werden. Die Wartung oder Reparatur der hoch technisierten Einbauten kann vielfach nur durch externe Firmen erfolgen. Diese wiederum müssen durch Personal der Anstalt bei Wartungs- und Reparaturarbeiten begleitet und überwacht werden. Wiederum ist Arbeitszeit des Vollzugspersonals einzusetzen. Es ist daher dringend anzuraten, im Vorfeld des Einbaus technischer Neuerungen zu klären, wie hoch der Nutzen einer solchen ist.

Technik kann dazu führen, dass Störungen und Fehlalarme oftmals den Alltag bestimmen und Arbeitsabläufe unterbrechen. Für den einzelnen Mitarbeiter ist dies unangenehm, kann er doch seinen begonnenen Arbeitsablauf nicht beenden, und dies möglicherweise noch vor dem Hintergrund eines Fehlalarms. Damit stellt sich jeder Bedienstete bei häufig ausgelösten Fehlalarmen zunächst die Frage: „Richtiger" Alarm oder Fehlalarm? Wertvolle Zeit kann hierdurch verloren gehen. Die Einleitung von Sicherungsmaßnahmen wird verzögert. Ein Umstand, der Menschenleben kosten kann.

Ferner verlangt der Einbau technischer Maßnahmen hohe Investitionssummen (in Neubauten 10 bis 15 % der Gesamtbausumme). Weitere Summen fallen für die regelmäßige Wartung und Instandhaltung der derartig hochgerüsteten technischen Anlagen an. Für ältere Anlagen stehen Ersatzteile nicht mehr zur Verfügung, sodass Erweiterungen nicht möglich sind und eine neue Technik notwendig wird. Dies sind Gelder, die im Haushalt der Anstalten oftmals nicht oder nur begrenzt zur Verfügung stehen.

Ein ganz wesentlicher Punkt, der im Rahmen der Aufrüstung der technischen Sicherheit jedoch immer mitbedacht werden muss, ist die mitschwingende Gefahr, dass je stärker eine Anstalt durch technische Vorkehrungen gegen einen Ausbruch der Gefangenen gesichert ist, die Gefahr intern, nämlich von Übergriffen, die gegen Mitarbeiterinnen und Mitarbeiter gerichtet sind, steigt. Dies ist zwar empirisch bisher nicht belegt. Je aussichtsloser es aber für den Inhaftierten erscheint, über die Mauer in die Freiheit zu gelangen, in dem selben Maße erscheint es aussichtsreicher, einen Mitarbeiter oder eine Mitarbeiterin zu erpressen oder als Geisel zu nehmen und mittels Schlüssel zu entkommen. Versuche, über die Mauer zu kommen, hat es in deutschen Vollzugsanstalten in den letzten Jahren kaum noch gegeben. Zwar versuchen Inhaftierte sich dem Vollzug vielfach im Rahmen von Vorführungen oder vollzugsöffnenden Maßnahmen zu entziehen. Aber auch Übergriffe gegen Bedienstete sind eine Möglichkeit, so zum Beispiel in der Justizvollzugsanstalt Lübeck in den Jahren 2012 und 2014.

3.4 Soziale Sicherheit

Die dritte und aus Sicht der Verfasserin wichtigste Säule der Sicherheit ist die soziale Sicherheit. Nach einer allgemeinen Definition wird als soziale Sicherheit im engeren Sinne der Schutz vor den Folgen verschiedener Ereignisse, die als

„soziale Risiken" charakterisiert sind, bezeichnet. Bezogen auf den Justizvollzug sind soziale Risiken dabei die Gefahr von Geiselnahmen, von körperlichen Übergriffen oder auch die eines Ausbruchs. Unter dem Begriff der sozialen Sicherheit sind die persönlichen Beziehungen der in der Anstalt lebenden und arbeitenden Menschen zu verstehen, d. h. zwischen den Bediensteten und den Inhaftierten. Diese Beziehungen vermitteln und beinhalten zum einen Macht und Autorität, sind aber gleichfalls auch von Vertrauen und Respekt geprägt. Sie sind es, die letztendlich ein entsprechend soziales Verhalten von Mitarbeitenden und Inhaftierten ermöglichen, begrenzen und beeinflussen (Lehmann 2009).

Blickt man auf die Informationsseite des Justizvollzuges Nordrhein-Westfalen, so wird dort die soziale Sicherheit sehr deutlich und treffend beschrieben: Hiernach „umfasst die soziale Sicherheit alle Formen der Kommunikation und Kooperation zwischen den im Vollzug Tätigen und den Inhaftierten. Das frühzeitige Erkennen von Konflikten und besonderen Problemlagen trägt wesentlich zu einem geordneten Zusammenleben und damit zu einer sicheren Vollzugsgestaltung bei." (https://www.justiz.nrw.de/GerichteBehoerden/Justizvollzug/justizvollzug1/Eingansseite0/index.php?fragenld=1, 24.10.2016).

Die Strukturierung des Alltages, dies ist es, was die Inhaftierten u. a. während des Vollzuges erlernen sollen. Viele Inhaftierte sind vor der Inhaftierung oftmals weder einer geregelten Tätigkeit nachgegangen noch gab es für sie eine Tagesstruktur. Doch lernen können die Inhaftierten eine Struktur nur, wenn Ihnen diese vorgegeben wird. Regelwerk und Anstaltsvorschriften dienen hierzu. Hält der Inhaftierte sich nicht an Regelwerk und Anstaltsvorschriften, wird er mit Sanktionen belegt. In diesem Zusammenhang stellt sich die Frage, ob dabei der Faktor der Sozialen Sicherheit eine entscheidende Rolle spielt.

Soziale Sicherheit ist als ein dynamischer Faktor anzusehen. Der Umgang miteinander hat erheblichen Einfluss auf spontane oder geplante sicherheitsgefährdende Aktionen. Sicherheitsrelevante Daten, die über das Aktenwissen hinausgehen, sind nur in täglichen Begegnungen zu bekommen. Dieser Kontakt zwischen Mitarbeitenden und Inhaftierten kann jedoch nur in einem Klima, das gegenseitige Akzeptanz und Vertrauen erzeugt, zustande kommen (Alisch 2001).

Erlernen lassen sich Dinge zwar auch ohne einen Ansprechpartner, jedoch sind den Inhaftierten Nachfragen dann kaum oder gar nicht möglich. Es gibt dann niemanden, der dem Inhaftierten mit Rat und Tat zur Seite steht. Vergleicht man dies mit neueren Schulprojekten, in welchen Schüler eigenverantwortlich ohne einen Lehrer lernen, so wird auch hier deutlich, es beraubt dem Lernenden des Gegenübers und damit ist es oft genug Überforderung und Verarmung zugleich. Denn die Person des Gegenübers verkörpert in einer Weise ein Echo, eine Ermutigung und eine Herausforderung, wie es ein Arbeitsblatt oder ein Aufgabenkatalog nicht kann. Indem der Lehrer einem Kind sowohl Vorbild ist als auch seine Potenziale spiegelt, stimuliert er nicht nur Interessen und Bemühungen, sondern bietet ihm auch Halt in problemhaften Situationen (Felten 2010). Ähnlich ist es mit dem Inhaftierten, der täglich ohne ihm bekannte Ansprechpartner Strukturen erlernen soll.

Greift die technisch-bauliche Sicherheit in Verbindung mit Personaleinsparungen immer mehr Raum, finden die Inhaftierten ähnliche Situationen wie vor der Haft vor. Sie sind sich größtenteils selbst überlassen. Gerade dies darf nicht geschehen, denn eine bloße Öffnung der Anstalt nach innen ohne ausreichende Binnendifferenzierung und ohne Personalpräsenz führt zur Verwahrlosung und leistet gefährlichen subkulturellen Aktivitäten Vorschub (Stumpf 2008).

Das Vorhandensein von Ansprechpersonen bewirkt aber auch, dass der Inhaftierte sich als ein Teil der Anstalt begreift, dass er in ein „soziales Netz" eingebunden wird, soweit man hiervon in einer Anstalt sprechen kann. Am ehesten greift vielleicht eine Beschreibung aus der Gesellschaft: Man kann sein Umfeld nur dann als ein Zuhause, eine Heimat begreifen, wenn man sozial in das Umfeld eingebunden ist, so zum Beispiel Nachbarn und Einwohner eines Ortes kennt. Nun wäre es sicherlich nicht richtig, auch bei den Inhaftierten von einer Heimat zu sprechen. Gleichwohl ist die Justizvollzugsanstalt ihr Zuhause für die Dauer der Inhaftierung.

Deutlich wird die Notwendigkeit von sozialer Sicherheit in Verbindung mit dem Vorhandensein von Ansprechpersonen letztlich auch an dem Beispiel von Forensiken und psychiatrischen Einrichtungen, die sich von Justizvollzugsanstalten in ihrer baulichen und organisatorischen Gestaltung zwar noch unterscheiden, aber gewisse Parallelen aufweisen. Auch hierbei handelt es sich um totale Institutionen, aufgrund der Befindlichkeiten der Patienten stehen aber Ansprechpartner in weitaus höherer Zahl während des gesamten Tages zur Verfügung als es auf einer Abteilung des Justizvollzuges der Fall ist. Das in der Forensik tätige Personal ist gleichwohl zu jeder Zeit therapeutisch tätig. Nun mag nicht jeder Inhaftierte die Merkmale eines Patienten in einer Forensik aufweisen. Eines ist jedoch bedeutend. So finden sich in der heutigen Zeit zunehmend in nicht unerheblicher Anzahl unter den Inhaftierten solche, die an sich einer entsprechenden ambulanten oder stationären Unterbringung in einer Forensik bedürften, so jedenfalls nach den Erfahrungen im schleswig-holsteinischen Strafvollzug. Zudem sind gerade unter den Inhaftierten viele aus bildungsärmeren Schichten, denen Ansprechpersonen schon vor der Haft nicht in ausreichendem Maße zur Verfügung standen, sodass das eigenverantwortliche Erlernen von Strukturen schon zu diesem Zeitpunkt nicht zum gewünschten Erfolg geführt hat.

4 Folgen der Beeinträchtigung sozialer Sicherheit

Inhaftierte planen Geiselnahmen, Ausbrüche und Entweichungen erfahrungsgemäß nur dann, wenn ihnen der Aufenthalt in einer Justizvollzugsanstalt ausweglos erscheint, sie keinen Sinn darin erkennen und den Aufenthalt nicht nutzbringend gestalten. Dies ist bei langen Haftstrafen der Fall, die dazu führen, dass Gefangene oft ihre sozialen Bindungen verlieren, sich im Alltag nicht mehr zurechtfinden, aber auch bei kurzen Haftstrafen, nämlich dann, wenn der Inhaftierte seinem Alltag keine Struktur verleiht. So kann auch der Aufenthalt in einer Justizvollzugsanstalt nutzbringend von dem Inhaftierten gestaltet werden, indem er eine Ausbildung absolviert oder einen bisher nicht erreichten Schulabschluss erlangt. Auch die Wahrnehmung eines Sportangebotes sowie die Teilnahme an Behandlungsmaßnahmen zählen dazu.

Nur wenn der Kontakt zwischen den Bediensteten einer Justizvollzugsanstalt und den Inhaftierten gut ist, die Bediensteten nicht nur als bloße Objekte oder gar als „Feind" begriffen werden, ein Vertrauen im professionellem Sinne vorhanden ist, wird es Inhaftierte geben, die sich, sofern sie Kenntnis von derartigen Planungen ihrer Mitgefangenen haben, an die Verantwortlichen der Anstalt wenden und informieren. Diese sogenannte soziale Sicherheit kann vielfach schlimmere Lagen in Anstalten verhindern.

Ein gutes Beispiel hierfür ist der Versuch einer Geiselnahme durch einen Sicherungsverwahrten zum Nachteil einer weiblichen Mitarbeiterin im Dezember 2012 in der Justizvollzugsanstalt Lübeck. Während des evangelischen Gottesdienstes verlässt ein regelmäßig am Gottesdienst teilnehmender Sicherungsverwahrter diesen, um auf die Toilette zu gehen. Die den Gottesdienst beaufsichtigende Beamtin folgt ihm, um die Toilettentür aufzuschließen. Beim Aufschließen greift er sie von hinten an. Die Beamtin, die sich geistesgegenwärtig durch einen Biss in den Arm des Gefangenen zur Wehr setzen kann, löst Alarm aus. Weitere Gefangene des Gottesdienstes eilen zu Hilfe und halten den Sicherungsverwahrten fest. Durch ihr beherztes Eingreifen konnten weitere Übergriffe des Sicherungsverwahrten auf die Mitarbeiterin vermieden werden.

Dieses Verhalten der Inhaftierten ist nicht selbstverständlich, nehmen sie doch auch Risiken in dieser Situation auf sich. Zum einen um nicht selbst durch eine Beteiligung in dieser Situation in Problemlagen zu geraten. Zum anderen, um ihre Solidarität mit dem Mitinhaftierten zu zeigen und gerade nicht zu der Mitarbeiterin als derjenigen, die gemeinhin „zur anderen Seite" gehört. Es war im vorliegenden Fall gerade auch deshalb nicht selbstverständlich, weil diese Gruppe der Gottesdienstbesucher in einer Anstalt des Langstrafenvollzuges schon seit vielen

Jahren gemeinsam am Gottesdienst teilnimmt, mithin eine Solidarität untereinander entwickelt haben könnte. Gleichwohl war die Solidarität untereinander aber scheinbar nicht so hoch, dass ein Eingreifen unterblieben ist. Vielmehr war der gute soziale Kontakt zu der Mitarbeiterin entscheidend.

Auch ein Negativbeispiel sei genannt, geschehen in der Freistunde des Jugendvollzugsbereichs der Justizvollzugsanstalt Neumünster. So kommt es dort während der Freistunde zu einem Übergriff eines Gefangenen auf einen anderen. Die beiden aufsichtführenden Mitarbeiter lösen den Alarm aus und versuchen, die aneinandergeratenen Inhaftierten auseinander zu bringen. Statt der Situation Herr zu werden, werden die beiden Mitarbeiter angegriffen, nun nicht mehr nur von den beiden ursprünglichen Störern, sondern auch von anderen in der Freistunde befindlichen Inhaftierten. Die Situation wird zusätzlich erschwert, indem weitere Gefangene die auf dem Freistundenhof befindlichen Inhaftierten aus ihren Haftraumfenstern heraus anfeuern. Erst durch das Einschreiten einer Vielzahl von zur Hilfe eilenden Beamten kann die Situation wieder unter Kontrolle gebracht werden.

Die Mitarbeiter, über den Vorfall sichtlich schockiert, plädieren für mehr Sicherheit. Gerne wird in derartigen Situationen für mehr Sicherheit im administrativ-organisatorischen Bereich plädiert, sodass die Inhaftierten weiteren Einschränkungen durch Regelwerk unterworfen werden. Aber auch Forderungen nach mehr Sicherheit im baulich-technischen Bereich sind begehrt, so zum Beispiel nach weiteren Zäunen oder Kameras, gerade um nicht selbst im Freistundenhof zu stehen, sondern außerhalb eines Zaunes. Ein Widerspruch in sich, denn gerade ein zunehmendes Maß an baulich-technischer Sicherheit kann zu einer weiteren Distanz zwischen Mitarbeitenden und Inhaftierten führen und somit gerade das Gegenteil bewirken, die Abkehr von der sozialen Sicherheit.

Sicherlich ist ein Verhalten von jugendlichen Gefangenen noch weniger vorhersehbar als das von erwachsenen Inhaftierten. Es ist jedoch klar erkennbar, dass die soziale Sicherheit hier offenbar bei dieser Population an Inhaftierten nur eine geringe Rolle spielte, denn ein Eingreifen von Mitinhaftierten, um den Mitarbeitern der Anstalt beizustehen, erfolgte nicht. Vielmehr erfolgte eine Solidarisierung unter den Inhaftierten. Deutlich wird an diesem Beispiel, dass nicht jeder Kontakt zwischen Bediensteten und Inhaftierten ausreichend ist, um soziale Sicherheit zu gewährleisten. Der Kontakt muss vielmehr durch eine faire Umgangsweise gekennzeichnet sein und für den Inhaftierten einen „guten Kontakt“ darstellen.

5 Soziale Sicherheit und das Anstaltsklima

Aber noch ein weiterer Faktor spielt im Rahmen der sozialen Sicherheit eine wesentliche Rolle – das Anstaltsklima. Denn nur wenn das Anstaltsklima stimmt, kann auch die soziale Sicherheit Raum gewinnen.

Nun ist das Anstaltsklima nichts, was sich einfach erfassen lässt, aber möglich ist es, wie Marcel Guéridon und Stefan Suhling im folgenden Kap. „Opferorientierung im Justizvollzug" anhand von Beispielen und Befunden zeigen. Unklar ist auch, wodurch das Anstaltsklima bestimmt wird. Sicherlich wird das Anstaltsklima, und damit ist nicht nur das Klima unter den Mitarbeitenden gemeint, sondern auch unter den Inhaftierten, durch die bauliche Gestaltung einer Anstalt mitbestimmt (Seelich 2009). Jeder weiß, dass sich ein angenehmes Raumgefühl positiv auf die Lebenseinstellung, auf die Psyche des Menschen auswirkt. Es gibt unterschiedliche Arten, Anstalten zu konzipieren. So kann man Materialien wie Stahl und Farben eines kühleren Tons verwenden, die dazu führen, dass die Atmosphäre der eines Kühlhauses gleicht. Man kann aber auch Materialien und Farben nutzen, die eine warme, angenehme Atmosphäre vermitteln.

Auch die ausreichende Beschäftigung der Gefangenen in Ausbildungs- und Qualifizierungsmaßnahmen, in Behandlungs- und Freizeitmaßnahmen, durch Sportangebote, durch ein ausreichendes Besuchskontingent und durch die Gewährung von Vollzugslockerungen wirkt sich auf das Klima aus. Hier sind meistens die Anstalten des Erststrafenvollzuges klar im Vorteil. Die Gefangenen sind motiviert, sie haben noch eine Perspcktive. Arbeitsplatz und soziale Bindungen überdauern oft die Haftzeit. Sehr deutlich ist dies am Beispiel der Justizvollzugsanstalt Neumünster. Die Anstalt ist für Erstvollzügler bis zu fünf Jahren Freiheitsstrafe zuständig. Gleichzeitig ist sie zentrale Ausbildungsanstalt für das Land Schleswig-Holstein. Die Beschäftigungsquote liegt bei 80 %, Vollzugslockerungen werden in vielen Fällen gewährt. Es gibt einen Sportpädagogen, der den Gefangenen ganztätig in einer anstaltseigenen Sporthalle Sportangebote unterbreitet. Insbesondere seit Fertigstellung der Sporthalle und seit Beschäftigung des Sportpädagogen ist eine deutliche Entlastung unter den Inhaftierten zu verspüren. Die Gefangenen haben die Möglichkeit, sich körperlich zu betätigen. Die Zahl der Vorfälle ist überschaubarer geworden, Angriffe auf Mitarbeitende kommen nur in seltenen Fällen vor. Förmliche Beschwerden von Gefangenen oder die Einlegung eines Rechtsmittels sind selten, sieht man von Einzelfällen ab.

Das Anstaltsklima wird weiter durch die äußeren Rahmenbedingungen bestimmt, wie zum Beispiel die Höhe der Belegung. In den vergangenen Jahren gehörten hohe Belegungszahlen und eine damit einhergehende Doppel- oder

Mehrfachbelegung noch zum Alltag. Die andauernde Überlegung führte dazu, dass die in einer Anstalt lebenden und arbeitenden Menschen wenig Raum hatten. Erfahrungsgemäß entsteht unter engen Rahmenbedingungen eine gereizte Atmosphäre zwischen den Menschen.

Begreift man soziale Sicherheit daher als Form der Kommunikation und Kooperation zwischen den im Vollzug Tätigen und den Inhaftierten, versteht es sich von selbst, dass hierzu nicht jedwede Form der Kommunikation und Kooperation zu verstehen ist, sondern in erster Linie eine solche, die ausgeglichen und wohlwollend ist.

Ganz maßgeblich wird das Anstaltsklima insofern durch die Stimmungslagen zwischen Menschen, in diesem Falle zwischen Justizvollzugsbediensteten und Gefangenen, aber auch der Gefangenen untereinander sowie der Mitarbeitenden untereinander bestimmt. Die Identifikation der Bediensteten mit ihrer Arbeit und die unmittelbare Arbeitsumwelt sind eng miteinander verbunden. Umfragen zum betrieblichen Gesundheitsmanagement haben in vielen Bundesländern ergeben, dass die Bediensteten des Vollzuges unabhängig von ihrer Laufbahn nicht mehr hinreichend motiviert sind, weil sie die Rahmenbedingungen unzufrieden machen (Lehmann 2009 und Behörde für Justiz und Gleichstellung Hamburg 2015). So fühlten sich eine Vielzahl der Mitarbeitenden nicht ausreichend wertgeschätzt, ihnen übertragene Aufgaben lassen das Maß der Verantwortung auf ein Minimum reduzieren. Viele sind mit den Führungsebenen einer Anstalt unzufrieden, die Distanz zwischen den Ebenen wächst. Mögen die Ursachen für die Unzufriedenheit vielfältiger Natur sein, möglicherweise spielt auch dafür das private Umfeld oder auch die allgemeine gesellschaftliche Entwicklung eine Rolle. Ferner spiegelt die zunehmende Distanz zwischen den Ebenen eine allgemeine Entwicklung wieder, die auch zwischen den Inhaftierten und den Mitarbeitenden der Haftbereiche zu beobachten ist.

Ist daher das Personal einer Justizvollzugsanstalt mit den Arbeitsbedingungen unzufrieden, wirkt sich dies möglicherweise auch auf die Gesundheit der Mitarbeitenden und damit auf deren Anwesenheit aus, sodass eine Kommunikation und Kooperation untereinander und auch mit Inhaftierten mangels Personal schon nicht entstehen kann. Untersuchungen deuten darauf hin, dass es nicht primär die Belastungen aus der Arbeit mit den Inhaftierten sind, die eine hohe Unzufriedenheit und psychosoziale Belastungen bei den Bediensteten hervorrufen, sondern vor allem die organisatorischen und klimatischen Bedingungen zwischen Vorgesetzten und Bediensteten dazu führen (Bögemann 2010).

Es ist daher für das Anstaltsklima von großer Bedeutung, dass die vorgenannten Faktoren beachtet werden, sodass der Personalbestand nicht auch noch durch viele kranke Mitarbeitende sinkt, da dies im Zuge von Personaleinsparmaßnahmen ohnehin schon geschieht. Ist die Zahl der Ansprechpartner für die Inhaftierten begrenzt, so sollten diese wenigen motiviert und engagiert sein, um den Inhaftierten, aber auch den weiteren Mitarbeitern Vorbild zu sein.

Nicht zuletzt aber verschieben sich, und das wurde bereits erwähnt, durch den Einbau technischer Systeme die Einsatzorte der Justizvollzugsbediensteten. Diese verschwinden zunehmend an abgeschiedene Orte, in Dienstzimmer und Zentralen, von wo aus sie immer mehr Kameras über Bildschirme überwachen, sei es auch nur der Monitor im Stationsbüro, auf den die Haftraumkommunikationsanlagen aufgeschaltet sind. Mittels Gegensprechanlage muss der einzelne Gefangene während der Verschlusszeiten nicht mehr auf dem Haftraum aufgesucht werden, es ist möglich, direkt mit dem Gefangenen vom Stationsbüro aus in den Haftraum hinein zu kommunizieren. Gefangene bewegen sich alleine ohne Begleitung durch die Anstalt, Motorschlösser und Überwachungskameras sorgen dafür, dass sie an den Ort gelangen, zu dem sie sollen. Die Freistunden werden zwar noch durch Justizvollzugsbedienstete überwacht. Diese befinden sich häufig nur noch außerhalb des Freistundenhofs, in vielen Fällen sogar im Gebäude hinter Glas, da die Gefahr des Ausbruchs aus einem auch direkt an der Mauer gelegenen Freistundenhofes angesichts der Anlagen zur Perimetersicherung und -detektion gegen Null tendiert.

Instrumentelle Sicherheit bewirkt, dass ein geringeres Maß an Mitarbeitenden benötigt wird. Gleichfalls einher geht damit, dass den Inhaftierten weniger Personal gegenübersteht.

Eine Institution, die nur auf instrumentelle Sicherheit ausgerichtet ist, wird daher nicht erfolgreich sein können (Jesse 2008).

6 Fazit

In den Anfängen des Strafvollzuges waren technische Sicherheitssysteme nicht sehr ausgeprägt. Funkgeräte gab es nicht, die Schlösser aller Türen mussten von Hand geschlossen werden, die Kommunikation mit dem Gefangenen erfolgte Aug in Aug und die Gefangenen mussten durch die Anstalt geführt werden. Die Justizvollzugsbediensteten waren allgegenwärtig und standen damit als Ansprechpersonen für die Inhaftierten zur Verfügung. Im Laufe der Jahre wurde dieses System zugunsten technischer Gerätschaften verdrängt, die nur zunächst zu mehr Sicherheit führen, weil sie Dinge wahrnehmen, registrieren und melden, die der Mensch erst verzögert oder gar nicht wahrnimmt.

Technische Sicherheit kann zwar in Teilen die Sicherheit einer Anstalt erhöhen (z. B. als Schutz vor Ausbrüchen). Erst auf den zweiten Blick ist aber zu erkennen, dass mit dem Einzug erhöhter technischer Sicherheit die soziale Sicherheit immer stärker gefährdet wird, weil direkte Ansprechpersonen für Gefangene nur noch eingeschränkt zur Verfügung stehen. Wie eingehend betrachtet, kann auf den Faktor der sozialen Sicherheit nicht verzichtet werden. Er ist ein notwendiger Bestandteil aller Sicherheitsfaktoren, die sich gegenseitig ergänzen und von grundlegender Bedeutung sind. Er ist aber gerade ein ganz entscheidender Faktor auf dem Weg der Resozialisierung des Inhaftierten. Nur so kann er erwünschte soziale Rollenmuster und Verhaltensweisen erlernen. Nur so ist der Spagat zwischen Sicherheit und Resozialisierung zu schaffen. Die soziale Sicherheit muss daher in einer Anstalt möglichst gut ausgeprägt sein.

Technische Sicherheit kann den Justizvollzug natürlich auch zum Positiven verändern, so kann die baulich-technische Sicherheit auch für den Inhaftierten maßgebliche Vorteile bedeuten. Es ist daher zu Beginn des Einbaus technischer Maßnahmen ganz entscheidend, dass die Zielsetzungen und die Richtung des Justizvollzuges klar sind. Dann kann entsprechend dieser Zielsetzungen auch die technische Entwicklung gesteuert werden. So muss sich der Anstaltsleiter bzw. die Anstaltsleiterin auch einer kleinen Anstalt die Frage stellen: „Welches Gefangenenklientel habe ich in meiner Anstalt, wohin wird sich dies vermutlich in den nächsten Jahren entwickeln, was sind die vollzuglichen-behandlerischen Planungen in der Anstalt und wie kann diesen Faktoren in den nächsten Jahren entsprochen werden?“ Abhängig davon kommt dann ein Mehr oder Weniger an technischen Systemen zum Einsatz. Die Entwicklung der technischen Systeme ist damit steuerbar. Es kommt nur genau so viel Technik zum Einsatz wie eine Anstalt benötigt.

Es gilt immer, die „richtige“ Sicherheit, im richtigen Level und am richtigen Ort einzusetzen. Vergessen sollte man dabei nie, dass man nicht zu viel Sicherheit an Orten anbietet, wo sie nicht notwendig wäre (Ruf 2010).

Abschließend kann gesagt werden: Unabhängig von der Profession oder der funktionsbedingten Spezialisierung bleibt es daher für alle Mitarbeitenden im Justizvollzug von großer Wichtigkeit, den Blick für das Ganze nicht zu verlieren und sich permanent mit dem Auftrag und der Institution Strafvollzug auseinander zu setzen. Dabei gilt es, das Strafvollzugsziel der Resozialisierung bestmöglich umzusetzen. Soziale Sicherheit spielt dabei eine entscheidende Rolle, weil im Rahmen der Sozialen Sicherheit den Inhaftierten Verhaltensmuster aufgezeigt und von diesen erlernt werden, die maßgeblich dazu beitragen, dass das soziale Miteinander nicht nur in einer Justizvollzugsanstalt, sondern vielmehr auch nach der Entlassung funktioniert. Der Faktor der Sozialen Sicherheit muss daher bei allen

Mitarbeitenden im Vollzug präsent sein und gelebt werden. Nur unter Beachtung dieses Grundsatzes kann der Spannungsbogen zwischen Sicherheit und Resozialisierung in einer Justizvollzugsanstalt gut bewältigt werden. Es sind vor allem die persönlichen Beziehungen zwischen den Bediensteten und den Inhaftierten, welche den geregelten Ablauf im Vollzugsalltag ermöglichen (Lehmann 2009).

Literatur

Alisch, J. (2001). Sicherheit als Steuerungsproblem. In C. Flügge, B. Maelicke, & H. Preusker (Hrsg.), *Das Gefängnis als lernende Institution* (S. 105–116). Baden-Baden: Nomos.

Behörde für Justiz und Gleichstellung Hamburg. (2015). Projekt Arbeitsbedingungen und Fehlzeiten in den Hamburger Justizvollzugsanstalten – Abschlussbericht.

Bennefeld-Kersten, K. (2010). Was kann die Technik zur Suizidprävention beitragen? *Forum Strafvollzug, 59,* 341–343.

Bögemann, H. (2010). Grundlegendes zur Gesundheit der Bediensteten in der totalen Institution Gefängnis. In H. Bögemann, K.-H. Keppler, & H. Stöver (Hrsg.), *Gesundheit im Gefängnis* (S. 59–72). Weinheim: Juventa.

Felten, M. (2010). *Auf die Lehrer kommt es an! Für eine Rückkehr der Pädagogik in die Schule*. Gütersloh: Gütersloher Verlagshaus.

Goffman, E. (1977). *Asyle – Über die soziale Situation psychiatrischer Patienten und anderer Insassen*. Frankfurt a. M.: Suhrkamp.

Gratz, W. (2010). Kommt die digitale Panoptik? Die Technik bestraft die, die nicht wissen, was sie von ihr wollen. *Forum Strafvollzug, 59,* 320–324.

Jesse, J. (2008). Respekt, Transparenz und Konsequenz – Gedanken zur sozialen Sicherheit. *Forum Strafvollzug, 57,* 114–116.

Koop, G. (2010). Technik als Gefahr? *Forum Strafvollzug, 59,* 319–320.

Köster, B. (2016). Justizvollzugsanstalt Neumünster. Die Fertigstellung des C-Hauses. In DenkMal 2016, Jahrgang 23, 10–16.

Lehmann, A. (2009). *Paid Prisoners – Bezahlte Gefangene?!* Lingen: Kriminalpädagogischer.

Maelicke, B. (2008). Endstation Sicherheit? *Forum Strafvollzug, 57,* 102.

Ruf, M. (2010). Der Einsatz biometrischer Systeme in der Zutrittskontrolle. *Erfahrungen aus der Schweiz. Forum Strafvollzug, 59,* 324–328.

Schulz von Thun, F. (2013). *Miteinander reden: 1. Störungen und Klärungen. Allgemeine Psychologie der Kommunikation*. Reinbek: Rowohlt Taschenbuch.

Seelich, A. (2009). *Handbuch Strafvollzugsarchitektur. Parameter zeitgemäßer Gefängnisplanung*. Wien: Springer.

Seelich, A. (2010). Gesundheit und Architektur am Beispiel von Gefängnissen. In H. Bögemann, K.-H. Keppler, & H. Stöver (Hrsg.), *Gesundheit im Gefängnis* (S. 229–238). Weinheim: Juventa.

Stumpf, M. (2008). Sicherheit im Justizvollzug. *Forum Strafvollzug, 57,* 103–105.

Klima im Justizvollzug

Marcel Guéridon und Stefan Suhling

Wenn im Strafvollzug über das Thema „Klima“ gesprochen wird, so können alle, Bedienstete wie Inhaftierte, relativ zügig etwas dazu sagen. Alle haben eine Meinung zum „Anstaltsklima“. Bei näherem Hinsehen bzw. Hinhören wird dabei schnell deutlich, dass es in den Vorstellungen darüber, was „Klima“ ist, Gemeinsamkeiten und Unterschiede zwischen Bediensteten und Inhaftierten, aber auch innerhalb der beiden Gruppen gibt. Bedienstete wie Inhaftierte bringen indes zum Ausdruck, dass das „Klima“ für ihren beruflichen bzw. Haft-Alltag viel ausmacht, dass klimatische Wahrnehmungen Denken und Fühlen beeinflussen. Sie berichten, dass das Klima nicht überall gleich ist, das es also davon abhänge, in welcher Anstalt und sogar in welcher Abteilung einer Anstalt man sich befinde.

Das Klima kann so schon im Rahmen eines vorwissenschaftlichen Zugangs als wichtiges Merkmal einer Anstalt bzw. seiner organisatorischen Einheiten gelten. In diesem Kapitel wollen wir das Konstrukt näher beleuchten, indem wir zunächst einen Überblick über Definitions- bzw. Explikationsversuche in der nationalen und internationalen Literatur geben (Abschn. 1). Anschließend widmen wir uns in Abschn. 2 der Frage, wie man das Klima in einer Justizvollzugsanstalt messen kann und welche Herausforderungen dabei auftreten. In den Abschn. 3 und 4 werden Ergebnisse zum Klima berichtet, wobei zunächst dargestellt wird, welche Auswirkungen unterschiedliche klimatische Zustände haben können und

M. Guéridon (✉) · S. Suhling
Celle, Deutschland
E-Mail: marcel.gueridon@justiz.niedersachsen.de

S. Suhling
E-Mail: stefan.suhling@justiz.niedersachsen.de

B. Maelicke und S. Suhling (Hrsg.), *Das Gefängnis auf dem Prüfstand*,
Edition Forschung und Entwicklung in der Strafrechtspflege,
https://doi.org/10.1007/978-3-658-20147-0_12

im Anschluss daran berichtet wird, von welchen Bedingungen eigentlich das Klima abhängt. Abschließend diskutieren wir in Abschn. 5 die Implikationen für den zukünftigen Umgang mit diesem Thema im deutschen Justizvollzug.

1 Anstaltsklima – was ist das überhaupt?

In der mittlerweile – zumindest international – recht umfangreichen Literatur zum Klima in Justizvollzugsanstalten wird eine Vielzahl von Begriffen allein schon für das Phänomen verwandt. Man spricht von institutionellem Klima, sozialem Klima, Organisationsklima, Behandlungsklima, Gruppenklima, von sozialer Atmosphäre oder noch allgemeiner von der Gefängnisumwelt. Hin und wieder wird statt „Klima" auch der Begriff „Kultur" (z. B. „prison culture"; Howells 2000) genutzt, Liebling (2016) spricht sogar von „kulturellem Klima". Klima und vor allem Kultur umfassen offensichtlich jeweils eine Vielzahl von Facetten und so verwundert es nicht, dass mitunter sehr verschiedene Aspekte darunter gefasst werden. Andere Autoren betonen, dass es sich bei Klima und Kultur durchaus um zwei getrennte Konzepte handelt. Day et al. (2012, S. 157) sehen in der Kultur einer Einrichtung die Philosophie und die Organisation einer Einrichtung im Großen und Ganzen, die sich in den festen Strukturen und (impliziten) Verhaltensregeln widerspiegeln. Klima dagegen beschreibe eher die Wahrnehmung des aktuellen Zustands und werde weniger durch Geschichte und Traditionen der Einrichtung beeinflusst.

Die Heterogenität des Klimakonzepts zeigt sich auch in den verschiedenen Definitionen des Anstaltsklimas. Moos (1968) war einer der ersten, der sich diesem Thema widmete und auch ein Messinstrument zur Verfügung stellte. Er definierte das soziale Klima sehr allgemein als materielle, soziale und emotionale Bedingungen einer Organisationseinheit und die Interaktionen zwischen ihnen. Ähnlich beschreiben Ross et al. (2008) das Gefängnisklima als die von den Bediensteten und Inhaftierten wahrgenommene Menge sozialer, emotionaler, organisationaler und physischer Merkmale einer Haftanstalt. Schalast und Groenewald (2009) bezeichnen das soziale Klima als „das von den beteiligten Personen erlebte Gesamt der materiellen, sozialen und emotionalen Gegebenheiten einer Institution" (S. 329). Die Vermischung von physischen und sozialen Aspekten einer Einrichtung im allgemeinen Begriff „Gefängnisumwelt" wird aber auch kritisch gesehen. Obwohl beide Aspekte natürlich in Zusammenhang stehen, werde durch ihre Zusammenfassung die Art und Form der Beziehung verschleiert (Gobeil 2014; Wright 1985). Andere Autoren (z. B. Kelly und Welsh 2016; Wößner und

Schwedler 2014) stellen auch auf die Wirkungen ab, indem sie das Klima explizit als Menge von Merkmalen eines Programms bzw. einer Einrichtung definieren, die das Verhalten der Bediensteten und Klienten beeinflusst.

Positiv an diesen allgemeinen Definitionen ist, dass ein solcher Klimabegriff Bedienstete wie Inhaftierte umfasst. Auch wenn Studien immer wieder finden, dass Bedienstete sich in ihren Wahrnehmungen von denen der Gefangenen bzw. Patienten unterscheiden (z. B. Beech und Fordham 1997), so stellte Liebling (2004) in ihren Interviews mit Vertretern beider Gruppen fest, dass eine hohe Übereinstimmung in den für relevant erachteten Aspekten bestand.

Je nach Konzeption und Definition des Klimas unterscheiden sich auch die für relevant erachteten Aspekte des Anstaltsklimas. Nach Toch (1977), der sich eher auf die Wahrnehmungen der Gefangenen bezog, setzt sich das Klima aus Privatsphäre, Sicherheit, Struktur, Unterstützung, Autonomie, emotionale Rückmeldung, soziale Stimulation, Aktivität und Freiheit zusammen. Liebling (2004) differenziert unter anderem zwischen Macht, Sicherheit, Ordnung, Unterstützung, persönliche Entwicklung, Familienkontakte, soziales Leben, Respekt, Menschlichkeit, Beziehungen, Vertrauen, Fairness, Anstand, Bedeutung, wobei auch sie in erster Linie Gefangene fokussierte. Es ergeben sich ganz offensichtlich Bezüge auch zum Thema Subkultur und innervollzugliche Gewalt (vgl. Neubacher & Boxberg, in diesem Band, sowie Abschn. 3.2). Aber auch klimatische Aspekte, die sich stärker an den für Bedienstete relevanten Themen orientieren, haben mit sozialen Beziehungen zu tun: Hier geht es nicht nur um das Verhältnis zu den Inhaftierten, sondern auch das zu Kolleginnen/Kollegen und zu Führungskräften, die wahrgenommene Unterstützung und Wertschätzung durch diese, die eigene Rollenklarheit in der Anstalt und die Kommunikationsstrukturen und -gewohnheiten. Trotz der o. g. breiten Definitionen, die auch die materiellen Gegebenheiten umfassen, haben bislang bauliche und organisatorische Aspekte weniger Aufmerksamkeit erhalten, obwohl z. B. Sauberkeit/Hygiene auch einen Beitrag zum Klima im Justizvollzug haben dürfte (vgl. Koop, in diesem Band).

Ein weiterer Aspekt des Klimas ist seine vermutete Stabilität. Die meisten Autoren beschreiben das Klimas als zumindest weitgehend stabil (Bottoms 1999; Kelly und Walsh 2016; Schalast und Völlm 2016; Wößner und Schwedler 2014). Diese Auffassung spiegelt sich auch in Moos' (1997) Konzeption des Klimas als „Persönlichkeit" einer Einrichtung wieder. Das Klima ist dennoch dynamisch und kann sich sowohl intraindividuell (z. B. mit der Dauer des Aufenthalts, vgl. Seifert und Thyrolf 2010) als auch intrainstitutionell mit der Zeit verändern (Lugo 2016). Es lässt sich zumindest vermuten, dass individuelle Einschätzungen im Zeitverlauf deutlicher variieren als auf der Ebene der Einrichtung. Auch auf Ebene der Einrichtung können indes einzelne Ereignisse zumindest theoretisch große Effekte auf das Klima haben, sei es der Wechsel der Leitung oder ein besonders aggressiver Klient auf einer Wohngruppe.

Zusammengefasst ist das „Anstaltsklima" ein im Gefängnisalltag wichtiges und bislang recht oft wissenschaftlich betrachtetes Phänomen/Konstrukt, bei dem man sich bislang aber auf keine präzise Definition einigen konnte. Das mag auch daran liegen, dass sich die Bestimmungsversuche mal auf die individuelle Ebene beziehen (also Individuen in den Fokus nehmen) und mal auf die organisatorische Ebene (also Gruppen, Abteilungen, Anstalten usw. als Betrachtungseinheit wählen). Umso wichtiger erscheint es, sich bei Diskussionen über das Anstaltsklima von vornherein darauf zu verständigen, über welche Aspekte des Klimas auf welcher Betrachtungsebene man spricht. Ebenso sollte bei Interventionen oder Bestandsaufnahmen festgelegt werden, auf welche Dimensionen des Klimas fokussiert wird.

2 Wie kann man das Anstaltsklima messen?

So heterogen die Definitionen des Anstaltsklimas sind und so vielfältige Aspekte unter dem Schlagwort „Klima" in der Literatur subsumiert werden, so unterschiedlich sind auch die Konzepte zu seiner Erfassung. Tonkin (2016) identifiziert in seinem internationalen Überblick über Fragebögen zur Messung des sozialen Klimas in Justizvollzugsanstalten und forensisch-psychiatrischen Krankenhäusern zwölf Instrumente, die zwischen 15 und 140 einzuschätzende Aussagen enthalten. Diese wurden konzeptuell oder empirisch zwischen einer Skala und bis zu 21 Subskalen zugeordnet. Einige von diesen Messinstrumenten sind nur für Inhaftierte bestimmt, andere können – in der gleichen Version – von Inhaftierten und Bediensteten ausgefüllt werden und wiederum andere haben leicht unterschiedliche Versionen (mit ähnlichen Subskalen) für die beiden Zielgruppen. Vorliegend soll ein kurzer Überblick über die bislang im deutschen Sprachraum verwendeten Skalen gegeben werden.

Dahle und Steller (1990) verwendeten die von Moos (1975) entwickelte und international bisher am häufigsten eingesetzte „Correctional Institutions Environment Scale" (CIES) und kürzten sie von neun auf fünf Skalen (29 Items von ursprünglich 90). Die Skala 1) „Behandlungs- und Resozialisierungsorientierung" (9 Items) erhebt die Wahrnehmung der Inhaftierten, dass sie in ihrer Weiterentwicklung unterstützt werden (Beispielitem[1]: „Die Beamten berücksichtigen

[1]Die Beispielitems wurden der Masterarbeit von Adler (2015) entnommen.

Vorschläge der Insassen.“). Die Skala 2) „Ordnung und Sauberkeit“ (3 Items) erfasst solche Umweltaspekte (Beispielitem: „Die Beamten sorgen dafür, dass die Abteilung immer sauber ist.“). Mit der Skala 3) „Offenheit der Kommunikation zwischen Beamten und Inhaftierten“ (7 Items) wird die Beziehung und der Austausch zwischen Bediensteten und Inhaftierten erfasst (Beispielitem: „Über persönliche Probleme wird offen gesprochen.“); die Skala 4) „Disziplin und Kontrolle“ (5 Items) misst, wie streng und konsequent sich die Bediensteten den Inhaftierten gegenüber verhalten (Beispielitem: „Wenn für einen Insassen ein Behandlungsplan festgelegt worden ist, hat er sich an ihn zu halten.“). Schließlich wird mit der Skala 5) „Offenheit der Kommunikation zwischen Inhaftierten“ (5 Items) der Austausch zwischen Inhaftierten und ihre gegenseitige Unterstützung erfragt (Beispielitem: „In dieser Abteilung kümmern sich die Inhaftierten umeinander.“). Die Reliabilität (Zuverlässigkeit) der Skalen, gemessen über Cronbach's Alpha, betrug in der Studie von Dahle und Steller (1990) zwischen .61 und .78. Dabei ist der Wert umso besser, je näher er an 1 liegt, wobei der Wert mindestens .70 betragen sollte.

In der Evaluation der sozialtherapeutischen Behandlung durch Ortmann (Abschlussbericht 2002) wurden eine Skala zur Messung des Klimas und verschiedene Skalen zur Messung des Konstrukts der „Prisonisierung“ eingesetzt, die auch als geeignet zur Erfassung sozialer Beziehungen und des therapeutischen bzw. Anstaltsklimas betrachtet werden können (Wößner und Schwedler 2014). Gemessen werden die „Begrenzung der Autonomie“ (19 Items), die das Ausmaß wahrgenommener Restriktionen und Einschränkungen durch die Gefängnisumwelt und die Bediensteten misst (Beispielitem: „Die Bevormundung der Insassen ist hier nahezu umfassend“), (2) die „Angst vor Mitinhaftierten“ (14 Items, Beispielitem: „Man lebt hier ständig in großer Gefahr vor anderen Häftlingen“) sowie „feindliche Einstellungen gegenüber den Bediensteten“ (20 Items bei Ortmann 2002; aber nur 13 Items bei Wößner und Schwedler 2014; Beispiel: „Wenn man sich einem Vollzugsbeamten anvertraut, dann wird diese Information wahrscheinlich gegen einen verwendet“). Mit 14 Items werden überdies Aspekte des sozialen Klimas wie Unterstützung, Hilfe zur Resozialisierung und Wahrnehmungen der Kohäsion unter den Bediensteten gemessen, die bei Ortmann zusammenfassend als „Klima in der Anstalt“ bezeichnet wird (Beispiel: „Das Personal hier kümmert sich um die Probleme der Insassen“). In der Studie von Ortmann (2002) lagen die Reliabilitätskoeffizienten zwischen .65 und .93, in der aktuelleren Studie von Wößner und Schwedler (2014) über die Sozialtherapie in Sachsen zwischen .77 und .82.

Ein international viel beachtetes, aber in Deutschland bislang nur eingeschränkt verwendetes Instrument stammt von Liebling (2004; vgl. auch Liebling et al. 2012). Es heißt „Measuring the Quality of Prison Life“ (MPQL) und umfasst ursprünglich 140 Items auf 21 Skalen, z. B. zu folgenden Konzepten: Verhältnis zwischen Inhaftierten und Bediensteten, Humanität, „Anstand" (decency), Unterstützung, bürokratische Legitimität, Fairness, Respekt, Vertrauen, Sicherheit, Drogen und Ausbeutung, Familienkontakte, persönliche Entwicklung, Autonomie, Stress. Es existiert auch eine Version für Bedienstete („Staff Measuring the Quality of Life Questionnaire", SQL), die 117 Items auf 17 Skalen umfasst, z. B. Behandlung durch Vorgesetzte (unterschiedlicher Hierarchiestufen), Einstellung zu Vorgesetzten, Verhältnis zu Kollegen, Engagement, Stress, Sicherheit, professionelle Unterstützung. Während uns keine deutsche Studie mit dem SQL bekannt ist, kam ein Teil des MPQL in der großen Studie des Kriminologischen Forschungsinstituts Niedersachsen (KFN) zum Gewaltvorkommen in deutschen Justizvollzugsanstalten zum Einsatz (Beier und Bergmann 2013). Sie verwendeten Skalen zum Verhältnis zwischen Inhaftierten und Bediensteten, zum Verhältnis unter den Inhaftierten, zur Bewertung der Freizeitmöglichkeiten und zu negativen Verhaltensweisen (Drohungen durch Mitinhaftierte, unfaire Behandlung durch Bedienstete. Reliabilitätskoeffizienten wurden nicht angegeben.

Ein Instrument zur Erfassung des sozialen Klimas in Justizvollzugsanstalten und Maßregelvollzugskliniken, das in Deutschland entwickelt wurde und sich auch international recht gut etabliert hat, ist das „Essen Climate Evaluation Schema" (EssenCES; Schalast und Tonkin 2016). Es wird vermutlich auch deshalb so häufig eingesetzt, weil es ziemlich ökonomisch ist: 15 Items laden auf drei Dimensionen (mit jeweils 5 Items). Unterscheiden lassen sich die Skalen 1) „Unterstützung der Gefangenen durch Bedienstete" (Beispiel: „Den Mitarbeiterinnen und Mitarbeitern ist es persönlich wichtig, wie es mit den Gefangenen weitergeht"), 2) „Zusammenhalt der Gefangenen" (Beispiel: „Auch der Schwächste Gefangene findet Rückhalt bei seinen Mitgefangenen") und „Sicherheitserleben" (Beispiel: „Es gibt hier wirklich bedrohliche Situationen"). Die Reliabilitäten im Sinne interner Konsistenzen betragen für deutsche Justizvollzugsanstalten zwischen .74 und .85; für deutsche Maßregelvollzugsanstalten zwischen .78 und .86 (Tonkin et al. 2016).

Kürzlich wurde von holländischen Autorinnen und Autoren ein weiteres Instrument auf Deutsch eingeführt, das geeignet erscheint, das soziale Klima in Wohngruppen des Jugendstrafvollzugs zu messen. van der Helm et al. (2011; deutsch Heynen et al. 2014a) stammt das „Prison Group Climate Instrument" (PGCI). 36 Items messen vier Teilaspekte. „Unterstützung" (12 Items) bezieht sich auf die wahrgenommene Unterstützung bzw. Zuverlässigkeit und Vertrauenswürdigkeit der Bediensteten (Beispiel: „Beschwerden werden ernst genommen."). Die Skala „Wachstum" (8 Items) misst wahrgenommene Wachstumschancen und Möglichkeiten der Weiterentwicklung (in Bezug auf das Vollzugsziel). Ein Beispielitem lautet: „Ich lerne hier sinnvolle Dinge". „Atmosphäre" wird mit einer weiteren Skala gemessen (7 Items); dabei geht es um Sicherheit, Struktur und Kontrolle (z. B.: „Ich fühle mich in der Gruppe immer sicher.“). Schließlich beschreibt die Skala „Repression“ (7 Items) Aspekte wie das Ausmaß der Fremdbestimmung und die Rigorosität, mit der Regeln eingehalten werden (Beispiel: „Man muss für alles um Erlaubnis fragen“). Das PGCI wurde im nordrhein-westfälischen Jugendstrafvollzug erprobt. Die internen Konsistenzen variierten zwischen .67 und .88 (Heynen et al. 2014b).

Zusammengefasst existieren auch in Deutschland einige Forschungserfahrungen und -ergebnisse mit psychometrisch soliden Instrumenten zur Messung des sozialen Klimas im Justizvollzug aus der Sicht der Inhaftierten. Die Zahl und die Inhalte der Fragebogenverfahren variieren; zentral scheinen aber Konstrukte, die mit Unterstützung durch Bedienstete, Unterstützung durch Mitinhaftierte, Hilfen zur Resozialisierung, persönlicher Sicherheit sowie der Restriktivität und Fairness des „Regimes“ zu tun haben.

Die Messung des Klimas begegnet unabhängig von geeigneten Messinstrumenten einer Reihe von methodischen Herausforderungen. Fraglich ist etwa, wie sehr die Einschätzungen in den Fragebögen durch Erwartungen und als erwünscht wahrgenommene Antworten verzerrt werden. Verzerrungen können dabei in beide Richtungen vorkommen: Antworten können positiver ausfallen als die Realität, aber auch negativer, etwa, wenn die befragten Gefangenen die Erwartungen subkulturell involvierter Mitgefangener in ihre Antworten einbeziehen. Bei der Untersuchung des Klimas ist auch der sogenannte Hawthorne-Effekt zu bedenken: Schon die Tatsache, dass sich jemand für das Klima und die Meinung der Inhaftierten interessiert, kann zu besseren Ergebnissen führen.

Wichtiger scheint noch, dass von einem großen Selektionsproblem auszugehen ist. Da sich fast die gesamte Forschung auf Selbstauskunftsverfahren (Fragebögen und Interviews) stützt, besteht die Gefahr, dass systematische Effekte durch die Zusammensetzung der Stichprobe eine Rolle spielen. So kann die Teilnahme an einer solchen Befragung selbst Ausdruck eines positiven wahrgenommenen Anstaltsklimas sein, wobei Gefangene oder Bedienstete, die kein positives Klima wahrnehmen, womöglich gar nicht erst teilnehmen. Aus diesem Grund sollten bei Befragungen stets die Rücklaufquoten angegeben werden.

Zuletzt sollte noch betont werden, dass Klimaforschung methodisch eine Mehrebenenproblematik mit sich bringt. Personen innerhalb von Abteilungen und Einrichtungen sind sich ähnlicher als Personen aus verschiedenen Abteilungen und gerade Merkmalen der Einrichtung wird ja ein Effekt auf das Verhalten der Inhaftierten unterstellt. Zwar können über geeignete statistische Verfahren (Mehrebenenanalyse) Personen- und Einrichtungsmerkmale gemeinsam modelliert werden (vgl. Suhling und Guéridon 2016), aber diese Verfahren haben ohne ausreichende Fallzahlen auf beiden Ebenen Einschränkungen hinsichtlich ihrer Durchführbarkeit und Verlässlichkeit.

3 Welche Rolle spielt das Klima im Justizvollzug?

In der Literatur besteht Einigkeit darüber, dass das Klima einer Justizvollzugseinrichtung eine große Rolle für fast sämtliche Aspekte des Erlebens und Verhaltens spielt (Lugo 2016; Moos 1997; Warren et al. 2013). Dem Klima wird aber nicht nur ein direkter Effekt unterstellt, sondern auch ein vermittelnder (Gobeil 2014; Moos 1997; Ross et al. 2008; Wener 2012a; Worthington 2012; Wright 1985). Zum Beispiel hängt der negative Effekt der baulichen Gefängnisumwelt (auf das Erleben und Verhalten der Inhaftierten) davon ab, wie das soziale Klima in der Einrichtung ist; ein positives Klima kann z. B. negative Wirkungen „abpuffern". Im Folgenden soll kurz auf die am besten erforschten Zusammenhänge eingegangen werden.

3.1 Klima und Behandlung

Beim Zusammenhang des Klimas mit der Behandlung können mindestens drei unterschiedliche Aspekte unterschieden werden. Zum einen kann Klima mit dem Behandlungs*prozess* in Verbindung gebracht werden, zum zweiten mit der *Wirkung* von Behandlung und zuletzt kann das Klima selbst als Behandlungsmaßnahme verstanden werden.

3.1.1 Klima und Behandlungsprozess

Grundsätzlich ist es sinnvoll, bei verhaltensändernden Maßnahmen nicht nur auf das Ergebnis zu schauen, sondern auch auf den Prozess und die Implementation. Merkmale der Personen und der Situation beeinflussen, wie und welche Effekte eine Maßnahme erreicht und erreichen kann. Das soziale Klima und die Gefängnisumwelt allgemein sind dabei ebenso zu berücksichtigen wie Persönlichkeitsstörungen oder kognitive Leistungsfähigkeit der Zielgruppe.

Die Forschung unterstützt die Vermutung eines Zusammenhangs zwischen Klima und wichtigen Prozessmerkmalen: Ein positives Klima im Gefängnis hängt mit größerem Engagement und größerer (Behandlungs-)Bereitschaft („Readiness"; Beech und Hamilton-Giachritis 2005; Day et al. 2010; Warren et al. 2013), höherer Motivation (Heynen et al. 2014a, b; Suhling et al. 2009; Tonkin 2016), positiveren Therapieeinstellungen (Stasch et al. 2017), aktiverem Coping (van der Helm et al. 2014) und weniger Frustration (Liebling 2011a) zusammen. Gleiche Effekt wurden auch im Kontext der forensischen Psychiatrie gefunden (Long et al. 2011).

Als besonders wichtig kann zudem der Zusammenhang zwischen Klima und der therapeutischen Allianz (vgl. Heynen et al. 2014b; Tonkin 2016) hervorgehoben werden, die ihrerseits als einer der wichtigsten Wirkfaktoren diskutiert wird (Watson et al. 2015). Gerade für Personen, die wegen einer Sexualstraftat verurteilt wurden, kann das Klima entscheidend sein (vgl. Blagden et al. 2016), um einen sicheren Raum für die Auseinandersetzung mit der eigenen Person zu bieten.

Ältere Forschung (vgl. Moos 1997) weist auch auf den Zusammenhang von negativem Klima und einer erhöhten Wahrscheinlichkeit eines Therapieabbruchs hin. Therapieabbrüche wiederum bringen eine ganze Reihe negativer Effekte mit sich, die bis hin zu iatrogenen Effekten der abgebrochenen Maßnahme reichen (McMurran und Theodosi 2007). Neuere Arbeiten sehen Merkmale der Einrichtung und der Maßnahme zwar ebenfalls als wichtigen Faktor für den Abbruch von Maßnahmen (vgl. Olver et al. 2011), allerdings wird das Klima explizit dabei nicht berücksichtigt, was vermutlich nicht unwesentlich an methodischen Herausforderungen (Dynamik, Mehrebenenstruktur) liegt.

3.1.2 Klima und Behandlungsergebnis

Die bisherige Forschung stützt die These, dass das Klima den Behandlungsprozess unterstützt oder im Falle negativen Klimas eben auch behindern kann. Darüber hinaus wird vermutet, dass positives Klima ebenfalls einen positiven Effekt auf die Wirksamkeit von Maßnahmen hat. Dabei kann zwischen Effekten auf die unmittelbaren Ergebnisse von Maßnahmen und Effekten auf Rückfälligkeit und soziale Integration nach der Haft unterschieden werden.

Interessanterweise ist die Forschung zum Zusammenhang von Klima und den Outputs/Outcomes von Behandlungsmaßnahmen übersichtlich, obwohl Interaktionseffekte zwischen Maßnahmen und Klima in der Theorie häufig angeführt werden (z. B. bei Harding 2014; Ross et al. 2008). Es zeigt sich jedoch, soweit Studien vorliegen, der erwartete positive Effekt zwischen Klima und Ergebnissen der Maßnahmen. Beech und Hamilton-Giachritis (2005) konnten beispielsweise zeigen, dass kriminelle Einstellungen in einer Gruppenmaßnahme abnahmen, wenn positive Aspekte des Gruppenklima (z. B. Bindung zwischen Teilnehmern, Förderung des Ausdrucks von Gefühlen) ausgeprägt waren. Wößner und Schwedler (2014) untersuchten in ihrer Stichprobe den Zusammenhang des Klimas mit einer ganzen Reihe von Veränderungsmaßen. Insgesamt zeigt sich ein positiver Zusammenhang zwischen unterstützendem Klima und dem Ausmaß an Veränderung in der Sozialtherapie. Neurotizismus/Ängstlichkeit, kriminalitätsunterstützende Einstellungen und antisoziale Persönlichkeitsmuster veränderten sich dabei umso weniger, je weniger unterstützend das Klima eingeschätzt wurde.

Ein Zusammenhang zwischen Gefängnisumwelt und erneuter Straffälligkeit beziehungsweise zwischen positivem Klima und besserer Integration nach Haftentlassung wird häufig vermutet (Day et al. 2011; Harding 2014; Ross et al. 2008). In der Tat zeigen einige auch methodisch anspruchsvolle Studien Ergebnisse, die diese Vermutung stützen. Schubert et al. (2012) untersuchten den Zusammenhang von institutionellen Erfahrungen und der Anpassung nach Entlassung bei verurteilten Jugendlichen. Aspekte der institutionellen Erfahrung waren dabei trotz Kontrolle individueller Merkmale und der Art der Institution (z. B. Gefängnis oder psychiatrisches Krankenhaus) wichtige Einflussfaktoren für einen erneuten Aufenthalt und antisoziale Aktivitäten. Auch Listwan et al. (2013) berichten einen signifikanten Zusammenhang zwischen negativer Gefängnisumwelt und erneuter Festnahme, sowie negativer Gefängnisumwelt, negativer Beziehung zu anderen Inhaftierten und erneuter Inhaftierung. Auf Grundlage der Hypothese, dass eine höhere Sicherheitsstufe mit einer negativeren Gefängnisumwelt einhergeht, berichten schließlich auch Gaes und Camp (2009) als Ergebnis eines randomisierten Experiments, dass Personen, die einer höheren Sicherheitsstufe zugewiesen wurden, ein gesteigertes Risiko für eine erneute Inhaftierung haben im Vergleich zu jenen, die einer niedrigeren Sicherheitsstufe zugewiesen worden waren. Zu einem vergleichbaren Ergebnis kommen auch Chen und Shapiro (2007) die für höhere Sicherheitsstufen ebenfalls negativere Effekte berichten.

3.1.3 Klima als Behandlungsmaßnahme

Neben der Beeinflussung von Prozessen und Wirkungen werden dem Klima teilweise auch direkte Effekte zugeschrieben (Ross et al. 2008). Ein positives Klima wird entsprechend als eigenständige verhaltensändernde Maßnahme betrachtet. Obwohl kürzlich auch Verknüpfungen zum Good-Lives-Modells beschrieben wurden (Fortune et al. 2014), wird dieses Argument besonders im Rahmen therapeutischer Gemeinschaften angeführt. De Leon (1994) beschreibt die soziale Umwelt in den sogenannten „therapeutic communities" sowohl als Kontext für Veränderungen als auch als primäres Instrument für die Erleichterung von Veränderungen. In Deutschland sind es die sozialtherapeutischen Abteilungen, die in besonderem Maße Wert auf die Wirkung der therapeutischen Gemeinschaft legen. Wie van den Boogaart (2014) betont, ist ein freundliches, unterstützendes Klima Teil des Gesamtpakets „Sozialtherapie", das Klima und die Gemeinschaft „sind" Behandlung (vgl. auch Wischka & van den Boogaart, in diesem Band).

Aktuelle Entwicklungen in England bei der Behandlung persönlichkeitsgestörter Inhaftierter sehen die Installation spezieller Abteilungen (sogenannter PIPEs, psychologisch informierter geplanter Umwelten) vor, bei denen die Gestaltung der Einrichtung im Fokus steht (Turner und Bolger 2015).

3.2 Klima und Gewalt

Neben dem Zusammenhang zwischen Behandlungseffekten und Klima wird in der Forschung Fehlverhalten und besonders Gewalt mit negativem Klima in Verbindung gebracht (Day et al. 2011; Toch 1978; Tonkin 2016). Auch empirisch zeigt sich ein durchaus stabiler Zusammenhang in älteren (vgl. Moos 1997; Bottoms 1997) und neueren Untersuchungen (Heynen et al. 2014b; Camp et al. 2003). Erneut finden sich ähnliche Ergebnisse für die forensische Psychiatrie (z. B. Bader und Evans 2015; Long et al. 2011). Das Klima spielt aber nicht nur bei Gewalt unter Inhaftierten eine Rolle, sondern wird auch mit härterem Verhalten von Bediensteten gegenüber Inhaftierten (Day et al. 2011) oder Gewalt gegen die eigene Person (Dye 2010) in Verbindung gebracht.

Wichtig zu betonen ist auch hier, dass positives und negatives Klima grundsätzlich entgegengesetzte Effekte haben. Der Mechanismus, wie negatives Klima Gewalt fördert beziehungsweise positives Klima Gewalt verhindert, ist indes weniger klar. Möglicherweise unterdrückt positives Klima antisoziale Verhaltensweisen, fördert erwünschtes Verhalten oder verursacht beides zugleich (vgl. Gobeil 2014). Auf theoretischer Ebene hat Wortley (2002, 2017), ausgehend von umweltpsychologischen Konzepten und Ansätzen situativer Kriminalprävention, wiederholt darauf hingewiesen, dass der Kontext eine wichtige Rolle für die Motivation antisozialen Verhaltens auch und gerade im Strafvollzug spielt. Dabei muss der Kontext als Auslöser berücksichtigt werden, die Motivation zu Fehlverhalten und Gewalt kann auch durch ein negatives Klima und einhergehenden Stress befördert werden.

Wenn man das allgemeinere Konzept der Gefängnisumwelt heranzieht, das soziale und physische Umwelt vereint, finden sich in der Forschung Hinweise auf einen Einfluss der Umwelt auf das Gewaltniveau in dieser (Bieri 2012). Umgekehrt konnte für therapeutische Gemeinschaften für Substanzmittelabhängige gezeigt werden, dass sowohl das Klima besser eingeschätzt wurde als auch weniger unerwünschtes Verhalten inklusive Gewalt aufgetreten war (Dietz et al. 2003).

In der deutschsprachigen Forschung zu Gewalt im Justizvollzug wird das Klima zum Teil berücksichtigt. Die KFN-Studie zu Gewalt im Justizvollzug (Baier und Bergmann 2013) findet als bedeutsamen Einflussfaktor auf Gewalt das positive Verhältnis zwischen Inhaftierten und Bediensteten. Die Kölner Arbeitsgruppe (Wolter und Boxberg 2016) hat dagegen explizit die Zusammenhänge zwischen wahrgenommener prozeduraler Gerechtigkeit, Deprivation und Gewaltaufkommen untersucht. Diese scheint in der Tat eine entscheidende Rolle für das Ausmaß der Gewalt zu haben, die sich nicht nur in direkten Effekten, sondern auch in der Bewertung der Gefängnisumwelt spiegelt. Wer sich gerecht behandelt fühlt, nimmt gleiche Umstände weniger negativ wahr, was wiederum Gewalt reduziert.

3.3 Klima, Zufriedenheit und Gesundheit

Ein dritter wichtiger Zusammenhang wird zwischen dem Klima der Einrichtung und der Zufriedenheit sowie der Gesundheit von Inhaftierten und Bediensteten gesehen.

Für die Inhaftierten werden entsprechend unerwünschte Effekte durch negatives Klima auf die Gesundheit vermutet (de Viggiani 2007; Goomany und Dickinson 2015; Listwan et al. 2013). Diese Zusammenhänge zeigen sich auch empirisch (Ross et al. 2011).

Die Zufriedenheit der Inhaftierten/Patienten und Bediensteten ist in Einrichtungen mit positivem Klima wie erwartet höher (Tonkin 2016), was sich auch im psychiatrischen Kontext zeigt (Rossberg und Friis 2004). Zufriedenheit kann wiederum wie schon beschrieben als wichtiger Faktor für das Engagement und die Motivation in der Behandlung gelten (Warren et al. 2013).

Ein positives Klima scheint aber gerade auch für die Bediensteten über die Zufriedenheit hinaus eine wichtige Rolle zu spielen. In ihrer Meta-Analyse finden Finney et al. (2013) organisationale Struktur und Klima als bedeutendste Prädiktoren für Stress und Burn-out bei Justizvollzugsbediensteten. Auch Dowden und Tellier (2004) finden einen Zusammenhang zwischen wahrgenommener Gefährlichkeit und wahrgenommenem Stress. Ebenso betonen Dollard und Bakker (2010) für den Bildungsbereich, dass das Sicherheitsklima direkt auf die wahrgenommenen Anforderungen und Ressourcen wirkt und zusätzlich die Auswirkungen dieser Anforderungen/Ressourcen auf das Engagement und gesundheitliche Probleme moderiert. Letztlich spielt ein positives Klima auch indirekt eine Rolle auf die Stressbelastung der Bediensteten, weil eine Einrichtung mit positivem Klima (das positive Effekte auf die Inhaftierten hat) auch einfacher zu handhaben ist. Insgesamt spielt das Klima damit auch eine Rolle für das Personalmanagement, weil bei positivem Klima weniger Personalwechsel und weniger Ausfälle zu erwarten sind (Warren et al. 2013).

3.4 Die Wirkung des Klimas: Zusammenfassung

Das Klima einer Justizvollzugseinrichtung beeinflusst zahlreiche Aspekte des Alltags und der Wirksamkeit des Strafvollzugs und seiner Behandlungsmaßnahmen. Auch für Gewalt und Fehlverhalten in Institutionen zeigen sich recht konsistente Befunde. Schließlich scheinen Zufriedenheit und Gesundheit der Inhaftierten wie auch der Bediensteten unter anderem vom sozialen Klima abzuhängen. Damit kann das Klima gewissermaßen als ein universeller Faktor für das Gelingen – oder Scheitern – einer Justizvollzugseinrichtung gesehen werden.

Grundsätzlich ist zu betonen, dass ein positives Einrichtungsklima nicht „nice to have" ist, weil es verschiedene positive Effekte mit sich bringt, sondern a) viele Aspekte eines positiven Klimas notwendig für einen humanen Strafvollzug sind und b) ein negatives Einrichtungsklima gegenteilige Effekte mit sich bringt. Sich um ein gutes Klima zu kümmern, ist also eine wichtige Aufgabe für die Leitung und alle Bediensteten.

Festgehalten werden muss, dass ein Großteil der Klimaforschung unter methodischen Gesichtspunkten verlässlicher sein könnte. Ein Großteil der Forschung ist querschnittlich angelegt, die kausale Struktur gefundener Zusammenhänge bleibt daher oft unklar. Gewalt beispielsweise dürfte sich auf die wahrgenommene Sicherheit auswirken (einem Aspekt des Klimas). Umgekehrt wird ein kausaler Effekt des Klimas auf die Gewalt in der Einrichtung vermutet. Die Form der (gegenseitigen) Beeinflussung kann nur durch wiederholte Messungen geklärt werden. Dieses „Henne-Ei-Problem" zeigt sich bei den meisten dargestellten Wirkungen des Klimas, auch weil schon begrifflich und konzeptuell Zusammenhänge bestehen.

4 Wie kann das Klima verändert werden?

Wie im letzten Abschnitt dargestellt, hat sich das soziale Klima als wichtiger Faktor für Prozesse und Ergebnisse im Justizvollzug erwiesen. Damit stellt sich natürlich umso mehr die Frage, wie das Klima positiv verändert werden kann, zumal ein positives Klima auch als moralisch geboten betrachtet werden kann, ähnlich wie eine Opfer- oder Bedürfnisorientierung des Vollzugs (Warren et al. 2013; Beijersbergen et al. 2015; Guéridon und Marks 2014; Liebling und Kant 2016; vgl. Jesse, Jacob & Prätor, in diesem Band).

Mit anderen Worten stellt sich damit die Frage, welche Faktoren einen (kausalen) Einfluss auf das Klima haben. Das Klima wird hier also als abhängige Variable betrachtet, die verändert werden soll.

4.1 Was sind die bedingenden Faktoren des Klimas?

Moos (1997, S. 158) unterscheidet vier Einflussgrößen auf das Behandlungsklima: den institutionellen Kontext, physische Merkmale, Strategien, Regelungen und Umgangsweisen („policy and service") sowie aggregierte Merkmalen von Bediensteten und Inhaftierten. Anhand dieser Unterscheidung sollen auch hier die Einflussfaktoren auf das Klima diskutiert werden.

Institutioneller Kontext. Moos (1997) versteht unter dem institutionellen Kontext einer Justizvollzugsanstalt alle Aspekte der Einrichtung wie Größe, personelle Ausstattung oder Träger (z. B. privat vs. öffentlich). Auch die Sicherheitsstufe einer Anstalt zählt dazu.

Für Deutschland wäre danach zu erwarten, dass es klimatische Unterschiede zwischen offenem und geschlossenem Vollzug gibt sowie zwischen Anstalten mit eher geringer und hoher Sicherheitsstufe. Auch innerhalb einer Einrichtung sind aber Unterschiede je nach Kontext zu erwarten (z. B. Sozialtherapeutische Abteilung, Wohngruppenvollzug, geschützte Unterbringung, Sicherheitsstation). Generell ist zu vermuten, dass weniger Restriktionen und eine deutlichere Behandlungsorientierung mit einem positiveren Klima einhergehen, was sich zum Teil auch in der Forschung abbildet (Schalast und Völlm 2016). So finden Heynen et al. (2014c) bei der Anwendung des PGCI zwar Unterschiede zwischen Wohngruppen innerhalb einer Anstalt, erklären diese aber durch Merkmale der jeweiligen Inhaftierten. Die Art der Unterbringung (offener vs. geschlossener Vollzug) war dagegen in dieser Studie kein bedeutsamer Faktor. Da sich die Studie allerdings auf drei Abteilungen und wenige Inhaftierte beschränkt, sind die Ergebnisse noch vorsichtig zu bewerten. Langdon et al. (2004) berichten indes von Unterschieden in der Einschätzung einiger Aspekte des Klimas (CIES-Subskalen Unterstützung, Klarheit und praktische Orientierung) zwischen offenen und geschlossenen Abteilungen bei jugendlichen Inhaftierten. Die Bediensteten bewerteten die geschlossenen Abteilungen dabei besser als die jugendlichen Inhaftierten es taten. Auch Adler (2015) berichtet von Unterschieden auf einzelnen Klima-Skalen zwischen verschiedenen Abteilungen der Jugendanstalt Hameln in Niedersachsen.

Für den deutschen Kontext liegen darüber hinaus einige Ergebnisse zum Klima in den sozialtherapeutischen Abteilungen vor. Seifert und Thyrolf (2010) geben für die Sozialtherapie Halle zwar bei Aufnahme bessere Klimabewertungen als rückblickend für den „Normalvollzug" an, dieser Unterschied relativiert sich aber mit der Aufenthaltsdauer. Klein et al. (2015) geben ebenfalls ein deutlich besseres Klima für die sozialtherapeutische Abteilung der JVA Neuenburg-Herrenwörth im Vergleich zum regulären Jugendstrafvollzug an. Auch Schalast und Groenewald

(2009) fanden unterschiedliche Einschätzungen zwischen Abteilungen des Regelvollzugs und sozialtherapeutischen Abteilungen; dabei waren die Unterschiede zwischen den Bedienteten ausgeprägter als zwischen den Inhaftierten. Eine aktuelle Studie von Schalast und Laan (2017) bestätigt die insgesamt positivere Einschätzung des Klimas in sozialtherapeutischen Abteilungen gegenüber den Abteilungen des Regelvollzugs.

International gibt es noch einige weitere Studien zur Frage des Zusammenhangs zwischen der Ausrichtung der Einrichtung und ihrem Klima. Day et al. (2012) vergleichen anhand des EssenCES ein therapeutisches mit einem normalen Gefängnis in Australien. Dabei zeigt sich für die Inhaftierten lediglich eine Tendenz zu einer positiveren Einschätzung des therapeutischen Gefängnisses, während die Bediensteten dieses signifikant besser bewerten. Casey et al. (2016) berichten darüber hinaus einen Interaktionseffekt zwischen der Länge des Aufenthalts und der Unterbringung auf die Einschätzung des Klimas. Inhaftierte in einer gesicherten Abteilung bewerteten das Klima insgesamt aber nicht besser oder schlechter als Inhaftierte im gleichen Gefängnis, die in anderen Abteilungen untergebracht waren. Lediglich die Sicherheit wurde generell als weniger gegeben eingeschätzt.

Die Größe einer Einrichtung wird mit weniger positivem Klima in Verbindung gebracht. Abgesehen von älterer Forschung (vgl. Moos 1997) bietet die aktuelle Forschung leider kaum Anhaltspunkte, um diesen Zusammenhang zu untermauern.

Ähnliches gilt für die Frage der personellen Ausstattung. Die Hypothese, dass das Klima von einer angemessenen Ausstattung abhängt, ist bislang kaum geprüft worden (Schalast und Völlm 2016); auch hier gibt es fast nur Hinweise aus älterer Forschung (vgl. Moos 1997). Eine Ausnahme stellt die Arbeit von Beijersbergen et al. (2015) dar, die in Mehrebenenanalysen einen Zusammenhang zwischen der Bediensteten-Inhaftierten-Quote auf der einen und der wahrgenommenen prozeduralen Gerechtigkeit und der Beziehung zwischen Bediensteten und Inhaftierten auf der anderen Seite nachweisen.

Vergleiche zwischen Maßregelvollzugseinrichtungen und Justizvollzugsanstalten (z. B. Suhling et al. 2009) können in begrenztem Maße ebenfalls für die Analyse des Einflusses institutioneller Kontextmerkmale herangezogen werden, allerdings unterscheiden sich die Patienten von den Gefangenen, weshalb der Einfluss von Personenmerkmalen schwer von dem des speziellen Klinik- bzw. Gefängniskontextes zu differenzieren ist.

Physische Merkmale. Die Rolle der baulichen und strukturellen Umwelt auf das Erleben und Verhalten von Inhaftierten wird seit längerem erkundet. Verschiedene Autoren (Wener 2012a, b; Molleman und Van der Broek 2014; Gobeil 2014) diskutieren als Merkmale der physischen Umwelt beispielsweise das Design und den Zustand der Einrichtung, Lärm, Beleuchtung und die farbliche Gestaltung.

Dabei wird betont, dass diese Faktoren das Individuum indirekt beeinflussen, also über verschiedene Mediatoren, wozu das soziale Klima zählt (Wright 1985) oder zu denen zumindest Aspekte des Klimas gehören (beispielsweise wahrgenommene Sicherheit, vgl. Wener 2012a). Empirische Forschungsarbeiten zu diesem Thema sind indes Mangelware; vorhandene Studien liefern meist wenig eindeutige Ergebnisse (Wener 2012a, b) oder beziehen sich direkt auf das Verhalten und nicht auf das Klima (z. B. auf Gewalt wie bei Bieri 2012 oder Gobeil 2014).

Hervorzuheben ist daher die Arbeit von Beijersbergen et al. (2016), die die Beziehung zwischen Inhaftierten und Bediensteten in den Niederlanden mithilfe von Mehrebenenanalysen mit dem Design der Einrichtungen in Verbindung setzt. Dabei zeigte sich, dass die Beziehung schlechter eingeschätzt wurde, wenn es sich um ältere Einrichtungen oder Einrichtungen mit häufigerer Doppelbelegung handelte.

Merkmale von Inhaftierten. Ältere Forschung (vgl. Moos 1997) legt nahe, dass das Alter der Teilnehmenden und die Häufigkeit psychischer Auffälligkeiten einen negativen Zusammenhang mit dem Klima haben können, während das Vorhandensein sozialer Ressourcen (Privatheit, Raum, Sozialkompetenz) mit besserem Klima zusammenhänge. In einer aktuellen Studie fanden Heynen et al. (2014a) keinen Zusammenhang zwischen dem Gruppenklima und dem Alter, Delikt oder der Herkunft der Inhaftierten. Dennoch sehen die Autoren Unterschiede zwischen den Inhaftierten und den Bediensteten verschiedener Abteilungen als zentralen Einflussfaktor auf die gefundenen Unterschiede zwischen diesen Abteilungen. Auch Adler (2015) fand in der Jugendanstalt Hameln keinen wesentlichen Zusammenhang zwischen Persönlichkeitsmerkmalen oder Aggressivität und der Bewertung des Klimas.

Beijersbergen et al. (2015) befragten Inhaftierte zur wahrgenommenen prozeduralen (also Verfahrens-) Gerechtigkeit. Die Einschätzungen waren positiver, je älter die Inhaftieren waren, sowie bei einheimischen (niederländischen) Inhaftierten, solchen ohne Partnerschaft vor der Haft und jenen Inhaftierten, die eine geringe Bildung aufwiesen. Auch Inhaftierte, die erstmalig inhaftiert waren, gaben positivere Einschätzungen ab. Auf der Persönlichkeitsebene zeigten sich Zusammenhänge zwischen einer positiven Klimabewertung mit geringem Neurotizismus und geringer Offenheit, sowie mit hoher Extraversion, Gewissenhaftigkeit und Verlässlichkeit. Der Zusammenhang ist insofern problematisch, als sich vermutlich das Verhalten der Bediensteten gegenüber diesen Personen unterscheidet. Möglicherweise werden ältere, niederländische Erstverbüßer von den Bediensteten auch fairer behandelt.

Einige weitere Ansprechbarkeitsfaktoren scheinen ebenfalls bedeutsam. Harkins et al. (2013) haben beispielsweise das therapeutische Klima in einer Behandlungsmaßnahme für Personen mit hohen Psychopathiewerten (PCL-R-Score >25) mit

Personen mit geringeren Psychopathiewerten verglichen. Das Klima in der Psychopathie-Gruppe war insgesamt geringer, und zwar unabhängig vom Risiko-Niveau der Teilnehmenden.

Die individuelle Einschätzung des Klimas wurde zudem mehrfach mit der Länge der Inhaftierung bzw. der Zeit im Behandlungsprogramm in Verbindung gebracht. Casey et al. (2016) finden für ihre befragten Personen in der geschützten Unterbringung einen entsprechenden Effekt: Wer länger als sechs Monate in der Abteilung ist, schätzt das Klima besser ein. Seifert und Thyrolf (2010) berichten für die Sozialtherapie Halle hingegen einen negativen Effekt zwischen Aufnahme und Entlassung: Das soziale Klima wurde von den Klienten zu Therapiebeginn positiver eingeschätzt als am Therapieende.

Merkmale der Bediensteten. Mehr noch als die Inhaftierten werden die Bediensteten mit dem Klima in Verbindung gebracht. Das mag zum Teil an der Tatsache liegen, dass die Perspektive und das Verhalten der Inhaftierten im Fokus der Analysen stehen. Verschiedene Autorengruppen (z. B. Liebling und Kant 2016; vgl. Molleman und Van der Broek 2014) sehen die Bediensteten als zentrale Einflussgröße auf das Klima der Einrichtung an. Merkmale, die dabei diskutiert werden, sind beispielsweise das Alter, die Bildung, Arbeitserfahrung und das Geschlecht der Bediensteten. Liebling (2011b) betont die Beziehungen, Perspektiven und Einstellungen der Bediensteten als entscheidende Bedingungen für die Ausprägung des sozialen Klimas. Empirisch finden sich umso positivere Beziehungsbewertungen der Inhaftierten zu den Bediensteten, je höher die Zahl weiblicher Bediensteter ist und je positiver die Einstellung der Bediensteten zur Rehabilitation ist (Beijersbergen et al. 2015; Moos 1997).

Strategien und Umgangsweisen. Lugo (2016) sieht das organisationale Klima einer Einrichtung wesentlich durch die Leitung (klare Regelungen, proaktive Führung, Ressourcen), die Ausbildung der Bediensteten sowie die Identifikation mit den Zielen der Einrichtung (Commitment) bestimmt. Ein weiterer wichtiger Faktor scheint die wahrgenommene prozedurale Gerechtigkeit zu sein. Taxman und Gordon (2009) berichten sowohl Zusammenhänge mit wahrgenommener Sicherheit als auch mit größerem Engagement durch die Bediensteten.

Ein unterstützender und strukturierender Stil der Bediensteten bringt günstigste Effekten für das Klima (Molleman und van der Broek 2014). Zentral scheint dabei zu sein, wie sehr die Inhaftierten bei den Bediensteten Anstrengungen wahrnehmen, die Motivation der Inhaftierten zu verbessern. Das Verhalten der Bediensteten hängt aber wiederum von organisationalen Faktoren ab. Arbeitsdruck, Klarheit der Aufgaben und Arbeitszufriedenheit sind dabei nur einige der möglichen Einflussfaktoren.

4.2 Wie kann der Klimawandel gelingen?

Nach der Übersicht über die Determinanten des Klimas im letzten Abschnitt wird deutlicher, weshalb das Klima einer Einrichtung als relativ stabil gelten kann. So wie die Persönlichkeit von Menschen sich nur schwer ändert, kann dies auch für das Klima als Persönlichkeit einer Einrichtung angenommen werden. Viele der Einflussfaktoren sind schwer oder gar nicht veränderbar. Dies kann vielleicht auch erklären, weshalb zwar das Klima als wesentlicher Wirkfaktor schon lange diskutiert, konkrete Maßnahmen zu seiner Veränderung aber selten in der Literatur beschrieben werden.

Die zentralen Veränderungsmöglichkeiten scheinen a) der institutionelle Kontext und b) die Strategien und Umgangsweisen zu sein. Zumindest ein Großteil der Literatur schätzt auch gerade diese als wichtigste Einflussfaktoren ein (Molleman und van der Broek 2014; Liebling und Kant 2016). Es bleibt die Frage, wie Management und Verhalten der Bediensteten entsprechend gefördert werden können.

Ein Ansatz kann dabei die Personalentwicklung sein (vgl. dazu auch Steinhilper & Papies, in diesem Band). Die Fortbildung und die Vermittlung neuer Fertigkeiten sind dabei genauso wichtig wie die eindeutige Vermittlung von Aufgaben, Prozessen und Routinen (Lugo 2016). Dazu kann auch die Förderung des Gefühls von Gerechtigkeit der Bediensteten und Inhaftierten gezählt werden, die über transparente Kommunikation, Partizipation und Feedback geschaffen werden könnten, vor allem aber über einen gegenseitigen respektvollen Umgang (vgl. Taxman und Gordon 2009).

Der institutionelle Kontext wird neben dem Ausmaß an Restriktionen und der Behandlungsorientierung auch wesentlich durch strukturelle Faktoren bedingt. Dazu gehören eben auch ausreichend qualifiziertes und erfahrenes Personal, sinnvolle Beschäftigungsmöglichkeiten, Raum für eigene Entscheidungen und ein angemessener Lebensraum (vgl. Schalast und Völlm 2016).

In der englischsprachigen Literatur werden einige Ansätze zur Förderung des Klimas beschrieben; einen Überblick geben beispielsweise Schalast und Völlm (2016). Der Schwerpunkt liegt dabei einerseits auf der Fortbildung der Bediensteten, andererseits werden Strukturen und Umgangsweisen gefördert, die zumindest an therapeutische Gemeinschaften erinnern (mehr Autonomie, Wohngruppensitzungen, ansprechende Gestaltung der Abteilung). Erste Ergebnisse aus den Niederlanden weisen darauf hin, dass entsprechende Weiterbildungsmaßnahmen für Bedienstete und Diskussionen über das Klima eben dieses auch positiv beeinflussen können (Heynen et al. 2014c). Wie Schalast und Völlm (2016) feststellen, beruhen die Bemühungen um ein positives Klima bisher aber eher auf klinischen Eindrücken und intuitiven Maßnahmen.

Der erste Schritt bei allen ernsthaften Versuchen, das Klima positiv zu beeinflussen, besteht in der wiederholten Messung des Klimas. Erfahrungen aus anderen Ländern zeigen, dass dies möglich ist. Neben regelmäßigen Messungen in den USA sowie in England über die Arbeitsgruppe um Allison Liebling ist vor allem der Einsatz des EssenCES alle 6 bis 12 Monate im britischen Gesundheitssystem bemerkenswert. Die Erhebung ist zwar der erste Schritt, zentral ist aber der Transfer der Erkenntnisse in die Praxis, sowohl zu Bediensteten als auch zu den Inhaftierten (Heynen et al. 2014c).

Bei der aktiven Veränderung des Klimas scheint es schließlich sinnvoll, weg vom großen Problem hin zur Veränderung einzelner Aspekte zu gehen (vgl. Schalast und Völlm 2016). Das Klima ist vom Zusammenspiel vieler verschiedener interagierender Faktoren bestimmt. Insofern bietet es sich an, an den einzelnen veränderbaren Faktoren anzusetzen.

5 Fazit

Angesichts der Bedeutung, die das soziale Klima in Haft für verschiedene positive wie negative Outcomes hat, verwundert es, dass diesem Thema im deutschen Justizvollzug nur vergleichsweise wenig Aufmerksamkeit geschenkt wird. Es wäre auch für deutsche Justizvollzugsanstalten sinnvoll, ein regelmäßiges, längerfristiges „Monitoring" des sozialen Klimas einzuführen. Damit könnten auch die Effekte von Ereignissen (z. B. bestimmten personellen Wechseln, aber auch außerordentlichen Vorkommnissen) und von Maßnahmen zur gezielten Förderung des Klimas abgeschätzt werden. Bedienstete und Inhaftierte sollten bei der Verarbeitung von Ergebnissen der Klima-Befragungen untereinander und miteinander ins Gespräch kommen. Zwischen Abteilungen kann man sich ebenfalls austauschen. So hat z. B. der Zweitautor dieses Beitrags 2006 alle Gefangenen in den sozialtherapeutischen Einrichtungen Niedersachsens nach dem Klima dort befragt. Der Fragebogen enthielt Items, die auf den Dimensionen „Unterstützung durch Bedienstete", „negatives Klima unter Inhaftierten", „Resozialisierungsorientierung" und „Unterstützung unter Inhaftierten" luden. Den Einrichtungen wurden Datenauswertungen zur Verfügung gestellt, in denen die Mittelwerte (samt Konfidenzintervallen) aller Einrichtungen auf allen Skalen erkennbar waren. Die Einrichtungen waren allerdings anonymisiert, nur die eigene war gekennzeichnet. So konnten alle Abteilungen sehen, wo sie in welchen Dimensionen, auch im Vergleich zu den anderen Einrichtungen Niedersachsens, standen und wo möglicherweise Verbesserungsbedarf besteht. Solche Diskussionen sind oftmals schon der erste Impuls für Verbesserungen. Auch niedersächsische Erfahrungen mit Bedienstetenbefragungen mit dem S-Tool (https://www.friendlyworkspace-jobstressanalysis.org/ [letzter Zugriff 05. 07. 2017]) zeigen trotz des erheblichen Aufwands bei der Vorbereitung, Durchführung und Ergebnisdiskussion positive Resultate.

Schließlich ist zu hoffen, dass das Klima in Zukunft häufiger Ziel geplanter, strukturierter und evidenzbasierter Maßnahmen ist – was eine weiterhin aktive Forschung zu Bedingungs- und Wirkfaktoren des Einrichtungsklimas auch mit anspruchsvolleren Forschungsdesigns voraussetzt.

Literatur

Adler, L. (2015). *Das Haftklima im Jugendstrafvollzug und seine Abhängigkeit von strukturellen Determinanten der Inhaftierungssituation.* Unveröffentlichte Masterarbeit an der Universität Erlangen-Nürnberg.

Bader, S. M., & Evans, S. E. (2015). Implementing an ecological approach to violence reduction at a forensic psychiatric hospital: Approaches and lessons learned. *CNS Spectrums, 20,* 177–181.

Baier, D., & Bergmann, M. C. (2013). Gewalt im Strafvollzug – Ergebnisse einer Befragung in fünf Bundesländern. *Forum Strafvollzug, 62,* 76–83.

Beech, A., & Fordham, A. S. (1997). Therapeutic climate of sexual offender treatment programs. *Sexual Abuse: A Journal of Research and Treatment, 9,* 219–237.

Beech, A. R., & Hamilton-Giachritsis, C. E. (2005). Relationship between therapeutic climate and treatment outcome in group-based sexual offender treatment programs. *Sexual Abuse: A Journal of Research and Treatment, 17,* 127–140.

Beijersbergen, K. A., Dirkzwager, A. J., Molleman, T., Laan, P. H. van der, & Nieuwbeerta, P. (2015). Procedural justice in prison: The importance of staff characteristics. *International Journal of Offender Therapy and Comparative Criminology, 59,* 337–358.

Beijersbergen, K. A., Dirkzwager, A. J., Laan, P. H. van der, & Nieuwbeerta, P. (2016). A social building? Prison architecture and staff–prisoner relationships. *Crime & Delinquency, 62,* 843–874.

Bierie, D. M. (2012). Is tougher better? The impact of physical prison conditions on inmate violence. *International Journal of Offender Therapy and Comparative Criminology, 56,* 338–355.

Blagden, N., Winder, B., & Hames, C. (2016). "They treat us like human beings" – experiencing a therapeutic sex offenders prison: Impact on prisoners and staff and implications for treatment. *International journal of offender therapy and comparative criminology, 60,* 371–396.

Bottoms, A. (1999). Interpersonal violence and social order in prisons. In M. Tonry & J. Petersilia (Hrsg.), *Crime and justice: A review of research* (Bd. 26, S. 205–281). Chicago: University of Chicago Press.

Boogart, H. van den. (2014). Ein gutes Klima ist nicht alles – ohne gutes Klima ist alles nichts. Warum sprechen wir so wenig über die therapeutische Gemeinschaft? *Forum Strafvollzug, 63,* 224–227.

Camp, S. D., Gaes, G. G., Langan, N. P., & Saylor, W. G. (2003). The influence of prisons on inmate misconduct: A multilevel investigation. *Justice Quarterly, 20,* 501–533.

Casey, S., Day, A., & Reynolds, J. (2016). The influence of incarceration length and protection status on perceptions of prison social climate. *Criminal Justice and Behavior, 43,* 285–296.

Chen, M. K., & Shapiro, J. M. (2007). Do harsher prison conditions reduce recidivism? A discontinuity based approach. *American Law and Economics Review*. Advance Access, published 6/12.

Dahle, K.-P., & Steller, M. (1990). Coping im Strafvollzug: Eine Untersuchung zu Haftfolgen bei Jugendlichen. *Zeitschrift für experimentelle und angewandte Psychologie, 37,* 31–51.

Day, A., Casey, S., Ward, T., Howells, K., & Vess, J. (2010). *Transitions to better lives: Offender readiness and rehabilitation*. Taylor & Francis.

Day, A., Casey, S., Vess, J., & Huisy, G. (2011). *Assessing the social climate of prisons*. Canberra: Criminology Research Council.

Day, A., Casey, S., Vess, J., & Huisy, G. (2012). Assessing the therapeutic climate of prisons. *Criminal justice and behavior, 39,* 156–168.

De Leon, G. (1994). The therapeutic community: Toward a general theory and model. *NIDA Research Monograph, 144,* 16–53.

De Viggiani, N. (2007). Unhealthy prisons: Exploring structural determinants of prison health. *Sociology of Health & Illness, 29,* 115–135.

Dietz, E. F., O'Connell, D. J., & Scarpitti, F. R. (2003). Therapeutic communities and prison management: An examination of the effects of operating an in-prison therapeutic community on levels of institutional disorder. *International Journal of Offender Therapy and Comparative Criminology, 47,* 210–223.

Dollard, M. F., & Bakker, A. B. (2010). Psychosocial safety climate as a precursor to conducive work environments, psychological health problems, and employee engagement. *Journal of Occupational and Organizational Psychology, 83,* 579–599.

Dowden, C., & Tellier, C. (2004). Predicting work-related stress in correctional officers: A meta-analysis. *Journal of Criminal Justice, 32,* 31–47.

Dye, M. H. (2010). Deprivation, importation, and prison suicide: Combined effects of institutional conditions and inmate composition. *Journal of Criminal Justice, 38,* 796–806.

Finney, C., Stergiopoulos, E., Hensel, J., Bonato, S., & Dewa, C. S. (2013). Organizational stressors associated with job stress and burnout in correctional officers: A systematic review. *BMC Public Health, 13,* 82.

Fortune, C. A., Ward, T., & LL Polaschek, D. (2014). The good lives model and therapeutic environments in forensic settings. *Therapeutic Communities: The International Journal of Therapeutic Communities, 35,* 95–104.

Gaes, G. G., & Camp, S. D. (2009). Unintended consequences: Experimental evidence for the criminogenic effect of prison security level placement on post-release recidivism. *Journal of Experimental Criminology, 5,* 139–162.

Gobeil, R. (2014). *Offender behaviour: The influence of institutional design* (Research Report R-331). Ottawa: Correctional Service of Canada.

Goomany, A., & Dickinson, T. (2015). The influence of prison climate on the mental health of adult prisoners: A literature review. *Journal of Psychiatric and Mental Health Nursing, 22,* 413–422.

Guéridon, M., & Marks, E. (2014). Die Bedürfnisse von Straftätern. Für und Wider eines bedürfnisorientierten Umgangs mit Straftätern. In R. Egg (Hrsg.), *Straffällige mit besonderen Bedürfnissen*. Wiesbaden: KrimZ.

Harding, R. (2014). Rehabilitation and prison social climate: Do 'what works' rehabilitation programs work better in prisons that have a positive social climate? *Australian & New Zealand Journal of Criminology, 47,* 163–175.

Harkins, L., Beech, A. R., & Thornton, D. (2013). The influence of risk and psychopathy on the therapeutic climate in sex offender treatment. *Sexual Abuse, 25,* 103–122.

Helm, P. van der, Stams, G. J., & Laan, P. van der. (2011). Measuring group climate in prison. *The Prison Journal, 91,* 158–176.

Helm, P. van der, Beunk, L., Stams, G. J., & Laan, P. van der. (2014). The relationship between detention length, living group climate, coping, and treatment motivation among juvenile delinquents in a youth correctional facility. *The Prison Journal, 94,* 260–275.

Heynen, E. J. E., Helm, G. H. P. van der, Stams, G. J. J. M., & Korebrits, A. M. (2014a). Anwendungsmöglichkeiten des detuschen „Prison Group Climate Instrument" (PGCI) zur Erfassung des Gruppenklimas in (Jugend-)Strafanstalten. *Monatsschrift für Kriminologie und Strafrechtsreform, 97,* 224–231.

Heynen, E. J. E., Helm, G. H. P. van der, Stams, G. J. J. M., & Korebrits, A. M. (2014b). Measuring group climate in a German youth prison: A German validation of the prison group climate instrument. *Journal of Forensic Psychology Practice, 14,* 45–54.

Heynen, E. J. E., Helm, G. H. P. van der, Behrens, E., & Korebrits, A. M. (2014c). Das Gruppenklima im deutschen Jugendstrafvollzug. Ein Sachstandsbericht zur aktuellen „Prison Group Climate" Forschung in Nordrhein-Westfalen. *Bewährungshilfe, 61,* 410–421.

Howells, K. (2000). *The Psycho-Social Environment (PSE) of prisons and its relationship to recidivism*. Unpublished report, University of South Australia.

Kelly, C. E., & Welsh, W. N. (2016). Examining treatment climate across prison-based substance abuse treatment groups. *Substance Use and Misuse, 51,* 902–911.

Klein, R., Schmucker, M., & Lösel, F. (2015). Evaluation der sozialtherapeutischen Abteilungen der JVA Neuburg-Herrenwörth: Evaluationskonzept & erste Ergebnisse. In DVJJ e. V. (Hrsg.), *Jugend ohne Rettungsschirm. Dokumentation des 29. Jugendgerichtstages 14.-17.9.2013 in Nürnberg* (S. 375–391). Mönchengladbach: Forum Verlag Godesberg GmbH.

Langdon, P. E., Cosgrave, N., & Tranah, T. (2004). Social climate within an adolescent medium-secure facility. *International Journal of Offender Therapy and Comparative Criminology, 48,* 504–515.

Liebling, A. (2004). *Prisons and their moral performance*. Oxford: University Press.

Liebling, A. (2011a). Moral performance, inhuman and degrading treatment and prison pain. *Punishment & Society, 13,* 530–550.

Liebling, A. (2011b). Distinctions and distinctiveness in the work of prison officers: Legitimacy and authority revisited. *European Journal of Criminology, 8,* 484–499.

Liebling, A., & Kant, D. (2016). The two cultures: Correctional officers and key differences in institutional climate. In J. Woolredge & P. Smith (Hrsg.), *The Oxford handbook of prisons and imprisonment*. Oxford Handbooks Online.

Liebling, A., Hulley, S., & Crewe, B. (2012). Conceptualising and measuring the quality of prison life. In D. Gadd, S. Karstedt, & S. F. Messner (Hrsg.), *The SAGE handbook of criminological research methods* (S. 358–372). London: Sage.

Listwan, S. J., Sullivan, C. J., Agnew, R., Cullen, F. T., & Colvin, M. (2013). The pains of imprisonment revisited: The impact of strain on inmate recidivism. *Justice Quarterly, 30,* 144–168.

Long, C. G., Anagnostakis, K., Fox, E., Silaule, P., Somers, J., West, R., & Webster, A. (2011). Social climate along the pathway of care in women's secure mental health service: Variation with level of security, patient motivation, therapeutic alliance and level of disturbance. *Criminal Behaviour and Mental Health, 21,* 202–214.

Lugo, M. (2016). Measuring Organizational Climate in Prisons. *Journal of Contemporary Criminal Justice, 32,* 357–382.

McMurran, M., & Theodosi, E. (2007). Is treatment non-completion associated with increased reconviction over no treatment? *Psychology, Crime & Law, 13,* 333–343.

Molleman, T., & Van der Broek, T. C. (2014). Understanding the links between perceived prison conditions and prison staff. *International Journal of Law, Crime and Justice, 42,* 33–53.

Moos, R. H. (1968). The assessment of the social climates of correctional institutions. *Journal of Research in Crime & Delinquency, 5,* 174–188.

Moos, R. H. (1975). *Evaluating correctional and community settings*. New York: Wiley.

Moos, R. H. (1989). *Ward atmosphere scale manual* (2. Aufl.). Palo Alto: Consulting Psychologists Press.

Moos, R. H. (1997). *Evaluating treatment environments: The quality of psychiatric and substance abuse programs*. New Brunswick: Transaction Publishers.

Olver, M. E., Stockdale, K. C., & Wormith, J. S. (2011). A meta-analysis of predictors of offender treatment attrition and its relationship to recidivism. *Journal of Consulting and Clinical Psychology, 79,* 6–21.

Ortmann, R. (2002). *Sozialtherapie im Strafvollzug*. Freiburg: edition iuscrim.

Ross, M. W., Diamond, P. M., Liebling, A., & Saylor, W. G. (2008). Measurement of prison social climate: A comparison of an inmate measure in England and the USA. *Punishment & Society, 10,* 447–474.

Ross, M. W., Liebling, A., & Tait, S. (2011). The relationships of prison climate to health service in correctional environments: Inmate health care measurement, satisfaction and access in prisons. *The Howard Journal of Criminal Justice, 50,* 262–274.

Rossberg, J. I., & Friis, S. (2004). Patients' and staff's perceptions of the psychiatric ward environment. *Psychiatric Services, 55,* 798–803.

Schalast, N., & Groenewald, I. (2009). Ein Kurzfragebogen zur Einschätzung des sozialen Klimas im Strafvollzug – erste Befunde auf Abteilungen des Regelvollzugs und der Sozialtherapie. In R. Haller & J.-M. Jehle (Hrsg.), *Drogen – Sucht – Kriminalität* (S. 329–352). Mönchengladbach: Forum Verlag Godesberg.

Schalast, N., & Laan J. M. (2017). Measuring social climate in German prisons using the Essen Climate Evaluation Schema. *The Prison Journal, 97,* 166–180.

Schalast, N., & Tonkin, M. (Hrsg.). (2016). *The Essen Climate Evaluation Schema - EssenCES. A manual and more*. Göttingen: Hogrefe.

Schalast, N., & Völlm, B. (2016). Fostering the Social Climate in Secure Settings. In N. Schalast & M. Tonkin (Hrsg.), *The Essen Climate Evaluation Schema - EssenCES. A manual and more*. Göttingen: Hogrefe.

Schubert, C. A., Mulvey, E. P., Loughran, T. A., & Losoya, S. H. (2012). Perceptions of institutional experience and community outcomes for serious adolescent offenders. *Criminal Justice and Behavior, 39,* 71–93.

Seifert, S., & Thyrolf, A. (2010). Das Klima im Strafvollzug. Eine Befragung von Gefangenen einer sozialtherapeutischen Einrichtung. *Neue Kriminalpolitik, 22,* 23–31.

Stasch, J., Sauter, J., & Dahle, K. P. (2017). Die neue Einrichtung zum Vollzug der Sicherungsverwahrung in Berlin-Behandlungsklima im Fokus. *Forensische Psychiatrie, Psychologie, Kriminologie, 11,* 13–21.

Suhling, S., & Guéridon, M. (2016). Vergleiche zwischen sozialtherapeutischen Einrichtungen. *Forensische Psychiatrie, Psychologie, Kriminologie, 10,* 32–44.

Suhling, S., Köhler, A., & Bernardi, C. (2009). Soziales Klima, Behandlungsmotivation und Behandlungserfolg in Sozialtherapeutischen Einrichtungen des Justizvollzugs und im Maßregelvollzug. In N. Saimeh (Hrsg.), *Motivation und Widerstand. Herausforderungen im Maßregelvollzug* (S. 211–228). Bonn: Psychiatrie-Verlag.

Taxman, F. S., & Gordon, J. A. (2009). Do fairness and equity matter? An examination of organizational justice among correctional officers in adult prisons. *Criminal Justice and Behavior, 36,* 695–711.

Toch, H. (1977). *Living in prisons: The ecology of survival.* New York: Macmillan.

Toch, H. (1978). Social climate and prison violence. *Federal Probation, 42,* 21–25.

Tonkin, M. (2016). A review of questionnaire measures for assessing the social climate in prisons and forensic psychiatric hospitals. *International Journal of Offender Therapy and Comparative Criminology, 60,* 1376–1405.

Turner, K., & Bolger, L. (2015). The provision of PIPEs – psychologically informed planned environments. *Prison Service Journal, 218,* 41–46.

Warren, K. L., Doogan, N., De Leon, G., Phillips, G. S., Moody, J., & Hodge, A. (2013). Short-run prosocial behavior in response to receiving corrections and affirmations in three therapeutic communities. *Journal of Offender Rehabilitation, 52,* 270–286.

Watson, R., Daffern, M., & Thomas, S. (2015). The impact of interpersonal style and interpersonal complementarity on the therapeutic alliance between therapists and offenders in sex offender treatment. *Sexual Abuse, 29,* 107–127.

Wener, R. E. (2012a). *The environmental psychology of prisons and jails: Creating humane spaces in secure settings.* Cambridge: Cambridge University Press.

Wener, R. (2012b). Correctional Environments. Oxford handbooks online. http://www.oxfordhandbooks.com/view/10.1093/oxfordhb/9780199733026.001.0001/oxfordhb-9780199733026-e-17. Zugegriffen 9. März 2017.

Wolter, D., & Boxberg, V. (2016). The perception of imprisonment and its effect on inmate violence. In C. Reeves (Hrsg.), *Experiencing imprisonment: Research on the experience of living and working in Carceral institutions* (S. 156–175). London: Routledge.

Worthington, R. (2012). Prison organisational climate: Exploring the impact of climate on emotional well being. *The British Journal of Forensic Practice, 14,*192–203.

Wortley, R. (2002). *Situational prison control: Crime prevention in correctional institutions.* Cambridge: Cambridge University Press.

Wortley, R. (2017). Situational precipitators of crime. In R. Wortley & M. Townsley (Hrsg.), *Environmental criminology and crime analysis.* London: Routledge.

Wößner, G., & Schwedler, A. (2014). Correctional treatment of sexual and violent offenders: Therapeutic change, prison climate, and recidivism. *Criminal Justice and Behavior, 41,* 862–879.

Wright, K. N. (1985). Developing the prison environment inventory. *Journal of Research in Crime and Delinquency, 22,* 257–277.

Teil D
Spezifische Zielgruppen

Jugendarrest, Jugendstrafvollzug und Jugenduntersuchungshaft: Grundlegungen – Wirkungen – Perspektiven

Philipp Walkenhorst und Sarah E. Fehrmann

1 Einleitung

Gesetzliches Ziel der Anwendung des Jugendstrafrechts ist nach § 2 I S. 1 JGG vor allem, erneuten Straftaten eines Jugendlichen oder Heranwachsenden entgegenzuwirken. Zur Erreichung dieses Ziels sind nach § 2 I S. 2 JGG „(…) Rechtsfolgen und unter Beachtung des elterlichen Erziehungsrechts auch das Verfahren vorrangig am Erziehungsgedanken auszurichten." Hinsichtlich der entsprechenden Auslegung und inhaltlichen Ausfüllung des Erziehungsbegriffes sowie der damit intendierten Wirkungsannahmen sind in der Fachdebatte zwei Diskussionslinien zu unterscheiden. Einerseits geht es um die Frage, **ob** Erziehung im Sinne der Förderung der Entwicklung der jungen StraftäterInnen bezüglich der Zielsetzung des § 2 I S. 2 JGG überhaupt über den Weg der strafrechtlichen Sanktionsverhängung möglich, angemessen und wirksam ist. Auch wenn der Erziehungsgedanke als Leitprinzip des Jugendstrafrechts auslegungsbedürftig erscheint und von kritischen Stimmen begleitet wird, so wies das Bundesverfassungsgericht (BVerfG) 2006 in seiner richtungsweisenden Entscheidung zur Verfassungsmäßigkeit der damaligen Rechtsgrundlagen dennoch ausdrücklich auf die Bedeutung der Erziehung als Entwicklungsförderung hin (BverfGE S. 116, 69 ff.). Damit gilt der Gedanke der Erziehung als (Entwicklungs-)Förderung grundsätzlich als zu verwirklichende Leitlinie jugendvollzuglicher

P. Walkenhorst (✉) · S. E. Fehrmann
Köln, Deutschland
E-Mail: philipp.walkenhorst@uni-koeln.de

S. E. Fehrmann
E-Mail: sarah.fehrmann@uni-koeln.de

B. Maelicke und S. Suhling (Hrsg.), *Das Gefängnis auf dem Prüfstand*,
Edition Forschung und Entwicklung in der Strafrechtspflege,
https://doi.org/10.1007/978-3-658-20147-0_13

Arbeit. Andererseits geht es um die Frage, **wie** unter den Bedingungen von Pflichtklientschaft, Unfreiwilligkeit und Freiheitsentzug grundsätzlich Erfolg versprechendes Lernen im Sinne der genannten Zielsetzung möglich ist und welche spezifischen Wirkungen dieses Lernens sich im Spiegel vorliegender empirischer Untersuchungen dokumentieren lassen. Im engeren erziehungswissenschaftlichen Sinne geht es ebenso darum, wie dieses vollzugszielorientierte Lernen durch das Personal so ausgestaltet werden kann, dass es mit vertretbarem Aufwand zu einer berechtigten Wirkungserwartung Anlass gibt. Nun ist die Jugendstrafe die eingriffsintensivste Sanktion des Jugendstrafrechts und zugleich eine in ihrer Indikation sowie ihren (Neben-)Wirkungen seit langem umstrittene Maßnahme. Die möglichst wirksame und nachhaltige inhaltliche, methodische und personelle Umsetzung der Zielsetzung des JGG wird vielfältig und kontrovers diskutiert, bis hin zur totalen Negation positiver Wirkungen der Sanktionsformen Jugendarrest und Jugendstrafe (Nickolai 2015, S. 100 f.). Ohnehin muss gefragt werden, inwiefern beide allein unter einer verhaltens- bzw. erziehungstechnologischen Perspektive mit dem Ziel der Umsetzung eines Höchstmaßes an Effektivität und Effizienz betrachtet werden können, um das Produkt „Legalbewährung" zu optimieren. Dies wiederum hängt eng mit der Terminologie der „Ausrichtung am Erziehungsgedanken" des § 2 I S. 2 JGG zusammen, die einer erziehungswissenschaftlichen Auslegung bedarf.

So werden im Hinblick auf die Thematik dieses Beitrags zunächst die Zielsetzungen von Jugendarrest, -strafvollzug sowie -untersuchungshaft aus pädagogischer Perspektive näher ausbuchstabiert. Zudem sollen einige der bislang vorliegenden Ergebnisse der Wirkungsforschung vorgestellt werden. Schließlich werden unter der Fragestellung, wie die spezifischen Zielsetzungen bestmöglich angestrebt, schädliche Folgen dieses Freiheitsentzuges verringert werden können und welche ethisch-normativen Vorbehalte zu berücksichtigen sind, einige Ergebnisse erziehungswissenschaftlicher Diskurse auf diese Settings übertragen. Daraus werden vorläufige Schlüsse und Anregungen für beide Institutionen als „lernende Einrichtungen" abgeleitet. Intention des vorliegenden Beitrags ist es, v. a. aus pädagogischer Sicht diesbezügliche Fragen aufzuwerfen, Nachdenklichkeit herzustellen und realistische, durch Forschungen abgedeckte Erwartungen an Wirksamkeitsversprechungen zu befördern.

2 Grundlegungen zu „Jugendarrest", „Jugendstrafvollzug" und „Jugenduntersuchungshaft"

Jugendarrest und Jugendstrafvollzug gehören zu den stationären Sanktionsformen des JGG. Beiden jugendstrafrechtlichen Sanktionsinstrumenten liegt das Gestaltungsgebot des § 2 I S. 2 JGG zugrunde. Eine darüber hinausgehende

Gleichsetzung der beiden Systeme würde die Verschiedenheit ihrer Aufträge und Gestaltungsprinzipien jedoch nicht angemessen widerspiegeln.

2.1 Jugendarrest

Jugendarrest wird als „Zuchtmittel" nach § 16 JGG klassifiziert und kann verhängt werden, wenn eine Jugendstrafe nicht angezeigt erscheint, andererseits „Erziehungsmaßregeln" nicht ausreichen würden[1]. Der Vollzug des Jugendarrestes soll nach § 90 JGG das Ehrgefühl der Jugendlichen wecken und ihnen eindringlich zum Bewusstsein bringen, dass sie für das von ihnen begangene Unrecht einzustehen haben. In Verbindung mit dem Erziehungsgedanken des § 2 I S. 2 JGG ergeben sich damit drei Aufgabenstellungen des Arrests: die erzieherische Vollzugsgestaltung mit dem Ziel der Vermeidung erneuter Straffälligkeit, die Verantwortungsverdeutlichung für die jungen ArrestantInnen sowie die Hilfestellung bei der Bewältigung der delinquenzbedeutsamen Schwierigkeiten (Goerdeler 2013, S. 231). Die Rechtsgrundlage der pädagogischen Ausgestaltung stellen die Jugendarrestvollzugsgesetze der Länder dar, welche die konkrete Diagnostik, Vollzugsplanung und -umsetzung, personelle und materielle Ausgestaltung wie auch Fragen der Sozialen Hilfe, Nachsorge und Nachhaltigkeitssicherung regeln. Unterschieden wird der Arrest hinsichtlich Dauer (Freizeit-, Kurz- sowie Dauerarrest) und Anlass (Urteilsarrest wird verhängt aus Anlass einer Straftatbegehung, Ungehorsamsarrest bei Nichterfüllung jugendgerichtlicher Weisungen und Auflagen). Vollzogen wird diese Sanktionsform in 35 Jugendarrestanstalten wie auch in Freizeitarresträumen der Landesjustizverwaltung und Amtsgerichte. Die deutschen Jugendarrestanstalten weisen knapp 1200 Arrestplätze für weibliche und männliche ArrestantInnen auf (Bihs 2013, S. 210). Die Arrestantinnen und Arrestanten werden in den meisten Bundesländern gemeinsam, in NRW und Sachsen aber in eigenen Anstalten getrennt untergebracht.

Der Dauerarrest stellt die häufigste Arrestform dar, gefolgt vom Freizeitarrest (Statistisches Bundesamt 2017b, S. 314 f.). Insgesamt sinkt in Deutschland die Zahl der zu Arrest verurteilten Personen: 2012: 8914 Jugendliche, 7556 Heranwachsende; 2013: 7554 J., 6927 H.; 2014: 6790 J., 5916 H. (Statistisches Bundesamt 2016, S. 313). Im Jahr 2015 wurden 11.446 junge Menschen zu Jugendarrest verurteilt (5951 Jugendliche und 5495 Heranwachsende, Statistisches Bundesamt

[1] Abweichend dazu gibt es seit 2013 den Jugendarrest neben Jugendstrafe zur Bewährung (§ 16a JGG), der ebenfalls dem Erziehungsgedanken unterliegt.

2017b, S. 336), knapp 52 % der ArrestantInnen sind demgemäß Jugendliche i. e. S. Der Arrest ist in seinen verschiedenen Formen die am meisten verhängte Form des Freiheitsentzuges im Geltungsbereich des JGG (DJI 2017, S. 5). 83 % der jugendlichen und 88 % der heranwachsenden Arrestanten sind männlich (Statistisches Bundesamt 2017b, S. 336). Die Lebenslagen der ArrestantInnen sind oftmals durch Sozialisationsdefizite und soziale Belastungsfaktoren wie mangelnde Schul- und Berufsausbildung, Drogen- und Schuldenproblematiken und Heimaufenthalte gekennzeichnet (zusammenfassend Bihs 2013, S. 232; auch Der Justizvollzugsbeauftragte 2016, S. 188). Gegen ein Drittel aller ArrestantInnen wurde aufgrund von Straftaten gegen die körperliche Unversehrtheit ein Arrest verhängt, gegen 28 % aufgrund von Diebstahls- und Unterschlagungsdelikten, während Raub- und Erpressungsdelikte sowie der räuberische Angriff auf Kraftfahrer mit 5,5 % einen geringen Anteil haben (Bihs 2013, S. 219). Insgesamt kann davon ausgegangen werden, dass beim Jugendarrest überwiegend leichte Normverstöße im Vordergrund stehen (ebd.).

Da dieser Beitrag vor allem den Vollzug der Jugendstrafe und ihre Wirkungen thematisiert, sollen an dieser Stelle nur ausgewählte Befunde zu Begleitumständen und Wirkungen des Jugendarrests skizziert werden. Schon früh zeigte Eisenhardt (1977, S. 294), dass dem Arrest zugeschriebene, zumindest kurzfristig für wirksam im Sinne der rechtlichen Zielvorgaben erachtete Abschreckungswirkung spätestens nach zehn Tagen durch eine Gewöhnung an die Arrestsituation abgelöst wird. Auch Schumann (2014, S. 147 f.) stellte fest, dass längere Zeitverbringung im Arrest einer möglichen späteren Jugendstrafe eher den Schrecken nahm als abzuschrecken. Eine Befragung des DJI (2017, S. 8) ergab, dass, anders als der Trennungsgrundsatz nahelegt, etwa 70 % der Arresteinrichtungen ihr Räumlichkeiten als Abteilungen in den Baulichkeiten bzw. auf dem Gelände von Jugendstrafanstalten haben oder sie, zwar räumlich getrennt, organisatorisch an Jugendstrafanstalten angegliedert sind. Die Anfahrtswege sind unterschiedlich lang, was oft mit Schwierigkeiten der Erreichbarkeit verbunden ist. Die Untersuchung ergab, dass die unmittelbare Nähe des zuständigen Amtsgerichts zur JAA einen Beitrag dazu leistet, den Vollzug durch die Vollzugsleitung enger zu begleiten und den Jugendlichen meist einmal in der Woche auch für Gespräche zur Verfügung zu stehen (ebd.). Die vor allem auf die Durchführung des Ungehorsamsarrests konzentrierte Befragung des DJI (ebd.) ergab zudem ein zwar umfassendes, aber deutlich von den jeweiligen personellen und finanziellen Ressourcen abhängiges Angebotsspektrum. Die Angebote reichen von Beratung über pädagogische Programme, Sport, sonstige Freizeitgestaltung, Einzelprojekte, Unterricht, Arbeitstätigkeiten bis hin zur Möglichkeit der Ableistung bislang nicht erfüllter Weisungen und Auflagen. Als Anbieter wurden sowohl interne MitarbeiterInnen z. B. des Allgemeinen Vollzugsdienstes (AVD) oder der Fachdienste benannt, ebenso auch externe Anbieter der freien Jugendhilfe, Behörden (z. B. Arbeitsagentur, Polizei) und weitere Organisationen wie auch Einzelpersonen (DJI 2017). Bemerkenswert ist der Ansatz des „Durchgangsmanagements", welcher die Lebenssituation der ArrestantInnen **vor** der Arrestierung, die Förderung **während** des Aufenthalts wie auch die Lebensgestaltung **nach** der Entlassung als Zusammenhang fokussiert (Goerdeler 2013, S. 234). Unbeantwortet bleibt jedoch seit langem die Frage, wie viele ArrestantInnen diese Angebote überhaupt wahrnehmen können, in welchem Rhythmus sie angeboten werden und, ganz entscheidend für die rechtliche Zielsetzung, in welchem curricularen Bezug die Maßnahmen zur Zielsetzung stehen oder ob sie letztlich nur den Zufälligkeiten lokal gegebener Angebotsmöglichkeiten und Personalverfügbarkeiten geschuldet sind (auch Bihs 2013, S. 229; Der Justizvollzugsbeauftragte des Landes Nordrhein-Westfalen 2016, S. 191). Anders als im doch schon curricular relativ weit entwickelten Jugendstrafvollzug stellt sich in Bezug auf den Jugendarrest aktuell weniger die Frage einer Wirkungsevaluation als vielmehr die Notwendigkeit, erst einmal Minimalia einer kurzzeitpädagogischen, zielführenden und am Gesetzesauftrag orientierten Didaktik und Methodik des Jugendarrests unter Berücksichtigung individualisierender Aspekte zu entwickeln, deren Wirkungen und Nebenwirkungen in einem weiteren Schritt dann auch untersucht werden könnten.

2.2 Jugendstrafvollzug

Die Jugendstrafe ist, wie schon erwähnt, die eingriffsintensivste Sanktion des JGG (§ 17). Sie beschreibt die zwangsweise Fremdunterbringung eines rechtskräftig dazu verurteilten jungen Menschen in einer in der Regel besonders gesicherten Einrichtung der Justiz (zum Folgenden auch Walkenhorst 2010, S. 22 ff.). Das Jugendgerichtsgesetz als Rechtsgrundlage der Verhängung von Jugendstrafe definiert diese als Freiheitsentzug in einer für diese Form der Strafvollstreckung vorgesehenen Einrichtung (§ 17 I JGG). Der Jugendstrafvollzug ist für junge Menschen zuständig, auf deren Straftaten mit Verhängung von Jugendstrafe ohne Bewährung reagiert wird. Hinsichtlich der institutionell-organisatorischen Umsetzung der Jugendstrafe wird zwischen geschlossenem, offenem Jugendstrafvollzug und „Jugendstrafvollzug in freien Formen" unterschieden. Geschlossener Vollzug beinhaltet die „sichere" Unterbringung in Anstalten mit baulichen und technischen Vorkehrungen gegen Entweichungen (Umfassungsmauern, Fenstergitter und besonders gesicherte Türen; ständige Aufsicht), während beim offenen Vollzug keine dieser oder nur verminderte

Sicherungsmaßnahmen getroffen werden. Umgangssprachlich auch als „(Jugend-)Gefängnis" bezeichnet, lautet die offizielle Bezeichnung „Justizvollzugsanstalt", auch „Jugendanstalt" (Niedersachsen) oder Jugendstrafanstalt (Rheinland-Pfalz). 1912 wurde in Wittlich an der Mosel die erste deutsche Jugendstrafanstalt errichtet. Die Alternative des Jugendvollzugs „in freien Formen" ermöglicht es, den Vollzug außerhalb einer Strafanstalt in Einrichtungen der Jugendhilfe abzuleisten, um die problematischen Begleitumstände der Unterbringung in Haftanstalten zu verringern und größere pädagogische Handlungsspielräume nutzen zu können (z. B. Wulf 2014, S. 11 ff.).[2]

Wenngleich der Erwachsenenstrafvollzug schon seit 1977 durch das Strafvollzugsgesetz auf einer rechtlichen Basis arbeitete, regelten über mehr als drei Jahrzehnte hinweg lediglich die „Bundeseinheitlichen Verwaltungsvorschriften für den Jugendstrafvollzug" (VVJug) den Vollzug der Jugendstrafe. Dieser Zustand einer aus verfassungsrechtlicher Sicht nicht ausreichenden gesetzlichen Regelung des Jugendstrafvollzugs wurde erst durch das wegweisende Urteil[3] des BVerfG vom 31. Mai 2006 beendet.[4] Das BVerfG formulierte in seinem damaligen Urteil deutlich, dass das Vollzugsziel darauf ausgerichtet sein müsse, die jungen Inhaftierten künftig für ein straffreies Leben in Freiheit und sozialer Integration zu befähigen. Begründet wird dies mit dem Gebot der Achtung der Menschenwürde. Auch straffällig gewordene (junge) Menschen seien nicht als bloße Objekte staatlicher Erziehungsbemühungen anzusehen, sondern stets als Subjekte mit eigenen Rechten [BVerfGE S. 116, 69 (92 f.)].

Im Rahmen der Föderalismusreform wurde die Gesetzgebungskompetenz für den Strafvollzug vom Bund auf die Länder übertragen. Damit wird auch der Vollzug der Jugendstrafe durch Landesgesetze geregelt. Folglich regelten die Bundesländer Bayern, Hamburg und Niedersachsen zum 1. Januar 2008 den Jugendstrafvollzug in gesonderten Abschnitten als Teilgebiet innerhalb eines allgemeinen Strafvollzugsgesetzes. Die übrigen Bundesländer legten eigene

[2]In einigen Bundesländern gibt es Einrichtungen für den Vollzug in freien Formen: Baden-Württemberg („Projekt Chance" und das Seehaus Leonberg), Brandenburg (Modellprojekt „Leben Lernen"), Sachsen (Seehaus Störmthal).

[3]2 BvR 1673/04–2 BvR 2402/04.

[4]Dem Urteil zugrunde lagen zwei Verfassungsbeschwerden eines eine mehrjährige Jugendstrafe absolvierenden Beschwerdeführers, welcher sich gegen die Kontrolle seiner Post sowie verschiedene Disziplinarmaßnahmen zur Wehr setzte.

Jugendstrafvollzugsgesetze vor.[5] In der Zwischenzeit haben nunmehr alle Bundesländer die Jugendstrafvollzugsgesetze überarbeitet und z. T. in übergreifende Gesetzeswerke zur Regelung des Jugend- und des Erwachsenenstrafvollzugs übernommen. So wurden 2013 und 2014 in Brandenburg, Rheinland-Pfalz und Thüringen Justizvollzugsgesetzbücher verabschiedet, welche den Jugendvollzug (in Brandenburg zudem die Untersuchungshaft) gemeinsam mit dem Erwachsenenvollzug regeln. Es besteht hier Anlass zur Befürchtung, dass auf diese Weise die Eigenständigkeit des Jugendstrafvollzugs verwässert bzw. infrage gestellt wird (dazu Dünkel et al. 2016, S. 437).

Tendenziell sind die Jugendarrest- und Jugendstrafvollzugsgesetze der Bundesländer als mehr oder weniger pädagogisch gelungen zu bezeichnen. Durchaus zielführend und im Sinne einer förderlichen Ausgestaltung von Arrest und Jugendstrafe fachlich nachvollziehbar sind die gesetzlich geforderte prozessorientierte Diagnostik als Ausgangspunkt einer gezielten Förderung, die an Mediation und Wiedergutmachung orientierten Vorschriften zur Konfliktregelung sowie die den Vorschriften innewohnende Nachdrücklichkeit pädagogischer, d. h. am Lernen im Sinne der Vollzugszielsetzung orientierten Ausgestaltung von Freizeit und Alltag. Dies gilt auch für die Betonung von Übergangsgestaltung und Nachsorge angesichts einerseits kurzer Verweildauern und andererseits der lerntheoretisch fundierten Erkenntnis, dass neue, im Vollzug vermittelte und erworbene Wahrnehmungs-, Verarbeitungs- und Verhaltensmuster nachhaltiger Unterstützung und Stabilisierungshilfen in den außervollzuglichen Lebenswelten der (ehemaligen) jungen Inhaftierten bedürfen, um Teil einer stabilisierten Lebensführung in Freiheit, ohne Straftaten und in sozialer Verantwortung zu werden. Kritisch anzumerken ist allerdings, dass zum Personal in keinem der Ländergesetze konkrete Angaben gemacht werden, weder zur quantitativen Ausstattung noch zu klaren pädagogischen Mindestqualifikationen. Eine dezidiert erzieherische Ausgestaltung und die Vorhaltung einer Vielfalt von Lernmöglichkeiten erfordert jedoch eine geeignete Mitarbeiterschaft, mit der eine Erfolg versprechende Realisierung der genannten Rechtsvorschriften steht und fällt.

Ziel des Vollzugs der Jugendstrafe ist insoweit allein die Legalbewährung der betroffenen jungen Inhaftierten sowie eine Lebensführung in Freiheit, ohne Straftaten und in sozialer Verantwortung, welche durch geeignete Angebote der individuellen Befähigung und (nachhaltigen) Integrationsförderung erreicht werden

[5]Für freiheitsentziehende Maßregeln der Besserung und Sicherung, Unterbringung in einem psychiatrischen Krankenhaus sowie in einer Entziehungsanstalt gelten die Maßregelvollzugsgesetze der Bundesländer.

soll. Hinsichtlich der in Abschnitt vier zu erörternden Erforschung der Wirkungen der Inhaftierung junger Menschen sind damit grob zwei Linien dieser Forschung angesprochen, welche in Abschn. 4 weiter ausgeführt werden:

1. die Erforschung der Legalbewährung bzw. der Rückfälligkeit nach Haftentlassung zur Beantwortung der Frage nach der Zielsetzung einer straffreien Lebensführung sowie
2. die Erforschung der Frage nach dem Beitrag, den die einzelnen „Befähigungsmaßnahmen“ zu dieser Lebensführung und zur sozialen Integration der jungen Inhaftierten leisten.

2.3 Jugenduntersuchungshaft

Die Untersuchungshaft (U-Haft) ist keine Strafsanktion, sondern stellt als Teil des gerichtlichen Ermittlungsverfahrens einen „prekären Bereich der Strafrechtspflege“ (Eberitzsch 2013, S. 36) dar, denn sie bedeutet für die Betroffenen einen erheblichen Eingriff in ihre grundgesetzlich abgesicherten Freiheitsrechte. U-Haft wird angeordnet, um auf dem Wege eines vorläufigen Freiheitsentzugs über die Durchführung eines geordneten Ermittlungs- und Strafverfahrens die spätere Strafvollstreckung zu gewährleisten. Zudem soll in entsprechenden Fällen die Wiederholung von Straftaten verhindert werden. Darüber hinausgehende weitere Zwecke, auch pädagogische, dürfen mit der Verhängung der U-Haft jedoch nicht angestrebt werden (Diemer et al. 2015, § 72 Rn. 5.). Bei Jugendlichen und Heranwachsenden kann das Mittel der U-Haft nur unter den einschränkenden Voraussetzungen des § 72 JGG i. V. mit §§ 112 ff. StPO eingesetzt werden. Für Jugendliche und Heranwachsende ergeben sich die Anordnungsvoraussetzungen dabei in erster Linie aus § 112 ff. StPO. Haftgründe liegen vor, wenn der Beschuldigte flüchtig ist oder sich verborgen hält (§ 112 II Nr. 1 StPO), wenn Fluchtgefahr (§ 112 II Nr. 2 StPO) oder Verdunkelungsgefahr besteht (§ 112 II Nr. 3 StPO). Weitere Haftgründe sind die Tatschwere bei den in § 112 III StPO bezeichneten Verbrechen sowie Wiederholungsgefahr (Laubenthal 2012, S. 442). Faktisch dominieren bei Jugendlichen und Heranwachsenden (wie auch bei Erwachsenen) in der Praxis die Haftgründe der „Flucht“ und „Fluchtgefahr“[6]. Nicht zu vernachlässigen ist jedoch die Problematik der „apokryphen

[6] 2015 wurde die Anordnung der U-Haft bei 27.101 Personen in 25.446 der Fälle mit Flucht oder Fluchtgefahr begründet (Statistisches Bundesamt 2017b, S. 372).

Haftgründe“. Hier führen „sachfremde Erwägungen“ (Laubenthal 2012, S. 443) zur Anordnung von U-Haft gegen junge Menschen, z. B. Krisenintervention zur Vermeidung weiterer Straftatbegehung, „Schocktherapie“ als funktionaler Einstiegsarrest zur Vorbereitung einer Strafaussetzung zur Bewährung oder bei Drogenabhängigen als Erzeugung von Leidensdruck und Therapiemotivation (ebd.). Diese Unsitte findet sich insbesondere für den Bereich des Jugendstrafrechts, in dessen Geltungsbereich der Erziehungsgedanke auch als „Scheinlegitimation“ solcher Anordnungen (Ostendorf 2011, S. 252) dienen kann. Letztlich handelt es sich dabei um einen faktischen Missbrauch der U-Haft im Sinne einer verkappten Sanktion (ebd., S. 444). So darf U-Haft nur verhängt werden, wenn diese unerlässlich und zugleich unersetzbar erscheint und ihr Zweck nicht durch vorläufige Anordnung über die Erziehung oder durch andere Maßnahmen erreicht werden kann (§ 72 I S. 1 JGG; ebd.).

Derzeit ist nur unzureichend auf Basis von Stichtagszahlen zu ermitteln, wie viele junge Menschen in der U-Haft einsitzen, da keine bundesweiten Daten zur Gesamtbelegung pro Jahr vorliegen (Eberitzsch 2013, S. 37). Unter diesem Vorbehalt befanden sich zum 31.03.2017 insgesamt 13.865 Menschen in U-Haft, davon insgesamt 803 Frauen. In der Gesamtzahl enthalten waren 437 Jugendliche (davon 56 weiblich) und 1185 Heranwachsende (davon 61 weiblich) (Statistisches Bundesamt 2017a, S. 5, 7). Die durchschnittliche Dauer der U-Haft bei jungen Tatverdächtigen (Jugendlichen, Heranwachsenden und ggf. Jungerwachsenen) wird im Fachdiskurs auf zwei bis vier Monate geschätzt (ebd., S. 40).

Geregelt wird der Vollzug der U-Haft durch die Untersuchungshaftvollzugsgesetze der Länder, welche auch Vorschriften für den Vollzug bei Jugendlichen und Heranwachsenden enthalten. Vollzogen werden soll die Haft grundsätzlich in selbstständigen Untersuchungshaftanstalten. Stehen diese nicht zur Verfügung, sind in den Justizvollzugseinrichtungen regelmäßig besondere Abteilungen für den Untersuchungshaftvollzug einzurichten. Dieser Trennungsgrundsatz ist der Notwendigkeit geschuldet, das Wesen der U-Haft als prozessuale Sicherungsmaßnahme gegen einen als unschuldig Geltenden gegen den Vollzug der Freiheitsstrafe an einem Schuldigen abzugrenzen. Ebenso gilt das Trennungsprinzip auch für die U-Haft an Jugendlichen (u. a. § 70 I JVollzGB-BW II; § 11 II ThürUVollzG). Die Ländergesetze sehen für die U-Haft an Jugendlichen eine erzieherische Gestaltung vor (u. a. § 49 I UVollzG NRW; § 72 II S. 1 JVollzGB-BW II). Dabei liegen die Gestaltungsschwerpunkte in der Reduzierung etwaiger Bildungsdefizite und deutlich erweiterten Besuchsmöglichkeiten, vor allem zur Pflege der Familienbeziehungen, auch wenn erhebliche Unterschiede zwischen den einzelnen Gesetzeswerken bestehen (Laubenthal 2012, S. 449). Verwiesen wird jedoch auf die Gefahr, gerade hinsichtlich der Jugendlichen die schon für die Erwachsenen geltenden Einschränkungen unter Berufung auf Aspekte der Erziehung weiter zu verschärfen, z. B. durch Untersagung von Besuchen, Schriftwechsel und Telefongesprächen, wenn kein Einverständnis der Personensorgeberechtigten vorliegt (ebd., S. 448). Nach einer Studie von Villmow et al. (2011) gibt es bisher keine „besonderen Anstalten" für junge Untersuchungshäftlinge. Das „Trennungsprinzip" in der Jugenduntersuchungshaft kann somit nicht garantiert werden (ebd., S. 241). Ein pädagogisch favorisierter Wohngruppenvollzug wird nur in einzelnen Einrichtungen umgesetzt, die als optimal angesehene Größe der Wohngruppen von acht bis 12 Personen wird zurzeit noch selten erreicht (ebd., S. 242 f.). Defizite werden nicht nur hinsichtlich schulischer und beruflicher Ausbildung und (qualifizierender) Arbeitstätigkeit, sondern auch bezüglich psychologischer Maßnahmen festgestellt (ebd., S. 249). Als ein möglicher Indikator besonderer Belastungen des U-Haftvollzugs können die berichteten „25 Suizidversuche in acht Anstalten" (ebd.) angesehen werden, wenngleich sie nicht in direkten Zusammenhang mit der Ausstattungsqualität der Vollzugseinrichtung gebracht werden (dazu auch Eberitzsch 2013, S. 40 ff.).

Desintegrierende Wirkungen der U-Haft können sich gerade bei jungen Menschen entfalten und sind geeignet, das „Gefährdungspotenzial im Bereich der Sozialisation Jugendlicher und Heranwachsender zu erhöhen. Die praktische Durchführung der Untersuchungshaft zählt daher zu den ‚trübsten Kapiteln' des deutschen Jugendstrafrechts" (Laubenthal 2012, S. 441; auch schon Dörlemann 2001, S. 37). Feststellbare Unterschiede im Vollzugsablauf sowie bei der Ausgestaltung der Unterbringung, Beschäftigung und Lernangebote werden als „bedauerlich" angesehen, seien jedoch eine nahezu „zwingende Folge der Übertragung der Gesetzgebungskompetenz auf die Länder und müssen daher letztlich hingenommen werden" (Laubenthal 2012, S. 451).

3 Erziehungsgedanke und „Erziehung" im Jugendstrafrecht

Die Befähigung für ein Leben in Freiheit und ohne Straftaten wird im Arrest sowie Jugendstrafvollzug in verschiedenen inhaltlichen Bereichen versucht, u. a. durch schulische und berufliche Bildung, durch Arbeitstätigkeit, Seelsorge und therapeutische Hilfen, Arrangements des Miteinander-Lebens wie Wohn- und Freizeitgruppen sowie durch Entlassungsvorbereitung und Nachsorgeangebote (dazu die Inhaltsbereiche der Förderung, wie sie sich z. B. in den Leitlinien der Erziehung und Förderung des ab September 2017 geltenden § 5 III JStVollzG NRW, Fassung vom 16.06.2016 oder unspezifischer in § 2 I, II JAVollzG NRW, Fassung vom

01.08.2017 finden). Realisiert werden diese Themenbereiche der Förderung im Vollzug durch Menschen unterschiedlichster Professionen. Sie alle verbindet den gesetzlichen Vorschriften zufolge das Merkmal der „erzieherischen Befähigung" (z. B. § 119 JStVollzG NRW; § 30 JAVollzG NRW). Erziehung kann als „Lernen ermöglichen" verstanden werden (Giesecke 2015, S. 15) und richtet sich in diesem Sinne an Menschen jeden Alters. Der klassische Erziehungsbegriff zielte auf dem Hintergrund öffentlicher Bildung und Erziehung im christlich-kirchlichen Kontext wesentlich auf die Formung der Gesamtpersönlichkeit des Educanden (Dörpinghaus und Uphoff 2015; Giesecke 2015, S. 73 f.). In den pluralen westlichen Gesellschaften ist dies jenseits dessen, was in den Schulgesetzen der Bundesländer als inhaltliche Vorgabe formuliert wird, nicht mehr zu legitimieren. Hier kann zumindest keine öffentliche Einrichtung ein „spezielles, nur in Teilgruppen der Gesellschaft akzeptiertes Menschenbild durch Erziehung allgemein durchsetzen" (Giesecke 2015, S. 74). Professionelles, bezahltes pädagogisches Handeln in Arrest und Vollzug im öffentlichen Auftrag ist nunmehr als partikulares, episodenhaftes Handeln mit „begrenzter Zuständigkeit" (Oelkers 2001, S. 257) zu beschreiben. Faktisch ergänzen erzieherische Angebote nur die vielen spontanen, auch ohne das Einwirken der Bediensteten stattfindenden Lernvorgänge, durch die junge Menschen sich entwickeln. Unter diesem Vorbehalt kann erzieherisches bzw. pädagogisches Handeln definiert werden als zielgerichtete Aktivität von Menschen mit der Absicht der Förderung der Persönlichkeit anderer Menschen. Das formale Ziel ist die Schaffung, Änderung oder Erhaltung psychischer Dispositionen im Sinne von Wahrnehmungs-, Deutungs- und Verhaltensbereitschaften von Menschen (Brezinka 1990, S. 70 ff., 90 ff.). Bildung und Erziehung im Vollzug von Jugendarrest und Jugendstrafe sind keinesfalls zu umschreiben als Applikation von „Maßnahmen" oder dem „Management" der Inhaftierten. Lernen und Entwicklung sind selbstorganisatorische Prozesse (Lembke 2004, S. 34), die nicht von außen verordnet und durchgeplant, sondern nur durch das Eröffnen von „Testfeldern" angestoßen werden können. Oder, wie es Müller (2001, S. 135) formulierte, „Was Erziehung bewirkt, weiß man erst, wenn der Mensch erwachsen ist." Verbunden damit ist die diesem Verständnis entsprechende förderliche Grundhaltung aller beteiligten Bediensteten als „Lernhelfer" (Giesecke 2015, S. 15), welche durch die Organisation „guter Erfahrungen" (Fend 2005, S. 470) Entwicklungswege eröffnen und sich für Auseinandersetzungen über die Selbstthematisierungen der jungen Inhaftierten zur Verfügung stellen. Eine Fixierung allein auf standardisierte Programme und das (gewünschte oder zu erzwingende) Endergebnis pädagogischen Handelns ist in diesem Verständnis nicht das Ziel. Vielmehr geht es um eine prozesshafte Gestaltung von vielfältigen, reichhaltigen, nicht durchgängig normierten Lernanlässen und -gelegenheiten, um jungen Menschen in ihrer Vielfalt gerecht zu werden. Letztlich dient in der demokratisch-pluralen Gesellschaft alles Lernen in öffentlichen pädagogischen Einrichtungen und damit auch im Jugendvollzug dem Ziel, die Menschen zur Mündigkeit, zur selbstständigen Wahrnehmung ihrer Rechte und Pflichten, zur Verselbstständigung in sozialer Verantwortung zu befähigen (Giesecke 2015, S. 28 ff.). Dies ist die große pädagogische Aufgabe: in einem System zu agieren, das faktisch ständig gefährdet ist, genau in Richtung des Gegenteils, nämlich Abhängigkeit und Verselbstständigung zu wirken. Immerhin deuten z. B. § 4 I S. 1, II, § 6 (Mitwirkung), § 7 I (Angleichung) und § 8 IV (Bezug zum gesellschaftlichen Leben) LJVollzG RLP in der Fassung vom 08.05.2013 zumindest an, dass die Verselbstständigung ein wesentliches Thema vollzuglicher Gestaltungsarbeit gerade im Hinblick auf das Leben in Freiheit ist.

Grundformen professionellen pädagogischen Handelns sind das Unterrichten (als wesentliche, jedoch nicht ausschließliche Aufgabe des Pädagogischen Dienstes), das Informieren und das Beraten (als wesentliche Aufgaben des Sozialen und des Pädagogischen Dienstes, aber auch des AVD) sowie das Arrangieren und das Animieren (als Aufgabe aller MitarbeiterInnen im Justizvollzug; zu dieser Systematik Giesecke 2015, S. 72 ff.).

Zielbezogene konkrete „Mittel" der vom Gesetzgeber geforderten „erzieherischen Gestaltung" von Jugendarrest und Jugendvollzug sind Maßnahmen, Interventionen und Situationen, mit deren Hilfe „Erziehende auf Heranwachsende einwirken, in der Absicht, deren Verhalten, Einstellungen oder Motive zu bilden, zu festigen oder zu verändern" (Geißler 1982, S. 22). Solche Mittel der Verhaltensbeeinflussung und -lenkung, sind vor allem und am wirksamsten die Ermutigung und Unterstützung zielführenden Verhaltens (das gilt nicht nur für die Inhaftierten, sondern genauso hinsichtlich der Ermutigung der MitarbeiterInnen hinsichtlich ihres Engagements für die inhaftierten jungen Menschen), zudem die rational motivierte Gegenwirkung bei regel- und normverletzendem Verhalten (zu den Mitteln der Erziehung die Übersicht bei Geißler 1982).

Das wesentlichste Merkmal der einzusetzenden Erziehungs- und Lenkungsmittel wie z. B. Lockerungen ist ihr „transformatorischer Charakter" (ebd., S. 26). Es geht nicht wesentlich um die Förderung der Anpassung der jungen Menschen an die vollzuglichen Routinen und Vorgaben. Qualitätsmaßstab der Erziehungsmittel ist ihr Beitrag zur Mündigwerdung, verantwortlichen Entscheidungsfähigkeit und Verselbstständigung, zur aktiven Aneignung und zur Integration des Menschen in den demokratischen Staat. Letztlich besteht die besondere Wirkung von Erziehung und ihren Mitteln in der Aufhebung ihrer Notwendigkeit (ebd., S. 20). So sind gerade für das Jugend- und Heranwachsendenalter soweit als eben möglich Lernprozesse ohne direkte Lenkung durch die Fachkräfte zu arrangieren und Situationen der Entscheidung und Bewährung zu erhalten und schaffen (ebd.,

S. 26 ff.), wie sie z. B. im Wohngruppenvollzug durchaus möglich sind und mehr oder minder praktiziert werden.

Erziehung als Förderung im beschriebenen Sinne ist grundsätzlich auf Hoffnung und Haltung gegründet. Angenommen wird, dass Förderung möglich, unabdingbar und ethisch geboten ist. Misserfolge dispensieren dieses Bemühen nicht, sondern sind Anlass, die Förderplanung und -ansätze selbstkritisch zu hinterfragen und mit den inhaftierten Menschen fortzuentwickeln – gemäß der Vorstellung einer Vollzugseinrichtung als „lernende Organisation".

4 Wirkungen

Wird erzieherisches bzw. pädagogisches Handeln definiert als zielgerichtete Aktivität von Menschen mit der Absicht der Förderung der Persönlichkeit anderer Menschen, dann kann auch danach gefragt werden, ob, in welchem Umfang und auf welchem Hintergrund dieses Handeln Wirkungen und möglicherweise auch Nebenwirkungen zeitigt. So soll nach dem Urteil des BVerfG (2006) die Ausgestaltung des Vollzugs nach aktuellem wissenschaftlichen Erkenntnisstand erfolgen (Rn 62) wie auch die Erfolge und Misserfolge gezielt erforscht und bewertet werden (Rn 64). Gefordert wird zudem die ständige Evaluation des Jugendstrafvollzugs, insbesondere die Beobachtung und Nachbesserung der Vollzugsgestaltung. Dieser Auftrag konkretisiert sich in den Länderstrafvollzugsgesetzen, z. B. im § 108 JStVollzG NRW (Fassung vom 01.08.2017): Die wissenschaftliche Begleitung, Erforschung und Bewertung des Jugendstrafvollzugs fokussiert „insbesondere seine Aufgabenerfüllung und Gestaltung, seine Behandlungsmethoden, die Umsetzung seiner Leitlinien und die Förderungs- und Erziehungsmaßnahmen für die Gefangenen sowie deren Wirkungen auf das Vollzugsziel". Ziel der Orientierung an Erfolgsindikatoren ist die Fortentwicklung und optimierte Steuerung von Vollzugsmaßnahmen (dazu auch die entsprechenden Bestimmungen der einzelnen Ländergesetze). Es handelt sich um eine „fortlaufende Überprüfungs- und Beobachtungspflicht, ggf sogar auch eine Nachbesserungspflicht" (Goerdeler 2016, S. 686 f.).

Inhaltlich stehen wesentlich vier Themen im Mittelpunkt solcher Forschungen (z. B. Stelly und Thomas 2015b, S. 6):

1. Wie sind die jeweiligen vollzuglichen Rahmenbedingungen der Förderung beschaffen?
2. Wie setzt sich die Klientel zusammen?
3. Was wird mit den jungen Menschen im Vollzug gemacht?
4. Welche Wirkungen zeitigt die verbrachte Haftzeit bei den jungen Menschen?

Das Wirkungsgefüge einer Hafteinrichtung ist, ähnlich wie z. B. in der Heimerziehung, in der Komplexität seiner Wirkfaktoren empirisch schwer zu erfassen. Sind es einzelne Förderangebote, die inhaltlich, methodisch und/oder aufgrund ihrer Beziehungsqualitäten bei den Inhaftierten kurz- und mittelfristig im Sinne des Vollzugsziels wirken? Sind es individuelle Reifungsprozesse, externe Bezugspersonen, die motivational stützend wirken? Sind es bestimmte vollzugliche MitarbeiterInnen, die die jungen Menschen erreichen und motivieren? Ist es die reale Aussicht auf eine legale Arbeitstätigkeit? Sind es Nachsorge und Nachbegleitung, welche Stabilisierungseffekte hinsichtlich der Ausstiegs- und Veränderungsmotivation aufweisen? Sind es Faktoren eines günstigen, gewalt- und konfliktarmen Einrichtungsklimas, welche motivbildend und lernförderlich wirken? Einige wenige ausgewählte Evaluationsergebnisse einzelner Bundesländer sollen kurz skizziert werden. Länderübergreifende Ergebnisse liegen zurzeit noch nicht vor.

4.1 Strukturdaten

Bezüglich der ersten Frage unterstützt die Auswertung wesentlicher Strukturdaten des Jugendstrafvollzugs die Annahme, dass hinsichtlich personeller Ausstattung, baulicher und finanzieller Investitionen über die Jahre Verbesserungen eingetreten sind (Dünkel und Geng 2012, S. 115). Die der BVerfG-Entscheidung aus dem Jahr 2006 folgenden Reformen des Jugendstrafvollzugs trugen maßgeblich zu den dokumentierten qualitativen Verbesserungen der praktischen Ausgestaltung des Jugendstrafvollzugs bei.

Dünkel und Geng (2012, S. 126) berichten von Umstrukturierungen, Um- und Ausbau, Neubauten, Sanierungen, die in verschiedenen Anstalten aufgrund bzw. zeitlich parallel zur Gesetzgebung des Jugendstrafvollzugs stattfanden, um Einzelunterbringung, Wohngruppen, Besuchsmöglichkeiten, Freizeit- und Sportangebote und Sozialtherapie zu gewährleisten.

Die verzeichneten Personalzuwächse bezeichnen Dünkel und Geng (2012, S. 121) als „überraschende Begleiterscheinung der gesetzlichen Reform des Jugendstrafvollzugs". So wurden nach der Entscheidung des BVerfG beispielsweise die Sozialarbeiterstellen in Hessen und Rheinland-Pfalz (mehr als bzw. nahezu) verdoppelt, allerdings wurden in anderen Bundesländern auch Sozialarbeiterstellen gestrichen (ebd.). Insgesamt ist nach 2006 eine Verbesserung der Betreuungsrelation zu verzeichnen. Dies nicht zuletzt, weil die Belegungszahlen im Jugendstrafvollzug rückläufig sind, wobei natürlich bei weitem nicht in jeder Anstalt eine günstige/zufriedenstellende Personalsituation vorherrscht (dazu auch Ostendorf 2016a, S. 106 f.). Zudem ist zu bedenken, dass eine gute Personalausstattung nicht grundsätzlich mit einer guten Betreuungsqualität gleichzusetzen ist.

4.2 Klientel

Bezüglich der zweiten Frage werden hier biografische Daten (Alter, schulische und berufliche Qualifikationen, Familiensituation) sowie Strafdaten (z. B. Straflänge, Delikte, Vorsanktionen etc.) erhoben. Dadurch sind auch Rückschlüsse auf die Förderbedarfe möglich. Zum Stichtag 31.03.2017 befanden sich 3742 junge Menschen (davon 135 junge Frauen) in den insgesamt 27 Einrichtungen des Jugendvollzugs (darunter 298 Personen im offenen Vollzug) (Statistisches Bundesamt 2017a, S. 6). Unter Betrachtung des Alters der Inhaftierten ist der Jugendstrafvollzug vor allem ein Heranwachsendenvollzug: „Eigentliche“ Jugendliche (unter 18 Jahren) stellen regelmäßig eine Minderheit von lediglich 10 % der jeweiligen Vollzugspopulation dar, während Heranwachsende 44,2 % und junge Erwachsene 45,8 % ausmachen (Statistisches Bundesamt 2016, S. 315). Unter der Prämisse, dass Jugendliche andere (schulische und freizeitpädagogische) Bedarfe aufweisen als Heranwachsende und junge Erwachsene, ist diese Besonderheit auch bei der inhaltlichen Ausgestaltung des Jugendstrafvollzugs zu berücksichtigen (z. B. Landtag Rheinland-Pfalz 2013, S. 29).

Die meisten Jugendstrafgefangenen verbüßen eher kurze Strafzeiten: Das durchschnittliche Strafmaß liegt bei 20 Monaten (in Baden-Württemberg, Stelly und Thomas 2015b, S. 17). 25 % der Jugendstrafgefangenen werden zu einer Jugendstrafe von bis zu einem Jahr verurteilt, 36 % zu ein bis zwei Jahren und 39 % zu über 2 Jahren (Statistisches Bundesamt 2016, S. 315), der Anteil der Inhaftierten mit einer Straflänge von über 5 Jahren liegt bei etwa 3 % (Matt 2015, S. 72).

46 % der Jugendstrafgefangenen befanden sich vorher bereits in U-Haft (durchschnittlich 144 Tage). 29 % waren bereits mindestens einmal zu Jugendarrest verurteilt, 45 % bereits mindestens einmal zu einer Jugendstrafe auf Bewährung, 24 % waren „Wiederkehrer“. Während die durchschnittliche Anzahl an Vorsanktionen (inklusive Einstellungen nach § 45 und § 47 JGG) 4,1 beträgt, haben 9 % keine strafrechtliche Vorgeschichte. 49 % der Inhaftierten saßen in Folge einer Verurteilung zu einer unbedingten Jugendstrafe, 21 % nach

Widerruf einer nach § 21 JGG zur Bewährung ausgesetzten Jugendstrafe, 16 % nach „Scheitern“ einer Vorbewährung (§ 57 JGG), 6 % nach dem Widerruf einer Strafrestaussetzung nach § 88 JGG und 8 % nach dem Widerruf einer Zurückstellung der Strafvollstreckung nach § 35 BtMG („Therapie statt Strafe“; Daten zu den Zugängen im Jugendstrafvollzug BW aus dem Jahre 2014, Stelly und Thomas 2015b, S. 15 f.).

Die Verteilung der Strafgefangenen im Jugendstrafvollzug nach Art der Delikte ergibt folgendes Bild (Matt 2015, S. 73): Die meisten jungen Inhaftierten verbüßen ihre Haftstrafe wegen Raub und Erpressung (29 %), gefolgt von Körperverletzung (25 %), Diebstahl und Unterschlagung (14 %) und Einbruchsdiebstahl (9 %). Betrug und Untreue, BtmG, Sexualdelikte sowie Mord und Totschlag haben einen Anteil von jeweils 4 %, Sonstige 7 %. Insgesamt waren jugendtypische Straftaten wie Körperverletzungsdelikte bzw. Diebstahlsdelikte für etwa jeden vierten bzw. fünften Jugendlichen Grund der Verurteilung (Statistisches Bundesamt 2015, S. 20).

Die Klientel einer Justizvollzugsanstalt, also diejenigen, die am Ende des bekanntlich hoch selektiven Ausfilterungsprozesses tatsächlich zu unbedingten Jugendstrafen verurteilt wurden, kann – zugespitzt formuliert – als „Extremfall“ junger Menschen mit psychosozialem Förderbedarf (Galuske und Böhle 2009, S. 46) bezeichnet werden. Die Lebens- und Lerngeschichten junger Inhaftierter, ihre schulische und berufliche Qualifikation werden vielfach als ungünstig beurteilt (übermäßige Aggressivität, geringe schulische Qualifikation, Lehrabbrüche, sexueller Missbrauch, Drogenkonsum, Anschaffungsprostitution, Heimaufenthalte, frühe Kriminalisierung; zur Übersicht Ostendorf 2016a, S. 95 ff.; bezüglich weiblicher Jugendgefangener, Beer 2014, S. 358 ff.).

Die Zahl der verhängten Gefängnisstrafen aufgrund von Drogenkriminalität steht in keinem Verhältnis zur tatsächlichen Anzahl drogenkonsumierender junger Menschen im Jugendstrafvollzug. Unabhängig vom Inhaftierungsdelikt stellen z. B. Baier et al. (2009, S. 107) fest, dass viele der abgeurteilten Taten unter Einwirkung von Alkohol oder Drogen begangen wurden und damit auch im Vollzug dem illegalen Konsum dieser Substanzen eine erhebliche Bedeutung zu kommt (Schott 2002, S. 69). Nach Jünschke (2011, S. 71) sind mindestens 50 % der Inhaftierten des Jugendstrafvollzugs als süchtig einzustufen. Ein hoher Prozentsatz konsumiert in der Haft trotz erschwerter Beschaffung und erhöhten Preisniveaus zumindest gelegentlich Drogen. Bisher nicht betroffene Inhaftierte können unter Haftbedingungen zu Drogenabhängigen werden (Stöver 1999, S. 271 ff.; auch Ostendorf 2016a, S. 98 ff.). Die Betroffenen mit Suchtproblematiken stellen eine besondere Gruppe der Inhaftierten dar und ihre große Anzahl erweist sich laut Fricke (2009, S. 230) als besonders belastend innerhalb der Strukturen des Strafvollzugs und für den resozialisierenden Umgang mit den jungen Menschen (auch Obrist und Werdenich 2004, S. 40). Zudem ist die Inhaftierung von

Drogenabhängigen durch die entstehenden Therapiekosten nicht nur teuer, sondern verschärft oftmals zusätzlich die Probleme der Betroffenen (Kury et al. 2009, S. 21 f.). Indikatoren für die These, dass die Jugendstrafgefangenen immer „schwieriger" werden, finden sich beim Thema Sucht. Bezüglich Drogen und Alkohol lässt sich im Zeitverlauf nicht nur eine Zunahme des problematischen Konsums junger Inhaftierter feststellen, sondern es gibt auch Hinweise auf einen früheren Beginn des Konsums. So sank beispielsweise das Alter des erstmaligen Drogenkonsums von durchschnittlich 15,9 Jahren (1991/1992) auf 14,0 Jahre (2009/2010; Stelly und Thomas 2015b, S. 25).

Die Zahlen bzgl. der Prävalenz psychischer und psychiatrischer Störungen im Jugendstrafvollzug sind uneinheitlich: Köttgen (2007, S. 35) spricht von 20 bis 50 % psychisch auffälligen Inhaftierten. Köhler (2004) fand im schleswig-holsteinischen Jugendvollzug bei einem Großteil der jungen Inhaftierten diagnostizierte psychische Störungen: Rund 81 % der Untersuchten wiesen Störungen des Sozialverhaltens, 77 % eine Persönlichkeitsstörung auf. Zurückhaltender konstatieren Stelly und Thomas (2015b, S. 26) im Langzeitvergleich bei den Jugendstrafgefangenen sowohl einen Anstieg der Zuschreibungen von ADHS bzw. vergleichbarer Symptome als auch der Zuschreibungen von aggressivem Verhalten. Zumindest stieg der Anteil junger Inhaftierter mit vorgängiger psychiatrischer Behandlung (ohne Drogen/Alkohol) von 14 % (1991/1992) auf 28 % (2009/2010). In standardisierten Interviews berichteten sogar 42 % der befragten Jugendstrafgefangenen über entsprechende vorgängige Behandlung (ebd.). Psychisch auffällige Gefangene sind oftmals anfällig für Suizidversuche und selbstverletzendes Verhalten, Beschädigung des Inventars und bedrohliches Verhalten gegenüber Bediensteten (Schott 2002, S. 71). Diese besondere Gruppe von Inhaftierten bedarf nicht nur seitens des psychologischen Fachdienstes, sondern auch seitens der MitarbeiterInnen des AVD viel Aufmerksamkeit.

Insgesamt kann festgehalten werden, dass es sich um psychosozial hochbelastete junge Menschen handelt, deren Problemlagen vergangene, aktuelle und teilweise langdauernde Desintegrationsprozesse sowie einen entsprechend hohen Förderbedarf erkennen lassen (Villmow und Robertz 2004, S. 143).

4.3 Angebotsstruktur

Die oben angeführten Beispiele einer Strukturevaluation und Klientelbeschreibung, die dienlich sind, um Rahmenbedingungen des Jugendstrafvollzugs zu verdeutlichen und Problembereiche der Vollzugspraxis zu identifizieren, können zwar auf der Basis aggregierter Daten ebenfalls Auskunft geben zur dritten Frage „Was wird im Jugendstrafvollzug gemacht?", gehen dann aber über eine meist deskriptive Darstellung bestimmter Merkmale der Inhaftierten, der Anstalten und deren Maßnahmen nicht hinaus.

Die Prozess- und Ergebnisevaluation untersucht auf Basis individueller Verlaufsdaten, welche Maßnahmen im Jugendstrafvollzug mit welchem Ergebnis stattfinden. Die Analyse der individuellen Entwicklung von Jugendstrafgefangenen während der Zeit in Haft und nach der Haftentlassung erfolgt über Eingangsdiagnosen, Maßnahmen- und Verlaufsdokumentationen sowie Abschlussdiagnosen und nach der Haft über die Dokumentation der lebensgeschichtlichen Entwicklung und der Legalbewährung (BZR-Daten). Dennoch bleibt es selbst bei der Messung spezifischer vollzuglicher Programme und ihrer Wirkungen zunächst offen, ob festgestellte Verhaltensänderungen als spezifische Programmwirkungen nachweisbar sind oder von anderen, nicht gemessenen oder nicht zu messenden Variablen beeinflusst sind (Kerner et al. 2015, S. 11). Wirkungsanalysen orientieren sich an den rechtlich vorgegebenen Zielvorgaben. Diese Leistungsziele werden über das Vollzugsziel z. B. des § 2 I JStVollzG NRW vorgegeben (Wirth 2014). Der Vollzug der Jugendstrafe soll die Gefangenen befähigen, künftig in sozialer Verantwortung ein Leben ohne Straftaten zu führen. Durch „individuelle Resozialisierung“ soll ihre „soziale Reintegration“ soweit unterstützt werden, dass „gesellschaftliche Teilhabechancen (Inklusion) erhöht und persönliche Rückfallrisiken (Prävention) gesenkt werden“ (Wirth und Lobitz 2017, S. 175). Zu fragen ist einerseits danach, welche konkreten Angebote und Leistungen zur Zielerreichung nach gegenwärtigem Erkenntnisstand notwendig sind, andererseits, welche Angebote und Leistungen der Jugendvollzug vorhält, um den gesetzlichen Vorgaben und Wirkungserwartungen zu entsprechen (ebd.). Zum dritten stellt sich die Frage nach den differenziellen Wirkungen dieser Programme einerseits für sich genommen und andererseits auch hinsichtlich ihrer Wechselwirkungen untereinander. Zu berücksichtigen ist dabei u. a., dass nur etwa 10 % der jungen Inhaftierten der Altersgruppe von 14 – unter 18 Jahren angehört und das Durchschnittsalter von ca. 20 Jahren angesichts der geringen schulischen und vor allem beruflichen Qualifikation einen hohen Bedarf an berufsqualifizierenden Angeboten nahelegt (Ostendorf 2016a, S. 82, 95 f.; Wirth und Lobitz 2017, S. 178).

4.3.1 Behandlungs- und Bildungsangebote

Zum Standard in Anstalten des geschlossenen Vollzugs[7] gehören die Eingangsdiagnostik, Schulbildungs- und Berufsausbildungsmaßnahmen, Arbeitstherapie,

[7]Im offenen Jugendstrafvollzug gibt es, so Dünkel und Geng (2012, S. 128) relativ wenige eigenständige Behandlungsangebote.

Anti-Gewalt-Training und Suchtberatung/Suchttherapievorbereitung, während Suchttherapie selbst oder auch Nachsorge nach Entlassung nur in 21 % bzw. 36 % der befragten Anstalten vorgehalten werden (Dünkel und Geng 2012, S. 127). Jedoch ist oftmals nur bekannt, dass Maßnahmen angeboten werden, aber nicht, wie hoch deren Akzeptanz oder die aktive und erfolgreiche Teilnahme (von Inhaftierten, die in dem Bereich einen Bedarf aufweisen) einzustufen sind. Selbst die genannten „harten" Erfolgsindikatoren (s. o., Stelly und Thomas 2012, S. 136) sagen noch nichts über die inhaltliche und methodische Qualität der Maßnahmen aus.

Unter der Perspektive der empirischen Erfassbarkeit wurden durch eine Arbeitsgruppe der Kriminologischen Dienste von 14 Bundesländern die vielfältigen jugendvollzuglichen Förder- bzw. Leistungsangebote systematisiert und als „Befähigungsmaßnahmen" zusammengefasst (u. a. Sprach- u. Integrationskurse, Alphabetisierungskurse, schulabschlussbezogene Maßnahmen, berufliche Qualifizierungsmaßnahmen, psychotherapeutische Maßnahmen, Maßnahmen eines strukturierten Übergangsmanagements, dazu im Detail Wirth und Lobitz 2017, S. 175 ff.). Neben der Indikationsfrage, welcher „richtig" eingesetzten „Befähigungsmaßnahmen" es im Einzelfall bedarf, stellt sich die Frage, welche jungen Inhaftierten tatsächlich mit diesen vorhandenen Angeboten erreicht werden (ebd., S. 180).

Die Wirkungsanalyse setzt eine Bedarfsanalyse und entsprechende valide und reliable Diagnostik bezüglich der Inhaftierten voraus. Basierend auf der Analyse von 1902 jungen männlichen Inhaftierten, die zwischen Anfang 2010 bis Ende 2013 nach mindestens 6-monatiger Haftdauer aus dem Jugendvollzug NRW entlassen wurden, ergab sich folgende Dringlichkeitsliste zum Bedarf an Befähigungsmaßnahmen (Ausnahme: freizeitpädagogische Maßnahmen und Übergangsmanagement). Suchtberatung und Suchttherapievorbereitung (70,5 % der Inhaftierten); berufliche Vorbereitungsmaßnahmen, Qualifizierungskurse oder Vollzeitausbildungen (66,2 %), soziale Trainingsmaßnahmen (58,7 %), schulische Bildungsmaßnahmen (zusammen 48,2 %), Anti-Gewalt-Trainings und andere deliktspezifische Maßnahmen (39,2 %), Schuldnerberatung (26,8 %), Arbeitstherapie (12,3 %), Psychotherapie (8,0 %), Sozialtherapie (6,2 %) sowie Sprach- und Integrationskurse für Ausländer (2,9 %, Wirth und Lobitz 2017, S. 181 f.). Gleichzeitig bewegten sich Umsetzung oder Inanspruchnahme dieser Maßnahmen zwischen 68,9 % (berufliche Fördermaßnahmen) und 27,4 % (Unterbringung in sozialtherapeutischen Einrichtungen), nicht zuletzt bedingt durch Kapazitätsgründe, aber auch durch die in der Regel kurzen Verweildauern, da viele längerdauernde Angebote nicht jedem kurzstrafig Inhaftierten während der Haftzeit gewährt werden können. Die Auswertung ergab zudem im Durchschnitt

3,5 unterschiedliche Förderbedarfe, für deren Bearbeitung die Haftzeit oft nicht ausreichte (ebd.). Dokumentiert wurden zudem vorzeitige Beendigungen von Förderangeboten (Abbruch durch Inhaftierte, Disziplinverstöße, Verlegung oder Entlassung mit Aussetzung des Strafrestes, ebd.).

4.3.2 Sozialtherapie

Alle 2008 in Kraft getretenen Landesgesetze sahen die Einführung sozialtherapeutischer Einrichtungen vor. In der Folge wurden zwischen 2007 und 2011 18 Einrichtungen für männliche Gefangene eröffnet, davon allein 13 sozialtherapeutische Abteilungen im Jugendstrafvollzug. Zuvor gab es nur sieben solcher Einrichtungen. Raßnitz (Sachsen-Anhalt im Jahr 2013) sowie Laufen-Lebenau (Bayern im Jahr 2016) stellen die vorerst letzten neu eingerichteten dar (Etzler 2016, S. 10). Erweitert wurde auch die personelle Ausstattung, insbesondere durch zusätzliche PsychologInnen (auch Dünkel und Geng 2012, S. 119). Zwar verringerte sich der Anteil an Plätzen in Abteilungen des Jugendvollzugs an allen Plätzen in sozialtherapeutischen Einrichtungen 2016 um 1 %, sodass erstmals die seit 2012 erreichte 20 % Marke nicht erreicht wurde. 473 der Haftplätze entfielen auf den Jugendstrafvollzug, sodass eine Abnahme von 31 Haftplätzen im Vergleich zu 2015 zu verzeichnen ist. Dennoch ist die Platzanzahl in diesen Einrichtungen seit Beginn der Stichtagserhebung (1997, S. 86) insgesamt um das 5,3-fache gestiegen (Etzler 2016, S. 12). Jedoch nahm die Belegungsquote in sozialtherapeutischen Abteilungen des Jugendstrafvollzugs gegenüber 82,2 % in 2015 auf 81,8 % in 2016 ab und setzt den Trend des letzten Jahres leicht fort. Nur ein Viertel dieser 20 Abteilungen war zu 100 % ausgelastet oder auch überbelegt. Die Anzahl junger Inhaftierter, die eine Jugendstrafe in sozialtherapeutischen Einrichtungen verbrachten, lag in 2016 bei 19,3 % und beinahe dreimal so hoch wie der Anteil der Strafgefangenen nach Jugendstrafe im gesamten Strafvollzug (Stichtag 30.11.2015: 6,4 %, Etzler 2016, S. 14).

4.3.3 Übergangsmanagement und Nachhaltigkeit

Vielfach beschrieben wurde das sog. „Entlassungsloch" nach der Haftentlassung als Konfrontation des (jungen) Menschen mit der Reorganisation des Überlebens in der nunmehr fast ungewohnten Freiheit mit all ihren Aufgaben, Problemen und Gefährdungen des Rückfalls in alte Problemverhaltensmuster gerade in den ersten Wochen und Monaten nach Haftentlassung (Matt 2016, S. 193). Allgemein gilt, dass nicht nur Rückfallquoten, sondern auch Rückfallgeschwindigkeiten mit zunehmendem Alter sinken und dass die Rückfallgefahr in den ersten Monaten nach einer Entlassung besonders hoch ist – dies umso mehr, je jünger die Haftentlassenen sind (Wirth 2017). Zudem ist unverkennbar, dass die Möglichkeiten individueller Resozialisierung im Strafvollzug selbst bei optimalen Rahmenbedingungen begrenzt sind. Bei fortbestehendem Förderbedarf erscheint ein systematisches Übergangsmanagement unverzichtbar, wenn das Vollzugsziel erreicht und die bis zur Haftentlassung bewirkten Entwicklungsfortschritte nicht gefährdet werden sollen (ebd.). Dieses soll verstanden werden als eine „systematisch geplante, vermittelnd umgesetzte und wiederholt bewertete Verknüpfung vollzugsinterner Behandlungsmaßnahmen mit vollzugsexternen Reintegrationshilfen für (ehemalige) Gefangene, die in enger Kooperation zwischen Justizbehörden, Einrichtungen der Straffälligenhilfe und kompetenten Dritten zu organisieren ist" (Wirth 2013, S. 7). Es handelt sich um eine „organisationsübergreifende Schaffung von Förderketten zur sozialen Wiedereingliederung von Strafgefangenen und Haftentlassenen" (ebd.). Übergangsmanagement ist nicht allein eine „Verbesserung der Entlassungsvorbereitung in den Justizvollzugsanstalten, sondern es ist, soll es Erfolg versprechend umgesetzt werden, eine Strategie der ‚Öffnung des Vollzuges' und diese in beide Richtungen: Auf der einen Seite der Input der Externen (Maßnahmen und Standards) sowie die Anerkennung der Arbeit der JVAen in der Gesellschaft, auf der anderen die Leistungen des Vollzuges, eine Orientierung nach draußen zu gewinnen...da über kurz oder lang (fast) alle Strafgefangenen wieder entlassen werden, ist die Perspektive einer institutionenübergreifenden Planung und Zusammenarbeit einfach notwendig" (Matt 2016, S. 192).

Für junge Inhaftierte sieht zudem z. B. Art. 137 II BayStVollzG vor, dass die Jugendanstalt auf Antrag des jungen Gefangenen nach Entlassung die im Vollzug begonnene Betreuung vorübergehend fortführen kann, soweit sie nicht anderweitig durchgeführt werden kann (sog. „Notanker"). Hierzu können junge Gefangene unter bestimmten Voraussetzungen auch vorübergehend über den Entlassungszeitpunkt hinaus in einer Abteilung des offenen Vollzugs verbleiben oder in einer solchen nach ihrer Entlassung wieder aufgenommen werden. Ähnliche Bestimmungen finden sich auch in den (Jugend-)Strafvollzugsgesetzen der anderen Bundesländer.

Die Weiterentwicklung der Übergangs- und Nachsorgethematik wird durch den Begriff der „Nachhaltigkeit" als eine mögliche künftige vollzugliche Leitidee umschrieben, welche über eine enge Auslegung des § 2 StVollzG, die künftige Straffreiheit, hinausgeht und die „Befähigung zu einem Leben in sozialer Verantwortung" deutlicher akzentuiert. Dies könnte u. a. die Förderung der sozialen Integration, die Vermittlung von Wohnung und Arbeit, die Befähigung zu einem friedlichen Zusammenleben mit den anderen Menschen im sozialen Umfeld oder der Gemeinde sowie die Achtung der Interessen und Rechte anderer umfassen

(Suhling 2016, S. 149; zur Übersicht der vorhandenen Projekte, Maelicke und Wein 2016; zur Arbeit mit Suchtgefährdeten nach Haftentlassung, Reker 2012). Hier ist allerdings auch vor einer im Mantel der Befähigung daherkommenden Ausweitung sozialer Kontrolle bis hinein in die Bereiche des alltäglichen Lebens durch die dem Strafvollzug verbundenen und mit ihm vernetzten Hilfesysteme zu warnen. Jenseits der Auflagen der Strafaussetzung zur Bewährung basieren alle weiteren Nachsorgesysteme auf der freiwilligen Entscheidung der jungen Haftentlassenen, diese Hilfen in Anspruch zu nehmen. Diese Freiheit, solche Hilfen auch abzulehnen, muss gewährleistet bleiben.

4.4 Ausgewählte Ergebnisse der Wirkungsforschung

Die vierte und entscheidende Frage nach den Wirkungen des Jugendvollzugs bzw. seiner Befähigungsangebote ist aufgrund der dafür zu bildenden Erfolgsindikatoren und ihrer Erhebung schwierig zu beantworten. „Harte" Indikatoren wie z. B. bestandene Prüfungen oder Abschlüsse liegen wesentlich im Leistungsbereich vor. Bei weiteren Angeboten, z. B. sozialen Trainings oder therapeutischen Maßnahmen sind Wirkungsanalysen, „Erfolge", Gesamtentwicklungen der jungen Inhaftierten sowie Handlungsbedarfe während und nach der Haft letztlich angewiesen auf die Einschätzung der Fachdienste und ihrer Diagnoseinstrumente. Ein Teil des vollzuglichen Wirkungsproblems besteht einerseits darin, dass die eigenen Angebote (evtl. zu hinterfragende) strukturelle Limitierungen der Adressatenkreise beinhalten, andererseits die Angebote auch auf einen Förderbedarf über den Inhaftierungszeitraum hinaus verweisen und damit eine systematische und wirkungsstabilisierende Übergangsbegleitung (im Rahmen der Strafrestaussetzung auf Bewährung wie auch auf freiwilliger Basis bei der Endstrafe) dringlich erscheinen lassen, wie es die gesetzlichen Regelungen der Länder vorsehen (zur Übersicht Ostendorf 2016b, S. 190 ff.; Maelicke 2013; auch Walkenhorst 2017).

4.4.1 Rückfallforschung

Rein quantitativ ausgerichtete Rückfallstudien behandeln den Vollzug eher als eine „black box" und messen nicht, was dort konkret geschieht oder auch nicht geschieht und wie es geschieht (Kerner et al. 2015, S. 10). Das gängigste Kriterium der Wirkungsüberprüfung des Jugendstrafvollzugs ist die Legalbewährung der Inhaftierten, gemessen an der registrierten Rückfälligkeit. Daten zu Verurteilungen und Sanktionen aus dem Bundeszentralregister (BZR) sind die Basis der Rückfallforschung, obwohl das Dunkelfeld hier unberücksichtigt bleibt. Die Analyse der BZR-Daten gibt deutliche Hinweise auf einen (korrelativen)

Zusammenhang zwischen Sanktionsform und Rückfallraten (Matt 2015, S. 73). So zeigt die Verurteilung Jugendlicher und Heranwachsender zu einer Gefängnisstrafe von allen jugendstrafrechtlichen Sanktionen die höchste Rückfallbelastung[8]: Nach einer Verurteilung zu einer unbedingten Jugendstrafe treten 64,5 % der jungen Menschen erneut strafrechtlich in Erscheinung, 30,3 % werden im nachfolgenden Beobachtungszeitraum erneut zu einer Freiheits- oder Jugendstrafe ohne Bewährung verurteilt (Jehle et al. 2016, S. 62 f.[9]). Jeder dritte Jugendstrafgefangene wird (innerhalb von drei Jahren) wieder inhaftiert (die hohe Wiederkehrer-Quote wird auch als „Drehtür-Effekt" bezeichnet). Beim Jugendarrest liegt die allgemeine Rückfallrate bei 63,7 %, die Wiederverurteilung zu einer unbedingten Freiheits- oder Jugendstrafe bei 10 % (Jehle et al. 2016, S. 62 f.).[10]

Für den hessischen Jugendstrafvollzug wurden für die Entlassungsjahrgänge 2003 und 2006 in einem Beobachtungszeitraum von (nur) drei Jahren u. a. die BZR-Einträge mit dem Ergebnis ausgewertet, dass in der Summe ca. zwei Drittel der Haftentlassenen erneut verurteilt wurden, davon ca. 50 % zu einer weiteren Jugend- oder Freiheitsstrafe. Ein Drittel kehrte innerhalb von drei Jahren wieder in die Haft zurück (Kerner et al. 2011, S. 367). Da es sich hier um Hellfeldzahlen handelt, dürfte die Anzahl derer, die tatsächlich erneut Straftaten begingen, deutlich höher sein.[11] Diese Sachverhalte sind sicher auch ein „Hinweis auf die generell hohe strafrechtliche Belastung dieser Altersgruppe" (Jehle et al. 2016, S. 62). Die hohe Wiederverurteilungsrate macht zudem deutlich, dass das Vollzugsziel nur für wenige Inhaftierte erreicht wird (Ostendorf 2016a, S. 108) und kann einen Hinweis auf die begrenzte Wirksamkeit bzw. auch negative Auswirkungen der vollzuglichen Maßnahmen geben. Maruna und Toch (2005, S. 171) sowie

[8]Es zeigt sich, dass männliche, jüngere oder auch vorbestrafte Personen eine höhere Rückfälligkeit aufweisen als weibliche, jüngere oder nicht-vorbestrafte (Kerner 2008, S. 47; auch Stelly und Thomas 2015a, S. 693 ff.).

[9]Untersuchung von Jehle et al. (2016) für das Bezugsjahr 2010 mit der Betrachtung des möglichen Rückfallzeitraums bis zum Jahr 2013.

[10]Allerdings handelt es sich beim Jugendarrest um eine Kurzzeitpädagogik, mit der oftmals überzogene Wirkungserwartungen und die abstruse Vorstellung verbunden sind, Rückfälligkeit zu verhindern. Der Jugendarrest sollte vielmehr an seinen unmittelbaren Zielen, einem Zuwachs an Reflexivität und der Installation sozialer Hilfen zur Lebensführung, gemessen werden.

[11]Nicht berücksichtigt wird in der Regel der Rückfall derer, die Deutschland verließen oder verlassen mussten und im Ausland erneut straffällig wurden (Egg 2014, S. 49).

Cullen et al. (2011, S. 48 S) verweisen auf die das Rückfallrisiko verstärkende Wirkung der Inhaftierung.

Andererseits stellten Kerner et al. (2011, S. 185) durchaus eine abnehmende Intensität der kriminellen Entwicklung bei den aus dem hessischen Jugendstrafvollzug Entlassenen sowohl bezüglich der Häufigkeit der Tatbegehungen als auch der Tatschwere fest. Auch bei den erneut zu einer unbedingten Jugend- oder Freiheitsstrafe Verurteilten war „…die Schwere der Kriminalität, die zu einer Wiederkehr der Probanden in den Strafvollzug führte, personenbezogen wie tatbezogen um deutlich mehr als die Hälfte, teilweise bis zu fast zwei Drittel, gesunken (Kerner et al. 2015, S. 246)“. Nicht zuletzt ist auf die Altersabhängigkeit der Rückfälle hinzuweisen. In der bundesweiten Rückfallstatistik wurden 44 % der in 2004 aus der Strafhaft entlassenen 14- bis 18-Jährigen innerhalb des Untersuchungszeitraums von drei Jahren erneut zu einer Jugendstrafe oder Freiheitsstrafe ohne Bewährung verurteilt, dagegen bei den 18- bis 21-Jährigen nur 33 % (Jehle et al. 2016, S. 40).

4.4.2 Rückfallbegünstigende Belastungsfaktoren

Es gibt Hinweise darauf, dass die Lebenslagen inhaftierter junger Menschen nach Ende der Haftzeit weiterhin von erheblichen (eher rückfallbegünstigenden) Belastungen geprägt sind, u. a. durch nach wie vor hohe Gewaltbereitschaft (77 %) und Impulsivität (46 %), nach wie vor fehlenden Schulabschluss (50 %), andauernde potenzielle Suchtgefährdung (46 %) und vorhandene Schulden von im Durchschnitt 5000 € zu Haftende bei 71 %, bei 25 % von diesen jedoch auch darüber hinaus (auch Hartenstein und Hinz 2014, S. 125 für den sächsischen Jugendvollzug; Bieschke 2014, S. 234 für die Sozialtherapeutische Abteilung der Jugendanstalt Neustrelitz). Zum Haftende waren nur bei 42 % intakte Elternbindungen vorhanden (Kerner et al. 2011, S. 12 ff.). Die intramuralen Angebote des Jugendvollzuges haben auf die milieu- und lebensweltbezogenen Variablen so gut wie keinen Einfluss, weil sie „dem Jugendlichen kein anderes Milieu schaffen können und ein anderer Freundes- und Bekanntenkreis meist auch nicht zur Verfügung steht. Damit aber sind Rückfälle in vielen Fällen vorprogrammiert“ (Egg 2014, S. 50).

Ob allein die BZR-Daten das Rückfallkriterium nach der Haftentlassung darstellen (Legalbewährung), oder ob und welche ergänzenden Indikatoren der Sozialbewährung, beispielsweise die soziale und berufliche Einbindung, erfasst werden müssten (Matt 2015, S. 74), um dem Prozesscharakter der Desistance gerecht zu werden, ist eine offene Frage. Zumindest gilt strafrechtlicher Rückfall als unpräziser Indikator für das Ausmaß der Reintegration (Stelly und Thomas 2015a, S. 697). Dennoch stellen die Rückfallraten für weite Teile der Öffentlichkeit, Politik, aber selbst Wissenschaft, ein zentrales Wirkungs- bzw.

Erfolgskriterium des Strafvollzugs dar (so Stelly 2015, S. 759). Ob mit strafrechtlicher Unauffälligkeit auch eine Sozialbewährung als „objektiv tragbare und subjektiv erträgliche Integration“ oder im besten Fall „positive und erfolgreiche neue Lebensgestaltung“ (Kerner et al. 2015, S. 255) einhergeht, bleibt weiter offen.

4.4.3 Nutzerbewertungen der vollzuglichen Angebote

Für den Jugendvollzug in Sachsen ergab die Befragung männlicher Jugendstrafgefangener bezüglich ihrer Bewertung der vollzuglichen Angebote hinsichtlich des Ziels, nicht mehr straffällig zu werden, einerseits die hohe Wertschätzung der Teilnahme an der modularen Ausbildung, welche durch entsprechende Abschlüsse auch formale Erfolgserlebnisse und Selbstwirksamkeitserfahrung ermöglicht (Rang 1 von 17). Ebenso wurden die schulischen Kurse als relativ hilfreich bewertet (Rang 5), da sie als Chance und Unterstützung, nicht als Fortsetzung früherer schulischer Misserfolge erlebt wurden (Hartenstein und Hinz 2014, S. 127). Bemerkenswert ist zudem die hohe Wertschätzung der Gespräche mit den Stationsbediensteten, zu denen ein Vertrauensverhältnis bestand (Rang 2) wie auch zu Stationsbediensteten allgemein (Rang 4). Dies wird als Hinweis darauf bewertet, welche „entscheidende Rolle Stationsbedienstete im Haftleben der Inhaftierten erfüllen“ (ebd.). Ebenso werden Gespräche mit Sozialarbeitern (Rang 3) und der Suchtberatung (Rang 6) als besonders hilfreich eingeschätzt, vermutlich deshalb, weil beide einerseits kooperativ-akzeptierend arbeiten, andererseits für die Inhaftierten relevante Themen bearbeiten (ebd.).

4.4.4 Effekte vollzuglicher Maßnahmen

Hinsichtlich qualitativer Wirkungen der Haft ergab sich bei der Prä-Post-Befragung von 205 jungen Inhaftierten des hessischen Jugendvollzuges („Marburger Teilprojekt“; Issmer et al. 2015) zu Haftende u. a. eine größere allgemeine Selbstwirksamkeitsüberzeugung als zum Anfang der Haft, ebenso eine Abnahme der Neigung zu risikoreichem Verhalten, jedoch eine nur marginale Abnahme der Reizbarkeit. Ebenso wurden eine stärkere Verantwortungsübernahme gegenüber den eigenen Straftaten sowie eine Abnahme der Neutralisierungstendenzen berichtet (ebd., S. 350 f.). Die Motivation zum Ausstieg aus der delinquenten Karriere stieg nach Einschätzung des Sozialen Dienstes an, auch wenn immer noch etwa 50 % als gefährdet angesehen werden, Kontakte zu den alten delinquenten Peers fortzusetzen. Eine tatsächliche Distanzierung von diesen war während der Haft nicht eindeutig erkennbar und scheint deutlich schwieriger zu sein als die mentale Distanzierung (ebd.). Zudem wurde von einer positiven Entwicklung von Leistungsmotivation und Durchhaltevermögen sowohl in der Selbstwahrnehmung als auch der Fremdeinschätzung berichtet. Ein beständigeres Freizeitverhalten mit mehr Eigeninitiative als zu Anfang der Haft wurde durch den Sozialdienst beobachtet wie auch eine deutlich kritischere Bewertung des Konsums von Drogen (ebd., S. 353). So konnten zumindest „viele wünschenswerte Veränderungen im Verlauf der Haft festgestellt werden“ (ebd., S. 354, zu den differenziellen Wirkungen, ebd., S. 355 ff.). Stelly und Thomas (2015a, S. 693) verweisen zwar darauf, dass „Belege für die positive Wirkung von Behandlungsmaßnahmen im Jugendvollzug weitgehend [fehlen]“. Auch scheint allein die naheliegende Intensivierung von Förder- und insbesondere Bildungsangeboten nicht Erfolg versprechend zu sein (Ostendorf 2016a, S. 110). Dennoch sind dies keine Belege einer grundsätzlichen Unwirksamkeit vollzuglicher Förderangebote, sondern eher Anfragen an ihre konzeptionelle Fundierung insbesondere hinsichtlich der Zeit nach der Haftentlassung, die individuelle Passung, methodisch-didaktische Umsetzung, Verzahnung und Abgleich mit weiteren vollzuglichen Maßnahmen, Orientierung an schriftlich fixierten Konzepten und Zieldefinitionen, methodisch geleiteter Zugangssteuerung, anerkannten und anschlussfähigen Verfahrensweisen, risiko- und bedarfsorientierter Umsetzung sowie teilnehmerbezogener Ergebnisdokumentation (dazu Wirth 2014, Folie 34).

4.4.5 Vollzugliche Nebenwirkungen am Beispiel der Gewaltproblematik

Neben den Rückfalluntersuchungen liegen weitere Evaluationen für Rahmenbedingungen, einzelne Bereiche und Prozesse der Förderung vor. Dass der Jugendstrafvollzug ein nicht unproblematischer Ort zur Umsetzung dieses Ziels ist, verdeutlichte schon der Hinweis des Verfassungsgerichtes, wonach gesetzliche Vorkehrungen dafür getroffen werden müssen, dass „innerhalb der Anstalten einerseits Kontakte, die dem positiven sozialen Lernen dienen können, aufgebaut und nicht unnötig beschränkt werden, andererseits die Gefangenen vor wechselseitigen Übergriffen geschützt sind“ (BVerfG 2006). So ist die Gewaltthematik im Jugendvollzug in verschiedener Hinsicht präsent: Aufseiten der Inhaftierten durch ihre Täterschaft (mehr als 2/3 wurden wegen Gewaltdelikten zu einer Jugendstrafe verurteilt); in der Form des Jugendstrafvollzugs als (legitime) öffentliche Gewalt; als (legitime) Gewalt, welche die Bediensteten gegenüber den jungen Inhaftierten ausüben, die über die rechtmäßige Anwendung von „unmittelbarem Zwang“ hinausgeht. Hinzu kommt die Gewalt, die von (jungen) Inhaftierten an Bediensteten ausgeübt wird, z. B. tätliche Angriffe sowie schließlich die Gewalt junger Inhaftierter untereinander (unmittelbare Gewalt wie Körperverletzung, Raub/„Abzocke“, Erpressung sowie sexuelle Übergriffe). Neben den direkten finden sich vielfältige indirekte Formen, z. B. Nötigung, Beleidigung und Bedrohung mit der möglichen Folge der Meidung bestimmter Orte oder Aktivitäten (Stelly und Thomas 2015a, S. 28). Die Verbreitung der Gewalt im Strafvollzug, insbesondere derjenigen unter den Inhaftierten, wurde mehrfach untersucht. Suhling und Rabold (2013, S. 72) kommen aufgrund ihrer kritischen Sichtung einschlägiger Studien im Hell- und Dunkelfeld zur Feststellung, dass Gewalt (unter den Inhaftierten) besonders im Jugendvollzug „ein recht verbreitetes Phänomen zu sein scheint. Es dominieren eher leichtere Formen der Gewalt, was zum einen an dem hohen Ausmaß indirekter, verbaler und psychischer Gewaltformen deutlich wird, zum anderen an den (zumindest körperlich) weniger schwerwiegenden Tatfolgen". So waren in der Studie von Häufle et al. (2013) nur 5 % der befragten männlichen Inhaftierten dreier Jugendanstalten in NRW und Thüringen weder als Täter noch als Opfer mit Gewaltphänomen konfrontiert. Andererseits veränderte sich z. B. im baden-württembergischen Jugendvollzug die Zahl schwerwiegender Vorfälle unter den Inhaftierten nur wenig (Stelly und Thomas 2015b, S. 33). In der Summe bislang vorliegender empirischer Daten wie auch theoretischer Annäherungen an diese Phänomene überrascht es nicht, wenn es bezüglich des spezifischen Klientels von Haftanstalten unter Bedingungen von Deprivation, Versagung, Begrenzung und (Autonomie-)Kontrolle zu gewaltförmigen Auseinandersetzungen während der Haftzeit kommt, bei jungen Menschen insbesondere zu psychischen, verbalen und indirekten Aggressionsformen. Gewalt ist „strukturgebend für die soziale Ordnung des Gefängnisses und die Deprivationen, verbunden mit den schmerz- und konflikthaften Erfahrungen des Freiheitsentzugs, fördern Gewalt", so eine Schlussfolgerung Neubers (2015, S. 251) aus einer qualitativen Längsschnittstudie zur Lebenssituation junger Männer in Haft. Dem Gestaltungsgrundsatz der Gegenwirkung entsprechend werden einerseits individuelle Maßnahmen zur Gewaltreduktion vorgeschlagen (Verbesserung der Selbstkontrolle und Empathiefähigkeit), andererseits die Schaffung und Erhaltung von gewaltreduzierenden Haftbedingungen (fairer und respektvoller Umgang der Bediensteten mit den Inhaftierten, Erhöhung der Entdeckungswahrscheinlichkeit, hohe Interventionsbereitschaft anstatt „Wegschauen" sowie administrative Maßnahmen, z. B. zur Steuerung von Gefangenenbewegungen, Suhling und Rabold 2013, S. 74). Auffälligem Rückzugsverhalten junger Gefangener sollte stets nachgegangen werden, da dies als Hinweis auf Viktimisierung durch andere Gefangene gedeutet werden kann (Boxberg und Bögelein 2015, S. 246).

Wenige Erkenntnisse liegen zum Gewaltverhalten junger Inhaftierter gegenüber Bediensteten vor. Zumindest scheint es häufiger als zu vollendeten Gewalttaten zur Androhung von Gewalt und zu Beleidigungen gegen Bedienstete zu kommen, wobei letztere realiter viel häufiger vorkommen dürften, da diese z. B. bei Rundgängen der Nachtschicht aus der Anonymität der Hafthäuser kommen und nicht individuell zugeordnet werden können (Stelly und Thomas 2015b, S. 28 f.).

Aufgrund der bei den Bediensteten liegenden Definitionsmacht sowie falsch verstandener Solidarität gegenüber KollegInnen bei der Rekonstruktion zweifelhafter Vorgänge ist gewaltförmiges Verhalten Bediensteter gegenüber Inhaftierten im Jugendstrafvollzug noch schwieriger zu erfassen. Dazu vorliegende internationale Untersuchungen helfen wenig weiter, da die jeweiligen Vollzugsbedingungen mit den deutschen kaum vergleichbar sind (ebd., S. 29 f.).

Hinsichtlich gewaltbezogener interventiver und präventiver Maßnahmen halten Stelly und Thomas (2015b, S. 34 f.) für Baden-Württemberg fest, dass solche Angebote dort bereitgestellt werden, jedoch „reintegrationsfördernde Effekte bei Wirkungsuntersuchungen von ‚weicheren' Verhaltenstrainings im Vollzug ... bislang nicht erbracht werden konnten". Die Bedingungen erfolgreicher Umsetzung empirisch belegter wirksamer Maßnahmen seien im Jugendstrafvollzug meist nicht gegeben. So finde die gebotene Differenzierung nach Gewalttätertypen aus Ressourcen- und Organisationsgründen nur ansatzweise statt (Teilnehmerauswahl z. B. nach Zugehörigkeit zu einem Hafthaus). Gelingensbedingungen erfolgreicher Programme wie ein positives institutionelles Klima, die Neutralisierung ungünstiger Netzwerke („Subkulturen") sowie die Einbeziehung des sozialen Umfeldes (PartnerInnen) seien zudem im Vollzug nur bedingt gegeben (ebd., S. 35) und stellen zukünftige vollzugliche Gestaltungsaufgaben dar.

4.4.6 Nachvollzugliche Bewährungsphase

Im Hinblick auf die eigentliche Bewährungsphase jugendvollzuglicher (Re-) Integrationsbemühungen aufschlussreich sind die Erkenntnisse aus der Evaluation des Kölner RESI-Projektes, die zwar nicht repräsentativ sind, aber dafür auf explorativer Basis gute Einblicke in die Lebenslagen junger Haftentlassener und den erforderlichen Nachsorgebedarf ermöglichen. Das Projekt fokussierte die frühzeitige beziehungssichernde und -erhaltende Intensivbetreuung von 24 im Jugendstrafvollzug befindlichen 14- bis 17-Jährigen männlichen und weiblichen StraftäterInnen, deren strafrechtliche Karrieren unterbrochen bzw. beendet sind und ein Höchstmaß an Unterstützung bei ihrer sozialen Integration geleistet werden sollte (Plewig und Kohlschmidt 2012, S. 4). Es entstand aus der Erkenntnis heraus, „dass es für Jugendliche, die inhaftiert sind und nun vor der Entlassung stehen, ein Übergangsmanagement für die Zeit der Entlassung und den Übergang in die Freiheit geben muss, wenn die gesellschaftliche und soziale (Re-)Integration nach der Haft gelingen soll" (ebd., S. 7). Über den Ansatz des Case Managements erfolgte eine „frühzeitige, durchgängige und beziehungsintensive Begleitung und Steuerung der Einzelfälle" (ebd., S. 8), welche die

Ressourcen der Anbieter von Integrationsleistungen in der Region Köln so bündelte und wirksam machte, dass eine Effektivitäts- und Effizienzsteigerung im Hilfesystem erreicht wurde. Die zweite Befragung der Jugendlichen ergab einen deutlichen Unterstützungsbedarf zur Bearbeitung vorhandener und auch neu hinzukommender Schwierigkeiten über einen längeren Zeitraum hinweg, naheliegend angesichts der durch zahlreiche Brüche gekennzeichneten Biografien der Jugendlichen/Heranwachsenden (u. a. Flucht aus dem Herkunftsland, Trennung der Eltern, Gewalterfahrungen in der Familie), ihres Entwicklungsstandes, der altersbedingt krisenanfällig ist, sowie veränderte Anforderungen im Hinblick auf sich verändernde Lebensverhältnisse (z. B. Arbeitslosigkeit, Geburt eines Kindes; ebd., S. 61). Bezüglich der Legalbewährung wurden nach Abfragen beim BZR von den 23 identifizierbaren aktuellen und ehemaligen Projektteilnehmern 17 Personen im Zeitraum von 2009 bzw. 2010 bis zum August 2012 strafrechtlich nicht mehr registriert (ebd., S. 59). Ein deutlicher Nachsorgebedarf zeigte sich auch bei der Längsschnittstudie von Müller (2015), welche auf der Basis von drei Befragungswellen bei einer Stichprobe von zunächst 238 TeilnehmerInnen die Lebenssituation kurz vor der Haftentlassung bis zu einem Jahr nach Entlassung untersuchte. Drei Monate nach der Haftentlassung befanden sich 50 % der Jugendlichen in „viel versprechenden" Arrangements wie Tätigkeiten auf dem ersten Arbeitsmarkt und in regulären Bildungswegen. Dem standen immerhin auch 23,5 % Arbeitslose gegenüber (ebd., S. 256). Allerdings war der erreichte Status nicht stabil, wie auch insgesamt „vor allem Instabilität die ersten zwölf Monate nach Haftentlassung kennzeichnet" (Abbruch begonnener wie fortgesetzter Ausbildungen, Beendigung von Probezeiten, Wechsel von „festen" Tätigkeiten in „verschiedene Jobs" oder Arbeitslosigkeit; ebd. 258; zur Situation nach Haftentlassung auch Hessisches Ministerium der Justiz, für Integration und Europa 2012, S. 6 ff.). Gleichzeitig wird für die ersten drei Monate nach Haftentlassung eine hohe Suchmotivation und Offenheit für Beratung festgestellt, welche dann allerdings langsam absinken. Bemerkenswert ist zudem, dass bei den in Arbeit befindlichen Jugendlichen zwei Drittel angaben, die Stelle allein gefunden zu haben. Jobcenter und Agentur für Arbeit wurden nur zu 8 % genannt, SozialarbeiterInnen der JVA zu 5,4 %, PartnerIn zu 8,1 % und Eltern zu 5,4 % (Müller 2015, S. 259). Empfohlen werden hier über die ersten drei Monate nach Haftentlassung hinausgehende Unterstützungsangebote zur Stabilisierung der Lebenslagen der jungen Menschen. Auf der Basis einer Erhebung über 143 weibliche Inhaftierte des sächsischen Jugendstrafvollzugs (Jugendabteilung der JVA Chemnitz) zeigten sich in der Einschätzung des Sozialdienstes erhebliche Fördernotwendigkeiten im Bereich der schulischen wie beruflichen Bildung, zu 80 % auch Bedarfe hinsichtlich der Schulden- und Suchtberatung wie auch bezüglich der Unabdingbarkeit eines strukturierten Übergangsmanagements und sozialpädagogischen Betreuung der Jugendlichen und Heranwachsenden über die Haftzeit hinaus (Hinz et al. 2016, S. 381 f.; ebenso Ostendorf 2016a, S. 110).

Auch unter der in der letzten Zeit viel diskutierten Radikalisierungsperspektive gewinnt eine professionelle Nachsorge an Bedeutung. Die Radikalisierungsgefahr wird weniger für die Haftzeit als vielmehr für die Zeit nach der Entlassung gesehen, sofern junge Haftentlassene ohne gefühlte oder erlebte Perspektive und soziale Einbindung „leichte Beute" für Hassprediger werden, und sie in einer entsprechend ideologisierten Gruppe Ansehen genießen sowie Zugehörigkeit erfahren können (Stelly und Bartsch 2017, S. 74).

Aktuell wurden als besondere Herausforderungen des deutschen Jugendstrafvollzugs auf der Jahrestagung 2017 der deutschen Jugendanstaltsleiterinnen und -leiter sowie Besonderen Vollstreckungsleiterinnen und -leiter in Köln die Themen „Radikalisierung", „Umgang mit Muslimen" und der „Umgang mit besonders schwierigen Gefangenen" benannt. Die schon erwähnte hohe Zahl psychisch auffälliger junger Inhaftierter führte bei einigen Anstalten schon zur Einrichtung psychiatrischer Abteilungen. Für hier unbedingt erforderlich gehalten werden Supervision und Coaching von Bediensteten, um angemessen mit den sich daraus ergebenden Belastungen umgehen zu können. Hervorgehoben wurden zudem die positiven Auswirkungen der Einstellung dreier Islamwissenschaftler in den Justizvollzuganstalten des Landes NRW (Protokoll…. 2017, S. 1 f.; zur Frage inhaftierter junger Muslime, auch Stelly und Bartsch 2017).

Die gerade in den Jugendanstalten der alten Bundesländer vorhandene ethnische Vielfalt sowie die sich aus der Flüchtlingsthematik entwickelnden Herausforderungen markieren angesichts mangelnder sprachlicher Verständigungsmöglichkeiten, unterschiedlichster Religionszugehörigkeiten und ritueller Bedürfnisse weitere erzieherische Herausforderungen (Forum Strafvollzug 2.2017 zum Schwerpunktthema „Fremde Kulturen in Haft").

4.4.7 Jugendstrafvollzug in freien Formen

Schließlich ist noch über Daten zur Form des „Jugendstrafvollzugs in freien Formen" zu berichten. U. a. in Baden-Württemberg werden in zwei Einrichtungen der Jugendhilfe („Seehaus" in Leonberg und „Projekt Chance Creglingen-Frauental") Plätze für jeweils 15 männliche junge Inhaftierte dieser Haftform vorgehalten. Besondere bauliche Sicherungen weisen beide Einrichtungen nicht auf. Die jungen Inhaftierten durchlaufen ein auf dem Stufenprinzip basierendes Trainingsprogramm, welches ihnen zunehmend mehr Freiheiten und Partizipationsmöglichkeiten bietet. Prosoziales Lernen wie auch eine „positive Gruppenkultur" sind wesentliche Bestandteile des Förderprogramms. Schulische und berufliche Qualifizierungsangebote, handwerklich-praktische Arbeiten, Sport und Freizeitangebote sind ebenso wesentliche Programmbestandteile wie eine integrierte Nachbetreuung (Stelly und Thomas 2015b, S. 42). Bis Ende 2013 durchliefen 288 junge Menschen diese Haftform, von denen 170 bis zur Entlassung in diesen beiden Einrichtungen verblieben (=59 %). Zu beachten sind allerdings diesbezüglich erhebliche Unterschiede zwischen beiden Einrichtungen (Creglingen: Haltequote bei etwa 80 %, Seehaus deutlich darunter, ebd.). 118 junge Inhaftierte wurden vorzeitig zurückverlegt (disziplinarische Gründe; eigener Rückverlegungswunsch; unerlaubtes Entfernen aus der Einrichtung; formale Gründe). Möglicherweise hängen hohe Abbruchquoten mit der konzeptionellen Gestaltung beider Einrichtungen zusammen (enges Regelwerk, Beurteilungssystem, religiöse Beeinflussung). Bedeutsame Vorkommnisse bzw. Sicherheitsgefährdungen der Anwohner waren nicht zu verzeichnen. Als Vorteil dieser Vollzugsform wird die Einräumung von deutlich mehr Freiheiten und Mitgestaltungsmöglichkeiten, die geringere Dominanz des Sicherheits- und Ordnungsgedankens, die Ermöglichung tragfähiger Beziehungen, der geringere subkulturelle Einfluss sowie die insgesamt deutlich reduzierte Diskrepanz zwischen dem Leben in der Einrichtung und dem Alltag in Freiheit entsprechend dem Angleichungsgrundsatz gesehen (ebd., S. 44; auch Biendl 2005, S. 112 ff.). Die Analyse der Rückfallraten aller 88 Absolventen des Vollzugs in freien Formen, die zwischen März 2004 und Januar 2010 entlassen wurden, für den dreijährigen Risikozeitraum, basierend auf den Daten des BZR, zeigen allerdings, dass die aus dem Vollzug in freien Formen Entlassenen hinsichtlich ihrer Legalbewährung nur geringfügig vom geschlossenen Regelvollzug unterscheiden (zu den Zahlen siehe Stelly und Thomas 2015b, S. 46). Auch wenn es sich hier um eine Positivauswahl handelt, sind aufgrund der Selektionskriterien beispielsweise das niedrige Alter und die Überrepräsentation mittlerer Strafzeiten als rückfallbegünstigende Faktoren zu berücksichtigen (ebd.).

4.5 Grenzen der Wirkungsforschung

Die Grenzen der Wirkungserforschung sind bekannt: Es handelt sich nicht um kausale Wirkzusammenhänge, sondern um mithilfe der Methoden der empirischen Sozialforschung gewonnene Wahrscheinlichkeitsaussagen. Eine regelmäßige, unter Berücksichtigung empirisch messbarer Leistungsstandards und Ergebnisindikatoren durchgeführte Erfolgskontrolle klingt vielversprechend, scheint jedoch angesichts der Klientel und ihrer Bedürfnisse nur schwer in Gänze umzusetzen. Zudem ist nach wie vor die Frage nach einer entsprechenden theoretischen Fundierung der vollzuglichen Förderbemühungen zu stellen. Gerade diejenigen Ansätze, die Kriminalität in Verbindung bringen mit individuellen, biologischen, psychischen und/oder sozialen Auffälligkeiten und Störungen und damit auf die spezifische Gruppe der registrierten und meist mehrfach inhaftierten StraftäterInnen bezogen sind, blenden Wesentliches ihrer sozialen Lage und Lebensbedingungen aus: „die kompensatorischen Verarbeitungsweisen und Überlebenstechniken der Betroffenen, die Realität der Anstalt als einer zumeist totalen Institution und die soziale Situation außerhalb, in die der Behandelte entlassen wird" (Bung und Feest 2012, S. 14). Es stellt sich nicht die Frage des Verzichts auf individuelle und individualisierende Förderung inhaftierter Menschen, ebenso wenig die Frage des Verzichts auf entsprechende Wirkungsuntersuchungen. Offen ist jedoch, inwieweit solche Förderung möglicherweise anders als bisher zu organisieren und zu implementieren ist. Die große Herausforderung der Förderung und ihrer Wirkungserforschung besteht letztlich darin, herauszufinden, welche Möglichkeiten und Grenzen sich unter den Bedingungen letztlich nicht auflösbarer vollzuglicher Widersprüche und Dilemmata herausarbeiten lassen: der „Isolierung Schuldiger" aus ihren sozialen Lebenskontexten, aus denen sie kommen und in die sie nach Haftentlassung wahrscheinlich wieder zurückkehren, der Freiwilligkeit des (sozialen) Lernens, die unter Bedingungen der Unfreiheit kaum feststellbar erscheint und kaum durchzuhalten ist, der Gleichzeitigkeit von Hilfe- und Kontrollauftrag, welche beim Personal strukturell und regelmäßig zu Rollenkonflikten führen (ebd., S. 16). Schließlich, und nicht zuletzt, ist die Frage zu stellen, ob und wie die „durchgängig auf Effizienz, Erforschung/Enthüllung, Sicherheit/Kontrolle und Wirtschaftlichkeit gerichteten Sprach- und Handlungsstile mit ihrem Generalverdacht gegen die Komplexität menschlichen Handelns und menschlicher Beziehungen zusammenhängen. Wirken sie – eher ungewollt als gewollt – daran mit, die Qualitäten eines eingliederungstauglichen Vollzuges zu mindern, während sie glauben, ihn mit Mitteln von Wissenschaft, Praxis und Verwaltung zu fördern?" (Rehn und van den Boogaart 2012, S. 919).

Ob nun der Jugendstrafvollzug bezüglich seiner Wirkung letztlich für die meisten Jugendgefangenen „nur eine zeitweilige Sicherung der Gesellschaft" (Ostendorf 2016a, S. 108) bedeutet und damit sein Befähigungsziel verfehlt, ist zum gegenwärtigen Stand der Forschung schwer zu beurteilen. In jedem Fall ist Wolfgang Wirths (2014) Hinweis auf das Erfordernis einer realistischen und damit begrenzten Wirkungserwartung an den Vollzug zuzustimmen.

5 Jugendarrest und Jugendstrafvollzug als „lernende Organisationen“?

Die Evaluation von Wirkungen und Nebenwirkungen des Strafvollzugs ist eng verbunden mit der Frage, ob und in welcher Richtung das vollzugliche Förderangebot sowohl hinsichtlich seiner Inhalte, der personellen und methodischen Umsetzung sowie seiner Integration in die späteren Lebenswelten der inhaftierten Menschen weiter entwickelt, zielführender gestaltet und in eine „Komplexleistung“ (Maelicke 2013, S. 176) Reintegration integriert werden kann. Das damit angesprochene Thema einer zielführenden Organisationsentwicklung (OE) ist für den Strafvollzug kein unbekanntes Forschungsgebiet. Als Teilgebiet angewandter Sozial- und Erziehungswissenschaft war dies schon in den 1980er Jahren Thema einschlägiger Diskurse der Fachöffentlichkeit. Seitens der Justizbehörden standen vor allem betriebswirtschaftlich relevante Aspekte der OE im Mittelpunkt (Krischak 2014, S. 65). OE soll „einer Organisation, ihren einzelnen Bestandteilen, den Zugang zu einem gemeinsamen Selbstbewusstsein ermöglichen und bei gleichzeitiger Effizienzsteigerung das subjektiv empfundene Wohlbefinden eines jeden Mitarbeiters innerhalb der Organisation fördern“ (ebd.). Auch das der OE zuzuordnende Denkmodell der „Lernenden Organisation“ wurde ursprünglich im Bereich von Wirtschaftsunternehmen entwickelt und diente der kontinuierlichen Anpassung der Angebote und der Organisations- und Produktionsabläufe an die Bedürfnisse des Marktes. Als „organisationales Lernen“ wird Lernen definiert, welches durch zustandsgebundene (Lern-)Prozesse in und von Organisationen Wissen entwickelte, das die Verhaltensmöglichkeiten der Organisation vergrößerte (Wiegand 1996, S. 15). Die „lernende Organisation“ beschreibt einen Zustand, der mit veränderten, meist verbesserten organisationalen Wissens- und Fähigkeitsbeständen einhergeht (dazu Bormann 2000, S. 1). Lernen wird jedoch nicht als reine Wissensaneignung verstanden, sondern beinhaltet das Nachdenken über den Ist-Zustand, das Erkennen von Verbesserungspotenzialen und die Realisierung zielführender Veränderungsstrategien. Irreführend ist die Bezeichnung insofern, als dass nicht „die Organisation“ an sich lernt, sondern die Menschen innerhalb dieser Organisation. Das Lernen von Organisationen ist nicht denk- und realisierbar ohne das Lernen und die Entwicklungs- und Reflexionsbereitschaft des Personals und der Leitung. Allerdings setzt organisationales Lernen nicht nur individuelles oder kollektives Lernen voraus, sondern es basiert auf der Entwicklung und Verabschiedung gemeinsam geteilter Überzeugungen und Ziele der Mitarbeiterschaft.

Die zunächst eher programmatische Vorstellung der lernenden Vollzugseinrichtung beinhaltet einige Prämissen, die auf ihre Geltung im vollzuglichen

Kontext zu prüfen sind. Zum einen ist zu fragen, was denn jeden Tag in einer Arrest- oder Hafteinrichtung aufseiten des Personals und der Arrestierten/Inhaftierten tatsächlich und funktional gelernt wird. Zum anderen ist zu prüfen, ob es bzgl. der bestmöglichen Förderung der Inhaftierten seitens des Personals überhaupt Motive zur proaktiven Lernförderung gibt und wie diese erkannt und bedient werden können. Erst dann kann untersucht werden, inwiefern Jugendstraf- und Jugendarrestanstalten eine Infrastruktur des Lernens schaffen können, welche Personal und Leitung zum bewussten und gemeinsamen Nachdenken über ihr Selbstkonzept und ihr Handeln im Sinne der Vollzugsziele ermuntert und ermutigt.

Ist Lernen in einer totalen Institution, in einem höchst reglementierten, abgeschotteten Setting wie dem Strafvollzug oder Arrest überhaupt denk- und machbar? Faktisch gelernt wird in der Struktur bzw. Organisation „Jugendarrest" und „Jugendstrafvollzug" täglich und auf allen Ebenen. Die Inhaftierten lernen durch das tägliche Zusammensein mit Mitinhaftierten, aber auch durch MitarbeiterInnen und den Kontakt mit der Außenwelt. Anstaltsleitungen lernen durch täglichen Meinungs- und Erfahrungsaustausch mit ihren Teams, durch die Wirkungen ihrer Entscheidungen, durch Rückmeldungen ihrer Mitarbeiterschaft, durch ministerielle Erlasse und Verfügungen, durch die Teilnahme an Tagungen und Fortbildungen und ggf. auch durch eigene Veröffentlichungs- und Vortragstätigkeit. Die Bediensteten lernen durch den täglichen Umgang mit ihrer Klientel, durch die Zusammenarbeit mit KollegInnen aus den Vollzugs-, Verwaltungs- und Fachdiensten, die Teilnahme an Fachtagungen, ggf. auch durch die Lektüre von Fachpublikationen. Zu fragen ist jedoch, in welche Richtungen dieses alltägliche Lernen weist, ob es die erzieherisch engagierten MitarbeiterInnen ermutigt oder eher enttäuscht, ob opportune Anpassung an die einrichtungsinternen Strukturen die Folge ist oder ob die materiellen Rahmenbedingungen die Motivation zur Förderung der arrestierten und inhaftierten Menschen und erzieherisch zielführenden Erfindungsreichtum befördern.

Es ist zu fragen, ob überhaupt eine intrinsische Motivation bei der Mitarbeiterschaft dazu vorhanden ist, solches Lernen hilfreicher Inhalte, Methoden und Verfahrensweisen passiv durch Teilnahme an entsprechenden Fortbildungen oder aktiv durch Erproben des neu Erlernten in der Praxis zu erfahren. Herzog (2013) spricht das grundsätzliche Führungsproblem der Motivierung oder Animation der Mitarbeiterschaft an: „Entsprechend ihrer Einstellungsmotivation warten sie in der Regel auf ihre Beförderung bzw. eine höhere Gehaltsgruppe. Interessante und abwechslungsreiche Tätigkeiten können nur eine Minderheit motivieren, insbesondere wenn sie mit materiellen Vorteilen verbunden sind" (ebd., S. 157). Geht es um das „Lernen ermöglichen" als Hauptaufgabe von Jugendarrest und

Jugendvollzug, stellt sich daher die Frage, ob dies auch von den Einrichtungsleitungen hinsichtlich ihrer Mitarbeiterschaft genehmigt, aktiv unterstützt und befördert wird. Sind die Führungskräfte selbst „lernende Führungspersönlichkeit[en]“ (Argyris und Schön 2006, S. 195) und Initiatoren des Lernens, investieren sie in das Lernen der Mitarbeiterschaft in strategischer Absicht, indem sie Lernimpulse und Anreize setzen und offen signalisieren, dass sie ihrem Personal Entwicklungsfähigkeit zutrauen[12]? Auf welchen Wegen wird der Zugang zu weiterbildenden Angeboten für alle MitarbeiterInnen sichergestellt? Wie kommuniziert die Anstaltsleitung die Bedeutung, die sie dem Weiterlernen ihres Personals beimisst? Werden Fort- und Weiterbildung als Teil der Arbeitszeit oder im Bereich der Freizeit verortet und erfolgt die Finanzierung durch den Dienstherrn oder durch die Lernenden selbst? Derartige Fragen der Genehmigungspraxis befördern oder behindern das Motiv zum Weiterlernen.

Zudem sind Arrest und Vollzug wesentlich durch hierarchisch-asymmetrische Arbeitsbeziehungen der Bediensteten gekennzeichnet, die kaum oder gar nicht hinterfragt werden. Diese formalen Rollen- und Befugnisstrukturen suggerieren Beherrschbarkeit und Kontrollierbarkeit und fördern nicht in jedem Fall Eigensinn, Motivation und besonderes zielführendes Engagement. Während lernende Organisationen insbesondere durch flache Organisationsstrukturen gekennzeichnet sind, die es allen Mitarbeitern ermöglichen, neue Ideen in die Organisation einzubringen, ist die zahlenmäßig größte Mitarbeitergruppe, nämlich die Bediensteten des AVD, in der Hierarchie des Anstaltspersonals am niedrigsten angesiedelt (Schott 2002, S. 35), und in ihrer Dienstausübung wesentlich Fremdbestimmung mit wenigen Entscheidungsspielräumen ausgesetzt.

Der Vollzug steht zudem immer unter dem Druck, „besondere Vorkommnisse“ um jeden Preis zu vermeiden, jedes noch so normal erscheinende Lernangebot außerhalb der klassischen Bahnen als zusätzliches Sicherheitsrisiko und Belastung der schon ohnehin überlasteten Bediensteten wahrzunehmen und im Zweifel abzulehnen. So sind Reibungsverluste bzw. Zielkonflikte im Rahmen der Förderung und Behandlung der Gefangenen regelmäßig vorprogrammiert. Daher ist ebenso zu fragen, ob es sich für den einzelnen Bediensteten in irgendeiner Hinsicht überhaupt „lohnt“, für die eigene Berufstätigkeit mehr zu lernen als unbedingt zur Aufrechterhaltung von Sicherheit und Ordnung notwendig.

---

[12]Weiterführend zum Wandel von Führung im Kontext organisationalen Lernens: Naumann (2010, S. 183 ff.).

An dieser Stelle sei ein wenig Zurückhaltung gegenüber dem Transfer von Innovations- und Change-Management-Konzepten der Wirtschaft auf öffentliche Dienstleistungsunternehmen erlaubt. Kaum ein Bereich ist so vielfältig und diffus wie der Jugendvollzug. Entsprechend schwierig gestaltet sich die Orientierung an dem Kriterium „Wirkung", obwohl evidenzbasierte Vollzugsgestaltung und -steuerung immer stärker eingefordert wird (Suhling 2012, S. 101 ff.). Als Wirkungsziel wird zumeist die Legalbewährung der jungen Menschen betrachtet. Darüber hinaus wird im Sinne der Reintegration zunehmend auch die Sozialbewährung berücksichtigt (hierzu z. B. Boxberg 2018).

Kühl (2015, S. 47) verweist darauf, dass es in weniger komplexen Organisationen durchaus gelingen kann, „die Mitarbeitenden derart auf ein gemeinsam erarbeitetes Ziel einzuschwören, dass ein rational geplantes und gesteuertes Veränderungsprojekt erfolgreich realisiert werden kann." So gehen auch die meisten Ansätze und Methoden des Change Managements von präzise definierten Verfahren, genauen Planungen sowie festgelegten Reaktionsweisen aus. Hier wird angenommen, dass „Manager die Zukunft der Organisation durch Pläne und Konzepte bestimmen können" (ebd.). Andererseits gibt es in der Fachdiskussion zunehmend Zweifel an der Beherrschbarkeit und Prognosefähigkeit systeminterner Vorgänge. So wertvoll Anleihen aus dem Controlling auch sein mögen, Einrichtungen wie der Strafvollzug funktionieren nach anderen Regeln als ein Wirtschaftsbetrieb; Lernen und Persönlichkeitsentwicklung junger Menschen unterliegen anderen Prämissen als technologische Abläufe. Eine reine Outcomeorientierung, d. h. ein Abgleich der Ergebnisse mit den Zielen des Strafvollzugs, kann die tatsächliche tägliche Arbeit, die im Vollzug geleistet wird, nicht abschließend erfassen. Die Vorstellung, dass in einer Rechnung von Input, Income, Output, Outcome und Effizienz das Wichtigste – der Mensch, mit seinen Wünschen, Bedürfnissen und ganz eigenen Zukunftsvorstellungen – vergessen werden könnte, bereitet Sorgen. So wird eine Abkehr von der Sicht auf von Organisationen als „triviale Maschinen", die nach dem Input-Output-Modell funktionieren, gefordert (ebd.).

Als größte „Gefahr" für Veränderungsprozesse wird immer der Risikofaktor „Mensch" gesehen: „Letztlich führt die ‚fehlende Perfektion' des Menschen dazu, dass Veränderungsprozesse nicht so gestaltet werden können, wie sie ursprünglich geplant waren…Man erwartet in Organisationen Verbesserungen, wenn bestimmte Personen gut zusammenarbeiten, bestimmte Sachen stärker anstreben und sich intensiver dafür einsetzen" (ebd., S. 49). Dass die Leitideen und Prinzipien des Konzeptes der „lernenden Organisation" selbst mit Fehlern behaftet sein könnten, wird in der Regel nicht weiter thematisiert. Die angesprochenen Veränderungsprozesse stürzen Organisationen in andauernde Dilemmata: klare

Ziele und Visionen für Veränderungsprozesse beinhalten als Nebenwirkungen mangelnde Zielflexibilität bei veränderten Umfeldbedingungen. Die Identifikation der Mitarbeiter mit ihren „Produkten“ hat Einbußen an Wandlungsfähigkeit zur Folge, weil Prozesse durch diese Identifikationen verfestigt werden. Die Fokussierung auf den Menschen als Träger der Veränderungen führt zur Überlastung mit Ansprüchen der verschiedenen Organisationsmitglieder. Die Zentrierung auf den Faktor „Kommunikation“ führt zur Überfrachtung sprachlichen Austausches. Zudem beinhaltet die geforderte Selbstorganisation die Orientierung an Strukturen, die eigentlich überwunden werden sollen. Auch kann ursprünglich erfolgreiches Lernen entlang einer gerade modischen Organisationsphilosophie mittelfristig ehemals innovative Strukturen fixieren und erneut notwendig werdende Anpassungsprozesse behindern (ebd., S. 50).

6 Perspektiven

An dieser Stelle können nach den vorausgegangenen Überlegungen nur einige Denkanstöße skizziert werden, welche sich auf den Teilaspekt der Ermutigung, Unterstützung und Weiterentwicklung des pädagogischen Handelns in einer lernenden Organisation sowie eines diesbezüglichen Weiterlernens der MitarbeiterInnen beziehen.

1. ist eindringlich danach zu fragen, worum es in der Diskussion um Vollzugseinrichtungen als lernende Organisationen eigentlich gehen soll. Sind Kosteneinsparungen das oberste Ziel, geht es um den Abbau von Personalstellen oder steht die bestmögliche Förderung der jungen Arrestierten und Inhaftierten samt zugehöriger zielführender pädagogischer Handlungsweisen im Mittelpunkt der Überlegungen (Walter 2007).
2. ist grundsätzlich zu fragen, ob, inwieweit und mit welcher Zielsetzung Managementtheorien und -ansätze aus der Wirtschaft mit all ihren oben skizzierten Implikationen und auch Grenzen auf den öffentlichen Dienstleistungssektor und insbesondere auf Bildungs- und Lerneinrichtungen wie den Arrest und Hafteinrichtungen übertragen werden können.
3. wäre zu klären, wie mit dem immanenten Zielantagonismus zwischen Lernförderung und den Vorgaben von Sicherheit und Ordnung künftig umgegangen werden soll, um die erzieherischen Handlungsmöglichkeiten im Gefolge der Gestaltungsgrundsätze zu erweitern.
4. werden Justizvollzugseinrichtungen zu weit überwiegenden Anteilen von beamteten MitarbeiterInnen wie auch von Angestellten des Öffentlichen

Dienstes gestaltet. Solche Arbeitsverhältnisse bieten den einzelnen MitarbeiterInnen eine gewisse Sicherheit der Beschäftigung und Entlohnung. Gleichzeitig ist für die Mehrheit der Bediensteten die Aussicht auf Beförderungsmöglichkeiten als eher begrenzt anzusehen. Zudem spielen bekannte betriebswirtschaftliche Gründe für die Notwendigkeit von (Weiter-)Entwicklung einer Organisation wie Wettbewerbsdruck oder Effizienzsteigerung (Lembke 2004, S. 37) im Gefängniskontext kaum eine Rolle. Andere Veränderungsmotive wie eine Hinwendung zu den Bedürfnissen der Klientel oder eine generelle Experimentierneigung des Personals stehen der „Ruhe im Bau" fast konträr entgegen. Hier stellt sich tatsächlich auch die schon angeklungene Frage, ob und inwieweit es sich denn überhaupt „lohnt", in zusätzliche Lernzeiten zu investieren bzw. an Veränderungs- und Verbesserungsprozessen mitzuwirken, wenn dieses Engagement letztlich mehr Arbeit zur Folge hat, ohne dass sich der Mehraufwand materiell auszahlt (dazu auch Herzog 2013). Wie also kann ein internes Ermutigungs- und Unterstützungssystem zur Förderung von Engagement und Fortbildung implementiert und vor allem nachhaltig umgesetzt werden?

5. wären auf der Ebene der konkreten Einrichtungen regelmäßige Praxisbegleitung und -beratung für alle Bediensteten zu ermöglichen, um nahe an diesen MitarbeiterInnen den Prozess des Nachdenkens und eine „Kultur des Lernens" (Schlüter 2007, S. 44) (weiter) zu entwickeln, die sich auch für alle Beteiligten der jeweiligen Einrichtung „lohnt" (ebd.).
6. fällt Lernen leichter in der Atmosphäre einer gelungenen Mischung von Freundlichkeit, Entspanntheit, Aufmerksamkeit, Wohlwollen und Humor. Die Herstellung und Aufrechterhaltung eines solchen Lernklimas, auch innerhalb der Mitarbeiterschaft selbst, gehört ebenso zur pädagogischen Professionalität wie ein zugewandtes, freundliches und optimistisches Auftreten des Personals gegenüber den Arrestierten bzw. Inhaftierten[13]. Auch die letztgenannten Bedingungen sind wesentliche Merkmale einer dem Lernen und der Innovation zugewandten Organisation.
7. „Erkennen lässt sich eine lernende Organisation auch an dem Umgang der KollegInnen miteinander" (Schlüter 2007, S. 46 f.). Die zu schaffende Voraussetzung einer lernenden Organisation ist daher eine kommunikative Infrastruktur,

[13]Zum „idealen" Bediensteten im Jugendstrafvollzug aus der Sicht der Inhaftierten: Fehrmann (2013); zur Bedeutung eines freundlichen, unterstützenden Klimas aus der Perspektive der Sozialtherapie z. B. van den Boogaart (2014); zur gewaltreduzierenden Wirkung z. B. Baier und Bergmann (2013, S. 81 f.).

die beständig gepflegt werden muss, sofern der Anspruch besteht, das eigene (pädagogische) Handeln zu hinterfragen und auf die Lernbedarfe und -bedürfnisse der arrestierten und inhaftierten jungen Menschen einzustellen. Schlüter (2007) verweist auf die Bedeutung offener, kommunikativer, kooperativer und konstruktiver formeller sowie informeller Kommunikation und auf ein „gemeinsames Problemlösen ... und nicht ein Verschieben von Problemen auf andere Stellen oder Personen“ (ebd.).

8. Sofern in Teams z. B. im Rahmen von Wohngruppen gearbeitet wird, sind regelmäßige Teamfortbildungen und -findungsmaßnahmen essenziell für die Schaffung und Erhaltung einer guten Teamstruktur und eines förderlichen Arbeitsklimas. Diese Teamaktivitäten müssen auch im Dienstplan langfristig eingeplant werden.
9. Gerade der AVD muss in der Personalstärke ausreichend aufgestellt sein, um auch bei Ausfällen und Erkrankungen nicht nur die Routinearbeiten zu gewährleisten, sondern sich auch mehr Zeit für Gespräche oder Freizeitaktivitäten mit den Arrestierten bzw. Inhaftierten nehmen zu können.
10. Die Einrichtungsleitung muss sich die Zeit nehmen, engen, auch persönlichen Kontakt zum AVD wie auch zu den Fachdiensten zu halten, das Team durch Beteiligung in die Verantwortung zu nehmen wie auch den Beteiligten gegenüber Wertschätzung zu zeigen. Dies wiederum hängt eng mit den jeweiligen Führungsstrukturen und -kulturen der Einrichtungen zusammen, über deren Begleitung gesondert nachzudenken wäre.
11. Im Hinblick auf die völlig zutreffende Feststellung Maelickes (2013, S. 176), dass die „zweite Halbzeit entscheidend“ ist, die Phase nach der Haftentlassung, erscheint es notwendig, im Hinblick auf die Anreicherung personeller wie institutioneller Lernprozesse auch mit außervollzuglichen Einrichtungen mit vergleichbarer Klientel zu kooperieren und deren Erfahrungsbestände bezüglich affiner Problemlagen zu nutzen (z. B. stationäre Jugendhilfe, U-Haft-Vermeidung, Vollzug in freien Formen, Jugendpsychiatrie). Schließlich birgt auch die Zusammenarbeit mit einschlägigen universitären und fachhochschulischen Instituten die Möglichkeit der Erfahrungsreflexion und das gemeinsame Besprechen von Forschungsergebnissen und Handlungsperspektiven für die förderliche Ausgestaltung der stationären Lernumgebungen. Zudem wäre eine wissenschaftliche Begleitung auf Augenhöhe möglich, z. B. durch Befragungen der Bediensteten zu Arbeitszufriedenheit, subjektivem Belastungserleben, (wahrgenommenen und vorstellbaren) Partizipationsmöglichkeiten sowie zu Ideen für ein verbessertes Arbeitsklima. Dies jedoch macht nur Sinn, wenn es geschieht im Verbund mit einer ebenso optimierten

ambulanten Reintegrationsbegleitung nach der Haft und einer gelingenden Bewältigung des Alltags in der schwierigen Freiheit.

12. Schließlich ist zu fragen, in welche Richtungen die einschlägige Forschung sich bewegen soll. Sicher greifen die strafvollzugsrechtlichen Bestimmungen zu kurz, wenn sie auf die Bedeutung allein kriminologischer Forschung abheben. Gerade für die Erziehungswissenschaften und insbesondere die Schulpädagogik ist der Jugendstrafvollzug, in dessen Zentrum die Ermöglichung von zielbezogenen Lernprozessen unter allerdings erschwerten Bedingungen steht, ein genuines, bislang von diesen Bezugswissenschaften wenig erschlossenes Forschungsfeld. Zum zweiten bedarf es in theoretisch-hermeneutisch-programmatischer Hinsicht noch weiterer datengestützter Analysen und konzeptioneller Weiterentwicklungen hinsichtlich eines gemeinsamen pädagogischen Verständnisses der alltäglichen und je in spezifischen Settings stattfindenden Förderung der jungen Menschen über alle Fachdienste und den AVD hinweg. Zu fragen ist ebenso, welche empirisch im schulischen Bereich bestätigten lernförderlichen Rahmenbedingungen wie z. B. Einrichtungsklima, Lernarrangements, Variablen der Mitarbeiterpersönlichkeit und Personalführung (z. B. Helmke 2015) sich im Jugendstrafvollzug umsetzen lassen und welche Voraussetzungen dazu geschaffen werden müssen. Konzeptionell wären die künftigen Entwicklungsressourcen eines Selbstverständnisses des Jugendstrafvollzuges als einer Lerneinrichtung, einer „Guten Schule" (Walkenhorst 2005) in ihren praktischen Umsetzungsmöglichkeiten weiter auszuloten wie auch empirisch in ihren Wirkungen zu überprüfen. Hinsichtlich der Nachsorge und Nachbegleitung wären u. a. Konzepte zu entwickeln und empirisch zu überprüfen, welche einen tragfähigen Ansatz einer auch personalen bzw. institutionellen, auf freiwilliger Basis beruhenden Begleitungskontinuität jenseits einseitig auf die „Management"-Dimension sich beziehender Übergangsgestaltung bieten (dazu auch die Careleaver-Diskussion im Bereich der Jugendhilfe, z. B. Thomas 2015).

Letztlich lebt die vollzugliche Arbeit als Bildungs- und Erziehungsarbeit von der Hoffnung und dem Zutrauen in die Fähigkeiten des Menschen und damit aller Beteiligten, sich weiter und positiv entwickeln zu können. Allerdings ist der Strafvollzug zweifellos ein Ort, welcher auf den ersten Blick wenig Anlass zu einem optimistischen Menschenbild gibt. Die Schaffung und Aufrechterhaltung der hier skizzierten Lern- und Fördergelegenheiten macht jedoch Sinn, wenn das Personal von der Sinnhaftigkeit seines Tuns überzeugt ist. Der Dienstherr sollte im Hinblick auf eine möglichst Erfolg versprechende Umsetzung des Vollzugsziels alles Erdenkliche leisten, um eine positive Berufsmotivation zu bestärken und um solche Lernansätze zur Verbesserung des professionellen (pädagogischen) Handelns in den jeweiligen Einrichtungen zu erproben.

Schließlich sei der Hinweis erlaubt, dass die Suche nach immer ausgefeilteren Möglichkeiten, Menschen, und damit auch jungen StraftäterInnen, zu ihrem Besten zu beeinflussen, sich mit der Bedeutung der Freiheit des Menschen und des Scheiterns als Teil seiner Freiheit auseinandersetzen muss: „Diese Freiheit des andern Menschen anzuerkennen bedeutet aber zugleich auch den Wagnischarakter der Erziehung bejahen; denn darin ist grundsätzlich die Möglichkeit gegeben, daß [sic!] aus dieser Freiheit des andern Menschen ein Verhalten entspringt, das sich ablehnend gegen meinen Erziehungsversuch wendet und diesen zunichte macht. Das ist etwas ganz anderes als die mangelnde Eignung des Materials, also die fehlende Bildsamkeit; es ist auch etwas anderes als der von außen kommende Zufall: Es ist die aktive Auflehnung des andern Willens gegen den des Erziehers. Und diese Möglichkeit muß [sic!] ich mit einbeziehen, wenn ich überhaupt den andern Menschen in seiner Freiheit anerkennen will, die ja immer zugleich eine Freiheit zum Bösen (oder zu dem, was mir von meiner erzieherischen Zielsetzung her als böse erscheint) ist.... Der Versuch aber, den dadurch bedingten Wagnischarakter zu beseitigen und so die Gefahr des Scheiterns zu vermeiden, degradiert notwendig den andern Menschen zum bloßen Material meiner Bearbeitung, verletzt also die Würde dieses andern Menschen und damit zugleich die Würde der Erziehung selbst“ (Bollnow 1958, S. 338). Hierzu eine pädagogische Grundhaltung zu entwickeln, die jenseits disziplinarischer Maßnahmen konstruktiv mit dieser Freiheit der Verweigerung, des Nicht-Mitwirkens und selbst der Destruktion umgeht, ist eine sicher noch zu leistende Aufgabenstellung nicht nur des Jugendarrests und -vollzugs (dazu u. a. Hohnstein und Greuel 2017).

Literatur

Argyris, C., & Schön, D. A. (2006). *Die lernende Organisation. Grundlagen, Methode, Praxis*. Stuttgart: Klett-Cotta.

Baier, D., & Bergmann, M.-C. (2013). Gewalt im Strafvollzug – Ergebnisse einer Befragung in fünf Bundesländern. *Forum Strafvollzug, 62*(2), 76–83.

Baier, D., Pfeiffer, C., Simonson, J., & Rabold, S. (2009). Jugendliche in Deutschland als Opfer und Täter von Gewalt. Erster Forschungsbericht zum gemeinsamen Forschungsprojekt des Bundesministeriums des Innern und des KFN. http://www.kfn.de/versions/kfn/assets/fb107.pdf. Zugegriffen: 6. Okt. 2013.

Beer, J. (2014). Schulische und berufliche Voraussetzungen von weiblichen Jugendstrafgefangenen im Kontext der Bildungsangebote in deutschen Justizvollzugsanstalten. *Forum Strafvollzug, 63*(6), 358–363.

Biendl, C. (2005). *Jugendstrafvollzug in freier Form – am Beispiel des „Projekt Chance"*. Konstanz: Hartung-Gorre.

Bieschke, V. (2014). Evaluation der Sozialtherapeutischen Abteilung in der Jugendanstalt Neustrelitz. *Forum Strafvollzug, 63*(4), 232–237.

Bihs, A. (2013). Grundlegung, Bestandsaufnahme und pädagogische Weiterentwicklung des Jugendarrests in Deutschland unter besonderer Berücksichtigung des Jugendarrestvollzuges in Nordrhein-Westfalen. Inauguraldissertation zur Erlangung des Doktorgrades der Humanwissenschaftlichen Fakultät der Universität zu Köln.

Bollnow, O. F. (1958). Wagnis und Scheitern in der Erziehung. *Pädagogische Arbeitsblätter zur Fortbildung für Lehre und Erzieher, 10*(8), 337–349.

Boogaart, H. van den (2014). Ein gutes Klima ist nicht alles – ohne gutes Klima ist alles nichts. *Forum Strafvollzug, 63*(4), 224–227.

Bormann, I. (2000). Schule als lernende Organisation – Kann eine veränderte Lehrerbildung Schule verändern? In Sowi-onlinejournal 0/2000. Bielefeld. http://www.sowi-online.de/sites/default/files/bormann.pdf. Zugegriffen: 7. Febr. 2017.

Boxberg, V. (2018). *Entwicklungsintervention Jugendstrafe: Lebenskonstellationen und Re-Integration von Jugendstrafgefangenen*. Wiesbaden: Springer.

Boxberg, V., & Bögelein, N. (2015). Junge Inhaftierte als Täter und Opfer von Gewalt – Subkulturelle Bedingungsfaktoren. *Zeitschrift für Jugendkriminalrecht und Jugendhilfe, 26*(3), 241–247.

Brezinka, W. (1990). *Grundbegriffe der Erziehungswissenschaft. Analyse, Kritik, Vorschläge* (5. Aufl.). München: Reinhardt.

Bung, J., & Feest, J. (2012). Zweiter Abschnitt: Vollzug der Freiheitsstrafe – Erster Titel: Grundsätze. In J. Feest & W. Lesting (Hrsg.), StVollzG – Strafvollzugsgesetz. Kommentar (6. Aufl., S. 10–41). Köln: Carl Heymanns.

BVerfG. (2006). Entscheidung vom 31.05.2006. *BVerfGE, 116,* 69 ff.

Cullen, F. T., Jonson, C. L., & Nagin, D. S. (2011). Prisons do not reduce recidivism: The high cost of ignoring science. *The Prison Journal, Supplement to, 91*(3), 48S–65S. https://doi.org/10.1177/0032885511415224.

Der Justizvollzugsbeauftragte des Landes Nordrhein-Westfalen. (2016). Tätigkeitsbericht des Justizvollzugsbeauftragten des Landes Nordrhein-Westfalen 2015. Köln. http://www.dbh-online.de/stvollzg/TB2015.pdf. Zugegriffen: 4. Aug. 2017.

Deutsches Jugendinstitut, Arbeitsstelle Kinder- und Jugendkriminalitätsprävention (DJI). (2017). Jugendarrest in Deutschland. München. https://www.dji.de/fileadmin/user_upload/jugendkriminalitaet/Jugendarrest_in_Deutschland.pdf. Zugegriffen: 4. Aug. 2017.

Diemer, H., Schatz, H., & Sonnen, B.-R. (2015). *Jugendgerichtsgesetz mit Jugendstrafvollzugsgesetzen. Kommentar,* 7., neu bearbeitete Aufl. Heidelberg: Müller.

Dörlemann, M. (2001). *Möglichkeiten einer Reduktion der Untersuchungshaft im Jugendstrafverfahren: Eine qualitative Untersuchung zur Praxis der Untersuchungshaft im Landgerichtsbezirk Köln*. Köln, Univ., Diss.

Dörpinghaus, A., & Uphoff, I. K. (2015). *Grundbegriffe der Pädagogik* (4. Aufl.). Darmstadt: Wissenschaftliche Buchgesellschaft.

Dünkel, F., & Geng, B. (2012). Die Entwicklung des Jugendstrafvollzugs in Deutschland nach dem Urteil des BVerfG von 2006 – Befunde einer empirischen Erhebung bei den Jugendstrafanstalten. *Bewährungshilfe, 59*(2), 115–133.

Dünkel, F., Geng, B., Pruin, I., & Wense, M. von der (2016). Entwicklungsdaten zur Belegung, Öffnung und Lockerungspraxis im Jugendstrafvollzug. *Recht der Jugend und des Bildungswesens, 64*(4), 437–456.

Eberitzsch, S. (2013). Jugendhilfe und Strafjustiz. Die Abwendung von Untersuchungshaft für Jugendliche im Fokus der Jugendhilfeforschung – Eine empirische Analyse in Nordrhein-Westfalen. TU Dortmund. https://eldorado.tu-dortmund.de/bitstream/2003/30571/1/Dissertation.pdf. Zugegriffen: 4. Aug. 2017.

Egg, R. (2014). Wird der Jugendstrafvollzug dem Erziehungsziel gerecht? *Forum Strafvollzug, 63*(1), 48–52.

Eisenhardt, T. (1977). *Die Wirkungen der kurzen Haft auf Jugendliche*. Frankfurt a. M.: Fachbuchhandlung für Psychologie.

Etzler, S. (2016). *Sozialtherapie im Strafvollzug 2016 – Ergebnisübersicht zur Stichtagserhebung zum 31.03.2016*. Wiesbaden: Eigenverlag Kriminologische Zentralstelle e. V.

Fehrmann, S. E. (2013). Der "ideale" Bedienstete im Jugendstrafvollzug. *Forum Strafvollzug, 62*(6), 378–387.

Fend, H. (2005). *Entwicklungspsychologie des Jugendalters* (3. Aufl.). Wiesbaden: VS-Verlag.

Forum Strafvollzug. (2017). Fremde Kulturen in Haft – schaffen wir das? (Ausgabe 2/2017). Wiesbaden: Gesellschaft für Fortbildung der Strafvollzugsbediensteten e.V.

Fricke, L. (2009). Haftalltag und Resozialisierung. Wie wird das Vollzugsziel in Interaktionen des Alltags erfahrbar? *Krim. Journal, 41*(3), 220–232.

Galuske, M., & Böhle, A. (2009). „Am Anfang habe ich gedacht, ich will mich nicht verändern." Entwicklungsverläufe der Klienten vor, während und nach dem Trainingscamp im Spiegel der Einrichtungsakten, der Auszüge aus dem Bundeszentral- und Erziehungsregister und erster Befunde der qualitativ-begleitenden Befragungen. Kassel. https://www.uni-kassel.de/fb01/fileadmin/datas/fb01/Institut_fuer_Sozialwesen/SozP%C3%A4d/Zwischenbericht_Gesamtfassung_download_Version.pdf. Zugegriffen: 7. Febr. 2017.

Geißler, E. (1982). *Erziehungsmittel* (6. durchges. Aufl.). Bad Heilbrunn: Klinkhardt.

Giesecke, H. (2015). *Pädagogik als Beruf,* (12. überarb. Aufl.). Weinheim: Juventa.

Goerdeler, J. (2013). Neuer Entwurf für ein Jugendarrestvollzugsgesetz in Schleswig-Holstein. *Forum Strafvollzug, 62*(4), 231–238.

Goerdeler, J. (2016). § 12: Datenschutz und kriminologische Forschung. In H. Ostendorf (Hrsg.), *Jugendstrafvollzugsrecht. kommentierende Darstellung der einzelnen Jugendstrafvollzugsgesetze* (3. Aufl., S. 636–697). Baden-Baden: Nomos.

Hartenstein, S., & Hinz, S. (2014). Evaluation des Jugendstrafvollzugs in Sachsen. *Forum Strafvollzug, 63*(2), 124–127.

Häufle, J., Schmidt, H., & Neubacher, F. (2013). Gewaltopfer im Jugendstrafvollzug. Zu Viktimisierungs- und Tätererfahrungen junger Strafgefangener. *Bewährungshilfe, 60*(1), 20–38.

Helmke, A. (2015). *Unterrichtsqualität und Lehrerprofessionalität. Diagnose, Evaluation und Verbesserung des Unterrichts*. Seelze: Klett-Kallmeyer.

Herzog, J. (2013). Die schwierige Rolle der Führungskräfte im Allgemeinen Vollzugsdienst. *Forum Strafvollzug, 62*(3), 154–158.

Hessisches Ministerium der Justiz, für Integration und Europa. (2012). Evaluation – „Vorbereitung der Entlassung von Strafgefangenen – Übergangsmanagement" – Schwerpunkt: Vorbereitung der Entlassung in den sozialen Empfangsraum von Gefangenen mit besonderem Hilfebedarf nach der Haft als Dienstleistung der Freien Straffälligenhilfe. Wiesbaden.

Hinz, S., Meischner-Al Mousawi, M., & Hartenstein, S. (2016). Problemlagen und Behandlungsbedarfe weiblicher Jugendstrafgefangener. *Zeitschrift für Jugendkriminalrecht und Jugendhilfe, 27*(4), 376–383.

Hohnstein, S., & Greuel, F. (2017). Freiwilligkeit muss man ja erst herstellen". Distanzierungsarbeit im Spannungsfeld zwischen Freiwilligkeit und Zwang. *Zeitschrift für Jugendkriminalrecht und Jugendhilfe, 28*(2), 158–164.

Issmer, C., Stellmacher, J., & Wagner, U. (2015). Teil II: Bericht des Marburger Teilprojekts zur Evaluierung des Hessischen Jugendstrafvollzugs. Pre-Post- und Follow-up-Analyse der Inhaftierungskohorte April 2009 bis Mai 2010. In H.-J. Kerner, M. Coester, A. Eikens, K. Stelzel, U. Wagner, C. Issmer, & J. Stellmacher (Hrsg.), *Evaluierung des hessischen Jugendstrafvollzugs – Ergebnisse des Forschungsprojekts zum Entlassungsjahrgang Januar bis Dezember 2009 und zur Inhaftierungskohorte April 2009 – Mai 2010* (S. 257–528). Tübingen: Eigen Verlag.

Jehle, J.-M., Albrecht, H.-J., Hohmann-Fricke, S., Tetal, C. (2016). *Legalbewährung nach strafrechtlichen Sanktionen. Eine bundesweite Rückfalluntersuchung 2010 bis 2013 und 2004 bis 2013.* Hrsg. vom Bundesministerium der Justiz. Mönchengladbach: Forum Verlag Godesberg.

Jünschke, K. (2011). Exklusion durch Strafvollzug. In J. Puschke (Hrsg.), *Strafvollzug in Deutschland. Strukturelle Defizite, Reformbedarf und Alternativen* (S. 63–74). Berlin: BWV.

Kerner, H.-J. (2008). Jugendkriminalität zwischen Gelegenheitstaten und krimineller Karriere – Eine Bestandsaufnahme zu Bedarf, Möglichkeiten und Grenzen von Sanktionierung, Behandlung und Förderung. In DVJJ (Hrsg.), *Fördern, Fordern, Fallenlassen* (S. 31–53). Mönchengladbach: Forum-Verlag.

Kerner, H.-J., Stellmacher, J., Coester, M., & Wagner, U. (2011). Systematische Rückfalluntersuchung im Hessischen Jugendstrafvollzug. Wiesbaden: Eigenverlag.

Kerner, H.-J., Coester, M., Eikens, A., Stelzel, K., Wagner, U., Issmer, C., & Stellmacher, J. (2015). Evaluierung des hessischen Jugendstrafvollzugs – Ergebnisse des Forschungsprojekts zum Entlassungsjahrgang Januar bis Dezember 2009 und zur Inhaftierungskohorte April 2009 bis Mai 2010. Tübingen: Eigenverlag.

Köhler, D. (2004). *Psychische Störungen bei jungen Straftätern.* Hamburg: Kovac.

Köttgen, C. (2007). *Ausgegrenzt und mittendrin. Jugendliche zwischen Erziehung, Therapie und Strafe.* Frankfurt a. M.: Internationale Gesellschaft für erzieherische Hilfen.

Krischak, M. (2014). *Schulische Bildungsangebote im geschlossenen Erwachsenenstrafvollzug. Ein vergleichender Diskurs über die vollzugsinternen Bildungsmaßnahmen in Nordrhein -Westfalen und den Niederlanden.* Dortmund (Dissertation TU Dortmund, FB 12).

Kühl, S. (2015). Entzauberung der lernenden Organisation. Warum die Hoffnung auf die „guten" Regeln des Wandels weitgehend vergeblich ist. *OrganisationsEntwicklung, 1,* 44–51.

Kury, H., Brandenstein, M., & Yoshida, T. (2009). Kriminologische Vergleichsanalyse. Kriminalpräventive Wirksamkeit härterer Sanktionen – Zur neuen Punitivität im Ausland (USA, Finnland und Japan). *ZStW, 121*(1), 190–238.

Landtag Rheinland-Pfalz. (Hrsg.). (2013). *Unterrichtung durch die Landesregierung. Evaluation des Jugendstrafvollzugs in Rheinland-Pfalz.* Bericht gemäß § 97 Abs. 1 Landesjugendstrafvollzugsgesetz (Kriminologischer Dienst 2012). 16. Wahlperiode.

Laubenthal, K. (2012). Untersuchungshaft bei Jugendlichen: Rechtliche und tatsächliche Defizite. In E. Hilgendorf & R. Rengier (Hrsg.), *Festschrift für Wolfgang Heinz zum 70. Geburtstag* (S. 440–452). Baden-Baden: Nomos.

Lembke, G. (2004). *Die Lernende Organisation als Grundlage einer entwicklungsfähigen Unternehmung*. Marburg: Tectum.

Maelicke, B. (2013). Die Zweite Halbzeit ist entscheidend. *Forum Strafvollzug, 62*(3), 176–177.

Maelicke, B., & Wein, C. (2016). Rückmeldung Länderumfrage „Komplexleistung Resozialisierung" (Materialsammlung; Stand 28.07.2016). Lüneburg. http://www.reso-infoportal.de/media/dateien/Materialsammlung_Komplexleistung_Resozialisierung_gesamt_20160728.pdf. Zugegriffen: 20. Juli 2017.

Maruna, S., & Toch, H. (2005). The impact of imprisonment on the desistance process. In J. Travis & C. Visher (Hrsg.). *Prisoner reentry and crime in America* (S. 139–178). New York: Cambridge University Press.

Matt, E. (2015). Jugendkriminalität – Ursachen und Spezifika. In M. Schweder (Hrsg.), *Handbuch Jugendstrafvollzug* (S. 68–86). Weinheim: Juventa.

Matt, E. (2016). Vollzugsöffnende Maßnahmen und Vernetzung. In G. Koop & B. Kappenberg (Hrsg.), *Weichen gestellt für den Justizvollzug? Herausforderungen und Strategien* (S. 192–198). Wiesbaden: Gesellschaft für Fortbildung der Strafvollzugsbediensteten e. V.

Müller, S. (2001). *Erziehen – Helfen – Strafen. Das Spannungsverhältnis von Hilfe und Kontrolle in der Sozialen Arbeit*. München: Juventa.

Müller, M. (2015). Wege nach der Haft. Ergebnisse einer Längsschnittbefragung junger Inhaftierter kurz vor der Haftentlassung und bis zu einem Jahr nach der Haft. *Zeitschrift für Jugendkriminalrecht und Jugendhilfe, 26*(3), 254–260.

Naumann, V. (2010). Zum Wandel von Führung im Kontext organisationalen Lernens. In C. Heidsiek & J. Petersen (Hrsg.), *Organisationslernen im 21. Jahrhundert* (S. 183–193). Frankfurt a. M.: Lang.

Neuber, A. (2015). Gewalt im Jugendstrafvollzug – kollektive Deutungsmuster und subjektive Bedeutung. *ZJJ-Zeitschrift für Jugendkriminalrecht und Jugendhilfe, 26*(3), 248–252.

Nickolai, W. (2015). Dem Jugendstrafvollzug helfen auch die besten Projekte nicht. *Forum Strafvollzug, 64*(2), 100–101.

Obrist, C., & Werdenich, W. (2004). Drogentäter. In W. Pecher (Hrsg.), *Justizvollzugspsychologie in Schlüsselbegriffen* (S. 40–50). Stuttgart: Kohlhammer.

Oelkers, J. (2001). *Einführung in die Theorie der Erziehung*. Weinheim: Beltz.

Ostendorf, H. (2011). Grundsätze und Wegweiser in den neuen Untersuchungshaftvollzugsgesetzen. *Zeitschrift für Jugendkriminalrecht und Jugendhilfe, 22*(3), 251–258.

Ostendorf, H. (2016a). Vorbemerkung. In H. Ostendorf (Hrsg.), *Jugendstrafvollzugsrecht. Kommentierende Darstellung der einzelnen Jugendstrafvollzugsgesetze* (3. Aufl., S. 67–118). Baden-Baden: Nomos.

Ostendorf, H. (2016b). § 2: Vollzugsplanung. In H. Ostendorf (Hrsg.), *Jugendstrafvollzugsrecht. kommentierende Darstellung der einzelnen Jugendstrafvollzugsgesetze* (3. Aufl., S. 145–192). Baden-Baden: Nomos.

Plewig, H.-J., & Kohlschmidt, A. (2012). Projekt: Kölner Netzwerk „Resozialisierung und Soziale Integration" (RESI) – Endbericht der wissenschaftlichen Begleitung. Lüneburg.

Protokoll der Tagung der Jugendanstaltsleiterinnen und -anstaltsleiter sowie Besonderen Vollstreckungsleiterinnen und -leiter vom 24.04.2017 bis 28.04.2017 in der JVA Heinsberg (unveröff. Manuskript, im Text zit. als „Protokoll....2017").

Rehn, G., & Boogaart, H. van den (2012). Vierter Abschnitt: Vollzugsbehörden – Fünfter Titel: Kriminologische Forschung im Strafvollzug. In J. Feest & W. Lesting (Hrsg.), *StVollzG – Strafvollzugsgesetz. Kommentar* (6. Aufl., 914–922). Köln: Carl Heymanny.

Reker, M. (2012). Arbeit mit jungen Suchtgefährdeten im Übergang zwischen Haft, Nachsorge, Klinik. In DBH – Fachverband für Soziale Arbeit, Strafrecht und Kriminalpolitik e. V. (Hrsg.), *Übergangsmanagement für junge Menschen zwischen Strafvollzug und Nachbetreuung. Handbuch für die Praxis* (S. 232–239). Köln: DBH.

Schlüter, A. (2007). Die „Lernende Organisation" als mentales Modell für die Personal- und Organisationsentwicklung von Weiterbildungseinrichtungen. In K. Dollhausen & E. N. von Rein (Hrsg.), *Bildungseinrichtungen als „lernende Organisationen"? Befunde aus der Weiterbildung* (S. 41–55). Wiesbaden: Deutscher Universitäts-Verlag.

Schott, T. (2002). *Strafvollzugsrecht für SozialarbeiterInnen.* Baden-Baden: Nomos.

Schumann, K. F. (2014). Der Jugendarrest – (Zucht-)Mittel zu jedem Zweck? *Zeitschrift für Jugendkriminalrecht und Jugendhilfe, 25*(2), 142–148.

Statistisches Bundesamt. (2015). Justiz auf einen Blick. Ausgabe 2015. Wiesbaden.

Statistisches Bundesamt. (Hrsg.). (2016). Statistisches Jahrbuch, 11 Justiz. Wiesbaden.

Statistisches Bundesamt. (Hrsg.). (2017a). Rechtspflege. Bestand der Gefangenen und Verwahrten in den deutschen Justizvollzugsanstalten nach ihrer Unterbringung auf Haftplätzen des geschlossenen und offenen Vollzugs jeweils zu den Stichtagen 31. März, 31. August und 30. November eines Jahres. Stichtag 31. März 2017. Wiesbaden.

Statistisches Bundesamt. (Hrsg.). (2017b). Rechtspflege. Strafverfolgung 2015. Fachserie 10, Reihe 3, Wiesbaden.

Stelly, W. (2015). Jugendstrafvollzug in freien Formen. In M. Schweder (Hrsg.), *Handbuch Jugendstrafvollzug* (S. 755–766). Weinheim: Juventa.

Stelly, W., & Bartsch, T. (2017). Muslime im Jugendstrafvollzug – dargestellt am Beispiel der JVA Adelsheim. *Zeitschrift für Jugendkriminalrecht und Jugendhilfe, 28*(1), 68–74.

Stelly, W., & Thomas, J. (2012). Strukturevaluation des Jugendstrafvollzugs in Baden-Württemberg. *Bewährungshilfe, 59*(2), 134–147.

Stelly, W., & Thomas, J. (2015a). Vor der Haft ist nach der Haft? In M. Schweder (Hrsg.), *Handbuch Jugendstrafvollzug* (S. 693–706). Weinheim: Juventa.

Stelly, W., & Thomas, J. (2015b). Evaluation des Jugendstrafvollzugs in Baden-Württemberg – Bericht 2013/2014. Stand: Juni 2015. https://www.jura.uni-tuebingen.de/einrichtungen/ifk/homepages/stelly/veroeffentlichungen/evaluationsbericht-jugendstrafvollzug-2013-2014. Zugegriffen: 20. Juli 2017.

Stöver, H. (1999). Drogenkonsum und Infektionskrankheiten im Strafvollzug. Widersprüche, Versäumnisse und Perspektiven einer Strafvollzugspolitik. *Kriminologisches Journal, 31*(4), 271–288.

Suhling, S. (2012). Evaluation des Jugendstrafvollzugs: Begriffe und Konzepte. *Bewährungshilfe, 59*(2), 101–114.

Suhling, S. (2016). Wirksamkeit und Nachhaltigkeit des Strafvollzugs – was sie bedeuten und wie sie erreicht werden könnten. In G. Koop & B. Kappenberg (Hrsg.), *Weichen gestellt für den Justizvollzug? Herausforderungen und Strategien* (S. 146–163). Wiesbaden: Gesellschaft für Fortbildung der Strafvollzugsbediensteten e. V.

Suhling, S., & Rabold, S. (2013). Gewalt im Gefängnis – Normative, empirische und theoretische Grundlagen. *Forum Strafvollzug, 62*(2), 70–76.

Thomas, S. (2015). Erwachsenwerden als kritisches Ereignis. Erfahrungen von Care Leavern. *Zeitschrift für Jugendkriminalrecht und Jugendhilfe, 26*(3), 399–404.

Villmow, B., & Robertz, F. J. (2004) *Untersuchungshaftvermeidung bei Jugendlichen. Hamburger Konzepte und Erfahrungen*. Münster: Lit.

Villmow, B., Savinsky, A. L., & Woldmann, C. (2011). Praxis des Vollzugs der Jugenduntersuchungshaft – eine erste Bestandsaufnahme. *Zeitschrift für Jugendkriminalität und Jugendhilfe, 22*(3), 240–250.

Walkenhorst, P. (2005). Jugendstrafvollzug als „gute Schule"? Perspektiven eines neuen Anstaltsbildes und sein Niederschlag im Entwurf eines Jugendstrafvollzugsgesetzes. In Konferenz der Katholischen Seelsorge bei den Justizvollzugsanstalten in der Bundesrepublik Deutschland (Hrsg.), *Seelsorge im Strafvollzug. Materialien – Fortbildung – Erfahrungen* (Bd. 16, S. 83–114). Berlin.

Walkenhorst, P. (2010). Jugendstrafvollzug. *Aus Politik und Zeitgeschichte, 2010*(7), 22–28 (Beilage zur Wochenzeitung „Das Parlament", Hrsg. Bundeszentrale für Politische Bildung).

Walkenhorst, P. (2017). Der Jugendstrafvollzug als nachhaltiges pädagogisches Handlungsfeld. In M. Schweder (Hrsg.), *Jugendstrafvollzug – (k)ein Ort der Bildung?* (S. 33–49). Weinheim: Beltz Juventa.

Walter, J. (2007). Bedingungen bestmöglicher Förderung im Jugendstrafvollzug. In J. Goerdeler & P. Walkenhorst (Hrsg.), *Jugendstrafvollzug in Deutschland* (S. 184–221). Mönchengladbach: Forum-Verlag Godesberg.

Wiegand, M. (1996). *Prozesse organisationalen Lernens*. Wiesbaden: Gabler.

Wirth, W. (2013). Das Übergangsmanagement zur beruflichen (Re-)Integration von (ehemaligen) Gefangenen. Die Gemeinschaftsinitiative B5 und das Modellprojekt MACS in Nordrhein-Westfalen (Foliensatz). http://www.dbh-online.de/uebergm/Wirth_2.51-2013_07_09_Uebergm-Frankfurt-DEF.pdf. Zugegriffen: 20. Juli 2017.

Wirth, W. (2014). Der Jugendstrafvollzug in Nordrhein-Westfalen. Wissenschaftliche Evaluation und persönliche Einschätzungen. http://www.dvjj-nordrhein.uni-koeln.de/wp-content/uploads/2014/08/2014_07_14-WW-DVJJ-Gespr%C3%A4chsabend-Uni-K%C3%B6ln-Publikationsfassung.pdf. Zugegriffen: 29. Mai 2017.

Wirth, W. (2017). Steuerung und Erfolgskontrolle im Übergangsmanagement. In B. Maelicke & S. Suhling (Hrsg.), *Das Gefängnis auf dem Prüfstand* (S. 499–519). Heidelberg: Springer.

Wirth, W., & Lobitz, R. (2017). Wirkung? Wirkung! Was leistet das Gefängnis? In M. Schweder (Hrsg.), *Jugendstrafvollzug – (k)ein Ort für Bildung* (S. 174–191). Weinheim: Juventa.

Wulf, R. (2014). Entwicklung des Jugendstrafvollzugs in freien Formen. In D. R. Dieter & R. Wulf (Hrsg.), *Wahr.Haft.Leben. 10 Jahre Jugendstrafvollzug in freien Formen* (S. 11–26). Tübingen. https://publikationen.uni-tuebingen.de/xmlui/bitstream/handle/10900/51016/Band%2027_korrigierte%20Auflage.pdf?sequence=1&isAllowed=y. Zugegriffen: 20. Juli 2017.

Kurze Freiheitsstrafen und Ersatzfreiheitsstrafen als Herausforderung an den Strafvollzug – Möglichkeiten und Grenzen

Judith Treig und Ineke Pruin

1 Einleitung

Der Vollzug von kurzen Freiheitsstrafen und Ersatzfreiheitsstrafen (nachfolgend EFS) stellt den Strafvollzug vor eine Reihe von bisher weitestgehend ungelösten Fragestellungen. Zentral ist dabei der Aspekt, wie das durch die Verfassung vorgegebene[1] und durch die Strafvollzugsgesetze formulierte Ziel der Resozialisierung in Fällen von kurzen (Ersatz-)Freiheitsstrafen verfolgt werden kann.[2]

Durch das 1. Gesetz zur Reform des Strafrechts (1. StrRG) von 1969 wurde die Verhängung einer Freiheitsstrafe von unter 6 Monaten erstmals zur Ausnahme erklärt (vgl. § 47 StGB n. F.). Ziel der Reform war es, durch diese und andere Änderungen das Sanktionensystem so „modern" zu gestalten, dass es primär auf das Ziel der Resozialisierung und somit die Verhütung künftiger Straftaten ausgerichtet

[1]BVerfGE 35, 202, 235 f.

[2]Letztlich gilt diese Zielvorgabe für alle Gefangenen im Strafvollzug (hierzu auch Laubenthal 2015), unabhängig von der Länge und der ursprünglich verhängten Strafe.

J. Treig (✉) · I. Pruin
Bern, Schweiz
E-Mail: judith.treig@krim.unibe.ch

I. Pruin
E-Mail: ineke.pruin@krim.unibe.ch

B. Maelicke und S. Suhling (Hrsg.), *Das Gefängnis auf dem Prüfstand*,
Edition Forschung und Entwicklung in der Strafrechtspflege,
https://doi.org/10.1007/978-3-658-20147-0_14

werden konnte.[3] Der für die Reform zuständige Sonderausschuss hielt fest, dass im Rahmen eines Freiheitsstrafenvollzugs von unter 6 Monaten gezielte und erfolgreiche Resozialisierungsmaßnahmen aufgrund der kurzen Zeit nicht durchgeführt werden könnten.[4]

Eine völlige Zurückdrängung der kurzen Freiheitsstrafen ist durch die Reform nicht erreicht worden (vgl. zusammenfassend Heinz 2014 sowie Heinz 2016). Zusätzlich zu denjenigen Inhaftierten, die zu einer kurzen unbedingten Freiheitsstrafe verurteilt werden bzw. bei denen eine Straf(rest)aussetzung widerrufen wurde, gelangen über das Institut der Ersatzfreiheitsstrafe Menschen in den Vollzug, deren Geldstrafe aufgrund fehlender Zahlungen in eine, in der Regel, kurze Freiheitsstrafe umgewandelt wurde.[5]

Der vorliegende Beitrag gibt den Stand der Diskussion zum Vollzug von kurzen Freiheitsstrafen und Ersatzfreiheitsstrafen wieder. Nach einer Darstellung der jeweiligen rechtlichen Voraussetzungen für die Verhängung der kurzen (Ersatz-) Freiheitsstrafen wird auf deren Relevanz für die Vollzugspraxis eingegangen. Daran anschließend werden die Kritikpunkte an beiden Formen der kurzen Freiheitsstrafe dargestellt. Schwerpunktmäßig widmet sich dieser Beitrag der Frage, ob und wie die Strafvollzugsgesetze der Länder spezielle Vorschriften zum Vollzug der kurzen Freiheitsstrafe enthalten, durch die dem Resozialisierungsauftrag im Rahmen des Vollzugs von kurzen (Ersatz-) Freiheitsstrafen Geltung verliehen werden kann.

2 Rechtliche Voraussetzungen

2.1 Rechtliche Voraussetzungen der kurzen Freiheitsstrafe

In der Literatur ist bereits die Frage nach der Dauer einer „kurzen Freiheitsstrafe" umstritten (Villmow et al. 1993; Sohn 2004). Von 6 Monaten (Schaffmeister 1985; Weigend 1990; Schaeferdiek 1997; Wittstamm 1997) über 12- (Hall 1954) bis hin

[3] Erster Schriftlicher Bericht des Sonderausschusses für die Strafrechtsreform, BT-Drucks. V/4094.

[4] Erster Schriftlicher Bericht des Sonderausschusses für die Strafrechtsreform, BT-Drucks. V/4094; vgl. auch Beulke (2012) und für die Schweiz Besozzi und Kunz (2012).

[5] 563.375 der 2015 zu einer Geldstrafe (Hauptstrafe) mit bis zu 180 Tagessätzen Verurteilten machen 99,4 % der insgesamt zu einer Geldstrafe Verurteilten aus (vgl. Statistisches Bundesamt 2017a). Somit stellen fast alle Ersatzfreiheitsstrafen zugleich kurze Freiheitsstrafen im Sinne des § 47 StGB dar.

zu 24 Monaten (Sohn 2004) wird eine Vielzahl von verschiedenen Ansichten vertreten. Die amtliche Überschrift zu § 47 StGB definiert eine kurze Freiheitsstrafe als eine Freiheitsstrafe von unter sechs Monaten und auch das Jugendstrafrecht setzt mit der Mindestdauer von sechs Monaten bei der Verhängung einer Jugendstrafe eine entsprechende Grenze.[6] Dieser Definition wird im vorliegenden Beitrag für die rechtlichen Voraussetzungen gefolgt (so auch Schaffmeister 1985; Weigend 1990; Schäferdiek 1997; Wittstamm 1997).[7]

Die Freiheitsstrafe ist die Sanktion mit dem „tiefgreifendsten Zugriff auf den Verurteilten“ (Meier 2007, S. 973). Neben den im Vergleich zu ambulanten Sanktionen hohen Inhaftierungskosten und dem umfangreichen organisatorischen Aufwand (Meier 2007; Barkemeyer 2011; für die Schweiz Besozzi und Kunz 2012) ist die Freiheitsstrafe zugleich mit einer Vielzahl von negativen Effekten für den Verurteilten und seine Sozialisierung verbunden (von Heintschel-Heinegg 2017b; Streng 2013; Maier 2016; Meier 2007; für die Schweiz Besozzi und Kunz 2012). Dazu zählen nicht nur der Verlust eines bestehenden Arbeits- oder Ausbildungsplatzes, die mit einer Inhaftierung einhergehenden Prisonisierungseffekte und „vielfältigen Einschränkungen und Entbehrungen erheblicher Anpassungsleistung“ (Meier 2007) im Vollzug, sondern insbesondere der Verlust von sozialen Beziehungen bzw. die Herausforderung noch während des Vollzugs bestehende soziale Bindungen aufrechtzuerhalten (Meier 2007; vgl. ähnlich Geiter 2014).

Im Wissen hierum wurde mit Einführung des § 47 StGB die Verhängung von unbedingten Freiheitsstrafen von unter sechs Monaten zur *ultima ratio* erklärt und ihre Reduzierung gezielt gefördert (Kempfer und Rössner 2013; von Heintschel-Heinegg 2017b; Maier 2016; Beulke 2012).[8] Die strengen Voraussetzungen des § 47 StGB geben vor, dass die kurze Freiheitsstrafe durch das Gericht nur dann verhängt werden darf, wenn besondere Umstände, die in der Tat oder der Persönlichkeit des Täters liegen, die Verhängung einer Freiheitsstrafe zur Einwirkung auf den Täter oder zur Verteidigung der Rechtsordnung unerlässlich machen.

---

[6]Wittstamm (1997) stellt die verschiedenen Facetten und Ansichten im Rahmen der Diskussion dar.

[7]Im Rahmen strafvollzugsrechtlicher Diskussionen wird häufig eine andere Definition für die „kurze Freiheitsstrafe“ gewählt (z. B. Villmow et al. 1993).

[8]Wenngleich die Regelung des § 47 StGB überwiegend auf Akzeptanz gestoßen ist, so ist sie dennoch nicht unumstritten (Hillenbrand 2015).

Sie kann somit aus präventiven Gründen ausgesprochen werden, positiv-spezialpräventiv in Form der bessernden Einwirkung auf den Täter und negativ-spezialpräventiv durch Abschreckung, nicht jedoch zum Schutz der Allgemeinheit (Meier 2015). Für die besonderen *Tat*umstände wird verlangt, dass sie sich aufgrund bestimmter Tatsachen von den anderen Taten, etwa in Hinblick auf die Tatausführung oder –dauer, abheben. Besondere Umstände bezüglich der *Täter*persönlichkeit beziehen sich hingegen auf bestimmte Eigenschaften oder Verhältnisse, wie etwa die Vorstrafenbelastung (Maier 2016; Hillenbrand 2015). Nur wenn die Geldstrafe den spezial- oder generalpräventiven Strafzwecken nicht mehr genügt, ist die kurze Freiheitsstrafe unerlässlich (Maier 2016).

Der in der Praxis häufig formelhafte Verweis allein auf die Vorstrafenbelastung ist in diesem Sinne als unzureichend zu bewerten und zeigt eine Fokussierung auf Wiederholungstäter (Hillenbrand 2015; vgl. auch Stree und Kinzig 2014). Diese stellt sich in den meisten Fällen als eine Sanktionsspirale dar, die zumindest das Ziel, die künftige Straffreiheit des Inhaftierten zu befördern, nicht erkennbar verfolgt.[9]

Die Verhängung einer kurzen Freiheitsstrafe wird darüber hinaus aus positiv-generalpräventiven Aspekten als unerlässlich angesehen, wenn sie unter Hinzutreten der besonderen Umstände in Tat oder Täter zur Verteidigung der Rechtsordnung und zur Erhaltung der Rechtstreue der Bevölkerung zwingend geboten scheint (Meier 2015; Stree und Kinzig 2014).

Aus dem Zusammenhang mit § 56 Abs. 1 (i V m Abs. 3) StGB, der auch für Freiheitsstrafen von unter sechs Monaten die Aussetzung zur Bewährung vorsieht, ergibt sich eine weitere normative Selektion derjenigen, die eine kurze Freiheitsstrafe verbüßen: Durch die Formulierung „von mindestens sechs Monaten“ in Abs. 3 wird deutlich, dass einzige und damit auch „zureichende Voraussetzung“ für die Aussetzung der Freiheitsstrafe von unter sechs Monaten eine günstige Kriminalprognose ist, wenngleich die Verhängung der kurzen Freiheitsstrafe u. a. gerade auch auf der Verteidigung der Rechtsordnung beruhen kann (Groß 2016). Grund dafür, die Freiheitsstrafe trotz günstiger Prognose nicht auszusetzen, kann die Verteidigung der Rechtsordnung jedoch nach § 56 Abs. 3 StGB erst bei Freiheitsstrafen ab einschließlich sechs Monaten sein (Groß 2016).

[9]Meier (2015) setzt sich in diesem Zusammenhang auch mit den eine Sanktionseskalation begründenden strafzumessungstheoretischen Ansätzen auseinander. Zu hinterfragen ist wohl auch die gerichtliche Praxis bzgl. der Begründung der Unerlässlichkeit (Maier 2016); zu den Anforderungen Hillenbrand (2015).

2.2 Rechtliche Grundlagen der EFS

Die rechtlichen Voraussetzungen für die Verhängung einer EFS unterscheiden sich von denjenigen der kurzen Freiheitsstrafe. Die Besonderheit der EFS ist, dass es sich hierbei grundsätzlich um eine Geldstrafe und somit die mildeste der Hauptstrafen des StGB handelt, die sich bei Uneinbringlichkeit in eine Freiheitsstrafe wandelt. Sie beträgt im Mindestmaß einen Tag (von Heintschel-Heinegg 2017a; Albrecht 2013) und hat eine durchschnittliche Dauer von 30 Tagen (Albrecht 2013). Nach dem in § 43 S. 2 StGB festgelegten Umrechnungsmaßstab von 1:1 und der in § 40 Abs. 1 S. 2 und § 54 Abs. 2 S. 2 bestimmten Höchstgrenze der Geldstrafe kann die EFS höchstens 360 (Einzelstrafe) bzw. 720 (Gesamtstrafe) Tage dauern (Radtke 2016). Zuständig für die Anordnung der EFS ist die Vollstreckungsbehörde, wobei die Zuständigkeit den für die Vollstreckung verantwortlichen Rechtspflegern (vgl. § 31 Abs. 2 RPflG) übertragen ist (Geiter 2014).[10] Aus dem Zusammenhang mit § 42 StGB und §§ 459 ff. StPO ergeben sich weitere Voraussetzungen für die Vollstreckung einer Ersatzfreiheitsstrafe. Zunächst setzt § 43 StGB die Uneinbringlichkeit der Geldstrafe voraus. Hierfür ist nach erfolgloser Mahnung zunächst die (mitunter wiederholte) Zwangsvollstreckung durch die Staatsanwaltschaft durchzuführen, die gem. § 459c Abs. 2 StPO bei voraussichtlicher Erfolglosigkeit jedoch unterbleiben kann (Radtke 2016; Albrecht 2013). Wenn nicht bereits im Urteil Zahlungserleichterungen nach § 42 StGB gewährt wurden, ist dies auch noch während der Vollstreckung der Geldstrafe durch die Vollstreckungsbehörde (§ 459a StPO) möglich (Mosbacher und Claus 2016). Liegen die benannten Voraussetzungen vor, so bestimmt sich die Vollstreckung der Ersatzfreiheitsstrafe nach § 459e StPO.[11] Gem. § 459f StPO unterbleibt die Vollstreckung der EFS, wenn sie für den Verurteilten eine unbillige Härte darstellen würde (Vollstreckungsaufschub). Darüber hinaus können die Landesregierungen nach Art. 293 EGStGB durch Rechtsverordnung Regelungen treffen, nach denen die Vollstreckung einer Ersatzfreiheitsstrafe durch freie Arbeit abgewendet werden kann. Diese Möglichkeit haben sämtliche Länder, mit teilweise stark variieren-

---

[10]Darüber hinaus weist Geiter (2014) darauf hin, dass die überwiegende Zahl der aufgrund einer Geldstrafe und darauffolgenden EFS nicht basierend auf einem Urteil, sondern einem Haftbefehl belastet wurden. Zu den hiermit einhergehenden verfassungsrechtlichen Problemen, die sich insbesondere aus Art. 1 Abs. 1 GG (Menschenwürde) und Art. 1 Abs. 1 GG i V m Art. 2 Abs 1 GG i V m Art. 20 GG (Schuldgrundsatz) ergeben (ausführlicher etwa Redlich 2004; Köhne 2004).

[11]Auch nach Beginn der Vollstreckung kann die Geldstrafe noch anteilig zur Verkürzung der EFS gezahlt werden (Radtke 2016).

den Umrechnungsschlüsseln, genutzt[12] und Praxismodelle implementiert, durch die der Vollzug der EFS vermieden werden soll (Albrecht 2013; vgl. insb. auch Dünkel 2011; Wilde 2015). Neben Haftvermeidungsprojekten, die vor oder auch nach Haftantritt einsetzen (z. B. Dünkel und Scheel 2006; Übersichten bei Dünkel 2011; Bögelein et al. 2014; Frankfurth 2011; Lürßen 2011; Fissenebert 2011; Berger und Achterberg 2011), setzten einige Bundesländer auch auf „Geldverwaltung“ statt Vollstreckung der Ersatzfreiheitsstrafe (Zuber 2014).[13]

Letztlich zeigt sich auch hier schon durch die Analyse der Anordnungsvoraussetzungen, dass es sich bei denjenigen, die eine EFS verbüßen, ebenfalls um eine stark selektierte Gruppe derjenigen handelt, die eine Geldstrafe weder zahlen noch durch freie Arbeit abwenden können oder wollen.

3 Rechtstatsächliche Erkenntnisse zu kurzen Freiheitsstrafen und EFS

Tatsächlich ist die Zahl der Gefangenen, die eine kurze Freiheitsstrafe und/oder eine EFS verbüßen, nicht so gering, wie es die engen gesetzlichen Voraussetzungen vermuten lassen würden: Zum Stichtag 30.11.2016 verbüßten 8063 Inhaftierte eine Freiheitsstrafe von unter sechs Monaten im geschlossenen Vollzug (Statistisches Bundesamt 2017b).[14]

Die durch das Bundesministerium für Justiz in Auftrag gegebene *Rückfalluntersuchung* zeigt, dass 2007 18,7 % der Entlassenen eine Freiheitsstrafe *von unter 6 Monaten* verbüßten (Jehle et al. 2013). 2010 betrug dieser Anteil 22,7 %

[12]Zur Verordnung über die Tilgung uneinbringlicher Geldstrafen durch freie Arbeit in NRW vgl. Bögelein et al. (2014). Radtke (2016) hält diese Regelung für unbefriedigend und verweist auf den in der 14. Legislaturperiode verfassten Entwurf zur Reform des Sanktionenrechts, der eine Ersetzung der uneinbringlichen Geldstrafe durch gemeinnützige Arbeit mit bundesweit einheitlichem Umrechnungsschlüssel von drei Stunden pro Tagessatz als primäre Ersatzstrafe vorsah.

[13]Für die Diskussion um die Anwendbarkeit der §§ 56, 57 StGB auch auf EFS vgl. etwa Albrecht (2013).

[14]Insgesamt (m/w) im geschlossenen Vollzug inhaftierte Erwachsene. An dieser Stelle scheint Kritik an der stichtagsbezogene Zählweise angebracht, da sie die tatsächliche Zahl jährlich insgesamt Inhaftierter nicht adäquat wiedergeben kann (Heinz 2014 unter Benennung von Gründen).

(Jehle et al. 2016).[15] Der vermeintliche Anstieg ist jedoch vermutlich auf eine neue Zählweise im Rahmen der Rückfalluntersuchung zurückzuführen, die nun neben den unbedingten Freiheitsstrafen auch die ursprünglich bedingten, jedoch widerrufenen Freiheitsstrafen erfasst (Jehle et al. 2016).[16] Die Strafvollzugsgesetze der Länder, auf die im Folgenden noch genauer eingegangen wird, enthalten Sonderbestimmungen für Freiheitsstrafen von bis zu einem Jahr. Nach einer solchen Definition einer „kurzen Freiheitsstrafe" waren 42,5 % der im Jahr 2007 aus dem Erwachsenenvollzug Entlassenen, und 54,7 % der im Jahr 2010 Entlassenen betroffen (Jehle et al. 2013).

Für die weitere Diskussion ist als interessantes Ergebnis der Rückfallstatistik (Bezugsjahr 2010) zu entnehmen, dass die Rückfallquote derjenigen, die aus Freiheitsstrafen von unter sechs Monaten entlassen worden sind, mit ca. 54 % besonders hoch sind. Auch diese Ergebnisse deuten auf erhöhte Problembelastungen dieser Gruppen hin.[17]

3.1 Statistische Daten zur kurzen Freiheitsstrafe

Die Zahlen der Strafverfolgungsstatistik erlauben weiterhin Aussagen zu der Frage, wie sich die Zahl der zur unbedingten Freiheitsstrafe Verurteilten von 2002 bis 2015 in Bezug auf deren Länge entwickelt hat (Abb. 1). Insbesondere im Bereich der Freiheitsstrafe von unter 6 Monaten und von 6 Monaten bis einschließlich einem Jahr ist seit 2008 ein nahezu kontinuierlicher Rückgang zu verzeichnen.[18]

---

[15]Im Vergleich zu den im Folgenden noch dargestellten Zahlen der Strafverfolgungsstatistik, ist darauf hinzuweisen, dass es sich bei der Rückfalluntersuchung um die Zahlen derjenigen handelt, die tatsächlich aus dem Strafvollzug nach der entsprechend angegebenen Haftdauer entlassen wurden, während es sich bei der Strafverfolgungsstatistik nur um die voraussichtliche Dauer der Inhaftierung handelt.

[16]In der Rückfalluntersuchung 2013 handelte es sich nur um die nach einer **unbedingten** Freiheitsstrafe Entlassenen (inklusive der Strafrestausgesetzten), während in der neuen Rückfalluntersuchung 2016 die Entlassenen nach einer **vollstreckten** Freiheitsstrafe erfasst wurden (also unbedingte und ursprünglich bedingte, dann aber widerrufene FS [jeweils inklusive der Strafrestausgesetzten]).

[17]Vgl. für die Zahlen und zu den möglichen Gründen für die hohen Rückfallraten: Jehle et al. (2016).

[18]Der auffällige Anstieg in den Jahren 2007 und 2008 ist wohl allein auf den Umstand zurückzuführen, dass in dieser Zeit die neuen Bundesländer in die Strafverfolgungsstatistik mit aufgenommen wurden, vgl. hierzu Anmerkungen Statistisches Bundesamt (2009a).

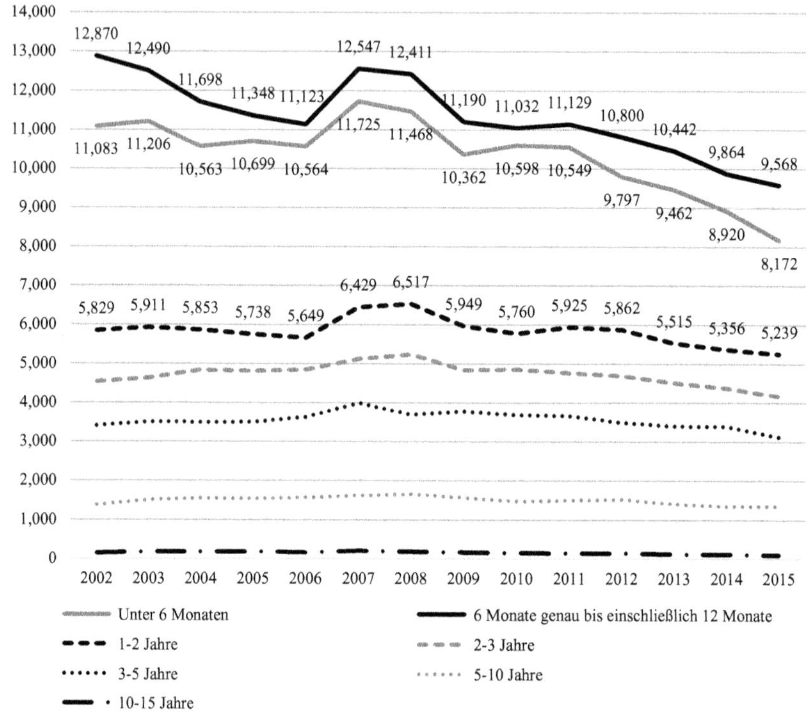

Abb. 1 Entwicklung der zur unbedingten Freiheitsstrafe Verurteilten nach Dauer der unbedingten verhängten Freiheitsstrafe in absoluten Zahlen, 2002–2015. (Quelle: Statistisches Bundesamt 2004–2017, Strafverfolgungsstatistik 2002–2015)

Tatsächlich bildet diese Entwicklung jedoch nicht die Realität der kurzen Freiheitsstrafen ab, da neben den zur unbedingten Freiheitsstrafe bis zu sechs Monaten **Verurteilten,** in der Phase der **Vollstreckung** noch weitere Gruppen hinzukommen, die die Zahl und somit auch die Relevanz der kurzen Freiheitsstrafe **im Vollzug** erhöhen. Dazu gehören zum einen die Ersatzfreiheitsstrafen (§ 43 StGB), auf die im Folgenden noch genauer einzugehen ist, die widerrufenen Bewährungsstrafen (§ 56f StGB), die bedingt Entlassenen (§ 57 StGB) und die Fälle, in denen die bereits verbüßte Untersuchungshaft auf eine unbedingte Freiheitsstrafe angerechnet wird (§ 51 StGB) (Heinz 2014; Kinzig 2010; Streng 2013).

Der Anteil der unbedingten Freiheitsstrafen von bis zu sechs Monaten an den unbedingten Freiheitsstrafen insgesamt zeigte in den letzten Jahrzehnten leichte Schwankungen. Während er 1981 bei ca. 27,9 % lag, stieg der Anteil bis zum Jahr 1990 (31,8 %) leicht an und fiel im Anschluss kontinuierlich von 28,3 % im Jahr 2000 auf 28,1 % im Jahr 2010 bis hin zu 25,7 % 2015, ab (Heinz 2016; Statistisches Bundesamt 2017a).

Auch der Anteil der Freiheitsstrafen bis zu sechs Monaten insgesamt (also bedingt und unbedingt) zeigte kurz nach dem 1. StrRG von 1969 zunächst einen deutlichen Abwärtstrend (Kinzig 2010). Seit den 1970er Jahren gingen der Anteil der Freiheitsstrafen unter sechs Monaten kontinuierlich zurück, wohingegen der Anteil der zu Freiheitsstrafen Verurteilten von sechs Monaten bis einschließlich fünf Jahre mit leichten Schwankungen bis 2010 anstieg (Heinz 2016). Der Anteil an Freiheitsstrafen unter sechs Monaten lag 1981 bei 46,9 %, 1990 bei 45,7 %, sank 2000 auf 37,1 %, 2010 weiter auf 31,8 % und fiel 2015 bis auf 27,7 % (Heinz 2016; Statistisches Bundesamt 2017a). Insofern kann zumindest von einem Teilerfolg der Reform gesprochen werden, der wohl überwiegend auf die Einführung der Geldstrafe und die Ausweitung derselben als Resultat auf die „ultima-ratio-Klausel" des § 47 StGB zurückzuführen ist (Heinz 2016, S. 217).

Zuletzt gibt die Strafverfolgungsstatistik den für den weiteren Verlauf der hier behandelten Fragestellungen bedeutsamen Hinweis auf die Deliktsstruktur bei kurzen Freiheitsstrafen: Kinzig (2010) untersuchte für seinen Beitrag in der Festschrift für Heinz Schöch sowohl die Strafverfolgungsstatistik als auch die Rechtsprechung mit Blick auf Bagatellkriminalität und kurze Freiheitsstrafen (Kinzig 2010). Er arbeitete heraus, dass die Gerichte unbedingte kurzfristige Freiheitsstrafen vor allem bei den Delikten einfacher Diebstahl, unerlaubter Besitz von Betäubungsmitteln, Beleidigung, Sachbeschädigung und Leistungserschleichung verhängten (Kinzig 2010). Die grundsätzlich auch aktuell (laut Statistisches Bundesamt 2017a) überwiegend betroffenen Deliktsgruppen, für die kurze Freiheitsstrafen verhängt wurden, waren Diebstahl und Unterschlagung, andere Vermögensdelikte sowie Straftaten aus dem Bereich der Betäubungsmittelkriminalität.

Tab. 1 zeigt einen deutlichen Anstieg der Deliktsgruppe Diebstahl und Unterschlagung von 24,5 % auf 44,1 % der unbedingten Freiheitsstrafen, zwischen den Jahren 1976 und 2008. Im Vergleich der Jahre 2008 und 2015 bleibt diese Quote hingegen relativ konstant. Stark zurückgegangen sind seit 1976 die Anteile der Straßenverkehrsdelikte. Eine weitere Besonderheit zeigt sich bei den „anderen Vermögensdelikten", für die wiederum ein Zuwachs in den letzten Jahren zu verzeichnen ist, der sich bis in das Jahr 2015 fortsetzt. Gravierend erweist sich hier die Bedeutung des § 265a StGB (Erschleichen von Leistungen), der bereits 2008

Tab. 1 Prozentualer Anteil ausgewählter Deliktsgruppen an den Verurteilungen zu unbedingten Freiheitsstrafen von unter 6 Monaten in den Jahr 1976, 2008 und 2015. (Quelle: Kinzig 2010; Statistisches Bundesamt 2009b; Statistisches Bundesamt 2017a)

Deliktsgruppe	1976 (%)	2008 (%)	2015 (%)
Diebstahl und Unterschlagung (§§ 242–248c StGB)	24,5	44,1	44,2
Andere Vermögensdelikte (§§ 257–261, 263–266b, 267–281, 283–305a StGB)	11,3	17,9 (davon § 265a: 51,9; § 263: 45,1)	20,2 (davon § 265a: 62,8; § 263: 34,8)
Straftaten nach dem BtMG	–	9,1	8,3
Straftaten im Straßenverkehr[a]	36,9	13,1	12,2

[a]In der Strafverfolgungsstatistik „Straftaten im Straßenverkehr" sowie „Straftaten nach dem StVG"

über 50 % unter den in dieser Deliktsgruppe verhängten unbedingten Freiheitsstrafen ausmachte und im Jahr 2015 erneut zulegte.[19]

3.2 Rechtstatsächliche Entwicklung der EFS anhand von Stichtagszahlen und strukturelle Besonderheiten

Am 30.11.2016 verbüßten 9858 Inhaftierte eine Freiheitsstrafe von unter sechs Monaten, 4487[20] Gefangene eine Ersatzfreiheitsstrafe (Statistisches Bundesamt 2017b).

Anhand der Daten der Rechtspflegestatistik kann zumindest stichtagsbezogen der Anteil der eine Ersatzfreiheitsstrafe verbüßenden Gefangenen an der Gesamtpopulation im Strafvollzug, die Bundesländer vergleichend, ermittelt werden. Abb. 2 zeigt einen in den meisten Bundesländern ansteigenden Anteil der EFS (BW, BY, HH, HE, MV, NI, NRW, RP, SL, SN, ST, SH, TH), der 2015 im Bundesdurchschnitt bei etwa 9,5 % lag. Auffällig sind die erheblichen Schwankungen in den Bundesländern. Im oberen Bereich fallen insbesondere Bremen und Sachsen auf, während das Saarland und Schleswig-Holstein am unteren Rand rangieren. Entgegen der tendenziell zunehmenden Entwicklung der EFS weisen Berlin,

[19]Vgl. i. Ü. für die Jahre 1976 und 2008 wesentlich ausführlicher Kinzig (2010). Aktuell wird (etwa durch den Richterbund 2018) auch die Entkriminalisierung bestimmter Delikte, unter anderem das „Erschleichen von Leistungen", diskutiert.

[20]Insgesamt (m/w) im offenen und geschlossenen Vollzug inhaftierte Erwachsene.

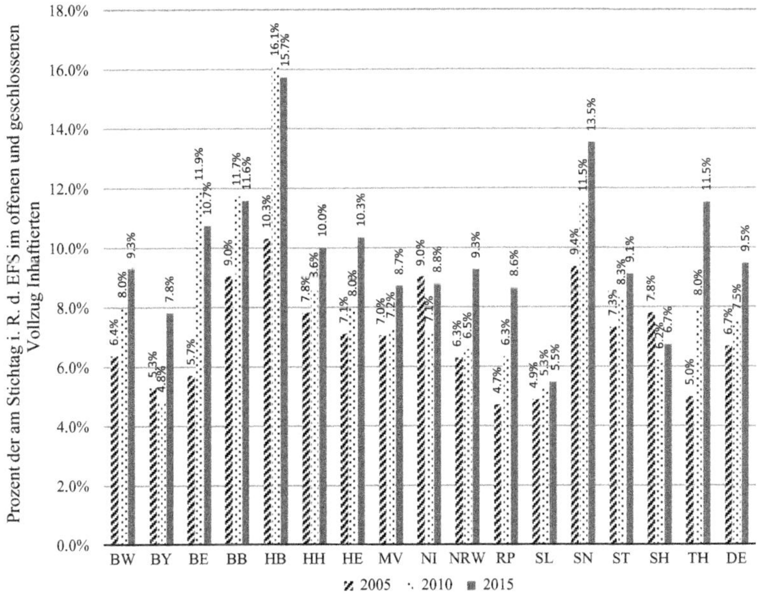

Abb. 2 Anteil der EFS an den am Stichtag (30.11.) im offenen und geschlossenen Vollzug insgesamt Inhaftierten (m/w) 2005, 2010 und 2015. (Quelle: Aktualisierung von Dünkel 2011; Statistisches Bundesamt 2014; Statistisches Bundesamt 2017b)

Brandenburg und Bremen leicht rückläufige Zahlen auf. Der Prozentanteil in den Ländern muss immer im Zusammenhang mit den Inhaftiertenzahlen insgesamt gesehen werden. In der Literatur etwa werden die bereits seit 2010 steigenden prozentualen Anteile der eine EFS verbüßenden Gefangenen mit dem Rückgang der Strafgefangenenzahlen in Verbindung gebracht (Dünkel 2011). Während die absoluten Stichtagsbelegungszahlen bei der EFS unverändert hoch sind, gingen die Strafgefangenenzahlen deutlich zurück,[21] folglich steigt der Anteil der EFS an den Gefangenenzahlen insgesamt an. Naheliegend scheint aber auch die bisher empirisch nicht abschließend untersuchte Interpretation eines Einflusses des

[21]Vgl. bzgl. der Entwicklung der Gefangenenraten im internationalen Vergleich zuletzt Dünkel et al. (2016).

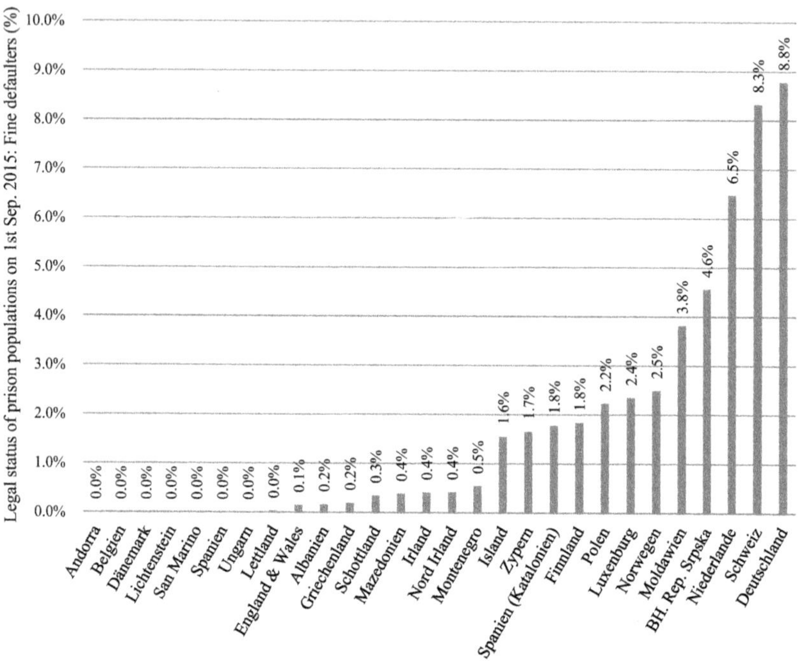

Abb. 3 Anteil der EFS an den am Stichtag 01.09.2015 im Vollzug Inhaftierten (ohne Untersuchungshaft) im europäischen Vergleich. (Quelle: Aebi et al. 2017, S. 73)

Anstiegs von Armut auf die fehlende Fähigkeit zur Zahlung einer Geldstrafe, die zu einem Anstieg der EFS führen bzw. zu den unvermindert hohen Zahlen EFS verbüßender Gefangener beitragen kann.[22] Inwieweit die Unterschiede zwischen den Bundesländern und den Erhebungsjahren durch die variierenden Implementierungen von Projekten zur freien Arbeit nach Art. 293 EGStGB zu erklären sind, ist bislang nicht ermittelt worden. Die Dissertation von Wilde (2015) deutet darauf hin, dass der starke Anstieg der Zahl der Tage der Ersatzfreiheitsstrafe, deren Vollstreckung durch freie Arbeit abgewendet wurde,[23] tatsächlich insgesamt nicht zu einer Reduzierung der Zahl der Vollstreckungen von Ersatzfreiheitsstrafen geführt

[22]Wilde (2015) deutet auf einen Zusammenhang des Armutsrisikos und der Umwandlung einer Geldstrafe in freie Arbeit hin.

[23]Diesbezügliche Daten finden sich bei Wilde (2015).

habe, sondern dass stattdessen „die freie Arbeit neben der Ersatzfreiheitsstrafe zu einer (regional sehr unterschiedlich ausgeprägten) Alternative in der Geldstrafenvollstreckung geworden" sei (ebd., S. 231).

Auch im europäischen Vergleich weist Deutschland mit 4476 (Stichtag 01.09.2015) sowohl absolut als auch prozentual zu den Inhaftierten insgesamt den, bezogen auf die verfügbaren Zahlen, höchsten Anteil an Ersatzfreiheitsstrafen auf (Abb. 3). Lediglich die leider zuletzt zum 01.09.2013 verfügbaren Stichtagszahlen für die Türkei wiesen mit 20,1 % einen nochmals deutlich höheren Anteil an EFS auf (Aebi und Delgrande 2014). Zum 01.09.2015 zeigten sich neben Deutschland insbesondere in der Schweiz sowie den Niederlande Werte auf einem vergleichsweise hohen Niveau (Abb. 3) (Aebi et al. 2017). [24]

4 Kurze Freiheitsstrafen und EFS in der Kritik

Die vorstehenden Ausführungen verdeutlichen die weiterhin praktische Relevanz der kurzen Freiheitsstrafen und der Ersatzfreiheitsstrafen für den Vollzug.

Wie bereits bei der gesetzgeberischen Diskussion zu § 47 StGB gehen Wissenschaft und Praxis von der in spezialpräventiver Hinsicht schädlichen Wirkung der kurzen Freiheitsstrafen und der EFS aus (Beulke 2012). Eine Vollzugsdauer von unter 6 Monaten wird als nicht ausreichend für ernsthafte Resozialisierungsmaßnahmen angesehen (Beulke 2012; Streng 2013; Dünkel et al. 2010), gleichzeitig gefährdet das Herausgerissenwerden aus den sozialen Bezügen die sozialen Bindungen und die soziale Existenz (Streng 2013).

Bei den kurzen Freiheitsstrafen richtet sich die Kritik darüber hinaus hauptsächlich gegen deren Verhängung und Vollzug als Reaktion auf Bagatelldelikte.[25] Beulke (2012) erkennt hier einen Verstoß gegen das Übermaßverbot.[26]

Die Kritik an der EFS betrifft bereits deren Konzeption. So wird es vielfach als widersinnig betrachtet, dass in Fällen, in denen eine Freiheitsstrafe weder als angemessen noch als erforderlich angesehen wird, durch die „Hintertür" aus

[24]Es ist darauf hinzuweisen, dass einige Ländern zwar über Regelungen zur EFS verfügen (vgl. etwa Österreich, Kroatien, Frankreich oder Portugal), spezielle Daten jedoch nicht liefern können. In anderen Ländern existieren keine Regelungen für die EFS (vgl. etwa Tschechien, Italien oder Rumänien).

[25]Zur Bedeutung der Bagatelldelinquenz und zu den Schwierigkeiten im Umgang mit den Mehrfachauffälligen vgl. auch Meier (2015).

[26]Zur Berücksichtigung des Übermaßverbots im Fall von Bagatellkriminalität vgl. auch Hillenbrand (2015).

einer Geldstrafe eine Freiheitsstrafe wird (Gerlach 2011, S. 138), die zudem in der Regel weit höhere Kosten verursacht als die Summe der ursprünglichen Geldstrafe (Dünkel et al. 2010; Geiter 2014). Aus Sicht der Vollzugspraxis sind die eine EFS-Verbüßenden in geschlossenen Anstalten mit hohen Sicherheitsstandards stark übersichert und hohen psychosozialen Belastungen ausgesetzt (Barkemeyer 2011).

Als besonderes Kernproblem der Ersatzfreiheitsstrafe gilt die soziale Ungleichheit, die durch diese Sanktion statuiert wird: Bei Mittellosigkeit der zu einer Geldstrafe Verurteilten ist das Risiko relativ hoch, trotz der Vorschriften über Zahlungserleichterungen und Möglichkeiten der Ableistung von freier Arbeit in den Kurzstrafenvollzug zu geraten (Wilde 2015). Analysen zeigen, dass diejenigen, die eine Ersatzfreiheitsstrafe verbüßen, häufig sozial schlecht integriert (Kawamura-Reind und Reindl 2010) und hoch verschuldet sind (Cornel 2010), bereits in der Phase vor der Inhaftierung mit vielen Problemen belastet waren (Matt 2005; Heischel 2011) und zu einem nicht geringen Anteil unter massiven psychischen Beeinträchtigungen leiden (Müller-Foti et al. 2007). Villmow (1998) betonte bereits vor 20 Jahren, dass gerade die Multiproblemfälle wie Drogenabhängige, Alkoholiker und andere Angehörige von Randgruppen nur schwer in der Lage sein werden, die üblichen Leistungserwartungen im Rahmen von freier Arbeit zur Abwendung einer EFS zu erfüllen.

Die Untersuchung von Bögelein et al. (2014) verweist auf den besonders brisanten Umstand, dass von den Rechtspflegern teilweise eine fehlende Kontaktaufnahme nach Zahlungsaufforderung als Verweigerungshaltung eingeschätzt wird, obwohl dieses Verhalten in Wahrheit Teil einer psychischen Problematik ist. Auch aus der Praxis wird berichtet, dass die eine EFS-Verbüßenden oft nicht in der Lage sind, ihre Angelegenheiten selbst zu regeln (Barkemeyer 2011). Dazu passen die Ergebnisse einer 1990 durchgeführten bundesweiten Untersuchung zu den Vollstreckungsmodalitäten. Sie ergab, dass in Verfahren, in denen die Betroffenen bereits zur Ersatzfreiheitsstrafe geladen wurden, noch 77 % den ausstehenden Betrag zahlten (Jehle et al. 1990). Letztlich zeigt sich hier nicht nur, dass in diesen Fällen die Geldstrafe grundsätzlich einbringlich und insofern eine Anwendung des § 43 StGB möglicherweise nicht geboten war (Köhne 2004),[27] sondern auch, dass die Verurteilten erst aufgrund weiterer Aufforderungen letztlich ihrer Zahlungsverpflichtung nachkamen. Diejenigen, bei denen tatsächlich weder die

[27]Interessant wäre hier, die Anwendung des § 459c StPO (Zwangsvollstreckung durch die Staatsanwaltschaft) in der Praxis zu überprüfen. Ein vorschneller Gebrauch des § 459c StPO wäre einer der denkbaren Gründe, warum die Zahl derjenigen, die noch nach der Ladung zur EFS den ausstehenden Betrag begleichen, bei 77 % liegt.

Zahlung der Geldstrafe erreicht noch der Vollzug durch freie Arbeit abgewendet werden kann, gelten als „die Ärmsten der Armen und Problembehafteten" (Geiter 2014, S. 573) Aus der Vollzugspraxis wird insofern wenig erstaunlich von einer hohen Betreuungsintensität der Gefangenen, die wegen einer Ersatzfreiheitsstrafe zugeführt werden, berichtet (Barkenmeyer 2011).

5 Vollzugsrechtliche Grundlagen für kurze FS und die EFS

Grundsätzlich werden die kurzen Freiheitsstrafen vollzugsrechtlich genauso wie längere Freiheitsstrafen behandelt. Die neuen Landesstrafvollzugsgesetze beinhalten verschiedentlich stark auf die Resozialisierung ausgerichtete Neuregelungen, insbesondere in Form der Diagnostik, Vollzugsplanung, der Entlassungsvorbereitung sowie der Nachsorge und der Kooperation der beteiligten Stellen (vgl. im Überblick Laubenthal et al. 2015; Arloth und Krä 2017). Vereinzelt sind Besonderheiten für Freiheitsstrafen unter einem Jahr – womit eine andere Definition gewählt wird – erkennbar.

Die Formulierung „an die Stelle" in § 43 StGB wird allgemein zum Anlass genommen, die EFS zu den Freiheitsstrafen gem. § 38 StGB zu zählen, sodass sie ebenfalls in den Anwendungsbereich der Strafvollzugsgesetze fallen (Laubenthal et al. 2015). Einige Strafvollzugsgesetze differenzieren jedoch zwischen kurzen Freiheitsstrafen und EFS und weisen für letztere einige zusätzliche Besonderheiten auf.

5.1 Diagnoseverfahren und Vollzugsplanung kurze FS und EFS

Besonders deutlich wird die Sonderstellung der kurzen Freiheitsstrafen in den Normen zum Diagnoseverfahren, sowie zur Vollzugs- und Eingliederungsplanerstellung.

Das Diagnoseverfahren, in einigen Bundesländern auch Behandlungsuntersuchung (§ 4 Abs. 2 StVollzG BW, Art. 8 Abs. 1 BayStVollzG, § 7 Abs. 4 StVollzG HH, § 9 Abs. 2 StVollzG NRW) bzw. „Feststellung des Maßnahmenbedarfs" (§ 9 Abs. 3 StVollzG HE) genannt, ist der Erstellung des Vollzugsplans unmittelbar vorgelagert, und soll alle Informationen liefern, die für diesen erforderlich sind (Laubenthal 2015). Es dient somit der Ermittlung der Notwendigkeiten zur Erfüllung des Resozialisierungsziels (Feest und Joester 2017). Alle Bundesländer sehen für Freiheitsstrafen bis zu einem Jahr[28] ein verkürztes Verfahren im Rahmen der Diagnostik vor (vgl. Tab. 2). Es kann auf die Umstände beschränkt werden, deren Kenntnis für eine angemessene Vollzugsgestaltung *unerlässlich* und für die Eingliederung erforderlich sind (BN, BB, HB, HH, HE, M-V, RP, SH, SL, SN, ST, TH). Entsprechendes gilt auch für die Ersatzfreiheitsstrafe (Ausnahme BN und HE, die eine leicht abweichende Regelung erlassen haben). Grundsätzlich gebietet der Gesetzeswortlaut es somit, trotz der kurzen Vollzugsdauer ein, wenn auch begrenztes, Diagnoseverfahren durchzuführen.[29] Die Frage danach, welche Umstände für die Vollzugsgestaltung unerlässlich sind, bleibt hingegen offen, wenngleich der Wortlaut in einem zweiten Schritt eine Schwerpunktsetzung auf die Wiedereingliederung vorsieht („für die Eingliederung erforderlich") (Hettenbach 2016a, b). Der Vollzug hat hinsichtlich der Unerlässlichkeit einen gerichtlich nur beschränkt überprüfbaren Beurteilungsspielraum (Lohmann 2016), kann das Diagnoseverfahren jedoch wohl nur auf ein Mindestmaß begrenzen (Goers 2016a, b, c).

Nordrhein-Westfalen ermöglicht es in § 9 Abs. 2 S. 2 StVollzG NRW ebenfalls, bei einer Vollzugsdauer von unter einem Jahr eine Kurzdiagnostik, auch im Wege standardisierter Verfahren, durchzuführen.

Der § 8 Abs. 5 S. 6 StVollzG SN weist ausdrücklich auf die Möglichkeit hin, im Falle eines verkürzten Diagnoseverfahrens (§ 7 Abs. 5 StVollzG SN) auch ein vereinfachtes Verfahren bei der Erstellung des Vollzugs- und Eingliederungsplans durchzuführen (auch gültig für die EFS). Der Systematik nach bezieht sich diese Einschränkung zwar nur auf die Vollzugsplankonferenz, die Gesetzesbegründung benennt jedoch die Unerlässlichkeit von Stellungnahmen zu Lockerungen und Unterbringung im geschlossenen oder offenen Vollzug, womit implizit eine Einschränkung auch über die Vollzugsplankonferenz hinaus deutlich gemacht wird (Schäfersküpper 2016b).

---

[28]Einige Bundesländer verwenden die Formulierung „voraussichtliche Vollzugsdauer" und verlangen somit eine individuelle Prognose, die eine Verkürzung durch die Strafrestaussetzung mangels Überprüfbarkeit der Voraussetzungen hierfür jedoch meist nicht erfasst, vgl. etwa für HH Lohmann (2016); anders die Gesetzesbegründung zu § 8 Abs. 5 StVollzG BN, der die Strafrestaussetzung explizit mit einbezieht, um rechtzeitig mit der Entlassungsvorbereitung beginnen zu können, Drucks. 17/2783.

[29]Vgl. so die Gesetzesbegründung der Landesregierung MV LT-Drucks. 6/1337, S. 74; Hettenbach (2016a, b) mit der Ausnahme einer Inhaftierung von wenigen Tagen; Lohmann (2016), demnach die Begrenzung des Diagnoseverfahrens selbst im Ermessen der Behörde steht und im Einzelfall zu prüfen ist (keine standardisierte Beschränkung); Euler (2016): Das „Ob" der Durchführung steht im pflichtgemäßen Ermessen der Anstalt, wobei neben der Vollzugsdauer auch die Erforderlichkeit von Hilfsmaßnahmen maßgeblich ist.

Tab. 2 Vollzugs- und Eingliederungsplan, Diagnoseverfahren in den Strafvollzugsgesetzen der Bundesländer

	Vollzugs-/Eingliederungsplan (StVollzG der Länder)	FS bis zu einem Jahr
Bund	Vollzugsplan, § 7 StVollzG	Behandlungsuntersuchung („Vollzugsdauer nicht geboten"), § 6 I S. 2
BW[a]	Vollzugsplan, § 5 JVollzG	Behandlungsuntersuchung („Vollzugsdauer nicht geboten"), § 4 II S. 2
BY	Vollzugsplan, Art. 9 BayStVollzG	Behandlungsuntersuchung („Vollzugsdauer nicht geboten"), Art. 8 I S. 2
BN	Vollzugs- und Eingliederungsplan, § 9 StVollzG Bln	Verkürztes Diagnostikverfahren, § 8 V S. 1
BB	Vollzugs- und Eingliederungsplan, § 14 BbgJVollzG	Verkürztes Diagnoseverfahren, § 13 V S. 1
HB	Vollzugs- und Eingliederungsplan, § 8 StVollzG BR	Verkürztes Diagnostikverfahren, § 7 V S. 1
HH	Vollzugsplan, § 8 HmbStVollzG	Verkürzte Behandlungsuntersuchung, § 7 IV S. 1
HE	Vollzugsplan, § 9 HStVollzG	Verkürzte Feststellung des Maßnahmenbedarfs, § 9 III
MV	Vollzugs- und Eingliederungsplan, § 8 StVollzG MV	Verkürztes Diagnoseverfahren, § 7 V S. 1
NI	Vollzugsplanung, § 9 I NJVollzG	Vollzugsplanerstellung bei Vollzugsdauer von über einem Jahr, § 9 I S. 2
NRW	Vollzugsplan, § 10 StVollzG NRW	Kurzdiagnostik im Wege standardisierter Verfahren, § 9 II S. 2
RP	Vollzugs- und Eingliederungsplan, § 14 LJVollzG RP	Verkürztes Diagnoseverfahren, § 13 V S. 1
SL	Vollzugs- und Eingliederungsplan, § 8 SLStVollzG	Verkürztes Diagnoseverfahren, § 7 V S. 1
SN	Vollzugs- und Eingliederungsplan, § 8 SächsStVollzG	Verkürztes Diagnoseverfahren, § 7 V S. 1
ST	Vollzugs- und Eingliederungsplan, § 14 JVollzG LSA	Verkürztes Diagnoseverfahren, § 13 VI S. 1
SH	Vollzugs- und Eingliederungsplan, § 8 LStVollzG SH	Verkürztes Diagnoseverfahren, § 7 IV S. 1
TH	Vollzugs- und Eingliederungsplan, § 14 ThürJVollzGB	Verkürztes Diagnoseverfahren, § 13 VI S. 1

[a]BW = Baden-Württemberg; BY = Bayern; BN = Berlin; BB = Brandenburg; HH = Hamburg; HB = Bremen; HE = Hessen; MV = Mecklenburg-Vorpommern; NI = Niedersachsen; NRW = Nordrhein-Westfalen; RP = Rheinland-Pfalz; SL = Saarland; SN = Sachsen; ST = Sachsen-Anhalt; SH = Schleswig-Holstein; TH = Thüringen

Baden-Württemberg und Bayern gehen grundsätzlich noch ein Stück weiter und ermöglichen es, dass von einer Behandlungsuntersuchung gänzlich abgesehen werden kann, wenn dies mit Rücksicht auf die Vollzugsdauer *nicht geboten* erscheint. Damit bleibt die Vorschrift sehr unbestimmt (Obergfell-Fuchs 2016). In ihren Verwaltungsvorschriften zum Strafvollzugsgesetz regeln beide Länder, in Anlehnung an die VV des Bundesstrafvollzugsgesetzes (identischer Wortlaut), dass eine Behandlungsuntersuchung in der Regel bei einer Vollzugsdauer bis zu einem Jahr[30] nicht geboten ist (VV zu Art. 8 BayStVollzG und VV zu § 4 JVollzGB BW). Die Entscheidung über die Durchführung einer Behandlungsuntersuchung liegt letztlich im Ermessen der Anstalt, was somit auch für die Erstellung eines Vollzugsplans gilt (Feest und Joester 2017; Obergfell-Fuchs 2016).[31]

Als einziges Bundesland differenziert Niedersachsen zwischen vereinfachter Vollzugsplanung und Vollzugsplanung mit Vollzugsplan. Zweitere wird nur für Freiheitsstrafen mit einer Vollzugsdauer von mehr als einem Jahr (§ 9 S. 2 StVollzG NI) durchgeführt. Eine Untersuchung entsprechend dem Diagnoseverfahren erfordert ebenfalls nur sie. Für die erstgenannte Gruppe soll ein „möglichst sinnvoll strukturierter“ Vollzug ausreichend sein, der allerdings auch eine Verknüpfung zwischen Vollzugsplanung, Entlassungsvorbereitung und durchgängiger Betreuung gewährleisten soll.[32] Inwieweit jedoch eine solche Differenzierung sinnvoll erscheint bzw. eine Vollzugsplanung ohne Vollzugsplan möglich ist, bleibt fraglich.

Als legitimer Grund für die Beschränkung bzw. den Ausschluss des Diagnoseverfahrens bei Freiheitsstrafen bis zu einem Jahr wird die Gefahr einer „Überdiagnostik“ und die damit schlimmstenfalls einhergehende, stetig fortgeführte Stigmatisierung des Inhaftierten angeführt (Feest und Joester 2017). Ziel der

---

[30]Folglich ist die Durchführung einer Behandlungsuntersuchung bei Freiheitsstrafen „bis zu einem Jahr“ i. d. R. nicht geboten. Entsprechend der Strafverfolgungsstatistik 2015 haben bundesweit 55,8 % der unbedingt verhängten FS eine solche (voraussichtliche aufgrund der Strafrestaussetzungsmöglichkeit) und damit einschlägige Dauer.

[31]Die Gesetzesbegründungen der beiden Länder weisen ausdrücklich darauf hin, dass wenn eine Behandlungsuntersuchung nicht geboten ist, auch kein Vollzugsplan erstellt wird, vgl. LT-Drucks. BW 14/5012 und LT-Drucks. BY 15/8101. Laubenthal (2015) kritisiert in diesem Zusammenhang zu Recht, dass der Gesetzgeber keinen generellen Ausschluss kurzer Freiheitsstrafen beabsichtigte, sondern viel mehr zum Ausdruck bringen wollte, dass sich auch für diese Gruppe eine entsprechende Diagnostik (Erforschung der Persönlichkeit sowie der Lebensumstände) anbieten kann. Eine schematische Anwendung der VV würde hingegen dem Gesetzeswortlaut widersprechen, zumal die Vollzugsdauer nur ein Kriterium für die Ermessenentscheidung darstellen kann.

[32]Drucks. 15/3565 S. 91 f.; Obergfell-Fuchs (2016): § 9 NJVollzG.

Verkürzungen soll insofern sein, den „diagnostische[n] Aufwand in einem angemessenen Verhältnis zur voraussichtlichen Vollzugsdauer" zu halten (Hettenbach 2016a, b; Schäferskiüpper 2016a; Kreiner 2017). Dennoch darf im Hinblick auf den Resozialisierungsgrundsatz der Vollzug der kurzen Freiheitsstrafe oder der Ersatzfreiheitsstrafe nicht zu einem reinen „Verwahrvollzug" werden.

Einige Länder weisen zusätzlich Besonderheiten für die kurzen Freiheitsstrafen und EFS im Hinblick auf den Vollzugsplan auf, insbesondere betreffend der Entlassungsvorbereitung: Gemäß § 10 Abs. 3 StVollzG BN ist spätestens ein Jahr vor der Entlassung mit der Planung zur Vorbereitung der Eingliederung zu beginnen. § 10 Abs. 4 S. 1 StVollzG BN normiert für eine voraussichtliche Vollzugsdauer von bis zu einem Jahr ausdrücklich, dass zu den in § 10 Abs. 3 S. 2 und 3 StVollzG BN genannten Punkten (insb. Maßnahmen zur Vorbereitung von Entlassung, Eingliederung, Nachsorge und zur Bildung eines Eingliederungsgeldes; offener Vollzug und Übergangseinrichtungen; Unterkunft, Arbeit und Ausbildung nach der Entlassung; Hilfe bei Behördengängen etc.; Beteiligung der BewHi/FA und einige weitere Punkte) Stellung zu nehmen ist, wobei § 10 Abs. 4 S. 2 StVollzG BN eine Reduzierung auf die für das Vollzugsziels zwingend erforderlichen Maßnahmen zulässt. Das StVollzG SH weist eine vergleichbare Regelung in § 9 Abs. 3 auf, wonach bei Freiheitsstrafen von unter neun Monaten ebenfalls bereits mit Erstellung des Vollzugs- und Eingliederungsplanes zu bestimmten Punkten (Unterbringung offener Vollzug oder Übergangseinrichtung, Unterkunft nach der Entlassung, Arbeit oder Ausbildung nach der Entlassung, Förderung familiärer Beziehung, Lockerungen und Ausführungen, Unterstützung erforderliche Behördengänge etc., Beteiligung Bewährungshilfe und forensische Ambulanz, Kontaktaufnahme Entlassenenhilfe, Fortsetzung im Vollzug noch nicht abgeschlossener Maßnahmen, Anregungen Auflagen/Weisungen, Vermittlung nachsorgende Maßnahmen) eine Stellungnahme erforderlich ist. Diese gesetzliche Konkretisierung stellt eine vorbildliche Sicherung für den Inhaftierten, auch während einer kurzen Freiheitsstrafe, dar. Auch einige der anderen Bundesländer, die die Planung der Entlassungsvorbereitung spätestens ein Jahr vor der Entlassung (BB, HB, MV, RP, SL, SN, ST, TH) vorsehen, weisen in ihren Gesetzesbegründungen darauf hin, dass Maßnahmen zur Entlassungsvorbereitung ebenfalls bereits von Beginn an in den Vollzugs- und Eingliederungsplan aufgenommen werden müssen.[33] Gleichwohl scheint eine explizite Nennung sinnvoll, um die

[33]Vgl. nur LT-Drucks. BB 5/6437; LT-Drucks. MV 6/1337; LT-Drucks. RP 16/1910; LT-Drucks. ST 6/3799: Hierbei handelt es sich um Kommentierungen der Normen zum Inhalt des Vollzugs- und Eingliederungsplans, die dort ebenfalls konkrete Maßnahmen für die Entlassungsvorbereitung benennen.

fristgerechte Planung sicherzustellen und so eine Entlassungsvorbereitung vom ersten Tag an zu ermöglichen.

Für den auf Grundlage des Diagnoseverfahrens zu erstellenden Vollzugs- und Eingliederungsplan ist in fast allen Bundesländern eine Frist festgelegt, in der bestimmt wird, innerhalb welchen Zeitraumes die Diagnose zu erfolgen hat. Hessen („alsbald") und NRW („unverzüglich") benennen keine ausdrückliche Frist. Niedersachen, Bayern und Baden-Württemberg enthalten gar keine entsprechende Regelung. Im Übrigen variieren die Fristen zwischen sechs Wochen, nachdem die Vollstreckungsbehörde der Anstalt eine mit der Bescheinigung der Rechtskraft versehene beglaubigte Abschrift der zu vollziehenden gerichtlichen Entscheidung nebst Gründen übermittelt hat (BN), 6 Wochen nach der Aufnahme (HH), acht Wochen nach der Aufnahme (BB, MV, RP, SH, SL, SN, ST, TH) sowie drei Monate nach der Aufnahme (HB). Die Länder, die dem Musterentwurf folgen[34], reduzieren diese Frist bei Freiheitsstrafen von unter einem Jahr auf vier Wochen nach der Aufnahme. Die übrigen sechs Bundesländer (BW, BY, HH, HE, NI, NRW) weisen keine entsprechende Differenzierung auf.

In vielen Bundesländern gelten in Bezug auf das Diagnoseverfahren (bzw. die Behandlungsuntersuchung) die für die kurzen Freiheitsstrafen vorgesehenen Verkürzungen ausdrücklich auch für die EFS (BB, HB, HH, MV, RP, SN, SL, ST, SH, TH). Berlin lässt bei EFS in der Regel an die Stelle des Diagnoseverfahrens die Feststellung der für eine angemessene Vollzugsgestaltung wesentlichen Gesichtspunkte zur Person und zum Lebensumfeld der Gefangenen, treten (vgl. § 8 Abs. 5 S. 2 StVollzG BN). Hessen verzichtet auf eine Konkretisierung der auch für EFS erforderlichen Feststellungen und räumt zumindest bei EFS von insgesamt bis zu 180[35] Tagessätzen die Möglichkeit ein, auf die Erstellung eines Vollzugsplans zu verzichten.[36] Berlin beschränkt den Inhalt des Vollzugs- und Eingliederungsplans bei EFS auf die für eine angemessene Vollzugsgestaltung

[34]Der Musterentwurf für den Vollzug der Freiheitsstrafe wurde in Folge der Föderalismusreform von 2006 von zehn Bundesländer gemeinsam entwickelt und diente als Grundlage für die folgenden Gesetzgebungsverfahren in den beteiligten Ländern (BN, BB, HB, MV, RP, SN, SL, ST, SH, TH) (Laubenthal 2015).

[35]563.675 der 2015 zu einer Geldstrafe (ohne Geldstrafe i V m Freiheitsstrafe oder neben der Freiheitsstrafe) mit bis zu 180 Tagessätzen Verurteilten machen 99,4 % der insgesamt zu einer Geldstrafe Verurteilten aus (vgl. Statistisches Bundesamt 2017a), womit der Fall der Erstellung eines Vollzugsplans für die EFS praktisch nie eintreten wird.

[36]LT-Drucks. HE 18/1396: Die Erstellung eines Vollzugsplans bei Ersatzfreiheitsstrafen wird überwiegend für sinnlos gehalten.

festzustellenden wesentlichen Gesichtspunkte gem. § 8 Abs. 5 S. 2 StVollzG BN (Unterbringung im geschlossenen oder offenen Vollzug, Unterstützung bei der Abwendung der weiteren Vollstreckung der EFS, Maßnahmen zur Stabilisierung der Lebenssituation während und nach dem Vollzug und Maßnahmen zur Vorbereitung der Entlassung).[37] Lediglich in Baden-Württemberg, Bayern und Niedersachsen ist anhand der vorgehenden Ausführungen davon auszugehen, dass kein (wenngleich verkürzter) Vollzugsplan in Fällen einer EFS erstellt wird, sodass sich die Gefahr eines reinen „Verwahrvollzugs" vergrößert.

5.2 Sofortige Ladung in den offenen Vollzug (kurze FS und EFS)

Eine andere Besonderheit im Hinblick auf kurze Freiheitsstrafen ist die Möglichkeit der sofortigen Ladung in den offenen Vollzug, die in einigen Bundesländern besteht. So sieht beispielsweise Schleswig-Holstein in § 16 Abs. 4 StVollzG SH vor, das insbesondere bei Selbststellern, bei kurzen Freiheitsstrafen und bei Ersatzfreiheitsstrafen durch den Vollstreckungsplan die Aufnahme (Ladung) direkt in den offenen Vollzug bestimmt werden kann. Die konkrete Ausgestaltung der geeigneten Gruppen ist dem Vollstreckungsplan vorbehalten.[38] Insbesondere unter Resozialisierungsaspekten scheint diese Regelung geeignet, die negativen Prisonisierungseffekte zumindest zu beschränken. Wenngleich die Regelung im Justizvollzugsgesetz eine größere Sicherheit für den Inhaftierten mit sich bringt, ist darauf hinzuweisen, dass auch einige der anderen Bundesländer entsprechende Regelungen in ihren Vollstreckungsplänen und/oder gesonderte Verwaltungsvorschriften aufweisen. So regeln etwa die Vollstreckungspläne der Länder Berlin[39],

[37]LT-Drucks. 17/2442: Eine umfassende Ermittlung des Lebenslaufs und der Delinquenzgeschichte ist mit Blick auf die ursprünglich verhängte Geldstrafe nicht geboten. Ziel bei den EFS soll sein, die Lebensumstände, die zur Geldstrafe geführt haben und die Möglichkeiten einer Verkürzung der Haft zu ermitteln.

[38]Der Vollstreckungsplan Schleswig-Holstein wird derzeit überarbeitet und gilt momentan noch in seiner Fassung vom 18. Feb. 1998 fort, vgl. http://www.schleswig-holstein.de/DE/Landesregierung/II/Service/Broschueren/Justiz/vollstreckungsplan.html, letzter Zugriff: 06.02.2017.

[39]Männliche erwachsene Strafgefangene im Wege der Direktaufnahme in Abteilungen des offenen Vollzugs nach Selbststellung, vgl. Vollstreckungsplan BN, Lfd. Nr. 6.

Brandenburg[40], Hessen, MV[41] und des Saarlands[42] die sofortige Ladung in den offenen Vollzug unter bestimmten Voraussetzungen. In Hessen etwa werden erwachsene Verurteilte mit einer Vollzugsdauer von insgesamt bis zu 24 Monaten, die sich auf freiem Fuß befinden und bei denen nach Aktenlage kein Fall von § 13 Abs. 4 und 5 StVollzG HE anzunehmen ist, in den offenen Vollzug geladen, wo dann die weiteren Voraussetzungen des § 13 Abs. 2, 4, 5 und 6 StVollzG HE (Möglichkeit vollzugsöffnender Maßnahmen) geprüft werden.[43]

In diesem Zusammenhang bietet sich auch ein Hinweis auf die Verwaltungsvorschrift des Justizministeriums BW an, die die sofortige Zulassung zum Freigang im Kurzstrafenvollzug unter bestimmten Voraussetzungen in Form einer Kann-Vorschrift formuliert. Demnach können Gefangene mit Freiheitsstrafen bis zu einem Jahr und drei Monaten sofort nach Strafantritt zum Freigang an ihrer bisherigen Arbeitsstelle zugelassen werden, wenn sie sich selbst stellen, ein festes Arbeitsverhältnis oder eine geregelte selbstständige Tätigkeit nachweisen, keiner der genannten Ausschlussgründe vorliegt und die Arbeitsstelle von der Justizvollzugsanstalt aus in angemessener Zeit zu erreichen ist. Für Frauen gilt selbiges, wenn sie Kinder in ihrem Haushalt zu versorgen haben. Diese Möglichkeit besteht auch für Verbüßer einer EFS. Ziel ist es, eine durch die Inhaftierung zu befürchtende soziale Desintegration zu vermeiden. Eine Studie konnte für die Gruppe der Teilnehmenden an diesem Programm niedrigere Rückfallraten ermitteln (Dolde 1990). Eine ähnliche Vorschrift[44] weisen die Lockerungsrichtlinien

---

[40]Ladung in den offenen Vollzug für Verurteilte mit Freiheitsstrafen von nicht mehr als drei Jahren, unter Vorliegen weiterer Voraussetzungen, sowie Verurteilten, gegen die eine Freiheitsstrafe wegen eines Fahrlässigkeitsdelikts zu vollziehen ist, vgl. Vollstreckungsplan Brandenburg Teil A II 1.

[41]Ladung in den offenen Vollzug von männlichen Verurteilten bei Freiheitsstrafen bis zu 24 Monaten, unter Vorliegen bestimmter Voraussetzungen, Vollstreckungsplan MV, § 6 (1).

[42]Unmittelbare Ladung in den offenen Vollzug bei männlichen Verurteilten mit einer Freiheitsstrafe von bis zu zwei Jahren, unter Vorliegen bestimmter Voraussetzungen, vgl. Vollstreckungsplan SL 2.2.

[43]Grds. Ladung in den offenen Vollzug bei erwachsenen Verurteilten mit einer Vollzugsdauer von insgesamt bis zu 24 Monaten, unter Vorliegen bestimmter Voraussetzungen, vgl. Vollstreckungsplan HE, Abschn. 3, 9 (1).

[44]Auch für HH existiert eine Allgemeinverfügung „zur Sicherung des Arbeitsplatzes während des Freiheitsentzugs" demnach unter bestimmten Voraussetzungen frühzeitig über die Verlegung in den offenen Vollzug und eine sofortige Zulassung zum Freigang zu entscheiden ist, vgl. BVerfG, Beschluss der 2. Kammer des Zweiten Senats vom 27. September 2007 – 2 BvR 725/07 – Rn. 70.

MV[45] auf, die Gefangenen mit einer Freiheitsstrafe von nicht mehr als 24 Monaten unter bestimmten Voraussetzungen[46] zum sofortigen Freigang zur Erhaltung des Arbeitsverhältnisses zulassen.

Ebenso wie bei den kurzen Freiheitsstrafen bestehen auch im Falle der EFS in einigen Bundesländern die Möglichkeiten, direkt in den offenen Vollzug geladen zu werden und die EFS bei Eignung auch dort zu verbüßen. Angesichts der ursprünglich verhängten Geldstrafe würde sich der offene Vollzug im Verhältnis zum geschlossen auch als die adäquatere Variante darstellen (Geiter 2014, S. 560). So sieht Schleswig-Holstein, entsprechend der kurzen Freiheitsstrafen, gem. § 16 Abs. 4 StVollzG SH diese Möglichkeit auch für EFS im Voll streckungsplan des Landes vor. Vergleichbare Formulierungen sind etwa in den Vollstreckungsplänen von Brandenburg, Mecklenburg-Vorpommern, Niedersachsen und Nordrhein-Westfalen zu finden.

Analysen der Strafvollzugsstatistik zeigen, dass trotz der Bestrebungen einiger Bundesländer, die EFS vorrangig im offenen Vollzug zu vollstrecken, von den insgesamt 4.487 Gefangenen, die eine EFS verbüßten, am 30.11.2016 lediglich 843 (18,7 %) im offenen Vollzug untergebracht waren (Statistisches Bundesamt 2017b).[47] Häufig wird die fehlende Geeignetheit für den offenen Vollzug mit Substanzmittel- oder Alkoholabhängigkeiten begründet. Andererseits haben einige Bundesländer die Vollstreckung der EFS systematisch in den offenen Vollzug verlagert. So lag der Anteil von EFS Verbüßenden im offenen Vollzug am Stichtag 30.11.2016 in Berlin bei 43,8 %, in NRW bei 41 % und im Saarland bei 52,9 %.[48]

---

[45]Richtlinien über die Gewährung von Lockerungen, Ausführungen, Außenbeschäftigung sowie die Verlegung in den offenen Vollzug – Runderlass des Justizministeriums des Landes Mecklenburg-Vorpommern vom 18. Juni 2013.

[46]Gefangenen die sich selbst zu Strafantritt im *offenen Vollzug* gestellt haben müssen über ein festes Arbeits- oder Ausbildungsverhältnis verfügen, das ebenso wie ihre Eignung für den offenen Vollzug überprüft wurde. Für Gefangenen die sich selbst zum Strafantritt im *geschlossenen Vollzug* gestellt haben gilt ebenfalls, dass sie über ein festes Arbeits- oder Ausbildungsverhältnis verfügen müssen. Ihre Eignung für den offenen Vollzug ist dann „umgehend" zu prüfen, bei positiven Bescheid soll die Verlegung innerhalb von zwei Wochen nach Strafantritt erfolgen, vgl. Lockerungsrichtlinien MV, 1.1.6.2.

[47]Insgesamt (m/w) im offenen Vollzug die EFS verbüßende Erwachsene.

[48]Vgl. so auch schon Dünkel (2011) für den Stichtag 31.03.2010, an dem auch Niedersachsen mit 40,1 % einen der höchsten Anteile aufwies (Stichtag 30.11.2016: 22,7 %). Die neueren Zahlen sind der Rechtspflegestatistik entnommen (Statistisches Bundesamt 2017b).

5.3 Geeignete Qualifikationsmaßnahmen

Einige Gesetzesbegründungen betonen gerade im Zusammenhang mit den kurzen Freiheitsstrafen die Notwendigkeit der Schwerpunktsetzung auch auf modulare Qualifikations- und Ausbildungsmaßnahmen im Vollzug.[49] In § 33 Abs. 4 StVollzG SH ist diese Forderung explizit in das Gesetz übernommen worden. Danach sollen Qualifikationsmaßnahmen möglichst so gestaltet werden, dass sie entweder in der Haft abgeschlossen oder im Anschluss an die Haft außerhalb beendet werden können.

Vereinzelt wird in der Literatur darüber hinaus von speziellen Angeboten für Kurzstrafler berichtet, etwa in Form von niedrigschwelligen Gruppenangeboten, die häufig durch freie Träger durchgeführt werden (Podorny 2006).[50]

5.4 Prüfung der Abwendung der Vollstreckung der EFS

Nach den schon oben aufgeführten Abwendungsstrategien vor Inhaftierung wurden bereits auf der Stufe des Aufnahmeverfahrens in Bezug auf die EFS explizite Regelungen in die Gesetze aufgenommen: Um auf eine möglichst baldige Entlassung hinzuarbeiten, sehen einige Bundesländer vor, dass schon im Aufnahmeverfahren die Möglichkeiten der Abwendung der Vollstreckung der Freiheitsstrafe durch freie/gemeinnützige Arbeit (häufig im Vollzug selbst, aber auch aus der Haft heraus)[51] oder die Tilgung der Geldstrafe, auch in Raten, zu erörtern und zu fördern sind (BB, BN, HE, MV, RP, SL, SN, ST, SH, TH). Ohne Benennung konkreter Möglichkeiten zielt auch der § 4 Abs. 5 StVollzG NRW auf das bereits frühzeitige Hinwirken auf eine Haftverkürzung ab.[52] Um negative Folgen der Inhaftierung in allen Bereichen zu verhindern, sollte es auch bei Strafantritt noch

---

[49]LT-Drucks. HE 18/1396; LT-Drucks. RP 16/1910; LT-Drucks. SH 18/3153.

[50]Bei diesem Projekt werden im Rahmen einer Kochgruppe Probleme besprochen und es wird auf die Erlernung sozialer Kompetenzen geachtet. Ehrenamtgruppen, wie die studentische Gruppe „Soziales Training- Recht im Alltag" der Universität Heidelberg verfolgen ähnliche Ansätze.

[51]Vgl. etwa die Gesetzesentwürfe von BB LT-Drucks. 5/6437; LT-Drucks. RP 16/1910; LT-Drucks. ST 6/3799; LT-Drucks. TH 5/6700.

[52]Erfahrungen aus der Praxis eines Haftvermeidungs-/Haftverkürzungsprojekts aus der Haft heraus beschreibt Geiter (2014).

zentrales Anliegen der beteiligten Behörden bleiben, die Freiheitsstrafe abzuwenden. Diesem Ziel entsprechen die genannten Bundesländer durch ihre frühzeitige Beratung. Regelungen in diesem Sinne sollten auch die übrigen Bundesländer in ihre Gesetze aufnehmen (Feest und Joester 2017).[53]

Noch einen Schritt weiter geht Berlin und nimmt dieselbe Zielsetzung sogar in ihre Grundsätze der Vollzugsgestaltung (§ 3 Abs. 8 StVollzG BN) mit auf und verlangt eine vorrangige Unterstützung des Gefangenen bei der Tilgung seiner Geldstrafe zur Abwendung der weiteren Vollstreckung. Hierdurch wird die Bedeutung dieser auch im Vollzug noch bestehenden Möglichkeiten ausdrücklich benannt und zeigt die zentrale Bedeutung derselben auf.

Die Landesverordnung SH zur Vermeidung der Vollstreckung von EFS sieht in diesem Zusammenhang in § 4a ErsFrhStrAbwV SH etwa die Anrechnung freier Arbeit während des Vollzugs der Ersatzfreiheitsstrafe vor.[54] Die Justizvollzugsanstalten sollen den Inhaftierten dabei unterstützen, bei Eignung für den offenen Vollzug bzw. Vollzugslockerungen eine Beschäftigungsstelle außerhalb des Vollzuges zu finden. Ein entsprechendes Programm der JVA Kiel in Zusammenarbeit mit den Vermittlungsstellen (freie Träger) für gemeinnützige bzw. freie Arbeit stellte hierbei fest, dass die Mehrzahl der Inhaftierten sich aufgrund von häufiger Suchtmittelproblematik, mangelndem Interesse etc. als ungeeignet erwiesen. Für die Übrigen stellte sich die Programmteilnahme jedoch als eine effektive Möglichkeit dar, die Haftstrafe zu verkürzen (Vonhoff 2011).

Hessen und Sachsen regeln in ihren Strafvollzugsgesetzen ausdrücklich die eine EFS ebenfalls verkürzende Möglichkeit, das Überbrückungsgeld des Inhaftierten für die Verkürzung seiner Haftzeit, also die Tilgung eines Teils seiner Geldstrafe, zu verwenden (vgl. § 42 Abs. 3 StVollzG HE und § 62 Abs. 2 S. 2 StVollzG SN).

Unter anderem in Bremen und Sachsen können die Gefangenen mit EFS durch unentgeltliche Arbeit innerhalb der JVA die Haftzeit verkürzen (Lürßen 2011; Frankfurth 2011; weitere Beispiele bei Wilde 2015).

[53]Praktiker berichten von der Schwierigkeit der Arbeit nach Antritt der EFS: Geiter (2014) berichtet, dass die Staatsanwaltschaft häufig nur bei einer Zahlung der gesamten Geldstrafe bereit sei, die EFS auszusetzen bzw. aufzuheben.

[54]Einige andere Bundesländer weisen in ihren Verordnungen über die Abwendung der Vollstreckung von EFS durch freie Arbeit ähnliche Regelungen auf.

6 Zusammenfassung und kriminalpolitischer Ausblick

6.1 Zusammenfassung der bisherigen Ergebnisse

Es bleibt zunächst festzuhalten, dass die gesetzgeberischen Bestrebungen zur Eingrenzung der kurzen Freiheitsstrafen und der EFS zwar zu einer Reduzierung der tatsächlichen Haftfälle geführt haben, dennoch ein für die Praxis erheblicher Anteil von Gefangenen nur kurzfristig im Strafvollzug verbleibt. Sowohl diejenigen, die eine unbedingte Freiheitsstrafe von unter 6 Monaten verbüßen als auch diejenigen, die eine EFS verbüßen, stellen unter den „Kurzstraflern" eine besonders negativ selektierte Gruppe dar, die nach den Erkenntnissen der empirischen Forschung als besonders „desintegriert" angesehen werden kann und in der Regel multiple Problemlagen auf sich vereint. Sehr häufig sind die Delikte, die letztendlich zur Inhaftierung dieser Personengruppe führen, leichtere Vermögens- oder Eigentumsdelikte wie etwa das Erschleichen von Leistungen („Schwarzfahren"). Für den Vollzug stellt diese Personengruppe aufgrund der kurzen Aufenthaltsdauer einerseits und der multiplen Problemlagen andererseits eine besondere Herausforderung dar. Die Hauptbestrebungen liegen vor allem bei der EFS darin, den Vollzug abzuwenden oder zu verkürzen. Kommt es zum Vollzug, werden Diagnose- und/oder Planungsverfahren verkürzt, um der Gefahr einer „Überdiagnostik" zu begegnen und Ressourcen zu schonen.[55]

Mit Ausnahme von einigen länderspezifischen Sonderprojekten wird der tatsächliche Vollzug der kurzen Freiheitsstrafe und der EFS in der Praxis als frustrierend erlebt und es besteht die Gefahr eines „Verwahrvollzugs".[56] Diejenigen,

[55]Zur Kritik an dieser Argumentation s. u.

[56]Geiter (2014, S. 573) berichtet von einem Hafthaus in der JVA Köln, das ausschließlich Menschen vorbehalten war, die eine EFS verbüßten. Die Mitarbeitenden erlebten die Zeit in diesem „trostlosen Haus nach nicht allzu langer Zeit als Zumutung". „Das sonst unter Gefangenen praktizierte gegenseitige Aushelfen etwa mit Tabak und Kaffee wurde völlig unmöglich, Frust und Reizbarkeit hatten Hochkonjunktur, zumal sich die Abwechslung im Tagesverlauf in engen Grenzen halten", vorwiegend mangels Arbeitsmöglichkeiten. Weitere Nachweise zum Haftalltag bei Villmow (1998); Meier (2015) weist zutreffend darauf hin, dass nicht erkennbar ist, „worauf sich die Annahme stützt, dass [der Betroffene] nach der Entlassung keine weiteren Delikte mehr begehen wird" und worauf sich angesichts der Vollzugsrealität die „Unerlässlichkeit" der Verhängung der kurzen Freiheitsstrafe aus spezialpräventiver Sicht stützen könnte.

die aus kurzen Freiheitsstrafen entlassen werden, werden vergleichsweise häufig wieder rückfällig (Jehle et al. 2016).[57]

6.2 Forderungen zur Abschaffung der kurzen Freiheitsstrafe und der Ersatzfreiheitsstrafe

Aufgrund dieses überwiegend negativen Resümees kann nur weiterhin gefordert werden, dass kurze Freiheitsstrafen und Ersatzfreiheitsstrafen abgeschafft oder zumindest noch weiter zurückgedrängt werden sollten.

Die Vorschläge aus der Literatur sind vielfältig. So spricht sich Beulke (2012) für eine restriktive Auslegung des § 47 StGB aus, womit Delikte wie etwa die Leistungserschleichung oder der Diebstahl geringwertiger Sachen aufgrund des Übermaßverbots aus dem Anwendungsbereich der Freiheitsstrafe fielen (Beulke 2012).[58] Wenngleich Beulke (2012) diese Überlegungen speziell mit Blick auf die unbedingte Freiheitsstrafe vornimmt, gelten sie auch für die in eine EFS umgewandelte Geldstrafe. Auch hier sollte es für bestimmte Bagatelldelikte einen grundsätzlichen Ausschluss der Umwandlung einer Geldstrafe in eine EFS geben. Im Hinblick auf das Übermaßverbot gelten für die EFS und die kurze Freiheitsstrafe im Wesentlichen die gleichen Parameter für die Abwägung: Es geht prinzipiell um die Balance zwischen Notwendigkeit der staatlichen Reaktion und den Auswirkungen derselben. Generalpräventive Erwägungen, nach denen das Rechtsgefühl der Normtreuen den Vollzug gebieten, sollten empirisch überprüft werden: Vermutlich hält der Großteil der Bevölkerung es für unverhältnismäßig,

[57]Die höchsten Rückfallraten zeigen sich bei den Freiheitsstrafen von unter sechs Monaten bis zu zwei Jahren. Hierfür können natürlich verschiedene Gründe angeführt werden, unter anderem, dass die Klientel in dieser Gruppe besonders risikobehaftet ist, da bei Freiheitsstrafen bis zu zwei Jahren mit guter Prognose eine Strafaussetzung möglich ist. Darüber hinaus sind etwa auch Alterungs- und Reifeprozesse zu berücksichtigen.

[58]Ähnlich Meier (2015), der sich für eine materiell-rechtliche Bagatellklausel (Entkriminalisierung bei geringer Schuld und unbedeutender Rechtsgutsverletzung oder -gefährdung) ausspricht. Er betont auf S. 320, dass die FS als Rechtsfolge im Bereich der Bagatellkriminalität sowohl kriminalpolitisch als auch unter Strafzumessungsgesichtspunkten verfehlt sei (bspw. Änderung des § 248a StGB um eine entsprechende Ergänzung). „Die Armut des Angeklagten ist im deutschen Sanktionssystem kein Umstand, der die Verhängung von Freiheitsstrafe rechtfertigt […].“; vgl. auch Kinzig (2010).

wegen eines ursprünglichen Bagatelldelikts wie dem Schwarzfahren letztlich im Vollzug zu landen.[59]

Im Hinblick auf die EFS stellt sich angesichts der empirischen Erkenntnisse zu den multiplen Problemlagen der dadurch Betroffenen fast noch deutlicher die Frage, ob sie tatsächlich weiterhin für verhältnismäßig und damit legitim gehalten werden kann.[60] Eine Möglichkeit wäre ihre komplette Ersetzung durch gemeinnützige Arbeit oder andere Alternativsanktionen.[61] Zeitnah sollt es, insbesondere mit Blick auf die noch immer variierenden Umrechnungsschlüssel im Bereich der EFS und der gemeinnützigen Arbeit, eine diesbezüglich bundesweit einheitliche Regelung geben.[62]

Bevor eine Geldstrafe als uneinbringlich gilt, sollten verstärkte Bemühungen eingesetzt werden, um die gegebenen Möglichkeiten auszutesten. Die empirischen Ergebnisse haben gezeigt, dass häufig die nachweislich sozial schlecht integrierten Betroffenen im Kontakt mit staatlichen Stellen überfordert sind, sodass rein schriftliche Beitreibungsverfahren im Umgang mit ihnen nicht die richtige Lösung sein können (Bögelein et al. 2014). Persönliche Ansprache und individuelles Eingehen durch Fachkräfte mit Erfahrungen im Umgang mit diesen Personengruppen scheinen hier den dargestellten Pilotprojekten zufolge erfolgversprechender zu sein.

Der gleiche Ansatz gilt auch für den Ausbau der Haftvermeidungsprogramme vor oder während des Vollzugs der EFS, z. B. durch eine noch besser strukturierte und finanzierte Einbindung der freien Träger. Auch hier lässt sich aus der bisherigen Forschung und den bisher durchgeführten (Pilot-) Projekten die Bedeutung der individuellen Betreuung der Betroffenen einerseits und der guten Kommunikation der verschiedenen verantwortlichen Fachkräfte verbunden mit einem Verständnis für die eingeschränkten Fähigkeiten der zu freier Arbeit Verpflichteten andererseits vermuten. Durch Berücksichtigung derselben könnte die Quote

---

[59]In diesem Sinne auch Meier (2015); Heischel (2011) stellt das besondere „Öffentliche Interesse" bei Bagatelldelikten infrage.

[60]Folgerichtig befasste sich die letzte JuMiKo mit der Prüfung alternativer Sanktionsmöglichkeiten zur Vermeidung von Ersatzfreiheitsstrafen gemäß § 43 StGB: Die Justizminister entschieden die Einrichtung einer Bund-Länder-AG, die neue Vorschläge erarbeiten soll.

[61]Dafür, dass die gemeinnützige Arbeit im Sinne des Gesetzesentwurfs zur Reform des Sanktionenrechts zumindest zur primären Regelersatzsanktion bei Uneinbringlichkeit der Geldstrafe wird, sprechen sich z. B. aus: Dünkel (2011); Wolters (2002); Redlich (2004); Dünkel und Scheel (2006).

[62]Vgl. so schon Dünkel (2011) unter Nennung weiterer Schwierigkeiten, insbesondere auch unter verfassungsrechtlichen Gesichtspunkten sowie Dünkel und Scheel (2006).

derjenigen, die ein Haftvermeidungsprogramm erfolgreich abschließen, erheblich gesteigert werden.[63] Letztlich würde ein solcher Ausbau der individuellen Betreuung sicherlich nicht zu Kosten führen, die diejenigen einer Inhaftierung übersteigen. Wenn ein Haftvermeidungsprogramm vor dem Vollzugsantritt nicht erfolgreich durchgeführt werden konnte, sollte ein solches aus dem Vollzug heraus (mit Unterbringung im Freigang) oder im Vollzug („day for day") durchgeführt werden.[64] Ernst zu nehmen und weiter empirisch zu überprüfen ist der auf Auswertungen der verfügbaren Statistiken des Bundesamtes basierende Vorwurf von Wilde (2015), demzufolge der Ausbau der freien Arbeit bundesweit nicht zu einer Verringerung der EFS geführt hat, wenngleich die Studie zur Reduzierung der Freiheitsstrafen in MV von Dünkel und Scheel (2006) für Mecklenburg-Vorpommern zu einem anderen Ergebnis kam.[65]

Eine komplette Abschaffung der Ersatzfreiheitsstrafe könnte weiterhin dadurch erreicht werden, dass rein zivilrechtliche Beitreibungslösungen implementiert werden, die zumindest im Falle einer Nichteintreibung oder der Nichtabwendung durch Alternativen wie gemeinnütziger Arbeit und/oder Wiedergutmachungsleistungen bzw. Täter-Opfer-Ausgleiche Anwendung finden könnten (Dünkel et al. 2010).[66]

Für den Fall, dass alle diese Möglichkeiten nicht greifen, stellt sich gerade im Hinblick auf die multiplen Problemlagen der Betroffenen die Frage, ob der Staat auf die Durchsetzung seines Vollstreckungsanspruchs nicht aus Gnadengründen und/oder Verhältnismäßigkeitserwägungen verzichten sollte.[67] Möglich wäre eine Abwendung der Vollstreckung aus Billigkeitsgründen beispielsweise über eine

---

[63]Bögelein et al. (2014) sprechen sich für ein aktives Zugehen auf Personen, die sich nicht aktiv am Vollstreckungsprozess beteiligen aus und warnen davor, dass Haftvermeidungsprogramme ein aktives Bemühen der verurteilten Person voraussetzen, da ein Fehlen desselben auf psychische Störungen zurückzuführen sein kann. Sie schlagen festgelegte Arbeitsweise, enge Zusammenarbeit und klare Absprachen zwischen allen an der Haftvermeidung beteiligten Institutionen vor.

[64]In diesem Sinne auch Bögelein et al. (2014).

[65]Auch Wilde (2015) räumt einen deutlichen Rückgang der Ersatzfreiheitsstrafen im Projektzeitraum und auch in der Zeit unmittelbar danach ein, weist jedoch zugleich darauf hin, dass die Belegungszahlen in den letzten Jahren wieder angestiegen sind und der Anstieg „nicht auf steigende Vollstreckungen von Geldstrafen zurückzuführen ist".

[66]Für den Ausbau von Alternativen spricht sich auch aus: Streng (2013).

[67]In diesem Sinne auch Wilde (2015) mit tiefer gehenden Überlegungen. Bögelein et al. (2014) weisen in diesem Zusammenhang darauf hin, dass durch die Abschaffung der Ersatzfreiheitsstrafe keine negativen Auswirkungen auf die Zahlungsbereitschaft der restlichen Geldstrafenschuldner zu erwarten sind.

extensivere Anwendung von § 459f StPO, wonach das Gericht ein Unterbleiben der Vollstreckung der EFS anordnen kann, „wenn die Vollstreckung für den Verurteilten eine unbillige Härte wäre" (Heischel 2011, S. 157). In die Richtung eines gnadenweisen Erlasses geht oder ging die zumindest zeitweise in einigen Bundesländern unter Anwendung des § 455a StPO praktizierte gnadenweise Halbierung der zu vollstreckenden Tagessätze, die immerhin zu einer Reduzierung der Ersatzfreiheitsstrafen führen kann.[68]

Die Alternative eines elektronisch überwachten Hausarrests ist hingegen aufgrund der Eingriffsintensität einer solchen Maßnahme als unverhältnismäßig abzulehnen.[69] Eine elektronische Überwachung betont einseitig den Kontrollaspekt und vernachlässigt sozialintegrative Hilfsaspekte. Darüber hinaus würde die kleine Gruppe derjenigen, denen nach Ausschöpfung sämtlicher zuvor genannter Alternativen noch immer die Haft drohen würde, aufgrund ihrer desolaten Lebenssituation und häufig problematischer Persönlichkeitsmerkmale für eine elektronische Überwachung nicht in Betracht kommen (Dünkel et al. 2017).[70]

Auch mit Blick auf die kurzen Freiheitsstrafen ohne Aussetzung zur Bewährung sollte der Vorschlag einer Ersetzungslösung durch die gemeinnützige Arbeit sowie andere Alternativsanktionen, die im Gesetzesentwurf der Bundesregierung zur Reform des Sanktionenrechts im März 2004 insbesondere mit dem Ziel der Ausweitung des Anwendungsbereichs der gemeinnützigen Arbeit in den Bundestag eingebracht wurde[71], nicht unbeachtet bleiben. So sah der § 55a StGB-RefE vor, dass auf Antrag des Verurteilten die Vollstreckung einer Freiheitsstrafe bis unter sechs Monaten im Fall des § 47 StGB (Unerlässlichkeit der Freiheitsstrafe) durch die Ableistung gemeinnütziger Arbeit abgewendet werden könnte.[72] Dies sollte in zwei Fällen möglich sein: Einerseits, wenn der Betroffene erstmals zu einer unbedingten Freiheitsstrafe verurteilt wurde (spezialpräventive Erwägungen) und andererseits, wenn die Vollstreckung der Freiheitsstrafe die Wiedergutmachung des durch die Straftat entstandenen Schadens durch den Verurteilten erheblich gefährdet werden

---

[68]Weitere Nachweise bei Dünkel (2011) und Wilde (2015).

[69]In diesem Sinne auch Dünkel et al. (2010). Eher befürwortend äußert sich Heischel (2011).

[70]Auch unter Verweis auf die Gründe für ein Scheitern des baden-württembergischen Modellprojekts.

[71]BT-Drucks. 15/2725, S. 25; vgl. insbesondere bereits Dünkel und Morgenstern (2003); Dünkel und Scheel (2006): Das „Freiheitsstrafen-Ersetzungsmodell" wurde bereits durch die „Kommission zur Reform des strafrechtlichen Sanktionensystems" im März 2000 entwickelt und vorgelegt.

[72]BT-Drucks. 15/2725, S. 25 unter Benennung der Vorteile; Dünkel und Morgenstern (2003) zum noch weitergehenden Referentenentwurf vom 08.12.2000.

würde (Wiedergutmachungsinteressen des Opfers).[73] Darüber hinaus wurde ebenfalls unter Aspekten der Vermeidung von kurzen Freiheitsstrafen insbesondere auch über die Ausweitung des verkehrsstrafrechtlichen Fahrverbots diskutiert.[74] Seit dem 23. 08. 2017 ist es nunmehr möglich, das Fahrverbot (bis zu einer Dauer von sechs Monaten) auch dann anzuordnen, wenn die Straftat nicht bei oder im Zusammenhang mit dem Führen eines Kraftfahrzeugs oder unter Verletzung der Pflichten eines Kraftfahrzeugführers begangen wurde (vgl. § 44 StGB n.F.).[75] Eine erneute und weitergehende Auseinandersetzung mit den Reformvorschlägen ist wünschenswert.

6.3 Besserer Ausbau spezieller Angebote im Vollzug

Wenn eine Abschaffung der EFS und der kurzen Freiheitsstrafen kriminalpolitisch nicht umsetzbar oder gewollt ist, sollte der Vollzug dennoch politisch und finanziell darin unterstützt werden, bessere Konzepte für die in der Anstalt verbrachte Zeit zu finden, um dem Resozialisierungsgedanken zu stärkerer Geltung zu verhelfen. Die Unterbringung im offenen Vollzug und im Freigang ist weiter vorrangig zu fördern. Im geschlossenen Vollzug geht zwar die aktuell erkennbare Schwerpunktsetzung, die Bemühungen von Vollzugsbeginn an auf die Eingliederung der „Kurzstrafigen" zu konzentrieren, in die richtige Richtung, allerdings bleibt fraglich, ob ein solches Vorgehen nicht stärker strukturiert und/oder vorgegeben sein sollte, als es aktuell der Fall ist. Auch wenn die Gefahr einer Überdiagnostik nicht von der Hand zu weisen ist, sollte zumindest stärker als bisher geregelt werden, welche Umstände im Diagnoseverfahren zu erheben sind. Im Hinblick auf die Entlassung sind dieses mindestens Erhebungen in Bezug auf Wohnsituation, Arbeit, sozialem und psychologischem Bedarf (Suchtberatung und Therapie) und die finanzielle Situation (Schuldnerberatung, Hilfe bei behördlichen Verpflichtungen, Hilfe beim Umgang mit Geld sowie die Unterstützung bei der Sicherung der Lebensgrundlage) (Laubenthal 2015; Lohmann 2016). Gerade bei der stark belasteten Population der „Kurzstrafler" muss es spezifische, auf individuelle Problemlagen ausgerichtete Behandlungsmaßnahmen geben, die aufgrund der kurzen Dauer nur durch eine gute Überleitung in die kommunalen

[73]Vgl. BT-Drucks. 15/2725, S. 8, 25.

[74]Vgl. BT-Drucks. 15/2725, S. 22: Hierbei ging es unter anderem auch um Fälle, in denen eine Geldstrafe in Kombination mit einem Fahrverbot von drei Monaten für nicht mehr ausreichend gehalten wird und durch die Ausdehnung der Höchstdauer des Fahrverbots auf sechs Monate diese Lücke entsprechend geschlossen werden würde.

[75]Vgl. hierzu BGBl. 2017 I, 3202.

Hilfssysteme gelingen kann.[76] Die, wenn auch kurze Zeit im Strafvollzug könnte zumindest dazu verwendet werden, persönliche Kontakte in die sozialen Hilfssysteme aufzubauen. Aufgrund der kurzen Zeit in der Anstalt wird teilweise auch die Teilnahme an „klassischen" Übergangsmanagementprogrammen ausgeschlossen, beachtet werden muss aber auch, dass der Aufwand des Sozialdienstes im Vollzug gerade im Fall von Kurzstraflern mit ihren multiplen Problemlagen sehr zeitintensiv sein kann. Kooperationen mit den Institutionen „draußen" (z. B. Jobcenter, freien Trägern[77] und unter Umständen auch Ehrenamtlichen) können in diesen Fällen sehr hilfreich sein, fachlich ausgebildetes Personal (zum Beispiel im Umgang mit Substanzmittelabhängigkeiten) jedoch nicht ersetzen.

Literatur

Aebi, M. F., & Delgrande, N. (2014). *SPACE I – Council of Europe annual penal statistics: Prison populations. Survey 2013*. Strasbourg: Council of Europe.

Aebi, M. F., Tiago, M. M., & Burkhardt, C. (2017). *SPACE I – Council of Europe annual penal statistics: Prison populations. Survey 2015*. Strasbourg: Council of Europe.

Albrecht, H.-J. (2013). Ersatzfreiheitsstrafe § 43 StGB. In U. Kindhäuser, U. Neumann, & H.-U. Paeffgen (Hrsg.), *Nomos Kommentar – Strafgesetzbuch* (4. Aufl., Bd. 1, S. 1752–1757). Baden-Baden: Nomos.

Arloth, F., & Krä, H. (2017). *Strafvollzugsgesetze Bund und Länder: StVollzG* (4. Aufl.). München: Beck.

Barkemeyer, K. (2011). Das kostet doch alles viel mehr als das, was ich zahlen muss. *Forum Strafvollzug, 60,* 139–142.

Besozzi, C., & Kunz, K.-L. (2012). Kurze Freiheitsstrafen und ihr Ersatz – eine Revision der Revision? In E. Hilgendorf & R. Rengier (Hrsg.), *Festschrift für Wolfgang Heinz zum 70. Geburtstag* (S. 580–593). Baden-Baden: Nomos.

Berger, T., & Achterberg, L. E. (2011). Vermittlung Gemeinnütziger Arbeit durch freie Träger. Erfahrungen aus Schleswig-Holstein zur Abwendung von Ersatzfreiheitsstrafen. *Forum Strafvollzug, 60,* 166–169.

Beulke, W. (2012). Kurze Freiheitsstrafen bei Bagatelldelikten – Ein Plädoyer zugunsten einer restriktiven Auslegung von § 47 StGB. In E. Hilgendorf & R. Rengier (Hrsg.), *Festschrift für Wolfgang Heinz zum 70. Geburtstag* (S. 549–609). Baden-Baden: Nomos.

[76]Meier (2015, S. 313) fasst den Forschungsstand der Straftäterbehandlungsforschung so zusammen, dass es für die Senkung der Rückfallquote vor allem auf das „Wie" des Umgangs mit den betreffenden Tätergruppen ankomme: „Entscheidend sind individualisierende, ursachenbezogene Maßnahmen, mit denen auf die konkreten Problemlagen Bezug genommen wird.".

[77]Ein gutes Praxisbeispiel ist hier das Projekt „Fünf vor Haft" aus Bremen (Lürßen 2011).

Bögelein, N., Ernst, A., & Neubacher, F. (2014). Wie kann die Vermeidung von Ersatzfreiheitsstrafen gelingen? – Zur Lebenssituation der Verurteilten und zur Zusammenarbeit staatlicher und nichtstaatlicher Organisationen. *Bewährungshilfe, 61,* 282–294.

Cornel, H. (2010). Abschlussbericht zur wissenschaftlichen Begleitung des Projekts ISI – Integration statt Inhaftierung der Straffälligen- und Bewährungshilfe. http://www.sbh-berlin.de/PDF/Abschlussbericht_ISI.pdf. Zugegriffen: 9. Sept. 2017.

Dolde, G. (1990). Vollzug der kurzen Freiheitsstrafen ohne soziale Desintegration: Verlauf und Erfolge des „Kurzstrafenprogramms" in BW. In J.-M. Jehle, W. Maschke, & D. Szabo (Hrsg.), *Strafrechtspraxis und Kriminologie* (2. Aufl., S. 171–194). Mönchengladbach: Forum Verlag Godesberg.

Dünkel, F. (2011). Ersatzfreiheitsstrafen und ihre Vermeidung. *Forum Strafvollzug, 60,* 143–153.

Dünkel, F. & Morgenstern, C. (2003). Aktuelle Probleme und Reformfragen des Sanktionenrechts in Deutschland. *Juridica International (Estland) VIII,* S. 24–35. www.juridica.ee/get_doc.php?id=622. Zugegriffen: 9. Sept. 2017.

Dünkel, F., & Scheel, J. (2006). *Vermeidung von Ersatzfreiheitsstrafen durch gemeinnützige Arbeit: das Projekt „Ausweg" in Mecklenburg-Vorpommern. Ergebnisse einer empirischen Untersuchung.* Mönchengladbach: Forum Verlag Godesberg.

Dünkel, F., Flügge, C., Lösch, M., & Pörksen, A. (2010). Plädoyer für verantwortungsbewusste und rationale Reformen des strafrechtlichen Sanktionensystems und des Strafvollzugs. Thesen des Ziethener Kreises. *Zeitschrift für Rechtspolitik, 6,* 175–178.

Dünkel, F., Geng, G., & Harrendorf, S. (2016). Gefangenenraten im internationalen und nationalen Vergleich. *Bewährungshilfe, 63,* 178–200.

Dünkel, F., Thiele, C., & Treig, J. (Hrsg.). (2017). *Elektronische Überwachung von Straffälligen im europäischen Vergleich – Bestandsaufnahme und Perspektiven.* Mönchengladbach: Forum Verlag Godesberg.

Euler, M. (2016). Feststellung des Maßnahmenbedarfs § 9 HStVollzG. In J.-P. Graf (Hrsg.), *Beck'scher Onlinekommentar Strafvollzugsrecht Hessen,* 6. Aufl., Stand: 15.10.2016.

Feest, J., & Joester, E. (2017). § 7 LandesR Diagnoseverfahren. In J. Feest, W. Lesting, & M. Lindemann (Hrsg.), *Strafvollzugsgesetze Kommentar (AK-StVollzG)* (7. Aufl., S. 103–108). Köln: Heymanns.

Fissenebert, C. (2011). Zum Nutzen aller Beteiligten … Hilfen zur Reduzierung von Ersatzfreiheitsstrafen in der JVA Bielefeld-Brackwede. *Forum Strafvollzug, 3,* 165.

Frankfurth, M. (2011). Das „day-for-day-Prinzip. Ein Projekt zur Vermeidung bzw. Verkürzung der Vollstreckung von Ersatzfreiheitsstrafen. *Forum Strafvollzug, 60,* 163–164.

Geiter, H. (2014). Ersatzfreiheitsstrafen: Bitterste Vollstreckung der mildesten Hauptstrafe des StGB – Erfahrungen bei Haftreduzierungsstrategien im Strafvollzug. In M. Kubiciel & F. Neubacher (Hrsg.), *Gedenkschrift für Michael Walter* (S. 559–578). Berlin: Duncker & Humblot.

Gerlach, S. (2011). Risiken und Nebenwirkungen der Ersatzfreiheitsstrafe. *Forum Strafvollzug, 60,* 138.

Goers, M. (2016a). Diagnoseverfahren § 13 BdgJVollzG. In J.-P. Graf (Hrsg.), *Beck'scher Onlinekommentar Strafvollzugsrecht Brandenburg,* 6. Aufl., Stand: 01.12.2016.

Goers, M. (2016b). Diagnoseverfahren § 7 StVollzG M-V. In J.-P. Graf (Hrsg.), *Beck'scher Onlinekommentar Strafvollzugsrecht Mecklenburg-Vorpommern*, 5. Aufl., Stand: 15.12.2016.

Goers, M. (2016c). Diagnoseverfahren § 13 ThürJVollzGB. In J.-P. Graf (Hrsg.), *Beck'scher Onlinekommentar Strafvollzugsrecht Thüringen*, 7. Aufl., Stand: 15.06.2016.

Groß, K.-H. (2016). Strafaussetzung § 56 StGB. In W. Joecks & K. Miebach (Hrsg.), *Münchner Kommentar zum Strafgesetzbuch* (3. Aufl., Bd. 2, S. 564–594). München: Beck.

Hall, K.-A. (1954). Die Freiheitsstrafe als kriminalpolitisches Problem. *Zeitschrift für die gesamte Strafrechtswissenschaft, 66,* 77–110.

Heischel, O. (2011). *Ersatzfreiheitsstrafler. Forum Strafvollzug, 60,* 153–159.

Heintschel-Heinegg, B. von. (2017a). Ersatzfreiheitsstrafe § 43 StGB. In B. von Heintschel-Heinegg (Hrsg.), *Beck'scher Onlinekommentar – Strafgesetzbuch*, 35. Aufl., Stand 01.08.2017.

Heintschel-Heinegg, B. von. (2017b). Kurze Freiheitstrafe nur in Ausnahmefällen § 47 StGB. In B. von Heintschel-Heinegg (Hrsg.), *Beck'scher Onlinekommentar – Strafgesetzbuch*, 35. Aufl., Stand 01.08.2017.

Heinz, W. (2014). *Das strafrechtliche Sanktionensystem und die Sanktionierungspraxis in Deutschland.* http://www.uni-konstanz.de/rtf/kis/Sanktionierungspraxis-in-Deutschland-Stand-2012.pdf (letzter Zugriff: 10.09.2017).

Heinz, W. (2016). Kriminalität und Kriminalitätskontrolle in Deutschland. http://www.uni-konstanz.de/rtf/kis/Kriminalitaet_und_Kriminalitaetskontrolle_in_Deutschland_Stand_2013.pdf. Zugegriffen: 10. Sept. 2017.

Hettenbach, C. (2016a). Diagnoseverfahren § 13 RhPfLJVollzG. In J.-P. Graf (Hrsg.), *Beck'scher Onlinekommentar Strafvollzugsrecht Rheinland-Pfalz*, 6. Aufl., Stand: 15.10.2016.

Hettenbach, C. (2016b). Diagnoseverfahren § 7 SLStVollzG. In J.-P. Graf (Hrsg.), *Beck'scher Onlinekommentar Strafvollzugsrecht Saarland*, 4. Aufl., Stand: 01.07.2016.

Hillenbrand, T. (2015). Die kurze Freiheisstrafe – eine zu häufige Ausnahme. *StRR*, S. 168–175.

Jehle, J.-M., Feuerhelm, W., & Block, P. (1990). *Gemeinnützige Arbeit statt Ersatzfreiheitsstrafe. Forschungskolloquium zu einer bundesweiten Untersuchung*. Berlin: Springer.

Jehle, J.-M., Albrecht, H.-J., Hohmann-Fricke, S., & Tetal, C. (2013). *Legalbewährung nach strafrechtlichen Sanktionen. Eine bundesweite Rückfalluntersuchung 2007 bis 2010 und 2004 bis 2010*. Mönchengladbach: Forum Verlag.

Jehle, J.-M., Albrecht, H.-J., Hohmann-Fricke, S., & Tetal, C. (2016). *Legalbewährung nach strafrechtlichen Sanktionen. Eine bundesweite Rückfalluntersuchung 2010 bis 2013 und 2004 bis 2013*. Mönchengladbach: Forum Verlag.

Kawamura-Reindl, G., & Reindl, R. (2010). *Gemeinnützige Arbeit statt Strafe*. Freiburg: Lambertus-Verlag.

Kempfer, J., & Rössner, D. (2013). Strafbemessung § 47 StGB. In D. Dölling, G. Duttge, & D. Rössner (Hrsg.), *Gesamtes Strafrecht. StGB, StPO, Nebengesetze: Handkommentar* (3. Aufl.). Baden-Baden: Nomos.

Kinzig, J. (2010). Knast für den Diebstahl einer Milchschnitte? Grenzen der Verhängung kurzer Freiheitsstrafen bei Bagatelltaten wiederholt straffälliger Personen. In D. Dölling, B. Götting, B.-D. Meier, & T. Verell (Hrsg.), *Verbrechen – Strafe – Resozialisierung: Festschrift für Heinz Schöch zum 70. Geburtstag* (S. 647–668). Berlin: de Gruyter.

Köhne, M. (2004). Abschaffung der Ersatzfreiheitsstrafe? *Juristische Rundschau, 11*, 453–456.

Kreiner, S. (2017). Wohngruppenvollzug § 13 STStVollzG. In J.-P. Graf (Hrsg.), *Beck'scher Onlinekommentar Strafvollzugsrecht Sachsen-Anhalt*, 5. Aufl., Stand: 01.06.2017.

Laubenthal, K. (2015). *Strafvollzug* (7. Aufl.). Berlin: Springer.

Laubenthal, K., Nestler, N., Neubacher, F., & Verrel, T. (Hrsg.). (2015). *Strafvollzugsgesetze* (12. Aufl.). München: C.H. Beck.

Lohmann, H. (2016). Behandlungsuntersuchung § 7 HmbStVollzG. In J.-P. Graf (Hrsg.), *Beck'scher Onlinekommentar Strafvollzugsrecht Hamburg*, 4. Aufl., Stand: 01.10.2016.

Lürßen, G. (2011). Praxisbericht Bremen zur Vermeidung und Reduzierung von Ersatzfreiheitsstrafen. *Forum Strafvollzug, 60*, 160–162.

Maier, S. (2016). Strafbemessung § 47 StGB. In W. Joecks & K. Miebach (Hrsg.), *Münchner Kommentar zum StGB* (3. Aufl., Bd. 2).

Matt, E. (2005). Haft und keine Alternative? Zur Situation von Ersatzfreiheitsstrafen-Verbüßern am Beispiel Bremen. *Monatsschrift für Kriminologie und Strafrechtsreform, 88*, 339–350.

Meier, B.-D. (2007). Sanktionsforschung. In H. J. Schneider (Hrsg.), *Internationales Handbuch der Kriminologie. Grundlagen der Kriminologie* (Bd. 1, S. 971–1010). Berlin: de Gruyter.

Meier, B.-D. (2015). Bagatellkriminalität: Freiheitsstrafe ist keine Lösung. In B. Bannenberg, H. Brettel, G. Freund, B.-D. Meier, H. Remschmidt, & C. Safferling (Hrsg.), *Über allem: Menschlichkeit. Festschrift für Dieter Rössner* (S. 304–320). Baden-Baden: Nomos.

Mosbacher, A., & Claus, S. (2016). Ersatzfreiheitsstrafe § 43 StGB. In H. Satzger, W. Schluckebier, & G. Widmaier (Hrsg.), *Strafgesetzbuch: Kommentar*. Köln: Carl Heymanns Verlag.

Müller-Foti, G., Robertz, F. J., Schildbach, S., & Wickenhäuser, R. (2007). Punishing the disoriented? Medical and criminological implications of incarcerating patients with mental disorders for failing to pay a fine. *International Journal of Prisoner Health, 3*, 87–97.

Obergfell-Fuchs, J. (2016) Aufnahme und Behandlungsuntersuchung § 4 JVollzGB. In R. Wulf (Hrsg.), *Beck'scher Onlinekommentar Strafvollzugsrecht Baden-Württemberg*, 6. Aufl., Stand: 01.12.2016.

Podborny, B.-A. (2006). Gruppenangebote der Straffälligenhilfe im Kurzstrafenvollzug. *Zeitschrift für Strafvollzug und Straffälligenhilfe, 55*, 29–32.

Radtke, H. (2016). Ersatzfreiheitsstrafe § 43 StGB. In W. Joecks & K. Miebach (Hrsg.), *Münchner Kommentar zum StGB* (3. Aufl., Bd. 2). München: Beck.

Redlich, M. (2004). *Die Vermeidung von Ersatzfreiheitsstrafen – wesentliches Anliegen aktueller Strafrechtsreformbestrebungen*. Frankfurt: Lang.

Schaffmeister, D. (1985). Durch Modifikation zu einer neuen Strafe. In T. Vogler (Hrsg.), *Festschrift für Hans-Heinrich Jescheck zum 70. Geburtstag* (S. 991–1014). Berlin: Duncker & Humbolt.

Schaeferdiek, S. (1997). *Die kurze Freiheitsstrafe im schwedischen und deutschen Strafrecht*. Berlin: Duncker & Humbolt.

Schäferskipper, K. (2016a). Diagnoseverfahren § 7 SächsStVollzG. In J.-P. Graf (Hrsg.), *Beck'scher Onlinekommentar Strafvollzugsrecht Sachsen*, 7. Aufl., Stand: 15.10.2016.

Schäferskipper, K. (2016b). Vollzugs-und Eingliederungsplanung § 8 SächsStVollzG. In J.-P. Graf (Hrsg.), *Beck'scher Onlinekommentar Strafvollzugsrecht Sachsen*, 7. Aufl., Stand: 15.10.2016.

Sohn, W. (2004). Zur Entwicklung der Freiheitsstrafe bis zu zwei Jahren. *Zeitschrift für Strafvollzug und Straffälligenhilfe, 5,* 264–270.

Statistisches Bundesamt. (2004–2017). Rechtspflege Strafverfolgung 2002–2015. https://www.destatis.de/DE/Publikationen/Thematisch/Rechtspflege/AlteAusgaben/StrafverfolgungAlt.html. Zugegriffen: 17. Jan. 2018.

Statistisches Bundesamt. (2009a). Rechtspflege Strafverfolgung 2007. https://www.destatis.de/GPStatistik/servlets/MCRFileNodeServlet/DEHeft_derivate_00006766/2100300077004.pdf. Zugegriffen: 17. Jan. 2018.

Statistisches Bundesamt. (2009b). Rechtspflege Strafverfolgung 2008. https://www.destatis.de/GPStatistik/servlets/MCRFileNodeServlet/DEHeft_derivate_00006767/2100300087004.pdf. Zugegriffen: 17. Jan. 2018.

Statistisches Bundesamt. (2014). Bestand der Gefangenen und Verwahrten in den deutschen Justizvollzugsanstalten nach ihrer Unterbringung auf Haftplätzen des geschlossenen und offenen Vollzugs jeweils zu den Stichtagen 31. März, 31. August und 30. November eines Jahres. https://www.destatis.de/DE/Publikationen/Thematisch/Rechtspflege/StrafverfolgungVollzug/BestandGefangeneVerwahrte5243201139004.pdf?__blob=publicationFile. Zugegriffen: 17. Jan. 2018.

Statistisches Bundesamt. (2017a). Rechtspflege Strafverfolgung. https://www.destatis.de/DE/Publikationen/Thematisch/Rechtspflege/AlteAusgaben/StrafverfolgungAlt.html. Zugegriffen: 11. Jan. 2018.

Statistisches Bundesamt. (2017b). Bestand der Gefangenen und Verwahrten in den deutschen Justizvollzugsanstalten. https://www.destatis.de/DE/Publikationen/Thematisch/Rechtspflege/StrafverfolgungVollzug/BestandGefangeneVerwahrtePDF_5243201.pdf;jsessionid=725BBC4BBA4A75399B1B1F4DF8B4777D.cae2?__blob=publicationFile. Zugegriffen: 9. Sept. 2017.

Stree, W., & Kinzig, J. (2014). Strafbemessung § 47 StGB. In A. Schönke & H. Schröder (Hrsg.), *Strafgesetzbuch: StGB. Kommentar*. München: Beck.

Streng, F. (2013). Strafbemessung § 47 StGB. In U. Kindhäuser, U. Neumann, & H.-U. Paeffgen (Hrsg.), *Nomos Kommentar – Strafgesetzbuch* (4. Aufl., Bd. 1, S. 1903–1910). Baden-Baden: Nomos.

Weigend, T. (1990). Renaissance der kurzen Freiheitsstrafe? In DBH (Hrsg.), *Die 13. Bundestagung. Dokumentation der 13. Bundestagung der Deutschen Bewährungshilfe e. V. (DBH)* (S. 495–513). Bonn: Forum Verlag Godesberg.

Wilde, F. (2015). *Armut und Strafe. Zur strafverschärfenden Wirkung von Armut im deutschen Strafrecht*. Berlin: Springer.

Wittstamm, K. (1997). Die kurze Freiheitsstrafe. Eine Bestandsaufnahme. *Zeitschrift für Strafvollzug und Straffälligenhilfe, 46,* 3–18.

Wolters, G. (2002). Der Entwurf eines „Gesetzes zur Reform des Sanktionenrechts". *Zeitschrift für die gesamte Strafrechtswissenschaft, 114,* 63–87.

Villmow, B. (1998). Kurze Freiheitsstrafen, Ersatzfreiheitsstrafen und gemeinnützige Arbeit – Erfahrungen und Einstellungen von Betroffenen. In H.-J. Albrecht, H.-J. Kerner, F. Dünkel, J. Kürzinger, H. Schöch, K. Sessar, & B. Villmow (Hrsg.), *Internationale Perspektiven in Kriminologie und Strafrecht: Festschrift für Günther Kaiser zum 70. Geburtstag* (Bd. 2, S. 1291–1324). Berlin: Duncker & Humblot.

Villmow, B., Sessar, K., & Vonhoff, B. (1993). Kurzstrafenvollzug: einige Daten und Überlegungen. *Kriminologisches Journal, 25,* 205–223.
Vonhoff, K. (2011). Die Arbeit der „Vermittlungsstellen in freie Arbeit". *Zeitschrift für soziale Strafrechtspflege, 19,* 68–74.
Zuber, A. (2014). Geldverwaltung statt Vollstreckung von Ersatzfreiheitsstrafen. Ein Hilfeangebot der Anlaufstellen für Straffällige in Niedersachsen. *Informationsdienste Straffälligenhilfe, 22,* 15–16.

Lebenslange Freiheitsstrafen

Axel Dessecker

Dass es lebenslange und damit unbefristete Freiheitsstrafen gibt, gilt in Deutschland weithin als selbstverständlich. Sie haben im allgemeinen Bewusstsein seit langem die Todesstrafe als schwerste Sanktion des Kriminalrechts abgelöst. Höchstens die Sicherungsverwahrung scheint innerhalb des geltenden Rechts ein alternatives Modell zu liefern, das für den Umgang mit Personen in Betracht gezogen wird, die schwere Straftaten begangen haben oder von denen man dies zumindest befürchtet. Dabei unterscheiden sich diese beiden unbefristeten Freiheitsentziehungen, die das deutsche Kriminalrecht noch bis in seine verfassungsrechtliche Interpretation strikt voneinander getrennt hält, aus kriminologischer wie auch aus menschenrechtlicher Perspektive nur wenig (Dessecker 2016; van Zyl Smit et al. 2016).

Im Rahmen dieses Werks, mit dem das Gefängnis auf den Prüfstand gestellt wird, erscheint es dennoch zweckmäßig, an der traditionellen Einteilung festzuhalten und beide Sanktionen getrennt zu betrachten. Für die Sicherungsverwahrung kann daher auf den folgenden Artikel von Tillmann Bartsch verwiesen werden. Hier wird zunächst der aktuelle Zustand der lebenslangen Freiheitsstrafe in strafrechtlicher, vollzugsrechtlicher und kriminologischer Hinsicht ins Auge gefasst, bevor nach Veränderungsbedarf gefragt wird. Diese Reformüberlegungen lassen sich am Ende kurz zusammenfassen.

A. Dessecker (✉)
Wiesbaden, Deutschland
E-Mail: a.dessecker@krimz.de

B. Maelicke und S. Suhling (Hrsg.), *Das Gefängnis auf dem Prüfstand*,
Edition Forschung und Entwicklung in der Strafrechtspflege,
https://doi.org/10.1007/978-3-658-20147-0_15

1 Der Zustand der lebenslangen Freiheitsstrafe

1.1 Strafrechtliche Voraussetzungen

Das Gesetz droht lebenslange Freiheitsstrafe vor allem in dem Tatbestand des Mordes (§ 211 StGB) als absolute Strafe an. Daneben bildet sie die Höchststrafe nach verschiedenen Qualifikationstatbeständen wie etwa beim sexuellen Übergriff, der sexuellen Nötigung und Vergewaltigung mit Todesfolge (§ 178 StGB), wobei alternativ auch zeitige Freiheitsstrafe verhängt werden kann.

Da die Strafe unbefristet ist, erfolgt eine Begrenzung allein im Vollstreckungsverfahren durch die Möglichkeit einer nachträglichen Aussetzung zur Bewährung. Das Mindestmaß der lebenslangen Freiheitsstrafe bestimmt § 57a I 1 Nr. 1 StGB mit einer Verbüßungsdauer von 15 Jahren. Eine längere, aber vom Gesetz nicht definierte Mindestverbüßungszeit ergibt sich, wenn das Gericht eine „besondere Schwere der Schuld des Verurteilten“ festgestellt hat (Kett-Straub 2011, S. 201 ff.). Darüber hinaus müssen für eine Aussetzung des Strafrests zur Bewährung weitere Voraussetzungen vorliegen: die verurteilte Person muss einwilligen, und insbesondere braucht es eine günstige Gefährlichkeitsprognose nach entsprechender Begutachtung (§ 454 II StPO).

Die Schuld setzt – anders als bei zeitigen Freiheitsstrafen – keine Obergrenze für die Vollstreckungsdauer. Die Rechtsprechung des Bundesverfassungsgerichts lässt es zu, dass eine lebenslange Freiheitsstrafe auch über das Maß der besonderen Schwere der Schuld hinaus und letztlich bis zum Tod vollzogen wird.[1] Sie betont aber auch, dass die verfassungsrechtliche Kontrolldichte nach dem Übermaßverbot mit zunehmender Dauer einer Freiheitsentziehung zunimmt.[2] Die Anforderungen an eine weitere Vollstreckung werden mit der Zeit also immer strenger.

1.2 Vollzugsrechtliche Ausgestaltung

Das Vollzugsrecht differenziert kaum nach dem Strafmaß. Dementsprechend gibt es für Gefangene, die eine lebenslange Freiheitsstrafe verbüßen, nur wenige Sondervorschriften.

---

[1] BVerfG, Beschlüsse vom 28. Juni 1983 – 2 BvR 539/80 u. a. (= BVerfGE 64, 261 <272>) und 8. November 2006 – 2 BvR 578/02 u. a. (= BVerfGE 117, 71); zu der letztgenannten Entscheidung Kinzig (2007).

[2] BVerfG, Beschluss vom 30. April 2009 – 2 BvR 2009/08 (= NJW 2009, 1941 <1942>).

Die Vollzugsgesetze der meisten Länder legen besondere Wartefristen vor der Möglichkeit der Gewährung solcher vollzugsöffnender Maßnahmen fest, die ohne Aufsicht von Vollzugsbediensteten stattfinden. Diese Wartefristen beziehen sich – wie schon nach der früheren bundeseinheitlichen Vorschrift des § 13 III StVollzG – meist auf Urlaub aus der Haft oder die damit vergleichbaren Lockerungen „Freistellung aus der Haft“ und „Langzeitausgang“ und werden überwiegend auf 10 Jahre festgesetzt (§ 9 III 2 JVollzGB III Baden-Württemberg, § 42 III 2 StVollzG Berlin, § 38 III 2 StVollzG Bremen, § 38 III 2 StVollzG Mecklenburg-Vorpommern, § 54 IV StVollzG Nordrhein-Westfalen, § 45 III 2 LJVollzG Rheinland-Pfalz, § 38 III 2 SLStVollzG, § 38 III 2 SächsStVollzG, § 45 VII 2 JVollzGB Sachsen-Anhalt, § 46 IV 2 ThürJVollzGB).

Manche Landesgesetzgeber haben die Lockerungsvoraussetzungen gegenüber dem früheren Strafvollzugsgesetz des Bundes verschärft. So wird die Wartefrist in Bayern auf 12 Jahre verlängert (Art. 14 III BayStVollzG). Zwei Länder sehen Sperrfristen auch für andere vollzugsöffnende Maßnahmen vor. Während Hessen die 10-Jahres-Frist bereits für den Ausgang in Begleitung anwendet (§ 13 VI HStVollzG), hat Niedersachsen für den Ausgang eine kürzere Sperrfrist von 8 Jahren festgelegt und belässt es für den Urlaub bei der 10-Jahres-Frist (§ 13 IV NJVollzG).

Andere Länder haben jedenfalls die gesetzlichen Regelungen liberalisiert. In Brandenburg (§ 48 II JVollzG) wird für Lockerungen bei dieser Gefangenengruppe zwar keine besondere Wartefrist festgelegt, aber eine Zustimmungspflicht der Aufsichtsbehörde. In Hamburg und Schleswig-Holstein wurde die früher bestehende Wartefrist abgeschafft. Ein für zehn Bundesländer erarbeiteter Musterentwurf hatte für die Gewährung von Langzeitausgang in der Regel eine Wartefrist von 5 Jahren vorgesehen, wurde aber diesbezüglich von keinem Land übernommen.[3]

Für Gefangene, die zu lebenslanger Freiheitsstrafe verurteilt sind, und anderen Langzeitgefangene gilt darüber hinaus die Empfehlung Rec (2003) 23 des Ministerkomitees des Europarats (BMJ et al. 2004, S. 229 ff.; Drenkhahn 2014a). Diese betont die Geltung allgemeiner Vollzugsgrundsätze wie der Resozialisierung als Vollzugsziel und der Vermeidung negativer Auswirkungen eines langfristigen Strafvollzugs. Sie geht wie das deutsche Vollzugsrecht davon aus, dass geeignete Behandlungsmaßnahmen angeboten werden müssen.

[3]§ 38 III 2 des Musterentwurfs eines Landesstrafvollzugsgesetzes vom 23. August 2011 (http://www.justiz.bremen.de/sixcms/media.php/13/Musterentwurf%20LStVollzG%20 06%2009%2011.pdf).

1.3 Sanktionspraxis und Wirkungen

Seit Inkrafttreten des Grundgesetzes sind lebenslange Freiheitsstrafen fast ausschließlich wegen Mordes verhängt worden (Weber 1999, S. 43). Diese Gerichtspraxis bestätigt die Strafverfolgungsstatistik mit jedem neu erscheinenden Jahrgang. Seit 1991 waren es zu 97 % Verurteilungen wegen § 211 StGB, und die verbleibende Restgruppe entfiel zur Hälfte auf Raub oder räuberische Erpressung mit Todesfolge (§ 251 StGB) (Dessecker 2017, S. 12 ff.).

1.3.1 Aussetzungen und Vollstreckungsdauer

Nach einer eigenen Zeitreihenuntersuchung für den Zeitraum zwischen 2002 und 2015 sind 760 Vollstreckungen lebenslanger Freiheitsstrafen zur Bewährung ausgesetzt worden. Solche Aussetzungen nach § 57a I StGB waren wesentlich häufiger zu beobachten als andere Beendigungsgründe. Allerdings machten Ausweisungen und andere Maßnahmen, die zu einem Absehen von der Strafvollstreckung in Deutschland (§ 456a StPO) und einer Überstellung an ausländische Behörden führen, insgesamt rund 20 % aller Beendigungsfälle aus. In den letzten Jahren zeichnete sich ab, dass ihre Bedeutung zunimmt.

Was die Haftdauer betrifft, hatte die Hälfte der aus der Verbüßung einer lebenslangen Freiheitsstrafe in den Jahren 2002 bis 2015 Entlassenen mehr als 17 Jahre im Justizvollzug verbracht. Doch war etwa jede 8. Person länger als 25 Jahre im Vollzug (Dessecker 2017, S. 19 f.). Für die Entlassungen aufgrund einer Strafaussetzung zwischen 1982 und 1989 hat Weber (1999, S. 59) einen Wert von 18 Jahren 7 Monaten errechnet, und für Gnadenentscheidungen in der Zeit zwischen 1945 und 1975, also vor der Einführung des § 57a StGB, wurde aufgrund einer Umfrage des Bundesverfassungsgerichts bei den Landesjustizverwaltungen sogar ein Median von etwas mehr als 20 Jahren ermittelt (Laubenthal 1987, S. 106). Doch ergeben sich keine Anhaltspunkte für eine lineare Entwicklung. Auch in den letzten Jahren sind Einzelfälle von Gefangenen mit extrem langen Haftdauern bekannt geworden (Kinzig 2015, S. 583). Vor allem ist darauf hinzuweisen, dass alle Gefangenen mit lebenslangen Strafen, die im jeweiligen Berichtsjahr nicht entlassen wurden (und möglicherweise nie entlassen werden), in solchen rückwirkenden Datenerhebungen systematisch ausgeblendet werden.

Eine besondere Rolle in der Diskussion über lebenslange Freiheitsstrafen spielt die Frage nach dem Anteil der Strafen, die tatsächlich bis zum Tod der Verurteilten vollstreckt werden (Fiedeler 2003; National Research Council 2014, S. 185 ff., 223 ff.; van Zyl Smit et al. 2016). Es gibt Hinweise darauf, dass deren Anteil in Deutschland langfristig zurückgegangen ist. Seit 2002 sind rund 11 % aller Verurteilten, deren lebenslange Freiheitsstrafe beendet wurde, im Gefängnis verstorben, wobei Selbsttötungen mitgezählt wurden (Dessecker 2017, S. 20 f.). Nach den bei Weber (1999, S. 55 f.) zusammengestellten Angaben lag dieser Anteil in früheren Jahrzehnten teilweise deutlich höher. Allerdings gibt es ehemalige Gefangene, bei denen die Freiheitsstrafe kurz vor deren (erwartetem) Tod ausgesetzt oder nach § 455 IV StPO unterbrochen wurde. Manche dieser ehemaligen Gefangenen verstarben innerhalb weniger Tage nach der Vollzugsunterbrechung.

Todesfälle im Vollzug verweisen auf die Problematik von Haftschäden durch langjährige Freiheitsentziehungen, die für die Grundsatzentscheidung des Bundesverfassungsgerichts über die lebenslange Freiheitsstrafe eine wichtige Rolle spielte.[4] Empirische Untersuchungen über die psychischen und somatischen Auswirkungen langer Freiheitsentziehungen unter den Bedingungen des deutschen Justizvollzugs liegen nur in sehr beschränktem Umfang vor (Bennefeld-Kersten 2009, S. 142 ff.; Konrad 1994). Auch die vorhandene internationale Forschung (Drenkhahn 2014b, S. 13 ff.; Leigey 2015, S. 128 ff.; Zamble 1992) erscheint nur begrenzt aussagekräftig (Dirkzwager et al. 2012).

1.3.2 Vollzugspraxis und Legalbewährung

Im Frühjahr 2016 verbüßten rund 1860 Gefangene, darunter etwa 110 Frauen, eine lebenslange Freiheitsstrafe (Statistisches Bundesamt 2017, S. 11). Obwohl die Gesamtzahl dieser Gefangenen nicht zu vernachlässigen ist, sind kaum empirische Erkenntnisse zur Vollzugspraxis vorhanden.

Regionale Ergebnisse aus Berlin sind von einer Gesamterhebung der Gefangenenpersonalakten aller Strafgefangenen mit lebenslangen Freiheitsstrafen zu erwarten, die 2014 durchgeführt wurde. Die erste Auswertung einer Teilgruppe (Kröber 2015) ergab, dass die Hälfte dieser Gefangenen bereits länger als 14 Jahre in Haft war, wobei Zwischenverbußungen anderer Strafen offenbar mitgezählt wurden. Bei etwa 40 % wurde eine besondere Schwere der Schuld angenommen. Drei Viertel waren bereits früher verurteilt worden, zehn Gefangene hatten bereits früher ein Tötungsdelikt begangen.

Stefanie Koel (2016) hat jüngst die Gefangenenpersonalakten von 23 Gefangenen ausgewertet, die zu einem Stichtag im Sommer 2015 im sächsischen Strafvollzug einsaßen und die Mindestverbüßungszeit von 15 Jahren annähernd erreicht oder bereits überschritten hatten. Im Mittel wurden bei diesen Gefangenen mehr als 20 Vollzugs- und Eingliederungspläne erstellt. Ausführungen aus humanitären Gründen erfolgten frühestens nach sieben, bei einem Gefangenen

[4] BVerfG, Urteil vom 21. Juni 1977 – 1 BvL 14/76 (= BVerfGE 45, 187 <206 ff., 229 ff.>).

jedoch erst nach mehr als 30 Jahren Vollzugsdauer. Unbegleitete Ausgänge waren nur bei neun der 23 Gefangenen registriert, sie fanden frühestens nach mehr als zehn Jahren statt. Prognosegutachten als Bedingung einer möglichen Entlassung fanden sich lediglich bei zwei Dritteln der Untersuchungsgruppe. Für bestimmte Behandlungsmaßnahmen wie berufliche Qualifizierungskurse, delikt- oder problembezogene Behandlung und soziales Training wurde in allen Fällen ein Bedarf angenommen. Deprivationszustände oder „Hospitalismus" waren bei fünf Gefangenen dokumentiert.

Nach der neuesten bundesweiten Legalbewährungsstudie von Jehle et al. (2016, S. 67) wurden während eines Beobachtungszeitraums von drei Jahren nach einer 2010 erfolgten Entlassung aus lebenslanger Freiheitsstrafe rund 14 % der früheren Gefangenen erneut verurteilt; diese Rückfallquote lag noch unter derjenigen bei Geldstrafen. Die meisten neuen Verurteilungen betrafen lediglich Geldstrafen, was einen Widerruf der Strafaussetzung unwahrscheinlich machte. Wählt man einen vergleichsweise langen Beobachtungszeitraum von neun Jahren, erreicht die Rückfälligkeit nach einer im Jahr 2004 erfolgten Entlassung aus einer lebenslangen Freiheitsstrafe 45 % (Jehle et al. 2016, S. 198 ff.). Trotz des Umfangs solcher aufwendiger und breit angelegter Rückfalluntersuchungen weisen diese methologisch bedingte Grenzen auf. Da in einem Kalenderjahr relativ wenige Gefangene aus dem Vollzug der lebenslangen Freiheitsstrafe entlassen werden, steht nur eine kleine Ausgangsgruppe zur Verfügung. Doch auch die internationale Forschung zeigt, dass Personen, die wegen eines Tötungsdelikts verurteilt und nach einer langen Freiheitsstrafe entlassen werden, nur selten und mit weniger schweren Taten rückfällig werden (Griffin und O'Donnell 2012, S. 614; Langan und Levin 2002, S. 61 ff.; Liem et al. 2014; Mauer et al. 2004, S. 23 f.; Neuilly et al. 2011, S. 163).

2 Was sollte sich verändern?

Auf der Grundlage dieser Bestandsaufnahme zum Zustand der lebenslangen Freiheitsstrafe lässt sich möglicher Veränderungsbedarf auf verschiedenen Ebenen lokalisieren. Ausgeklammert bleibt hier jedoch die gelegentlich erhobene Forderung nach Abschaffung der lebenslangen Strafe (Höffler und Kaspar 2015). Sie könnte in diesem Rahmen nicht angemessen diskutiert werden, weil sie nicht nur eine grundsätzliche Erörterung von Strafzwecken und der Legitimation des Strafrechts insgesamt notwendig machen würde, sondern auch die rechtsvergleichende Einbeziehung der Erfahrungen aus anderen Rechtsordnungen.

Bei den Beratungen der vom Bundesministerium der Justiz und für Verbraucherschutz eingesetzten Expertengruppe zur Reform der Tötungsdelikte hat die Zukunft der lebenslangen Freiheitsstrafe eine wichtige Rolle gespielt. Jörg Kinzig (2015) hat sich dafür ausgesprochen, in allen einschlägigen Straftatbeständen die Option einer zeitigen Freiheitsstrafe vorzusehen, die Voraussetzungen für eine besondere Schwere der Schuld präzise zu bestimmen und die Vollstreckungsdauer auch in diesen Fällen gesetzlich zu begrenzen. Darüber hinaus möchte er die Aussetzung der Vollstreckung zur Bewährung nicht mehr von einer Zustimmung der Verurteilten abhängig machen, auf die Möglichkeit der Verbindung mit Sicherungsverwahrung verzichten, andererseits aber die Vollzugsgestaltung in bestimmten Fällen derjenigen des Unterbringungsvollzugs annähern.

Die Expertengruppe hat diese Vorstellungen nur teilweise übernommen und ihre Entscheidungen häufig nur mit knapper Mehrheit getroffen. Zu einem Gesetzentwurf des Ministeriums ist es bisher nicht gekommen.

2.1 Mordtatbestand und Sanktionswahl

Auch wenn die in § 211 StGB formulierten Mordmerkmale aus heutiger Sicht teilweise antiquiert und reformbedürftig erscheinen mögen, ist von dem Bedürfnis auszugehen, besonders schwere Formen vorsätzlicher Tötungen durch einen herausgehobenen Tatbestand zu erfassen. Ein zwingender Grund, allein lebenslange und nicht auch lange zeitige Freiheitsstrafe anzudrohen, ist aber nicht zu erkennen (Heine et al. 2008, S. 208 ff.). Zu den Kennzeichen des deutschen Strafrechts gehören ja auch sonst breite Entscheidungsspielräume der Gerichte gerade auf der Seite der Rechtsfolgen.

Ein grundsätzlicher Widerspruch zu der gesetzlichen Konzeption der lebenslangen Freiheitsstrafe als unbefristeter Höchststrafe liegt in der vor einigen Jahren eingeführten Möglichkeit der Verbindung mit der ebenfalls unbefristeten freiheitsentziehenden Maßregel der Sicherungsverwahrung. Zum Stichtag 31. März 2014 gab es mehr als 120 Gefangene, die davon betroffen waren. Diese Personen werden entweder auf Bewährung aus dem Strafvollzug entlassen, oder die Verbüßung der Strafe wird wegen ungünstiger Gefährlichkeitsprognose immer weiter fortgesetzt, sodass eine Unterbringung in der Sicherungsverwahrung in jedem Fall ausscheidet. Aus diesem Grund bleibt die Verbindung beider Sanktionen ein rein symbolischer Akt ohne praktische Folgen. Daher sollte die Kombinationsmöglichkeit gestrichen werden (Dessecker 2015).

2.2 Strafvollstreckungsrecht

Das Strafvollstreckungsrecht wirft bei lebenslangen Freiheitsstrafen nur dann besondere Schwierigkeiten auf, wenn eine besondere Schwere der Schuld angenommen wurde. Abgesehen davon, dass die Kriterien für dieses Merkmal unbestimmt geblieben sind, führt die bisherige Gerichtspraxis dazu, dass eine verbindliche Festlegung der Mindestverbüßungszeit erst nach langen Jahren erfolgt, nämlich dann, wenn der Ablauf von 15 Jahren immer näher rückt und die Entscheidung unausweichlich wird. Das mag die Entscheidungsgrundlage für das Gericht verbreitern, weil Informationen über den Vollzugsverlauf herangezogen werden können. Für die betroffenen Gefangenen ist dieses Hinausschieben der Entscheidung schwer erträglich, es beeinträchtigt aber auch die Möglichkeiten des Justizvollzugs zu einer sinnvollen Vollzugsplanung und -gestaltung. Deshalb spricht viel dafür, einen frühzeitigeren Entscheidungszeitpunkt nach Ablauf weniger Jahre vorzuschreiben (Kinzig 2015, S. 581 ff.).

Eine besondere Schwere der Schuld impliziert die Vorstellung, dass die Vollstreckungsdauer möglichst lang bemessen werden muss. In einzelnen Fällen haben die Gerichte Mindestverbüßungszeiten von 30 Jahren und mehr festgelegt, wobei die Bewertung durch verschiedene Instanzen sehr uneinheitlich ausfiel. Daher ist zu überlegen, ob eine gesetzliche Begrenzung erfolgen sollte (Kinzig 2015, S. 585).

2.3 Strafvollzugsrecht

Lebenslange Freiheitsstrafen sind allgemein dadurch gekennzeichnet, dass die Dauer des Vollzugsaufenthalts zunächst unabsehbar lang ist und sich erst allmählich konkretisiert. Das gilt unabhängig davon, wie schwer die Schuld eingestuft und ob den Verurteilten eine besondere Gefährlichkeit zugeschrieben wird. Zu berücksichtigen ist, dass das Bundesverfassungsgericht die Verfassungskonformität dieser Strafe in seiner Leitentscheidung von 1977 nur unter der Voraussetzung angenommen hat, dass es nicht zu gravierenden Haftschäden kommt.

Trotz aller Überarbeitungen und Aktualisierungen infolge der Föderalismusreform kommt dieser Gesichtspunkt, der nicht allein für lebenslange Freiheitsstrafen gilt, in dem nunmehr weitgehend von den Gesetzen der Länder geprägten Justizvollzugsrecht nur in dem allgemeinen Grundsatz der Gegensteuerung zum Ausdruck. Die verfassungsrechtliche Forderung, Haftschäden bei langfristigen Freiheitsentziehungen zu vermeiden, folgt aus der Gewährleistung der

Menschenwürde (Art. 1 I GG) und gilt unabhängig davon, ob eine lange zeitige Freiheitsstrafe oder eine lebenslange Freiheitsstrafe verbüßt wird oder ob eine Unterbringung in der Sicherungsverwahrung erfolgt ist.

Dem lässt sich im Vollzugsrecht dadurch Rechnung tragen, dass Ausführungen aus humanitären Gründen bei lang dauernden Freiheitsentziehungen allgemein vorgesehen werden, soweit die Voraussetzungen für weitergehende Lockerungen nicht gegeben sind. Solche Vorschriften sollten klar erkennen lassen, für welche Gefangenen sie in Betracht kommen. Denkbar wäre, sie mit Erreichung eines bestimmten und leicht feststellbaren Schwellenwerts von beispielsweise zehn Jahren ununterbrochenem Aufenthalt im geschlossenen Vollzug seit der letzten Inhaftierung eingreifen zu lassen. Da potenzielle Beeinträchtigungen nicht unmittelbar von der Art der Sanktion oder Maßnahme der Strafverfolgung abhängen werden, sollten aufeinander folgende Haftzeiten für verschiedene Verfahren addiert werden.

Auf der anderen Seite erscheint es problematisch, die Gewährung weiter gehender vollzugsöffnender Maßnahmen von gesetzlichen Mindestfristen abhängig zu machen. Solche Lockerungen sind eine nicht unwichtige Interventionsform des Vollzugs, welche die Erreichung des Vollzugsziels der sozialen Integration unterstützen können, indem sie eine Entlassung vorbereiten. Wie andere Maßnahmen, die Gegenstand von Vollzugs- und Eingliederungsplänen sind, sollten sie individuell geprüft und begründet werden. Die traditionellen Sondervorschriften für Gefangene mit lebenslangen Freiheitsstrafen, die – wie im ersten Abschnitt ausgeführt – von den meisten Ländergesetzen im Wesentlichen übernommen und teilweise sogar verschärft wurden, sollten in dieser Hinsicht überarbeitet werden.

Im Zusammenhang mit der neuen Gesetzgebung zum Vollzug der Sicherungsverwahrung wird teilweise erwogen, das Vollzugsregime der lebenslangen Freiheitsstrafe nach Ablauf der Zeit, die zur Schuldvergeltung verhängt worden ist, dem der Maßregel anzunähern und das vom Bundesverfassungsgericht entwickelte „Abstandsgebot" auf das Verhältnis von lebenslangen und zeitigen Freiheitsstrafen zu übertragen (Pollähne 2015, S. 701 ff.; Steinhilber 2012, S. 126 ff.). Diese Forderung erscheint wenig begründet und kriminalpolitisch verfehlt. Das Ziel des Abstandsgebots liegt ersichtlich darin, die unter vielen Gesichtspunkten fragwürdige Maßregel der Sicherungsverwahrung auch künftig verfassungs- und menschenrechtlich zu untermauern. Was Gefangene mit lebenslanger Freiheitsstrafe betrifft, sollte es nicht darum gehen, innerhalb des Justizvollzugs einen Sonderstatus mit besonderen Abteilungen oder Anstalten zu etablieren, sondern im Gegenteil deren Haftbedingungen denen anderer Gefangener möglichst weit anzunähern.

3 Fazit

Die hier vorgeschlagenen Veränderungen nehmen die Bedingungen für Verhängung, Vollstreckung und Vollzug insgesamt in den Blick. Im Justizvollzug erscheinen rechtliche Sondervorschriften für Gefangene mit lebenslangen Freiheitsstrafen entbehrlich und kontraproduktiv. Es dürfte eher angebracht sein, stärker als bisher zu gewährleisten, dass die Bedürfnisse aller Gefangenen mit langen Vollzugsaufenthalten ernst genommen werden.

Dazu gehört nicht nur die Vermeidung potenzieller Haftschäden durch die Möglichkeit von Ausführungen aus humanitären Gründen. Anlass für solche Maßnahmen besteht keineswegs nur für in der Sicherungsverwahrung Untergebrachte. Vielmehr ist zu betonen, dass allgemeine Vollzugsgrundsätze wie derjenige, schädlichen Folgen des Freiheitsentzugs entgegenzuwirken, für alle Gefangenen gelten. Auch das Vollzugsziel der sozialen Integration wird nicht dadurch suspendiert, dass jemand zu einer lebenslangen Freiheitsstrafe verurteilt worden ist. Es ist die sozialstaatliche Aufgabe des Justizvollzugs, geeignete Behandlungsprogramme auch für solche Gefangenen anzubieten, deren Entlassung nach aktueller Einschätzung in ferner Zukunft liegt.

Darüber hinaus lassen sich einige Desiderate an die Forschung formulieren. Wie sich die Vollzugspraxis bei lebenslangen Freiheitsstrafen gestaltet, wird gegenwärtig und in den letzten Jahren ebenso wenig erforscht wie die Folgen langfristiger Freiheitsstrafen. Aus empirischen Forschungen zur Vollzugspraxis, die von der einschlägigen Gesetzgebung der Länder ebenso wie vom Bundesverfassungsgericht gefordert werden, ließe sich entnehmen, welche Formen von Behandlung mit welchen Mitteln und unter welchen konkreten Voraussetzungen bei langen Strafen mehr Erfolg versprechen als andere. Welche Folgen lange Freiheitsentziehungen haben, ist nicht nur aus verfassungsrechtlicher Perspektive bedeutsam für die Legitimation der lebenslangen Freiheitsstrafe. Entsprechende Forschungen könnten auch zeigen, welche Vollzugsbedingungen zu erwünschten oder unerwünschten Wirkungen führen.

Dies alles sind keine grundsätzlich neuen Erkenntnisse. Es sei darauf hingewiesen, dass die meisten dieser Gesichtspunkte sich bereits in der Empfehlung des Ministerkomitees des Europarats zur Behandlung der zu lebenslanger Freiheitsstrafe verurteilten und anderen Langzeitgefangenen durch die Strafvollzugsverwaltungen aus dem Jahr 2003 (BMJ et al. 2004, S. 229 ff.) finden. Sie können hier also nur erneut bekräftigt werden.

Literatur

Bennefeld-Kersten, K. (2009). *Ausgeschieden durch Suizid: Selbsttötungen im Gefängnis. Zahlen, Fakten, Interpretationen.* Lengerich: Pabst.

Bundesministerium der Justiz, Bundesministerium für Justiz, & Eidgenössisches Justiz- und Polizeidepartement. (Hrsg.). (2004). *Empfehlungen des Europarates zum Freiheitsentzug 1962–2003.* Mönchengladbach: Forum.

Dessecker, A. (2015). Zum Verhältnis von lebenslanger Freiheitsstrafe und Sicherungsverwahrung. In T. Rotsch, J. Brüning, & J. Schady (Hrsg.), *Strafrecht, Jugendstrafrecht, Kriminalprävention in Wissenschaft und Praxis: Festschrift für Heribert Ostendorf zum 70. Geburtstag am 7. Dezember 2015* (S. 197–208). Baden-Baden: Nomos.

Dessecker, A. (2016). Constitutional limits on life imprisonment and post-sentence preventive detention in Germany. In D. van Zyl Smit & C. Appleton (Hrsg.), *Life imprisonment and human rights* (S. 411–434). Oxford: Hart.

Dessecker, A. (2017). *Die Vollstreckung lebenslanger Freiheitsstrafen: Dauer und Gründe der Beendigung im Jahr 2015.* Wiesbaden: KrimZ (http://www.krimz.de/publikationen/bm-online.html).

Dirkzwager, A., Nieuwbeerta, P., & Blokland, A. (2012). Effects of first-time imprisonment on postprison mortality: A 25-year follow-up study with a matched control group. *Journal of Research in Crime and Delinquency, 49,* 383–419.

Drenkhahn, K. (2014a). International rules concerning long-term prisoners. In K. Drenkhahn, M. Dudeck, & F. Dünkel (Hrsg.), *Long-term imprisonment and human rights* (S. 31–44). London: Routledge.

Drenkhahn, K. (2014b). Research on long-term imprisonment. In K. Drenkhahn, M. Dudeck, & F. Dünkel (Hrsg.), *Long-term imprisonment and human rights* (S. 9–22). London: Routledge.

Fiedeler, S. M. (2003). *Das verfassungsrechtliche Hoffnungsprinzip im Strafvollzug: ein hoffnungsloser Fall? Grundlagen, Grenzen und Ausblicke für die Achtung der Menschenwürde bei begrenzter Lebenserwartung eines Gefangenen.* Frankfurt a. M.: Lang.

Griffin, D., & O'Donnell, I. (2012). The life sentence and parole. *British Journal of Criminology, 52,* 611–629.

Heine, G., Höpfel, F., Huber, B., Jung, H., Lautenschläger, D., Lilie, H., et al. (2008). Alternativ-Entwurf Leben (AE-Leben): Entwurf eines Arbeitskreises deutscher, österreichischer und schweizerischer Strafrechtslehrer. *Goltdammer's Archiv für Strafrecht, 155,* 193–270.

Höffler, K., & Kaspar, J. (2015). Plädoyer für die Abschaffung der lebenslangen Freiheitsstrafe. *Goltdammer's Archiv für Strafrecht, 162,* 453–462.

Jehle, J.-M., Albrecht, H.-J., Hohmann-Fricke, S., & Tetal, C. (2016). *Legalbewährung nach strafrechtlichen Sanktionen: eine bundesweite Rückfalluntersuchung 2010 bis 2013 und 2004 bis 2013.* Mönchengladbach: Forum (http://www.bmjv.de/SharedDocs/Downloads/DE/Statistiken/Download/Gesamt_Rueckfall.html).

Kett-Straub, G. (2011). *Die lebenslange Freiheitsstrafe: Legitimation, Praxis, Strafrestaussetzung und besondere Schwere der Schuld.* Tübingen: Mohr Siebeck.

Kinzig, J. (2007). Zur Verfassungsmäßigkeit der gefährlichkeitsbedingten Vollstreckung der lebenslangen Freiheitsstrafe und zu deren Anforderungen. *Juristische Rundschau, 61,* 165–169.

Kinzig, J. (2015). Die Zukunft der lebenslangen Freiheitsstrafe. In Expertengruppe zur Reform der Tötungsdelikte (Hrsg.), *Abschlussbericht der Expertengruppe zur Reform der Tötungsdelikte (§§ 211–213, 57a StGB)* (S. 529–591). Berlin: Bundesministerium der Justiz und für Verbraucherschutz (http://www.bmjv.de/SharedDocs/Downloads/DE/Artikel/Abschlussbericht_Experten_Toetungsdelikte.html).

Koel, S. (2016). *Lebenslange Freiheitsstrafen: eine qualitative Untersuchung*. Hamburg: Universität Hamburg (Masterarbeit).

Konrad, N. (1994). Psychische Störung und lange Freiheitsstrafe. In H. Jung & H. Müller-Dietz (Hrsg.), *Langer Freiheitsentzug: wie lange noch? Plädoyer für eine antizyklische Kriminalpolitik* (S. 125–141). Bonn: Forum.

Kröber, H.-L. (2015). Mordkonzept und Mordmerkmale aus forensisch-psychiatrischer Sicht. In Expertengruppe zur Reform der Tötungsdelikte (Hrsg.), *Abschlussbericht der Expertengruppe zur Reform der Tötungsdelikte (§§ 211–213, 57a StGB)* (S. 638–657). Berlin: Bundesministerium der Justiz und für Verbraucherschutz (http://www.bmjv.de/SharedDocs/Down-loads/DE/Artikel/Abschlussbericht_Experten_Toetungsdelikte.html).

Langan, P. A., & Levin, D. J. (2002). Recidivism of prisoners released in 1994. *Federal Sentencing Reporter, 15,* 58–65.

Laubenthal, K. (1987). *Lebenslange Freiheitsstrafe: Vollzug und Aussetzung des Strafrestes zur Bewährung*. Lübeck: Schmidt-Römhild.

Leigey, M. E. (2015). *The forgotten men: Serving a life without parole sentence*. New Brunswick: Rutgers University Press.

Liem, M., Zahn, M. A., & Tichavsky, L. (2014). Criminal recidivism among homicide offenders. *Journal of Interpersonal Violence, 29,* 2630–2651.

Mauer, M., King, R. S., & Young, M. C. (2004). *Meaning of "life": Long prison sentences in context*. Washington: Sentencing Project (http://www.opensocietyfoundations.org/sites/default/files/lifers.pdf).

National Research Council. (2014). *The growth of incarceration in the United States: Exploring causes and consequences*. Washington: National Academies Press (http://www.nap.edu/read/18613/).

Neuilly, M.-A., Zgoba, K. M., Tita, G. E., & Lee, S. S. (2011). Predicting recidivism in homicide offenders using classification tree analysis. *Homicide Studies, 15,* 154–176.

Pollähne, H. (2015). Sonderregelungen für Vollstreckung und Vollzug lebenslanger Freiheitsstrafen? In T. Rotsch, J. Brüning, & J. Schady (Hrsg.), *Strafrecht, Jugendstrafrecht, Kriminalprävention in Wissenschaft und Praxis: Festschrift für Heribert Ostendorf zum 70. Geburtstag am 7. Dezember 2015* (S. 687–705). Baden-Baden: Nomos.

Statistisches Bundesamt. (2017). *Strafvollzug: demographische und kriminologische Merkmale der Strafgefangenen zum Stichtag 31.03.2016*. Wiesbaden: Statistisches Bundesamt (https://www.destatis.de/DE/Publikationen/Thematisch/Rechtspflege/StrafverfolgungVollzug/Strafvollzug.html).

Steinhilber, B. (2012). *Mord und Lebenslang: aktuelle Rechtsprobleme und Vorschläge für die überfällige Reform*. Baden-Baden: Nomos.

Weber, H.-M. (1999). *Die Abschaffung der lebenslangen Freiheitsstrafe: für eine Durchsetzung des Verfassungsanspruchs*. Baden-Baden: Nomos.

Zamble, E. (1992). Behavior and adaptation in long-term prison inmates. *Criminal Justice and Behavior, 19,* 409–425.

Zyl Smit, D. van, Appleton, C., & Benford, G. (2016). Introduction. In D. van Zyl Smit & C. Appleton (Hrsg.), *Life imprisonment and human rights* (S. 1–20). Oxford: Hart.

Sicherungsverwahrung und Strafvollzug bei Gefangenen mit vorgemerkter Sicherungsverwahrung

Tillmann Bartsch

1 Einführung

Die Sicherungsverwahrung (§§ 66ff. StGB; §§ 7, 106 JGG) gehört zu den strafrechtlichen Maßregeln der Besserung und Sicherung. Sie wird stets zusätzlich zu einer Strafe verhängt, im Gegensatz zu den anderen stationären Maßregeln der Besserung und Sicherung (§§ 63, 64 StGB) aber immer erst nach der Strafe vollstreckt (§ 44 Abs. 1 S. 1 StVollStrO; krit. Pollähne 2013, S. 251 f.). Zu dem Zeitpunkt, in dem Verurteilte in die Sicherungsverwahrung gelangen, haben sie also häufig bereits eine lange, im Durchschnitt wohl mehr als sechs Jahre währende Zeit (Dessecker 2013a, S. 95) als sog. Strafgefangene mit vorgemerkter Sicherungsverwahrung (scil.: mit angeordneter oder vorbehaltener Sicherungsverwahrung) im Strafvollzug verbracht.

Der Zweck der Sicherungsverwahrung besteht auf der Anordungsebene allein im Schutz der Allgemeinheit vor Tätern, die erhebliche Straftaten begangen haben und die wegen eines Hangs zur Begehung schwerer Straftaten fortdauernd gefährlich sind. Der mit allen Maßregeln verbundene Besserungszweck spielt bei der Sicherungsverwahrung erst auf der Vollzugsebene eine Rolle (Meier 2015, S. 345). Zu den Anordnungsvoraussetzungen der Sicherungsverwahrung gehört stets eine negative Legalprognose (siehe zu weiteren Voraussetzungen etwa Stree/Kinzig, in: Schönke und Schröder 2014, §§ 66ff.). Hierin liegt einer der neuralgischen Punkte dieser Maßregel. Denn dass solche Prognosen mit hinreichender Sicherheit erstellt

T. Bartsch (✉)
Tübingen, Deutschland
E-Mail: tillmann.bartsch@uni-tuebingen.de

B. Maelicke und S. Suhling (Hrsg.), *Das Gefängnis auf dem Prüfstand*,
Edition Forschung und Entwicklung in der Strafrechtspflege,
https://doi.org/10.1007/978-3-658-20147-0_16

werden können, wird mittlerweile – empirisch fundiert – bezweifelt (Alex 2013; Kinzig 2008). Damit gerät zugleich die Legitimationsgrundlage der Sicherungsverwahrung, die zumeist im überwiegenden Interesse des Schutzes der Allgemeinheit gegenüber dem Freiheitsinteresse des Täters gesehen wird (siehe nur Streng 2012, Rn. 337 m. w. N.), ins Wanken. Denn ein überwiegendes Schutzinteresse der Allgemeinheit lässt sich schwerlich feststellen, wenn nicht mit hinreichender Sicherheit geklärt werden kann, ob der Täter überhaupt eine Gefahr für die Allgemeinheit darstellt (Streng 2011, S. 828 f., 2013, S. 237 ff.).

Diese und weitere Probleme, die mit der Sicherungsverwahrung verbunden sind, haben in den vergangenen Jahren immer wieder zu Forderungen nach deren Abschaffung geführt (Kinzig 1996; Asprion 2012; siehe zur Diskussion auch Bartsch und Höffler 2015). Das Gehör des Gesetzgebers haben diese Rufe nach einer Abolition jedoch nicht gefunden. Im Gegenteil: Seit dem Ende der 1990er Jahre hat der Gesetzgeber diese Maßregel in Reaktion auf einige gravierende (Sexual-)Straftaten, die zumeist zum Nachteil von Kindern begangen wurden und die Bevölkerung außerordentlich bewegten, deutlich ausgeweitet (Steiger 2016, S. 117 ff.): Man senkte die Anordnungsvoraussetzungen (§ 66 Abs. 3 StGB), schuf neue Formen der Anordnung (vorbehaltene und nachträgliche Sicherungsverwahrung, §§ 66a, 66b StGB), bezog Heranwachsende und Jugendliche in den Anwendungsbereich dieser Maßregel ein (§§ 7, 106 JGG) und schaffte die seit Anfang der 1970er Jahre bestehende zeitliche Begrenzung einer erstmalig angeordneten Sicherungsverwahrung auf zehn Jahre rückwirkend ab. Seither handelt es sich bei der Sicherungsverwahrung in allen Fällen um eine potenziell lebenslänglich währende Maßnahme, deren Vollstreckung nur noch dann beendet wird, wenn im Rahmen der mindestens jährlich durchzuführenden Überprüfungen (§ 67e Abs. 2 StGB) eine positive Legalprognose gestellt wird (Aussetzung zur Bewährung, § 67d Abs. 2 StGB) bzw. nach mindestens zehnjährigem Vollzug keine negative Legalprognose mehr besteht (Erledigterklärung, § 67d Abs. 3 StGB).

In Folge der zahlreichen Ausweitungen der Vorschriften über die Sicherungsverwahrung ist die Zahl der Sicherungsverwahrten seit dem Ende der 1990er Jahre deutlich angestiegen (die nachfolgend genannten Zahlen stammen aus: Statistisches Bundesamt, diverse Jahrgänge). Waren im Jahr 1997 lediglich 200 Personen in nämlichem Maßregelvollzug inhaftiert, gab es im Jahr 2010 536 Sicherungsverwahrte. Danach sank die Zahl der Untergebrachten vor allem in Folge einer Entscheidung des Europäischen Gerichtshofs für Menschenrechte (StV 2010, S. 181 ff.) vorübergehend unter die 500er-Marke. Zum 31.03.2015 waren aber bereits wieder über 500 Personen (529) im Vollzug der Sicherungsverwahrung inhaftiert; darüber hinaus befindet sich aktuell noch eine erhebliche

Zahl von Gefangenen, bei denen die Sicherungsverwahrung vorgemerkt ist, im Strafvollzug (31.03.2014: 608 Personen; vgl. Dessecker 2016, S. 477).

Obwohl die Zahl der Sicherungsverwahrten in den vergangenen Jahren stark gestiegen ist, bilden diese Gefangenen freilich auch weiterhin eine nur sehr kleine Gruppe innerhalb des Justizvollzugs. Gleichwohl lohnt es, sich in einem Werk, in dem das Gefängnis auf den Prüfstand gestellt werden soll, eingehend mit dem Vollzug der Sicherungsverwahrung zu befassen. Denn zum einen handelt es sich hierbei um einen potenziell bis zum Ende des Lebens währenden und daher äußerst eingriffsintensiven Vollzug, dessen Organisation/Durchführung Justizvollzugsverantwortliche und -beschäftigte vor besondere Herausforderungen stellt. Zum anderen erlebt der Vollzug der Sicherungsverwahrung derzeit den vielleicht größten Wandel seit seiner Einführung: So befindet er sich aktuell in einem grundlegenden Veränderungs- und wohl auch (Um-)Lernprozess, der allerdings nicht vom Vollzug selbst initiiert, sondern ihm von außen – durch das Bundesverfassungsgericht (BVerfG) – vorgegeben wurde.

Insbesondere die eben benannte Entwicklung wird nachfolgend beschrieben. Dazu wird zunächst ein kurzer Blick zurück auf die frühere, unzureichende Ausgestaltung des Vollzugs der Sicherungsverwahrung geworfen (Abschn. 2). Daran anknüpfend wird dargelegt, wie der Vollzug der Sicherungsverwahrung ausgestaltet sein soll. Dieser „Soll-Zustand" lässt sich aus einem grundlegenden Urteil des BVerfG zum Vollzug der Sicherungsverwahrung vom 04.05.2011 ableiten (Abschn. 3). Schließlich wird der Frage nachgegangen, inwieweit sich der Vollzug der Sicherungsverwahrung seit dieser Entscheidung des höchsten deutschen Gerichts verändert hat („Ist-Zustand", Abschn. 4). Bei allen vorgenannten Punkten wird überdies ein Seitenblick auf den Vollzug bei Strafgefangenen mit vorgemerkter Sicherungsverwahrung geworfen.

2 Früherer Zustand

Der Vollzug der Sicherungsverwahrung war seit Einführung stets deutlich mehr auf die sichere Unterbringung als auf die Resozialisierung der Untergebrachten ausgerichtet (siehe dazu Bartsch 2010; Dax 2017). Zu Beginn des 21. Jahrhunderts keimte dann jedoch erstmals die Hoffnung auf, dass sich im Vollzug der Sicherungsverwahrung etwas ändern und dieser künftig vermehrt am Gedanken der Resozialisierung orientiert sein würde. Anlass hierzu gab ein Urteil des BVerfG (NJW 2004, S. 739 ff.), das im Jahr 2004 zur rückwirkenden Aufhebung der Zehn-Jahres-Begrenzung erging. Darin stellte das höchste deutsche Gericht fest, dass die Sicherungsverwahrung „ebenso wie der Strafvollzug" auf die Resozialisierung ausgerichtet sein müsse und die Untergebrachten „eine konkrete und realisierbare Chance haben [müssen], die Freiheit wieder zu erlangen" (BVerfG NJW 2004, S. 740). Insbesondere sei zu gewährleisten, dass den Sicherungsverwahrten hinreichende Behandlungs-, Therapie- und Arbeitsmöglichkeiten angeboten werden, damit sie die negative Prognose verbessern können (BVerfG NJW 2004, S. 740). Zudem dürften Vollzugslockerungen wegen der besonderen Bedeutung für die Prognosebasis nicht ohne hinreichenden Grund versagt werden (BVerfG NJW 2004, S. 744). Außerdem gab das BVerfG den Landesjustizverwaltungen auf, Sicherungsverwahrte im Vollzug gegenüber Strafgefangenen besser zu stellen, um den allein spezialpräventiven Charakter der Sicherungsverwahrung zu verdeutlichen. Dabei betonte das höchste deutsche Gericht, dass insbesondere „hoffnungslos Verwahrten" Vergünstigungen gewährt werden müssten, um ihnen „einen Rest an Lebensqualität zu gewährleisten" (BVerfG NJW 2004, S. 744).

In den nachfolgenden Jahren änderte sich im Vollzug der Sicherungsverwahrung jedoch kaum etwas (siehe dazu bereits Bartsch 2017b). Nach wie vor fehlte es an einer hinreichenden Besserstellung von Sicherungsverwahrten gegenüber Strafgefangenen, an Behandlungs- und Beschäftigungsangeboten in Sicherungsverwahrungseinrichtungen, an Plätzen in sozialtherapeutischen Anstalten für Sicherungsverwahrte, an der Bereitschaft der Vollzugsbehörden zur Gewährung von vollzugsöffnenden Maßnahmen und an dringend erforderlichen Motivationsangeboten für die Maßregelinsassen, die aufgrund der häufig langjährigen Inhaftierung nicht selten den Bezug zur Außenwelt verloren hatten und in Lethargie, Passivität und Hoffnungslosigkeit verfallen waren (Bartsch 2010, S. 203 ff.). Erschwerend kam hinzu, dass Strafgefangene, bei denen die Sicherungsverwahrung vorgemerkt war, im Strafvollzug vielfach eine „Sonderbehandlung in negativer Hinsicht" (Feest/Köhne, in: Feest und Lesting 2012, vor § 129 Rn. 9) erfuhren. Anstatt während der Zeit des Strafvollzugs umfangreiche Resozialisierungsbemühungen zu unternehmen (siehe dazu auch Elz 2014, S. 138), damit die Sicherungsverwahrung möglichst überhaupt nicht angetreten werden musste, ließ man diese Gefangenen zumindest teilweise „sitzen" und stellte sie bei Behandlungsangeboten mit dem Argument hintan, dass aufgrund der vorgemerkten Sicherungsverwahrung keine Eile bestehe (Bartsch 2010, S. 245 ff.).

Die Ursachen dafür, dass die Vorgaben des BVerfG aus dem Jahr 2004 weitgehend wirkungslos blieben, sind vielfältig:

- Sie sind zum Teil bereits in den Vorgaben selbst zu finden. Das höchste deutsche Gericht hatte die im Jahr 2004 formulierten Maßgaben in bewusster Zurückhaltung derart allgemein gehalten, dass Vollzug und Vollzugsverwaltung hieraus nur wenig Handfestes für die erforderliche Reform des Vollzugs ableiten konnten (Bartsch 2012, S. 357).

- Die gesetzliche Ausgestaltung des Vollzugs der Sicherungsverwahrung war unzureichend. So fand darin etwa die vom BVerfG verlangte Ausrichtung des Vollzugs der Sicherungsverwahrung auf die Resozialisierung keinen ausreichenden Niederschlag, was sich gut an den in § 129 StVollzG normierten Vollzugszielen ablesen lässt: In Umkehrung der für den Strafvollzug geltenden Ziele wurde darin an erster Stelle die sichernde Funktion der Maßregel benannt. Erst danach wurde – mit deutlicher Zurückhaltung – formuliert, dass die Maßregel auch dem Zweck der Besserung dienen „soll".
- Sehen muss man überdies, dass Sicherungsverwahrte aus therapeutischer Sicht eine mindestens herausfordernde, teils wohl auch als sehr schwierig zu bezeichnende Klientel darstellen (Dax 2017). So zeigen Studien mit diesen Maßregelinsassen (siehe etwa Habermeyer und Vohs 2012), dass es sich überwiegend um Menschen handelt, die wegen schwerwiegender Gewalt- und Sexualstraftaten untergebracht worden sind, viele Vorstrafen aufweisen, früh kriminell auffällig geworden sind und insgesamt eine Vielzahl kriminogener Risikofaktoren auf sich vereinen. Häufig haben sie einen erheblichen Teil ihres Lebens in Haft verbracht, was als zusätzliches Behandlungshindernis Hospitalisierung/Institutionalisierung sowie ein erhebliches Maß an subkultureller Einbindung erwarten lässt (Suhling und Wischka 2013, S. 52). Veränderungen dürften bei Sicherungsverwahrten überdies auch deshalb nicht leicht zu erreichen sein, weil es sich häufig um Menschen fortgeschrittenen Alters handelt (Statistisches Bundesamt 2016): Im Vergleich zu Strafgefangenen sind Sicherungsverwahrte im Durchschnitt deutlich älter; zum Stichtag 31.03.2015 betrug der Anteil der mindestens 50-Jährigen im Vollzug der Sicherungsverwahrung 65 % (Freiheitsstrafe: 15,2 %). Zudem erfüllt ein Großteil der Maßregelinsassen die diagnostischen Kriterien für eine Persönlichkeitsstörung, und viele weisen auch einen hohen (und im Vergleich zu Strafgefangenen durchschnittlich höheren) Wert für Psychopathie auf (Suhling und Wischka 2013, S. 52). Um bei Sicherungsverwahrten einen Vollzug zu organisieren, der „ebenso wie der Strafvollzug" auf Behandlung und Resozialisierung ausgerichtet ist, muss man daher von vornherein einen deutlich größeren Aufwand als im Strafvollzug betreiben. Dies war den Vollzugsanstalten aber vielfach nicht möglich, da die Ausstattung der Sicherungsverwahrung mit therapeutischem Personal unzureichend und die Bereitschaft zur Aufstockung nämlichen Personals in den Ländern gering ausgeprägt war (Bartsch 2010, S. 232).
- Da es sich bei Sicherungsverwahrten um eine teils sehr schwierige Klientel handelt, hatte sich zumindest mancherorts im Vollzug der Sicherungsverwahrung

der Eindruck festgesetzt, dass man es zumindest teilweise mit Menschen zu tun habe, bei denen man in therapeutischer Hinsicht kaum mehr etwas erreichen könne, es sich also – im Sinne der selbst vom BVerfG gebrauchten Formulierung – mindestens partiell um „hoffnungslos Verwahrte" handele (siehe dazu CPT 2006). Es liegt auf der Hand, dass eine solche Einschätzung der zu betreuenden Gefangenen einer Ausrichtung des Vollzugs auf Behandlung und Resozialisierung im Wege steht.

- Die seltene Gewährung von prognostisch relevanten Vollzugslockerungen war zuvorderst zurückzuführen auf ein (damals und wohl auch heute noch vorherrschendes) kriminal- und vollzugspolitisches Klima, das von „Ängstlichkeit und Übersicherung" geprägt war (Boetticher 2005, S. 421) und in zahlreichen Verwaltungsvorschriften, die den Lockerungsprozess verlangsamten und erschwerten, Ausdruck fand (Bartsch 2010, S. 219 ff.).
- Dass keine ausreichende Besserstellung von Sicherungsverwahrten gegenüber Strafgefangenen erfolgte, fand seinen Grund (wiederum) in der ungenügenden gesetzlichen Ausgestaltung des Vollzugs der Sicherungsverwahrung. So sahen die damals für diesen Vollzug geltenden Normen, die in das Strafvollzugsgesetz eingebettet waren, nur einige wenige Regelungen vor, die eine (geringfügige) Besserstellung von Sicherungsverwahrten gegenüber Strafgefangenen beinhalteten (§§ 131–134 StVollzG). Im Übrigen galt für die Sicherungsverwahrung das Recht des Strafvollzugs (§ 130 StVollzG). Im Wege standen einer Besserstellung von Sicherungsverwahrten gegenüber Strafgefangenen aber auch die baulichen Rahmenbedingungen der Sicherungsverwahrung (Bartsch 2010, S. 275 f.). Diese waren vielmals so beschaffen, dass in manchen Bereichen die Herstellung eines Abstands zwischen Sicherungsverwahrung und Strafvollzug von vornherein ausgeschlossen war. So wurde die Sicherungsverwahrung zumeist in Räumlichkeiten vollzogen, die sich innerhalb oder zumindest auf dem Gelände von Strafhaftanstalten befanden und die ursprünglich für Strafgefangene konzipiert und errichtet worden waren. Daher war etwa die Unterbringung von Sicherungsverwahrten in größeren Hafträumen in vielen Anstalten unmöglich, weil es solche Räume schlicht nicht gab. Hinzu kam, dass in den Haftanstalten häufig keine ausreichende Trennung von Sicherungsverwahrten und Strafgefangenen durchgeführt werden konnte (Bartsch 2010, S. 278 f.). Die Anstaltsleitungen befürchteten daher, dass Vergünstigungen, die Sicherungsverwahrten etwa im Bereich der Ausstattung der Hafträume gewährt wurden, über den anstaltsinternen Tauschhandel in den Strafvollzug gelangen könnten. Auch dies stand einer Besserstellung von Sicherungsverwahrten gegenüber Strafgefangenen im Weg.

3 Soll-Zustand

Im Jahr 2011 unterzog das BVerfG (NJW 2011, S. 1931 ff.) den Vollzug der Sicherungsverwahrung einer erneuten Überprüfung und stellte dabei fest, dass dieser den verfassungsrechtlichen Anforderungen nicht genüge. Das Gericht forderte daher eine umfassende Reform in rechtlicher und tatsächlicher Hinsicht ein: Sofern der Gesetzgeber auch weiterhin an dem Institut der Sicherungsverwahrung festhalten wolle, müsse deren Vollzug binnen zwei Jahren komplett in Richtung eines „freiheitsorientierten und therapiegerichteten Vollzugs" umgestaltet werden (BVerfG NJW 2011, S. 1937). Bei dieser Reform waren von den zuständigen Gesetzgebern in Bund und Ländern sieben Vorgaben zu beachten, die unter dem Oberbegriff „Abstandsgebot" zusammengefasst wurden (BVerfG NJW 2011, S. 1938; dazu krit. Bartsch 2017a). Diese Vorgaben (BVerfG NJW 2011, S. 1938 f.), die sich überwiegend auf Vollstreckung und Vollzug der Sicherungsverwahrung, teils aber auch auf den vorangehenden Strafvollzug bei vorgemerkter Sicherungsverwahrung beziehen, werden nachfolgend grob zusammengefasst:

a) Ultima-ratio-Prinzip: Schon bei Strafgefangenen mit vorgemerkter Sicherungsverwahrung muss alles Erforderliche getan werden, um die Gefährlichkeit des Verurteilten zu reduzieren, damit die Vollstreckung der Sicherungsverwahrung möglichst noch vermieden werden kann. Erforderlich ist daher insbesondere die rechtzeitige Durchführung etwa erforderlicher psychiatrischer, psycho- und sozialtherapeutischer Behandlungen.

b) Individualisierungs- und Intensivierungsgebot: Lässt sich die Vollstreckung der Sicherungsverwahrung nicht vermeiden, müssen während des Vollzugs dieser Maßregel alle Therapiemöglichkeiten ausgeschöpft werden. Erweisen sich standardisierte Therapiemöglichkeiten als nicht erfolgreich, muss – ohne Rücksicht auf Aufwand und Kosten – ein individuell zugeschnittenes Therapieangebot entwickelt werden.

c) Motivierungsgebot: Die Bereitschaft der Untergebrachten zur Mitwirkung an einer Behandlung ist durch gezielte Motivationsarbeit zu wecken und zu fördern. Zu diesem Zweck regte das BVerfG die Etablierung eines Anreizsystems an.

d) Trennungsgebot: Sicherungsverwahrte müssen ggü. Strafgefangenen im Vollzug deutlich wahrnehmbar besser gestellt werden. Zudem sind Sicherungsverwahrte in vom Strafvollzug getrennten Gebäuden oder Abteilungen unterzubringen.

e) Minimierungsgebot: Vollzugslockerungen dürfen Sicherungsverwahrten nicht ohne zwingenden Grund versagt werden. Können unbeaufsichtigte Lockerungen im Einzelfall nicht gestattet werden, müssen in aller Regel begleitete

Ausführungen gewährt werden. Die Entlassungsvorbereitung muss mit planmäßigen Hilfen für die Phase nach der Entlassung verzahnt werden.

f) Rechtsschutz- und Unterstützungsgebot: Den Untergebrachten ist ein effektiv durchsetzbarer Rechtsanspruch auf Durchführung derjenigen Maßnahmen einzuräumen, die zur Reduktion ihrer Gefährlichkeit erforderlich sind. Überdies ist ihnen ein geeigneter Rechtsbeistand beiseite zu stellen.

g) Kontrollgebot: Die Fortdauer der Sicherungsverwahrung muss in mindestens jährlichen Abständen – und mit zunehmender Dauer sogar noch häufiger – gerichtlich überprüft werden.

Vergleicht man das Urteil des BVerfG zum Vollzug der Sicherungsverwahrung aus dem Jahr 2011 mit demjenigen von 2004 (siehe dazu ausführlich Bartsch 2017a), fällt zunächst auf, dass das Gericht seine Vorgaben nicht nur konkretisiert, sondern auch wesentlich erweitert hat. Außerdem stellte das Gericht sicher, dass seine Vorgaben dieses Mal beachtet werden, indem es die Verfassungsmäßigkeit der Sicherungsverwahrung von der Umsetzung der Maßgaben abhängig machte. Augenfällig ist überdies, dass das Judikat von 2011 – anders als noch 2004 – von einem erheblichen Therapieoptimismus getragen ist (Hörnle 2011, S. 492). Hoffnungslos Verwahrte kommen in der neuen Konzeption des BVerfG nicht mehr vor. Stattdessen scheint das Gericht davon auszugehen, dass letztlich alle Verwahrten mit Behandlungsmaßnahmen zu erreichen sind, wenn man sich im Vollzug nur lange und intensiv genug um sie bemüht und sich ggf. nicht scheut, neue Wege zu gehen (Entwicklung individuell zugeschnittener Behandlungsangebote, wenn standardisierte Therapiemöglichkeiten keinen Erfolg gebracht haben).

4 Ist-Zustand

Die Vorgaben des BVerfG im Urteil aus dem Jahr 2011 sind nicht ohne Wirkung geblieben: Mittlerweile sind zahlreiche rechtliche (Abschn. 4.1) und tatsächliche (Abschn. 4.2) Änderungen im Bereich des Vollzugs der Sicherungsverwahrung und des vorangehenden Strafvollzugs bei vorgemerkter Sicherungsverwahrung vorgenommen worden.

4.1 Rechtliche Änderungen

In Folge des bundesverfassungsgerichtlichen Urteils sind auf Bundes- und Länderebene neue Regelungen über den Vollzug der Sicherungsverwahrung entstanden, die, insgesamt betrachtet (zur Kritik an einzelnen Regelungen Dax 2017), die Vorgaben des BVerfG zuverlässig umsetzen:

Auf die verfassungsgerichtlichen Vorgaben hat zunächst der Bundesgesetzgeber mit dem „Gesetz zur bundesrechtlichen Umsetzung des Abstandsgebots im Recht der Sicherungsverwahrung" (BGBl. I 2012, 2425) reagiert. Es ist fristgerecht am 01.06.2013 in Kraft getreten und enthält u. a. mehrere Vorschriften über die Vollstreckung und den Vollzug der Sicherungsverwahrung bzw. des vorangehenden Strafvollzugs. Von zentraler Bedeutung ist der mit diesem Gesetz in das StGB eingefügte § 66c. Er gibt in teils wortwörtlicher Wiedergabe der oben unter 3a) bis e) genannten verfassungsgerichtlichen Vorgaben richtlinienartig den Rahmen für die künftige Gestaltung des Vollzugs der Sicherungsverwahrung (Abs. 1) bzw. des Strafvollzugs bei angeordneter oder vorbehaltener Sicherungsverwahrung (Abs. 2) vor. Der auf diese Weise bundesrechtlich abgesteckte Rahmen, mittels dessen eine zumindest im Kern bundeseinheitliche Gestaltung des Vollzugs sichergestellt werden soll, musste sodann von den Landesgesetzgebern ausgefüllt werden (siehe unten). Überdies enthält nämliches Gesetz Normen, die der Umsetzung des Rechtsschutz- und Unterstützungsgebots sowie des Kontrollgebots dienen. Eine wichtige Regelung ist dabei bspw. § 67d Abs. 2 S. 2 StGB, der die Strafvollstreckungskammern dazu verpflichtet, u. a. regelmäßig zu prüfen, ob Sicherungsverwahrten im Lauf des Vollzugs ausreichende Behandlungsangebote unterbreitet werden. Sind die Angebote unzureichend, kann unter bestimmten Voraussetzungen allein deshalb die Vollstreckung der Sicherungsverwahrung zur Bewährung ausgesetzt werden.

Ebenfalls zum 01.06.2013 sind in sämtlichen Bundesländern (weitgehend) eigenständige und umfassende Gesetze zum Vollzug der Sicherungsverwahrung in Kraft getreten. Sie ersetzen die dürftigen und unzureichenden Regelungen über den Vollzug dieser Maßregel, die zuvor im Bundesstrafvollzugsgesetz (§§ 129ff. StVollzG) bzw. den Strafvollzugsgesetzen einiger Länder enthalten waren. Die 16 neuen Sicherungsverwahrungsvollzugsgesetze weisen im Einzelnen Unterschiede (siehe dazu ausführlich Dax 2017; Dessecker 2013b; Pyhrr 2015), im Kern aber zahlreiche Gemeinsamkeiten auf. Für die nachfolgende Darstellung wird daher exemplarisch auf das Gesetz nur eines Landes, namentlich das „Hamburgische Sicherungsverwahrungsvollzugsgesetz (HmbSVVollzG)", zurückgegriffen (ähnlich zu den im Kern vergleichbaren Regelungen des nordrhein-westfälischen Sicherungsverwahrungsvollzugsgesetzes bereits Bartsch 2017b).

Sieht man die 115 Regelungen des HmbSVVollzG (HmbGVBl. 2013, 211) durch, fällt gleich zu Beginn auf, dass das Vollzugsziel der Sicherungsverwahrung neu gestaltet wurde. Zwar wird mit dem Vollzug auch weiterhin der Schutz der Allgemeinheit vor weiteren erheblichen Straftaten bezweckt (§ 2 Abs. 1 S. 2

HmbSVVollzG). Zusätzlich besteht mittlerweile aber ein weiteres, gleichrangiges (!) Vollzugsziel darin, die Gefährlichkeit der Untergebrachten für die Allgemeinheit so zu mindern, dass die Vollstreckung der Maßregel möglichst bald zur Bewährung ausgesetzt oder für erledigt werden kann (§ 2 Abs. 1 S. 1 HmbSVVollzG). Nunmehr zielt der Vollzug der Sicherungsverwahrung mithin gleichsam darauf, sich selbst „möglichst bald" überflüssig zu machen. Darüber hinaus sollen die Untergebrachten im Vollzug der Sicherungsverwahrung dazu befähigt werden, künftig in sozialer Verantwortung ein Leben ohne Straftaten zu führen (§ 2 Abs. 2 HmbSVVollzG).

Nachfolgend finden sich dann zahlreiche Normen, die der konkreten Umsetzung verfassungsgerichtlicher Vorgaben dienen und die Erreichung der vorgenannten Vollzugsziele fördern sollen. Eine wichtige Regelung ist zunächst § 4 Abs. 1 S. 2 HmbSVVollzG, der bestimmt, dass die Bereitschaft der Untergebrachten zur Mitwirkung „fortwährend zu wecken und zu fördern" ist. Das entspricht dem Motivierungsgebot. Dabei ist in § 4 Abs. 2 HmbSVVollzG auch die vom BVerfG angeregte Etablierung eines Anreizsystems vorgesehen.

Die §§ 3 Abs. 1 und 2, 10 und 11 HmbSVVollzG befassen sich mit der (Sozial-)Therapie von Sicherungsverwahrten und räumen diesen – ganz im Sinne des Individualisierungs- und Intensivierungsgebots – einen verbindlich formulierten Anspruch auf Gewährung aller erforderlichen, ggf. auch individuell zu entwickelnden, Behandlungsmaßnahmen ein. Dabei sollen nach § 10 Abs. 2 S. 1 HmbSVVollzG Bedienstete unterschiedlicher Fachrichtungen, und damit die vom BVerfG geforderten multidisziplinären Teams, „in enger Abstimmung" zusammenwirken.

§ 13 Abs. 1 und 2 HmbSVVollzG regelt (u. a.) den Bereich der Vollzugslockerungen (Begleitausgang, Ausgang, Langzeitausgang, Außenbeschäftigung und Freigang) bei Sicherungsverwahrten. Beachtung verdient insbesondere, dass diese Vorschrift in Überreinstimmung mit dem Minimierungsgebot als zwingendes Recht ausgestaltet ist. Den Untergebrachten müssen mithin, sofern sie zustimmen, vollzugsöffnende Maßnahmen zur Erreichung der Vollzugsziele gewährt werden (§ 13 Abs. 2 HmbSVVollzG: „werden gewährt"), soweit nicht zwingende Gründe, namentlich Fluchtgefahr oder Gefahr des Missbrauchs der Maßnahme zur Begehung von Straftaten, entgegenstehen. Demgegenüber ist die Parallelvorschrift bei Strafgefangenen aus Sicht der Inhaftierten ungünstiger (§ 12 Abs. 1 S. 2 HmbStVollzG: „dürfen […] gewährt werden") ausgestaltet. Der Umsetzung des Minimierungsgebots dient überdies § 13 Abs. 3 HmbSVVollzG, demzufolge jeder Untergebrachte grundsätzlich (zu Versagungsgründen siehe § 13 Abs. 3 S. 3 HmbSvVollzG) mindestens vier Ausführungen im Jahr erhalten muss, sofern ihm keine der oben genannten vollzugsöffnenden Maßnahmen gewährt wird. Diese

Regelung dürfte maßgeblich dazu beitragen, dass Sicherungsverwahrte künftig – selbst bei langjähriger Inhaftierung – den Bezug zur Außenwelt nicht vollständig verlieren.

Des Weiteren sind im HmbSVVollzG Regelungen zur Entlassungsvorbereitung und zur Unterstützung nach der Entlassung (siehe etwa §§ 16, 18 HmbSVVollzG) sowie zahlreiche Normen zu finden, die Sicherungsverwahrte gegenüber Strafgefangenen besser stellen. Solche Privilegierungsvorschriften finden sich etwa für die Bereiche Unterbringung, Aufschlusszeiten, Bewegungsfreiheit innerhalb der Einrichtungen (inklusive eines Außenbereichs), Außenkontakte, Kleidung, Einkauf, Arbeitsentgelt, Taschengeld und Selbstverpflegung (siehe zum Inhalt solcher Privilegierungsregeln etwa Bartsch 2013, S. 211 ff.). Schließlich enthält das Hamburgische Strafvollzugsgesetz spezielle Regelungen über den Vollzug der Freiheitsstrafe bei vorgemerkter Sicherungsverwahrung (§§ 93–97 HmbStVollzG). Auch hierfür wurde ein zusätzliches Vollzugsziel formuliert: Nach § 93 Abs. 1 HmbStVollzG dient der Vollzug bei solchen Gefangenen auch dem Ziel, die Gefährlichkeit der Gefangenen für die Allgemeinheit so zu mindern, dass die Vollstreckung der Unterbringung oder deren Anordnung entbehrlich wird. Um dieses Ziel zu erreichen, bestimmt § 93 Abs. 2 HmbStVollzG, dass diesen Gefangenen „eine individuelle, intensive und therapiegerichtete Betreuung" angeboten werden muss (S. 1) und die Bereitschaft der Gefangenen zur Mitwirkung „fortwährend zu wecken und zu fördern" (S. 2) ist. Ganz im Sinne des verfassungsgerichtlichen ultima-ratio-Gebots muss also nunmehr bereits im Laufe des Strafvollzugs alles in therapeutischer Hinsicht Erforderliche getan werden, damit die Vollstreckung der Sicherungsverwahrung möglichst vermieden bzw. deren Anordnung verhindert werden kann.

4.2 Tatsächliche Änderungen

Zur tatsächlichen Lage des Vollzugs der Sicherungsverwahrung bzw. des vorangehenden Strafvollzugs liegen bislang, soweit ersichtlich, nur wenige aussagekräftige Erkenntnisse vor. Bekannt ist aber immerhin, dass sich die baulichen Rahmenbedingungen im Vollzug der Sicherungsverwahrung verändert haben. So wurden vielerorts, etwa in Bayern (Straubing), Berlin (Tegel), Brandenburg (Brandenburg/Havel), Mecklenburg-Vorpommern (Bützow), Niedersachsen (Rosdorf), Nordrhein-Westfalen (Werl) und Rheinland-Pfalz (Diez), neue Hafthäuser ausschließlich für Sicherungsverwahrte errichtet. Andernorts, bspw. in Baden-Württemberg (Freiburg), Hessen (Schwalmstadt) und Sachsen-Anhalt (Burg), wurden die vorhandenen Einrichtungen umgebaut (Arloth 2013, S. 218 ff.).

Soweit bekannt, werden die Sicherungsverwahrten nunmehr auch allerorten deutlich stärker von Strafgefangenen getrennt, als dies vorher der Fall war (siehe dazu Pyhrr 2015, S. 368).

Angesichts dessen ist es nunmehr möglich, Sicherungsverwahrte in größeren und besser ausgestatteten Unterkunftsbereichen unterzubringen und sie auch im Übrigen in mehreren Punkten gegenüber Strafgefangenen besser zu stellen. Knapp veranschaulicht sei dies am Beispiel Niedersachsens, wo die Sicherungsverwahrten seit dem Jahr 2013 in der JVA Rosdorf inhaftiert sind (siehe dazu bereits Bartsch 2015, S. 58; sowie Weichert-Pleuger 2013, S. 34 ff.). Dort errichtete man ein spezielles Unterkunftshaus für Sicherungsverwahrte, das Platz für 45 Maßregelinsassen bietet, die auf mehrere Wohngruppen verteilt sind. Den Inhaftierten steht jeweils ein eigener Unterkunftsbereich mit einer durchschnittlichen Größe von 23 m^2 und einem abgetrennten Sanitärbereich zur Verfügung. Die Räume enthalten eine standardisierte Ausstattung, die aber von den Sicherungsverwahrten durch eigene Möbel ergänzt bzw. ersetzt werden kann. Auch können die Maßregelinsassen über die Farbgestaltung der Wände ihres Unterkunftsbereichs selbstständig entscheiden. In jeder Wohngruppe gibt es einen Gemeinschaftsraum mit Gemeinschaftsküche. Außerdem können die Untergebrachten einen Fitnessraum, einen Raum für Beschäftigungstherapie sowie ein ca. 1600 m^2 großes Außengelände während der gesamten Aufschlusszeit (06.00 bis 21.45 Uhr) nutzen. Ihnen ist es grundsätzlich gestattet, während der täglichen Besuchszeiten unbegrenzt Besuch zu empfangen. Überdies besitzen sie in ihrem Unterkunftsbereich ein Haftraummediensystem, das ihnen Tag und Nacht das Führen von Telefongesprächen, den (allerdings stark beschränkten) Zugang zu Internetseiten und E-Mail-Verkehr ermöglicht. Schließlich ist der Empfang von Paketen zahlenmäßig nicht beschränkt. Im Vergleich zur vorhergehenden Inhaftierung „niedersächsischer" Sicherungsverwahrter in der JVA Celle, in der lediglich eine gesonderte Station für Sicherungsverwahrte in einem im Übrigen dem Strafvollzug gewidmeten Hafthaus existierte, hat sich die Unterbringungssituation damit deutlich verbessert (Bartsch 2015, S. 57 ff.).

Aus einer Umfrage von *Arloth* bei allen Bundesländern ergibt sich des Weiteren, dass im Vollzug der Sicherungsverwahrung zahlreiche neue Stellen, insbesondere auch für therapeutisches Personal, geschaffen wurden (Arloth 2013, S. 218 ff.). Bei der Festlegung des neuen Personalschlüssels für die Sicherungsverwahrung hat man sich dabei zumindest in manchen Bundesländern an den Vorgaben des „Arbeitskreises sozialtherapeutischer Anstalten im Justizvollzug e. V." orientiert (Pyhrr 2015, S. 379). Überdies kann man zwei vor kurzem erschienen Arbeiten (Dax 2017; Pyhrr 2015) entnehmen, dass mittlerweile in allen Bundesländern, in denen die Sicherungsverwahrung vollzogen wird, neue Vollzugs- und

Behandlungskonzepte entwickelt wurden. Dabei ergab eine von *Pyhrr* durchgeführte Analyse der Konzepte, dass diese teils Gemeinsamkeiten, teils aber auch erhebliche Unterschiede – schon im Umfang, aber auch im Inhalt – aufweisen (Pyhrr 2015, S. 296). Deutliche Abweichungen zeigen sich hiernach etwa bezüglich der Fragen, welche Angebote unter den Begriff des Behandlungsangebots subsumiert werden (teils schon Sport- und Freizeitangebote, teil erst psychotherapeutische Behandlungen, Suchttherapien u. ä.), ob die sozialtherapeutische Behandlung in der Einrichtung für Sicherungsverwahrte oder in den allgemeinen sozialtherapeutischen Anstalten durchgeführt wird, welche Motivationsmaßnahmen in den Einrichtungen ergriffen und wie die vom BVerfG angeregten Anreizsysteme ausgestaltet werden (Pyhrr 2015, S. 294 ff.).

Insgesamt lässt sich daher feststellen, dass sich infolge des bundesverfassungsgerichtlichen Urteils aus dem Jahr 2011 die gesetzlichen, baulichen, personellen und konzeptionellen Rahmenbedingungen des Vollzugs der Sicherungsverwahrung verändert haben. Ob und inwieweit es mittlerweile gelungen ist, den Vollzug der Sicherungsverwahrung ebenso wie den vorangehenden Strafvollzug im Sinne des BVerfG tatsächlich so auszugestalten, dass diese Maßregel im Idealfall überhaupt nicht vollstreckt oder aber alsbald wieder beendet werden kann, darüber besteht derzeit mangels einschlägiger empirischer Erkenntnisse indes noch Unklarheit. Diese wird erst in den kommenden Jahren, insbesondere durch eine regelmäßig von der Kriminologischen Zentralstelle in Wiesbaden durchgeführte Evaluation, beseitigt werden. Ein jüngst von *Dessecker* (2016) gegebener früher Einblick in erste Ergebnisse dieser Studie deutet aber immerhin an, dass in puncto Resozialisierungsausrichtung noch Schwierigkeiten bestehen. So werden Vollzugslockerungen – abgesehen von Ausführungen – bei Sicherungsverwahrten und Strafgefangenen mit vorgemerkter Sicherungsverwahrung auch weiterhin eher selten gewährt. Überdies wird zwar bei vielen der vorgenannten Gefangenen ein Behandlungsbedarf festgestellt, die Teilnahmezahlen bleiben jedoch häufig deutlich hinter dem festgestellten Bedarf zurück.

5 Schlussbetrachtung

Die von den Herausgebern im Untertitel ihres Buches aufgeworfene Frage nach dem aktuellen Zustand und der Zukunft (hier) des Vollzugs der Sicherungsverwahrung lässt sich derzeit mangels ausreichender empirischer Erkenntnisse über die infolge des bundesverfassungsgerichtlichen Urteils aus dem Jahr 2011 durchgeführten Veränderungen und deren Wirkungen nicht abschließend beantworten. Fest steht aber immerhin, dass mehrere Bundesländer in den vergangenen Jahren allein für bauliche Maßnahmen in der Sicherungsverwahrung jeweils Beträge in zweistelliger Millionenhöhe aufgewendet haben. Konstatieren lässt sich darüber hinaus, dass durch die grundlegende Veränderung der gesetzlichen, baulichen und personellen Rahmenbedingungen des Sicherungsverwahrungsvollzugs mehrere Mängel, die früher einer angemessenen Ausgestaltung dieses Vollzugs im Wege standen (s. o.), beseitigt wurden. Aufgrund dessen haben sich zumindest die Lebensbedingungen der Untergebrachten in den Anstalten mittlerweile spürbar verbessert.

Freilich will das BVerfG mit seinen Vorgaben nicht erreichen, dass den Sicherungsverwahrten ein „goldener Käfig" gebaut wird. Das zentrale Ziel besteht vielmehr darin, eine Umwandlung des vormals überwiegend am Sicherungsgedanken orientierten Verwahrungsvollzugs in einen freiheitsorientierten und therapiegerichteten Vollzug zu bewirken. Ob dies gelingen wird, bleibt abzuwarten. Thesenartig und ohne Anspruch auf Vollständigkeit können aber immerhin einige Aspekte benannt werden, die für die Frage, ob das Ziel künftig erreicht werden wird, von Bedeutung sind. (Mit-)Entscheidend dürfte insoweit sein,

- ob der im verfassungsgerichtlichen Urteil zum Ausdruck gekommene Behandlungsoptimismus den Gegebenheiten im Vollzug der Sicherungsverwahrung entspricht, ob mithin zumindest ein großer Teil der Sicherungsverwahrten mit Behandlungsmaßnahmen erreicht und zur Teilnahme daran motiviert werden kann.
- ob und inwieweit der erforderliche Veränderungsprozess, der vom Vollzug nicht aus eigenem Antrieb eingeleitet, sondern ihm von außen vorgegeben wurde, von den Mitarbeitern mitgetragen wird.
- ob es gelingt, den früher verbreiteten Eindruck, der Vollzug der Sicherungsverwahrung sei in erster Linie eine Unterbringung für hoffnungslose Fälle, zu korrigieren.
- ob und wie häufig – trotz des wohl noch immer bestehenden Klimas der Ängstlichkeit und Übersicherung – Sicherungsverwahrte Vollzugslockerungen erhalten werden.
- wie und mit welcher Intensität die Gerichte die ihnen zugedachte Kontrollfunktion ausüben werden.

Im Dunkeln liegt derzeit überdies noch, ob und inwieweit es gelingen wird, den vorangehenden Vollzug der Freiheitsstrafe so auszugestalten, dass bei einem nicht unerheblichen Teil der Strafgefangenen die vorgemerkte Sicherungsverwahrung nicht mehr vollstreckt bzw. angeordnet werden muss. Sollte man insoweit erfolgreich sein, könnte sich hieraus für den Vollzug der Sicherungsverwahrung das

Problem ergeben, dass sich die Zusammensetzung der Sicherungsverwahrten nach und nach verändert, weil die Maßregel fast nur noch in ganz besonders schwierigen Fällen, die trotz intensiver Bemühungen während der häufig langen Zeit im Strafvollzug nicht ausreichend behandelt werden konnten, vollstreckt wird. Es ist daher durchaus möglich, dass sich der Vollzug der Sicherungsverwahrung noch für längere Zeit in einem Prozess grundlegender Veränderungen befindet.

Literatur

Alex, M. (2013). *Nachträgliche Sicherungsverwahrung – Ein rechtsstaatliches und kriminalpolitisches Debakel* (2. Aufl.). Holzkirchen: Felix.

Arloth, F. (2013). Länderumfrage zur Neuregelung und dem Vollzug der Sicherungsverwahrung. *Forum Strafvollzug, 2013*(62), 218–227.

Asprion, P. (2012). *Gefährliche Freiheit? Das Ende der Sicherungsverwahrung*. Freiburg: Herder.

Bartsch, T. (2010). *Sicherungsverwahrung – Recht, Vollzug, aktuelle Probleme*. Baden-Baden: Nomos.

Bartsch, T. (2012). Auf zu neuen Ufern – Zur Umsetzung bundesverfassungsgerichtlicher Vorgaben im Entwurf eines niedersächsischen Sicherungsverwahrungsvollzugsgesetzes. *Forum Strafvollzug, 61,* 355–362.

Bartsch, T. (2013). Neue bundes- und landesrechtliche Vorschriften über die Vollstreckung und den Vollzug der Sicherungsverwahrung – Ein Überblick. *Forum Strafvollzug, 62,* 208–217.

Bartsch, T. (2015). Sicherungsverwahrungsvollzug 2.0 – Was hat sich nach der Gesetzesreform geändert? In K. Höffler (Hrsg.), *Brauchen wir eine Reform der freiheitsentziehenden Sanktionen* (S. 51–63). Göttingen: Universitätsverlag.

Bartsch, T. (2017a). Alles neu macht der Mai? Der Vollzug der Sicherungsverwahrung nach dem Urteil des Bundesverfassungsgerichts vom 04.05.2011. In J. Kaspar (Hrsg.), *Sicherungsverwahrung 2.0. Bestandsaufnahme, Reformbedarf, Forschungsperspektiven*. Baden-Baden: Nomos.

Bartsch, T. (2017b). Sicherungsverwahrung. In H. Cornel, G. Kawamura-Reindl, & B. R. Sonnen (Hrsg.), *Resozialisierung. Handbuch* (4. Aufl.). Baden-Baden: Nomos.

Bartsch, T., & Höffler, K. (2015). Begrenzen oder abschaffen? Ein Blick aus der Innenperspektive auf die Tätigkeit des Arbeitskreises Sicherungsverwahrung („RASV"). *Neue Kriminalpolitik, 2015,* 215–225.

Boetticher, A. (2005). Aktuelle Entwicklungen im Maßregelvollzug und bei der Sicherungsverwahrung – Ambulante Nachsorge ist Aufgabe der Justiz! *Neue Strafrechtszeitung, 2005,* 417–423.

CPT. (2006). Bericht des Europäischen Ausschusses zur Verhütung von Folter und unmenschlicher oder erniedrigender Behandlung oder Strafe in Deutschland vom 20. November bis 02. Dezember 2005 (Bericht vom 28. Juli 2006). CPT (2006) 36. www.cpt.coe.int/documents/deu/2007-18-inf-deu.pdf. Zugegriffen: 29. Nov. 2016.

Dax, A. (2017). *Neuregelung des Sicherungsverwahrungsvollzugs. Bestandsaufnahme sowie kritische Betrachtung der neuen bundes- und landesrechtlichen Umsetzung des Abstandsgebots* (im Druck).
Dessecker, A. (2013a). *Lebenslange Freiheitsstrafe und Sicherungsverwahrung, Dauer und Gründe der Beendigung in den Jahren 2011 und 2012 mit einer Stichtagserhebung zur lebenslangen Freiheitsstrafe*. Wiesbaden: Kriminologische Zentralstelle e. V.
Dessecker, A. (2013b). Das neue Recht des Vollzugs der Sicherungsverwahrung – Ein erster Überblick. *Bewährungshilfe, 60,* 309–322.
Dessecker, A. (2016). Die produktive Krise der Sicherungsverwahrung und ihre Folgen aus empirischer Sicht. In F. Neubacher & N. Bögelein (Hrsg.), *Krise – Kriminalität – Kriminologie* (S. 473–485). Mönchengladbach: Forum Verlag Godesberg.
Elz, J. (2014). *Rückwirkungsverbot und Sicherungsverwahrung. Rechtliche und praktishe Konsequenzen aus dem Kammerurteil des Europäischen Gerichtshofs für Menschenrechte im Fall M./. Deutschland.* Wiesbaden: Eigeneverlag KrimZ.
Feest, J., & Lesting, W. (2012). *Strafvollzugsgesetz. Kommentar* (6. Aufl.). Köln: Carl Heymanns.
Habermeyer, E., & Vohs, K. (2012). Kriminologische und diagnostische Merkmale von Sicherungsverwahrten. In J. L. Müller et al. (Hrsg.), *Sicherungsverwahrung – Wissenschaftliche Basis und Positionsbestimmung* (S. 85–97). Berlin: Medizinisch Wissenschaftliche Verlagsgesellschaft.
Hörnle, T. (2011). Der Streit um die Sicherungsverwahrung. Anmerkung zum Urteil des 2. Senats des BVerfG vom 04.05.2011. *Neue Strafrechtszeitung,* 488–493.
Kinzig, J. (1996). *Die Sicherungsverwahrung auf dem Prüfstand.* Freiburg im Breisgau: edition iuscrim.
Kinzig, J. (2008). *Die Legalbewährung gefährlicher Rückfalltäter. Zugleich ein Beitrag zur Entwicklung des Rechts der Sicherungsverwahrung*. Berlin: Duncker & Humblot.
Meier, B.-D. (2015). *Strafrechtliche Sanktionen* (4. Aufl.). Berlin: Springer.
Pollähne, H. (2013). Vollstreckung und Vollzug der Sicherungsverwahrung nach Inkrafttreten des Gesetzes zur bundesrechtlichen Umsetzung des Abstandsgebots im Recht der Sicherungsverwahrung. *Strafverteidiger, 33,* 249–258.
Pyhrr, J. (2015). *Sicherungsverwahrung – Auf dem Weg in ruhigeres Fahrwasser? Bundesrecht, Landessicherungsverwahrungsvollzugsgesetze und Behandlungskonzepte für Sicherungsverwahrte in Folge der Entscheidungen von EGMR und BVerfG.* Hamburg: Dr. Kovac.
Schönke, A., & Schröder, H. (2014). *Strafgesetzbuch. Kommentar* (29. Aufl.). München: Beck.
Statistisches Bundesamt. (1988, 2011–2013, 2016). *Fachserie 10, Reihe 4.1. Rechtspflege. Strafvollzug – Demographische und kriminologische Merkmale der Strafgefangenen zum Stichtag 31.03.* Wiesbaden.
Steiger, L. (2016). *Gleiches Recht für alle – Auch für Sexualstraftäter? Sonderregelungen für Sexualstraftäter im Strafrecht und ihre kriminologische Bedeutung.* Berlin: Duncker & Humblot.
Streng, F. (2011). Die Zukunft der Sicherungsverwahrung nach der Entscheidung des Bundesverfassungsgerichts. *Juristenzeitung, 66,* 827–835.
Streng, F. (2012). *Strafrechtliche Sanktionen* (3. Aufl.). Stuttgart: Kohlhammer.

Streng, F. (2013). Zur Legitimation der Sicherungsverwahrung. *Strafverteidiger, 2013*, 236–243.

Suhling, S., & Wischka, B. (2013). Behandlung in der Sicherungsverwahrung. *Kriminalpädagogische Praxis, 41*, 47–61.

Weichert-Pleuger, R. (2013). Der Weg zur Sicherungsverwahrung in der JVA Rosdorf. *Kriminalpädagogische Praxis, 41*, 34–37.

Straffällig gewordene Frauen

Maren Michels

1 Einleitung

In der Welt des Strafvollzugs sind die Geschlechterverhältnisse noch sehr traditionell. Bekanntermaßen ist Kriminalität ein eher männliches Phänomen – nur ein Viertel aller Tatverdächtigen sind weiblich, die Gefangenenpopulation besteht nur zu knapp 6 % aus Frauen. Lange Zeit als nicht sicherheitsrelevantes Anhängsel des Normalvollzugs an Männern betrachtet, steigt endlich seit einigen Jahren das akademische Interesse für diese Gruppe. Auch popkulturelle Phänomene wie die TV-Serie „Orange is the new black" über einen US-amerikanischen Frauenknast, oder das Buch „Frauenknast […] Ein Gefängnisarzt packt aus" (Keppler 2014) nähern sich mitfühlend und nicht unrealistisch gefangenen Frauen und ihren Biografien. Trotz vieler Änderungen ist der Strafvollzug immer noch wie kaum ein anderes System mit Ausnahme des Militärs männlich geprägt und ruft nach einer „kompensatorische[n] Vollzugspraxis, die strukturell vorgegebene Benachteiligungen inhaftierter Frauen ausgleicht" (Steinhilper 2013, S. 746).

2 Geschlecht und Kriminalität

Frauen landen nicht aufgrund des sog. justiziellen Frauenbonus seltener im Gefängnis (vgl. Köhler 2012, S. 295; Heinz 2016, S. 113), sondern aufgrund ihres tatsächlichen Verhaltens. Warum genau Frauen weniger straffällig werden

M. Michels (✉)
Hamburg, Deutschland
E-Mail: maren.michels@web.de

B. Maelicke und S. Suhling (Hrsg.), *Das Gefängnis auf dem Prüfstand*,
Edition Forschung und Entwicklung in der Strafrechtspflege,
https://doi.org/10.1007/978-3-658-20147-0_17

als Männer, ist äußerst umstritten. Während sich einige auf ein multifaktorielles biopsychosoziales Erklärungsmodell berufen, vertritt die Autorin ein Modell sozialer Kontrolle, das sich immer noch sehr unterschiedlich auf männliche und weibliche Personen auswirkt und historisch gewachsen ist. Noch immer werden Mädchen anders sozialisiert als Jungen, spielt ihr Körper und seine (potenzielle) Gebärfähigkeit eine andere Rolle, werden Anpassungsleistungen eher honoriert als Aggressionen. Auch die psychische Entwicklung zur Geschlechtsidentität läuft immer noch vor der Matrix einer sozialen Ordnung der Geschlechtsunterschiede und Zuschreibungen ab, in denen kleine Mädchen spezifische Symbiose- und Autonomieerfahrungen im Verhältnis zur (immer noch fast ausschließlich weiblichen) primären Bezugsperson erleben. Abweichendes Verhalten von Frauen und Mädchen findet eher im Privaten statt (äußert sich z. B. in Essstörungen und Selbstverletzungen), Sanktionen sind selten juristische (vgl. Seus 2001, S. 98 f.). Die, obzwar sehr langsame, Liberalisierung von Rollenvorstellungen und größere Autonomie, die Frauen und Mädchen gewährt wird, schlägt sich u. a. in der langsamen Zunahme weiblicher (Gewalt-)Kriminalität nieder. Noch weit von der Gleichverteilung entfernt sind heute fast 15 % Frauen unter den tatverdächtigen GewalttäterInnen, längst keine Ausnahme einer Regel mehr (jedoch ist unklar, ob diese Anzeigebereitschaft gegenüber Frauen).

Weibliche Kriminalität läuft quer zu traditionellen Vorstellungen von Frauen als Opfern und männlichen Tätern. Straffälliges Verhalten wirkt auf die Geschlechtsidentität der rechtsverletzenden Person unterschiedlich: Besonders Gewalt gilt als typisch männlich, geradezu hypermaskulin[1], auch in einer Zeit, in der beiden Geschlechtern vielfältige Wege offenstehen. Kriminelle Frauen hingegen gelten als Indikator für „Verfall von Familie und des Gemeinwesens" (Bereswill 2009, S. 8), besonders, wenn es um gewalttätige Mütter oder gar Kindstötungen geht. Als „Abweichung von der Abweichung" (Elz 2009, S. 9) widerlegen sie das Bild der passiven Frau, die bloß Opfer ihrer (männlich dominierten)

[1]Das gesetzeskonforme Verhalten der Mehrheit von Jungen und Männern erklärt Messerschmidt damit, dass Männer oft erst in einer Situation krisenhafter Männlichkeit, in der keine legalen Ressourcen (z. B. sportliche oder Karriereerfolge und Statussymbole) ihre männliche Identität stabilisieren können, zu kriminellem Verhalten als einer Möglichkeit, Maskulinität herzustellen, greifen (vgl. in Seus 2007, S. 74 ff.). Gerade in der Adoleszenz, in der die Geschlechtsidentität regelhaft erst herzustellen ist, ist Kriminalität daher ein fast typisches männliches Phänomen. Die Verletzung von Rechtsnormen kann der Stabilisierung der Geschlechtsordnung dienen.

Umstände ist. „Die gesellschaftliche Tatsache männlicher Gewalt" (BMFSFJ 1999, S. 580) anzuerkennen und gleichzeitig die Eigensinnigkeit sowie strafrechtliche Relevanz im (kriminellen) Handeln von Frauen zu sehen und ihre Eigenständigkeit zu fördern, ist vermutlich die größte Herausforderung im Umgang mit straffälligen Frauen. Bei dieser Gruppe vermischen sich Kategorien von Opfer- und Täterschaft fast unauflösbar, dennoch müssen die Frauen Verantwortung für ihr Leben übernehmen (lernen).

Gewalt auszuüben stellt für einige Mädchen und Frauen eine Ermächtigung dar[2], die oft vorschnell mit einer psychiatrischen Diagnose pathologisiert wird, statt ihre Selbstständigkeit im Guten wie im Schlechten anzuerkennen[3]. Das heißt nicht, dass z. B. gewalttätige Mädchen und Frauen generell eine weniger traditionelle Geschlechtsidentität vertreten: Meist finden sich einige Aspekte wie das kriminelle Verhalten, das mit Rollenklischees bricht, bei gleichzeitigen typischen Bildern der Frau als Mutter und Versorgerin (vgl. Seus 2001, S. 103) oder geschlechtstypische Berufswünsche (Micus-Loos 2009, S. 61). Gerade Frauen aus desolaten Familienverhältnissen mit belasteten Kindheiten sehnen sich nicht selten nach einer klassischen, heilen Familie, die wenig Raum für autonomere weibliche Lebensentwürfe bietet. Hinzu kommt, dass die Palette an denk- und lebbaren Rollen in den sog. Unterschichten weitaus weniger Farben enthält als in gebildeteren Milieus (vgl. Jansen 2007, S. 216).

Trotz aller Unterschiedlichkeit zwischen den Frauen gibt es auch typische Merkmale. Ihre Biografien spielen sich vor dem gesellschaftlichen Hintergrund einer sozialen Ordnung ab, die – immer noch – Frauen strukturell benachteiligt, aber kaum wegsperrt. Inhaftierte Frauen haben sehr häufig Gewalt durch Männer erlebt, sie sind in Beziehungen zu Männern straffällig geworden, u. a. in Beihilfetaten und vorrangig für Kinder verantwortlich. Gerade durch ihre geringe Zahl sind sie in Haft häufig zusätzlich benachteiligt.

[2]Hornung weist für Hamburg nach, dass fast jeder dritten vorsätzlichen Tötung durch eine Frau jahrelange Misshandlung voraus ging (2016, S. 216).

[3]So ist weibliche Täterschaft im Nationalsozialismus erst seit wenigen Jahren Thema. Galten Frauen lange nur als Opfer von Nazi-Tätern, kam in den 80ern kam der Begriff der Mittäterschaft – als über den Mann schuldig Gewordene – auf. Erst in 90ern nahmen HistorikerInnen Frauen als eigenständige Täterinnengruppe ins Visier.

3 Rechtliche Regelungen

Die Strafvollzugsgesetze der Länder[4] regeln in den besonderen Vorschriften für Frauen[5] regelmäßig nur eigentlich selbstverständliche Rechte der Frau als (werdende) Mutter. Außer Bayern und Niedersachsen bestimmen jedoch alle Länderstrafvollzugsgesetze, dass die Vollzugsgestaltung die besonderen Bedürfnisse im Hinblick auf das Geschlecht (einige sogar der sexuellen Identität) berücksichtigt. Daraus lässt sich ein weiter Spielraum für die bedarfsgerechte Gestaltung des Vollzugs ableiten.

Während das Bundesstrafvollzugsgesetz noch die Unterbringung in eigenständigen Anstalten und nur ausnahmsweise in getrennten Abteilungen vorschrieb, ist die Ausnahme seit der Föderalismusreform zur Regel geworden. Nur Berlin sieht noch eine eigenständige Anstalt für inhaftierte Frauen vor, alle anderen Bundesländer sehen das Trennungsgebot durch getrennte Abteilungen erfüllt. Thüringen, Sachsen-Anhalt, Rheinland-Pfalz und Brandenburg ziehen immerhin die Unterbringung in eigenständigen Anstalten vor[6]. Z. T. ist explizit die Möglichkeit gemeinsamer Vollzugs- bzw. Bildungsmaßnahmen vorgesehen. In Schleswig-Holstein immerhin nur, wenn „schädliche Einflüsse nicht zu befürchten sind" (§ 11 LStVollzG SH).

Auf die besonderen Bedürfnisse von inhaftierten Frauen gehen nur zwei Länder ein: Das nordrhein-westfälische Gesetz bestimmt, die Sicherheitsstandards an die besonderen Belange weiblicher Gefangener anzupassen. Vorbildlich schreibt das schleswig-holsteinische Strafvollzugsgesetz, neu formuliert 2016, die fachliche Selbstständigkeit, Wohngruppenvollzug, die Anpassung der Sicherungsmaßnahmen sowie die besondere Befähigung und Qualifizierung der MitarbeiterInnen im Frauenvollzug fest. Darüber hinaus sind geschlechtsspezifische Bedarfslagen bei Behandlungs-, Qualifizierungs- und Arbeitsmaßnahmen zu berücksichtigen unter Einbindung externer Träger. Eine Unterbringung in Mutter-Kind-Einrichtungen hingegen sieht das Land nicht vor[7].

Das Europäische Parlament gab 2008 eine Entschließung zur besonderen Lage inhaftierter Frauen heraus, die in vielen Punkten für den deutschen Strafvollzug richtungsweisend, jedoch nicht rechtlich bindend ist (Europäisches Parlament 2008).

---

[4]Zu den rechtlichen Bestimmungen ausführlicher: Laubenthal (2015), S. 499 ff.

[5]Einige Gesetze sprechen allgemein von „den Gefangenen" „der oder dem Gefangenen" oder benutzen die männliche Form mit einer Präambel, die diese auf beide Geschlechter bezieht.

[6]„Die Unterbringung erfolgt in eigenständigen Anstalten, zumindest in getrennten Abteilungen". Landesstrafvollzugsgesetze Thüringen, Sachsen-Anhalt, Rheinland-Pfalz, Brandenburg, jeweils § 17.

[7]Stattdessen kommen hier Maßnahmen der Haftvermeidung zum Einsatz.

4 Frauenvollzug und inhaftierte Frauen – Zahlen und Entwicklungen

30 % der Tatverdächtigen unter 16 Jahren sind weiblich (Bundeskriminalamt 2015), bei den Heranwachsenden sind es noch knapp 21 %. Mit zunehmenden Alter erhöht sich der Frauenanteil unter den Tatverdächtigen auf über 30 % bei den über 70-Jährigen. Bundesweit verbüßten zum Stichtag[8] 31. August 2016 nur 2932 Frauen eine Freiheits- oder Jugendstrafe, hinzu kommen knapp 700 in U-Haft. Eine Frau wird sicherungsverwahrt.

Die Quote weiblicher Tatverdächtiger steigt seit Jahren langsam, aber kontinuierlich: Von 21,4 % 1993 auf 24,8 % im Jahr 2015 (vgl. Abb. 1). Der Anteil weiblicher Strafgefangener wächst über diese Zeit von knapp 4 % auf fast 6 %, zugleich nimmt weibliche Gewaltkriminalität[9] von 10 % auf 14,4 % zu (Stat. Bundesamt 2016).

Sechs eigenständige Anstalten für Frauen existieren bundesweit[10], die meisten Frauen sind in Abteilungen innerhalb von Männeranstalten untergebracht. Der Trend geht zu Vollzugsgemeinschaften, einige Länder haben keinen eigenen Frauenvollzug mehr. Hier besteht ein klarer Zielkonflikt zwischen der Forderung der heimatnahen Unterbringung und jener nach einem differenzierten Behandlungsangebot. Heimatnahe kleine Fraueneinrichtungen mit individuell zugeschnittenem Behandlungs- und Qualifizierungsangebot gelten als nicht finanzierbar.

---

[8]Das statistische Problem der Stichtagserhebung trifft den Frauenvollzug besonders: Kurze Haftzeiten und damit hohe Fluktuation bedingen die Unterschätzung der Zahlen. Zudem können bei kleinen Gruppen zufällige Schwankungen enorme Auswirkungen haben.

[9]Zur Gewaltkriminalität (Schlüsselzahl 892.000 in der PKS) zählen Mord, Totschlag, Vergewaltigung und sexuelle Nötigung, Raub, schwere und gefährliche Körperverletzung, u. a. mit Todesfolge, Geiselnahme u. a. Einfache Körperverletzung gehört nicht dazu. Die um die Jahrtausendwende vielthematisierte Zunahme angezeigter gewalttätiger junger Mädchen liegt vor allem am geringen Basissatz, der zu übermäßigen prozentualen Steigerungen führte, sowie einer gestiegenen Anzeigebereitschaft weiblicher Gewalt gegenüber (vgl. Heinze 2016, S. 153).

[10]Berlin-Lichtenberg, Willich II (NRW), Schwäbisch-Gmünd (Baden-Württemberg), JVA Vechta (Niedersachsen); JVA Aichach (Bayern, verfügt über kleine Männerabteilung), Frankfurt a. M. III (Hessen).

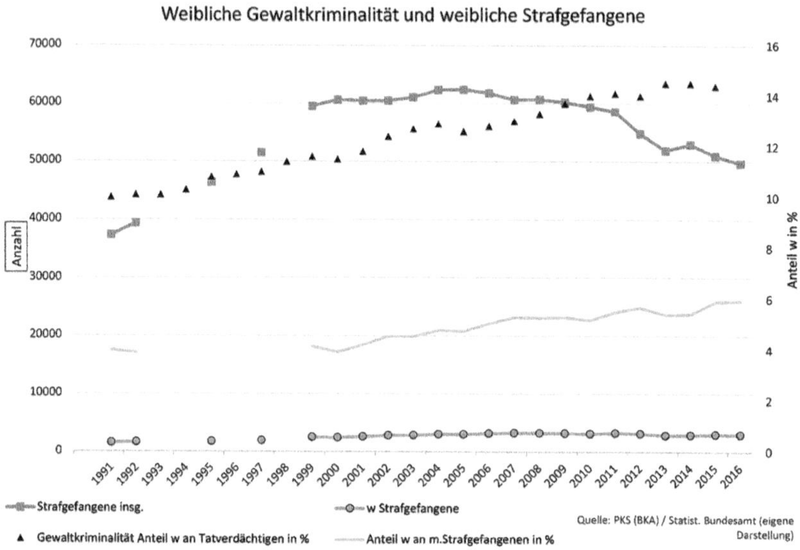

Abb. 1 Weibliche Strafgefangene und weibliche Gewaltkriminalität

Zum Stichtag (31.08.2016) ist ein Teil der Frauenhaftanstalten zu über 95 % belegt (Berlin, NRW, Rheinland-Pfalz) – in Sachsen findet sich mit 106 % eine Überbelegung, in Bremen und Hamburg dagegen nur eine Auslastung von ca. 60 % – ob hier planerische Kurzsichtigkeit oder bessere ambulante Maßnahmen ursächlich sind, bleibt als Forschungsfrage offen. In der Sozialtherapie (SoTha) verdreifachte sich zwar die Platzzahl für Frauen von 35 im Jahr 1997 auf 94 im Jahr 2016 – relativ sank der Anteil an Plätzen für Frauen im selben Zeitraum von 4,1 % über 1,9 % (2009) auf aktuell 3,9 % (Etzler 2016, S. 68). Im letzten Jahr wurden Abteilungen in Willich II sowie in Frankfurt a. M. neu eröffnet. Sexualdelikte kommen bei Frauen kaum vor, über die Hälfte der Frauen in der Sozialtherapie ist wegen Mord und Totschlag verurteilt (vgl. ebd., 83). Im Maßregelvollzug steigt die Zahl untergebrachter Frauen langsam, aber stetig an, von 1987 mit 196 untergebrachten (das entspricht 4,9 % der Gesamtmaßregeluntergebrachten) auf 794 im Jahr 2013 (und damit 7,3 % der Gesamtpopulation im Maßregelvollzug) (Stat. Bundesamt 2015 b).

5 Lebenslagen inhaftierter Frauen

Eine überwältigende Anzahl weiblicher Inhaftierter war selbst Opfer von Gewalt – 57 % haben sexuelle Gewalt, 89 % psychische und 91 % körperliche Gewalt erfahren (Zolondek 2007, S. 10; ähnlich Bohne 2013, S. 32). Mindestens die Hälfte der weiblichen Inhaftierten gilt als Nutzerin intravenöser Drogen, hinzukommen Alkohol, Tabletten und andere Drogen sowie suchtartige Verhaltensweisen wie Kleptomanie und Kaufsucht. Die Belastung mit diagnostizierbaren psychischen Störungen ist hoch – ein Drittel bis die Hälfte leidet unter posttraumatischer Belastungsstörung, ebenso viele unter Borderline-, über 80 % unter Persönlichkeits-, über 40 % unter Angststörungen, außerdem sind über 10 % von psychotischen sowie Essstörungen betroffen (vgl. von Schönefeld et al. 2006; Yaqoobi 2011).

Weit über die Hälfte der inhaftierten Frauen sind Mütter (fast 60 % nach Zolondek 2007, S. 134; zwei Drittel nach Prätor 2013, S. 21), häufig von minderjährigen Kindern. Schuld und Scham über das Verlassen ihrer Kinder sowie die Sorge um sie sind für diese Frauen ein unüberschätzbarer Stressfaktor.

Knapp 44 % der Frauen ist unter 1 Jahr inhaftiert (Männer: 34 %), bei den lebenslangen Freiheitsstrafen gleicht sich der Prozentsatz an Verurteilten nahezu an (3 % Frauen, 3,2 % der verurteilten Männer (Junker 2011, S. 102). 25 % inhaftierter Frauen haben keinen Schulabschluss und über 50 % keine Berufsbildung (Zolondek 2007, S. 10). Inhaftierte Frauen sind im Schnitt etwas älter als Männer, bei den über 40 Jährigen machen sie 7 % aus. Sie sind seltener nicht-deutscher Staatsangehörigkeit als Männer (16 % vs. 23 %) und nur ein Fünftel von ihnen hat vor der Haft gearbeitet (Männer: fast 45 %) (von Schönefeld et al. 2006, S. 834).

Die Straftaten „Betrug und Untreue, Diebstahl und Unterschlagung und Urkundenfälschung" zusammen machen bei männlichen Gefangenen 34,7 %, bei weiblichen 57,1 % aus (Stat. Bundesamt 2015a). Frauen werden in Haft häufiger von ihren Männern verlassen als umgekehrt, Frauen reagieren eher mit Selbstentwertung und Selbstaggression auf Trennungen als Männer (Gerisch 2005, S. 923).

Die Rückfälligkeit von Frauen ist – relativ – gering: Nur 26 % werden wieder inhaftiert, hingegen 37 % der Männer (Jehle et al. 2016, S. 51).

Frauen sind also wegen geringfügigen Delikten meist kurze Zeit inhaftiert und mit Drogenabhängigkeit sowie physischen und psychischen Problemen hoch belastet; hinzu kommt die Verantwortung für Kinder. Helga Einsele, Vorkämpferin für die Rechte inhaftierter Frauen, nannte die Lebenslage inhaftierter Frauen eine „Kette des Jammers" (Klee 1975) – heute heißt das multifaktoriell bedingte Problemlage. Obzwar viele Belastungen individuell-biografisch sind, durchzieht die strukturelle Benachteiligung als Mädchen oder Frau, insbesondere in

Gewalterfahrungen durch Männer wie auch als immer noch Hauptverantwortliche für Kinder, das Leben weiblicher Inhaftierter. Sie befinden sich in besonderen Abhängigkeitsstrukturen – von Männern, ihren Herkunftsfamilien, von Drogen – die maßgeblich zu ihrer Straffälligkeit führen. Die Haft ist eine zusätzliche Gewalterfahrung, die die „Leidenserfahrungen aller Frauen verdichtet" (Bereswill und Hellwig 2012, S. 208). Und gerade weil sie so wenige sind, werden sie zusätzlich diskriminiert: Oft heimatfern und in kaum differenzierten Stationen inhaftiert, leiden sie (wenn nicht in eigenständigen Anstalten unterbracht) unter der Übersicherung sowie geringerer Angebotsvielfalt in und außerhalb der Anstalten.

6 Forderungen an eine frauenspezifische Komplexleistung Resozialisierung

Haft reproduziert gesellschaftliche Machtverhältnisse, die sich u. a. in Gewalterfahrungen von Frauen durch Männer ausdrücken. Es gilt dies anzuerkennen und dennoch Frauen nicht nur als passive Opfer zu sehen. Die „Wertschöpfungskette Resozialisierung" (vgl. Maelicke, in diesem Band) muss auf die besonderen Problemlagen ausgerichtet sein, auf die Stärkung der Autonomie zielen und Frauen als Subjekte anerkennen. Den durch Gewalt und Abhängigkeiten sowie prekären Bindungen geprägten Biografien lässt sich nur mit einer verstehenden Haltung[11] und verlässlichem Bindungsaufbau in durchgehenden Betreuungen durch vorwiegend weibliche Betreuerinnen begegnen. Gleichzeitig läuft jede Hilfe stets Gefahr, paternalistisch Autonomie zu beschränken. Letztlich ist das beste Mittel gegen die schädlichen Folgen der Haft deren Vermeidung durch frauenspezifische ambulante Alternativen.

a. Im Strafvollzug

Ihre geringe Gefährlichkeit, die kleinen Zahlen inhaftierter Frauen und ihre größere gesundheitliche Belastung (die den Haftanstalten hohe Kosten besonders bei kurzen Aufenthalten beschert) dürfen angesichts ubiquitärer Sachzwänge nicht zu weiterer Diskriminierung von straffällig gewordenen Frauen führen. Auf Grundlage der meisten Strafvollzugsgesetze besteht gesetzlich ausreichend Spielraum

[11]In den notwendigen Datenerhebungen im Strafvollzug bieten sich ein verstehender Zugang sowie Erhebungsformen an, die den Frauen die Aneignung ihrer Biografie ermöglichen, anstatt sie durch reine Datenabfrage wieder nur zu einem Objekt zu deklarieren – das kostet aber Zeit und damit Personal.

für eine „kompensatorische Vollzugspraxis, die strukturell vorgegebene Benachteiligungen inhaftierter Frauen ausgleicht" (Steinhilper 2013, S. 746).

Die Herausforderung besteht darin, in einer Institution, die Autonomie notwendig beschneidet, Anpassung belohnt sowie Tendenzen der erlernten Hilflosigkeit und Regression befördert, Frauen die Möglichkeit zu geben, ihre Abhängigkeitsbeziehungen zu Männern und Drogen zu reflektieren und zu durchbrechen. Autonomie als Ziel heißt, den Frauen Raum zur Entwicklung neuer Denk- und Handlungsmuster zu geben, die ihnen Auswege aus (patriarchalisch geprägten) Abhängigkeiten eröffnen und positivere weibliche Selbstbilder ermöglichen. All das in der Zwangssituation der Inhaftierung, auf die Frauen nach einhelliger Meinung der Fachliteratur eher mit Anpassung und Passivität reagieren (z. B. BAG-S 2012, S. 5), eine Haltung, die viele von ihnen erst ins Gefängnis gebracht hat. Autonomie hieße auch, Frauen als Subjekte anzuerkennen und nicht paternalistisch über das Beste für sie zu entscheiden – diese Gefahr besteht nicht zuletzt, weil viele Angestellte und BeamtInnen aus gesellschaftlich anderen Schichten mit anderen Rollenvorstellungen kommen als die Inhaftierten.

Die **Befähigung zu einem Leben in sozialer Verantwortung** zielt einerseits auf die Persönlichkeit – den Aufbau von ausreichend Ich-Stärke, um Abhängigkeiten zu reflektieren und sich daraus zu lösen – und andererseits darauf, reale Gestaltungsoptionen im Leben z. B. durch Schulabschlüsse u. a. Qualifikationen zu erlangen. Ersteres ist im Sinne einer Wirkungsorientierung kaum messbar, abgeschlossene Fortbildungen hingegen schon. Wenn auch fraglich ist, was z. B. Zertifikate über Computerkurse auf dem freien Arbeitsmarkt bringen, wirken sie auf die Frauen: Sie sind stolz, etwas Konkretes erreicht zu haben. Bei einem Großteil der Frauen steht die Persönlichkeitsstärkung im Vordergrund – sie sind durch Sucht, psychische Störungen, Lernbehinderungen und physische Krankheiten oftmals längerfristig für den ersten Arbeitsmarkt ungeeignet. Das bedeutet jedoch, dass sie später mit einer unzureichenden Rente leben müssen und von Altersarmut betroffen sind (die wiederum die höheren Zahlen inhaftierter älterer Frauen erklären könnte). Hinzu kommen kurze Haftzeiten und teilweise eher klassisch weibliche Interessen und Versorgungswünsche (vgl. Cummerow 2007, S. 318) – dies alles steht dem Erwerb von Qualifikationen, die in Freiheit eine reale Lebensgrundlage bieten können, entgegen[12]. Ein differenziertes Ausbildungsangebot für kleinste

[12]Die Haft stellt für die meisten Menschen eine krisenhafte Situation dar, in der eher der Rückgriff auf traditionelle Geschlechterrollen zur Stabilisierung der eigenen Identität naheliegt als der Aufbruch in neue Rollen. In wieweit das durch attraktive Ausbildungsberufe in eher typischen Männertätigkeiten, die aber ein hohes Einkommen und besonderes Ansehen als Frau versprechen, aufgehoben werden kann, ist fraglich.

Gruppen oder einzelne Frauen versuchen einige Anstalten durch externe Anbieter außerhalb der Mauern herzustellen, z. B. in Vechta. Bei kürzeren Haftzeiten kann die Fortführung der Ausbildungsmaßnahme nach der Entlassung erfolgen – aber nur, wenn die Frauen in die Region entlassen werden und nicht heimatfern[13] untergebracht sind.

Die Haftzeit stellt für viele Frauen einen Schutz- und Schonraum dar, in dem sie frei von Partnergewalt und alltäglicher Überforderung, ohne oder mit geringerem Drogenkonsum zum ersten Mal auf sich selbst fokussieren können. Dennoch wäre es primäres Ziel ambulanter Maßnahmen, förderliche Bedingungen außerhalb der Haft herzustellen, um schädliche Inhaftierungsfolgen sowie hohe Kosten zu vermeiden und dauerhaft ein straffreies Leben zu ermöglichen. Suhling (in diesem Band) zählt das Schutzziel zu den Strafvollzugszielen, und zwar auch nach innen, für die Gefangenen. Die Haft muss für die Frauen ein sicherer Ort sein – sicher vor Übergriffen seitens des Personals und anderer Gefangener, sicher aber auch vor Drogen und den schädlichen Vollzugswirkungen. Sicherheit schafft ein – vorzugsweise weibliches – Personal, das über besondere Qualifikationen hinsichtlich frauenspezifischer Problemlagen wie Trauma, aber auch Essstörungen und selbstverletzendem Verhalten verfügt. Nur wenn das Personal den Stationen fest zugeordnet ist, kann es die Frauen kennenlernen, verstehen und individuelle Wege finden. Die kritische Reflektion eigener Vorstellungen von Männlichkeit und Weiblichkeit eröffnet Raum, um Handlungs- und Denkweisen jenseits typischer Rollenbilder zuzulassen. (Wie so vieles, sollte das auch für den Männervollzug gelten). Das Personal steht vor der Aufgabe, eine Haltung der Wertschätzung und des Respekts für die Frauen mit der Fähigkeit zu verbinden, auch ihre aggressiven und zerstörerischen Seiten zu akzeptieren, diese nicht nur um der Ruhe auf den Stationen willen zu unterdrücken und so eine Integration dieser Anteile zu ermöglichen (vgl. Hüdepohl 2009, S. 249 f.). Die Spaltungstendenzen vieler dieser Frauen auszuhalten, in einem starken Team zu reflektieren und wieder zusammenzuführen, setzt nicht nur Wissen über solche Mechanismen voraus, sondern auch genügend Zeit, z. B. für Teambesprechungen.

Je **eigenständiger eine Frauenabteilung** oder besser noch -Anstalt ist, desto besser kann sie sich an die Spezifitäten ihrer Insassinnen anpassen. Die Sicherungserfordernisse für Abteilungen in Männeranstalten sind bekanntermaßen bei

[13]Für eine heimatnahe Unterbringung spricht, dass in Anstalten, die vor allem Frauen aus der Region inhaftieren, die Besuchsanzahl viel höher liegen als in Zentralanstalten. Heimatnah sind Insassinnen z. B. in Hildesheim untergebracht, hier erhalten 80 % mehrere Besuche/Woche und nur 4,3 % nie. Dagegen bekommen in Bützow 45,5 % mehrere Besuche/Woche und 27,3 % nie (vgl. Zolondek 2007, S. 251 ff.).

Frauen überzogen, sie schränken die Bewegungsmöglichkeiten der Frauen ein, verkomplizieren Tagesabläufe und binden Personal z. B. in Begleitgängen. Die **Trennung** von männlichen Gefangenen sollte umfassend sein. Viele Frauen, die zudem ihr Leben in Abhängigkeiten von Männern verbracht haben, lenkt in der hoch emotional aufgeladenen Haftzeit jeder Kontakt zu Männern als potenzielle Liebesobjekte von sich selber ab. Dazu reicht Sicht- und Rufkontakt schon aus, auch koedukative Maßnahmen sind stets zum Nachteil der teilnehmenden Frauen (vgl. Maelicke 1995, S. 29). Zudem kommt es dann häufig zu objektivierenden Äußerungen und Selbstdarstellungen der Frauen, die den Bemühungen zur Subjektstärkung zuwider laufen.

Wohngruppenvollzug mit Mitbestimmungsmöglichkeiten sowie teilweiser Selbstorganisation, z. B. der Nahrungsversorgung, fördert Autonomie eher als eine Rundumverpflegung durch die Gefängnisküche. Aufgrund der absehbar entstehenden Konflikte setzt dies jedoch mehr Personal voraus. Die Motivation zur Teilnahme an Möglichkeiten der Gefangenenmitbestimmung ist zeitintensiv und oft sicher frustrierend, bietet aber Wege, demokratisches Miteinander zu üben und zur Übernahme von Verantwortung anzuleiten. Dazu müssen aber reelle Möglichkeiten zur Veränderung bestehen.

Die **gesundheitliche Belastung** inhaftierter Frauen ist bekanntlich höher als jene der Männer. (UNODOC/WHO 2009, S. 20), insbesondere durch Gewalt- und Missbrauchserfahrungen, (intravenösen) Drogenkonsum, psychische Störungen und Selbstverletzungen, wechselnden ungeschützten Geschlechtsverkehr, zeitweiligem Leben auf der Straße und in Armut. Auch reagieren Frauen auf psychische Verletzungen eher mit der Wendung auf den eigenen Körper (Gerisch 2005, S. 923). Die Haftzeit böte eine Chance, Selbstfürsorge zu erlernen, Vorsorgeuntersuchungen in Anspruch zu nehmen oder sich mit gesunder Ernährung zu befassen (besonders wichtig, wenn die Frauen Mütter sind). Die Sorge für den Körper und den Geist böte Möglichkeiten, Wertschätzung zu zeigen und Vertrauen zu gewinnen, die Inhaftierung eigentlich beste Voraussetzungen für umfangreiche Screenings – dem stehen aber die Kosten gegenüber, die eine umfassende Versorgung mit sich brächte. Dazu gehörte ausreichend spezialisiertes Personal, u. a. PsychiaterInnen und PsychologInnen. Um Retraumatisierungen zu vermeiden und insbesondere Frauen aus anderen Kulturkreisen, die die Entblößung vor einem Mann verbieten, zu erreichen, muss eine Wahlmöglichkeit hinsichtlich des Geschlechts der Behandelnden existieren oder für Frauen generell nur Ärztinnen eingesetzt werden. Letztlich könnte aber nur die Einbeziehung aller Gefangenen in die gesetzliche Krankenversicherung eine angemessene Versorgung gewährleisten, wovon die gesundheitlich stark belasteten inhaftierten Frauen besonders profitieren würden. Psychische und physische Gesundheit ist die Basis für gelingendes Leben.

Frauen konsumieren **Drogen** häufig in Verbindung mit „biografischen Belastungen“ (Bernard und Tödte 2016, S. 34) wie Gewalt- und Missbrauchserfahrungen, aber auch drogenabhängigen Partnern. Sie setzen Drogen als Selbstmedikation ein, die ihnen in belastenden Situationen hilft, aber sie natürlich schädigt. In der Suchtberatung ist bekannt, dass Drogenkonsum vom Einstieg bis zum Ausstieg geschlechtsspezifisch unterschiedlich verläuft. Bedarfsgerechte und wirksame Angebote setzen dieses Wissen um. Externe Träger mit frauenspezifischen Angeboten gewährleisten eine nach der Entlassung weitergehende Betreuung. Ein der medizinischen Indikation entsprechender Zugang zu Substitutionsmitteln sollte selbstverständlich sein und Frauen Mut machen, den Ausweg aus der Sucht zu finden. Die verbreitete Praxis, Sucht als Krankheit zu begreifen, läuft zwar der Schuldzuschreibung der Süchtigen zuwider und ermöglicht Zugänge zum Gesundheitssystem. Doch verstärkt sie die Opferhaltung – an einer Erkrankung ist niemand schuld – und erschwert damit die Verantwortungsübernahme für den eigenen Drogenkonsum, der dann ähnlich unentrinnbar wie Grippeviren erscheint. Das gleiche gilt für psychiatrische Diagnosen, die einen sehr sensiblen Umgang voraussetzen – sie können entlasten, aber eine passive Haltung fördern und zudem massiv abwertend auf das Selbstbild wirken.

Da besonders Frauen in Haft intravenös Drogen konsumieren ist ein **Spritzentausch,** wie ihn zurzeit nur die Frauenanstalt Lichtenberg-Berlin anbietet, im Frauenvollzug besonders angebracht und i. S. des Gegenwirkungsgrundsatzes notwendig. Viele europäische Länder, z. B. Spanien, praktizieren seit Jahren Spritzentausch in Gefängnissen, ohne dass es zu Problemen kommt.

Weil Frauen selten gefährlich sind und von Inhaftierung besonders stark belastet, könnte der offene Vollzug als Regelvollzug eingesetzt werden bzw. der Vollzug weitgehend in freien Formen[14] (vgl. Dünkel et al. 2005, S. 41) stattfinden, um zumindest einigen schädlichen Folgen entgegenzuwirken. Frauen mit Drogenproblemen werden jedoch oft nicht zugelassen. Wenn mittlerweile anerkannt ist, dass ein drogenfreier Vollzug eine Illusion ist, wäre ein akzeptierender Umgang mit Drogen sinnvolle Konsequenz. Die erheblichen Unterschiede der Länder in der Unterbringung von Frauen im offenen Vollzug zeigen, dass der politische Wille ausschlaggebend ist und nicht die inhaftierten Frauen. In Berlin ist über die Hälfte aller inhaftierten Frauen offen untergebracht (bei den Männern sind es 27 %), in

[14]Was für die Frauen gilt, gilt auch für über jene Mehrheit der männlichen Inhaftierten, die nur wegen leichter und mittelschwerer, nicht gefährlicher Delikte sitzen (vgl. Maelicke 1995, S. 216).

Hamburg, Niedersachsen und Nordrhein-Westfalen sind es immerhin noch fast ein Drittel und damit mehr als bei den Männern. In Bayern und Baden-Württemberg liegt die Zahl unter 10 %[15]. Ebenso unterscheiden sich die Zahlen der Ersatzfreiheitsstrafen (EFS) erheblich – in Mecklenburg-Vorpommern sitzt ein Viertel der strafgefangenen Frauen wegen einer EFS ein, in Hamburg sind es nur 6,1%. Insgesamt sind deutschlandweit 9,8 % der männlichen Strafgefangenen wegen einer EFS in Haft und 13,8 % der Frauen (Statistisches Bundesamt 2016)[16]. Wie genau diese Zahlen mit spezifischen Ansätzen der Länder zum Frauenvollzug und Programmen zur Vermeidung von EFS zusammenhängen, lässt sich hier leider nicht evaluieren.

Bundesweit gibt es nur wenige **sozialtherapeutische Einrichtungen** für Frauen. Gewalttätige Frauen sind fast immer mehrfach traumatisiert (vgl. Hüdepohl 2007, S. 235) und zeigen einen geschlechtsspezifischen Umgang mit Belastungen. Frauen erleben ihre Aggressionen eher als bedrohlich, spalten sie ab und wenden sie nach innen – ein Verhalten, das der Vollzug belohnt. Männer erleben Aggressionen eher als identitätsstabilisierend. Auch wenn der Prozentsatz an Gewalttäterinnen nur langsam steigt, braucht es eigenständige Therapiestationen für diese Gruppe. Darüber hinaus wären die Ansätze sozialtherapeutischer Einrichtungen, die eine grundlegende Beschäftigung mit der eigenen Biografie und dysfunktionalen (Beziehungs-) Mustern ermöglichen, gerade für die hochbelastete Gruppe inhaftierter Frauen hilfreich. Ein therapeutisch orientierter Vollzug in kleinen Gruppen mit pädagogischem Personal ließe sich im Frauenvollzug bestens umsetzen und könnte auch den nicht nach außen gewalttätigen Frauen eine Chance zur nachhaltigen Veränderung bieten.

Am Stichtag 31.08.2016 waren in Deutschland nur 136 **weibliche Jugendliche** inhaftiert. Es gibt keine eigenen Anstalten für straffällige Mädchen und junge Frauen, fünf Bundesländer haben keine eigenen Plätze für weibliche Jugendliche. Hier besteht eine eklatante Benachteiligung gegenüber männlichen Jugendlichen, für die ein differenziertes Angebot in zumeist eigenständigen Anstalten zur

---

[15]Der sog. Hausfrauenfreigang, in dem Mütter (und neuerdings Väter) tagsüber die Kinder versorgen, wird nur in sehr geringem Umfang praktiziert, zudem stellt er eine enorme Belastung für die Freigängerinnen dar und setzt voraus, dass sich Partner oder Eltern nachts um die Kinder kümmern.

[16]Stichtagserhebungen unterschätzen besonders bei kurzen Strafen die insgesamt Betroffenen. In Hamburg z. B. sind zum Stichtag nur 8 % aller erwachsenen Strafgefangenen wegen einer EFS in Haft (Statistisches Bundesamt 2016), betrachtet man jedoch die Zahl der 2016 aus der Strafhaft entlassenen Erwachsenen, kommen davon fast 36 % aus dem Vollzug einer EFS (Bürgerschaft der Freien und Hansestadt Hamburg, Drs. 21/8377).

Verfügung steht. Gerade für diese jungen Frauen, die noch Schulabschlüsse oder Ausbildungen nachholen müssen, ist die Möglichkeit, diese nach der Entlassung fortsetzen zu können, entscheidend. Die JVA Vechta ermöglicht zwar externe Abschlüsse, ob die Bildungswege jedoch nach der Entlassung z. B. nach Hamburg oder Schleswig-Holstein, deren Jugendliche hier untergebracht sind, fortgesetzt werden können, ist unklar. Diese besonders benachteiligte, häufig gewalttätige und hoch belastete Gruppe wird durch ihre geringe Größe und heimatferne Unterbringung zusätzlich diskriminiert, obwohl im Jugendvollzug der Erziehungsgedanke im Vordergrund steht[17]. In Berlin können geeignete Jugendliche in sozialtherapeutischen Abteilungen mit erwachsenen Frauen aufgenommen werden, mit guten Erfolgen. Therapeutische Ansätze und der Erziehungsgedanke stehen einander nicht entgegen, sondern können bei den jungen Frauen erhebliche Veränderungen bewirken.

Mütter mit Kindern: Über die Hälfte der inhaftierten Mütter haben Kinder, viele haben schon vor der Inhaftierung das Sorgerecht verloren und müssen mit der Fremdunterbringung ihrer Kinder leben. Einige verlieren sie erst durch die Inhaftierung. Die Auseinandersetzung mit der Rolle als (versagende) Mutter und vor allem eine Klärung der aktuellen Situation ist innerhalb, aber auch außerhalb der Haft vorrangig für alle Mütter. Solange keine hinreichend befriedigende Lösung der Sorgerechtsfragen u. ä. gefunden ist, ist die Bearbeitung anderer Problemfelder aussichtslos[18].

Mutter-Kind-Einrichtungen: Musste Helga Einsele das erste Kinderhaus im Vollzug noch gegen viel Widerstand durchsetzen, gibt es heute Forderungen nach einem Rechtsanspruch auf die Unterbringung in Mutter-(und Vater)-Kind-Einrichtungen (Kummerow 2010). Seltener sind Stimmen, die Kinder ganz aus der Haft heraushalten möchten, in der Praxis setzt Schleswig-Holstein das vor allem

---

[17]Eine noch kleinere Gruppe (in Berlin 2015 zum Stichtag 3 Inhaftierte) ist jene der Transgender-Personen, die in Gefängnissen besonders diskriminiert werden. Ihre Einordnung in den Männer- bzw. Frauenvollzug orientiert sich am Transsexuellengesetz von 1981 – erst nach der sog. großen Lösung mit der operativen Angleichung der Geschlechtsmerkmale können sie auf die Abteilung des Geschlechts, das sie angenommen haben, kommen. Sie dürfen zwar die Kleider des angestrebten Geschlechts tragen, ansonsten wird auf ihre Selbstdefinition keine Rücksicht genommen.

[18]Zu weiteren Maßnahmen eines familienfreundlicheren Vollzugs siehe den Artikel von Sandmann/Kapp (in diesem Band). In wie weit die Familienorientierung dem Großteil der Gefangenen, die kaum tragfähige familiäre Beziehungen haben, zugutekommt, kann hier nicht diskutiert werden. Zwar besteht gesichertes Wissen über die Bedeutung familiärer Beziehungen als Desistance-Faktor, gleichzeitig ist bekannt, dass die meisten Frauen keine (familiären) Beziehungen haben /sich in prekären Beziehungen zu Männern befinden.

durch Haftvermeidungsmaßnahmen um. Es gibt bundesweit ca. 100 Plätze für Mütter mit Kindern, also nur für einen Bruchteil der Kinder inhaftierter Mütter[19], den größten Teil davon im offenen Vollzug[20].

Mutter-Kind-Einrichtungen existieren im Spannungsfeld der Schnittstelle von Strafverfolgung, Resozialisierung und Kindeswohl. Die Schädigungen in der Primärsozialisation durch die Trennung von der primären Bezugsperson, hier meist die Mutter, werden durchgängig als schwerer und wissenschaftlich belegter eingeschätzt als die möglichen Folgen durch die Prisonisierung der Kinder. Die Haftumgebung eröffnet Chancen, auf die Erziehungsweisen der Mütter in Richtung eines gewaltfreieren, kindgerechteren Umgangs pädagogisch einzuwirken. Viele Kinder erleben hier zum ersten Mal einen strukturierten, zuverlässigen Tagesablauf. Auf die Mütter wirkt nach Einschätzung der meisten Autorinnen die gemeinsame Unterbringung durchweg positiv und resozialisierungsfördernd, wenn auch die Gefahr besteht, die Kinder als Kontroll- und Disziplinarmittel für die Frauen einzusetzen. Bereswill & Hellwig zeigen in ihrer Studie zum Hafterleben von Frauen in Mutter-Kind-Einrichtungen, wie unterschiedlich die Frauen ihre Mutterschaft erfahren, aber auch, wie sehr die ständige Bewertung sie in ihrer Mutterrolle verunsichert (2012, S. 191 ff.). Die Autorinnen belegen die Erziehung zur Anpassung der Kinder (ebd. S. 209), die von klein auf lernen, dass ihre Mütter nicht autonom sind, sondern stets den Regeln anderer, möglicherweise zudem Männern, gehorchen müssen. Diese Regeln der JVA müssen sie den Kindern gegenüber durchsetzen, manchmal ohne sie begründen zu können – das fördert nicht gerade ein Verständnis von Regeln und Gesetzen (vgl. Ott 2013, S. 70 f.).

Die Forderung nach Kapazitätserweiterung in Mutter-Kind-Einrichtungen und Rechtsanspruch auf Unterbringung idealisiert die Familienbindungen in meist zerrütteten familiären Verhältnissen. Eine Mutter mit Kind restituiert zudem die gewohnten Weiblichkeitsbilder in der JVA, die die kriminelle Frau ins Wanken gebracht hat – vielleicht liegt darin auch die Faszination für dieses Thema begründet.

---

[19]In fünf Bundesländern ist laut Gesetz die Unterbringung beim Vater theoretisch möglich. In der Realität existiert eine Vater-Kind-Einrichtung in der JVA Waldheim seit 2010, in die sich auch Väter aus anderen Ländern verlegen lassen können. Bisher ist jedoch kein Vater mit Kind(ern) dort untergebracht worden, da kein Bedarf besteht (Staatsministerium d. Justiz Sachsen 2016, S. 6).

[20]In Spanien gehen alle Kinder im geschlossenen Vollzug tagsüber in einen öffentlichen Kindergarten außerhalb (vgl. Junker 2011, S. 64) – das ist wünschenswert, aber aufgrund der teilweise stadtfernen Unterbringung sowie des hohen Begleitaufwands leider für Deutschland illusorisch.

b. Schnittstellen und ambulante Hilfen
Bei der hochbelasteten Gruppe inhaftierter Frauen entscheidet die Organisation der Schnittstellen über Erfolg und Misserfolg aller Maßnahmen. Das sog. Gate-Fever (Cummerow 2007, S. 326) führt nicht selten dazu, dass Frauen kurz vor Entlassung rückfällig werden – oder nach der Entlassung an einer Überdosis sterben (Hedrich und Pirona 2012, S. 82). Die Angst vor den auf sie zukommenden Anforderungen in Freiheit nach der z. T. als Schonzeit erlebten Haft ist riesig, eine gute Vorbereitung Gold wert. Und erst die Maßnahmen in Freiheit ohne Zwangskontext können die „immanenten Widersprüche des Strafvollzuges" (Roggenthin, in diesem Band) auflösen.

Ein wirkungsvolles Übergangsmanagement darf sich nicht von den kleinen Zahlen und der überwiegenden Ungefährlichkeit weiblicher Inhaftierter davon abhalten lassen, spezifische Angebote zu entwickeln. In Anbetracht der aktuellen Überlegungen in verschiedenen Bundesländern, das Übergangsmanagement in **Landesresozialisierungsgesetzen** festzuschreiben, wäre die Anerkennung frauenspezifischer Bedarfe und Maßnahmen des Übergangsmanagements sinnvoll, die von Trägern mit besonderer Kompetenz in Frauen- und Mädchenarbeit geleistet werden sollte.

Anschließende Betreuungseinrichtungen und Bewährungshelferinnen müssen in Haft frühzeitig Kontakte zu den Frauen knüpfen und Beziehungen herstellen. So geht z. B. die älteste frauenspezifische Einrichtung, die Anlaufstelle für straffällig gewordene Frauen in Frankfurt/Main, vor. Als freiwilliges Angebot in freier Trägerschaft begleitet sie Frauen aus der Haft in die Freiheit, holt sie am Gefängnistor ab und unterstützt sie, solange sie Hilfe brauchen. Umgekehrt verhindert häufig Personalmangel Ausführungen, doch Besuche z. B. bei Wohn- oder Therapieeinrichtungen, sind wichtig für die Entlassungsperspektive der Frauen. Frauen müssen zudem eher aufgesucht werden, sodass sog. Komm-Strukturen allein nicht wirken.

Die hohe Belastung mit psychischen Störungen und Drogensucht macht es schwierig, passende Einrichtungen nach der Entlassung zu finden. Aufgrund der oft seit jungen Jahren bestehenden Abhängigkeiten von Opiaten ist der Anspruch, abstinent zu leben, für viele (vorerst) unerfüllbar, sie brauchen dennoch sicheren Wohnraum und bedarfsorientierte Betreuung. Landen Frauen auf der Straße ist der Weg in missbrauchende Beziehungen zu Männern und vermehrten Drogenkonsum vorgezeichnet.

Aufgrund der hohen Zahl an Frauen, die wegen einer EFS einsitzen, braucht es frauenspezifische Angebote, die berücksichtigen, dass hier gemeinnützige Arbeit aufgrund von Kinderversorgung, Resignation und massiver Problemlasten scheitert. Auch eine frauenspezifische Schuldnerberatung macht Sinn – ihre Wirksamkeit wäre zu evaluieren.

Die **Vernetzung** von frauenspezifischer Straffälligenhilfe mit feministischen und frauenpolitischen AkteurInnen könnte die Belange straffälliger Frauen und ihre besondere Diskriminierung in den gesellschaftlichen Fokus rücken und verdeutlichen, dass (Re-)Sozialisierung eine gesamtgesellschaftliche Aufgabe ist. Die Lebenslagen inhaftierter Frauen sollten auf der Tagesordnung von Gleichstellungsbeauftragen, aber auch z. B. der Gender Studies, feministischer KriminologInnen und der Sozialen Arbeit stehen – im Wissen darum, dass diese kleine Randgruppe an der Schnittstelle verschiedener gesellschaftskonstitutiver Diskurse über Geschlecht und Recht existiert.

Die **Ausrichtung auf evidenzbasierte Konzepte** und überprüfbare Wirkungsfaktoren steht im Frauenvollzug vor besonderen Herausforderungen: Die komplexen Problemlagen inhaftierter Frauen, ihre geringe Zahl sowie kurzen Verweilzeiten, machen die valide Wirkungsmessung und Kausalitätszuweisung für einzelne Maßnahmen schwierig. Strukturqualität hingegen lässt sich messen, über Anzahl und Qualifikation des Personals, auch die Atmosphäre einer Anstalt[21] ist messbar. Die Orientierung an den Neuen Steuerungsmodellen, an Effizienz und Sachzwängen vermittelt Insassinnen, dass sie nur wertvoll sind, wenn sie etwas leisten und nichts kosten; Frauen leiden unter Sparzwängen aufgrund ihrer höheren psychischen und physischen Belastung zusätzlich. Generell wäre zu fragen, ob die hohen Kosten des Gefängnisses, die z. T. in Maßnahmen fließen, die die schädlichen Folgen der Inhaftierung aufheben sollen, für die Mehrheit nicht sinnvoller in frauenspezifische Maßnahmen zur Hilfe im ambulanten Setting investiert werden könnten.

Da die Strafvollzugsgesetze als Zielvorgabe ein zukünftiges Leben ohne Straftaten bestimmen, ist die Legalbewährung notwendig relevantester Outcome-Indikator des Vollzugs: In dieser Hinsicht könnte sich der Frauenvollzug zumindest im Vergleich zum Männervollzug entspannt zurücklehnen. Dennoch kommen gerade drogenabhängige Frauen häufig zurück, wenn ihre Sucht nicht bearbeitet wird und besonders junge Frauen pendeln zwischen den Institutionen Haft und Psychiatrie (vgl. Jansen 2007, S. 214).

Für eine sinnvolle Planung ist die **Erforschung** der Situation inhaftierter Frauen von enormer Bedeutung. Die kleinen Gruppengrößen inhaftierter Frauen

---

[21]Zolondek stellt große Unterschiede im Umgang der Bediensteten mit den weiblichen Inhaftierten je nach Anstalt fest (2007, S. 224) – das Klima in einer JVA wiederum ist maßgeblich beeinflusst durch die Leitung.

legen ein qualitatives Vorgehen nahe, das zudem eher die Chancen eröffnet, die reale Vielfalt weiblicher Lebenswege abzubilden. So kann neues Wissen, z. B. zu Desistance-Faktoren, generiert und in Modellprojekten in der Praxis erprobt werden. Durch die Zersplitterung der Vollzugslandschaft im Zuge der Föderalismusreform ist Forschung, die best practice – Ansätze jenseits von Werbetexten evaluiert und veröffentlicht, noch notwendiger geworden.

Die geringe Anzahl inhaftierter Frauen wäre kein Problem, sondern eine Chance, wenn nicht Kostenfragen im Vordergrund ständen. Zusammen mit einem niedrigen Sicherheitslevel eignet sich der Frauenvollzug für die Erprobung neuer Angebote – von der Spritzenvergabe, über Diamorphinprogramme, offenen Vollzug auch für Drogenabhängige, über eine engmaschige, bedarfsorientierte und durchgehende Betreuung von der Inhaftierung bis zur Selbstständigkeit in Freiheit. Schon jetzt erlauben die meisten Strafvollzugsgesetze die Vollzugsgestaltung entlang geschlechtsspezifischer Bedarfe, zudem hat Deutschland sich dem Gender Mainstreaming[22] verpflichtet. Um auf diesem Weg voranzukommen, müssten der Frauenvollzug sowie die Träger frauenspezifischer ambulanter Hilfsangebote selbstbewusster und mit geschärftem politischen Bewusstsein auftreten, im Wissen darum, dass die Haft als Kontrollinstanz für soziale Abweichungen zunehmend auch für Frauen an Bedeutung gewinnt.

Literatur

BAG-S- Bundesarbeitsgemeinschaft Straffälligenhilfe. (2012). Werkstattpapier zur frauenspezifischen Straffälligenhilfe. *Informationsdienst Straffälligenhilfe, 20,* 4–8.

Bereswill, M. (2009). Mediale Inszenierungen von Weiblichkeit und Kriminalität. Eine sozialwissenschaftliche Reflexion. In J. Elz (Hrsg.), *Täterinnen. Befunde, Analysen, +Perspektiven* (S. 89–101). Wiesbaden: KrimZ.

[22]Die Vorgaben, die dieser Ansatz macht, sind äußerst vage, sie können fast beliebig interpretiert werden. Von einer radikalen Sicht aus müsste jede Handlung i. S. eines doing gender interpretiert und daraufhin untersucht werden, ob sie bestehende Geschlechteridentitäten und - Ungleichheiten affirmiert und diese gegebenenfalls ändern. In dieser Perspektive wären alle Strukturen, die sich über Werte wie Ehre, Kameradschaft, hierarchische Ordnungen, Gewaltakzeptanz und – damit fast immer einhergehend – der Abwertung von Frauen definieren, abzuschaffen. Damit stände nicht nur das Militär, sondern auch Polizei und nicht zuletzt der Vollzugsdienst grundlegend in Frage. Gemäßigte VerfechterInnen glauben, schon eine verstärkte Besetzung von Führungspositionen mit Frauen reicht aus. Das gesamte Kontinuum zwischen diesen Perspektiven lässt sich als Gender Mainstreaming bezeichnen – nicht zuletzt deshalb mag der Ansatz so beliebt und verbreitet sein.

Bereswill, M., & Hellwig, J. (2012). Hafterleben von Frauen mit Kindern. Eine qualitative Fallstudie. *Soziale Probleme, 23,* 182–215.

Bernard, C., & Tödte, M. (Hrsg.). (2016). Einleitung. In C. Bernard & M. Tödte (Hrsg.), *Frauensuchtarbeit in Deutschland. Eine Bestandsaufnahme* (S. 9–14). Bielefeld: Transcript.

BMFSFJ (Bundesministerium für Familie, Senioren, Frauen und Jugend). (1999). Bericht zur gesundheitlichen Situation von Frauen in Deutschland. Eine Bestandsaufnahme unter Berücksichtigung der unterschiedlichen Entwicklung in West- und Ostdeutschland. Berlin.

Bohne, S. (2013). Gewalterfahrungen und Gesundheit - Frauen im Strafvollzug. In L. Halbhuber-Gassner & G. Pravda (Hrsg.), *Frauengesundheit im Gefängnis* (S. 31–43). Freiburg: Lambertus.

Bundeskriminalamt. (2015). Polizeiliche Kriminalstatistik – Jahrbuch 2015. Version 7.0. Wiesbaden.

Cummerow, B. (2007). Voneinander lernen: Wiedereingliederung Haftentlassener Frauen am Beispiel einer Europäischen Projektepartnerschaft. In G. Kawamura-Riendl, L. Halbhuber-Gassner, & C. Wichmann (Hrsg.), *Gender Mainstreaming – ein Konzept für die Straffälligenhilfe?* (S. 309–325). Freiburg: Lambertus.

Dünkel, F., Kestermann, C., & Zolondek, J. (2005). Internationale Studie zum Frauenstrafvollzug. Bestandsaufnahme, Bedarfsanalyse und „best practice". https://rsf.uni-greifswald.de/fileadmin/uni-greifswald/fakultaet/rsf/lehrstuehle/ls-duenkel/Reader_frauenvollzug.pdf. Zugegriffen: 8. Sept. 2017.

Einsele, H. (1994). *Mein Leben mit Frauen in Haft*. Stuttgart: Quell.

Elz, J. (Hrsg.). (2009). *Täterinnen. Befunde, Analysen, Perspektiven*. Wiesbaden: KrimZ.

Etzler, S. (2016). Sozialtherapie im Strafvollzug 2016. Ergebnisübersicht zur Stichtagserhebung zum 31.03.2016. Zugriff unter http://www.krimz.de/fileadmin/dateiablage/E-Publikationen/BM-Online/bm-online6.pdf. Zugegriffen: 8. Sept. 2017.

Europäisches Parlament. (2008). Entwurf einer Entschließung des europäischen Parlaments zur besonderen Situation von Frauen im Gefängnis und zu den Auswirkungen der Inhaftierung von Eltern auf deren Leben in Familie und Gesellschaft. http://www.europarl.europa.eu/sides/getDoc.do?pubRef=-//EP//TEXT+REPORT+A6-2008-0033+0+DOC+XML+V0//DE. Zugegriffen: 8. Sept. 2017.

Gerisch, B. (2005). „Nicht dich hab ich verloren, sondern die Welt". Leidenschaft und Obsession bei suizidalen Frauen. *Psyche, 59,* 918–943.

Hedrich, D. & Pirona, A. (2012). Europäische Trends in der Gesundheitsversorgung Drogenabhängiger in Haft. Dokumentation der sechsten Europäischen Konferenz zur Gesundheitsförderung in Haft – Patient or Prisoner? https://web.archive.org/web/20131030192415/ http://www.gesundinhaft.eu/wp-content/uploads/2008/04/Akzept-Haftdoku1112-Internet.pdf. Zugegriffen: 8. Sept. 2017.

Heinz, W. (2016). Kriminalität und Kriminalitätskontrolle. Version /2016. http://www.uni-konstanz.de/rtf/kis/Kriminalitaet_und_Kriminalitaetskontrolle_in_Deutschland_Stand_2013.pdf. Zugegriffen: 8. Sept. 2017.

Hornung, E. (2016). *Frauen die töten. Eine empirische Untersuchung zur Phänomenologie weiblicher Tötungsdelinquenz in Hamburg: Polizeilich ermittelter Täterinnen im Zeitraum von 1990 – 2005*. Frankfurt a. M.: Verlag für Polizeiwissenschaft.

Hüdepohl, S. (2007). Sozialtherapie – Ein Konzept auf für jugendliche Intensivtäterinnen? In G. Kawamura-Riendl, L. Halbhuber-Gassner, & C. Wichmann (Hrsg.), *Gender Mainstreaming – Ein Konzept für die Straffälligenhilfe?* (S. 232–245). Freiburg: Lambertus.

Hüdepohl, S. (2009). Sozialtherapie für Frauen. Der Weg in die Autonomie und Verantwortlichkeit. In J. Elz (Hrsg.), *Täterinnen. Befunde, Analysen, Perspektiven* (S. 237–258). Wiesbaden: KrimZ.

Jansen, I. (2007). Weiblicher Jugendvollzug – Ein Blick auf eine benachteiligte Klientel. In G. Kawamura-Riendl, L. Halbhuber-Gassner, & C. Wichmann (Hrsg.), *Gender Mainstreaming – Ein Konzept für die Straffälligenhilfe?* (S. 213–231). Freiburg: Lambertus.

Jehle, J.-M., Albrecht, H.-J., Hohmann-Fricke, S., & Tetal, C. (2016). *Legalbewährung nach strafrechtlichen Sanktionen eine bundesweite Rückfalluntersuchung 2010 bis 2013 und 2004 bis 2013*. Mönchengladbach: Forum Verlag Godesberg.

Junker, A. (2011). *Mutter-Kind-Einrichtungen im Strafvollzug Eine bundesweite empirische Untersuchung zu den Rahmenbedingungen*. Münster: Lit.

Keppler, K.-H. (2013). Medizinische Versorgung im Frauenvollzug. In L. Halbhuber-Gassner & G. Pravda (Hrsg.), *Frauengesundheit im Gefängnis* (S. 107–135). Freiburg: Lambertus.

Keppler., K.-H. (2014). *Frauenknast. Welt mit eigenen Regeln – Ein Gefängnisarzt packt aus*. München: Heyne.

Klee, E. (1975). Die Anstalt war ihr Leben. In: Die Zeit, vom 17. Oktober 1975, http://www.zeit.de/1975/43/die-anstalt-war-ihr-leben/komplettansicht. Zugriff nur nach Anmeldung.

Köhler, T. (2012). *Straffällige Frauen. Eine Untersuchung der Strafzumessung und Rückfälligkeit*. Göttingen: Universitätsverlag.

Kummerow. A. (2010). Stellungnahme der Anlaufstelle für straffällig gewordene Frauen zum Gesetzesentwurf der Landesregierung für ein Gesetz zur Schaffung und Änderung hessischer Vollzugsgesetze. http://starweb.hessen.de/cache/AV/18/UJV/UJV-AV-005-T4.pdf. Zugegriffen: 8. Sept. 2017.

Laubenthal, K. (2015). *Strafvollzug* (7. Aufl.). Berlin: Springer.

Maelicke, H. (1995). *Ist Frauenvollzug Männersache? Eine kritische Bestandsaufnahme des Frauenstrafvollzuges in den Ländern der Bundesrepublik Deutschland*. Baden-Baden: Nomos.

Micus-Loos, C. (2009). „Auch Frauen sind zu allem fähig". Theorien und empirische Befunde zum Umgang der Geschlechter mit Aggressionen. In J. Elz (Hrsg.), *Täterinnen. Befunde, Analysen, Perspektiven* (S. 45–72). Wiesbaden: KrimZ.

Ott, M. (2013). Mütter mit Klein(st)kindern in Haft. Vorstellung einer ethnographischen Studie. In L. Halbhuber-Gassner & G. Pravda (Hrsg.), *Frauengesundheit im Gefängnis* (S. 57–70). Freiburg: Lambertus.

Prätor, S. (2013). Basisdokumentation im Frauenvollzug. Situation von Frauen in Haft und Auswirkungen auf die Legalbewährung. www.bildungsinstitut-justizvollzug.niedersachsen.de/download/86045. Zugegriffen: 13. Sept. 2017.

Schönfeld, C.-E. von, Schneider, F., Schröder, T., Widmann, B., Botthof, U., & Driessen, M. (2006). Prävalenz psychischer Störungen, Psychopathologie und Behandlungsbedarf bei weiblichen und männlichen Gefangenen. *Der Nervenarzt, 77,* 830–841.

Seus, L. (2001). „Irgendwas ist schiefgegangen im Prozeß der Emanzipation" – Abweichung und Geschlecht. In R. Anhorn & F. Bettinger (Hrsg.), *Kritische Kriminologie und Soziale Arbeit* (S. 87–111). Weinheim: Juventa.

Seus, L. (2007). „Unter Mackers is' das so" – Subjektive Deutungsmuster von Gewalt und die Konstruktion von Männlichkeiten. In G. Kawamura-Riendl, L. Halbhuber-Gassner, & C. Wichmann (Hrsg.), *Gender Mainstreaming – Ein Konzept für die Straffälligenhilfe?* (S. 69–92). Freiburg: Lambertus.

Statistisches Bundesamt. (2015a). Strafvollzug: demographische und kriminologische. Merkmale der Strafgefangenen zum Stichtag 31.3.2015. https://www.destatis.de/DE/Publikationen/Thematisch/Rechtspflege/StrafverfolgungVollzug/Strafvollzug2100410157004.pdf?__blob=publicationFile. Zugegriffen: 8. Sept. 2017.

Statistisches Bundesamt. (2015b). Strafvollzugsstatistik - Im psychiatrischen Krankenhaus und in der Entziehungsanstalt aufgrund strafrichterlicher Anordnung Untergebrachte (Maßregelvollzug). https://www.destatis.de/DE/Publikationen/Thematisch/Rechtspflege/StrafverfolgungVollzug/KrankenhausMassregelvollzug5243202149004.pdf?__blob=publicationFile. Zugegriffen: 8. Sept. 2017.

Statistisches Bundesamt. (2016). Bestand der Gefangenen und Verwahrten in den deutschen Justizvollzugsanstalten nach ihrer Unterbringung auf Haftplätzen des geschlossenen und offenen Vollzugs jeweils zu den Stichtagen 31. März, 31. August und 30. November eines Jahres. Stand 31.08.2016. https://www.destatis.de/GPStatistik/servlets/MCRFileNodeServlet/DEHeft_derivate_00031000/5243201169004_November2016.pdf. Zugegriffen: 8. Sept. 2017.

Staatsministerium der Justiz Sachsen. (2016). Große Anfrage der CDU-Fraktion und der SPD-Fraktion – Drs.-Nr. 6/3640 – Thema: Situation und Entwicklung des sächsischen Justizvollzugs. http://www.klausbartl.de/fileadmin/user_upload/dateien/3Parlamentarische_Arbeit/32Reden/6_Drs_3640_1_1_1_.pdf. Zugegriffen: 8. Sept. 2017.

Steinhilper, M. (2013). Besondere Vorschriften für den Frauenstrafvollzug. In H.-D. Schwind, A. Böhm, J.-M. Jehle, & K. Laubenthal (Hrsg.), *Strafvollzugsgesetz – Bund und Länder*. Berlin: de Gruyter.

UNODOC (United Nations Office on Drugs and Crime)/WHO(World Health Organisation). (2009). Women's health in prison. Correcting gender inequity in prison health. http://www.euro.who.int/__data/assets/pdf_file/0004/76513/E92347.pdf. Zugegriffen: 8. Sept. 2017.

Yaqoobi, M. K. (2011). Prävalenz von Psychiatrischen Erkrankungen und Psychopathologischen Syndromen von Frauen im Strafvollzug: Eine Querschnittsuntersuchung in der Justizvollzugsanstalt Zweibrücken Dissertation, Homburg.

Zolondek, J. (2007). *Lebens- und Haftbedingungen im deutschen und europäischen Frauenstrafvollzug*. Mönchengladbach: Forum Verlag.

Der Lebensabend im Gefängnis

Norman Meuschke

1 Einleitung

Dass die Inhaftierten im Alter von 60 Jahren und mehr seit einigen Jahren weltweit zu der am schnellsten wachsenden Insassengruppe gehören, ist längst kein Geheimnis mehr (u. a. ACLU 2012; Hayes et al. 2013; Langenhoff 2015; Trotter und Baidawi 2015; Vienna 2014). Nach wie vor bleibt jedoch die Frage offen, wie diese Insassengruppe bestmöglich in das Strafvollzugssystem integriert werden kann. Dabei wurden im deutschsprachigen Raum bisher zwei unterschiedliche Konzepte umgesetzt. Zum einen die Unterbringung in eigens errichteten Anstalten, wie die Außenstelle Singen der JVA Konstanz (Allgöwer 2013), zum anderen die Adaption einzelner Abteilungen, wie in der JA Suben (Ö), der JVA Detmold (Friedrichs 2012; Hirschbeck 2013), der JVA Waldheim (Die Bediensteten der Seniorenstation der JVA Waldheim 2015) und der JVA Hövelhof (Oberfeld 2015).

Obwohl jedes dieser Betreuungskonzepte, deren Vor- und Nachteile bereits ausführlich diskutiert wurden (u. a. Bieneck 2015; Fichte 2007), auf einen vielfältigen theoretischen und praktischen Erfahrungsschatz zurückgreift, wurden selten die Betroffenen selbst systematisch dazu befragt. Daher wurden in einer groß angelegten Studie insgesamt 55 im Normalvollzug angehaltene Inhaftierte im Alter von 60 bis 82 Jahren ($M = 66{,}5$ Jahre) aus 11 österreichischen Justizanstalten hinsichtlich ihrer Bedürfnisse, aber auch Probleme und Wünsche im Hinblick auf die Bewältigung des Haftalltages mittels eines eigens entwickelten

N. Meuschke (✉)
Wien, Österreich
E-Mail: normanmeuschke@gmx.net

B. Maelicke und S. Suhling (Hrsg.), *Das Gefängnis auf dem Prüfstand*,
Edition Forschung und Entwicklung in der Strafrechtspflege,
https://doi.org/10.1007/978-3-658-20147-0_18

Erhebungsinstruments, das sowohl quantitative als auch qualitative Daten erhebt, befragt. Auch wurden sie hinsichtlich ihrer Persönlichkeit sowie ihrer psychischen Belastungsmomente mit unter 40-jährigen ($M = 29{,}3$ Jahre; $n = 63$) und 40- bis 59-jährigen Inhaftierten ($M = 48{,}4$ Jahre; $n = 59$) verglichen. Da sich 2014 ca. 350 lebensältere Personen in den österreichischen Haftanstalten befanden (Vienna 2014), entspricht die erhobene Stichprobe etwa einem Siebtel der Gesamtpopulation.

In diesem Rahmen war es zudem möglich, die in speziellen Betreuungskonzepten untergebrachten Senioren mit den Inhaftierten im Alter von 60 Jahren und mehr zu vergleichen, die in regulären Haftanstalten ihre Strafe verbüßen, was den weitreichenden positiven Effekt der gesetzten Maßnahmen erstmalig eindrucksvoll sichtbar macht.

2 Die Altersentwicklung im Gefängnis

Im Zuge des demografischen Wandelns hin zu einer immer älter werdenden Gesellschaft zeigt sich in den weltweiten Kriminalitätsstatistiken eine kontinuierliche Zunahme der Tatverdächtigen und Inhaftierten in höherem Alter (u. a. ACLU 2012; Hayes et al. 2013; Trotter und Baidawi 2015). In Deutschland gehörten im Jahr 2013 bereits 7,4 % der Tatverdächtigen der Gruppe der über 60-Jährigen an, was 154.686 Tatverdächtigen entspricht. Im Vergleich zu 1999 bedeutet dies eine Zunahme um 2,1 % bzw. 35.444 Tatverdächtige (Bundeskriminalamt 2014). Somit ist es nicht verwunderlich, dass auch die Zahlen der Insassen im Alter von 60 Jahren und mehr in deutschen Gefängnissen stetig zunehmen (Marti et al. 2014). Im Zeitraum von 1991 bis 2014 stieg die Zahl der über 60-jährigen Inhaftierten in Deutschland von 508 auf 2246, was einem Zuwachs von 342 % entspricht, wobei im Bundesdurchschnitt 4,0 % aller Inhaftierten über 60 Jahre alt sind. Hervorzuheben ist zudem, dass seit 2007 die Gesamtpopulation sowie die Anzahl der Inhaftierten unter 50 Jahren in Deutschland stetig abnimmt, wohingegen die Gruppe der über 50-Jährigen nach wie vor anwächst (Langenhoff 2015). Laut Auskunft des österreichischen Bundesministeriums für Justiz vom Mai 2014 befanden sich zu diesem Zeitpunkt 358 Personen im Alter von über 60 Jahren, sieben davon waren gar über 80 Jahre, in den 27 österreichischen Gefängnissen. Zudem ist die Anzahl der Senioren in den Haftanstalten über die letzten Jahre konstant angestiegen, sodass sich zu diesem Zeitpunkt bereits mehr Senioren in den österreichischen Gefängnissen befanden als Jugendliche (Vienna 2014).

3 Wer gilt als Insasse im höheren Alter?

Die Betrachtung der aktuellen Forschungsliteratur zu diesem Thema ergibt, dass obwohl bereits seit der Jahrtausendwende erste quantitative und qualitative Untersuchungen durchgeführt wurden, nach wie vor Uneinigkeit darüber herrscht, ab welchem Alter ein Inhaftierter als gealterter Insasse oder Insasse im höheren Alter gilt. Wohingegen in amerikanischen Studien und auch im dortigen Vollzugsalltag mehrheitlich eine Altersgrenze von 50 Jahren verwenden wird (ACLU 2012; Grant 1999), postulieren andere Studien, vor allem aus dem europäischen Raum, eine Altersgrenze von 60 Jahren und berufen sich dabei auf die Funktionalität der Inhaftierten (z. B. Fazel et al. 2001; Howes 2003). Schramke (1996) stellt in diesem Zusammenhang heraus, dass das Ende der Erwerbstätigkeit und der Übergang in den Ruhestand den eigentlichen, sozial konstruierten Beginn des Altersabschnitts darstellen, da Menschen mit dem Beginn des Ruhestandes aus der vorhergehenden Altersstufe, den Erwerbstätigen, ausgeschlossen werden. Somit sollte die Altersgrenze für den Beginn des höheren Alters bei 60 Jahren festgelegt werden. Kaiser und Schöch (2002) definieren die Altersgrenze ebenfalls zwischen 55 und 60 Jahren, da ab diesem Alter Inhaftierte nunmehr schwer in den Regelvollzug eingegliedert werden können. Diesen Argumentationen folgend legen auch die in Deutschland und Österreich etablierten seniorenspezifischen Anhaltungsformen das Einstiegsalter zwischen 55 und 62 Jahren fest (Bieneck 2015).

4 Soziodemografische Aspekte

Hinsichtlich der soziodemografischen Aspekte zeigt sich in Einklang mit der internationalen Forschungsliteratur (Fazel et al. 2001; Howes 2003; Trotter und Baidawi 2015), dass Insassen ab dem 40. Lebensjahr häufiger bereits eine eigene Familie mit Kindern gegründet haben als Inhaftierte unter 40 Jahren. Auch stammen die lebensalten Insassen zumeist aus größeren Familienverbänden und sind bis zum 18. Lebensjahr in intakten und eher prosozialen familiären Strukturen aufgewachsen, was sich auch in einem höheren Bildungsstand und einer geringeren familiären Vorbelastung durch Delinquenz widerspiegelt. Innerhalb der Gruppe der unter 40-jährigen beläuft sich der Anteil der vor dem 18. Lebensjahr der Inhaftierten geschiedenen Eltern hingegen auf fast die Hälfte. Diese altersspezifischen Unterschiede lassen somit auch auf unterschiedliche Bedürfnisse der Altersgruppen schließen. Es sollte daher im Haftalltag berücksichtigt werden, dass Insassen ab dem 40. Lebensjahr über stabilere und mehr familiäre Beziehungen verfügen als junge Insassen, die durch die Inhaftierung massiv eingeschränkt werden.

5 Delinquenz im hohen Alter

5.1 Art der Delinquenz

Allgemein lässt sich zur Art der Delinquenz im hohen Alter, im Vergleich zu jüngeren Inhaftierten sagen, dass es mit zunehmendem Alter auch zu einer großen Veränderung hinsichtlich der begangenen Straftaten kommt. So nimmt der Anteil der Sexualstraftäter an der Gesamtinsassenpopulation mit steigendem Alter stetig zu, wohingegen der Anteil der Straftäter, die wegen eines Eigentumsdeliktes inhaftiert sind, mit dem Alter abnimmt (Fazel et al. 2001; Howes 2003).

Bei der Betrachtung der Ergebnisse hinsichtlich der Delinquenz der Probanden im Alter ab 60 Jahren wird deutlich, dass sich innerhalb der österreichischen Stichprobe ebenfalls die aus internationalen Studien bekannten drei Typen von inhaftierten Senioren finden: Typ I repräsentiert dabei die Personen, die in hohem Alter das erste Mal inhaftiert werden (Aday 2006; Aday und Krabill 2006; Baidawi 2016; Wiegand und Burger 1979). Innerhalb der österreichischen Stichprobe stellt dieser Typ mit 42,6 % die zweitgrößte Subgruppe dar, wobei sich innerhalb der Gruppe der unter 40-jährigen und der 40- bis 59-jährigen Gefangenen dieser Anteil lediglich auf 13,6 % bzw. 21,8 % beläuft. Betrachtet man nun die Art der Delikte, die die über 60-jährigen Angehörigen des Typ I begehen, so zeigt sich, dass diese zumeist wegen schweren Delikten, entweder gegen Leib und Leben (20,0 %) oder die sexuelle Integrität (60,0 %), verurteilt werden. Delikte gegen fremdes Vermögen spielen hingegen eher eine untergeordnete Rolle. Daher werden Angehörige dieses Typs zumeist auch zu längeren Haftstrafen verurteilt.

Typ II-Täter sind hingegen die Personen, die im Verlauf ihres Lebens immer wieder strafrechtlich in Erscheinung treten und wiederholt zu Haftstrafen verurteilt werden, was bis ins hohe Alter andauert (Aday und Krabill 2006; Trotter und Baidawi 2015; Wiegand und Burger 1979). Dieser Typ stellt im Hinblick auf die erhobene österreichische Stichprobe mit 46,1 % den größten Anteil. Hervorzuheben ist, dass es sich dabei um Insassen handelt, die zumeist bereits in ihrer Jugend oder im jungen Erwachsenenalter ihr erstes Delikt setzen. Die Betrachtung der Delikte, die von Angehörigen dieses Typs begangen werden, macht deutlich, dass vorrangig Delikte gegen fremdes Vermögen (59,5 %), gegen das

Suchtmittelgesetzt (11,7 %) sowie gegen die Zuverlässigkeit von Urkunden und Beweiszeichen (9,0 %) zur gegenständlichen Inhaftierung geführt haben.

Den letzten und anteilsmäßig kleinsten Typ III bilden die Personen, die aufgrund einer langen Strafe in Haft alt werden (Aday und Krabill 2006; Baidawi 2016; Trotter und Baidawi 2015). Aufgrund der unterschiedlichen Gesetzeslage im europäischen und amerikanischen Raum liegt der Anteil der Personen, die ihr Anlassdelikt vor ihrem 45. Lebensjahr gesetzt haben, innerhalb der Stichprobe der älteren Inhaftierten in Österreich mit 11,3 % deutlich unter den amerikanischen Vergleichswerten, die sich je nach Bundesstaat auf 15 % bis 19 % der Gesamtinsassenpopulation belaufen (ACLU 2012).

5.2 Gründe für die Zunahme der Insassen im höheren Alter

Obwohl der demografische Wandel bedingt, dass in den westlichen Staaten der Anteil der Personen im höheren Alter an der Gesamtbevölkerung stetig zunimmt und es auch innerhalb der Gefängnisse weltweit zu einem Zuwachs dieser Altersgruppe kommt (Howes 2003), kann dieser den massiven Anstieg an Gefängnisinsassen im höheren Alter nicht vollständig erklären. Im Hinblick auf Typ-I-Täter führen Trotter und Baidawi (2015) die steigende Anzahl von Sexualstraftätern, die erst im hohen Alter für bereits einige Jahre zurückliegende Delikte verurteilt werden, als Grund für das Wachstum dieser Altersgruppe innerhalb der Gesamtinsassenpopulation an. Jedoch sind es nicht nur lange zurückliegende Sexualdelikte, sondern, wie die durchgeführte Erhebung deutlich macht, vor allem aktuelle, die zu Inhaftierungen über 60-Jährigen führen. Schorsch und Pfäfflin (1994) gehen davon aus, dass alterspädophile Delikte ein Viertel aller Sexualdelikte ausmachen. Nedopil (2007) führt in diesem Zusammenhang aus, dass diesen Tätern häufig sowohl der Mut als auch die Gelegenheit fehlt, adäquate sexuelle Beziehungen zu initiieren und einzugehen. Um trotz dessen Zärtlichkeit und Zuwendung zu erfahren, wenden sie sich Kindern zu, wobei sich aus diesem Bedürfnis nach Zuwendung mit der Zeit sexuelle Appetenz und Annäherung entwickelt.

Eine mögliche Erklärung für das Phänomen der Typ-II-Täter bietet die in den letzten Jahrzenten stetig gestiegene Lebenserwartung. Menschen im Alter von 60 Jahren und mehr ziehen sich nicht mehr gänzlich aus dem Leben in den Kreis der Familie zurück, sondern sind nach wie vor aktive Mitglieder der Gesellschaft und somit auch vermehrt an kriminellen Aktivitäten beteiligt. Auch trägt das stetig steigende Renteneinstiegsalter dazu bei, dass die Gruppe der Personen im Alter von 60 Jahren und mehr zunehmend mit finanziellen Problemen konfrontiert sind. War es früher noch üblich, sich mit 60 Jahren aus der Arbeitswelt zurückzuziehen und den Ruhestand zu genießen, stellt die schwere Vermittelbarkeit von über 50-jährigen Arbeitsuchenden eine der größten Herausforderung auf den weltweiten Arbeitsmärkten dar. Wird der berufliche Werdegang immer wieder durch Inhaftierungen unterbrochen, steigt die Wahrscheinlichkeit, dass kriminelle Aktivitäten zur Bestreitung des Lebensunterhaltes auch im hohen Alter fortgesetzt werden.

Die Zugehörigkeit von Inhaftierten zum Typ-III und die großen länderspezifischen Unterschiede bezüglich der anteilsmäßigen Häufigkeit innerhalb der Gefangenenpopulation liegen vor allem in den gesetzlichen Gegebenheiten der einzelnen Länder begründet.

Grundsätzlich zeigt sich im Rahmen der durchgeführten Studie, dass die kognitive Leistungsfähigkeit mit dem Alter bei der Begehung des aktuellen Delikts in negativem Zusammenhang steht. Anschaulich bedeutet dies, dass ein höheres Alter beim aktuellen Delikt mit einer Abnahme der kognitiven Leistungsfähigkeit einhergeht, was einen Hinweis auf die von Barak et al. (1995) sowie Nedopil (2007) aufgestellte Hypothese liefert, dass ein Zusammenhang zwischen der Delinquenz im hohen Alter und dem Abbau der kognitiven Leistungsfähigkeit besteht.

6 Unterbringung und Betreuung

6.1 Persönlichkeit

Hinsichtlich der mittels *NEO-Fünf-Faktoren-Inventar nach Costa und McCrea (NEO-FFI)* (Borkenau und Ostendorf 1993) erhobenen Persönlichkeitsdimensionen Neurotizismus, Verträglichkeit und Gewissenhaftigkeit zeigen sich zwischen unter 40-jährigen, 40- bis 59-jährigen und Inhaftierten ab 60 Jahren keinerlei signifikanten Unterschiede. Jedoch ergibt sich im Hinblick auf die Extraversion eine signifikante Abnahme von der jüngsten hin zur ältesten Altersgruppe, die sich ebenfalls in der Allgemeinbevölkerung findet (McCrea et al. 1999; Soto et al. 2011). Darüber hinaus ist die Persönlichkeitsdimension Offenheit für Erfahrungen, die das Interesse an der Auseinandersetzung mit Neuem beschreibt (Borkenau und Ostendorf 1993), innerhalb der 40- bis 59-jährigen Inhaftierten höher ausgeprägt als in den beiden Vergleichsgruppen. Im Vergleich mit der geschlechtsspezifischen Referenzstichprobe fällt jedoch auf, dass diese Persönlichkeitsdimension innerhalb der Gesamtgruppe der Inhaftierten niedriger ausgeprägt ist, was mit den reizarmen und klar strukturierten Gegebenheiten innerhalb einer Haftanstalt in Verbindung stehen könnte. Vor diesem Hintergrund könnten auch die im Vergleich zur Referenzstichprobe deutlich höheren Werte in der Persönlichkeitsdimension Gewissenhaftigkeit erklärt werden, da diese Skala primär Attribute, wie Fleiß, Zuverlässigkeit, Pünktlichkeit und Ordentlichkeit, erhebt (Borkenau und Ostendorf 1993), auf die im Haftalltag besonderer Wert gelegt wird. Die Annahme einiger Autoren, dass innerhalb der Strafgefangenenpopulation grundsätzlich weniger prosoziale Persönlichkeitseigenschaften vorhanden sind als in der Allgemeinbevölkerung (Buss 1991; Buss und Greiling 1999; Vila 1994), lässt sich jedoch nicht bestätigen.

6.2 Was ist den Senioren in Haft am wichtigsten?

Befragt man die Inhaftierten im Seniorenalter, was ihnen während der Haft am wichtigsten ist, so werden die in Abb. 1 dargestellten Aspekte genannt, wobei der Fokus klar auf der Gesundheit liegt.

6.2.1 Schwerpunkte in der Betreuung

Dass der Gesundheitszustand für die inhaftierten Senioren von besonderer Bedeutung ist, spiegelt sich auch im Bereich der Betreuungsdienste wieder.

Medizinischer Dienst

Grundsätzlich ist die medizinische Versorgung der Inhaftierten sowohl in § 66 als auch in § 68 des öStVG geregelt. Daraus geht hervor, dass „für die Erhaltung der körperlichen und geistigen Gesundheit der Strafgefangenen […] Sorge zu tragen [ist]“ (§ 66 Abs 1 öStVG). Auch trägt der Medizinische Dienst die Verantwortung dafür, dass die notwendige ärztliche und gegebenenfalls fachärztliche Behandlung und Pflege gewährleistet ist.

Abb. 1 WordCloud der offenen Antworten auf die Frage „Was ist Ihnen in Haft am wichtigsten?“

Die durchgeführte Erhebung verdeutlicht die Notwendigkeit fachärztlicher Kontrolle, da 58,2 % (n = 32) der Senioren an mindestens einer chronischen Erkrankung leiden, die zum Teil regelmäßigen fachärztlichen Kontrollen bedürfen. Da diese, zumeist aus Ressourcengründen, nicht immer gewährleistet werden kann, wünschen die Befragten vor allem hinsichtlich des Medizinischen Dienstes häufigere und längere Kontakte. Hell und Böker (2005) stellen in diesem Zusammenhang heraus, dass körperliche Erkrankungen wie Diabetes oder COPD (Chronisch obstruktive Lungenerkrankung) in hohen Raten mit depressiven Erkrankungen einhergehen, die wiederum hauptauslösend für Alterssuizide sind. Diese Annahme konnte im Rahmen der Studie insofern bestätigt werden, als sich durchgängig starke negative Zusammenhänge zwischen dem subjektiv wahrgenommenen Gesundheitszustand und den mittels *Brief Symptom Inventory I-II* (Franke 2000) erhobenen psychischen Belastungsmomenten (detaillierte Übersicht der neun Skalen siehe Abb. 3) sowie der Gesamtbelastung ergeben.

Dabei müssen körperliche Beschwerden nicht notwendigerweise aus physiologischen Erkrankungen resultieren. So zeigt sich, dass das Somatisieren, was die Tendenz beschreibt, mit der Personen körperliches Unwohlsein und Symptome, die nicht auf eine organische Ursache zurückzuführen sind, einer physischen Erkrankung zuschreiben und eine medizinische Behandlung dafür einfordern, ein besonderes Charakteristikum der Inhaftierten im Seniorenalter darstellt. Die Annahme von Morschitzky (2000), dass es sich beim Somatisieren um eine Reaktion auf psychosoziale Belastungsmomente handelt, scheint sich insofern zu bestätigen, als innerhalb der im Rahmen dieser Studie erhobenen psychischen Belastungsmomente diese Skala mit den meisten Zufriedenheitswerten negativ korreliert. Dies identifiziert den subjektiv wahrgenommenen Gesundheitszustand als entscheidenden Aspekt beim Bestreben, die psychische Belastung dieser Insassengruppe zu reduzieren.

Insgesamt ist jedoch objektivierbar, dass sich jüngere und ältere Insassen kaum hinsichtlich der psychischen Gesamtbelastung unterschieden, obwohl eine leichte Abnahme der psychischen Gesundheit mit zunehmendem Alter festzustellen ist. Diese bereits von Baidawi (2016) beschriebene Homogenität innerhalb der Insassenpopulation lässt darauf schließen, dass eine Haftstrafe für alle Betroffenen eine psychische Ausnahmesituation darstellt, wobei ein höheres Alter beim Erstdelikt mit einer steigenden psychischen Belastung in einigen Bereichen sowie einer intensiveren Wahrnehmung dieser Belastungsmomente einhergeht.

Seelsorgerischer Dienst

Besonders hervorzuheben ist in diesem Zusammenhang auch der Seelsorgerische Dienst, da eine höhere Zufriedenheit mit diesem in vielen Fällen mit geringeren psychischen Belastungsmomenten einhergeht. Eine mögliche Erklärung hierfür bietet das Alter der inhaftierten Senioren. Während man heute in persönlichen Krisen eher zu psychologischen Beraterinnen oder Therapeuten geht, waren es vor einigen Jahrzehnten noch die Glaubensvertreter, wie Bischöfe und Priester, die in schwierigen Zeiten um Rat und Beistand gebeten wurden. Auch die in dieser Studie objektivierte Zunahme der Gedanken an den Tod und das Sterben, die mit einer deutlichen Erhöhung der psychischen Gesamtbelastung einhergeht, trägt dazu bei, dass der Seelsorger eine wichtige Rolle im Leben der Strafgefangenen im höheren Alter einnimmt.

6.2.2 Unterschiede in Abhängigkeit von der Straflänge

Betrachtet man etwaige Unterschiede zwischen inhaftierten Senioren, die erst kurz (bis 12 Monate), mittel (13 bis 36 Monate) und lang (über 36 Monate) inhaftiert sind, so zeigt sich hinsichtlich der psychischen Belastungsmomente, dass die Tendenz zu somatisieren im Verlauf der Haft ebenso zunimmt wie die selbstberichtete Ängstlichkeit sowie Aggressivität. Damit einhergehend zeigt sich auch eine Zunahme der psychischen Gesamtbelastung mit zunehmender Haftdauer. Dies erscheint insofern relevant, als im Arbeitsalltag in den Justizanstalten den Inhaftierten zumeist am Beginn der Strafhaft, z. B. zur Erstellung des Vollzugsplanes, besondere Aufmerksamkeit geschenkt wird. Unter Berücksichtigung dieser Ergebnisse birgt dies jedoch die Gefahr, dass entstehende psychische Erkrankungen und etwaige Zustandsveränderungen nicht wahrgenommen werden, da diese sich erst im Verlauf der Haft entwickeln. Auch wirkt sich die Dauer der Haft ab dem 36. Monat derart aus, dass sie insgesamt zu einer Verschlechterung der subjektiv wahrgenommenen Haftsituation sowie des Gesundheitszustandes beiträgt. Es erscheint daher sinnvoll und auch notwendig, die inhaftierten Senioren spätestens ab dem 36. Monat der Haft noch einmal einer intensiven psychologischen Untersuchung zu unterziehen.

6.2.3 Kontakt zu Freunden und Angehörigen

Grundsätzlich zeigt sich im Rahmen dieser Studie, dass sich eine Verschlechterung der allgemeinen Situation außerhalb der Haftanstalt häufiger negativer auf die psychische Gesundheit der Strafgefangenen im höheren Alter auswirkt als die momentane Situation in Haft. Dabei zeigt sich, dass neben der finanziellen Situation insbesondere die familiäre Situation, die wiederum mit der Beziehung zur Partnerin und zu den Kindern in Verbindung steht, in negativem Zusammenhang mit der psychischen Gesamtbelastung steht.

Da die österreichischen Strafgefangenen im höheren Alter aufgrund ihres Deliktes zumeist nicht in der Lage sind, Ausgänge in Anspruch zu nehmen, stellen indirekte Kommunikationsmöglichkeiten für viele Inhaftierte die einzige Möglichkeit dar, Kontakt zu ihren Familien und Freunden zu halten. Dabei zeigt sich, dass lediglich 34,6 % (n = 19) der Senioren seltener als einmal in der Woche das Telefon nutzt. Die Wichtigkeit der Möglichkeit, telefonisch mit der Außenwelt in Kontakt zu treten, wird dadurch unterstrichen, dass eine Verbesserung der Telefonmöglichkeiten mit einer erhöhten Zufriedenheit mit der Haftsituation sowie dem Wohlfühlen in Haft einhergeht. Auch zeigt sich, dass Briefe weiterhin regelmäßig zur Kommunikation mit Freunden und Verwandten genutzt werden, vor allem, weil diese die Möglichkeit bieten, Fotos und kleinere Andenken zu übermitteln. Diese Ergebnisse stehen im Einklang mit den Ergebnissen von Trotter und Baidawi (2015), die ebenfalls das Telefon und Briefe als primäre Kommunikationsmöglichkeiten identifiziert haben. Jedoch ist ein soziales Netz außerhalb der Haftanstalt, besonders nach langjährigen Haftstrafen, auch im Hinblick auf die Gewährung einer bedingten Entlassung entscheidend. Daher erscheint es umso wichtiger, die bestehenden sozialen Kontakte so gut als möglich zu fördern.

Auffällig ist zudem, dass diese 35,2 % (n = 19) auch maximal vierteljährlich oder überhaupt keinen Besuch erhalten. Dies kann, wie von Aday (2006) bereits beschrieben, unter anderem darauf zurückgeführt werden, dass die Partnerinnen und Freunde älterer Inhaftierter zumeist ebenfalls bereits im höheren Alter sind, weshalb es diesen schwer fällt, ihre Angehörigen in der Haftanstalt zu besuchen. Diese Problematik wird durch einen Vollzug der Haftstrafe weit entfernt vom ursprünglichen Wohnort verstärkt. Die aus der Reduktion und dem letztendlichen Abbruch der sozialen Anbindungen außerhalb der Haftanstalt resultierenden Einsamkeitsgefühle erhöhen nachweislich das Risiko für eine demenzielle Erkrankung (Holwerda et al. 2014), die wiederum dazu führt, dass sich die Insassen im höheren Alter vermehrt auf die Angebote der Haftanstalt zur Befriedigung ihrer Bedürfnisse verlassen (Aday 2006). Für diese Annahme finden sich ebenfalls Hinweise innerhalb dieser Studie, da eine Abnahme der kognitiven Leistungsfähigkeit mit einer Zunahme der Zufriedenheit mit basalen Versorgungsangeboten wie der Essensversorgung oder der Reinigung der Wäsche einhergeht.

6.2.4 Bauliche Gegebenheiten

Die Haftanstalt

Im Hinblick auf die Haftanstalt als Ganzes lassen sich auf Basis der erhobenen Antworten einige Problembereiche identifizieren. Positiv zu erwähnen ist, dass sich die Senioren durch Geräusche aus dem Nachbarhaftraum kaum gestört fühlen. Hinsichtlich der Luftqualität hingegen geben 77,8 % (n = 42) der Befragten an, dass sie mit dieser nicht zufrieden sind. Auch stellen Treppen sowie fehlende

Lifte Senioren in vielen Haftanstalten vor große Probleme. Dies ist insofern relevant, als der Umbau der Haftanstalten hin zur Barrierefreiheit aufgrund der immer älter werdenden Insassenpopulation früher oder später unumgänglich erscheint, da allen Inhaftierten, unabhängig von ihrer körperlichen Verfassung, das Recht auf eine Stunde Bewegung im Freien pro Tag zusteht (§ 47 öStVG).

Ein im Haftkontext bisher in der Literatur kaum beachtetes Thema sind Stürze, von denen eine besondere Gefahr ausgeht, da sie zumeist vom Personal ungesehen passieren. Besonders im Alter können Stürze zu komplizierten Brüchen führen, die eine lange und intensive medizinische Behandlung mit anschließender Rehabilitation zur Folge haben, was die Mobilität der Inhaftierten noch weiter einschränkt. Im Hinblick auf die Studienteilnehmer zeigt sich, dass 18,9 % (n = 10) bereits in- und 27,3 % (n = 15) außerhalb des Haftraumes gestürzt sind.

Hinsichtlich der Orientierung im Gefängnis geben lediglich 63,6 % (n = 35) der Befragten an, dass sie in ihrer Haftanstalt gut orientiert sind. Hierfür liefern die in Abb. 2 dargestellten Ergebnisse des mittels Mini-Mental-Status-Test (MMST; Thalmann et al. 1997) durchgeführten Demenzscreenings eine mögliche Erklärung. Dabei muss die leichte kognitive Beeinträchtigung vieler Senioren nicht notwendigerweise ein Hinweis auf eine beginnende Demenz, sondern kann auch auf die Gegebenheiten in den Haftanstalten zurückzuführen sein. Dabei tragen vor allem soziale Isolation, eine reizarme Umgebung sowie ein monotoner Alltag ohne Beanspruchung der geistigen Flexibilität zur Reduktion der kognitiven Leistungsfähigkeit der inhaftierten Senioren bei (Meijers et al. 2015). Hierfür sprechen die Ergebnisse von Baidawi (2016), die herausfand, dass sich jüngere und ältere Inhaftierte durchschnittlich lediglich um 0,1 Punkte in den MMST-Werten unterscheiden. Im Vergleich zur Referenzstichprobe liegt der Mittelwert der inhaftierten Stichprobe mit *M* = 26,9 jedoch deutlich unter dem erwarteten

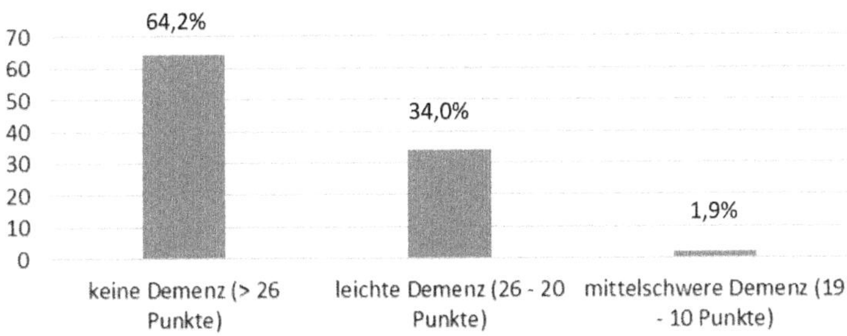

Abb. 2 Verteilung des MMST-Wertes innerhalb der inhaftierten Senioren in Prozent (n = 53)

Wert, der sich je nach Alter und Bildungsstand, auf 28,5 bis 29,2 Punkte beläuft (Thalmann et al. 1997)

Der Haftraum

Im Hinblick auf den Haftraum lässt sich aus den Ergebnissen ableiten, dass 56,4 % (n = 31) der Senioren in einem Zwei- oder Mehrmannhaftraum untergebracht sind, was die Gefahr der sozialen Isolation deutlich reduziert. Darüber hinaus verfügen 83,6 % (n = 46) über ein Einzelbett und nur zwei Studienteilnehmer müssen im oberen Teil eines Stockbetts schlafen, was darauf hinweist, dass in den Haftanstalten bereits begonnen wird, auf die spezifischen Bedürfnisse der inhaftierten Senioren Rücksicht zu nehmen. Diesbezüglich sind die Senioren in den österreichischen Gefängnissen im internationalen Vergleich deutlich im Vorteil, da weltweit die Benutzung der Betten den am häufigsten genannten Problembereich hinsichtlich der Ausstattung des Haftraumes darstellt (u. a. Trotter und Baidawi 2015). Im Hinblick auf die Erreichbarkeit der Einrichtungsgegenstände sowie die Versorgung des Haftraumes mit Tageslicht zeigen sich positive Ergebnisse.

Eine weitere, in der Literatur kaum beschriebene Thematik ist die Art und Weise, wie die Senioren ihre Hafträume ausstatten bzw. dekorieren. Dabei zeigt sich, dass 49,1 % (n = 27) der Probanden keinerlei Dekoration angebracht haben, weil dies entweder vonseiten der Inhaftierten oder seitens der Anstalt nicht gewünscht ist. Der andere Teil der Befragten (n = 28) dekoriert den Haftraum vor allem mit Fotos von Familie und Freunden, manche gar mit Teppichen und Grünpflanzen. Dies erscheint insofern ein zu begrüßendes Verhalten, als die Zufriedenheit in diesem Bereich auch mit einer Verbesserung der subjektiv wahrgenommenen Haftsituation und somit letztendlich auch mit einer Reduktion der psychischen Belastung einhergehen kann.

Die sanitären Anlagen

Die Betrachtung der Detailergebnisse zu den sanitären Anlagen macht deutlich, dass in diesem Bereich mehr als die Hälfte der Befragten über Probleme, insbesondere im Hinblick auf das WC und die Dusche, berichten. Dazu zählt, dass der Großteil nicht über eine Dusche im Haftraum verfügt, was von einigen Inhaftierten aufgrund des langen Weges zur Dusche sowie den kurzen Duschzeiten als problematisch empfunden wird. Zudem werden die mangelhafte Sauberkeit sowie die fehlende alters- bzw. behindertengerechte Ausstattung kritisiert. Dementsprechend werden neben Haltegriffen sowie Sitzmöglichkeiten in der Dusche (17,0 %; n = 10/11,9 %; n = 7) und einem erhöhten WC (10,2 %; n = 6) vor allem orthopädische Matratzen (37,3 %; n = 22) gewünscht, wie sie im

Seniorenvollzug der Justizvollzugsanstalt Detmold bereits zur Grundausstattung gehören (Friedrichs 2012).

6.2.5 Arbeits-, Weiterbildungs- und Freizeitgestaltungsmöglichkeiten

Obwohl sich der Großteil der befragten Senioren bereits im Pensionsalter befindet, gehen 66,0 % (n = 35) einer regelmäßigen Beschäftigung in den anstaltseigenen Betrieben nach, wobei bei der Zuweisung der Arbeitsplätze bereits auf die Leistungsfähigkeit Rücksicht genommen wird. So gibt es Inhaftierte, die in körperlich eher weniger anspruchsvollen Betrieben wie der Bibliothek oder der Buchbinderei beschäftigt sind. Körperlich leistungsfähigere Senioren sind hingegen zumeist als Hausarbeiter, in der Tischlerei oder den Unternehmerbetrieben angestellt.

Insgesamt stellt eine regelmäßige Beschäftigung nach wie vor einen wichtigen Bestandteil des Haftalltages dar, weshalb ältere Inhaftierte weiterhin die Möglichkeit haben sollten, einer Tätigkeit in einem anstaltseigenen Betrieb nachzugehen (Howes 2003). Jedoch sollte für die Inhaftierten dieser Altersgruppe, unabhängig von ihrem gesundheitlichen Zustand, keine Arbeitspflicht mehr bestehen, da eine Reintegration in die Arbeitswelt keinen entscheidenden Bestandteil der Vorbereitung auf ein Leben in Freiheit darstellt. Vielmehr würden altersadäquate Weiterbildungsmöglichkeiten, vor allem im Hinblick auf den Umgang mit modernen Medien, die gesellschaftliche Reintegration, insbesondere nach langen Haftstrafen, erleichtern und somit eher den Zielen des Strafvollzuges entsprechen.

Dies deckt sich insofern mit den Bedürfnissen der Senioren, als auch diese in vielen Fällen Fremdsprachen- insbesondere Englisch-, und Computerkurse wünschen. Es zeigt sich jedoch, dass kaum einer der Senioren an einem Weiterbildungsangebot teilnimmt, weil sie entweder keine Informationen über alle potenziellen Angebote in den jeweiligen Haftanstalten erhalten oder schlichtweg kein Interesse an beruflichen Weiterbildungsangeboten besteht.

Im Hinblick auf die angebotenen Freizeitgestaltungsmöglichkeiten wird deutlich, dass der Großteil der Senioren nicht in die jeweiligen Freizeitangebote eingebunden werden kann, da diese in vielen Fällen nicht ihrem gesundheitlichen Zustand bzw. der körperlichen Leistungsfähigkeit entsprechen. Eine mögliche Ursache hierfür könnte die fehlende gesetzliche Verpflichtung, Angebote für alle Altersgruppen anbieten zu müssen, sein. Regelmäßige und altersentsprechende Angebote könnten von interessierten Justizwachbeamten übernommen werden und so kostengünstig zu einer deutlichen Verbesserung der Haftsituation älterer Inhaftierter beitragen, zumal die Ergebnisse dieser Studie verdeutlichen, dass eine höhere Zufriedenheit hinsichtlich der Freizeitangebote mit einer Abnahme der Aggressivität einhergeht. Befragt nach Wünschen hinsichtlich der Freizeitangebote äußern die Inhaftierten den Wunsch nach mehr Bewegung im Freien, der Möglichkeit Schwimmen zu gehen oder Tischtennis zu spielen sowie einer Sportgruppe speziell für ältere Inhaftierte.

7 Die bisher in Österreich gesetzten Maßnahmen

Die Justizanstalt Suben in Oberösterreich stellt die einzige österreichische Haftanstalt dar, die seit 2013 eine spezielle Abteilung für Inhaftierte ab 60 Jahren bietet. Um in diese Vollzugsform aufgenommen zu werden, müssen die Inhaftierten in der Lage sein, ihren Alltag und ihre Versorgung selbstständig zu gestalten. Der dort angebotene Seniorenvollzug bietet derzeit Platz für 16 Personen, wobei es sich um einen Wohngruppenvollzug handelt. Jede der zwei Wohngruppen verfügt über eine eigene mit Haltegriffen, Duschsessel und Notfallleine ausgestattete Dusche sowie ein eigenes, erhöhtes und ebenfalls mit Handgriffen versehenes WC. Zudem wurde es den Inhaftierten ermöglicht, die farbliche Gestaltung der Abteilung selbst zu bestimmen. Außerhalb der Hafträume wurden neben Grünpflanzen und einer Sitzgelegenheit mit Fernseher auch ein Computer, ein Tischtennistisch, ein Telefon sowie altersgerechte Trainingsgeräte zur Verfügung gestellt. Auch haben die Senioren einen eigenen Gartenbereich, den sie ganztägig nutzen können. Dort befinden sich Hoch- und Tiefbeete, die von den Inhaftierten bepflanzt und gepflegt werden. Den Ertrag können diese dann mit in ihren Haftraum nehmen und verzehren.

Auch hat ein Beamter, der mit der Betreuung der Seniorenabteilung betraut ist, die Zusatzausbildung zum „Selbstständig im Alter (SelbA)"-Trainer absolviert. Dabei handelt es sich um ein Trainingsprogramm für Menschen ab 55 Jahren. Die Trainer werden im Rahmen der Ausbildung sowohl auf die Vermittlung kognitiver Trainings und psychomotorischer Übungen vorbereitet als auch im Bereich der Gesprächsführung geschult (Diözese Linz 2016). Diese Übungen werden im Rahmen der wöchentlich stattfindenden Seniorengruppe, die für alle Bewohner des Seniorenvollzuges verpflichtend ist, durchgeführt.

Ebenso wurden altersgerechte Beschäftigungs- und Freizeitangebote geschaffen. So gibt es neben den regulär in der Haftanstalt angebotenen Freizeitgestaltungs-, Weiterbildungs- und Beschäftigungsmöglichkeiten auch spezielle Angebote für die Bewohner des Seniorenvollzuges wie die wöchentlich von einem Bediensteten der Anstalt angebotene, altersgerechte Sportgruppe. Zudem sind neben Computerkursen auch spezielle Angebote, die den Umgang mit modernen Handys schulen, geplant.

Da in der Justizanstalt Suben trotz vorhandener Aufzüge zum Teil lange Strecken und Treppen überwunden werden müssen, ist der dortige Seniorenvollzug nur für mobile Senioren geeignet.

Die Sonderkrankenanstalt Wilhelmshöhe ist eine auf Lungenerkrankungen spezialisierte Außenstelle der Justizanstalt Josefstadt in Niederösterreich, in der sowohl junge als auch Inhaftierte höheren Alters angehalten werden, falls diese an derartigen Erkrankungen leiden. Das Besondere an dieser Außenstelle ist, dass dort täglich medizinisches Fachpersonal zur Verfügung steht, das den Gesundheitszustand der Inhaftierten engmaschig überwacht. Zudem befindet sich die Anstalt in einem Waldgebiet, weshalb auch die Außenbereiche der Anstalt und der Blick aus den Hafträumen im Vergleich zu regulären, meist städtisch gelegenen Haftanstalten, einen erholsameren Charakter haben.

8 Nachweis der positiven Effekte der gesetzten Maßnahmen

Abschließend war es aufgrund der Stichprobengröße möglich, Unterschiede zwischen Inhaftierten im Seniorenalter, die im Projekt Seniorenvollzug der JA Suben oder in der Sonderkrankenanstalt Wilhelmshöhe untergebracht sind und Senioren, die in regulären Haftanstalten angehalten werden, zu untersuchen.

Betrachtet man die Ergebnisse im Hinblick auf die Bewertung der Haftsituation, so ergeben sich klare Unterschiede zugunsten der Sonderanstalten, die sich sowohl hinsichtlich der Bewertung der Haftanstalt insgesamt, der momentanen Situation in Haft, den Kontaktmöglichkeiten mit Freunden und Verwandten, der Betreuung durch die Fachdienste, aber auch dem Sicherheitsgefühl oder dem Wohlfühlen in der Haftanstalt zeigen, um einige Aspekte zu nennen. Auch finden sich, wie Abb. 3 zeigt, insbesondere im Hinblick auf die Depressivität bessere Werte bei den Inhaftierten in den Sonderanstalten. Lediglich hinsichtlich des paranoiden Denkens finden sich höhere Werte innerhalb der Sonderanstalten, wofür der eingeschränkte Kontakt zu den jüngeren Inhaftierten eine mögliche Erklärung bietet, da diese Skala neben wahnhaften Täuschungen vor allem Gefühle des Misstrauens erfasst (Franke 2000). Dabei scheint der engere Kontakt zu jüngeren Insassen die negative Erwartungshaltung gegenüber diesen zu reduzieren.

Insgesamt lässt dies den Schluss zu, dass die Kombination aus der altersgerechten Ausstattung und den altersgerechten Angeboten der JA Suben sowie der intensiven medizinischen Betreuung in der Außenstelle Wilhelmshöhe nicht nur die psychischen Belastungsmomente der Inhaftierten im Alter von 60 Jahren und

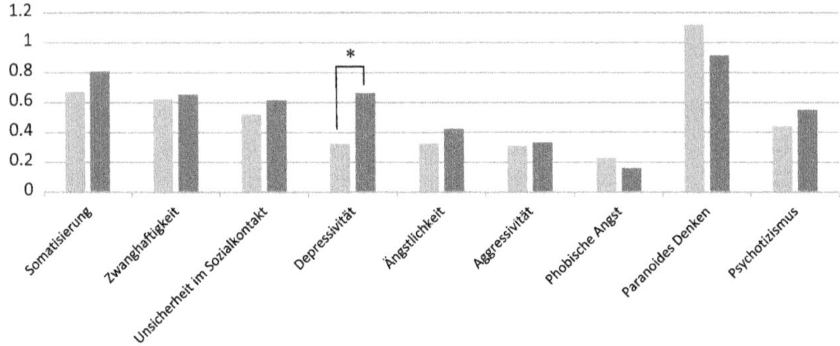

Abb. 3 Unterschiede hinsichtlich der Mittelwerte der Skalen des Brief Symptom Inventory I-II (Franke 2000) zwischen Senioren in regulären Haftanstalten (dunkel) und Senioren in den Anstalten JA Suben und der Außenstelle Wilhelmshöhe (hell) * $p < .05$

mehr reduziert, sondern auch insgesamt zu einer signifikant höheren Zufriedenheit in unterschiedlichen Bereichen des Haftalltages sowie der subjektiv wahrgenommenen Haftsituation führt.

9 Beantwortung der Frage nach der geeignetsten Vollzugsform und deren Gestaltung

9.1 Adaptierte Abteilungen vs. Senioren-Haftanstalten

Die Gesamtheit aller Ergebnisse dieser Studie macht deutlich, dass der Bau einer eigenen Haftanstalt für Inhaftierte ab 60 Jahren nicht die geeignetste Vollzugsform darstellt. Nicht nur führt eine zentralisierte Anhaltung dazu, dass die Inhaftierten ihre Strafe weit entfernt von ihrem eigenen Wohnort abbüßen müssen, sondern am Beispiel der JVA Singen wird deutlich, dass aufgrund des schnellen Zuwachses innerhalb dieser Altersgruppe, nur ein geringer Teil in den Genuss kommt, in diese Anstalt überstellt zu werden (Allgöwer 2013). Zudem ist der Neubau einer Haftanstalt mit hohen Kosten verbunden, wohingegen das Einrichten von speziellen Seniorenabteilung innerhalb der Haftanstalten eine Lösung darstellt, die mit verhältnismäßig geringen Kosten verbunden ist, da nur kleinere Anpassungen vorgenommen werden müssen, zumal die adaptierten Bereiche, trotz der Veränderungen, weiterhin auch von jungen Inhaftierten genutzt werden können, was insbesondere für die Adaption in Untersuchungshaftanstalten von Relevanz ist.

Jedoch stellt auch die Interaktion mit jüngeren Insassen am Arbeitsplatz oder bei der Freizeitgestaltung, vor allem für die Inhaftierten ohne soziales Netz, eine wichtige Ressource dar. So profitieren ältere Insassen nicht nur von der geistigen und körperlichen Aktivität der Jüngeren, sondern sie werden auch, wie von Bieneck (2015) beschrieben, von den jüngeren Inhaftierten aufgrund ihrer Lebenserfahrung wertgeschätzt. Jedoch ist es ebenso wichtig, den Insassen im höheren Alter einen geschützten Rückzugsort zu bieten, um ihnen die Möglichkeit zu geben, sich aus dem hektischen Anstaltsalltag zurückzuziehen und etwaigen Konflikten mit jüngeren Insassen aus dem Weg zu gehen (vgl. u. a. Die Bediensteten der Seniorenstation der JVA Waldheim 2015). Auch das Angebot an altersadäquaten Freizeitgestaltungs- und Weiterbildungsmöglichkeiten kann, wie das Beispiel der JA Suben zeigt, durch den Einsatz motivierter Justizwachebeamter ressourcenschonend erweitert werden. Auch können innerhalb dieser Abteilung, ähnlich den drogenfreien Zonen, eigene Regeln eingeführt werden, die eher den Bedürfnissen älterer Menschen entsprechen, ohne die jüngeren Inhaftierten zu benachteiligen.

9.2 Gestaltung des Seniorenvollzugs

Grundsätzlich zeigt sich in der Zusammenschau der Ergebnisse, dass sich nicht nur aufgrund der quantitativen, sondern auch der qualitativen Daten die für die Unterbringung der Inhaftierten im Seniorenalter entscheidenden Aspekte identifizieren lassen:

Betreuungsschwerpunkte:

- Berücksichtigung der Unterschiede zwischen Erst- und Wiederholungstätern
- Regelmäßige Kontakte zum Seelsorgerischen Dienst
- Regelmäßige Überprüfung des psychologischen Status, vor allem bei langstrafigen Inhaftierten
- Medizinische Versorgung, die sich an den gesellschaftlichen Standards orientiert
  - Geriatrisch geschultes Personal
  - Regelmäßige Vorsorgeuntersuchungen
  - Regelmäßige und verlängerte Sprechstunden
  - Fachärztliche Kontrollen

Bauliche Gegebenheiten:

- Seniorengerechte Ausstattung (v. a. orthopädische Matratzen, Haltegriffe in Dusche und WC, Sitzmöglichkeiten in der Dusche, erhöhtes WC, Einzelbetten)
- Kurze Wege zur Dusche (im Idealfall im Haftraum)
- Orientierungshilfen (z. B. Installation von auf dem Boden angebrachten Farbleitsystemen, die die Wege zu den wichtigsten Punkten in den jeweiligen Haftanstalten anzeigen)
- Sturzprophylaxe (Sturztrainings, farbliches Markieren von Absätzen, Treppen, etc.)

Beschäftigungsmöglichkeiten:

- Aufhebung der Arbeitspflicht, jedoch weiterhin freiwillig möglich
- Schaffung von altersadäquaten Freizeitgestaltungsmöglichkeiten (Seniorensport, Tischtennis, Schwimmen, Gartenbewirtschaftung)
- Schaffung von Weiterbildungsangeboten, die die Wiedereingliederung in die Gesellschaft erleichtern (Computer- und Handykurse, Sprachkurse)
- Training kognitiver Fähigkeiten mittels geriatrischer Trainingsprogramme

Vermeidung der sozialen Isolation:

- Unterbringung möglichst nah am Wohnort
- Ausweitung der Besuchs- und Telefonmöglichkeiten
- Gelockerte Ausgangsmöglichkeiten aufgrund geringerer Fluchtgefahr
- Unterbringung im Wohngruppenvollzug

Literatur

Aday, R. H. (2006). Aging Prisoners. In B. Berkman (Hrsg.), *Handbook of social work in health and aging* (S. 231–241). Oxford: Oxford University Press.

Aday, R. H., & Krabill, J. J. (2006). Aging Offenders in the Criminal Justice System. *Marquette Elder's Advisor,* 237–258.

Allgöwer. R. (2013). Senioren hinter Gittern. Strafvollzug in Baden-Württenmberg. In: Stuttgarter Zeitung. http://www.stuttgarter-zeitung.de/inhalt.strafvollzug-in-badenwuerttemberg-senioren-hinter-gittern.9e57de35-d7fa-4777-9b81-5c40d73b8358.html. Zugegriffen: 13. Febr. 2016.

American Civil Liberties Union. (2012). *At America's expense: The mass incarceration of the elderly*. New York: American Civil Liberties Union.

Baidawi, S. (2016). Older prisoners: Psychological distress and associations with mental health history, cognitive funkctioning, socio-demographic, and criminal justice factors. *International Psychogeriatrics*, 385–395.

Barak, Y., Perry, T., & Elizur, A. (1995). Elderly criminals: A study of the first criminal offence in old age. *International Journal of Geriatric Psychiatry*, 511–516.

Bieneck, S. (2015). Überlegungen zur Unterbringung von älteren Inhaftierten im Berliner Justizvollzug. *Forum Strafvollzug*, 16–18.

Borkenau, P., & Ostendorf, F. (1993). *NEO-Fünf-Faktoren Inventar (NEO-FFI) nach Costa und McCrea. Handlungsanweisung*. Göttingen: Hogrefe.

Bundeskriminalamt. (2014). *Polizeiliche Kriminalstatistik Jahrbuch 2013*. Wiesbaden: Bundeskriminalamt.

Buss, D. M. (1991). Evolutionary personality psychology. *Annual Review of Psychology*, 459–491.

Buss, D. M., & Greiling, H. (1999). Adaptive individual differences: The evolution of human personality. *Journal of Personality*, 209–243.

Die Bediensteten der Seniorenstation der JVA Waldheim. (2015). Die Seniorenstation der JVA Waldheim. *Forum Strafvollzug*, 13–15.

Diozöse Linz. (2016). SelbA – Selbstständig im Alter. Katholisches Bildungswerk OÖ. https://www.dioezese-linz.at/site/selba/home. Zugegriffen: 01. Juli 2016.

Fazel, S., Hope, T., O'Donnell, I., Piper, M., & Jacoby, R. (2001). Health of elderly male prisoners: Worse than the general population, worse than younger prisoners. *Age and Ageing*, 403–407.

Fichte, G. (2007). Strafvollzug an älteren Menschen – ein Plädoyer für eine eigene Vollzugsform. *Kriminalpädagogische Praxis*, 23–27.

Franke, G. H. (2000). *BSI*. Beltz: Brief Symptom Inventory – Deutsche Version. Manual. Göttingen.

Friedrichs, H. (2012): Sie nennen es „Röchelabteilung". Wie Häftlinge altern – Eindrücke von einer Weihnachtsfeier in der Justizvollzugsanstalt Detmold. In: DIE ZEIT N° 52/2012.

Grant, A. (1999). Elderly inmates: Issues for Australia. *Trends & Issues in crime and criminal justice*, 101 120

Hayes, A. J., Burns, A., Turnbull, P., & Shaw, J. J. (2013). Social and custodial needs of older adults in prison. *Age and Ageing*, 589–593.

Hell, D., & Böker, H. (2005). Depression bei Betagten. *Schweizerisches Medizin-Form*, 1147–1153.

Hirschbeck, A. (2013). Wenn Menschen im Gefängnis alt werden. In: Die Welt. 06.01.2013. http://www.welt.de/regionales/koeln/article112400998/Wenn-Menschen-imGefaengnis-alt-werden.html. Zugegriffen: 13. Febr. 2016.

Holwerda, T. J., Deeg, D. J., Beekman, A. T., Tilburg, T. G. van, Stek, M. L., Jonker, C., et al. (2014). Feelings of loneliness, but not social isolation, predict dementia onset: results from the Amsterdam Study of Elderly (AMSTEL). *Journal of Neurology, Neurosurgery & Psychiatry*, 135–142.

Howes, K. (2003). *Growing old in prison. A scoping study on older prisoners*. London: Prison Reform Trust.

Kaiser, G., & Schöch, H. (2002). *Strafvollzug*. Heidelberg: Müller.

Langenhoff, G. (2015). Lebensältere Gefangene im Strafvollzug in Deutschland und den Bundesländern. *Forum Strafvollzug*, 8–10.

Marti, I., Hostettler, U., & Richter, M. (2014). Sterben im geschlossenen Vollzug: Inhaltliche und methodische Herausforderungen für die Forschung. *Schweizerische Zeitschrift für Kriminologie,* 26–43.

McCrea, R. R., Costa Jr., P. T., Pedroso de Lima, M., Simoes, A., Ostendorf, F., Angleitner, A., et al. (1999). Age differences in personality across the adult life span: Parallels in five cultures. *Developmental Psychology,* 466–477.

Meijers, J., Harte, J. M., Jonker, F. A., & Meynen, G. (2015). Prison brain? Executive dysfunction in prisoners. *Frontiers in Psychology, 6,* 43.

Morschitzky, H. (2000). *Somatoforme Störungen. Diagnostik, Konzepte und Therapie bei Körpersymptomen ohne Organbefund.* Wien: Springer.

Nedopil, N. (2007). *Forensische Psychiatrie: Klinik, Begutachtung und Behandlung zwischen Psychiatrie und Recht.* Stuttgart: Thieme.

Oberfeld, M. (2015). Unterbringung und Behandlung lebensälterer und pflegebedürftiger Menschen in der Pflegeabteilung der JVA Hövelhof. *Forum Strafvollzuh,* 19–21.

Schorsch, E., & Pfäfflin, F. (1994). Die sexuellen Deviationen und sexuell motivierte Straftaten. In U. Venzlaff & K. Foerster (Hrsg.), *Psychiatrische Begutachtung* (S. 323–368). Stuttgart: Gustav Fischer.

Schramke, H.-J. (1996). *Alte Menschen im Strafvollzug: Empirische Untersuchung und kriminalpolitische Überlegungen.* Godesberg: Forum.

Soto, C. J., John, O. P., Gosling, S. D., & Potter, J. (2011). Age differences in personality traits from 10 to 65: Big Five domains and facets in a large cross-sectional sample. *Journal of Personality and Social Psychology,* 330–348.

Thalmann, B., Monsch, A. U., Bernasconi, F., Berres, M., Schneitter, M., Ermini-Fünfschilling, D., et al. (1997). *Die CERAD Neuropsychologische Testbatterie – Ein gemeinsames minimales Instrumentarium zur Demenzabklärung. Manual.* Basel: Geriatrische Universitätsklinik.

Trotter, C., & Baidawi, S. (2015). Older prisoners: Challanges for inmates and prison management. *Australian & New Zealand Journal of Criminology,* 200–218.

Vienna. (2014). Strafvollzug – 358 Senioren derzeit in Österreich inhaftiert. In Vienna Online. 22.05.2014. http://www.vienna.at/strafvollzug-358-senioren-derzeit-in-oesterreichinhaftiert/3971221. Zugegriffen: 1. Okt. 2015.

Vila, B. (1994). A general paradigm for understanding criminal behavior: Extending evolutionary ecological theory. *Criminology,* 311–359.

Wiegand, N. D., & Burger, J. C. (1979). The elderly offenders and parole. *The Prison Journal,* 48–57.

Drogenabhängige Inhaftierte

Ulrike Häßler und Thomas Maiwald

Seit 2013 steigt in der bundesdeutschen Gesellschaft die Anzahl der erstauffälligen Konsumenten harter Drogen; seit 2012 wächst die Anzahl der Drogentoten im Vergleich zu den Vorjahren[1] (Drogenbeauftragte der Bundesregierung 2016). Dabei ist in zwei Drittel der Todesfälle der Konsum von Opiaten, allein oder in Verbindung mit anderen Drogen, ursächlich (ebd.). Unabhängig von diesen fatalen Auswirkungen ist der Konsum von Drogen schon immer Teil der Gesellschaft und damit auch Teil der politischen Debatte. Auch für den Justizvollzug ist dieses Thema bedeutsam und aktuell. Da über alle Bundesländer hinweg das Ausmaß problematischer Drogenkonsumenten in Haft nicht bekannt ist, begann im Jahr 2016 die bundesweit einheitliche und fortlaufend durchzuführende Erhebung zu stoffgebundenen Süchten im Justizvollzug mit dem Ziel, genaue Zahlen über den Anteil suchtmittelabhängiger Inhaftierter zu erhalten.

Die hohe Anzahl drogenabhängiger Inhaftierter insbesondere in Relationen zur Anzahl der Konsumenten in der Allgemeinbevölkerung, lässt darauf schließen, dass ein nicht zu vernachlässigender Anteil der speziellen Population des Strafvollzuges

[1]Von 986 Toten in 2012 zu 1226 Todesfällen in 2015.

U. Häßler (✉)
Celle, Deutschland
E-Mail: ulrike.haessler2@justiz.niedersachsen.de

T. Maiwald
Meppen, Deutschland
E-Mail: thomas.maiwald@justiz.niedersachsen.de

B. Maelicke und S. Suhling (Hrsg.), *Das Gefängnis auf dem Prüfstand*,
Edition Forschung und Entwicklung in der Strafrechtspflege,
https://doi.org/10.1007/978-3-658-20147-0_19

ein Suchtmittelproblem mitbringt. Der Anteil der intravenösen Drogenkonsumenten im Strafvollzug z. B. wird im Vergleich zur Allgemeinbevölkerung bis zu 98 fach höher geschätzt (Stöver 2013). In weiteren Studien wird berichtet, dass 20–50 % der Inhaftierten ein Suchtmittelproblem mitbringen (Wirth 2002). International werden sogar noch dramatischere Zahlen berichtet: 61 % abhängige Gefangene in Portugal, die während der Haft fortgesetzten Konsum angegeben haben und bis zu 85 % Gefangene in England, die vor der Haft regelmäßig Drogen konsumierten (EMCDDA 2007). Insgesamt wird für den europäischen Bereich davon ausgegangen, dass zwischen 8 und 76 % der Inhaftierten auch während ihrer Haftzeit Drogen konsumieren (Vandam 2009).[2] Besonders häufig werden Opiate und Marihuana in Haft konsumiert (Missel und Koch 2011). Stöver (2013) schätzt, dass circa 15.000 Opiatkonsumenten in den deutschen Justizvollzugseinrichtungen inhaftiert sind, bei nur 4000 Therapieplätzen für Drogenabhängige außerhalb des Justizvollzuges (vgl. auch Missel und Koch 2011).

Die Zeit in Haft stellt für die meisten Drogenabhängigen lediglich eine Zeit des Einfrierens des problematischen Konsums dar. Auf illegalem Wege sind diverse Drogen auch in Haftanstalten zu hohen Preisen verfügbar; das Risiko der Beschaffung und des Konsums ist jedoch im Verhältnis zum Schwarzmarkt außerhalb der Haft überproportional höher. Der Konsum wird aufgrund der besonderen Gegebenheiten des „Marktes" zwar eingeschränkt (Häßler und Suhling 2017), aber zumeist nach Haftentlassung im Sinne von „Kompensationskonsum für die Zwangsabstinenz" unvermindert weitergeführt (Stöver 2012, S. 76). Da womöglich zu viel von der Droge in anderer, meist reinerer, Qualität als in der Haft konsumiert wird, haben opiatabhängige Personen ein erhöhtes Sterberisiko nach der Haftentlassung (ebd.).

Behandlung und Therapie der Abhängigkeit in Haft kann derzeit aufgrund finanzieller und personeller Strukturen nur rudimentär erfolgen. Zudem fällt bis heute die Behandlung dieser Gruppe traditionell nicht unter die Zuständigkeit des Strafvollzugs, anders als die Behandlung anderer Gruppen (z. B. Sexual- und Gewaltstraftäter). Der adäquate Weg für die meisten Suchtmittelabhängigen ist eine (stationäre) langfristige Therapie außerhalb der Haft, wobei es „draußen" nicht genügend freie Therapieplätze gibt und der Zugang in adäquate Formen der Behandlung in den letzten Jahren schwerer geworden ist (Zurhold et al. 2013).

Mögliche Auswege aus dem Dilemma der inadäquaten Behandlung der Gruppe der suchtmittelabhängigen Inhaftierten infolge derer viele dieser Inhaftierten unbehandelt entlassen werden, könnte eine tiefer gehende Entwöhnungsbehandlung *in*

[2]Weiterführend Fazel et al. (2006).

Haft sein sowie der (häufigere) Einsatz medikamentengestützter Behandlung für z. B. Opiatabhängige. Aus internationalen und nationalen Studien ist bekannt, dass durch solche Formen der Behandlung das Rückfallrisiko für erneute Straftaten gesenkt werden kann; bei einer Gruppe, deren Wahrscheinlichkeit für einen Rückfall sehr hoch ist (Koehler et al. 2013; Jehle et al. 2013).

Im Folgenden wird zum einen der erschwerte Zugang zu adäquaten Behandlungsangeboten und dessen Folgen beschrieben sowie zweitens der problembehaftete Umgang mit Substitutionsbehandlungen in Haft diskutiert. Zudem werden mögliche Auswege aus diesen zwei Problembereichen vorgeschlagen.

1 Zugang zu adäquaten Therapieangeboten

Meta-Analysen zeigen, dass die Wahrscheinlichkeit, eine strafbare Handlung zu begehen, für suchtmittelabhängige Personen zwischen 2,8- und 3,8- Mal höher ist als für nicht suchtmittelabhängige Personen (Koehler et al. 2013). Suchtmittelkonsum gilt als wichtiger Risikofaktor für kriminelles Verhalten (Andrews und Bonta 2010). Die Kontrolle des Konsums, oder zumindest die Förderung und Aufrechterhaltung weniger gesundheitsgefährdender Konsumformen (z. B. rauchen statt spritzen) stellen neben der Vermittlung in adäquate Therapieangebote eine wichtige Aufgabe der gesellschaftlichen Gesundheitsfürsorge dar. Im Strafvollzug gelten Suchtmittelabhängige als besondere Problemgruppe, denen vollzugsöffnende Maßnahmen zumeist versagt bleiben: Sie gelten als noch weniger vertrauenswürdig und weniger absprachefähig als nicht süchtige Inhaftierte (Schalast 2014)

Für einige Gefangene besteht die Möglichkeit, die nicht mehr als zwei Jahre andauernde Freiheitsstrafe unter bestimmten Bedingungen zurückzustellen (§ 35 BtMG „Therapie statt Strafe").[3] In den letzten Jahren ist die Zahl der vermittelten Inhaftierten in eine stationäre Drogentherapie jedoch erheblich gesunken (Zurhold et al. 2013). Als Ursache dafür wird vermutet, dass der Kausalzusammenhang der Drogenabhängigkeit mit der Straftat (als eine gesetzliche Vorrausetzung der Anwendung des § 35 BtMG) immer häufiger angezweifelt wird. Die Prüfung der Vorrausetzung wurde mit dem Justizmodernisierungsgesetz 2004 von den Staatsanwälten auf die Rechtspfleger übertragen. Bei den Rechtspflegerinnen und -pflegern wird eine engere Fassung des Ermessenspielraums vermutet (ebd.). Ein weiteres Problem war, dass die Vollstreckungsreihenfolge nicht mehr

[3]Weiterführend: Körner et al. (2012); Zurhold et al. (2013); Berghof (1995).

umgestellt werden konnte[4] und somit Inhaftierte mit mehreren zu vollstreckenden Strafen meist länger in Haft verbleiben mussten, bis der 2/3-Zeitpunkt aller zu vollstreckenden Strafen erreicht war. Zuvor konnte durch die Umstellung der Vollstreckungsreihenfolge schneller eine Vermittlung in eine stationäre Entwöhnungstherapie erfolgen. Um dieses Problem zu lösen, wurde der § 454b, StPO (am 17.08.2017 (BGBL. I S. 3202) in Kraft getreten) am 24.08.2017 geändert. Hiernach ist die Strafumstellung nunmehr unter bestimmten Voraussetzungen wieder möglich. Studien haben gezeigt, dass sich längeres Verbleiben in Haft negativ auf den Therapieerfolg auswirkt und der Grundsatz „Therapie statt Strafe" dadurch unterlaufen wird (Zurhold et al. 2013).

Während die Vermittlungszahlen in stationäre Therapien aus der Haft heraus zurückgehen, steigt gleichzeitig die Anzahl der abhängigen Straftäter in Entziehungsanstalten (§ 64 StGB) sowie deren dortige Aufenthaltsdauer (Schalast et al. 2016; Körner et al. 2012). Im Vergleich zum Jahr 2001 befanden sich 2011 mehr als doppelt so viele Drogenabhängige im Maßregelvollzug (Zurhold et al. 2013, S. 63), während wiederum die Zahl derer, bei denen die Behandlung wegen mangelnder Erfolgsaussicht für erledigt erklärt respektive beendet wurde, mit 50 % der Klienten seit 2001 stabil bleibt (Querengässer und Ross 2015). Im Jahr 1995 hatte sich dieser Anteil der Patienten ohne Erfolgsaussicht noch auf 36 % belaufen (Schalast et al. 2016). Im Maßregelvollzug wird nicht in erster Linie die Sucht behandelt, sondern vor allem dem Schutz der Allgemeinheit außerhalb des Maßregelvollzuges Rechnung getragen (Querengässer und Ross 2015). Stationäre Suchtmitteltherapien werden indes z. B. wegen der Möglichkeit der stärkeren Außenorientierung, als die „bessere Alternative" zum streng geschlossenen Settings des Maßregelvollzuges angesehen (Körner et al. 2012, S. 1247).[5] Dass haftvermeidende, präventive Maßnahmen (§§ 35,36 BtMG) zugunsten schwerer Sanktionen zurücktreten, zeigt ein deutliches Bild, dass die Justiz von Suchtmittelabhängigen hat, zumal ein Rückfall in kriminelles Verhalten wahrscheinlicher ist, je schwerer die vorausgegangene Sanktion ist (Jehle et al. 2013). Diese Tendenz lässt sich trotz Selektionseffekten auch an den Rückfallzahlen erkennen: 42 % aller aus dem Maßregelvollzug Entlassenen (auch in Verbindung mit Vorverbüßungen im Strafvollzug) werden erneut zu strafrechtlichen Sanktionen verurteilt. Für Personen, die

[4]BGH, Beschluss v. 04.08.2010, 5 AR (VS) 23/10: http://juris.bundesgerichtshof.de/cgi-bin/rechtsprechung/document.py?Gericht=bgh&Art=en&nr=53016&pos=0&anz=1. Ein neuer Gesetzentwurf der Bundesregierung zur Erweiterungen der Möglichkeiten für eine Zurückstellung suchtbedingter Freiheitsstrafen wurde im Februar 2017 vorgelegt (http://dip21.bundestag.de/dip21/btd/18/112/1811272.pdf).

[5]Auch bei Schalast (2014); Schalast (2009); weiterführende kritische Betrachtungen: Pfister (2009).

wegen Betäubungsmitteldelikten im Strafvollzug inhaftiert waren, zeigt sich ein geringerer Anteil an Wiederverurteilungen von 34,8 % (ebd.).[6]

Die Erfolgsquote im Sinne eines regulären Therapieendes stationärer Suchtmitteltherapien außerhalb der Haft liegt in den letzten Jahrzehnten konstant bei circa 50 % der Klienten (u. a. bei Fleury et al. 2016; Egg 1999b; Kurze 1994). Für diejenigen, die die Therapie regulär beenden, verringert sich die Wahrscheinlichkeit krimineller Handlungen (NIDA 2012). International wurden zahlreiche Untersuchungen zu Rückfälligkeit (sowohl in kriminelles als auch in süchtiges Verhalten) nach unterschiedlichen Therapieformen durchgeführt: Psychosoziale Therapie und therapeutische Wohngemeinschaften erzielen gute Erfolge, ebenso wie medikamentengestützte Therapien (Brorson et al. 2013). Natürlich muss infrage gestellt werden, ob diese Befunde auch auf den europäischen bzw. deutschen Raum zu übertragen sind, da das justizielle System, die Therapieansätze und möglicherweise auch die Personen in Therapie verschieden sein könnten: Koehler et al. (2013) zeigen in einer Metaanalyse von Studien im europäischen Raum eine Reduzierung der Rückfälligkeit in kriminelle Handlungen um 37 % im Vergleich zu der Gruppe von nicht-therapierten Abhängigen. Insbesondere profitieren Opiatabhängige in Substitutionsbehandlungen von den positiven Effekten dieser Behandlungsform. Durch Substitution wird für Opiatkonsumenten häufiger ein reguläres Therapieende von „klassischen" verhaltenstherapeutischen Suchtmitteltherapie erreicht (ebd.), da die Haltequoten in Therapien erhöht werden können (Gößling et al. 2001). Alles in allem führen stationäre Suchtmitteltherapien häufig zu einer Reduktion des kriminellen Verhaltens (Koehler et al. 2013, S. 595). Dies spricht in Verbindung mit den gesunkenen Vermittlungszahlen (aus der Haft in eine stationäre Therapie) dafür, dass Angebote geschaffen werden müssen, die eine therapeutische Bearbeitung statt ein „Einfrieren" des Suchtproblems ermöglichen.

2 Fallspezifisches Verständnis von „adäquaten" Therapieangeboten

Durch Vermittlung in stationäre Suchtmitteltherapie wird nicht nur dem Inhaftierten durch adäquate Behandlung geholfen, sondern es werden auch Kosten gespart. Berechnungen zeigen ein Potenzial von jährlich 15–17 Mio. EUR bei durchschnittlich 472 Hafttagen, die durch Vermittlung in eine Therapie gespart werden konnten (Zurhold et al. 2013).

---

[6] Für einen Vergleich zwischen bedingter Entlassung und Zurückstellungen nach § 35 BtMG siehe Boldt et al. (2017).

Jedoch ist nicht für jeden Abhängigen die Vermittlung in eine stationäre Therapie indiziert (Brorson et al. 2013; Hammersley 2011). Mit Betrachtung der individuellen (Sucht-)Biografie und begleitenden Problemlagen sollte in *adäquate* Therapieangebote vermittelt werden. So können auch weniger intensive Therapieangebote hilfreich sein oder auch das Vorschalten von Motivationsmaßnahmen, gleichzeitige psychiatrische Behandlung oder weitere flankierende Behandlungsmaßnahmen (NIDA 2012). Zur Identifizierung spezieller, interdisziplinär zu behandelnder Problemlagen (Schulden, Familie, Gesundheit, Freundeskreis, kriminelle Denkmuster etc.) sind umfangreiche Gespräche bzw. Assessments hilfreich (ebd.). Die Anforderungen an die Behandlungsarbeit Drogenabhängiger im Justizvollzug haben sich in den letzten Jahren stetig erhöht.

Veränderungen, so auch Suchtmitteltherapien, unterliegen stets einem gewissen Zwang. Dies ist nicht unbedingt schädlich, denn Therapien unter justiziellem Zwang, wie die Therapien gem. § 35 BtMG, sind mit besseren Erfolgsquoten (im Vergleich zu „freiwilligen" Therapien) und längeren Verweilzeiten in den Einrichtungen assoziiert (NIDA 2012; Zurhold et al. 2013).

Auch unter dem im Vollzug vorherrschenden Abstinenzgedanken ist die Idee, Behandlungsmöglichkeiten oder zumindest eine abstinenzorientierte Umgebung bereits in Haft zu schaffen, nicht neu und wird in weiten Teilen Europas in unterschiedlicher Ausgestaltung umgesetzt (Heinemann et al. 2002). Dabei lassen sich drei Varianten mit jeweils verschiedenen Zielen unterscheiden (Heinemann et al. 2002, S. 147 ff.). Zum einen *Entgiftungsstationen,* deren angedachte Verweildauer recht kurz ist und zu deren Aufgaben auch die Vernetzung zu weiterführenden Hilfen außerhalb der Haft gehören. Des Weiteren *„drogenfreie" Stationen,* in der mit suchspezifisch gebildetem Personal sowie Behandlungsverträgen gearbeitet wird. Schwer davon abzugrenzen sind schlussendlich die abstinenzorientierten *therapeutischen Gemeinschaften,* deren Erfolge gegenüber anderen Programmen, insbesondere von solchen Gemeinschaften außerhalb des Vollzuges, bereits gut evaluiert worden sind (ebd.). Über alle verschiedenen Konzepte hinweg sind Urinkontrollen ein wichtiges Mittel, um die Abstinenz zu prüfen. Ob und nach wie vielen positiven Urinkontrollen der Rückgang in den „Normalvollzug" erfolgt, ist dabei unterschiedlich. Abgesicherte Evaluationsergebnisse solcher Stationen in Haft fehlen für den deutschsprachigen Raum[7].

[7]Erste Versuche bei Heinemann et al. (2002) weisen auf eine günstigere Legalbewährung derjenigen Inhaftierten hin, die das intramurale Vorbereitungsprogramm abschließen konnten, im Gegensatz zu den frühen Abbrechern. In Bezug auf die Legalbewährung erfolgte keine statistische Kontrolle der unterschiedlichen Merkmale zwischen Versuchs- und Kontrollgruppe (hier: abgelehnte Bewerber für die drogenfreie Station). Dieses Ergebnis ist also durch den Selektionseffekt gefährdet.

Gleichwohl gibt es Inhaftierte mit Suchtproblemen, die durch die Möglichkeit der Zurückstellung der Strafvollstreckung (§ 35 BtMG) nicht mehr erreicht werden können.[8] Zudem steht die Suchtmittelproblematik anderen innervollzuglichen Behandlungen entgegen; zum Beispiel ist derzeit die Aufnahme von Gewalt- und Sexualstraftäter in der Sozialtherapie bei einer vorhandenen Suchtproblematik nicht möglich, sodass zunächst die Sucht behandelt werden müsste. Nicht wenige Inhaftierte erhalten durch die Deutsche Rentenversicherung oder Krankenkassen keine Kostenzusage mehr für eine Therapie außerhalb der Haft. Hierzu zählen häufig Inhaftierte, die aus dem Maßregelvollzug zurückkommen oder bereits mehrere Therapien angetreten haben. Dies betrifft auch Inhaftierte mit langen Freiheitsstrafen, die so viele Jahre keine Chance auf eine Aufarbeitung ihrer Suchtproblematik haben. Auch für diese Personengruppen müssen adäquate Maßnahmen geschaffen werden. Suchtmittelabhängige ohne Aufarbeitung der Suchtmittelproblematik oder Chance auf eine entsprechende therapeutische Maßnahme (nach der Haft) zu entlassen, würde dem gesetzlichen Auftrag des Justizvollzuges nicht gerecht.

Der Justizvollzug muss auf Veränderungen in Bezug auf die Gewährung von stationären Therapien außerhalb von Haftanstalten reagieren, denn die bisherigen eher niedrigschwelligen Behandlungs-, Beratungs-, und Bildungsangebote genügen wahrscheinlich nicht, um weitreichende Verhaltensänderungen der süchtigen Personen für die Zeit nach der Haft zu festigen. Eine Möglichkeit könnte darin bestehen, selbst entsprechende therapeutische Angebote zu schaffen, um drogenabhängige Inhaftierte zu behandeln, auch wenn dieses Vorgehen vermutlich erhebliche Kosten mit sich bringen würde. Entsprechende intensive Behandlungsangebote existieren aber bereits für die Gruppe der Gewalt- und Sexualstraftäter.

So könnte zum Beispiel eine Suchtabteilung entstehen, die an die Gegebenheiten der Therapieeinrichtungen außerhalb des Vollzuges angeglichen ist[9]. Die Mitarbeiterinnen und Mitarbeiter könnten, soweit möglich, aus dem bestehenden Personal eingesetzt werden, ergänzt durch ausgebildete (Sucht-) Therapeuten, denn die inhaltliche Arbeit sollte der in einer Therapieeinrichtung entsprechen. Die Suchtabteilung sollte von den anderen Abteilungen räumlich getrennt sein, ähnlich wie bei den schon bestehenden sozialtherapeutischen Abteilungen in den

[8]Weiterhin besteht die Möglichkeit sich nach (bedingter) Entlassung in eine ambulante oder stationäre Therapie zu begeben. In der Tendenz sind Strafzurückstellungen gem. § 35 jedoch günstiger für die Legalbewährung, vgl. Boldt et al. (2017).

[9]Zu bewährten Gestaltungsprinzipien von Therapien in Haft: Wilson (2016); French et al. (2010); Schalast (2014).

Justizvollzugseinrichtungen. Dieses Ziel wird aber kaum für den täglichen Ablauf in einer Justizvollzugsanstalt konsequent realisierbar sein. Allein die Beschäftigung der Inhaftierten, Sportangebote und Arztvorstellungen werden den Kontakt zu anderen Inhaftierten nicht gänzlich verhindern können.[10]

Die Verweildauer in einer solchen Suchtabteilung könnte auf ungefähr ein Jahr geplant werden. Dieser Zeitraum ist entschieden länger als in den Therapieeinrichtungen außerhalb des Justizvollzuges und entspräche den Bedürfnissen dieses Personenkreises[11]. Während des Aufenthaltes in der Suchtabteilung sollte auch eine Außenorientierung in Formen von Lockerungen und anderen vollzugsöffnenden Maßnahmen stattfinden, um die Behandlungsmotivation aufrecht zu halten und um neue Verhaltensweisen in Freiheit zu erproben.

Die Suchtabteilung soll nicht als Konkurrenz zu bestehenden Therapieeinrichtungen verstanden werden; sie deckt den Part ab, der auch durch entsprechende Angebote außerhalb des Justizvollzuges nicht erfüllt werden kann. Bei der Zielgruppe handelt es sich um Inhaftierte, die keine Chance auf eine Therapie hätten und somit auch nicht den Therapieeinrichtungen zugeführt würden. So eine Suchtabteilung würde eine Ergänzung der behandlerischen Möglichkeiten des Strafvollzuges darstellen, um diesen speziellen Personenkreis zu erreichen und zu befähigen, ein straf- und suchtmittelfreies Leben zu führen, der sonst ohne die Chance auf die Bearbeitung seiner Suchtprobleme unbehandelt entlassen werden würde.

Die Indikation für eine solche innervollzugliche Suchttherapie muss genau geprüft werden, da durch ein solches Behandlungsangebot in Haft u. a. die Gefahr besteht, dass die Vermittlungszahlen für Suchttherapien außerhalb der Haft noch weiter sinken. Zudem spielt die Motivation die Haft zu unterbrechen und in „Freiheit" ein Therapie zu absolvieren keine unwesentliche Rolle (Egg 1999a).[12] Eine innervollzugliche Suchtmitteltherapie sollte also immer die letzte Option sein.

Abgesicherte Evaluationsergebnisse solcher Stationen in Haft fehlen für den deutschsprachigen Raum. Im amerikanischen Raum sind Behandlungsstationen als therapeutische Gemeinschaft im Strafvollzug für Inhaftierte, die nicht über

---

[10]Dies betrifft auch die Sozialtherapien, vgl. Niemz (2015).

[11]Internationale sowie nationale Studien berichten einen positiven Zusammenhang zwischen der Länge der Therapiedauer und dem Behandlungserfolg: NIDA (2012) sowie Zarkin et al. (2002).

[12]Weitere kritische Betrachtungen zu innervollzuglichen Suchttherapien in Berghof (1995).

andere Therapiemöglichkeiten verfügen, üblich. Untersuchungen zur Effektivität solcher Therapien innerhalb der Haft weisen auf deren Erfolge hin; vor allem in Bezug auf weniger Rückfall in kriminelles Verhalten, insbesondere wenn Anschlussbehandlungen nach der Inhaftierung durchgeführt werden (Welsh und Zajac 2013).[13] Insofern müsste die Teilnahme an intramuralen Substitutionsprogrammen für eine günstige Sozialprognose sprechen und auch dementsprechend bei solchen Entscheidungen (Lockerungsgewährungen, Aussetzung der Strafe zur Bewährung) berücksichtigt werden (Keppler et al. 2009).

Drogenfreie Stationen führen vor allem dazu, dass sich Inhaftierte solcher Stationen im Vergleich zu Inhaftierten des Normalvollzuges nach der Haft häufiger in weiterführende Behandlungen begeben (Larney et al. 2007). Dabei ist die ausschließliche Fixierung auf das Therapieziel „Abstinenz“ für die Gefangenenpopulation zumeist nicht adäquat (Schalast 2014) auch wenn mit einem abstinenten Lebensstil leichter ein Leben ohne kriminelle Handlungen geführt werden kann (Bezzel 2010). Ein suchtmittelfreies Leben ist ein wichtiges Mittel, um weitere Ziele zu erreichen; kann und sollte aber durch z. B. medikamentöse Behandlung, wie Substitution, unterstützt werden.[14]

3 Zugang zu Substitutionsbehandlungen als ein Teilaspekt adäquater Behandlung

Während außerhalb von Haftanstalten neben der klassischen stationären Entwöhnungstherapie vielfältige Formen der Behandlung bzw. harm reduction („Schadensminderung“) bestehen und sich weiter fortentwickeln, vertritt der Strafvollzug weiterhin strikt das Abstinenzdogma. Dies entspricht (scheinbar) dem Vollzugsziel (§ 2 StVollzG: „Im Vollzug der Freiheitsstrafe soll der Gefangene fähig werden, künftig in sozialer Verantwortung ein Leben ohne Straftaten zu führen“) (Stöver 2012), während möglicherweise andere Gestaltungsgrundsätze (§ 3 StVollzG „Das Leben im Vollzug soll den allgemeinen Lebensverhältnissen soweit als möglich angeglichen werden“ und „Schädlichen Folgen des Freiheitsentzuges ist entgegenzuwirken“) durch die Fokussierung auf den Abstinenzgedanken vernachlässigt werden. In einer Zeit sich weiter entwickelnder akzeptierenden

[13]Überblick dazu bei: Wilson (2016); French et al. (2010); Welsh et al. (2013).

[14]Weitere Ausführungen zu den Zielen der Behandlung Suchtmittelabhängiger bei Schalast (2014).

Drogenarbeit werden innerhalb der Mauern Erkenntnisse der Sucht- und Gesundheitsforschung weitestgehend ignoriert. Alternative Hilfsangebote werden zurückgehalten und die Illusion des Gefängnisses als geeigneter Ort zur Überwindung von Abhängigkeitserkrankungen wird aufrechterhalten (Stöver 2012). Dabei ist (erzwungene) Abstinenz in Haft nicht gleichzusetzen mit einer guten Vorbereitung auf ein späteres abstinentes Leben außerhalb der Haft (Heinemann et al. 2002). Sucht ist eine schwere chronische Krankheit, bei der z. B. der Rückfall ein Symptom der Erkrankung darstellt, das ebenso wie andere Symptome oder Begleiterkrankungen zu behandeln ist (Stöver 2012; Berghof 1995). Für langjährig Abhängige ist Abstinenz oft keine Option mehr (Stöver 2012). Die Gesundheitsfürsorge dieser Personen, insbesondere durch Suchtbegleitung und harm reduction, kann in Haft mit dem jetzigen dort vorherrschenden Verständnis von Sucht schwer gewährleistet werden[15]. Substitutionsbehandlung stellt für viele Opiatabhängige ein bewährtes Mittel zum Ausstieg aus Kriminalität und zur Aufrechterhaltung der körperlichen und psychosozialen Gesundheit dar (Stöver 2007; DAH 2014).[16] In vielen Haftanstalten wird diese Form der harm reduction jedoch kaum oder nur unter bestimmten Bedingungen angewandt. Auch wenn im Sinne des Äquivalenzprinzips Gefangenen dieselben bzw. in Art und Umfang gleichwertigen Angebote der Gesundheitsfürsorge bereitgestellt werden sollten (§ 61 StVollzG), gestaltet sich die Realität zumeist anders. Ein Grund dafür dürfte die wechselnde Zuständigkeit der Finanzierung sein, die mit dem Eintritt in eine Haftanstalt nicht mehr bei der gesetzlichen Krankenkasse liegt, sondern bei den Bundesländern bzw. der jeweiligen JVA. In der Studie von Zurhold et al. (2013) wurde festgestellt, dass 2009 77 % derjenigen, die aus der Haft heraus eine Therapie in einer Fachklinik antraten, keinen Versicherungsschutz vorweisen konnten: Ein klassisches Schnittstellenproblem in beide Richtungen. Innerhalb der Haft wird in der Suchtbehandlung der Ermessensspielraum des gesetzlich abgeleiteten Anspruchs, „dass Qualität und Wirksamkeit der im Vollzug angebotenen ärztlichen Leistungen dem allgemeinen anerkannten Stand der medizinischen Erkenntnisse zu entsprechen und den medizinischen Fortschritt zu berücksichtigen haben“ deutlich

[15]Ein Beispiel dafür sind Spritzentauschprogramme in Haft. Dies wird derzeit nur in der JVA für Frauen in Berlin durchgeführt (weiterführend DAH 2014). In Niedersachsen beispielsweise wurden solche Programme nach der Probephase aus politischen Gründen eingestellt. Vermutet wurde außerdem, dass die Akzeptanz/der Nutzen der Konsumenten wegen der wahrgenommenen vollzugliche Nachteile (Gewährung von Lockerungen etc.) gering war.

[16]Auch wenn mit bestimmten Substitutionsmittel Nebenwirkungen einhergehen können und ebenso eine Abhängigkeit vom Substitut wahrscheinlich ist.

(Meier 2005, S. 38). Der Strafvollzug hat gegenüber dem Gefangenen eine Fürsorgepflicht, „da die Gefangenen zum eigenverantwortlichen Schutz ihrer Gesundheit nur noch eingeschränkt in der Lage sind." (ebd., S. 41). Und auch wenn Ärzte unterschiedlicher Auffassung darüber sein könnten, was der allgemein anerkannte Stand der medizinischen Erkenntnisse ist, so muss die Behandlung zumindest ausreichen, um Gesundheitsrisiken abzuwenden (Meier 2005). Vorsichtige Vergleiche zwischen der Behandlung von Gefangenen mit der Allgemeinbevölkerung z. B. in Bezug auf den Betreuungsschlüssel Arzt-Gefangener sowie nach Analyse der Höhe der Ausgaben für die medizinische Versorgung zu kommen zu dem Schluss kommen, dass die medizinische Versorgung in Haft nicht unbedingt schlechter ist als die medizinische Versorgung der Allgemeinbevölkerung (ebd.). Jedoch wirken sich gerade im Bereich der Behandlung von Suchtmittelabhängigen Ermessensentscheidungen und Haltungen gegenüber der Krankheit „Sucht" im Allgemeinen mittunter ungünstig auf diese Personen aus. Hinzu kommt, dass in Justizvollzugsanstalten Suchtmittelabhängige und besonders Abhängige mit riskanten Konsumformen (intravenöse Drogenkonsumenten) überproportional häufig vertreten sind und der Vergleich mit der Allgemeinbevölkerung schon anhand der Schwere der in Haft vorzufindenden Krankheiten, wie z. B. Opiatabhängigkeit, scheitern muss (Keppler et al. 2009).

Insgesamt ist die Zahl der substituierten Personen in Deutschland seit 2002 gestiegen (Drogenbeauftragte der Bundesregierung 2016). Im Jahr 2014 waren 77.500 Substituierte im Substitutionsregister erfasst. Während sich außerhalb von Haftanstalten Suchtbegleitung mit Substitutionsmitteln bewährt hat, sodass geschätzt circa 50 % der Opiatabhängigen erreicht werden (Stöver 2012) und auch neue bzw. alternative Substitutionsmittel erfolgreich erprobt werden (z. B. Diamorphinvergabe in neun deutschen Großstädten oder die Substitution von Schwangeren mit Buprenorphin zur Reduzierung der Entzugssymptome beim Kind) (Keppler 2007), spiegelt sich diese positive Entwicklung nicht in den deutschen Haftanstalten wider. So ist es z. B. in sieben Bundesländern grundsätzlich nicht möglich, bei Schwangerschaft substituiert zu werden (Knorr 2007).[17] Geschätzt befinden sich nur 10 % aller inhaftierten Opiatabhängigen dauerhaft in einem solchen Programm (Stöver 2012). Schulte et al. (2009) stellten fest, dass es in drei von vier deutschen Gefängnissen überhaupt möglich ist, sich substituieren zu lassen. So hält die Justiz in Bayern z. B. Substitution nicht für eine adäquate

[17]Aktueller Überblick zur Substitutionspraxis der Bundesländer: http://gesundinhaft.eu/wp-content/uploads/substitutionInHaft2015.pdf (letzter Zugriff: 04.09.2017).

Therapie (Stöver 2012). Innerhalb der Haft wird Substitution zumeist als Entgiftungsbegleitung oder Überbrückungsbehandlung mit dem Ziel der Abstinenz eingesetzt. Der Ansatz der Schadenminimierung, also z. B. die Versorgung mit Substitutionsmitteln ohne Abstinenzabsicht, hat sich bisher nicht durchgesetzt, auch wenn diese Behandlungsform große Erfolge in Bezug auf die Gesunderhaltung und die Reduzierung von Kriminalität erzielt hat (Stöver 2007; Koehler et al. 2013). Insbesondere zur Reduzierung des bis zu 12-mal höheren Mortalitätsrisikos aufgrund von Überdosen nach Haftentlassung in den ersten zwei Wochen ist für bestimmte Fälle eine Substitution zur Vorbereitung der Entlassung angezeigt (NIDA 2012). Dies wird jedoch nur in vier Bundesländern angeboten, da es als umstritten gilt, (temporär) abstinente Gefangene zu substituieren (Knorr 2007). Bisherige Studien zeigen jedoch eine geringere Mortalitätsrate und geringere Rate erneuter Inhaftierungen bei durchgängigen Substitutionen (Stöver und Stallwitz 2007). Und auch wenn es in einer Haftanstalt prinzipiell möglich ist, sich substituieren zu lassen, ergeben sich weitere Probleme, da z. B. das Mittel zur Substitution in der Regel nicht frei wählbar ist und insofern die Kontinuität der Behandlung manchmal nicht gewährleistet werden kann. Stöver (2012) zeigte, dass bei 70 % der Abhängigen die Substitutionsbehandlung während der Haft abgebrochen wurde. Außerdem ist der sofortige Einstieg in eine solche Behandlung bei Haftantritt aber auch der (erneute) Beginn eines solchen Programms zur Entlassungsvorbereitung erschwert, was sich besonders auf opiatabhängige kurzstrafige Gefangene auswirkt.

Inhaftierte mit langen Haftzeiten werden zumeist nicht durchgängige substituiert, sondern über einen gewissen Zeitraum (circa 3–6 Monate) „ausgeschlichen", d. h. sie erhalten nach und nach weniger von dem Substitut. Dies widerspricht dem Zweck einer solchen Behandlung, die so lange durchzuführen ist, wie bei dem Patienten Suchtdruck besteht und er sich als instabil einschätzt (Stöver und Keppler 2009). Die Bundesärztekammer legte in ihren Richtlinien eindeutig fest, dass „bei einem Wechsel in eine (…) Inhaftierung oder andere Formen der stationären Unterbringung die Kontinuität der Behandlung durch die übernehmende Institution sicherzustellen (ist)." (zit. nach Bundesärztekammer 2010, S. 8). „In begründeten Einzelfällen kann eine Substitutionsbehandlung auch (…) bei gegenwärtig abstinent, aber in beschützender Umgebung – wie z. B. (…) Gefängnis (lebenden Personen) eingeleitet werden" (zit. nach Bundesärztekammer 2010, S. 2.). Heute könnte, drastisch gesprochen, die Ablehnung von Substitutionsbehandlung in dem Sinne juristisch als Körperverletzung gewertet werden (Körner 1993). Gefangene haben zwar die Möglichkeit, juristisch, z. B. zivilrechtlich gegen die Ablehnung oder zwangsweise Herunterdosierung vorzugehen (Graebsch & Burkhardt 2007)[18], jedoch dürften die finanziellen Hürden solcher Wege und die befürchteten Risiken z. B. in Bezug auf Lockerungsgewährungen hoch sein. Dies gilt besonders, nachdem das OLG Hamburg 2001 die Frage zur Gewährung und Aufrechterhaltung von Substitutionsbehandlungen nicht nur als medizinische Angelegenheit, sondern auch als Entscheidung des Vollzuges bzw. als vollzugliche Maßnahme bewertet hat.[19] Durchgängige Substitutionsbehandlungen, so das OLG Hamburg, widersprechen in der Regel den Vollzugszielen. Dem entgegen steht, dass weitere höchstrichterliche Entscheidungen, wie die des OLG Koblenz, konstatieren, dass die (Nicht-) Verschreibung bestimmter Medikamente nicht im Weg einer gerichtlichen Entscheidung (§§ 109 ff. StVollzG) zu prüfen ist.[20] Das OLG Koblenz bezog sich auf die Entscheidung des OLG Rostock im Jahr 2014: „Ob und gegebenenfalls welche Therapie und Medikation notwendig ist, um eine Krankheit zu behandeln, ist in der Regel indes allein vom behandelnden Arzt nach pflichtgemäßem ärztlichen Ermessen zu entscheiden“.[21] Wie das Ermessen „gelebt“ wird, unterscheidet sich sicherlich von Arzt zu Arzt, JVA zu JVA und Bundesland zu Bundesland. Inhaftierten Suchtmittelabhängigen stehen kaum Wege zur Verfügung, gegen ärztliche Entscheidungen vorzugehen und haben, mit Ausnahme der Inhaftierten im offenen Vollzug, nicht die Möglichkeit, sich „draußen“ substituieren zu lassen.

Probleme in Bezug auf die Substitutionsbehandlung ergeben sich also zusammengefasst daraus, dass es für Inhaftierte zumeist nicht selbstbestimmt möglich ist, mit dem Substitutionsmittel, das sie vor der Haft erhalten haben, weiter behandelt zu werden. Die Justizvollzugsanstalt steht bei diesen Fragen immer im Spannungsverhältnis zwischen adäquater Behandlung einerseits und dem Sicherheitsauftrag (Stichwort: Ausspucken bestimmter Substanzen zum Weiterverkauf an andere Gefangene) sowie finanziellen Aspekten (Stöver 2012). Des Weiteren ist zumeist ein Einstieg in Substitution in Haft schwer möglich und eine durchgängige Substitutionsbehandlung auch über Jahre oder Jahrzehnte wird in den seltensten Fällen gewährleistet.

---

[18]Anzumerken ist, dass bei bestimmten Personen, z. B. bei Jugendlichen sinnvoll sein könnte, auf eine Runterdosierung hinzuwirken, da auch Substitutionsbehandlungen gewisse Nebenwirkungen aufweisen.

[19]OLG Hamburg Urt. v. 13.09.2001, 3 Vollz (Ws) 75/01: http://www.judicialis.de/Oberlandesgericht-Hamburg_3-Vollz--Ws--75-01_Beschluss_13.09.2001.html?sid=tEGL85RKA4nPsov9OSAYgET9 (letzter Zugriff: 04.09.2017).

[20]OLG Koblenz Urt. v. 19.01.2016, 2 Ws 646/15.

[21]OLG Rostock Urt. v. 20.10.2014, 20 Ws 257/14: http://openjur.de/u/749722.html (letzter Zugriff: 04.09.2017).

Natürlich können medikamentöse Behandlungen nicht als Wundermittel gegen die Sucht verstanden werden. Gerade bei einer solchen Form der Behandlung muss genau geprüft werden, wem was unter welchen Bedingungen verabreicht werden kann.[22] Strikt abstinenzorientiert zu arbeiten zeigt sich aber nicht nur für den Maßregelvollzug (Schalast 2014; Schalast 2009), sondern auch für den Strafvollzug als inadäquat. Es stellt sich die Frage, warum nicht alle zur Verfügung stehenden Mittel genutzt werden. Idealerweise sollten Gefangene, die ihren Körper am besten kennen und einschätzen können, als Experten ihrer Sucht ernst genommen werden. Möglichkeiten langfristiger Substitutionsbehandlung bzw. der Wiedereinstieg in eine solche Behandlung vor der Entlassung mit dem Substitutionsmittel, das diese Person am besten verträgt, sollte bei Opiatabhängigen wohlwollend geprüft werden. Eine kontinuierliche Substitutionsbehandlung ist erfolgreicher als eine erzwungen Entzugsbehandlung. Dies zeigt sich im längeren Verbleiben in anschließenden stationären Therapien (u. a. bei Gößling et al. 2001) und durch weniger Drogen- und Kriminalitätsrückfälle nach der Haft (Koehler et al. 2013). Richtungsweisend wurde durch den Europäischen Gerichtshof für Menschenrechte kürzlich eine Schadenersatzzahlung für eine verweigerte Substitutionsbehandlung in Haft ausgesprochen[23].

4 Gefangene als Experten ihrer Sucht

Der bereits seit 1994 durch die Suchthilfe geforderte Paradigmenwechsel von Abstinenz(-therapie) als erster Wahl hin zur Substitution als erster Wahl für Opiatabhängige wird im geschützten Raum des Strafvollzugs nicht beachtet. „Natürlich ist Abstinenz ein erstrebenswertes Ziel, nur sind die Erfolgsaussichten entsprechender Therapien begrenzt“ (Schalast 2014 S. 497). Durchgängige Substitution kann indes auch als Chance zur Vermittlung und Behandlung von weiteren gesundheitsspezifischen Themen gesehen werden. Der tägliche Kontakt zu dem abhängigen Inhaftierten eröffnet Chancen der Erreichbarkeit (Stöver 2012). Durchgängige Substitution in Haft kann auch dazu führen, dass sich sowohl Entzugssymptome als auch der Drogenhandel sowie Drogenkonsum reduzieren.

[22]Kritisch zur Substitution: Berghof (1995).

[23]Case of Wenner v. Germany, Application no. 62303/13, 01.09.2016: http://hudoc.echr.coe.int/eng#{"documentcollectionid2":["JUDGMENTS","DECGRANDCHAMBER","ADMISSIBILITY","ADMISSIBILITYCOM"],"itemid":["001-165758"]} (letzter Zugriff: 04.09.2017).

Zudem werden die Arbeitsfähigkeit der Gefangenen und die Integration in den Haftalltag erhalten (Stöver 2007). Auch für das vollzugliche Klima sind positive Auswirkungen von Substitutionsbehandlungen bekannt. In einer australischen Studie wurde ein Rückgang von Drogenkonsum und Gewalt in Haft verzeichnet (Stöver und Stallwitz 2007). In einer niedersächsischen Untersuchung erwies sich der Konsum in Haft ebenfalls als bedeutsamer Prädiktor für die Zugehörigkeit zu der Gruppe, die sowohl Täter als auch Opfer von gewalttätigem Handeln in Haft waren (Bieneck 2012).

In Baden-Württemberg wurde 2011 durch die Veränderung von Verwaltungsvorschriften die Möglichkeit geschaffen, Diamorphin in Haft zu vergeben. Auch wenn außerhalb von Haftanstalten weiterhin noch nicht viele Abhängige Diamorphin bekommen und es bis dato auch keinen Gefangenen gibt, der dies in Anspruch nimmt, ist Baden-Württemberg ein gutes Beispiel für die Umsetzung des Äquivalenzprinzips (DAH 2013).[24] In Untersuchungen wird der Erfolg von Diamorphinsubstitutionen im Vergleich zu Methadonvergaben belegt (Löbmann 2007).

Auch andere „best-practice"-Beispiele[25] zeigen ein langsames Umdenken des Justizvollzuges im Bereich alternativer Behandlungsmethoden. Momentan werden beispielsweise in Niedersachsen die Zuweisungs- bzw. Prüfmechanismen für die Aufnahme eines abhängigen Inhaftierten in den offenen Vollzug überarbeitet. Möglicherweise stellt dann die Abhängigkeit von Alkohol oder Drogen nicht mehr per se ein Ausschlusskriterium dar, auch im Hinblick darauf, dass es Einrichtungen des offenen Vollzuges gibt, in denen Substitution möglich ist (z. B. in Wilhelmshaven). Unabhängig davon könnte ein Inhaftierter im offenen Vollzug theoretisch ärztliche Behandlung außerhalb des Justizsystems in Anspruch nehmen.

Die Illusion eines drogenfreien Gefängnisses ist aufzugeben, denn nur dann kann eine offene Kommunikation über Suchtmittelkonsum bzw. Rückfälle erfolgen. In anderen Institutionen, die Entscheidungen des Justizsystems mit beeinflussen können, findet langsam ein Umdenken im Umgang mit abhängigen Inhaftierten statt. So bewilligte die Deutsche Rentenversicherung früher fast ausschließlich abstinenzorientierte Therapien für diese Klientel, während heute mehr und mehr auch Therapien aus der Haft heraus bewilligt werden, die auch Substitutionsbehandlung anbieten. Aber auch in der Justiz selbst sind solche positiven

[24]Weiterführend zur Diamorphinvergabe in Deutschland: Holzapfel (2015).

[25]Für eine ausführliche Darstellung europaweiter „best-practice" Beispiele siehe: Stöver (2007).

Anzeichen z. B. in der Diskussion über den Zugang Drogenabhängiger zum offenen Vollzug zu beobachten.

International haben sich folgende Grundhaltungen zur Behandlung von und zum Umgang mit suchtmittelabhängigen Inhaftierten bewährt (nach NIDA 2012, S. 1 ff.):

- Suchtmittelabhängigkeit ist eine schwerwiegende Krankheit, die das Verhalten beeinflusst.
- Umfangreiche Assessments/Beurteilungen zu allen Lebensbereichen sind noch vor der Therapieplanung durchzuführen, um die richtige(n) Therapieform(en) zu identifizieren.
- Es bedarf maßgeschneiderter Hilfen, die zu den Behandlungsbedarfen der Person passen. Dabei sind sowohl Alter, Geschlecht, Herkunft, Grad der Abhängigkeit, Motivation, Intelligenz usw. zu beachten.
- Alle Beteiligten (Therapieeinrichtung, Justizvollzug, Gerichte, Ärzte etc.) sollten bei der Therapieplanung mitwirken.
- Die Behandlung benötigt effektive Formen der Therapie. Nach der Therapie sollten Behandelte in der Lage sein, Risikosituationen zu erkennen und sich ggf. erneut in Behandlung zu begeben.
- Suchtmitteltherapie muss einen gewissen Zeitraum (Minimum: drei Monate) umfassen, um eine Verhaltensänderung zu bewirken.
- Der Konsum von Drogen während der Behandlung ist vorsichtig zu überwachen. Insbesondere müssen die Folgen für den (ehemaligen) Gefangenen klar sein und ein Ausschluss aus der Behandlung die letzte Option darstellen.
- Eine Behandlung sollte möglichst alle (Risiko-)Faktoren bearbeiten, die mit dem kriminellen bzw. süchtigen Verhalten zusammenhängen.
- Die Kontinuität der Behandlung nach der Suchtmitteltherapie in z. B. ambulanten Selbsthilfegruppen ist essenziell für die Nachhaltigkeit der Behandlungsergebnisse.
- Ein ausgewogener Einsatz von Belohnung und Sanktionen fördert prosoziales Verhalten und die aktive Beteiligung im Behandlungsprozess.
- Gefangene mit Begleiterkrankungen benötigen einen integrativen Therapieansatz, bei dem diese Störungen mitbehandelt werden.
- Der Einsatz von Medikamenten (z. B. Substitutionsmittel, Medikamente zur Behandlung psychischer Störungen) ist ein wichtiger Teil von Suchtmitteltherapien und diese sollten jedem zur Verfügung stehen, bei dem diese indiziert sind.
- Zur Behandlungsplanung gehören Strategien zur Prävention und Behandlung chronischer Krankheiten wie HIV, Hepatitis und Tuberkulose dazu.

Durch den Rückgang der Gewährungen des § 35 BtMG ist der Vollzug gezwungen, alternative aber auch adäquate und evidenzbasierte Behandlungsmöglichkeiten zu schaffen oder zu fördern. Dies wird keine leichte Aufgabe, da der Strafvollzug mit der derzeitigen personellen und finanziellen Ausstattung im „Normalvollzug“ kaum Möglichkeiten hat, z. B. umfassend zu lockern oder differenzierte Entwöhnungs- und Behandlungsangebote anzubieten. Jedoch- und das ist ein Lichtblick- weist die Behandlung für Gewalt- und Sexualstraftäter in den Sozialtherapeutischen Abteilungen Strukturen auf, die möglicherweise auch auf einen Teil der Gruppe der Suchtmittelabhängigen adaptiert werden können. Hier stellt sich insbesondere die gesellschaftliche und damit auch politische Frage, ob das Interesse an der Behandlung der Gruppe der Suchtmittelabhängigen ebenso groß sein sollte wie das Interesse an der Behandlung der Gruppe der Gewalt- und Sexualstraftäter. Beinahe 50 % derjenigen, die wegen eines Vergehens gegen das BtMG verurteilt wurden, werden rückfällig: Immerhin Platz vier der häufigsten Rückfalldelikte nach Raub und schwerem Diebstahl (über 60 %) und ähnlich hoch wie die der Verurteilten wegen gefährlicher und schwerer Körperverletzung (Jehle et al. 2013).

Die derzeit (noch) vorherrschende Meinung, dass die (durchgängige) Vergabe von Substitutionsmitteln in Haft dem Vollzugsziel entgegensteht, muss nach den Erkenntnissen der Suchtforschung sowie nach Ergebnissen der Studien zur Legalbewährung aufgegeben werden. Substitutionsbehandlung führt nachweislich in vielen Fällen zur Reduktion von Kriminalität bei gleichzeitiger Verbesserung der Gesundheit und Erhöhung der Lebenserwartung.

Literatur

Andrews, D. A., & Bonta, J. (2010). *The psychology of criminal conduct* (5. Aufl.). London: Taylor & Francis.

Berghof, H.-H. (1995). *Therapie und Strafe im Betäubungsmittelrecht.* Schriften zum Strafrecht und Strafprozessrecht.

Bezzel, A. (2010). Können Patienten aus dem Maßregelvollzug (§ 64 StGB) resozialisiert werden? Die Regensburger Katamnesestudie. *Forensische Psychiatrie Psychologie Kriminologie, 4,* 264–268.

Bieneck, S. (2012). *Viktimisierungserfahrungen im Justizvollzug. Ergebnisbericht zur Befragung im Justizvollzug des Landes Niedersachsen.* Kriminologisches Forschungsinstitut Niedersachsen e. V. (KFN).

Boldt, A., Hinz, S., Meischner-Al-Mousawi, M., & Hartenstein, S. (2017). Legalbewährung nach Entlassung aus Haft zu stationärer Entwöhnungsbehandlung- eine Rückfalluntersuchung. *Bewährungshilfe, 64,* 56–69.

Brorson, H. H., Avenik, E. A., Rand-Hendriksen, K., & Duckert, F. (2013). Drop-out from addiction treatment: A systematic review of risk factors. *Clinical Psychology Review, 33,* 1010–1024.
Bundesärztekammer. (2010). Richtlinien der Bundesärztekammer zur Durchführung der substitutionsgestützten Behandlung Opiatabhängiger. http://www.bundesaerztekammer.de/aerzte/versorgung/suchtmedizin/illegale-drogen/substitutionsgestuetzte-behandlung-opiatabhaengiger/richtlinie/. Zugegriffen: 4. Sept. 2017.
Deutsche AIDS-Hilfe e. V. (2013). Modelle guter Praxis. HIV- und Hepatitis-Prävention in Haft. www.aidshilfe.de/download_file/4681. Zugegriffen: 4. Sept. 2017.
Deutsche AIDS-Hilfe e. V. (2014). Betreuung im Strafvollzug. Ein Handbuch (5. Aufl.). https://www.aidshilfe.de/sites/default/files/documents/Betreuung_im_Strafvollzug_2014.pdf. Zugegriffen: 4. Sept. 2017.
Drogenbeauftragte der Bundesregierung. (2016). Drogen- und Suchtbericht. http://www.bundesgesundheitsministerium.de/fileadmin/Dateien/5_Publikationen/Drogen_und_Sucht/Berichte/Drogen_und_Suchtbericht_2016_screen.pdf. Zugegriffen: 4. Sept. 2017.
Egg, R. (1999a). Straftäterbehandlung unter Bedingungen äußeren Zwangs. In W. Feuerhelm, H.-D. Schwind, & M. Bock (Hrsg.), *Festschrift für Alexander Böhm zum 70. Geburtstag* (S. 397–418). Berlin: De Gruyter.
Egg, R. (Hrsg.). (1999b). *Drogenmissbrauch und Delinquenz. Kriminologische Perspektiven und praktische Konsequenzen.* Wiesbaden: Kriminologische Zentralstelle.
European Monitoring Centre for Drug and Drug Addiction. (2007). Studies of drug users in prison. http://www.emcdda.europa.eu/stats07/DUP/methods. Zugegriffen: 4. Sept. 2017.
Fazel, S., Bains, P., & Doll, H. (2006). Substance abuse and dependence in prison: A systematic review. *Addiction, 10,* 181–191.
Fleury M.-J., Djouini, A., Huy'nh, C., Tremblay, J., Ferland, F, Ménard, J.-M., & Belleville, G. (2016). Remission from substance use disorder: A systematic review and meta-analysis. *Drug and alcohol dependence,* 168, 293–306.
French, M., Fang, H., & Fretz, R. (2010). Economic evaluation of a prerelease substance abuse treatment program for repeat criminal offenders. *Journal of Substance Abuse Treatment, 38,* 31–42.
Gößling, H. W., Gunkel, S., Schneider, U., & Melles, W. (2001). Häufigkeiten und Bedingungsfaktoren des Behandlungsabbruchs im stationären Drogenentzug. *Fortschr Neurol Psychiat, 69,* 474–481.
Graebsch, C., & Burkhardt S.-U. (2007). Rechtsfragen zu Substitution in Haft. In H. Stöver (Hrsg.), *Substitution in Haft* (S. 49–65). Aids-Forum DAH, Band 52, Deutsche AIDS-Hilfe e. V., S.
Hammersley, R. (2011). Pathways through drugs and crime. Desistance, trauma and reslilience. *Journal of Criminal Justice, 39,* 268–272.
Häßler, U., & Suhling, S. (2017). Riskanter Konsum in „geschützter Umgebung". *Individuelle Prädiktoren innervollzuglichen Drogenkonsums. Bewährungshilfe, 64,* 17–33.
Heinemann, A., Bohlen, K., & Püschel, K. (2002). Abstinenzorientierte Behandlungsstrategien im Strafvollzug: Evaluation des Abstinenz-Erprobungsprogramms in der JVA Vierlande in Hamburg. *Suchttherapie, 3,* 146–154.
Holzapfel, J. (2015). Substitution mit Diamorphin in Deutschland- quo vadis. *SUCHT, 61,* 65–66.

Jehle, J. M., Albrecht, H. J., Hohmann-Fricke, S., & Tetal, C. (2013). *Legalbewährung nach strafrechtlichen Sanktionen. Eine bundesweite Rückfalluntersuchung 2007 bis 2010 und 2004 bis 2010*. Mönchengladbach: Forum.

Keppler, K. (2007). Probleme und Praxis der Substitution im Justizvollzug. In H. Stöver (Hrsg.), *Substitution in Haft* (S. 23–40). Aids-Forum DAH, Band 52, Deutsche AIDS-Hilfe e. V. https://www.aidshilfe.de/shop/pdf/1100. Zugegriffen: 4. Sept. 2017.

Keppler, K., Fritsch, K. J., & Stöver, H. (2009). Behandlungsmöglichkeiten von Opiatabhängigen. In K. Keppler & H. Stöver (Hrsg.), *Gefängnismedizin. Medizinische Versorgung unter Haftbedingungen* (S. 193–207). Stuttgart: Georg Thieme.

Knorr, B. (2007). Substitutionspraxis im Justizvollzug der Bundesländer. In H. Stöver (Hrsg.), *Substitution in Haft* (S. 66–77). Aids-Forum DAH, Band 52, Deutsche AIDS-Hilfe e. V. https://www.aidshilfe.de/shop/pdf/1100. Zugegriffen: 4. Sept. 2017.

Koehler, J., Humphreys, D., Akoensi, T., Sánchez de Ribera, O., & Lösel, F. (2013). A systematic review and meta-analysis on the effects of European drug treatment programmes on reoffending. *Psychology, Crime & Law, 20*, 584–602.

Körner, H. H. (1993). Kann die Verweigerung der Substitution eine Körperverletzung darstellen? Die Substitutionsbehandlung von Drogenabhängigen. *MedizinRecht, 7*, 257–260.

Körner, H. H., Patzak, J., & Volkmer, M. (2012). *Betäubungsmittelgesetz* (7. Aufl.). München: Beck.

Kurze, M. (1994). *Strafrechtspraxis und Drogentherapie*. Wiesbaden: Kriminologische Zentralstelle.

Larney, S., Mathers, B., & Dolan, K. (2007). Illicit drug treatment in prison: Detoxification, drug-free units, therapeutic communities and opioid substitution treatment. NDARC Technical Report, No. 266 http://ndarc.med.unsw.edu.au/sites/default/files/ndarc/resources/TR.266.pdf. Zugegriffen: 4. Sept. 2017.

Löbmann, R. (2007). Diamorphingestützte Behandlung und Kriminalität. *SUCHT, 53*, 288–295.

Meier, B.-D. (2005). Ärztliche Versorgung im Strafvollzug: Äquivalenzprinzip und Ressourcenknappheit. In T. Hillenkamp & B. Tag (Hrsg.), *Intramurale Medizin- Gesundheitsfürsorge zwischen Heilauftrag und Strafvollzug* (S. 35–55). Berlin: Springer.

Missel, P., & Koch, A. (2011). Die stationäre Suchtkrankenhilfe- Daten aus der medizinischen Rehabilitation im Überblick. *Sucht, 57*, 451–468.

National Institute on Drug Abuse (NIDA). (2012). Principles of drug abuse treatment for criminal justice populations. A research-based guide. https://www.drugabuse.gov/sites/default/files/txcriminaljustice_0.pdf. Zugegriffen: 4. Sept. 2017.

Niemz, S. (2015). *Evaluation sozialtherapeutischer Behandlung im Justizvollzug*. Wiesbaden: Kriminologische Zentralstelle.

Pfister, W. (2009). Drogenkonsum und Strafrecht. *Forensische Psychiatrie Psychologie Kriminologie, 4*, 253–263.

Querengässer, J., & Ross, T. (2015). Behandlungsverläufe als determiniertes Chaos. Die Begrenztheit der individuellen Behandlungsprognose nach § 64 StGB- Erkenntnisse aus der Chaostheorie. *Monatsschrift für Kriminologie und Strafrechtsreform, 98*, 335–347.

Schalast, N. (2009). Drogenabhängige Patienten im Maßregelvollzug gemäß § 64 StGB: Verbesserung der Quote erfolgreicher Behandlung durch suchtspezifische Medikation? *Forensische Psychiatrie Psychologie Kriminologie, 4*, 294–301.

Schalast, N. (2014). Behandlung substanzabhängiger Straftäter. In T. Bliesner, F. Lösel, & G. Köhnken (Hrsg.), *Lehrbuch Rechtspsychologie* (S. 489–511). Bern: Huber.
Schalast, N., Frey, M., Boateng, S., & Massau, C. (2016). Ertrag der Unterbringung in einer Entziehungsanstalt gemäß § 64 StGB. Evaluationsstudie zum Vergleich von Maßregelvollzug und Strafvollzug bei suchtkranken Straftätern. Dritter Projektzwischenbericht. Institut für Forensische Psychiatrie Essen. https://www.uni-due.de/imperia/md/content/rke-forensik/projekte/projektzwischenbericht_iii_2016.pdf. Zugegriffen: 4. Sept. 2017.
Schulte, B., Stöver, H., & Thane, K. (2009). Substitution treatment and HCV/HIV infections in German prisons. *International Journal of Prisoner Health, 5,* 39–44.
Stöver, H. (2012). Drogenabhängige in Haft-Epidemiologie, Prävention und Behandlung in Totalen Institutionen. *Suchttherapie, 13,* 74–80.
Stöver, H. (2013). Gesundheitliche Versorgung in Haft- Realitäten und Herausforderungen. *Forum Strafvollzug, 5,* 275–283.
Stöver, H. (Hrsg.). (2007). Substitution in Haft. Aids-Forum DAH, Band 52, Deutsche AIDS-Hilfe e. V. https://www.aidshilfe.de/shop/pdf/1100. Zugegriffen: 4. Sept. 2017.
Stöver, H., & Keppler, K. (2009). Diskontinuität in Behandlung und Betreuung. In K. Keppler, & H. Stöver (Hrsg.), *Gefängnismedizin. Medizinische Versorgung unter Haftbedingungen* (S. 151–154). Stuttgart: Thieme.
Stöver, H., & Stallwitz, A. (2007). Wirksamkeit und Bedeutung der Substitutionsbehandlung im Gefängnis- ein Literaturüberblick. In H. Stöver (Hrsg.), *Substitution in Haft* (S. 88–94). Aids-Forum DAH, Band 52, Deutsche AIDS-Hilfe e. V. https://www.aidshilfe.de/shop/pdf/1100. Zugegriffen: 4. Sept. 2017.
Vandam, L. (2009). Patterns of drug use before, during and after detention: A review of epidemiological literature. In M. Cools, S. Kimpe, B. Ruyer, M. Easton, L. Pauwels, P. Ponsaers, G. Vande Walle, T. Vander Beken, F. Vander Laenen, & G. Vermeulen (Hrsg.), *Contemporary issues in the empirical studies of crime* (S. 229–250). Antwerpen: Maklu.
Welsh, W. N., & Zajac, G. (2013). A multisite evaluation of prison- based drug treatment: Four-year follow-up results. *The Prison Journal, 93,* 251–271.
Welsh, W. N., Zajac, G., & Bucklen, K. B. (2013). Form whom does prison-based drug treatment work? Results from a randomized experiment. *Journal of Experimental Criminology, 10,* 151–177.
Wilson, D. B. (2016). Correctional programs. In D. Weisburd, D. P. Farrington, & C. Gill (Hrsg.), *What works in crime prevention and rehabilitation. Lessons from systematic reviews* (S. 193–217). New York: Springer.
Wirth, W. (2002). Das Drogenproblem im Justizvollzug. *Zahlen und Fakten. Bewährungshilfe, 49,* 104–122.
Zarkin, G. A., Dunlap, L. J., Bray, J. W., & Wechsberg, W. M. (2002). The effect of treatment completion and length of stay on employment and crime in outpatient drug-free treatment. *Journal of Substance Abuse Treatment, 23,* 261–271.
Zurhold, H., Verthein, U., & Reimer, J. (2013). Medizinische Rehabilitation gemäß § 35 BtMG („Therapie statt Strafe“): Wirksamkeit und Trends. https://www.bundesgesundheitsministerium.de/fileadmin/dateien/Publikationen/Drogen_Sucht/Forschungsberichte/Abschlussbericht_Medizinische_Rehabilitation.pdf. Zugegriffen: 4. Sept. 2017.

Ausländische Gefangene

Kai Abraham

1 Einleitung

In den 183 deutschen Justizvollzugsanstalten befanden sich am 31. März 2016 (Tag der jährlichen bundeseinheitlichen Stichtagserhebung) insgesamt 22.922 ausländische Gefangene in allen Vollzugsformen aus 145 Nationen[1]. Darunter waren 461 Gefangene, die als staatenlos oder mit ungeklärter Staatszugehörigkeit eingestuft sind. Bei einer Gesamtbelegung am 31.03.2016 von 64.379 Gefangenen stellen die ausländischen Gefangenen einen Anteil von 35,59 % aller in Deutschland inhaftierten und verwahrten Männer und Frauen. Die größte Gruppe der ausländischen Gefangenen bilden die türkischen Staatsangehörigen, gefolgt von Rumänen und Polen. Die Verteilung in den Justizvollzugsanstalten der einzelnen Bundesländer ist dabei sehr unterschiedlich. So lag beispielsweise der Anteil der ausländischen Gefangenen in Berlin und Bayern am 31.03.2016 bei 43 % und 41 %, in Mecklenburg-Vorpommern und Sachsen-Anhalt bei 11 %.

Deutlich wird, dass der Anteil der Ausländerinnen und Ausländer in Haft wesentlich höher liegt als ihr Anteil an der Gesamtbevölkerung in Freiheit.

[1]Zusammenfassung der Stichtagserhebung über die Zahl der in den Justizvollzugsanstalten untergebrachten Ausländer, Bundesministerium der Justiz und für Verbraucherschutz, Berlin, 14.11.2016.

K. Abraham (✉)
Berlin, Deutschland
E-Mail: kai.abraham@senjustva.berlin.de

B. Maelicke und S. Suhling (Hrsg.), *Das Gefängnis auf dem Prüfstand*,
Edition Forschung und Entwicklung in der Strafrechtspflege,
https://doi.org/10.1007/978-3-658-20147-0_20

Trotz insgesamt sinkender Gefangenenzahlen in den Bundesländern in den vergangenen Jahren steigt die Zahl der ausländischen Gefangenen, was zu einer Erhöhung ihres prozentualen Anteils führt. Die Gründe hierfür sind vielschichtig und viel diskutiert. Die Annahmen, die zu einem Anstieg geführt haben können, reichen von einer erhöhten Ausländerkriminalität aufgrund einer nichtgelungenen Integration über Kriminalitätstourismus im Bereich der Diebstahls- und Einbruchsdelikte ost- und südeuropäischer Banden bis hin zu einer Zusammenhangsbildung mit der vermehrten Ankunft von Flüchtlingen in Deutschland aus den Kriegs- und Krisengebieten der Welt.[2]

Im Zeitraum eines Jahres hat sich in den Berliner Justizvollzugsanstalten der Anteil der ausländischen Gefangenen von 43 % auf 47 % (31.03.2017) erhöht. Insbesondere der Anteil der ausländischen männlichen Untersuchungsgefangenen stieg zum 31.03.2017 in Berlin auf 72 %. Abb. 1 und 2 veranschaulichen die Anteile der am häufigsten vorkommenden Nationalitäten insgesamt und in der Untersuchungshaft.

Sofern die Gefangenen mit deutscher Staatsangehörigkeit und Migrationshintergrund entsprechend der Definition des Mikrozensus[3] in die Überlegungen zu der besonderen Gruppe der ausländischen Gefangenen einzubeziehen wären, sind die Anteile als wesentlich höher zu bewerten. Hier ist eine Angabe der tatsächlichen Zahlen nicht möglich, da Migrationshintergründe der Gefangenen in den Justizvollzugsanstalten zwar berücksichtigt, aber nicht statistisch erfasst werden.

Worauf kommt es bei einer konsequenten Befassung mit ausländischen Gefangenen an? Gehen wir davon aus, dass alle Gefangenen an den in den Justizvollzugsanstalten vorgehaltenen Maßnahmen einer angemessenen Förderung durch Beschäftigung, Beratung und Behandlung mit dem Ziel einer resozialisierungs-orientierten Entlassungsvorbereitung und somit einer Risikominimierung umfänglich teilhaben können? 2002 hat Bammann kritisiert, dass das deutsche Strafvollzugsrecht, trotz früher Mahnungen aus der Wissenschaft, keine gesonderten Regelungen für Ausländer in Haft vorsieht oder auf eine nicht notwendige Unterscheidung hinweist. Auch nach Übertragung der Gesetzgebungskompetenz auf die Länder im Jahr 2006 hat, soweit ersichtlich, kein Bundesland in seinen Strafvollzugsgesetzen eine Einschränkung im Resozialisierungsansatz

[2]Siehe auch „Forum Strafvollzug" Ausgabe 2/2017.

[3]Zu den Menschen mit Migrationshintergrund (im weiteren Sinn) zählen nach der Definition im Mikrozensus „alle nach 1949 auf das heutige Gebiet der Bundesrepublik Deutschland Zugewanderten, sowie alle in Deutschland geborenen Ausländer und alle in Deutschland als Deutsche Geborenen mit zumindest einem zugewanderten oder als Ausländer in Deutschland geborenen Elternteil" (Statistisches Bundesamt 2013).

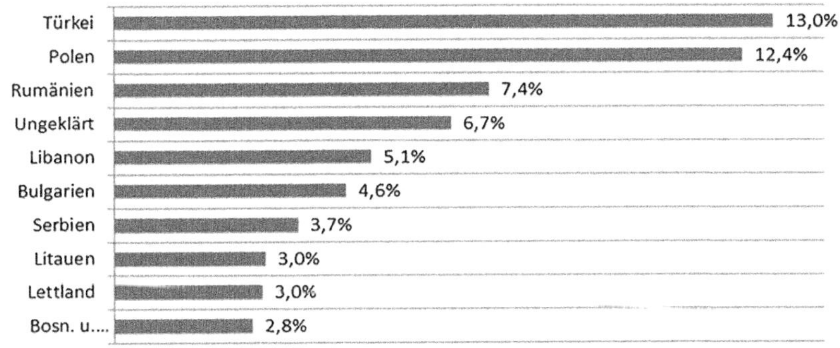

Abb. 1 Anteil der am häufigsten vertretenen Nationalitäten am Gesamtanteil aller Gefangener im Berliner Justizvollzug am 31.03.2017. (Berliner Senatsverwaltung für Justiz, Verbraucherschutz und Antidiskriminierung, 09.05.2017)

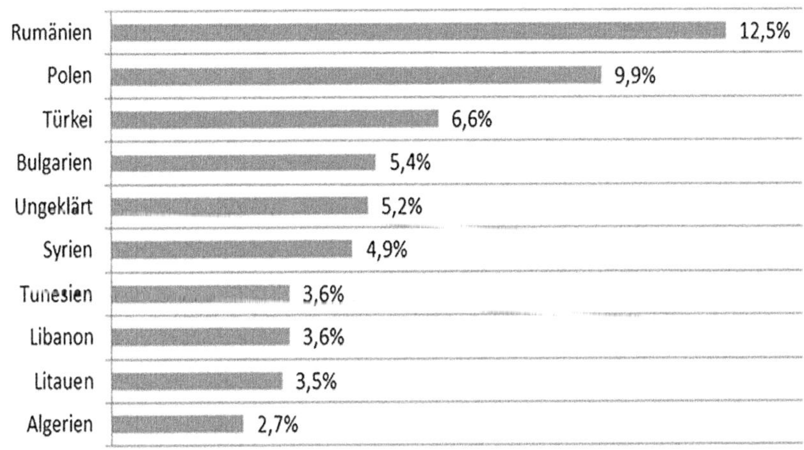

Abb. 2 Anteil der am häufigsten vertretenen Nationalitäten in der Untersuchungshaft am Gesamtanteil aller Gefangener im Berliner Justizvollzug am 31.03.2017. (Berliner Senatsverwaltung für Justiz, Verbraucherschutz und Antidiskriminierung, 09.05.2017)

für ausländische Inhaftierte vorgenommen, sondern diesen als Grundlage für einen Rechtsanspruch in der Ländergesetzgebung für alle Gefangenen formuliert.

Im Berliner Strafvollzugsgesetz (StVollzG Bln) ist als einer der Grundsätze der Vollzugsgestaltung formuliert: „Die unterschiedlichen Bedürfnisse der Gefangenen, insbesondere im Hinblick auf Geschlecht, Alter, Herkunft, Religion, Weltanschauung, Behinderung und sexuelle Identität, werden bei der Vollzugsgestaltung im Allgemeinen und im Einzelfall berücksichtigt."[4]. Aus diesem Grundsatz ergibt sich somit die Verpflichtung der Berücksichtigung der individuellen Situation ausländischer Gefangener für die Mitarbeitenden der Justizvollzugsanstalten im Rahmen der Vollzugsgestaltung.

Obwohl in den Ländergesetzen zum Strafvollzug Maßnahmen gegen die Isolation und Benachteiligung von ausländischen Gefangenen getroffen wurden, finden sich im aktuellen Kommentar zu den Strafvollzugsgesetzen von Feest et al. (2017) eine Vielzahl von Problemsituationen die im Umgang mit ausländischen Gefangenen in der Strafvollstreckung und im Strafvollzug bedacht, geprüft und berücksichtigt werden müssen. Sie umfassen insbesondere die aufenthalts- und asylrechtlichen Grundlagen, die Möglichkeiten der Entlassung und hier vor allem die Prüfung des Absehens von der weiteren Strafvollstreckung bei einer vorliegenden rechtskräftigen Ausweisung gemäß § 456a StPO, die Möglichkeiten des Übergangs in andere Unterbringungsformen und die Situation im Strafvollzug für Nicht-Deutsche in unterschiedlichen Bereichen.

Ist eine auf Resozialisierung und Wiedereingliederung gezielte Vollzugsplanung unter der Voraussetzung eines ungeklärten Aufenthaltsstatus und anderer Integrationshemmnisse dieser Gefangenengruppe umsetzbar oder muss lediglich von einer reinen Strafvollstreckung bis zur Entlassung nach Vollverbüßung und der möglicherweise folgenden Ausweisung ausgegangen werden?

Die Entwicklung des Strafvollzuges vom Verwahrvollzug zum Behandlungsvollzug bietet den Gefangenen die Möglichkeit, durch Versorgung, Förderung und Qualifizierung, Behandlung und Beratung und der Einbindung eines differenzierten Hilfesystems externer Organisationen und Einzelpersonen, die Haftzeit im Sinne einer möglichen Verbesserung ihrer Legal- und Sozialprognose und somit die Möglichkeit der Vermeidung neuer Straftaten und Haftzeiten positiv zu nutzen. Da die ausländischen Gefangenen aber keine homogene Gruppe sind, die durch zielgruppenspezifische Maßnahmen erreicht werden kann, sondern mit einer Vielzahl besonderer Problemlagen konfrontiert ist, stellt die individuelle

[4] § 3 Absatz 6 Berliner Justizvollzugsgesetz (StVollzG Bln).

lebenslagenbezogene Begleitung dieser Gefangenen für die Mitarbeitenden der Justizvollzugsanstalten eine große Herausforderung dar. Kenntnisse im Asyl- und Aufenthaltsrecht, interkulturelle Kompetenzen und ausreichende Möglichkeiten des Einsatzes von Sprachmittler/innen bei keinen oder nur geringen Deutschkenntnissen der Gefangenen, bilden nur die Grundlage für eine ausreichende Einbindung der Gefangenen in das resozialisierungs-orientierte Strafvollzugssystem.

2 Minimalbedingungen einer Teilhabe ausländischer Gefangener am Behandlungsvollzug

Die unabhängige Niederländische Organisation „Prison Watch" hat auf ihrer Internetseite eine Übersicht aller relevanten Grundrechte für ausländische Inhaftierte zusammengestellt[5]. Die Übersicht verdeutlicht, dass die Bemühung zur Gleichstellung und Gleichbehandlung ausländischer Gefangener auf internationaler und europäischer Ebene rechtliche Normen, Verpflichtungserklärungen und Empfehlungen notwendig macht.

Vereinte Nationen (UN)

- Allgemeine Erklärung der Menschenrechte (UDHR)
- Internationaler Pakt über bürgerliche und politische Rechte (ICCPR)
- UN-Antifolterkonvention (CAT)
- Mindestnormen für die Behandlung von Gefangenen (SMR)
- Wiener Übereinkommen über konsularische Beziehungen (VCCR)
- Musterabkommen über die Überstellung ausländischer Gefangener (UN Transfer)
- UN-Grundprinzipien für die Behandlung von Gefangenen (UN Basic Principles)
- UN-Grundsatzkatalog für den Schutz aller irgendeiner Form von Haft oder Strafgefangenschaft unterworfenen Personen (UN Principles)
- Empfehlungen zur Behandlung von ausländischen Gefangenen (UN Rec)
- UN-Resolution 1998/22 über den Status ausländischer Bürger in Strafverfahren (UN Res).

[5] Basic Human Rights of Foreign National Prisoners – www.prisonwatch.org [8.9.2017].

Europarat

- Europäische Menschenrechtskonvention (ECHR)
- Europäische Gefängnisregeln (EPR)
- Empfehlung (2012)12 über ausländische Gefangene (CoE FNP)
- Übereinkommen über die Überstellung verurteilter Personen (CoE Transfer)
- Empfehlung CM/REC(2010)1 über die Grundsätze der Bewährungshilfe (CoE Probation)
- Empfehlung Rec(2001)10 zum europäischen Kodex für Polizei-Ethik (CoE Politics)
- Empfehlung CM/Rec(2012)12 über ausländische Gefangene.

Europäische Union

- Charta der Grundrechte der Europäischen Union (EU Charter)
- Rahmenbeschluss des Rates 2008/913/JI (EU909HJHA)
- Richtlinie 2010/64 über das Recht auf Verdolmetschung und Übersetzung in Strafverfahren (EU2010)
- Richtlinie 2012/13 über das Recht auf Belehrung in Strafverfahren (EU2012).

Neben der Situation eines unterschiedlichen Status inhaftierter Ausländerinnen und Ausländer gegenüber deutschen Gefangenen, der die Möglichkeiten einer vorzeitigen Beendigung oder der Unterbrechung der Haft einschränken kann, beginnt eine mögliche Benachteiligung in der Nutzung des Strafvollzugssystems bereits bei der täglichen Vollzugsgestaltung.

Sprache, Kommunikation und Informationsversorgung
In den bundesdeutschen Justizvollzugsanstalten muss gewährleistet sein, dass alle Gefangenen Zugang zu den notwendigen Informationen in einer ihnen verständlichen Sprache erhalten. Die Möglichkeiten eines angemessenen persönlichen Austauschs mit anderen Gefangen und Mitarbeitenden der Justizvollzugsanstalten, die über die weiteren innervollzuglichen und insbesondere die vollzugslockernden Maßnahmen zu befinden haben, muss gegeben sein. Somit wäre auch die Teilhabe an den die Sozial- und Legalprognose verbessernden vorgehaltenen Maßnahmen einer Justizvollzugsanstalt in einer eingeschränkten Form gewährleistet. Auch dem Bedürfnis an einer individuellen ausländerrechtlichen Beratung im Zusammenhang der Strafvollstreckung und den möglichen weiterführenden Konsequenzen muss entsprochen werden.

Kulturelle und religiöser Bedürfnisse
In den bundesdeutschen Justizvollzugsanstalten muss gewährleistet sein, dass kulturelle und religiöse Bedürfnisse beispielsweise bei der Ernährung, Kleidung, Unterbringung und dem Zusammenleben in einer vollzugsverträglichen Form berücksichtigt wird. Der Rechtsanspruch auf Religionsfreiheit und deren uneingeschränkte Ausübung in Haft muss mit dem Vollzugsalltag vereinbar und umsetzbar sein.

Besonderheiten in der medizinischen und psychologischen Betreuung
Die Diskurse der Wissenschaft über die Bedeutung interkultureller Aspekte in der medizinischen und psychologischen Versorgung von Ausländer- und Migrationsgruppen im Justizvollzug müssen auch im Justizvollzug ausreichend berücksichtigt werden. Die in den Vollzugsanstalten etablierten Kriseninterventions-, Diagnose- und Prognoseinstrumente müssen für die Anwendbarkeit auf Ausländer- und Migrationsgruppen in Haft erprobt und gegebenenfalls angeglichen werden. Suchtkranke ausländische Gefangene können sich bislang nur in wenigen Ausnahmen auf die Möglichkeit einer Zurückstellung der Strafvollstreckung zur Suchtbehandlung berufen, da die Frage der Kostenübernahme der Rehabilitationsmaßnahmen kompliziert ist und der Fluchtanreiz aufgrund einer möglichen Ausweisung bewertet werden muss.

3 Resozialisierung und Wiedereingliederung bei ungeklärtem Aufenthaltsstatus

Die Fragen nach Realitätsorientierung und Wirksamkeit in der Umsetzung von Resozialisierungsmaßnahmen hängen wesentlich von der Entscheidung der Behörden ab, die über den ausländerrechtlichen Status bezüglich einem Bleiberecht mit Arbeitserlaubnis, einer Duldung mit Einschränkungen oder von einer Ausweisung beziehungsweise der Einschränkung der Freizügigkeit nach Haftentlassung bei Staatsangehörigen der Europäischen Union zu befinden haben. Somit ist eine uneingeschränkte Kooperation der Ausländerbehörden mit dem Justizvollzug unabdingbar. Frühzeitige Entscheidungen über den ausländerrechtlichen Status ermöglichen eine angemessene und individuelle Entlassungsvorbereitung, orientiert auf den zukünftigen Aufenthaltsort. Sofern ausländische Gefangene nach Haftentlassung aus der Bundesrepublik ausgewiesen werden, ist die Möglichkeit der Kontaktaufnahme zu Angehörigen und gegebenenfalls zum nationalen Hilfesystem im Zielland vom Justizvollzug zu unterstützen. Während des Vollzuges können unterstützende Maßnahmen wie Deutschkurse oder andere Qualifizierungen sowie die Auseinandersetzung über begangene Straftaten die Sozial- und Legalprognose ausländischer Gefangener verbessern. Individuelle Prüfungen von Freigangszulassungen auch bei fehlender Arbeitserlaubnis und die Bereitschaft einer Erprobung der Gefangenen in Vollzugslockerungen sollten nicht von vornherein durch einen ungeklärten Status ausgeschlossen sein. In der Verwaltungsvorschrift zum § 42 StVollzG Bln ist bezüglich der Zulassung ausländischer Gefangener zu Vollzugslockerungen folgendes festgelegt: „Vor Gewährung von Lockerungen für ausländische Gefangene im geschlossenen Vollzug ist durch die Anfrage bei der Ausländerbehörde festzustellen, ob ein Ausweisungsverfahren anhängig ist. Äußert sich die Ausländerbehörde (…) nicht, (…) wird ohne ihre Mitteilung entschieden“[6]. Wie bei allen Gefangenen sind dann vorliegende Erkenntnisse über eine Flucht- und Missbrauchsgefahr und der Nutzen einer Vollzugslockerung zur Erreichung des Vollzugsziels als Entscheidungsgrundlage zu bewerten.

Bei der Berücksichtigung kultureller und religiöser Bedürfnisse ausländischer Gefangener oder Gefangener mit Migrationshintergrund ist die Sensibilisierung der Mitarbeitenden in den Justizvollzugsanstalten von hoher Bedeutung und sollte bereits in deren Ausbildung einen wesentlichen Stellenwert einnehmen. Aufgrund der nach wie vor bestehenden Unterrepräsentanz von Mitarbeitenden mit Migrationshintergrund sollten sich die Justizvollzugsanstalten durch eine Großzügigkeit in der Zulassung freier Träger oder Einzelpersonen zur Pflege kultureller und religiöser Bedürfnisse dieser Gefangenengruppen auszeichnen.

4 Aktuelle Herausforderungen

Zum Zeitpunkt der Erstellung dieses Beitrages wird bundesweit die Diskussion geführt, wie mit Gefangenen umzugehen ist, die der Gruppe des gewaltbereiten extremistischen Islamismus zuzurechnen sind. Auf der Grundlage einer länderübergreifenden Verabredung haben einige Bundesländer spezielle Konzepte zum Umgang mit radikalem Islamismus in den Justizvollzugsanstalten erstellt. Besondere Herausforderungen liegen hier vor allem in den Fragestellungen der Sicherheit, den Bemühungen um eine mögliche Einflussnahme zur Abschwächung oder Abwendung extremistischer Haltungen der Gefangenen und somit die Verhinderung extremistischer Straftaten. Die Sensibilisierung, Aus- und Fortbildung der Mitarbeitenden der Justizvollzugsanstalten zu diesem Themenkomplex und die Einbindung von erfahrenen freien Trägern ist hierbei grundlegend.

---

[6]VV zu § 42 StVollzG Bln.

Die Gefahr der Radikalisierung bisher unauffälliger Gefangener in den Justizvollzugsanstalten und die Gefahr möglicher Verbindungen zu Gefangenen der Organisierten Kriminalität stehen im Fokus der Diskussionen und Maßnahmenplanungen. Da der deutsche Justizvollzug über langjährige Erfahrungen im Umgang mit besonderen Tätergruppen verfügt, kann auf viele vorhandene Ansätze zurückgegriffen werden. Eine wesentliche Entscheidung ist, dass Gefangene, die der Gruppe des gewaltbereiten extremistischen Islamismus zuzurechnen sind, nicht in gesonderten Justizvollzugsanstalten oder Abteilungen untergebracht werden.

Da der Gruppe der sogenannten Gefährder vorrangig junge Männer mit Migrationshintergrund und Ausländer zuzuordnen sind, ist die Diskussion auch unter dem Aspekt der besonderen Vorbereitungen der Haftentlassung zu führen. Die Thematik der Abschiebung wurde durch den aktuell vorliegenden Gesetzesentwurf der Bundesregierung über ein „Gesetzt zur besseren Durchsetzung der Ausreisepflicht“[7] aufgenommen. Ob sich in diesem Rahmen eine Öffnung der Justizvollzugsanstalten für die Umsetzung der Abschiebungshaft unter den besonderen Bedingungen der notwendigen Trennung zwischen Strafhaft und Abschiebehaft ergeben muss, ist abzuwarten. Der berechtigte Sicherheitsanspruch der Öffentlichkeit und die Erwartungen der Politik zur Deradikalisierung und Radikalisierungsprävention müssen durch den Justizvollzug getragen und durch die Entwicklung geeigneter Maßnahmen oder der Anpassung etablierter Ansätze Berücksichtigung finden.

Eine andere aktuelle Herausforderung, gerade für den Jugendvollzug, stellen einzelne Gefangene aus Nordafrika dar. Ähnlich der Bewertungen der inhaftierten russischen Spätaussiedler, die vor einigen Jahren den Justizvollzug mit einer allgemeinen Ablehnung jeglicher staatlicher Instanzen und mit einer Übertragung russisch-subkultureller Traditionen konfrontierte, fallen vermehrt Gefangene aus Nordafrika durch eine Tendenz der allgemeinen Ablehnung, Aggressivität und Respektlosigkeit gegenüber den Mitarbeitenden der Justizvollzugsanstalten auf. Folgender Erklärungsversuch wurde in der Onlineausgabe der Frankfurter Allgemeinen Zeitung veröffentlicht:

> Vor allem in den Jugendgefängnissen erweisen sich Straftäter aus Nordafrika als eine höchst problematische Klientel. Das mag daran liegen, so mutmaßen Vollzugsbedienstete und Sozialarbeiter, dass die meisten von ihnen aus ihrer Heimat einen wesentlichen härteren Vollzug gewohnt seien und den in Deutschland als „lasch“ empfänden.

[7]Deutscher Bundestag, Drucksache 18/11.546 18. Wahlperiode vom 16.03.2017.

> Die jungen Männer träten sehr aggressiv und sexistisch auf und ließen sich durch die üblichen Sanktionen wie Entzug von Fernsehen oder Playstation wenig beeindrucken.[8]

Wäre die Schlussfolgerung, den Strafvollzug wieder restriktiver zu gestalten? Nein. Wenn von der Notwendigkeit einer Berücksichtigung der Interessen ausländischer Gefangener im Vollzugsalltag ausgegangen wird, ist auch die Konfrontation der Gefangenen mit einem liberalen, behandlungsorientierten Strafvollzug ein mögliches Lernfeld dafür, dass der deutsche Strafvollzug die Freiheitsentziehung durchsetzt, aber keine zusätzliche Bestrafung durch seinen Umgang mit den Gefangenen akzeptiert. Die Akzeptanz eines gegenseitigen respektvollen Umgangs ist zu fördern und einzufordern.

5 Kritischer Dialog

In der Auseinandersetzung über die Betreuung und Behandlung ausländischer Gefangener und Gefangener mit Migrationshintergrund sollten diejenigen beteiligt sein, denen die Maßnahmen zugedacht sind. So sollten in den Insassenvertretungen der Justizvollzugsanstalten immer auch diese Gefangenengruppen eingebunden sein, da sie die Situation im Justizvollzug täglich erfahren, kennen und bewerten und sich kritisch mit den Anstaltsleitungen auseinandersetzen können. Auch die Akzeptanz und Förderung der kritischen Bewertung von „außen" durch Beiräte oder andere Interessensvertretungen wird den Justizvollzugsanstalten langfristig die Arbeit mit diesen besonderen Gefangenengruppen erleichtern. In den Berliner Anstaltsbeiräten und dem übergeordneten Berliner Vollzugsbeirat als beratende Gremien für die Gefangenen, die Justizvollzugsanstalten und deren Aufsichtsbehörde, ist die Beteiligung von Vertreterinnen und Vertretern mit Migrationshintergrund anzustreben[9].

Ein positives Beispiel für die Übertragung der kritischen Bewertung von „außen" ist der 1999 gegründete und seit 2010 durch die Berliner Senatsverwaltung für Justiz finanzierte „Runde Tisch für ausländische Gefangene und Gefangene mit Migrationshintergrund". Hier werden alle wichtigen Themenbereiche, die für eine angemessene Berücksichtigung der Interessen ausländischer

[8]http://www.faz.net/aktuell/rhein-main/untersuchungshaft-kriminelle-fluechtlinge-kommen-schneller-in-haft-14.372.690.html, 13.07.2017.

[9]§§ 111, 112 StVollzG Bln.

Inhaftierter relevant sind, in einem interdisziplinär besetzten Gremium mit Vertreterinnen und Vertretern von Berliner Behörden, Justizvollzugsanstalten, Interessensverbänden und Vereinen diskutiert, bestehende Maßnahmen hinterfragt und Lösungsansätze für eine Verbesserung der Situation dieser großen Gefangenengruppe erarbeitet.

Langfristig können geeignete interne und externe Wirksamkeitsstudien oder andere Instrumente der kriminologischen Forschung, die Situation der ausländischen Gefangenen und der Gefangenen mit Migrationshintergrund beleuchten, Impulse zur Ergreifung geeigneter Maßnahmen geben oder bestehende Konzepte bestätigen.

Literatur

Bammann, K. (2002). Die rechtliche Situation ausländischer Inhaftierter im Spannungsfeld von Strafvollzugsrecht und Ausländerrecht. In G. Kawamura-Reindl, R. Keicher, & W. Krell (Hrsg.), *Migration, Kriminalität und Kriminalisierung* (S. 95–116). Freiburg: Lambertus.

Feest, J., Lesting, W., & Lindemann, M. (Hrsg.). (2017). *Strafvollzugsgesetze Kommentar (AK-StVollzG)*. Köln: Heymanns.

Forum Strafvollzug. (2017). Fremde Kulturen in Haft – schaffen wir das? (Ausgabe 2/2017). Wiesbaden: Gesellschaft für Fortbildung der Strafvollzugsbediensteten e.V.

Statistisches Bundesamt. (2013). *Bevölkerung und Erwerbstätigkeit, Bevölkerung mit Migrationshintergrund (Fachserie 1, Reihe 2.2)*. Wiesbaden: Statistisches Bundesamt.

Teil E
Strategische Steuerung

Eine Justizvollzugsanstalt als lernende Organisation

Gerd Koop

1 Einführung

Als 2001 Flügge et al. (2001) das Buch „Das Gefängnis als lernende Organisation" veröffentlichten, stand im Vorwort zu lesen, dass die Autorinnen und Autoren daran mitwirken wollten, den Strafvollzug aus seiner ständigen Defensive herauszubringen. Es ging damals um Wandel, Vollzugsmanagement, Personal- und Organisationsentwicklung, neue Steuerungsmodelle, Delegation und Zukunftsperspektiven. Das Thema Vollzugsmanagement prägte diese Zeit und war in aller Munde. Dazu gehörte die Übertragung von dienstrechtlichen Befugnissen an die Anstalten genauso wie die Budgetierung und die Themen Organisations- und Personalentwicklung. Viele Visionen von damals sind im Strafvollzug angekommen und längst Alltagspraxis. Auch gibt es in den Vollzugseinrichtungen nur noch vereinzelt verstaubte, verkrustete und veraltete Führungsstrukturen. Das liegt zum einem am Generationswechsel der Führungskräfte, zum anderen an veränderten Strukturen im Justizvollzug und in den Justizministerien sowie an der Rechtspolitik, die einen Paradigmenwechsel im Umgang mit dem Justizvollzug vollzogen hat.

Besonders wichtig ist, dass das Reizthema Sicherheit, zumindest in Bezug auf Ausbrüche, mehr und mehr in den Hintergrund rückt. Durch zahlreiche Gefängnisneubauten, durch die Modernisierung vieler alter Anstalten, durch neue Sicherungssysteme, durch mehr Technik, Informations- und Kommunikationstechnik

G. Koop (✉)
Oldenburg, Deutschland
E-Mail: gerd.koop@justiz.niedersachsen.de

B. Maelicke und S. Suhling (Hrsg.), *Das Gefängnis auf dem Prüfstand*,
Edition Forschung und Entwicklung in der Strafrechtspflege,
https://doi.org/10.1007/978-3-658-20147-0_21

sowie durch die Verlegung von gefährlichen Inhaftierten in besonders sichere Anstalten, sind Ausbrüche aus dem geschlossenen Vollzug in Deutschland nur noch die Ausnahme.

Förderlich für die Weiterentwicklung des Strafvollzuges waren ebenfalls die Debatten um die Föderalismusreform und eigene Landesgesetze, die bei aller Kritik zumindest dazu führten, neue Standards, Anforderungen und Herausforderungen an den Strafvollzug zu definieren. Auch fördern die kriminologischen Dienste durch ihre an der Praxis orientierte Forschung die Arbeit in den Justizvollzugseinrichtungen. Schade ist nur, dass die universitäre Forschung als unabhängige Wissenschaft weiterhin in ihrem Elfenbeinturm lebt und sich nur am Rande mit dem Strafvollzug beschäftigt (Koop 2013b). In den Anstalten selbst gibt sich das Vollzugspersonal und deren Organisationen sichtlich Mühe, den gesetzlichen Auftrag zu erfüllen. Man kann mit Fug und Recht sagen, dass sich die Qualität im deutschen Strafvollzug in den letzten 15 Jahren positiv verändert hat.

Auch politisch ist es um den Strafvollzug, abgesehen von einigen medienbedeutsamen Einzelfällen, eher ruhig geworden. Selbst das Reizthema Sicherungsverwahrung ist zurzeit eher unspektakulär. Im gesellschaftlichen Fokus stehen politische Streitthemen wie der Umgang mit Flüchtlingen, die Anschläge von Paris, Berlin und London, Terrorismus und Islamismus, internationale Konflikte, der Brexit in England, der Putsch in der Türkei, die Wahl von Donald Trump zum neuen amerikanischen Präsidenten, Nordkoreas nukleare Aufrüstung und Konflikte zwischen den arabischen Staaten.

Allerdings können einige dieser Themen sehr schnell dazu führen, dass der Strafvollzug wieder zum politischen Spielball wird. Schon jetzt spüren wir durch die aktuelle Verhaftungswelle von islamistischen Terroristen die ersten Auswirkungen. Das Beispiel des Suizides eines in der JVA Leipzig untergebrachten mutmaßlichen Terroristen im Herbst 2016 war vermutlich erst der Anfang. Dieser führte dazu, dass in vielen Anstalten des geschlossenen Vollzuges in Deutschland in Windeseile videoüberwachte Hafträume geschaffen oder ausgebaut wurden und dass neue Sicherheitsmaßnahmen z. B. zur Drohnenabwehr entstehen. Das verursacht nicht nur hohe Kosten, es zieht auch Datenschutzdebatten nach sich, denn nicht in allen Bundesländern ist z. B. die Videoüberwachung von Hafträumen zulässig. Auch geraten Imame und deren Organisationen wie die DITIB in den Fokus der Innen- und Rechtspolitik. Fragen tauchen auf, wie wir im Strafvollzug mit der wachsenden Zahl von Terroristen umgehen sollen. Es besteht zudem die Sorge, dass Gefängnisse zur Rekrutierungsstätte für Terroristen und Fanatikern werden. Es gibt dazu erste Beispiele, z. B. in Frankreich. In den Ministerien beschäftigen sich Arbeitsgruppen mit dem Thema Terrorismus und Islamismus. Überhaupt verändern die ausländischen Gefangenen den Strafvollzug immer mehr. Und nicht zuletzt steigen die Gefangenenzahlen durch den Zuzug der Flüchtlinge an. Es wird eine Frage der Zeit sein, wann wir wieder über die Folgen der Überbelegung streiten.

2 Der Blick in die Vollzugspraxis

Wenn ich den Blick auf die von mir seit 1991 geleitete Justizvollzugsanstalt Oldenburg lenke, bin ich trotz der vielen Herausforderungen und Einschränkungen mit dem bisher hier Erreichten zufrieden. Wir haben in unserer Anstalt viele Behandlungs-, Freizeit- und Sportangebote und können den meisten Inhaftierten anständige Arbeitsplätze sowie schulische und berufliche Förderungen anbieten. Medizinisch werden die Inhaftierten bei uns gut versorgt. Geeignete Gefangene verlegen wir in unsere beiden Abteilungen des offenen Vollzuges mit immerhin 123 Haftplätzen. Dort arbeiten viele als Freigänger außerhalb des Vollzuges. Das Antigewaltkonzept funktioniert; es gibt tatsächlich wenig Gewalt in der Anstalt, kaum Vandalismus, und selbst der Drogenkonsum hält sich in Grenzen. Belegen können wir dies durch die regelmäßig zu diesen Themen erhobenen Kennzahlen, durch die jährlichen Rückmeldungen im Rahmen von Aufsichts- und Zielvereinbarungsverfahren mit dem Niedersächsischen Justizministerium und durch die Ergebnisse der vom Kriminologischen Forschungsinstitut Niedersachsen (KFN) im Jahr 2011 in 48 Justizvollzugsanstalten von fünf Bundesländern durchgeführten Studie zu „Viktimisierungserfahrungen im Justizvollzug", bei der die JVA Oldenburg sogenannter „Testsieger" war (Koop 2013a).

Auch funktioniert das Übergangsmanagement einigermaßen gut. So konnten 2016 96,4 % der Inhaftierten aus dem geschlossenen Vollzug mit gültigen Papieren und Ausweisen entlassen werden. Im offenen Vollzug betrug die Quote sogar 100 %. Die Unterkunftsquote aus dem geschlossenen Vollzug betrug nach der Entlassung zum gleichen Zeitpunkt 91,8 %, im offenen Vollzug ebenfalls 100 %. Immerhin konnten insgesamt 48,2 % aller Inhaftierten mit einem Arbeits-, Ausbildungs- oder Therapieplatz entlassen werden, wobei 53,7 % aus dem offenen Vollzug, aber nur 38,5 % aus dem geschlossenen Vollzug kamen[1].

[1]Die Zahlen stammen aus einem unveröffentlichten Kennzahlenbericht als Vorlage zu den Zielvereinbarungsgesprächen für das Jahr 2017 im Nds. Justizministerium. Alle Kennzahlen beziehen sich auf die Monate Januar bis November 2016.

Es gibt in der Anstalt kaum außerordentliche Vorkommnisse. Unsere Kennzahlen sind seit Jahren bis auf wenige Ausnahmen im grünen Bereich. Wir haben eine gute Presse und auch die Akzeptanz der Anstalt in der Öffentlichkeit ist wegen unserer klaren Ziele und deren Umsetzung gut. Die 2001 in Betrieb genommene Anstalt, die wir selbst planen durften, hat durch die Errichtung zweier baugleicher Anstalten Modellcharakter und befindet sich auch nach 16 Betriebsjahren immer noch in einem hervorragenden Zustand.

3 Offene Fragen und Trost

Und dennoch gibt es viele Fragen, die uns beschäftigen, die uns irritieren und die dazu führen, dass wir bei aller Leidenschaft für unsere Arbeit über einen Punkt einfach nicht hinauskommen. Uns beschäftigt die Frage nach der Wirkung und Nachhaltigkeit unserer Arbeit. Der Anspruch des Strafvollzuges gerät dadurch ins Wanken. Können wir mit unseren Mitteln die Gefangenen wirklich resozialisieren? Es gibt zu viele Faktoren, die rückfallbegünstigend sind und die uns viel Kraft abfordern. Zeit fehlt, die wir gerne anderweitig einsetzen würden. Hierzu ein paar Beispiele:

- Wir nehmen immer mehr Menschen auf, die aus unserer Sicht gar nicht in den Strafvollzug gehören. Das sind Menschen mit bipolaren Störungen, schweren Depressionen, Schizophrene und schwerstgradigen Borderlinestörungen. Viele davon sind nicht als krank erkannt. Sie laufen so mit und sitzen, wenn sie auffallen, in Sicherheitsstationen oder, wenn sie Glück haben, in einer der wenigen psychiatrischen Abteilungen, die der Strafvollzug in Deutschland selbst betreibt. Nachdem wir 2016 mit der ambulanten Behandlung psychisch kranker Häftlinge begonnen haben und seitdem alle Inhaftierten im ärztlichen Aufnahmeverfahren danach beurteilen, ob sie psychisch krank sind, schätzen wir den Anteil der psychisch kranken Gefangenen in unserer Anstalt auf 50 bis 60 %. Aus Mangel an evaluierbaren Daten können wir diese Angaben nur auf die eigene Anstalt beziehen, sind aber nach vielen Gesprächen mit anderen Anstalten der Meinung, dass unsere Annahmen durchaus realistisch für den gesamten Strafvollzug sind.
- Wir quälen uns mit Ersatzfreiheitsstraflern herum, die kaum beeinflussbar, geschweige denn behandelbar sind. So wurden allein vom 01.01.2017 bis zum 23.01.2017 insgesamt 117 Inhaftierte der JVA Oldenburg zugeführt. Der Anteil der Ersatzfreiheitsstrafen betrug in diesem Zeitraum 49 Gefangene, also ca. 41 % aller Zugänge. Viele dieser Gefangenen kommen von der Straße, sind körperlich angeschlagen oder richtig krank als Folge von Suchtmittelmissbrauch

oder gesundheitlich schädlichem Leben auf der Straße. Im geschlossenen Vollzug sind sie häufig völlig übersichert und für den offenen Vollzug meist nicht geeignet. Daher laufen auch sie nur so mit. Es gibt nur wenige Einflussmöglichkeiten. Dagegen machen diese Gefangenen häufig Stress. Sie halten sich nicht an die Anstaltsregeln, sind nicht arbeitswillig und wenig kooperativ. Sie stellen hohe Forderungen, insbesondere an die Versorgung und medizinische Behandlung. Immer wieder müssen wir Ersatzfreiheitsstrafler in externen Krankenhäusern behandeln lassen, sei es durch eine regelmäßige Dialyse oder wegen spezieller Erkrankungen, die nicht im Vollzugskrankenhaus behandelbar sind. Das führt zu hohen Sach- und Personalkosten. Ersatzfreiheitsstrafler sind aus unserer Sicht zudem besonders rückfallgefährdet. Viele von ihnen begleiten wir etliche Jahre in unserem Vollzugsalltag.

- Der zunehmend hohe Ausländeranteil setzt uns Grenzen. Dieser betrug im August 2016 in der JVA Oldenburg ca. 47 % und im Mai 2017 ca. 38 %. Auch wenn der größte Teil der ausländischen Gefangenen noch aus Europa kommt, wächst die Zahl derjenigen aus afrikanischen Staaten und aus dem mittleren Osten stetig an. Insgesamt kommen die zurzeit bei uns einsitzenden ausländischen Gefangenen aus 38 unterschiedlichen Nationen. Wir sind sprachlich überfordert, verstehen kulturelle Zusammenhänge nicht, müssen uns mit verschiedensten Vorstellungen von Religion, Einstellungen und Fantasien auseinandersetzen und haben aufgrund von unklaren Zukunftsperspektiven kaum Möglichkeiten zu einer wirksamen Entlassungsvorbereitung und Integration. Es ist schwer, mithilfe eines Dolmetschers ein Traumata, eine Psychose oder eine sonstige psychische Störung zu identifizieren. Viele kommen mit physischen Erkrankungen zu uns. Insbesondere bestimmte behandlungsintensive Infektionskrankheiten fordern uns manchmal bis an die Grenze der Belastbarkeit.
- Wir geben ungeheuer viel Geld aus, um die Anstalt in einem vernünftigen Zustand zu erhalten und müssen uns mit immer neuen Herausforderungen an Gebäude, Arbeitsschutz und Sicherheit beschäftigen. Kommen neue Politiker, haben diese berechtigt neue Ziele und Wünsche, die meist ohne zusätzliche Mittel und Personal in kurzer Zeit bewältigt werden müssen. Dies führt zu einer ständig hohen Belastung des Personals, welches durch die vielen unterschiedlichen Erwartungen immer häufiger an seine Leistungsgrenzen kommt – mit der Folge hoher Krankenstände und vorzeitigen Versetzungen in den Ruhestand wegen Dienstunfähigkeit. Hinzu kommt der wachsende Fachkräftemangel. War es noch vor wenigen Jahren attraktiv, einen Arbeitsplatz im öffentlichen Dienst zu erhalten, ändert sich dies aufgrund der guten Konjunktur. Elternzeiten oder Teilzeitbeschäftigungen können wir mit befristeten Zeitangestellten kaum noch kompensieren. Einen Personalpool, um diese Situation aufzufangen, gibt es nicht.

Jörg-Martin Jehle (2016) spendet in seiner Untersuchung „Resozialisierung und Rückfälligkeit nach Strafvollzug" etwas Trost. Trotz hoher Rückfallquoten schneidet der Vollzug besser ab, als man ihm das in der Öffentlichkeit zutraut. Zwar ist die Rückfallrate der Strafentlassenen mit rund 54 % nach drei Jahren (und mit 68 % nach sechs Jahren) beträchtlich, jedoch kehrt nur etwa jeder Dritte infolge einer erneuten Verurteilung zu unbedingter Freiheitsstrafe in den Strafvollzug zurück. Das wichtigste Hemmnis für die Erreichung des Vollzugszieles ist nach Jehle die Tatsache, dass der Vollzug sich seine Gefangenen nicht aussuchen kann und dass von ihm vor allem erwartet wird, dass er für die interne Sicherheit und den externen Schutz der Allgemeinheit sorgt. In der Praxis führe das dazu, dass trotz günstiger Verhältnisse, was Lockerungsversagen angeht, die Zahlen für Lockerungen seit vielen Jahren weithin zurückgehen (Jehle 2016).

In der JVA Oldenburg verschließe ich die Augen vor den kritischen Bewertungen durch die Politik, die Wissenschaft, die Kriminologie und mancher Autoren, die dem Strafvollzug seine Wirkung absprechen und unser System als zu kostenträchtig und ineffizient ansehen, nicht. Ich sehe allerdings keine echte Alternative zur gegenwärtigen Situation. Ich befürchte sogar, dass die aktuellen politischen Ereignisse unser Selbstverständnis, auch in der JVA Oldenburg, auf eine harte Bewährungsprobe stellen werden. Ob der Strafvollzug dann noch etwas mit Resozialisierung und Integration zu tun hat, bleibt abzuwarten.

Im Moment sind wir noch von unserem Anstaltskonzept überzeugt, das uns hilft, mit eigenen Visionen, Leitsätzen und Zielen zumindest während der Haft die Inhaftierten auf ihrem Weg in ein straffreies Leben zu begleiten. Leider werden uns Grenzen gesetzt, weil wir zu wenig wissen, was nach der Entlassung geschieht. Wir erhalten bis auf einige neuere Studien kaum Rückmeldungen darüber, ob unser Beitrag im Strafvollzug sinnvoll für die Resozialisierung war. Eines wissen wir aber: Durch unser Vollzugskonzept schaffen wir es, die Gewalt während der Haft deutlich zu reduzieren und vielen Inhaftierten neue Lernfelder zu erschließen. Wir sind froh darüber, dass durch unser Konzept die JVA zu einer Übungswerkstatt für ein Leben nach der Haft geworden ist und dass die große Mehrheit der Inhaftierten unser konsequentes und liberales Vollzugskonzept mitträgt oder sich daran hält. Deshalb beschäftigt sich dieser Beitrag auch mit den Herausforderungen und Anforderungen, die die Vollzugspraxis täglich erfüllen muss, um die Inhaftierten auf dem Weg zu begleiten, irgendwann wieder unsere Nachbarn sein zu können.

Es geht um Entwicklungsprozesse einer Anstalt auf dem Weg hin zu einer lernenden Organisation und um den Umgang mit Inhaftierten im Rahmen eines konsequenten und liberalen Strafvollzuges.

4 Eine Justizvollzugsanstalt im Wandel, am Beispiel der JVA Oldenburg[2]

Nach der Übernahme der Leitung der JVA Oldenburg im Jahr 1991 stellte sich mir die Frage, welche Rahmenbedingungen für diese Anstalt nötig sind, um eine von Vertrauen, Respekt, Selbstdisziplin, Gewalt reduzierende und Selbstverantwortung fördernde Vollzugsatmosphäre zu schaffen.

Die Ausgangslage hierfür war kompliziert. Die damalige Hauptanstalt aus dem Jahre 1856 mit 90 Haftplätzen und einer tatsächlichen Belegung von 130 überwiegend Untersuchungsgefangenen befand sich in einem erschreckenden baulichen Zustand. Nicht minder sahen die beiden aus der Jahrhundertwende stammenden Abteilungen des offenen Vollzuges in den Nachbarstädten Nordenham und Delmenhorst mit zusammen 80 Haftplätzen aus.

Das Vollzugspersonal war trotz 6000 angesammelter Überstunden und der zum Teil menschenunwürdigen Arbeits- und Unterbringungsbedingungen immer noch motiviert und freundlich. Ich entschied mich nach der Übernahme der Anstaltsleitung für eine mehrtägige Klausurtagung in einem Tagungshotel, um mit 15 Bediensteten aus allen Laufbahngruppen über Leitlinien und neue Rahmenbedingungen zu sprechen. Das Ergebnis war ernüchternd. Wir fanden keine gemeinsamen, tragfähigen Lösungen.

Zu frustriert waren die Bediensteten von den jahrzehntelangen fehlgeschlagenen Planungen für einen Anstaltsneubau. Dieser war bitter nötig, denn die Zustände in der alten Anstalt mit seinen 6–8 m^2 großen Hafträumen, Salpeterbefall, Kriechstrom in den Duschen, Hafträume, die zu Büros umfunktioniert worden waren, einer jahrzehntealten Elektrik und einer Überbelegung, die dazu zwang, zeitweise bis zu sechs Gefangene in einem Haftraum ohne WC-Abtrennung unterbringen zu müssen, waren wirklich unerträglich.

Als Ergebnis der Klausurtagung blieb einzig das Thema Hygiene übrig. Wir wollten zumindest die üblen Gerüche in der Anstalt beseitigen, die viel zu kleinen Räume freundlich gestalten und in einer sauberen Atmosphäre arbeiten.

Mit großen Anstrengungen wurde die alte JVA renoviert. Begünstigt wurde dies durch Sondermittel, die wir zur Aufrechterhaltung des Dienstbetriebes hierfür im Justizministerium einwerben konnten. Da diese Mittel dennoch nicht ausreichten und die Belegung während der 18-monatigen Sanierung nicht reduziert werden durfte, mussten alle mit anfassen. Bedienstete des allgemeinen Vollzugsdienstes zogen ihre Dienstkleidung aus und Blaumänner an. Fach- und Verwaltungsdienste

[2]Der Praxisbeitrag ist eine Überarbeitung des Aufsatzes von Koop (2016).

übernahmen Versorgungs- und Sicherungsmaßnahmen, und auch die Gefangenen halfen mit. Am Ende des Prozesses hatten wir trotz aller Strapazen alle Überstunden abgebaut und die alte JVA in einen passablen Zustand gebracht. Wir waren stolz auf die eigene Leistung und freuten uns über die saubere Anstalt und über die halbwegs menschenwürdige Unterbringung der Gefangenen.

4.1 Haftbedingungen als Rahmenbedingungen

Schon wenige Wochen nach Abschluss der Renovierungsarbeiten kam die Ernüchterung. Unsere Bemühungen für halbwegs erträgliche Unterbringungsstandards schienen zum Scheitern verurteilt zu sein. Anders konnten wir uns nicht erklären, weshalb die Inhaftierten nach erfolgter Renovierung ihre Hafträume wieder verdreckten, den Müll aus den Fenstern warfen, wenig kooperativ, dafür aber umso aggressiver und zunehmend gewaltbereiter wurden. Wir reagierten zunächst mit Sanktionen und Härte. Anfangs funktionierte das, aber schon nach ein paar Monaten halfen keine Disziplinarverfahren mehr, um die Situation zu verändern.

Wir erfuhren bitter, dass es nicht ausreicht, einfach nur ein Gebäude zu renovieren, sondern dass es notwendig ist, die bisherigen Strukturen und Abläufe in der Anstalt grundsätzlich zu überprüfen und neu zu definieren. Um herauszubekommen, was die Gefangenen wirklich bewegt, entschieden wir uns zu einem ungewöhnlichen Schritt. Wir luden alle 130 Gefangenen zu einer Hausversammlung in die Kapelle ein. Wir fragten danach, ob sie sich nicht darüber freuen würden, dass es jetzt in der Anstalt besser aussieht. Immerhin wurden alle Hafträume, die Flure und Gemeinschaftseinrichtungen modernisiert, und es gab neue Duschen. Sogar der Sportplatz konnte saniert werden. Zudem war es jetzt sauber in der Anstalt. Einhellig bekamen wir zur Antwort, dass sich außer neuen Toiletten, Waschbecken und frischer Farbe an den Wänden für sie nichts wirklich verändert habe. Warum solle man sich also anstrengen? Auf unsere Frage, was sie sich denn an Veränderungen wünschen würden, gab es viele Antworten, die wir auf einem Flipchart auflisteten: Unter anderem waren dies ganztägig offene Haftraumtüren, mehr Besuch (30 min im Monat waren erlaubt), Freizeitküchen, Waschmaschinen, Kicker, Billardtische, Kabelfernsehen, keine Begrenzung der Duschzeiten, technische Geräte in den Hafträumen, mehr Freizeit- und Sportmaßnahmen usw. Insgesamt enthielt die Liste mehr als 30 Wünsche. Nach dem Gespräch verlief die anschließende Vollzugskonferenz nach dem Motto: „Reiche jemandem einen kleinen Finger, dann wird dir die ganze Hand abgerissen."

Ich empfahl in dieser Situation, dass wir uns die Liste doch einmal unter einer neuen Fragestellung ansehen könnten: „Was haben wir als Personal davon, wenn die Gefangenen die gewünschten Hafterleichterungen erhalten?“ Alle Themen der Liste wurden unter dieser Fragestellung bearbeitet. Hierzu ein paar Beispiele:

Das erste Thema waren **Waschmaschinen** für die neu eingerichteten Hauswirtschaftsräume. Schnell wurde klar, dass viele Bedienstete davon einen Vorteil haben würden. Es entfielen dadurch die selbst gebauten Tauchsieder zum Wäschewaschen und Sicherheitskontrollen für Wäschepakete. Zudem würde es in den Hafträumen besser riechen, denn der morgendliche Aufschluss wurde als Zumutung für das Personal bezeichnet. Als wir uns für die Waschmaschinen entschieden, legten wir konsequenterweise noch Wäschetrockner, Bügelbretter und Bügeleisen drauf, weil wir merkten, dass nur ein Gesamtpaket sinnvoll ist.

Kabelfernsehen und die Ausstattung der Hafträume der Aufnahme- und Transportabteilung mit einem Radio und Fernseher genehmigten wir, weil wir uns erhofften, abends mehr Ruhe auf den Stationen zu haben, und weil dadurch auch die nicht Deutsch sprechenden Gefangenen durch Sender in türkischer, holländischer, englischer und französischer Sprache fernsehen konnten.

Für den **ganztägigen Aufschluss** (6.30–20.00 Uhr) entschieden wir uns, weil uns viele Gefangene glaubhaft berichteten und wir dies durch Hausalarme fast täglich erfuhren, dass die offenen Türen die Gewalt- und Aggressionsbereitschaft in den ausnahmslos überbelegten Hafträumen reduzieren könnten und das Duschen jederzeit möglich sei. Sicherheitsprobleme wurden nicht befürchtet, weil die Stationen voneinander abgetrennt waren.

Durch die offenen Türen konnte auch das Thema der Stationsküchen anders bewertet werden. Wenn es keinen Aufschluss gibt, werden Freizeitküchen nicht benötigt. Wenn man aber gerade in der U-Haft Zeit hat, kann man solche Küchen gut nutzen. Also bekam auch dieses Thema plötzlich Akzeptanz.

Unter der bereits vorgestellten Fragestellung, was wir als Personal von den Hafterleichterungen haben, genehmigten wir am Ende auch zu meiner Überraschung mehr als 90 % der Gefangenenwünsche.

Bei der Frage, unter welchen Voraussetzungen wir die Vergünstigungen und Hafterleichterungen gewähren, schieden sich die Geister. Es entbrannte eine heftige Diskussion über den richtigen Weg. Dabei gab es zwei Lager. Ein Teil der Bediensteten meinte, die Gefangenen müssten sich die Vergünstigungen verdienen, andere äußerten, dann bliebe alles beim Alten.

Ich entschied am Ende der Diskussion, dass wir allen Gefangenen, und zwar unabhängig von der Straftat, der Straflänge und dem Strafvorwurf, sämtliche Vergünstigungen von Haftbeginn an gewähren. Voraussetzung dafür sollte lediglich eine schriftliche Vereinbarung sein, dass unser „Servicesystem“, so nannten wir dies, akzeptiert und die dafür von uns aufgestellten Regeln eingehalten werden. Es gab vier Regeln:

1. Die Anstalt muss immer sauber sein.
2. Jeder Suchtmittelkonsum führt zum sofortigen Verlust des „Service“, also der Vergünstigungen.
3. Jede Form von Gewalt führt zu sofortiger Sanktion und zum Verlust des „Service“.
4. Es gibt eine Kostenbeteiligung (z. B. bei Kabelfernsehen, Billard, Kicker, Waschen, Trocknen).

4.2 Das Servicesystem in der Vollzugspraxis

Die Inhaftierten waren größtenteils begeistert von den neuen Rahmenbedingungen zur Vollzugsgestaltung. Sie waren daran gewöhnt, sich jede Hafterleichterung durch Anpassung und Wohlverhalten zu verdienen. Die meisten erhielten daher auch nur wenige Vergünstigungen. Mit einem Mal gab es diese Frage nicht mehr. Wir gewährten nach ein bis zwei Tagen der Haft allen pauschal alle Vergünstigungen, die wir hatten. Ich war überrascht, wie problemlos das Personal dies umsetzte. Scheinbar war das die ersehnte Lösung für neue Ziele. Es entstanden selbst durch die ganztägig geöffneten Haftraumtüren keine Ängste bei den Bediensteten. Im Gegenteil. Durch die ständige Kommunikation, durch unsere klaren Regeln, die wir übrigens bedingungs- und diskussionslos gegenüber den Gefangenen durchsetzten, und durch das wachsende Vertrauen in das Personal wurde das Arbeiten viel entspannter.

Von Beginn an beteiligten sich über 90 % der Inhaftierten an unserem neuen System. Diejenigen, die sich nicht an die Regeln hielten, erfuhren manchmal bitter, was es bedeutet, wenn man alles hat und es dann wieder verliert. Nur eine kleine Gruppe von Gefangenen bezeichnete unsere Anstalt als „Kindergarten“ und „Psychoknast“. Das waren diejenigen, die früher von der Versagung unserer Vergünstigungen lebten, also Hausarbeiter, Betrüger, Gewalttäter, Drogendealer, die andere Gefangene unter Druck setzen konnten für Tabak, illegale Geschäfte, Kaffee, sexuelle Handlungen und Rauschmittel. Einige dieser Gefangenen stellten Verlegungsanträge in andere Anstalten, die wir gerne unterstützten.

Das „Servicesystem“, auch wenn wir es heute nicht mehr so nennen, funktioniert immer noch wie am ersten Tag seit nunmehr über 25 Jahren. Wir haben das System in der alten JVA Oldenburg entwickelt, es auf den offenen Vollzug übertragen und es geschafft, diese Errungenschaft ab 2001 in die neue von uns selbst geplante JVA mit 325 Haftplätzen für Untersuchungs- und Strafgefangene der höchsten Sicherheitsstufe als Rahmenbedingung zu integrieren.

Der bescheidene Weg von 1991, für bessere Rahmenbedingungen, mehr Sauberkeit und eine entspannte Atmosphäre in einer Anstalt zu sorgen, hat die JVA Oldenburg bis heute positiv und nachhaltig verändert. Wir haben Zusammenhänge entdeckt, die wir früher nicht für möglich gehalten hätten. Hierzu einige Beispiele:

4.3 Vertrauen

Die wichtigste Erkenntnis ist die, dass man Gefangenen sehr wohl vertrauen kann und dass unser System der Hafterleichterungen von Haftbeginn an der größte Vorteil für das Personal und für die Gefangenen ist. Nach über 25 Jahren beteiligen sich in der gesamten Anstalt immer noch 95 % der Gefangenen an diesem System.

Nach wie vor ist das Thema Gefährlichkeit, Tat oder Tatvorwurf kein Kriterium, Hafterleichterungen zu versagen. Alle Gefangenen (bis auf die der Sicherheitsstation) erhalten das Gleiche, wenn sie sich an unsere Regeln halten, die wir nach wie vor bedingungslos einfordern.

4.4 Information und Kommunikation

Wichtig für unser System war die Schaffung von vielen Kommunikationsmöglichkeiten. Durch die offenen Haftraumtüren können die Gefangenen während der langen Aufschlusszeiten mit dem Personal ihrer Station sprechen und untereinander kommunizieren. Anliegen werden dadurch schneller registriert und bearbeitet. Es entsteht eine entspannte Atmosphäre.

Wir führen einmal monatlich ein Gespräch mit der „Interessenvertretung der Gefangenen“ (IdG). Daran nehmen verpflichtend der Anstaltsleiter, die stellvertretenden Anstaltsleiter, der Fachbereichsleiter Sicherheit und ein Koordinator aus dem allgemeinen Vollzugsdienst teil. In diesen Gesprächen geht es um Änderungswünsche der Gefangenen, aber auch um Konflikte, Krisen und Kommunikation. Die Anstaltsleitung erfährt ohne Umwege stets von den die Gefangenen beherrschenden Themen. Die Ergebnisse werden in den Vollzugskonferenzen erörtert und protokolliert. Die Protokolle sind öffentlich. Die Interessenvertretung der Gefangenen erhält zeitnah eine Rückmeldung über den Bearbeitungsstand ihrer Anregungen und Themen.

Das anstaltseigene Fernsehstudio „Gitternet-TV", es handelt sich um einen Funktionsbetrieb mit drei Gefangenenarbeitsplätzen, gewährleistet umfangreiche Informationen an die Gefangenen. Das Studio ist modern mit aller Schneidetechnik ausgestattet. Über die Kabelfernsehanlage gibt es einen zugewiesenen Sendeplatz. So erreichen wir alle Gefangenen, die einen Fernseher haben oder in den Gemeinschaftsräumen „Gitternet-TV" anwählen. Gesendet wird rund um die Uhr. Natürlich wiederholen sich Sendungen. Täglich wird ein 90-minütiger Hausfilm mit Informationen über die Anstalt und über die Abteilungen des offenen Vollzuges gezeigt. Viele Bedienstete, insbesondere die Vollzugsabteilungsleitungen und Fachdienste, stellen sich in dieser Sendung vor und berichten von ihrer Arbeit. Gezeigt werden aber auch Dokumentationen. Diese reichen von der Essenszubereitung in der Küche bis zum Wäschetausch. Es gibt Videoclips zum Thema Sauberkeit und Gewalt („Null Toleranz") und Filme zum Mitmachen im Bereich des Sports im Haftraum. Übertragen werden aber auch besondere Gottesdienste, Berichte vom Filmfest, Sportveranstaltungen, das Verfahren zur Besuchsabwicklung und andere Aktivitäten in der Anstalt. Zudem zeigen wir regelmäßig Filme von Drogentherapieeinrichtungen und informieren über unsere Kooperationspartner wie dem Ambulanten Justizsozialdienst (ehemals Bewährungshilfe) und die Anlaufstellen für Straffälligenhilfe. Am Beginn des Hausfilmes steht eine Rede des Anstaltsleiters, die immer wieder aktualisiert wird und in der das Prinzip der Anstalt erklärt und die Wünsche an die Gefangenen klar definiert werden. Auch nehmen die Redakteure häufiger die Gespräche zwischen der Anstaltsleitung und der Interessenvertretung der Gefangenen auf und dürfen diese senden. An den Wochenenden werden Kinofilme gezeigt, die wir extern ausleihen. Es kommt vor, dass diese wie bei den Privatsendern plötzlich durch einen Werbespot zum Thema Gewalt oder Sauberkeit unterbrochen werden.

4.5 Sauberkeit

Das Thema Sauberkeit ist nach wie vor das zentrale Thema. Unser Ansatz hat dazu geführt, dass sich nach wie vor die gesamte Anstalt mit ihren Außenabteilungen in einem hervorragenden sauberen Zustand befindet.

Wir erfahren inzwischen täglich, wie sehr sich die allermeisten Gefangenen bemühen, ihre Hafträume freundlich und wohnlich zu gestalten. Sie gehen pfleglich mit dem Mobiliar um und achten auf ihre Körperpflege. Das Thema Sauberkeit ist ein wichtiges Thema in der Kommunikation zwischen den Gefangenen und den Bediensteten. Durch die vielen Vorbilder unter den Gefangenen werden andere, die sich zuvor nicht für das Thema interessierten, mitgezogen, selbst dann, wenn sie kein Deutsch verstehen. Man kann sagen, hier spielt die positive Selbsterziehung eine große Rolle.

Dass wir im Übrigen sofort auf jede Abweichung vom Sauberkeitsprinzip reagieren, weiß jeder Gefangene in der Anstalt. Die meisten arrangieren sich mit dieser Situation. Für uns ist positiv, dass durch das Sauberkeitsprinzip der Vandalismus auf ein Minimum zurückgegangen ist. Es gibt so gut wie keine verschmierten und verdreckten Hafträume oder Graffitis. Auf die Mülltrennung auf den Stationen verzichten wir allerdings, da sie nie richtig funktioniert hat. Täglich wird die 240-L-Mülltonne einer jeden Station geleert und im Müllentsorgungszentrum getrennt. Lebensmittel auf den Fensterbänken gibt es genauso wenig wie das Herauswerfen von Müll aus den Fenstern. Die Gefangenen wissen, dass wir sofort die gut eingerichteten Freizeitküchen schließen, wenn diese nicht sauber sind. Genauso verfahren wir mit den bei den Gefangenen beliebten Gefriertruhen, die auf jeder Station unverschlossen stehen und für alle zugänglich sind.

Wir haben die Verantwortlichkeiten für jede Station klar geregelt. Täglich wechselt die Verantwortung für die Gemeinschaftsbereiche von Haftraum zu Haftraum. Um den Gefangenen das Saubermachen zu erleichtern, ist für jede der 15 Stationen mit ca. 20 Gefangenen ein eigener professioneller Reinigungswagen mit Reinigungsgeräten und ausreichenden Reinigungsmitteln angeschafft worden. Damit können sie ihre Hafträume putzen. Täglich werden die ausreichend vorhandenen Feudel (Floorshine auf Klapphalter) im Hauswirtschaftsraum gesammelt und der Wäscherei zur Reinigung zugeführt. So ist die Hygiene gewährleistet.

Probleme gibt es regelmäßig durch Manipulationen an den Münzautomaten für die Waschmaschinen oder bei den Haftraumgardinen, mit denen nicht immer im gewünschten Maße pfleglich umgegangen wird. Wir entwickeln gerade ein wirkungsvolleres System.

Wir sind davon überzeugt, dass durch das Thema Sauberkeit die Gewalt in der Anstalt deutlich zurückgegangen ist. Wir vermuten sogar einen unmittelbaren Zusammenhang zwischen dem Thema Sauberkeit und der Aggressionsbereitschaft der Gefangenen. Bestätigt fühlen wir uns hierbei durch immer wiederkehrende Äußerungen der Gefangenen, die die Sauberkeit ausdrücklich loben. Aber auch das Kriminologische Forschungsinstitut Niedersachsen hat uns bei seiner Untersuchung zur Gewalt im Strafvollzug 2011 bestätigt, dass bei der Befragung der Gefangenen, an der seinerzeit über 90 % der Insassen unserer Anstalt teilgenommen haben, das Thema Sauberkeit eine wichtige Rolle spielte (Bieneck und Pfeiffer 2012).

4.6 Offene Haftraumtüren und Stationskommunikation

In der JVA Oldenburg gibt es seit 25 Jahren offene Haftraumtüren. Dies gilt für Untersuchungs- und Strafgefangene gleichermaßen, mit Ausnahme der Sicherheitsstation, werktags von 6.00 bis 12.45 und von 14.15 bis 20.00 Uhr. An den Wochenenden sind die Hafträume von 8.00 bis 18.00 Uhr geöffnet. Der Mittagseinschluss ist notwendig, weil in dieser Zeit unsere Konferenzen stattfinden und Zählungen durchgeführt werden.

Der Vorteil der offenen Haftraumtüren innerhalb der Stationen besteht darin, dass hierdurch viele Kommunikationsmöglichkeiten zwischen den Gefangenen geschaffen werden. Die aus unserer Sicht negativen Folgen des Einschlusses (Isolation, Einsamkeit, Fluchtpläne schmieden, Suizid, Gewalt, Aggressionen) werden reduziert. Der Kontakt zum Personal wird hingegen intensiviert. Die Gefangenen können zudem duschen, wann sie wollen, die Freizeiträume mit Billard, Kicker und TV nutzen, wie sie möchten. Sie können, abgesehen von den Untersuchungsgefangenen, eigenverantwortlich telefonieren, ihre Wäsche waschen, kochen oder mit anderen spielen und sich gegenseitig besuchen.

Negative Folgen durch die offenen Haftraumtüren beobachten wir in der JVA Oldenburg wenige, da sich jeder Gefangene in seinem Haftraum einschließen kann und es durch die videoüberwachten Flure gute Kontrollmöglichkeiten gibt. Zudem sind alle Gemeinschaftsräume und die Küche von außen komplett verglast und somit einsehbar. Verglast sind auch die Stationsbüros, die bei Anwesenheit der Bediensteten in der Regel geöffnet sind. Wir arbeiten nach dem Prinzip „sehen und gesehen werden". Es gibt zudem das Prinzip, dass die Bediensteten zu den Gefangenen gehen, um Post und Anträge zu verteilen und um Gespräche zu führen. Allerdings finden im Regelfall keine Gespräche in den Hafträumen statt. Dafür gibt es auf jeder Station einen verglasten Besprechungsraum mit einer Sicherheitstür als zweiten Fluchtweg zum Stationsbüro. Es gilt die Anweisung, dass alle Gespräche vom gesamten Personal, bis auf den allgemeinen Justizvollzugsdienst, nur in diesen Räumen geführt werden dürfen, es sei denn, man spricht auf einem Flur. Gefangenengespräche in den Büros der Bediensteten sind jedenfalls nicht gestattet. Die Büros sind Rückzugsräume des Personals. Begünstigt wird die Kommunikationsstruktur auf den Stationen durch die umfangreiche Videoüberwachung aller Flure mit Gefangenenbewegungen und durch das Personensicherungsgerät (PSA), welches die Bediensteten pflichtgemäß tragen müssen.

4.7 Gewaltprävention

Das Thema Gewaltprävention spielt in der JVA Oldenburg eine große Rolle. Wir sind froh darüber, dass die Gewalt in der Anstalt trotz der hohen Fluktuation über die Jahre deutlich zurückgegangen ist. Beispielsweise gab es seit 2015 bis jetzt (Stand: 01.06.2017) nur zwei Hausalarme. 2014 gab es nicht einen Einzigen. Bis 2007 waren es maximal 5 pro Jahr. Davor gab es mehrere, weil die Quote der Fehlalarme größer war. Siebenmal hat 2015 ein Gefangener in seinem Haftraum randaliert, wobei sich die Aggressionen zweimal gegen das Mobiliar richteten und fünfmal gegen die Haftraumtür getreten wurde. Meistens handelte es sich um psychisch kranke Gefangene.

4.8 Null Toleranz

Zur Gewaltprävention gehört auch das Thema „Null Toleranz“. Um diesem Anspruch der Anstalt nachhaltig gerecht zu werden, gibt es ein Projekt mit dem Namen „Null Toleranz“. Eine interdisziplinäre Projektgruppe entwickelte ein Programm, das unsere Haltung zum Thema Gewalt deutlich macht. Entworfen wurde zudem ein Plakat mit einem Text zur Gewaltprävention in 10 Sprachen, ferner ein Leporello in 15 Sprachen. Die Plakate hängen auf jeder Station und in allen Teilen der Anstalt. Zudem wird jeder Gefangene im Zugangsgespräch auf das Thema „Null Toleranz“ hingewiesen und belehrt. Er erhält ein Infoblatt und den Leporello ausgehändigt und unterschreibt, dass wir ihn über das Thema informiert haben. Das eigene, von Inhaftierten betreute Fernsehstudio „Gitternet-TV“ sendet täglich Antigewaltvideoclips. Obwohl das Projekt erst seit Mitte 2015 läuft, haben sich bereits zahlreiche Gefangene, insbesondere Neuzugänge, an uns mit ihren Sorgen und Ängsten gewandt. Findet die Gewalt in der eigenen Anstalt statt, greifen wir sofort durch. Bei behaupteten Verstößen in anderen Anstalten informieren wir deren Anstaltsleitung (mehr zum Projekt bei Koop et al. 2016).

4.9 Freizeit- und Sportangebote

Ein wichtiger Baustein zur Gewaltprävention ist das Freizeit- und Sportangebot der Anstalt. In den gesteuerten Freizeitmaßnahmen geht es hauptsächlich um gemeinsame Aktionen und Spiele. Es gibt ein Malatelier, eine Töpferei, Mal- und Musikgruppen, einen Chor, Kirchengruppen und eine Anstaltsband.

Im Bereich des Sports kann jeder Gefangene bei geschickter Planung an bis zu neun Sporteinheiten von je einer Stunde pro Woche teilnehmen. Die Hauptsportarten sind Fußball, Volleyball, Basketball, Unihockey, Badminton, Tischtennis, Spinning, Body Pump, Yoga und Ausdauersport. Kraftsport ist in der Anstalt generell verboten. Eine besondere Attraktion ist der jährliche Marathonlauf. Darauf bereiten sich viele Gefangene über Monate vor und es nehmen hieran auch Gefangene anderer Anstalten und zahlreiche laufinteressierte Gäste teil. An den Sportmaßnahmen beteiligen sich im Schnitt 50–60 % der Gefangenen.

Das umfangreiche Sportangebot führt ohne Zweifel zu einer Aggressions- und Gewaltminderung. Beim Sport gibt es strenge Verhaltensregeln und einen Verhaltenskodex. Die Sportverantwortlichen legen viel Wert auf Disziplin, Selbst- und Fremdverantwortung. Das Thema „Team" spielt hier eine besonders große Rolle. Deshalb werden Gruppensportarten besonders intensiv angeboten. Auch beim Sport gelten die strengen Regeln der Anstalt. Missbrauch oder aggressives Verhalten führen zu sofortigem Ausschluss vom Sport.

4.10 Selbstdisziplin und Selbsterziehung

Die veränderten Rahmenbedingungen führen aus unserer Sicht zu mehr Selbstverantwortung und Selbstdisziplin und fördern die Selbsterziehung unter den Gefangenen. Es ist nämlich gar nicht so einfach, mit den vielen Vergünstigungen umzugehen. Die Gefangenen müssen sich ständig entscheiden, ob sie diese Art des Vollzuges, und damit unsere Regeln akzeptieren oder ob sie sich der Subkultur anschließen, die es natürlich auch in der JVA Oldenburg gibt. Wir sind froh darüber, dass unser System seit so vielen Jahren Bestand hat.

Da wir uns nicht mehr mit den vollzuglichen Kleinigkeiten wie der Gewährung von Vollzugsvergünstigungen beschäftigen müssen, kommen wir schneller zu den eigentlichen Themen. Und das ist die Straftat. Das sind die Opfer. Das ist die Zukunft des Einzelnen. Das ist die Zeit nach der Entlassung. Und bei diesen Themen hört der Service auf. Die Gefangenen müssen beweisen und nachhaltig deutlich machen, dass es ihnen ernst ist mit der eigenen Veränderung. Dies geschieht wie in jeder anderen Anstalt auch durch die Vollzugsplanung, durch Behandlung, Therapie, Vollzugslockerungen und durch die Entlassungsvorbereitung. Wir haben die Erfahrung gemacht, dass die Rahmenbedingungen, wie wir sie in unserer Anstalt geschaffen haben, den Einstieg in die Vollzugsplanung erleichtert. Wir müssen uns nicht so sehr an Themen wie dem der abgelehnten Anträge abarbeiten, die ablenken vom Auftrag des Strafvollzuges, den Gefangenen zu befähigen, als unser Nachbar zu leben.

4.11 Sicherheit

Wir wissen natürlich, dass ganztägig geöffnete Haftraumtüren und die Gewährung der vielen Vergünstigungen auch ein Sicherheitsrisiko darstellen können. Deshalb hat das Thema Sicherheit bei uns hohe Priorität. Besonders hilfreich ist die umfangreiche Videoüberwachung der Anstalt. Es gibt über 230 Kameras. Alle Flure mit Gefangenenbewegungen werden überwacht wie die Betriebe, Gruppenräume, die Kapelle, die gleichzeitig Multifunktionsraum ist, die Sporthalle, alle Stationen, Freistundenhöfe, der Besuchsbereich und natürlich der gesamte Außenbereich. Zudem ist ein Betreten und Verlassen des Hauptgebäudes, in dem praktisch der gesamte Vollzug stattfindet, nur über videoüberwachte Schleusen möglich. Alle Außentüren können nur von der Sicherheitszentrale geöffnet werden. Niemand hat einen Schlüssel dafür. Das Personal bewertet die Videoüberwachung positiv. Niemand möchte auf eine Kamera verzichten. Dagegen ist der Wunsch nach der Ausdehnung der Videoüberwachung groß.

Die umfangreichen Sicherheits- und Überwachungsinstrumente, die nur ausschnitthaft aufgeführt sind, führen bei den Gefangenen zu mehr Respekt und Vorsicht. Wir können nicht garantieren, dass keine Gewalt hinter unserem Rücken oder im Haftraum stattfindet. Doch wirken die umfänglichen Überwachungssysteme und die offenen Türen eher präventiv. Uns sind im Laufe der Jahre nur wenige Fälle bekannt, in denen es zu Gewalt wegen der offenen Haftraumtüren kam. Wir haben einige Schlägereien dokumentiert, die aber in der Regel sofort auffielen, weil zu viele Bewegungen auf den Fluren stattfanden, die Beamten die Taten beobachteten und sofort eingegriffen und der Vorgang als Beweismittel gefilmt wurde.

4.12 Personal- und Organisationsentwicklung

Entscheidendes Kriterium für die niedrige Gewalt in der JVA Oldenburg ist ihr hoch motiviertes und engagiertes Personal. Ziel der anstaltsinternen Personal- und Organisationsentwicklung ist ein hoher Beteiligungsgrad an Entscheidungen, Offenheit, Transparenz der Prozesse und Mitgestaltungsmöglichkeiten.

Gesteuert wird die Anstalt seit 15 Jahren durch einen Führungskreis, in dem neben der Anstaltsleitung alle Abteilungs- und Fachbereichsleitungen des höheren, gehobenen und mittleren Dienstes sowie die Aufsichtsdienstleitung mitarbeiten. Der Führungskreis trifft sich monatlich zu einer dreistündigen Besprechung, in der im Wesentlichen alle Strategie-, Steuerungs-, Finanz- und Personalthemen erörtert werden. So geht es um die Umsetzung der Anstaltskonzeption, um Zielvereinbarungen mit dem Justizministerium, Aufsicht und Controlling, Haushalt, Bau und Bauunterhaltung, Kennzahlen, künftige Herausforderungen und Projekte, um den Personaleinsatz, um Beförderungsplanungen, Beurteilungen und natürlich um Konflikte. Dieser Kreis mit eigener Geschäftsordnung ist das wichtigste Beratungsgremium der Anstaltsleitung.

Zur Führungsstrategie der Anstalt gehört auch das Offenheitsprinzip. Alle Protokolle, öffentliche Kalender, Urlaubspläne, Dienstpläne, Erlasse, Verfügungen und wichtigen Informationen (bis auf die Protokolle des Führungskreises) sind im für alle Bediensteten zugänglichen Intranet hinterlegt. Alle Bediensteten haben Zugang zu allen Informationen, bis auf die Personaldaten. Das Prinzip besteht darin, dass die Bediensteten selbst entscheiden müssen, was sie interessiert und was sie lesen wollen.

Die Anstaltsleitung, Fachdienste, Fachbereichs- und Abteilungsleitungen arbeiten unter Coaching bzw. Einzel- und Gruppensupervision. Die einzelnen Teams können einmal jährlich für zwei Tage unter externer Moderation ihre speziellen Themen in einer Bildungseinrichtung oder in einem Tagungshotel bearbeiten. Zudem kann jedes Team selbstverantwortlich Auszeiten durch Teamtage nehmen. Manche Teams ziehen sich für einen Tag in eine Tagungsstätte zurück. Andere machen eine Kanutour, treffen sich außerhalb der Anstalt zum Grillen, um Themen zu besprechen, die im Vollzugsalltag zu kurz kommen. Mir liegt an einem hohen Maß an Selbstverantwortung der Teams. Schließlich werden in diesen Bereichen alle vollzuglichen Entscheidungen vorbereitet oder getroffen.

Im Ergebnis führen unsere Personal- und Organisationsentwicklungsmaßnahmen zu hoher Motivation und Freundlichkeit im Umgang miteinander und mit den Gefangenen. Uns ist der gegenseitige Respekt und besonnene Umgang mit den Gefangenen extrem wichtig. Unzivilisierte Umgangsformen und unnötiges Machtverhalten hat das Personal nicht nötig und findet in der Regel nicht statt. Das merken natürlich die Gefangenen, die uns deswegen oftmals hohen Respekt zollen und uns Wertschätzung entgegenbringen.

4.13 Arbeit und Ausbildung

Für ca. 75 % aller Gefangenen der JVA Oldenburg kann Arbeit angeboten werden. Während im offenen Vollzug bei den ca. 130 Gefangenen im Freigang und in eigenen Betrieben Vollbeschäftigung herrscht, liegt die Quote im geschlossenen Vollzug bei ca. 68 %.

Die Gefangenen der Hauptanstalt gehen einer Arbeit in den Unternehmerbetrieben, der Küche oder Kammer (allesamt isozertifiziert), der Polsterei, der Malerei, als Gebäudereiniger, Funktioner oder Hausarbeiter oder in den beiden Eigenbetrieben der Schlosserei und Tischlerei nach. Erstaunlich ist, dass ca. 50–60 % der Untersuchungsgefangenen arbeiten, obwohl sie nicht dazu verpflichtet sind.

Es besteht im Bildungsbereich die Möglichkeit zur Teilnahme an einem Haupt- und Realschulkurs, am Fernstudium, an Deutschkursen, Computertrainings, modularen Trainingskursen in der Gebäudereinigung, Malerei, Küche, Tischlerei und Schlosserei und am Projekt PaRiA (Projekt zur arbeitsmarktorientierten Resozialisierung und Integrationsbegleitung in Arbeit), welches vom Europäischen Sozialfond gefördert wird.

4.14 Besuch, Telefon und Einkauf

Zu einer entspannten Anstaltsatmosphäre zählt der Gefangenenbesuch. Zu unseren Prinzipien gehört, diesen umfangreich zu gewähren. Alle Gefangenen können fünf Stunden Besuch im Monat erhalten, zuzüglich Sonderbesuche aus bestimmten Anlässen. Regelmäßig gibt es einen Familienbesuch für Eltern mit ihren Kindern, der von externen Erzieherinnen begleitet wird.

Überdies gibt es fünf Videoräume, in denen die Gefangenen mit ihren Angehörigen bzw. Kontaktpersonen weltweit über die normale Besuchszeit hinaus für 30 min pro Woche skypen können. 2017 wird der Skypebesuch nach neuen Verträgen mit dem Telefonanbieter erheblich ausgeweitet. Skypen ist jetzt schon zu einer beliebten Kommunikationsform für Gefangene, insbesondere aus dem Ausland, geworden. Aktuell gibt es zahlreiche Anfragen von Rechtsanwälten, die den Skypebesuch als zusätzliches Kommunikationsmodell mit ihren Mandanten nutzen möchten. Wir bereiten hierfür gerade ein Verfahren vor.

Alle Besuche finden in freundlich gestalteten Gruppen- und Einzelbesuchsräumen statt. Zum größten Teil gibt es optisch überwachten Gruppenbesuch. Auch gibt es die Möglichkeit des unbewachten Langzeitbesuchs in zwei Appartements, und zwar für Untersuchungs- und Strafgefangene. Dieser wird, wenn die Genehmigung hierfür erteilt wurde, zweimal monatlich für je vier bis fünf Stunden gewährt. Maximal kann damit ein Gefangener bis zu 17 h Besuch im Monat erhalten.

Für Rechtsanwälte, für die Polizei, Gerichte und andere staatliche Stellen ist eine Telefonhotline eingerichtet, die von vielen genutzt wird. Kurz vor einem Besuch wird dieser im Besuchszentrum telefonisch angemeldet. Der Gefangene wird danach zeitnah zugeführt. Ohne große Wartezeiten kann der Besuch dann durchgeführt werden. Das erspart Anwälten viel Zeit.

Telefonieren können die Gefangenen in den hierfür eingerichteten Telefonräumen jeder Station. Die meisten Gespräche werden nicht überwacht. Untersuchungsgefangene dürfen genauso wie Strafgefangene telefonieren, wenn hierfür die richterliche Erlaubnis vorliegt. Im November 2017 werden alle Hafträume der Anstalt mit Telefonen ausgestattet sein. Nach dem Einschluss können dann alle hierfür berechtigten Gefangenen zeitlich unbegrenzt mit Rufnummern telefonieren, für die sie eine Freigabe erhalten haben. Während der Aufschlusszeiten kann nur von den Telefonräumen aus telefoniert werden.

Einkauf gibt es durch einen Zentralanbieter alle zwei Wochen. Jeder Gefangene hat ein eigenes Kühlschrankfach in der Stationsküche. Viele Gefangene nutzen zudem die Möglichkeit, Gefriergut einzukaufen. Das ist möglich, weil auf jeder Station eine unverschlossene Gefriertruhe steht, die benutzt werden kann. Die gut ausgestatteten und ganztägig geöffneten Stationsküchen bieten viel Platz und Möglichkeiten zum Kochen und Backen.

5 Zusammenfassung

Ziel dieses Beitrags war es deutlich zu machen, wie sehr die Rahmenbedingungen in einer Justizvollzugsanstalt, klare Führungs- und Kommunikationsstrukturen und ein definiertes Menschenbild den Umgang mit den Gefangenen und dem Personal beeinflussen können. Wir haben uns in der JVA Oldenburg vor fast 26 Jahren für einen risikovollen Weg entschieden. Ich bin froh, dass wir ihn gegangen sind. Wir konnten die JVA Oldenburg zu einer lernenden Organisation entwickeln, die das Potenzial hat, „Nachbarschaftsproduzent" zu sein. Ob uns das nachhaltig gelingt, können wir letztlich nicht beurteilen.

Mir selbst haben die letzten 26 Jahre gezeigt, dass, wenn ich als Anstaltsleiter nachhaltig etwas verändern möchte, ich dafür einen langen Atem und Zeit brauche. Deshalb halte ich nichts davon, die Anstaltsleitungen nach einer gewissen Zeit auszutauschen. Um wirkungsvoll arbeiten zu können, müssen viele Kontakte in alle Richtungen aufgebaut und gepflegt werden. Die öffentliche Akzeptanz einer Anstalt in einer Stadt wächst nicht von allein. Die Rolle einer Anstaltsleitung in einer Kommune ist nicht zu unterschätzen. Auch das Vertrauen des Personals gibt es nur, wenn man klar führt, verlässlich, empathisch und durchsetzungsfähig ist und einiges aushalten kann. Ohne sich infrage zu stellen, ohne Selbstkritik und ohne externe Beratung wie Coaching oder Supervision bleibt man möglicherweise auf der Strecke oder schaut selbstverliebt zurück.

Ich glaube als Anstaltsleiter an die Kraft der Sätze. Vor 26 Jahren entwickelten wir unseren wichtigsten Leitsatz: „Wir sind konsequent und liberal". Dieser gilt bis heute und wurde weiterentwickelt durch den Satz: „Und morgen sind sie wieder unsere Nachbarn". Der Satz „Die Anstalt ist immer sauber" ist in allen Köpfen des Personals einer ganzen Generation verankert. Schließlich führt das auf einem 1,60 m × 50 cm großen Schild vor der Anstalt aufgedruckte Zitat von Gustav Radbruch „Es gibt kein besseres Mittel, das Gute in den Menschen zu wecken, als sie so zu behandeln, als wären sie schon gut", zu einer Demonstration unserer Haltung und unseres Menschenbildes.

Ich habe diese Anstalt nur begleiten und entwickeln können, weil ich über die Jahre mit der unglaublichen Unterstützung des Anstaltspersonals für Kontinuität, Verlässlichkeit und Innovation sorgen konnte und weil ich von der Aufsichtsbehörde und von der Politik die notwendige Rückendeckung erhielt. Vielleicht ist es nur ein Zufall, dass wir in der JVA Oldenburg bis jetzt von besonderer Gewalt und spektakulären Ereignissen weitestgehend verschont blieben und wir hier eine gute und wertschätzende Atmosphäre haben, die ich im Übrigen auch von vielen anderen Anstalten kenne. Ich kenne kein Patentrezept gegen Gewalt im Strafvollzug. Unser Weg mit dem Hauptaugenmerk auf Sauberkeit, verbesserte Rahmenbedingungen und Hafterleichterungen von Anfang an ist deshalb nur auf unsere Anstalt bezogen bewertbar. Wir wissen leider nicht, ob unser System eine nachhaltige Wirkung und einen Einfluss auf die Resozialisierung der Gefangenen hat, sind aber davon überzeugt, dass unser Konzept einen wichtigen Anker im Sinne eines Gesamtsystems zur Integration von Inhaftierten in unsere Gesellschaft darstellt.

Literatur

Bieneck, S., & Pfeiffer, C. (2012). *Viktimisierungserfahrungen im Justizvollzug*. Hannover: Kriminologisches Forschungsinstitut Niedersachsen.

Flügge, C., Maelicke, B., & Preusker, H. (Hrsg.). (2001). *Das Gefängnis als lernende Organisation*. Baden-Baden: Nomos.

Jehle, J.-M. (2016). Resozialisierung und Rückfälligkeit nach Strafvollzug. In G. Koop & B. Kappenberg (Hrsg.), *Weichen gestellt für den Justizvollzug?* (S. 70–89). Wiesbaden: Gesellschaft für Fortbildung der Strafvollzugsbediensteten e. V.

Koop, G. (2013a). Erfolgreiche Gewaltprävention in der JVA Oldenburg. *Forum Strafvollzug, 62,* 95–102.

Koop, G. (2013b). Fragen an die Kriminologie …aus der Sicht des Strafvollzuges. *Monatsschrift für Kriminologie und Strafrechtsreform, 96,* 202–206.

Koop, G. (2016). Alte Züge und neue Weichen. In G. Koop & B. Kappenberg (Hrsg.), *Weichen gestellt für den Justizvollzug?* (S. 177–191). Wiesbaden: Gesellschaft für Fortbildung der Strafvollzugsbediensteten e. V.

Koop, G., Kitchenham, D., & Haßelkuß, D. (2016). Null Toleranz – Wir geben Gewalt keine Chance. *Forum Strafvollzug, 65,* 311–315.

Strategische Personalentwicklung im Justizvollzug

Monica Steinhilper und Thomas Papies

1 Einführung

„Aktuell ist VW nicht zukunftsfähig"

„Das Tempo im Silicon Valley ist legendär, die Verkrustung in Wolfsburg auch. Wie will VW mit diesem Rennen mithalten?
Wir müssen agiler und schneller werden. Ich halte Volkswagen in der Tat für reformbedürftig, aber auch für reformfähig. Wir haben in den vergangenen Monaten schon viel bewegt. Die Organisation ist flexibler geworden, viele Manager haben mehr Freiheit bekommen und übernehmen gerne mehr Verantwortung.

Lief in den vergangenen Jahren wirklich jede Kleinigkeit über die Konzernspitze?
Ich bin ja noch nicht lange dabei, aber Volkswagen ist sicher sehr hierarchisch geprägt. Viele Kollegen haben anfangs darauf gewartet, dass ich

M. Steinhilper (✉)
Wennigsen, Deutschland

T. Papies
Celle, Deutschland
E-Mail: thomas.papies@justiz.niedersachsen.de

B. Maelicke und S. Suhling (Hrsg.), *Das Gefängnis auf dem Prüfstand,*
Edition Forschung und Entwicklung in der Strafrechtspflege,
https://doi.org/10.1007/978-3-658-20147-0_22

alle Entscheidungen treffe. Das ändert sich langsam. Ich will als VW-Chef nicht jede Entscheidung selbst treffen. ....

Wie viele Arbeitsplätze werden dabei auf der Strecke bleiben?
Zunächst einmal: Es wird bei Volkswagen keine betriebsbedingten Kündigungen geben. Sicher wird die Mitarbeiterzahl 2020 niedriger sein als heute. Die demografische Kurve hilft uns da....Wir werden Mitarbeiter auch gezielt umschulen und sie damit fit zu machen für neue, zukunftsfähige Aufgaben."

aus einem Interview mit VW-Markenchef Herbert Diess, HAZ vom 07.11.2016, S. 3.

Unabhängig von der durch „Dieselgate" ausgelösten Glaubwürdigkeitskrise des Konzerns, zeigt diese Äußerung des Vorstandsmitglieds sehr deutlich welche weitreichenden Veränderungen der Personal- und Organisationsentwicklung für Unternehmen zukünftig notwendig sind:

Mehr Gestaltungsfreiheit, mehr Verantwortung, mehr Entscheidungsbefugnisse im mittleren Management, schneller und flexibler werden, für Werte und Kultur stehen, den Mitarbeitern auch im Wandel Sicherheit geben, sie fit machen für zukunftsfähige Aufgaben – das sind einige der Herausforderungen, die notwendig sind, um Unternehmen erfolgreich reformieren zu können. Ergo: Unternehmensstrategie und Personalentwicklung (PE) gehören zusammen!

Es sind die Ziele des Unternehmens, die bestimmen, welche Qualifikationen bei den Mitarbeitern vorhanden sein müssen, damit die Aufgaben erfüllt werden können. Anforderungen und Kompetenzen müssen systematisch erfasst, mit dem Status quo abgeglichen und mit geeigneten Weiterbildungsmaßnahmen gezielt gefördert werden. Dabei darf sich Personalentwicklung nicht auf eine lose Aneinanderreihung einzelner Seminare beschränken und primär auf den Wünschen der Mitarbeiter basieren. PE-Maßnahmen müssen gezielt geplant und in ein Gesamtkonzept eingebunden sein.

Strategische Personalentwicklung leitet sich also aus den Zielen der Organisation ab. Sie beschränkt sich nicht auf die Förderung des Einzelnen, sondern verbessert auch die Zusammenarbeit in Abteilungen, Projektgruppen und Teams und trägt so zur Entwicklung unternehmensbezogener Haltungen, Werte und Kulturen bei. Schließlich versteht sich strategische Personalentwicklung nicht nur als Aufgabe des oberen Managements, sondern als Aufgabe aller Führungskräfte. Werden möglichst viele Leitungsebenen einbezogen, fördert dies die Transparenz von

Zielen und Strategien und hilft, Personalentwicklung mit den Anforderungen an einzelne Organisationseinheiten in Einklang zu bringen.

Diese allgemeinen Thesen lassen sich uneingeschränkt auf das Unternehmen „Justizvollzug“ übertragen. Die Autoren haben während ihrer jahrzehntelangen gemeinsamen Tätigkeit im Personalwesen des niedersächsischen Justizvollzugs gute Erfahrungen mit Managementinstrumenten der Wirtschaft gemacht und diese erfolgreich im Justizvollzug implementiert (u. a. das Zielsystem der Balanced Scorecard, Budgetierung, Kosten- und Leistungsrechnung, Projektmanagement, Assessment-Center-Auswahlverfahren, Personalentwicklungskonzepte). Sie haben auch die Erfahrung gemacht, dass Personalentwicklung ohne Organisationsentwicklung ins Leere läuft und dass bei Veränderungsprozessen stets das große Ganze mit seinen systemischen Zusammenhängen gesehen werden muss. In diesem Sinne stellt auch Maelicke seinen weiteren Überlegungen Merkmale voran, die Organisationen insgesamt erfolgreich machen und die in der Privatwirtschaft, in Non-Profit-Organisationen und im Justizvollzug gleichermaßen anwendbar sind. Sie reichen vom unternehmerischen Denken und Handeln der Führungskräfte über die Fähigkeit der Mitarbeiter zur Selbstorganisation bis hin zu einer Unternehmenskultur, die Interdisziplinarität und lebenslanges Lernen als Werte verinnerlicht hat (Maelicke, in diesem Band).

Vor diesem Hintergrund wollen wir strategische Personalentwicklung im Justizvollzug betrachten und Empfehlungen geben, die nach unserer Erfahrung geeignet sind, nachhaltig Motivation, Leistungsbereitschaft und Zufriedenheit der Mitarbeiterinnen und Mitarbeiter zu fördern und die dazu beitragen, dass der Justizvollzug seinen gesellschaftlichen Auftrag der Resozialisierung und Sicherheit mit guten Ergebnissen erfüllen kann.

2 Ausgangslage: Personalsituation im Justizvollzug

Zwei Entscheidungen des Bundesverfassungsgerichts haben die Personalsituation im Justizvollzug in den letzten zehn Jahren nachhaltig beeinflusst: das Urteil zum Jugendstrafvollzug vom 31.05.2006 und das Urteil zur Sicherungsverwahrung vom 04.05.2011. Beide sind richtungsweisend für den Justizvollzug insgesamt. Von besonderer Bedeutung sind folgende Leit- bzw. Orientierungssätze aus den genannten Entscheidungen:

> So hat er (der Staat) durch gesetzliche Festlegung hinreichend konkretisierter Vorgaben Sorge dafür zu tragen, dass für allgemein als erfolgsnotwendig anerkannte Vollzugsbedingungen und Maßnahmen die erforderliche Ausstattung mit den personellen und finanziellen Mitteln kontinuierlich gesichert ist (BVerfGE 116, 69 (89)).

> Eine umfassende und wissenschaftlichen Ansprüchen genügende Behandlungsuntersuchung muss spätestens zu Beginn er Sicherungsverwahrung sattfinden und in einen Vollzugsplan münden. Insbesondere im therapeutischen Bereich müssen alle Möglichkeiten ausgeschöpft werden, ggf. durch ein individuell zugeschnittenes Therapieangebot (BVerfGE 109, 133 (166)).

Nach zwei Jahrzehnten überwiegend restriktiver Vollzugspolitik, verbunden mit Einsparauflagen, Budgetkürzungen und überwiegend an Sicherheit orientierten konzeptionellen Richtlinien, läuteten diese höchstrichterlichen Entscheidungen eine Wende ein. In den Folgejahren verzeichneten alle Länder wieder eine vorrangig an Behandlung und Resozialisierung ausgerichteten Vollzug und einen Zuwachs an Fachdiensten, insbesondere an Psychologen und Sozialarbeitern.

Dabei hat sich der Personalstand der hauptamtlich im Justizvollzug Beschäftigten seit 2006 nur unwesentlich und – auf den ersten Blick – negativ verändert: Über alle Laufbahnen und Funktionen stand 2006 bundesweit eine Personalkapazität von 36.823 Arbeitskraftanteilen (AKA)[1] zur Verfügung, 2015 waren es „nur" noch 35.818 AKA, d. h. 2,8 % weniger. Allerdings ist im gleichen Zeitraum die durchschnittliche Gefangenenbelegung von 79.146 auf 65.710 und damit um 16,9 %. gesunken. Je 100 Gefangene standen damit 54,5 AKA im Jahr 2015 im Vergleich zu 46,5 AKA im Jahr 2006 zur Verfügung.

In den letzten zehn Jahren hat sich zudem die Personalstruktur im Justizvollzug verändert: Es gibt mehr Fachdienste (Ärzte, Psychologen, Seelsorger, Sozialpädagogen) und weniger Bedienstete im allgemeinen Justizvollzugsdienst. So stieg die Anzahl der Psychologen bundesweit von 565 AKA im Jahr 2006 auf 718 AKA im Jahr 2015 und damit um mehr als 26 %. Ein vergleichbarer Trend ist auch bei den Angehörigen des Sozialdienstes festzustellen (von 1159 AKA im Jahr 2006 auf 1382 AKA im Jahr 2015; dies entspricht 19,2 %). Im allgemeinen Justizvollzugsdienst, mit ca. 75 % der größten Berufsgruppe im Justizvollzug, hat sich demgegenüber die Personalkapazität reduziert, und zwar von 27.578 AKA (2006) auf 26.525 AKA (2015), also um 3,8 %.

Heute ist der Justizvollzug in den meisten Bundesländern insgesamt personell gut aufgestellt. Allerdings zeichnen sich Entwicklungen auf dem allgemeinen Arbeitsmarkt ab, die es zunehmend schwerer machen, bedarfsgerecht und aufgabenbezogen hauptamtliches Personal zu gewinnen. Dies betrifft in besonderem Maße die Einstellung von Ärzten und Psychologen, vor allem im ländlichen Raum.

---

[1]Quelle für diese und die folgenden Personal- und Belegungsdaten: Berichte des BMJ im Rahmen der Erstellung der jährlichen Gefängnisstatistik der Mitgliedstaaten des Europarats (SPACE).

Auch finden sich in diesen Disziplinen kaum mehr männliche Bewerber. Schon jetzt macht sich der Mangel an männlichen Therapeuten in den Sozialtherapeutischen Einrichtungen bemerkbar. Immer häufiger verlassen psychologische Fachkräfte nach der Approbation den Justizvollzug, weil außerhalb lukrative Angebote warten. Jahrzehntelang war der Justizvollzug eine auf allen Ebenen männliche Domäne. Heute ist absehbar, dass es auf der gehobenen und höheren Leitungsebene zunehmend schwerer werden wird, langfristig für ein ausgewogenes Geschlechterverhältnis zu sorgen.

Nicht planmäßig angestelltes bzw. externes Personal gewinnt an Bedeutung. Am 01.09.2015 wurden bundesweit 1850 AKA durch externe Kräfte ausgefüllt. Sie sind überwiegend dem pädagogischen Dienst (482), dem Sozialdienst (321), der Seelsorge (220) und dem Werkdienst (218) zugehörig. Im pädagogischen Dienst sind damit deutlich mehr externe als hauptamtliche Mitarbeiter tätig. Eine ähnliche Entwicklung zeichnet sich im ärztlichen Dienst ab: 221 hauptamtlichen Ärzten stehen 153 Vertragsärzte gegenüber. Damit sind mehr als 40 % der Ärzte nicht hauptamtlich im Justizvollzug tätig. Da Personalentwicklung bei Externen nur eingeschränkt greift, sind attraktive Rahmenbedingungen wichtig, um Motivation, Leistungsbereitschaft und Zufriedenheit zu fördern und aufrechtzuerhalten.

Zusammenfassend geht es heute nicht so sehr um *mehr* Personal, sondern vielmehr um die Frage: Wie kann *geeignetes* Personal gewonnen und gehalten werden? Wie bleibt der Justizvollzug auch langfristig attraktiv für qualifizierte Bewerber und wie gelingt es, gutes Personal an den Justizvollzug zu binden?

3 Personalentwicklungskonzepte

Personalentwicklung im Justizvollzug ist für den Dienstherrn ein „Muss". So ist Personalentwicklung im niedersächsischen Dienstrecht für Beamtinnen und Beamte verpflichtend festgeschrieben:

> Der Dienstherr hat für die Fortbildung der Beamtinnen und Beamten zu sorgen sowie deren Eignung, Befähigung und fachliche Leistungsfähigkeit auf konzeptioneller Grundlage durch geeignete Personalentwicklungs- und Personalführungsmaßnahmen zu fördern (§ 22 Satz 3 Nieders. Beamtengesetz).

Nachdem das Niedersächsische Innenministerium bereits Ende der neunziger Jahre ein Rahmenkonzept für Personalentwicklung in der Landesverwaltung vorgestellt hatte, entwickelte das Justizministerium dieses in enger Zusammenarbeit mit den Justizvollzugsanstalten weiter und passte es den Belangen des Justizvollzugs an.

Mittlerweile verfügt jede Anstalt in Niedersachsen über ein eigenes PE-Konzept, das auf einheitlichen Standards basiert. Es enthält für die Bediensteten, für die die dienstrechtlichen Befugnisse übertragen sind, Förder- und Entwicklungsmaßnahmen. Im Übrigen hat das Ministerium ein PE-Konzept für Juristen, Psychologen, Ärzte und Anstaltsleiter erarbeitet, das ebenfalls den Standards folgt und kontinuierlich fortgeschrieben wird.

Der individuellen Personalentwicklung im niedersächsischen Justizvollzug sind folgende Ziele vorangestellt: Die Mitarbeiterinnen und Mitarbeiter

- sind motiviert, qualifiziert und zufrieden,
- identifizieren sich mit den Organisationszielen der Justizvollzugseinrichtungen,
- sind optimal eingesetzt (Talentförderung) und
- erfüllen ihre Aufgaben effizient und effektiv.

Alle PE-Maßnahmen orientieren sich an Anforderungsprofilen für die einzelnen Berufsgruppen. Sie sind an den Zielen und Veränderungsprozessen der jeweiligen Anstalt ausgerichtet. Personalentwicklung wird verstanden als Aufgabe aller Führungskräfte und Personalverantwortlichen und ist eng verzahnt mit Organisationsentwicklung. Alle PE Konzepte im niedersächsischen Justizvollzug sind in fünf Handlungsfelder gegliedert:

- Personalgewinnung
- Personaleinführung
- Personalpflege
- Personalförderung
- Personalabschied.

Bei der Umsetzung der PE-Konzepte steht den Anstalten das Bildungsinstitut des niedersächsischen Justizvollzuges insbesondere mit den Fachbereichen Führungsakademie sowie Gesundheit und Beratung zur Verfügung.

Personalentwicklung ist mithin ein langdauernder Prozess, der von der Bedarfsanalyse über Personalauswahlverfahren, strukturierte Einführung, Weiterqualifizierung und Talentförderung bis hin zur altersgerechten Ausgestaltung von Arbeitsplätzen führt. Schließlich gehört auch eine Erfolgskontrolle dazu mit der Bereitschaft zu einem kontinuierlichen Verbesserungsprozess (Steinhilper 2001).

PE-Konzepte sind – wie oben schon dargelegt – nach unserer Auffassung nur dann erfolgreich, wenn sie in den Strukturen einer erfolgreichen Organisation umgesetzt werden. Wie aber greifen PE- und OE-Maßnahmen ineinander und wie können sie sich gegenseitig positiv beeinflussen?

4 PE und Entrepreneurship

Die meisten Anstaltsleitungen sehen sich heute als Führungskräfte, die nicht nur verwalten, sondern gestalten, die Entwicklungen erkennen, Lösungen für Probleme suchen und dafür die Verantwortung übernehmen. Die Zeiten, in denen Unternehmertum im Öffentlichen Dienst ein Fremdwort war und an betriebswirtschaftlichen Zusammenhängen interessierte Anstaltsleiter als Angehörige einer „Dollarfraktion" verunglimpft wurden, sind vorbei. Wie viele andere Landesjustizverwaltungen auch, achtet der Justizvollzug in Niedersachsen bereits bei der Personalauswahl im Rahmen von Assessment-Center-Verfahren darauf, dass die Bewerber um Führungspositionen grundlegende Fähigkeiten für Entrepreneurship mitbringen. Trainiert und weiterentwickelt werden unternehmerisches Denken, Planen und Handeln in einem einjährigen Führungskräfteseminar („Mit Sicherheit führen"), an dem regelmäßig auch Vollzugsbedienstete anderer Bundesländer teilnehmen (Übersicht über Ziele, Inhalte und Struktur s. Abschnitt Advanced Leadership). Entrepreneurship darf in einer erfolgreichen Organisation nicht auf das Top-Management, d. h. auf die Anstaltsleiter bzw. deren Vertreter, beschränkt bleiben. Im besten Fall zeichnen sich alle an Veränderungsprozessen Beteiligte durch zielorientiertes Handeln aus, für das sie auch die Verantwortung übernehmen. Um entsprechende Haltungen und Fähigkeiten bei Mitarbeitern zu fördern, sind Qualifizierungen in Aus- und Weiterbildung, z. B. im Projektmanagement, hilfreich. Alle Fortbildungsprogramme der Länder halten daher mittlerweile entsprechende Angebote vor. Ob die so Qualifizierten aber tatsächlich Entrepreneurship leben können, hängt entscheidend von den organisatorischen Rahmenbedingungen ab. In welchem Umfang hat die Anstalt Budgetverantwortung? Inwieweit kann eigenverantwortlich über die Finanzierung innovativer Konzepte entschieden werden? Muss beispielsweise für den Umbau von Werkbetrieben zur Steigerung der Gefangenenbeschäftigung die Zustimmung der Aufsichtsbehörde eingeholt werden? Darf die Anstaltsleitung das Personal selbst einstellen und über Beförderungen entscheiden? Haben Abteilungs- bzw. Fachbereichsleitungen in Personalangelegenheiten ein Mitspracherecht?

Unternehmerisches Denken, Handeln und Planen im Justizvollzug kann Wirkung nur dann entfalten, wenn sich auch die Aufsichtsbehörden einem Funktions- und Bedeutungswandel (Flügge 2001) unterziehen und den Justizvollzugsanstalten weitreichende Befugnisse übertragen sowie deren weitgehende wirtschaftliche Eigenverantwortung zulassen. Das wiederum setzt voraus, dass auch die Akteure in den Ministerien Entrepreneurship verinnerlicht haben. Sie müssen in der Lage sein, das Gesamtsystem Justizvollzug an gemeinsamen Zielen und Ergebnissen auszurichten und Fehlentwicklungen durch Verallgemeinerung und Dramatisierung seltener Ereignisse (symbolische Vollzugspolitik) zu verhindern. Anstatt sich auf Weisungen und Berichtspflichten zu konzentrieren, sollten Ergebnis- und Finanzziele vereinbart und in einem Controlling überwacht werden (Steinhilper 2013). Reformen insoweit sind in den Bundesländern unterschiedlich weit gediehen. Die meisten Landesjustizverwaltungen haben die titelscharfe Zuweisung von Haushaltsmitteln beibehalten und den Anstalten damit keine echte Selbstständigkeit und Budgetierung ermöglicht.

Um Unternehmertum im Justizvollzug zu fördern, empfehlen wir folgende Maßnahmen:

- Budgetierung der einzelnen Justizvollzugsanstalten (Unterbudgets) und Vereinbarung der Höhe des Jahresbudgets vor dem Hintergrund der übergeordneten und der anstaltsspezifischen Ziele
- Weitreichende Übertragung dienstrechtlicher Befugnisse auf die Anstaltsleitungen (in Niedersachsen obliegen den Anstaltsleitungen die dienstrechtlichen Befugnisse für 85 % ihres Personals)
- Überwachung der Finanz- und Richtungsziele in einem Controlling. Dabei dürfen die Ziele nicht kleinteilig sein und müssen den Anstalten in hohem Maße Gestaltungsspielraum geben
- Gezielte und intensive Vorbereitung künftiger Führungskräfte auf Führungsaufgaben. Sie müssen sich im Kosten- und Leistungsdenken üben und lernen, sich auch für die Wirtschaftlichkeit ihrer Organisation verantwortlich zu sehen
- Schulung von Führungskräften im Projektmanagement. Mit diesem Instrument wird die Steuerung von Veränderungsprozessen, Kreativität und Risikoabschätzung geübt. Einen hohen Lerneffekt haben konkrete (Übungs-)Projekte, die nach der Struktur des Projektmanagements aufgebaut sind und möglichst viele Bedienstete einbeziehen. Sind sie zudem anstaltsübergreifend angelegt, helfen sie, dauerhaft Netzwerkstrukturen aufzubauen
- Hospitationen in Unternehmen der Privatwirtschaft und Partnerschaften zwischen Wirtschaft und Verwaltung (In Niedersachsen existiert seit rund zwanzig Jahren ein vom Land organisierter Austausch, der Vertretern der Aufsichtsbehörde ein 14tägiges Volontariat in Wirtschaftsunternehmen ermöglicht. Regionale Partnerschaften haben im Einzelfall auch Hospitationen auf Anstaltsebene ermöglicht.)

5 PE und Corporate Identity

Maelicke (in diesem Band) sieht in der der Betonung spezifischer Merkmale der Justizvollzugseinrichtungen eine unverzichtbare Basis für nachhaltige und wirkungsorientierte Innovationen, und damit letztlich auch für eine strategische Personalentwicklung der Mitarbeiterinnen und Mitarbeiter. Die Entwicklung von Leitbildern kann dabei ein Baustein für die partizipatorische Einbindung der Bediensteten in die Identitätsfindung der Gesamtorganisation sein.

In Niedersachsen hat u. a. die JVA Lingen diesen Ansatz genutzt und in einem intensiven, gemeinsamen Prozess aller Mitarbeiterinnen und Mitarbeiter ein Leitbild entwickelt, das an vielen Plätzen in der Anstalt optisch präsentiert, immer wieder diskutiert und bei Bedarf fortgeschrieben wird. Die Anstalt hat sich bei diesem Prozess von der Fachhochschule Osnabrück begleiten lassen.

Justizvollzugseinrichtungen sind soziale Systeme par excellence. Insbesondere traditionsreiche, bereits Jahrhunderte bestehende Anstalten haben in ihrer „Firmengeschichte“ zahlreiche Spezifika ausgebildet und darauf aufbauend eine spezifische Identität geformt. Personalentwicklung kann auch daran gut anknüpfen und mit Besonderheiten auch bei der Personalgewinnung werben. Das kann die spezielle Ausrichtung der Sozialtherapeutischen Abteilung sein, die für Psychologen ein herausforderndes Arbeitsfeld mit Weiterqualifizierungsmöglichkeiten bietet, oder die Jungtäteranstalt, die aufgrund ihres pädagogischen Konzepts in allen Laufbahnen anspruchsvolle erzieherische Aufgaben bereithält. Zu wissen, in Deutschlands „größter und modernster Jugendanstalt“ zu arbeiten, erfüllt viele Bedienstete mit Stolz und fördert das Gefühl der Zugehörigkeit. Die JVA Oldenburg war mit ihren Leitsätzen „Wir sind liberal und konsequent“ und „Unsere Anstalt ist sauber“ in hohem Maße identitätsstiftend und hat sich hiermit sogar bundesweit bekannt gemacht (vgl. Koop, in diesem Band). Welchen Weg die Anstalt geht, um Corporate Identity zu fördern, sollte ihr überlassen bleiben. Das Niedersächsische Justizministerium hat beispielsweise bewusst darauf verzichtet, die Erarbeitung von Leitbildern vorzuschreiben. Es gibt auch andere Wege. In jedem Fall empfehlen wir

- identitätsstiftende Prozesse, die von der Anstaltsleitung gesteuert, aber aus der Mitte der Bediensteten entwickelt werden. Sie münden in einem Profil der Anstalt, das ihre Besonderheiten kennzeichnet und das als „Marke“ nach innen und außen getragen wird. Es ist somit die Basis für die Entwicklung von Corporate Identity und für eine erfolgreiche Öffentlichkeitsarbeit (Marketing), die sich wiederum im Selbstverständnis und Selbstwert der Mitarbeiter spiegelt.

6 PE in einer Lernenden Organisation

Ein erfolgreicher Justizvollzug gestaltet Veränderungsprozesse aktiv und lernt aus Ereignissen des Vollzugsalltags. Er registriert Entwicklungen frühzeitig und passt seine Organisation den neuen Herausforderungen an. Beispielhaft zu nennen sind Belegungsentwicklung, Gesetzesänderungen im Straf- und Strafvollzugsrecht, Veränderungen in der Gefangenenklientel oder aber auch arbeitsmarktpolitische Entwicklungen, die Auswirkung auf die Personalgewinnung haben. Veränderungsprozesse in der Organisation werden von Menschen initiiert, gesteuert und gestaltet. Deshalb ist Organisationsentwicklung zwingend mit Personalentwicklung verbunden.

Entscheidend für eine erfolgreiche Unternehmenskultur ist es, keine Angst vor Veränderungen zu haben und stattdessen Mut, Neues zu probieren. Es ist Aufgabe der Aufsichtsbehörde und der Führungskräfte in den Justizvollzugsanstalten dafür zu sorgen, dass die Mitarbeiter eine dem Wandel aufgeschlossene und nicht ängstliche Grundhaltung entwickeln. Der niedersächsische Justizvollzug hat im Jahr 2000 rund 100 Bedienstete aller Verantwortungsebenen zu einem Zukunftsworkshop eingeladen, um mit ihnen unter dem Motto „Wie kann es gehen – Zweitausendzehn?“ in fantasievollem Rahmen Visionen für einen modernen und erfolgreichen Justizvollzug zu entwickeln. Der Untertitel der Veranstaltung war zentrale Botschaft an alle Bediensteten: „Die Zukunft wird gestaltet von Menschen, die ihre Utopien verwirklichen.“ Nicht unerwähnt soll an dieser Stelle bleiben, dass große, landesweit bedeutsame Veränderungsprozesse, die zeitweise schwierig und schmerzhaft sein können, Mut, Durchsetzungskraft, Klarheit, Beharrlichkeit und Gradlinigkeit auch der politisch Verantwortlichen verlangen.

Die Fähigkeit, aktives Mitglied einer lernenden Organisation zu werden, kann auf vielfältige Art und Weise gefördert werden. Neben den bereits schon erwähnten Führungskräftetrainings empfehlen wir

- Coaching für Anstaltsleitungen, damit diese in einem vertrauensvollen Setting über eigene Fehler sprechen und aus ihnen lernen können
- Einführung einer Kollegialen Beratung (anstaltsübergreifend) auf unterschiedlichen Leitungsebenen, damit gute Konzepte anderer Anstalten übernommen und über positive und negative Erfahrungen offen diskutiert werden kann. In Niedersachsen gibt es seit vielen Jahren sog. Regionalverbünde, d. h. Zusammenschlüsse von geografisch nahe beieinanderliegenden Justizvollzugsanstalten. Anstaltsleiter und andere Fachkräfte treffen sich regelmäßig, um sich je nach Bedarf und Aktualität thematisch beraten. Dabei werden auch Controlling-Ergebnisse offengelegt.

- Supervision, die nicht nur psychotherapeutisch Tätigen vorbehalten sein sollte. Da Einzelsupervision zeit- und kostenaufwendig ist, kann dieses Angebot kaum bedarfsgerecht vorgehalten werden.
- Der niedersächsische Justizvollzug macht seit vielen Jahren sehr gute Erfahrungen mit sog. Teamseminaren. Hier treffen sich bis zu 16 Personen einer Organisationseinheit für 2–3 Tage mit einem in Selbsterfahrung bzw. Supervision versierten Moderator. In der Gruppe werden Zusammenarbeit, Arbeitsabläufe und Aufgabenerledigung reflektiert, daraus Lernprozesse angestoßen und Lösungen für Probleme gesucht.

Eine lernende Organisation braucht, um erfolgreich zu sein, viele Mitarbeiterinnen und Mitarbeiter, die über Entrepreneurship verfügen. Insoweit sind die Fähigkeit, unternehmerisch zu denken und zu handeln, und die Fähigkeit, aus Erfahrungen zu lernen, eng miteinander verbunden. Die Maßnahmen der Personalentwicklung überschneiden sich.

7 PE und Selbstorganisation

Erfolgreiche Unternehmen fördern die in allen Mitarbeitern vorhandenen Eigenpotenziale und schaffen Freiräume zur Gestaltung. Die Kunst der Führungskräfte ist es, die Ideen der Mitarbeiter und deren Realisierung zu einem gemeinsamen Ganzen zusammenzuführen.

Allein die Vielfalt der in einer Justizvollzugsanstalt zu erledigenden Aufgaben bedingt ein hohes Maß an Selbstorganisation der Vollzugsbediensteten – vom Küchenchef oder Werkbeamten über den Lehrer oder Arzt bis hin zum Psychologen oder Justiziar. Anstaltsleitung und mittlere Führungsebene verfügen in der Regel nicht über das Spezialwissen, das erforderlich wäre, um detaillierte Vorgaben zur inhaltlichen Ausgestaltung des jeweiligen Arbeitsfeldes zu machen. Die Ausgestaltung des jeweiligen Arbeitsfeldes liegt zwangsläufig (und erfreulicherweise) in der Verantwortung des Einzelnen. Damit aber Freiräume nicht primär der Selbstverwirklichung dienen, sondern kreativ und eigenverantwortlich für die Erreichung gemeinsamer Ziele und Werte genutzt werden, ist es unerlässlich, für die Selbstorganisation einen verbindlichen Rahmen zu schaffen. In Anstalten, die Zielvereinbarungen mit ihrer Aufsichtsbehörde führen, können die dort vereinbarten Zielwerte auf die nachfolgenden Ebenen übertragen werden. Beispielsweise kann die Verantwortung für die Erreichung einer Zielwerts zur Gefangenenbeschäftigung dem Fachbereich Arbeit bzw. der Arbeitsverwaltung übertragen werden. Es ist immer wieder beeindruckend zu sehen, wie innovativ, selbstständig und zielgerichtet Mitarbeiter planen und handeln, wenn ihnen weitreichende Verantwortung für ihren Aufgabenbereich übertragen und mithin ihr Know-how anerkannt wird. Soweit möglich, sollte zur Förderung der Selbstorganisation auch ein Finanzrahmen gesetzt werden, damit der Einzelne bzw. das Team tatsächlich eigenverantwortlich entscheiden und handeln kann. Dies stärkt zudem die Mitverantwortung für die Wirtschaftlichkeit der Anstalt, auch wenn diese als Non-Profit-Organisation ihren Erfolg nicht primär monetär bewertet.

Ein gutes Übungsfeld für das Erlernen und Vertiefen von Selbstorganisation bietet auch hier das Projektmanagement. In den Strukturen dieses Instruments lernen Projektmitglieder, kreativ nach Problemlösungen zu suchen, Risiken möglicher Entscheidungen abzuschätzen, Veränderungsprozesse in Teilschritten eigenverantwortlich zu gestalten und dabei den finanziellen Rahmen einzuhalten. Meilensteine legen verbindliche Termine fest, zu denen dem Auftraggeber berichtet wird. Aufraggeber und Mitglieder der Steuerungsgruppe lernen ihrerseits, klare Ziele zu definieren, einen verbindlichen Finanzrahmen zu setzen, Gestaltungsfreiräume zuzulassen, nur in größeren zeitlichen Abständen zu kontrollieren und gegebenenfalls zu korrigieren.

Um Selbstorganisation im Justizvollzug wirksam zu etablieren und weiterzuentwickeln, empfehlen wir daher

- Führungsverantwortung dem mittleren Management übertragen (u. a. Beurteilungsgespräche, Vorgesetzten-Mitarbeitergespräche führen)
- Einführung von Unterbudgets, die eigenverantwortlich bewirtschaftet werden, z. B. für den Bereich der Schule, Verpflegung, für einzelne Betriebe oder Vollzugsabteilungen
- Zielvereinbarungen innerhalb der Anstalt mit allen unterbudgetierten Vollzugsbereichen
- Verzicht auf unterjährige „Kontrolle“, um der Selbstorganisation Raum zu lassen und nicht ständig regulierend einzugreifen
- Einüben der verantwortlichen Selbstorganisation durch Projektarbeit (im Rahmen der Aus-und Fortbildung, aber vor allem durch konkrete Projekte in der Berufspraxis)

8 PE und Interdisziplinarität

Der Justizvollzug ist seit jeher ein interdisziplinäres Arbeitsfeld, in dem viele verschiedene Berufsgruppen tätig sind, z. B., Köche, Lehrer, Handwerksmeister, Ärzte, Sozialarbeiter, Juristen und vorrangig Bedienstete des AVD, von denen vor einer Einstellung in den Vollzug eine abgeschlossene andere Berufsausbildung gefordert wird. Interdisziplinarität als Merkmal einer erfolgreichen Organisation bedeutet jedoch nicht ein Nebeneinander verschiedener Berufsgruppen in Arbeitsfeldern, die sich nur wenig überschneiden. Interdisziplinarität ist vielmehr als Handlungskonzept zu verstehen, indem komplexe Probleme professionell analysiert, bewertet und gelöst werden. Klassischerweise wird dies in Vollzugsplankonferenzen praktiziert, in denen verschiedene Disziplinen an Entscheidungen über den weiteren Vollzugsverlauf eines Gefangenen beteiligt werden.

Um sicherzustellen, dass möglichst viele Entscheidungen innerhalb einer Justizvollzugsanstalt auf interdisziplinärer Grundlage getroffen werden, empfiehlt es sich, Führungspositionen ebenfalls interdisziplinär zu besetzen. Mittlerweile sind nur noch in wenigen Ländern Anstaltsleitungen Juristen oder Vollzugsabteilungsleitungen dem gehobenen Vollzugs- und Verwaltungsdienst vorbehalten. Die meisten Länder haben gute Erfahrungen damit gemacht, auch Fachdienste, namentlich Psychologen, Pädagogen, Sozialarbeiter in Führungsverantwortung zu bringen. Federführend insoweit waren Schleswig-Holstein und Niedersachsen. Schleswig-Holstein hat schon Ende der 80er Jahre Erfolgsgeschichte mit dem sog. Modell Neumünster geschrieben, in dem erstmals auch Sozialpädagogen neben Verwaltungswirten Vollzugsabteilungsleiter wurden und im kollegialen Miteinander den Vollzug in der JVA Neumünster prägten. Niedersachsen hat sehr gute Erfahrungen mit der interdisziplinären Besetzung von Anstaltsleitungen gemacht. Ebenfalls Ende der 80er Jahre übernahmen erstmals Psychologen und Pädagogen die Leitung von Justizvollzugsanstalten und brachten ihre Sichtweisen und Herangehensweisen in den bislang von Juristen und Verwaltungsbeamten geprägten Vollzug ein. Heute besteht die Anstaltsleitung in Niedersachsen im Idealfall aus drei Personen: einem Juristen, einem Psychologen oder Pädagogen und einem Verwaltungswirt. Sie stimmen sich in allen wesentlichen Entscheidungen ab und führen die Geschicke der Anstalt im Team. Die Position des Behördenleiters ist dabei nicht an eine bestimmte Fachdisziplin gebunden. Bedauerlicherweise wird es in Niedersachsen immer schwerer, Psychologen für die Wahrnehmung von Leitungsaufgaben zu begeistern. Zumeist werden sie für therapeutische Aufgaben eingestellt und streben eine Approbation an. Dieses Phänomen soll das grundsätzliche Bemühen, Psychologen für Führungsaufgaben zu gewinnen, aber nicht infrage stellen. Daher empfehlen wir folgende Maßnahmen, um Interdisziplinarität als Handlungskonzept eines erfolgreichen Unternehmens zu gewährleisten:

- Besetzung von Führungspositionen nicht bestimmten Fachdisziplinen vorbehalten, sondern verschiedene Professionen in Leitungsteams zusammenführen
- Bei der Zusammensetzung von Arbeits- und Projektgruppen auf Beteiligung unterschiedler Fachdisziplinen achten

- Fortbildungsveranstaltungen – soweit nicht Spezialwissen vermittelt wird – berufsgruppenübergreifend ausschreiben
- Bei der Organisation von Entscheidungsprozessen die Beteiligung unterschiedlicher Disziplinen verbindlich regeln

Interdisziplinarität muss heute mehr denn je durch interkulturelle Kompetenz ergänzt werden. Über Fortbildung der im Justizvollzug Beschäftigten hinaus, kann interkulturelle Kompetenz wirksam jedoch nur durch die Einstellung von Personal mit Migrationshintergrund gefördert werden. Die Länder sehen ihre besondere Verantwortung, gesellschaftliche Entwicklungen aufzunehmen und die Vielfalt der Gesellschaft auch unter den Beschäftigten der Landesverwaltung widerzuspiegeln. Dies sollte für den Justizvollzug in besonderem Maße gelten, denn angesichts des hohen Anteils an Gefangenen mit ausländischen Wurzeln ist multikulturelles Wissen für eine erfolgreiche Aufgabenwahrnehmung unverzichtbar. Erfahrungswerte sagen, dass Vollzugsbedienstete mit Migrationshintergrund im Vergleich zum Bevölkerungsanteil von rund 20 % deutlich unterrepräsentiert sind. Valide Daten liegen u. W. nicht vor, weil „Migrationshintergrund" kein Merkmal ist, das regelmäßig von der Personalverwaltung erfasst und gespeichert wird. Die bestehende Rechtslage lässt eine Erfassung nur in Ausnahmefällen und freiwillig zu. Das Ziel, die Beschäftigtenstruktur im Justizvollzug der gesellschaftlichen Vielfalt anzugleichen, kann zurzeit am ehesten durch Fortbildungs- oder Qualifizierungsprogramme verfolgt werden. Diese sollten sich sowohl an die Beteiligten von Personalauswahlverfahren (Führungskräfte, Mitglieder von Personalvertretungen, Gleichstellungs- oder Frauenbeauftragte, Personalverantwortliche) als auch an Vollzugsbedienstete aller Ebenen richten.

9 PE und Advanced Leadership

Die Zeiten, in denen die Aufsichtsbehörde sich auf Weisungen und Erlasse, auf Berichtspflichten und Kontrolle beschränkte, sind lange vorbei. Ebenso wenig trifft man heute noch auf Anstaltsleiter, die primär regieren und repräsentieren. Autoritäre Führungsstile, die heute Organisationen nicht mehr zum Erfolg führen, haben im Justizvollzug längst ausgedient und einer Mitarbeiter-, Prozess- und Kontext- orientierten Führung Platz gemacht. Advanced-Leadership bezeichnet – so Maelicke (in diesem Band) – diesen Paradigmenwechsel.

Gute Führung kann (in den meisten Fällen) und muss gelernt werden (auch Naturtalente brauchen gutes Handwerkszeug). Die Vorbereitung von Mitarbeitern auf die Übernahme einer Führungsrolle hat deshalb im Rahmen der

Personalentwicklung eine herausragende Bedeutung. Das gilt für Führungskräfte auf allen Hierarchieebenen. In Niedersachsen darf beispielsweise niemand mehr eine Führungsaufgabe übernehmen, der er nicht zuvor an einer Führungskräfteentwicklung teilgenommen hat.

„Mit Sicherheit führen" wurde 2003 entwickelt und wird seitdem regelmäßig von der Führungsakademie des niedersächsischen Justizvollzugs angeboten. Das zwölf Monate umfassende Training haben bisher 64 Absolventen aus 12 Bundesländern erfolgreich beendet (Stand: Dezember 2016) und es damit zu einer bundesweit bekannten „Marke" gemacht. Das Training bereitet auf Aufgaben und Entscheidungen im Spannungsfeld von Sicherheit und Resozialisierung vor, soll Handlungssicherheit und Innovationsfreude fördern und Steuerungsinstrumente (u. a. Projektmanagement, Präsentationstechniken) an die Hand geben.

Führung im Justizvollzug stellt hohe Anforderungen an die Kommunikationsfähigkeit. Viele Entscheidungen gleichen einem Balanceakt zwischen den Dimensionen Sicherheit und Resozialisierung. Sie haben unmittelbare Auswirkungen auf Gefangene und Bedienstete und müssen beiden Seiten nachvollziehbar vermittelt werden. Einfühlungsvermögen, Souveränität und Verhaltenssicherheit im Umgang mit Menschen und schwierigen Situationen lernt man nicht, indem man Vorträgen zuhört und eifrig mitschreibt. Von den Teilnehmenden wird vielmehr Eigeninitiative, Engagement und auch Mut, sich vor anderen zu öffnen und konstruktive – auch kritische – Rückmeldungen zu erhalten, verlangt. Sie lernen, dass sie als Führungskraft die Lebensbedingungen der Gefangenen gestalten, für die Arbeitsbedingungen der Mitarbeiter und für die Organisation der Anstalt verantwortlich sind und dafür, dass die gemeinsamen Werte verinnerlicht und gelebt werden! Um sicherzustellen, dass Führungskräfte empathisch sind, sich den Menschen zuwenden können, statt autoritär zu handeln, sich mitarbeiterorientiert verhalten und entscheiden, empfehlen wir,

- die Fähigkeit zu Kommunikation und Empathie bereits im Personalauswahlverfahren für künftige Führungskräfte als Anforderung zu definieren und mit geeigneten Methoden zu testen
- in Führungskräftetrainings Selbsterfahrung und Kommunikation, Reflexion und Kritikfähigkeit praktisch zu üben.

Aus Studien geht hervor, dass für Leistungsbereitschaft und Zufriedenheit der Mitarbeiter in erster Linie das erlebte Verhalten des Vorgesetzten ausschlaggebend ist (vgl. u. a. Zok 2011). Für viele Vorgesetzte ist es noch immer nicht leicht, ehrliches Feedback einzuholen und anzunehmen. *„Kontinuierliches Lernen, das auch Bescheidenheit und ehrliche Selbsteinschätzung beinhaltet, ist* *ein lebenslanger Prozess auch auf höchster Managementebene*" (faz.net vom 24.06.2008, zit. nach Rust 2009 S. 78).

Im Justizvollzug stehen menschliche Begegnungen im Mittelpunkt des Berufsalltags. Dieser sollte daher darauf bedacht sein, Frauen und Männer an die Spitze einer Anstalt zu stellen, die insoweit Vorbilder und in der Lage sind, eine von der Wertschätzung des Personals ausgehende Werteorientierung aufzubauen.

10 PE und Marketing

Marketing als ein Erfolg bringendes Instrumentarium meint Kommunikation nach außen (in die Öffentlichkeit), aber auch nach innen (in die Mitarbeiterschaft). Die Bedeutung einer guten Öffentlichkeitsarbeit ist heute allen Justizvollzugsanstalten bewusst. Spätestens bei der Bewältigung einer Krise (Ausbruch, Meuterei, Gewalt unter Gefangenen) wird offenkundig, ob die Anstalt für die mediale Welt gut aufgestellt ist oder nicht. Heute haben fast alle Justizvollzugsanstalten eigene Pressesprecher, die geschult sind und sich in Interviews und vor der Kamera behaupten. Um nicht nur mit „bad news" in der Öffentlichkeit aufzufallen, aber auch um gutes Personal, lukrative Aufträge für die Gefangenbetriebe oder das Wohlwollen der Landtagsabgeordneten zu gewinnen, verstehen es die Anstalten mittlerweile auch, sich mit ihren positiven Seiten ins rechte Licht zu rücken. An dieser Stelle soll daher das Marketing nach innen, die Botschaften an das Personal näher betrachtet werden.

Zunächst sind noch einmal die bereits im Abschnitt „Corporate Identity" genannten identitätsstiftenden Maßnahmen aufzurufen. Leitbilddiskussionen in der Mitarbeiterschaft, die gemeinsame Entwicklung von Leitsätzen und deren Präsentation nach außen sind hervorragend geeignet, dem Personal positives Feedback zu geben, Selbstbewusstsein und Stolz zu vermitteln, Mitglied der Organisation zu sein. Hier überschneiden sich die PE-Maßnahmen. Eine Justizvollzugsanstalt, die es schafft, bei den Bediensteten eine Corporate Identity zu entwickeln, hat ein gutes Marketing nach innen.

Ein gutes Marketing nach innen gelingt am besten, wenn sich Vorgesetzte und Mitarbeiter untereinander wertschätzen. Wertschätzung ist wie ein Kit, der die Organisation zusammenhält. Wer dauerhaft keine Wertschätzung erhält, wird unzufrieden und krank. Wertschätzung darf nicht mit Lob verwechselt werden. Wertschätzung heißt, den anderen als Person und mit seiner Arbeit wahrzunehmen und ihn teilhaben lassen. Das niedersächsische Bildungsinstitut (Fachbereich Gesundheit und Beratung) widmet sich dieser Thematik seit einigen Jahren intensiv und diskutiert darüber mit Führungskräften aller Ebenen und mit Bediensteten in den

Anstalten, auf Tagungen und in Weiterqualifizierungsmaßnahmen. Ziel ist, dass Vorgesetzte lernen, wie elementar das Gefühl der Wertschätzung für Mitarbeiter ist, und dass Mitarbeiter lernen, „gnädiger" und wertschätzend mit Vorgesetzten umzugehen. Auch nach unserer Erfahrung kann man lernen, sich wertschätzend zu verhalten. Im Katalog der PE-Maßnahmen sollte daher dieses Merkmal nicht fehlen.

11 Zusammenfassung und Ausblick

Strategische Personalentwicklung heißt, die Organisation, in der sich das Personal entwickeln soll, als Ganzes zu sehen, mit ihren systemischen Zusammenhängen und Abhängigkeiten, mit seinen Aufgaben, Zielen und dem zur Verfügung stehenden Finanzrahmen. Strategische Personalentwicklung fordert Planung und Steuerung auf allen Leitungsebenen. Strategische Personalentwicklung erschöpft sich nicht in einzelnen PE-Maßnahmen. So unverzichtbar differenzierte PE-Konzepte auch sind, so wenig sind sie allein ausreichend, um langfristig gute Mitarbeiter zu gewinnen und an die Organisation zu binden. Bullinger und Ilg (2003) vom Fraunhofer Institut IAO in Stuttgart schrieb schon vor einigen Jahren:

„Das letzte Jahrzehnt hat uns in rascher Abfolge immer neue Managementkonzepte beschert. Nur wenige davon haben sich dauerhaft bewährt.…Geblieben ist vor allem eine Erkenntnis: Ganz gleich, ob es sich um die Durchsetzung neuer Strategien auf dem Markt oder um die Entfaltung interner Veränderungsprozesse handelt – was letztlich zählt, ist Führung" (Bullinger und Ilg 2003, S. 5 zit. nach Rust 2009, S. 76). Weiterhin zitiert Rust die Wissenschaftsprofessoren, Berater und Publizisten Warren Bennis und Burt Nanus, die im Zusammenhang mit Fragen der Arbeitsmoral und Ethik im Berufsleben das Versagen vieler Führungskräfte beklagen: *„Es sind die Führungskräfte, die versäumt haben, Visionen zu erzeugen, ihren Mitarbeitern einen Sinn zu vermitteln und eine Atmosphäre des Vertrauens zu schaffen"* (a. a. O., S. 77).

Gerade in Zeiten, in denen es schwieriger wird, gutes Personal zu finden, wäre es ein wichtiger Wettbewerbsvorteil für den Justizvollzug, wenn es gelänge, als Organisation und Arbeitsfeld attraktiv für junge Menschen zu werden und zu bleiben. Eine insoweit attraktive Justizvollzugsanstalt hat ein gutes Image auf regionaler Ebene, sie bietet Weiterentwicklungsperspektiven, ein hohes Maß an Selbstorganisation und Verantwortungsübernahme und sie hat ein gutes Betriebsklima, das auf Wertschätzung aufbaut. Kurzum: sie erfüllt alle Merkmale, die eine erfolgreiche Organisation auszeichnen. Dass Mitarbeiter ihre Chancen in einer solchen Organisation nutzen können und wertschätzen, ist u. a. Aufgabe der strategischen Personalentwicklung.

In unruhigen Zeiten ist das Bedürfnis nach Sicherheit groß. Auch für weite Teile der jungen Generation hat die Sicherheit des Arbeitsplatzes elementare Bedeutung. Sicherheit ist eng mit Vertrauen verbunden und deshalb ist es dem Markenchef von VW ein Anliegen zu versichern, dass es auch im Reformprozess keine betriebsbedingten Kündigungen geben werde. Der Justizvollzug beschäftigt überwiegend Beamtinnen und Beamte, für die ohnehin ihre Arbeitsplätze in höchstem Maße sicher sind. Selbst die Anwärterinnen und Anwärter für den mittleren oder gehobenen Vollzugsdienst sind zumindest in Niedersachsen bislang nach erfolgreicher Laufbahnprüfung ausnahmslos in das Beamtenverhältnis auf Probe übernommen worden. Eher scheint es hier Aufgabe von Personalentwicklung zu sein, Ängste vor Veränderungen zu nehmen, wenn diese mit einem Wechsel der Dienststelle, des Standortes oder des Arbeitsplatzes verbunden sind, und Mut zu machen, Neues zu erproben. Alles in allem wird der Justizvollzug auch zukünftig für nicht wenige junge Menschen allein deshalb attraktiv sein, weil Arbeitsplatzgarantie, verlässliche Arbeitszeiten und die Möglichkeit zu Teilzeitbeschäftigung ihrem Streben nach Work-Life-Balance entgegen kommen.

Dort, wo strategischer Personalentwicklung Grenzen gesetzt sind, weil trotz Attraktivität der Organisation (Fach-)Personal nicht bedarfsgerecht zur Verfügung steht, sind innovative Konzepte und Organisationsentwicklung gefragt. Beispielhaft sei hier die auf Initiative des Niedersächsischen Justizministeriums und des Niedersächsischen Ministeriums für Soziales, Gesundheit und Gleichstellung zur Schaffung eines bundesweit einzigartigen Studienschwerpunkts „Rechtspsychologie" an der Universität Hildesheim genannt. Im Masterstudiengang „Psychologie" sollen eine engere Verzahnung des Studiums mit der Praxis des Justiz- und des Maßregelvollzugs erfolgen und Studierenden im Rahmen eines Stipendiums eine spezifische Ausbildung geboten werden. Dafür wird eine eigene Professur eingerichtet, um eine enge Verbindung von Theorie und Praxis zu gewährleisten. Es ist anzunehmen, dass durch diese Studienvariante langfristig Psychologinnen und Psychologen an den Vollzug gebunden werden können. Neue Wege der Aufgabenerledigung im Justizvollzug sind möglicherweise in teilprivatisierten Justizvollzugsanstalten zu finden. Welche Aufgaben werden dort genauso gut oder gar besser von Externen erledigt werden? Sind Vollzugsbereiche dabei, für die es schwer geworden ist, geeignetes Personal zu finden und längerfristig zu halten? Kann noch mehr Outsourcing gewagt werden?

Personalentwicklung und Organisationsentwicklung sind eng verzahnt, stehen im Wechselspiel und fördern oder behindern sich gegenseitig. Wer beide Entwicklungen zu steuern vermag, handelt strategisch und trägt entscheidend zum Erfolg des Unternehmens „Justizvollzug" bei.

Literatur

Bullinger, H.-J., & Ilg, R. (2003). Zukunft der Arbeit - Leben und Arbeiten in einer vernetzten, mobilen Welt. In W. Uhr, W. Esswein, & E. Schoop (Hrsg.), *Wirtschaftsinformatik 2003: Medien, Märkte, Mobilität* (S. 1–7). Heidelberg: Physika.

Flügge, C. (2001). Von der Aufsicht zur Globalsteuerung. In C. Flügge, B. Maelicke, & H. Preusker (Hrsg.), *Das Gefängnis als lernende Organisation* (S. 325–349). Baden-Baden: Nomos.

Rust, H. (2009). *Die „Dritte Kultur" im Management: Ansichten und Absichten der nächsten Führungsgeneration*. Wiesbaden: Springer VS.

Steinhilper, M. (2001). Personalentwicklung und Personalmanagement als Führungsaufgabe. In C. Flügge, B. Maelicke, & H. Preusker (Hrsg.), *Das Gefängnis als lernende Organisation* (S. 136–153). Baden-Baden: Nomos.

Steinhilper, M. (2013). § 151 Aufsichtsbehörden. In H. D. Schwind, A. Böhm, J.-M. Jehle, & K. Laubenthal (Hrsg.), *Strafvollzugsgesetz – Bund und Länder. Kommentar* (6. Aufl., S. 1084–1094). Berlin: de Gruyter.

Zok, K. (2011). Führungsverhalten und Auswirkungen auf die Gesundheit der Mitarbeiter – Analyse von WIdO-Mitarbeiterbefragungen. In B. Badura, A. Ducki, H. Schröder, J. Klose, & K. Macao (Hrsg.), *Führung und Gesundheit. Fehlzeienreport 2011* (S. 27–36). Berlin: Springer.

Teil F

Entwicklung des Systems der stationären und ambulanten Resozialisierung

Steuerung und Erfolgskontrolle im Übergangsmanagement

Wolfgang Wirth

Das in den letzten Jahren erheblich gewachsene Interesse an einem strukturierten Übergangsmanagement zur (Wieder-)Eingliederung von Gefangenen und Haftentlassenen speist sich im Wesentlichen aus zwei Quellen: Zum einen aus der Einsicht in die begrenzten Wirkungsmöglichkeiten des Strafvollzuges und zum anderen aus der Hoffnung auf ergänzende Wirkungspotenziale ambulanter Eingliederungshilfen, die im Rahmen des Übergangs aus der Haft in die Freiheit für (ehemalige) Gefangene erschlossen werden sollen, um ihre Integrationschancen zu erhöhen und so die Rückfallrisiken zu senken.

So geht die nordrhein-westfälische Landesregierung beispielsweise davon aus, dass der Übergang aus dem strukturierten Alltag einer Justizvollzugsanstalt in unsichere oder ungesicherte Lebensverhältnisse mit vielfältigen Gefährdungen verbunden ist, die viele Haftentlassene – auf sich selbst gestellt – überfordern. Ohne weitere Unterstützung bestehe die Gefahr, dass sie an der Aufgabe scheitern, aus einer vollzugsbedingt unselbstständigen Lebenssituation zu einer selbstbestimmten Lebensgestaltung ohne Straftaten zu finden. Die Folge sei vielfach ein Rückfall in gewohnte Verhaltensmuster und damit unter Umständen auch in die erneute Straffälligkeit (vgl. Landtag NRW 2014, S. 134).

Dieser Gedanke wird durch Legalbewährungsstudien bekräftigt. Die aktuellste Rückfalluntersuchung von Jehle et al. (2016, S. 44, 180 ff.) zeigt, dass nach einer unbedingten Freiheitsstrafe 44,9 % der Entlassenen binnen drei Jahren erneut straffällig und 21,4 % abermals inhaftiert werden. Die Vergleichswerte

W. Wirth (✉)
Düsseldorf, Deutschland
E-Mail: wolfgang.wirth@krimd.nrw.de

B. Maelicke und S. Suhling (Hrsg.), *Das Gefängnis auf dem Prüfstand,*
Edition Forschung und Entwicklung in der Strafrechtspflege,
https://doi.org/10.1007/978-3-658-20147-0_23

für den Jugendstrafvollzug zeigen eine Rückfallrate von 64,5 % und eine „Rückkehrerquote" von 30,3 %.[1] Besonders erwähnenswert ist dabei, dass die Hälfte aller erneut straffälligen Erwachsenen ihren (ersten) Rückfall innerhalb eines Zeitraums von etwa 16 Monaten nach der Entlassung hatte. Bei den aus dem Jugendstrafvollzug Entlassenen war dies bereits nach 11 Monaten der Fall. Generell gilt, dass nicht nur die Rückfallquoten, sondern auch die Rückfallgeschwindigkeiten mit zunehmendem Alter sinken und dass die Rückfallgefahr in den ersten Monaten nach einer Entlassung besonders groß ist – dies umso mehr, je jünger die Haftentlassenen sind. Es liegt insofern nahe anzunehmen, dass eine stabilisierende Begleitung der Haftentlassenen in dieser „Hochrisikozeit" dazu beitragen kann, das Vollzugsziel einer erfolgreichen Legalbewährung besser als bisher zu erreichen.

Im traditionellen Aufgabenverständnis kann der Strafvollzug jedoch Eingliederungshilfen, die über die vollzuglichen Behandlungsmaßnahmen hinaus zur Bewältigung von Integrationshemmnissen nach der Haft angezeigt sind (etwa Beschaffung angemessener Unterkunft, Vermittlung in Arbeit oder Ausbildung, Existenzsicherung durch Sozialleistungen), mangels eigener Zuständigkeit in der Regel nicht selbst erbringen, sondern allenfalls unterstützend einleiten. Dies geschieht gewöhnlich im Wege der Entlassungsvorbereitung, verstanden als „eigenständige Aufgabe der Anstalt, die aber nur in Zusammenarbeit mit außervollzuglichen Einrichtungen und Personen, insbesondere mit der Bewährungshilfe und der Führungsaufsicht, erfüllt werden kann" (Ostendorf 2016, S. 190).

In diesem Zusammenhang forderte das Bundesverfassungsgericht für den Jugendstrafvollzug „eine mit angemessenen Hilfen für die Phase nach der Entlassung … verzahnte Entlassungsvorbereitung" (2 BvR 1673/04, Rn. 61). Auch das ehemals bundeseinheitliche Strafvollzugsgesetz beinhaltet in § 154 StVollzG ein Kooperationsgebot, nach dessen Kommentierung sich die Justizvollzugsanstalten „als Glied eines Verbundsystems zur Erreichung des Vollzugszieles verstehen" sollen (Wydra und Pfalzer 2013, S. 1107). Inzwischen wird die Bedeutung der Zusammenarbeit zwischen Strafvollzug und ambulanten Diensten in allen Landesstrafvollzugsgesetzen betont, wobei die entsprechenden Vorschriften aber zumeist wenig verbindlich sind (vgl. Pruin et al. 2016, S. 248).

[1]Bezugsgröße sind hier die ursprünglich verhängten Sanktionen zu einer unbedingten Haftstrafe. Geht man von allen tatsächlich vollstreckten Haftstrafen aus, ergibt sich eine Rückfallquote von 46,0 % und eine „Rückkehrerquote" von 19,9 % nach (teil-)verbüßter Freiheitsstrafe bzw. von 64,0 und 28,8 % nach (teil-)verbüßter Jugendstrafe (vgl. Jehle et al. 2016, S. 67).

In der Konsequenz wird mancherorts dafür plädiert, das Übergangsmanagement zur Re-Integration von Gefangenen zu optimieren und auch auf untergesetzlicher Ebene durch verbindliche Kooperationsvereinbarungen, etwa mit Sozialministerien, der Bundesagentur für Arbeit, Städte- und Kreistagen, Kammern, Verbänden der Wohlfahrtspflege, der Straffälligenhilfe etc., zu unterfüttern.[2] Gestützt wird dies auch durch die von den deutschen Justizministerinnen und Justizministern bekräftigte Einsicht, dass die Wiedereingliederung entlassener Gefangener als gesamtgesellschaftliche Aufgabe zu betrachten ist.[3] Die Umsetzung der insofern kooperativ wahrzunehmenden Eingliederungsaufgabe erfolgt jedoch in den Ländern mit unterschiedlichen Konkretisierungsgraden. Die geforderte vollzugsübergreifende Vernetzung wird folglich in der Praxis sehr heterogen gestaltet, wie die jüngst vorgelegte Übersicht von Maelicke und Wein (2016) zeigt.

Auch deshalb ist Pruin et al. (2016, S. 252 f.) darin Recht zu geben, dass unser Erfahrungswissen noch nicht ausreicht, um zeigen zu können, *inwieweit* ein modernes Übergangsmanagement tatsächlich zu einer nachhaltigen Verbesserung der vom Strafvollzug erwarteten Resozialisierungswirkungen führt. Es bleibt abzuwarten, ob sich dies durch das wachsende akademische Interesse ändert, das inzwischen zwar gewinnbringend mit der Forschung zum „Ausstieg aus der Straffälligkeit" verknüpft wird (Matt 2014), sich zuvor aber primär auf konzeptionelle, pilotierende und eher normativ orientierte Arbeiten konzentriert hatte. Vor diesem Hintergrund soll im Folgenden zunächst anhand einiger aktueller Daten konkretisiert werden, *was* durch ein modernes Übergangsmanagement bewirkt werden soll. Anschließend wird dann am Beispiel der beruflichen (Wieder-)Eingliederung von (ehemaligen) Strafgefangenen dargelegt, *wie* begleitend durchgeführte empirische Erfolgskontrollen für eine evidenzbasierte Steuerung des Übergangsmanagements genutzt werden können.

---

[2]Mit expliziter „Optimierungsterminologie" etwa in Bayern und in Nordrhein-Westfalen (https://www.justiz.bayern.de/media/pdf/projekte/empfehlungsvereinbarung_unterzeichnet_mit_anlagen.pdf;https://www.justiz.nrw/Gerichte_Behoerden/Justizvollzug/justizvollzug1/leitlinien/Leitlinien_Strafvollzug.pdf; Zugriff: 22.01.2017); zur Schaffung der genannten Kooperationsvereinbarungen aber auch in anderen Bundesländern.

[3]Beschluss der 86. deutschen Justizministerkonferenz vom 17./18.06.2015 (https://www.justiz.nrw/JM/leitung/jumiko/beschluesse/2015/fruehjahrskonferenz_15/TOP-II_15---Wiedereingliederung-entlassener-Strafgefangener-als-gesamtgesellschaftliche-Aufgabe-_oA_.pdf; Zugriff: 22.01.2017).

1 Förderketten: Von fehlenden Abschlüssen zu nötigen Anschlüssen

In dem Versuch, die diversen theoretischen Konzepte und praktischen Modellprojekte begrifflich auf den Punkt zu bringen, soll Übergangsmanagement hier verstanden werden als eine *organisationsübergreifende Schaffung von Förderketten zur Wiedereingliederung von (ehemaligen) Strafgefangenen, die in enger Kooperation zwischen Justizbehörden, Einrichtungen der Straffälligenhilfe und kompetenten Dritten innerhalb und außerhalb des Strafvollzuges erfolgt.*[4]

Diese Definition impliziert eine vollzugsübergreifende Zusammenarbeit auf mindestens drei Ebenen, die beschrieben werden können

- als *organisatorische Verzahnung* des Justizvollzuges und der Straffälligenhilfe, namentlich des vollzuglichen Sozialdienstes, der Bewährungs- und der freien Straffälligenhilfe, sowie der Führungsaufsicht mit ihren jeweils spezifischen Wiedereingliederungs-, Kontroll- und Sicherungsaufgaben,
- als *strukturierte Vernetzung* des Strafvollzuges mit (über-)örtlichen Hilfesystemen (z. B. Sozialdiensten, Wohnungsämtern, Suchtberatungsstellen, Therapieeinrichtungen etc.) sowie mit ehrenamtlichen Helferinnen und Helfern
- und als *systematische Vermittlung* (ehemaliger) Gefangener in Arbeit oder Ausbildung, die bei Bedarf in Kooperation und Abstimmung mit der Bundesagentur für Arbeit, Jobcentern und den vorgenannten Akteuren, aber auch „direkt" aus dem Vollzug heraus erfolgen muss und erfolgen kann.

Die einzelnen Ebenen beinhalten jeweils unterschiedliche Handlungserfordernisse, deren praktische Verknüpfungen weit anspruchsvoller und aufwendiger sind als die Aufgaben der klassischen Entlassungsvorbereitung. Einen entsprechenden Bedarf oder eine entsprechende Vollzugsentscheidung vorausgesetzt, muss ein gelingendes Übergangsmanagement

[4]An dieser Definition orientiert sich die Gestaltung des Übergangsmanagements in Nordrhein-Westfalen. Dabei steht die berufliche Wiedereingliederung von (ehemaligen) Gefangenen im Zentrum, doch kann die Definition auch auf Ansätze mit anderen Integrationszielen oder größerer Risikoorientierung bezogen werden. Dazu wäre lediglich der Begriff der „Wiedereingliederung" durch entsprechende Adjektive (etwa „soziale" statt „berufliche" Wiedereingliederung) zu ergänzen bzw. der Begriff der „Förderketten" durch „Kontrollketten" – oder allgemeiner „Interventionsketten" zu ersetzen. Zur ausführlicheren Herleitung des Definitionsvorschlages (vgl. Wirth 2014, 2015b).

- einen möglichst nahtlosen Wechsel von Gefangenen in die Zuständigkeit der jeweils ambulanten sozialen Dienste der Justiz ermöglichen, die die geforderte Betreuungskontinuität gewährleisten sollen,
- eine möglichst unverzügliche Aufnahme der (ehemaligen) Gefangenen als „Klienten" örtlich zuständiger Sozialleistungssysteme bzw. kommunaler sozialer Dienste sicherstellen, die erforderliche Eingliederungshilfen anbieten können,
- sowie eine möglichst rasche und dauerhafte Beschäftigung der Haftentlassenen in Arbeits- oder Ausbildungsverhältnissen bewirken, die im Idealfall an eine vollzugliche Berufsförderung anknüpft und die als eine zentrale Voraussetzung für soziale Teilhabe und individuelle Legalbewährung betrachtet werden muss.

Um all dies zu erreichen, muss der Strafvollzug konsequent an dem Eingliederungsgrundsatz ausgerichtet werden. Dabei gilt es, die Entlassungssituation frühzeitig in den Blick zu nehmen und die individuelle Vollzugsplanung um eine zielgerichtete, über den Entlassungszeitpunkt hinausweisende Eingliederungsplanung zu erweitern. Zwingende Voraussetzung dafür ist freilich eine genaue Kenntnis der Art und der Ergebnisse vollzuglicher Behandlungs- und Fördermaßnahmen sowie – vor allem – eine Klärung der individuellen (Be-)Handlungserfordernisse und Eingliederungshilfen, die nach der Haft angezeigt sind oder (fort-) bestehen.

Zur praktischen Steuerung der *fallbezogenen* Eingliederungsarbeit kann dies durch eine individuelle Bedarfsfeststellung im Rahmen der Entlassungsvorbereitung geschehen, deren Ergebnisse in der Folge zur Erbringung ggf. erforderlicher Vermittlungs- oder Nachsorgeleistungen genutzt werden können.[5] Die strategische Steuerung des Übergangsmanagements muss aber darüber hinaus auch eine *fallübergreifende* Vernetzung mit den vollzugsexternen Einrichtungen in den Blick nehmen, deren Fachpersonal im Bedarfsfall an der individuellen Fallarbeit zu beteiligen ist. Dazu sind allerdings aggregierte Daten über zielgruppenspezifische

---

[5] Das Strafvollzugsgesetz des Landes Nordrhein-Westfalen sieht hierzu einen an den Fähigkeiten und Entwicklungsmöglichkeiten der Gefangenen ausgerichteten Schlussbericht vor (§ 60 StVollzG NRW). Dieser soll zum Ende des Vollzuges erstellt werden und in standardisierter Form Angaben über den fortbestehenden Förderbedarf enthalten, namentlich eine Darstellung der Art und der Ergebnisse der angebotenen und durchgeführten Maßnahmen sowie der Angebote und Leistungen Dritter, soweit sie für die Eingliederung der Gefangenen von Bedeutung sind.

Handlungsbedarfe und Leistungsergebnisse erforderlich, die nur im Wege einer systematischen Bedarfs- und Wirkungsforschung gewonnen werden können.

Im nordrhein-westfälischen Justizvollzug ist die Durchführung entsprechender Studien ausdrücklich vorgesehen, um die Fortentwicklung des Vollzuges zu gewährleisten. Dabei haben beispielsweise aktuelle Analysen für den Jugendstrafvollzug auf der Basis fachdienstlicher Einschätzungen gezeigt, dass für 72 % der jungen Gefangenen ein Bedarf für Maßnahmen zur Suchtberatung und Suchttherapievorbereitung gesehen wird. Einen fast ebenso hohen Bedarf (70 %) sahen die Fachdienste bei beruflichen Fördermaßnahmen. Es folgten soziale Trainingsmaßnahmen (57 %), schulische Bildungsmaßnahmen (52 %), Anti-Gewalt-Trainings o. ä. (32 %), Schuldnerberatung (27 %) und diverse weitere Maßnahmeangebote mit jeweils geringeren Bedarfswerten.[6]

In daran anknüpfenden Analysen zeigte sich nun weiter, dass die als erforderlich erachteten Behandlungs- und Fördermaßnahmen während der Haft nicht immer (erfolgreich) durchgeführt werden konnten. Dies wird am Beispiel der beruflichen Fördermaßnahmen, auf die sich die folgenden Ausführungen auch aus Platzgründen beschränken müssen, wie folgt deutlich: 71 % der als „bedürftig" eingeschätzten Gefangenen begannen entsprechende Maßnahmen während der Haft. Diese wurden allerdings in 42 % der Fälle vor Erreichen des Förderzieles beendet – entweder wegen eines Abbruchs durch die Teilnehmenden oder durch vollzuglich bedingte Abbrüche, zu denen neben disziplinarischen Ablösungen unter anderem auch Verlegungen oder (vorzeitige) Entlassungen gehören.

Vorzeitige Beendigungen, aber auch eine nicht hinreichende Zielerreichung planmäßig beendeter Berufsförderungsmaßnahmen während der Haft können einen Bedarf zur Durchführung anschlussfähiger Folgemaßnahmen nach der Entlassung anzeigen. Deren Vermittlung wäre dann ggf. als Arbeitsauftrag für das Übergangsmanagement zur Schaffung entsprechender Förderketten in der nachgehenden Betreuung zu sehen. Unabhängig von der Beendigungsart war dies bei 53 % der beruflich geförderten Gefangenen der Fall. Und auch bei den übrigen untersuchten Behandlungsmaßnahmen sahen die zuständigen Fachdienste zum

[6]In die Analysen waren 3644 junge Gefangene einbezogen, die von Anfang 2010 bis Ende 2013 nach einer mindestens sechsmonatigen Vollzugsdauer aus einer Jugendstrafanstalt des Landes Nordrhein-Westfalen entlassen worden waren (Stand: 31.12.2015). Die Bedarfsanalysen werden kontinuierlich fortgesetzt und die Ergebnisse regelmäßig im Rahmen von Dienstbesprechungen mit den Anstaltsleitungen erörtert. Damit werden Möglichkeiten zur evidenzbasierten Weiterentwicklung des Behandlungs- und Förderangebotes geschaffen (vgl. Lobitz und Wirth 2015).

Zeitpunkt der Entlassung weiteren Förderbedarf in Größenordnungen ab 20 % bei den Teilnehmenden von speziellen Anti-Gewalt-Trainings bis zu 62 % bei anderen Trainingsmaßnahmen zur Vermittlung sozialer Kompetenzen. Bemerkenswert ist dabei, dass die im Vollzug messbaren Maßnahmeziele nach Einschätzung der Fachdienste gleichwohl jeweils für die Mehrzahl der Teilnehmenden zumindest teilweise erreicht wurden.

Nun sind zur Erklärung nicht plangemäßer Abschlüsse vollzuglicher Maßnahmen während der Haft, die einen Bedarf für Anschlussmaßnahmen nach der Entlassung begründen, neben möglichen Motivationsdefiziten der Teilnehmenden vor allem zeitliche Begrenzungen der Behandlungs- und Fördermöglichkeiten des Vollzuges zu bedenken. Namentlich berufliche Fördermaßnahmen sind oft zeitintensiv und können bei einer durchschnittlichen Verweildauer von 13 Monaten im Jugendstrafvollzug nicht jedem Inhaftierten angeboten und nicht immer vollständig durchgeführt werden. Außerdem sind bei den jungen Gefangenen in der Regel nicht nur einzelne, sondern zumeist mehrere unterschiedliche Behandlungserfordernisse – im statistischen Durchschnitt 3,5 – angezeigt. Wenn nun einige davon vorrangig zu behandeln sind, bevor andere erfolgversprechend begonnen werden können, wird eine vollständige Problembearbeitung in den Grenzen der verfügbaren Zeit nahezu unmöglich.

Diese Einschränkungen dürfen jedoch nicht in Vergessenheit geraten lassen, dass die Auswertung der fachdienstlichen Dokumentationen bei immerhin vier von fünf Gefangenen positive Entwicklungen erkennen ließ, die bezüglich der im Vollzug messbaren Maßnahmeziele durchaus eine gewisse Effektivität anzeigen. Und doch ist unverkennbar, dass die Möglichkeiten zur individuellen Resozialisierung hinter Gittern selbst bei besten Rahmenbedingungen begrenzt sind. Bei fortbestehendem Behandlungs- oder Förderbedarf wird folglich ein systematisches Übergangsmanagement zur Schaffung der erforderlichen „Förderketten" unverzichtbar, wenn das Vollzugsziel erreicht und die bis zur Haftentlassung bewirkten Entwicklungsfortschritte nicht gefährdet werden sollen.

2 Wirkungsketten: Von empirischer Evidenz zu evidenzbasierter Praxis

Die praktische Notwendigkeit dieser Förderketten ergibt sich somit bereits aus den Ergebnissen empirischer Bedarfsstudien. Sie ist darüber hinaus aus der kriminologischen Wirkungsforschung ableitbar. Auch deren Befunde müssen für die Konzipierung des Übergangsmanagements genutzt werden, über dessen Umsetzung dann wiederum (ergänzende) Daten zum Integrationsverlauf der teilnehmenden Gefangenen erhoben werden können, die zur (weiteren) wissenschaftlichen Erforschung der Wirksamkeit des Strafvollzuges dringend benötigt werden.

Während die Grenzen der Behandlungsmöglichkeiten *im* Strafvollzug immer nur einen Teil der spezialpräventiven Wirkungen *nach* Strafvollzug begründen können, bietet die Schaffung vollzugsübergreifender Förderketten eine Möglichkeit zur Analyse erweiterter Wirkungsketten in der Forschung. Dies ist vor allem deshalb von Bedeutung, weil die eingangs genannten Rückfalldaten nicht „kurzschlüssig" als Beleg für eine mehr oder weniger gelungene „Legalbewährung *durch* Strafvollzug" missinterpretiert werden dürfen. Diese altbekannte kriminologische Binsenweisheit (vgl. Kerner und Wirth 1996) ist kürzlich von *Haunberger und Gilgen* (2016) mit Blick auf diverse „blinde Flecken" bei der Suche nach Wirkungsnachweisen im Justizvollzug aktualisiert worden. Auch die Nachentlassungszeit, in der außervollzugliche Faktoren positiv wie negativ auf Rückfallrisiken und Legalbewährungschancen einwirken, ist in diesem Zusammenhang immer noch weitgehend als „black box" zu betrachten, während die Verläufe und Ergebnisse der vollzuglichen Behandlungsmaßnahmen inzwischen zunehmend besser ausgeleuchtet werden.

Um empirisch belastbare Aussagen über Erfolg oder Scheitern des Strafvollzuges zu ermöglichen, empfiehlt sich die Konzipierung einer Zieltrias freiheitsentziehender Maßnahmen, die zur empirischen Überprüfung ihrer Zielerreichung genutzt werden sollte. Danach muss das Vollzugsziel der individuellen Befähigung der Gefangenen zu einem straffreien Leben (Ziel 1) so weit gelingen, dass die soziale Wiedereingliederung der Haftentlassenen (Ziel 2) ermöglicht wird, die wiederum einen moderierenden Einfluss auf die Rückfallprävention (Ziel 3) hat.[7] Verlauf und Ergebnis der Behandlung im Strafvollzug *und* der Eingliederung nach der Entlassung sind folglich zunächst hinsichtlich ihres unmittelbaren Zusammenhangs und anschließend in ihrer gemeinsamen Wirkung auf die Legalbewährung zu untersuchen. Dies geschieht bisher in unzureichendem Maße – nicht zuletzt, weil wir nach wie vor viel zu wenig über die Reintegrationsprozesse

---

[7]Zur Begründung dieser Zieltrias (vgl. Wirth 2018). Dabei ist bzgl. der grundlegenden Ausführungen von Suhling (2012, 2016 sowie in diesem Band) zu berücksichtigen, dass die Erreichung der im Vollzug messbaren „Befähigungsziele" unter dem Aspekt der Leistungseffektivität zu diskutieren ist, während eine gelungene „Eingliederung" als ein durch diese mitbestimmter Effekt begriffen werden kann, der die als Wirksamkeit des Strafvollzuges thematisierte „Rückfallprävention" (zusätzlich) beeinflusst.

nach der Haft wissen, um die hypothetischen Wirkungsketten hinreichend empirisch analysieren zu können.

Die zwangsläufige Folge sind zwar quantitativ wachsende, gleichwohl aber qualitativ lückenhafte Forschungsergebnisse zur Beantwortung der Frage, ob und inwieweit spezifische Behandlungsmaßnahmen im Strafvollzug die angestrebten rückfallpräventiven Wirkungen nach der Entlassung tatsächlich bewirken (können). Die in Meta-Analysen zusammengefassten Ergebnisse internationaler Evaluationsstudien attestieren dem Behandlungsansatz des Strafvollzuges zwar eine grundsätzliche Wirksamkeit, verdeutlichen aber ebenfalls dessen Grenzen, indem sie eine durchschnittliche Reduzierung der Rückfallraten von 15 bis 18 % im Vergleich von behandelten und unbehandelten Gefangenen belegen (vgl. Lösel 2016, S. 19; Lösel et al. 2012, S. 179).

Dabei werden insbesondere für Maßnahmen zur Verbesserung der Allgemeinbildung, der beruflichen Qualifizierung und der Beschäftigungsfähigkeit, für kognitiv-verhaltenstherapeutische Programme, strukturierte therapeutische Gemeinschaften und Sozialtherapie, für multisystemische Therapien und familienorientierte Programme, „Drug Courts" und Drogensubstitution relativ konsistente positive Präventionseffekte berichtet, während unstrukturierte Therapieansätze sowie rein sanktionierende, abschreckende und disziplinierende Maßnahmen offenkundig nicht nur nicht, sondern sogar kontraproduktiv wirken (vgl. Lösel 2010).

Überdies wird den insofern positiv evaluierten Programmen neben ihrer auf das Vollzugsziel bezogenen Wirksamkeit größtenteils auch eine bemerkenswerte Kosteneffizienz bestätigt. So zeigen US-amerikanische Studien, dass zahlreiche Maßnahmen nicht nur einen präventiven, sondern auch einen ökonomischen Nutzen haben (vgl. Aos et al. 2006; Aos und Drake 2013). Als aktuelles Beispiel berichten Davis et al. (2013, S. 48), dass „Rückkehrerraten" unter den Teilnehmern an „correctional education programs" um 12,9 Prozentpunkte niedriger lagen als bei Nicht-Teilnehmern, wobei bereits mit einer Senkung der Quote um 2,6 Prozentpunkte der „break-even-point" erreicht würde, ab dem die Maßnahmen hinsichtlich der angestrebten Kosteneinsparungen als effizient zu betrachten sind.

Allerdings dürfen diese Befunde nicht generalisiert werden. Tatsächlich sind von den meisten Maßnahmen eher differenzielle als universelle Wirkungen zu erwarten. Die quantitativen Wirkungspotenziale einzelner Maßnahmen sind stets von deren Struktur- und Leistungsqualität abhängig, die ihren Ausdruck in unterschiedlichen Inhalten, Verfahrensabläufen, Fachdienstqualifikationen etc. finden. Darüber hinaus sind sie abhängig von den individuellen Rückfallrisiken, Behandlungsbedarfen, Motivationslagen, Lernfähigkeiten und Kooperationsbereitschaften ihrer Klienten. Und schließlich können sie sich in Abhängigkeit von ihrer Verknüpfung mit anderen Maßnahmen und vor allem im Wechselspiel mit Einflüssen des „sozialen Empfangsraums" der Haftentlassenen verändern, was natürlich für die Gestaltung des Übergangsmanagements besonders bedeutsam ist.

Es ist wenig plausibel anzunehmen, dass im Vollzug durchgeführte Einzelmaßnahmen bei Gefangenen mit multiplen Problemlagen allein „durchschlagende" Wirkeffekte zeigen, insbesondere dann nicht, wenn sie nicht bedarfsgerecht umgesetzt oder plangemäß und erfolgreich beendet werden können. Zudem besteht ein hohes Risiko, dass in der Haft erreichte Lern- oder Qualifizierungseffekte keine rückfallmindernden Wirkungen entfalten können, wenn sie nicht durch „passende" Eingliederungsleistungen nach der Entlassung gesichert oder gesteigert werden. Die Konsequenz wären entsprechend höhere Rückfallquoten trotz erfolgreicher Teilnahme an den Maßnahmen (vgl. Wirth 2014, S. 659 ff.) – und damit neben einer verbesserungsbedürftigen Wirksamkeit im Hinblick auf das Vollzugsziel auch eine beklagenswerte Ineffizienz unter Kostengesichtspunkten.

Um dem abzuhelfen bedarf es weiterer Forschung, die jedoch nicht allein nach den Effekten einzelner Maßnahmen suchen darf, sondern auch potenziell synergetische Effekte aus der Kombination vollzuglicher Behandlungsprogramme mit vernetzten Eingliederungshilfen für jeweils unterschiedliche Gruppen (ehemals) Inhaftierter in den Blick nehmen muss. Tatsächlich mehren sich die Befunde, dass stationäre Maßnahmen umso wirksamer sind, je besser es im Bedarfsfall gelingt, eine passgenaue ambulante Nachsorge zu sichern (vgl. u. a. Lösel 2016, S. 35). Sofern die Schaffung der dazu erforderlichen Förderketten im Übergangsmanagement zielgerichtet gesteuert werden kann, ist neben einer besseren Präventionswirkung des Vollzuges zwangsläufig auch eine verbesserte Kosteneffizienz zu erwarten.

Die zentrale Frage ist dann allerdings nicht (nur), *ob* bzw. mit welcher signifikanten Effektstärke sich die untersuchten Maßnahmen als wirksam erweisen, sondern *wie*, das heißt unter welchen Bedingungen sie bei wem (besser) wirken können (oder nicht). Da die (quasi-)experimentelle Wirkungsforschung diese seit langem bestehende Forderung nach entsprechenden Bedingungsanalysen (vgl. Wirth 1996, S. 476 ff.) nicht erfüllen kann, ist sie trotz ihres unbestreitbaren Nutzens nicht in der Lage, die Frage nach der Wirkungsweise vollzuglicher Maßnahmen zufriedenstellend zu beantworten und so schlüssige Hinweise für eine Erfolg versprechende(re) Praxis zu liefern. So können selbst Maßnahmen, deren Wirksamkeit nach dem vermeintlichen „Gold-Standard" kausal interpretierbarer Zusammenhangsanalysen statistisch belegt ist, praktisch unwirksam bleiben, wenn sie nicht konzeptgetreu, also dem „Labordesign entsprechend", implementiert und umgesetzt werden.

Die dazu erforderliche Maßnahmesteuerung ist allerdings gerade im Übergangsmanagement besonders schwierig, weil hier die Leistungen mehrerer vollzuglicher und außervollzuglicher Akteure mit jeweils unterschiedlichen Partikularinteressen, Zuständigkeiten und Arbeitsphilosophien verknüpft werden müssen. Im Idealfall verlangt dies eine klare Definition des gemeinsamen Zieles (hier: die Eingliederung der (ehemaligen) Gefangenen), die Motivierung der erforderlichen Leistungsträger zur zielorientierten Zusammenarbeit, die Setzung aufgabenspezifischer Verfahrens- und Leistungsstandards und schließlich eine systematische Prüfung und Rückmeldung der Zielerreichung zur ggf. erforderlichen Verbesserung der weiteren Kooperation.

Eine derart konsequent evidenzbasierte Ausrichtung der Resozialisierungs- und Reintegrationsmaßnahmen im und nach Strafvollzug wird in der Theorie sowohl zunehmend gefordert als auch kritisch diskutiert (vgl. Dollinger 2015), im Alltag des Justizvollzugs aber bisher kaum systematisch umgesetzt. Am Beispiel des Übergangsmanagements zur beruflichen Eingliederung von (ehemaligen) Strafgefangenen in Nordrhein-Westfalen soll im Folgenden gezeigt werden, wie eine praxisorientierte (Begleit-)Forschung für die Steuerung und Erfolgskontrolle der vollzugsübergreifenden Zusammenarbeit genutzt werden kann.

3 Handlungsketten: Von begleitender Erfolgskontrolle zu strategischer Steuerung

Der schrittweise Auf- und Ausbau des beschäftigungs- und arbeitsmarktorientierten Übergangsmanagements in NRW, das unter dem Namen „Gemeinschaftsinitiative B5" firmiert[8], basiert auf Ergebnissen von Forschungsprojekten zur

[8]Die Gemeinschaftsinitiative wird in gemeinsamer Verantwortung des Justizministeriums und der Regionaldirektion NRW der Bundesagentur für Arbeit landesweit durchgeführt. Dabei steht das Kürzel B5 für die Leistungsziele „Berufsorientierung insbesondere bei jungen Gefangenen verbessern (B1)", „Berufliche Qualifizierung im Vollzug arbeitsmarktnah weiterentwickeln (B2)", „Beschäftigungsvermittlung im Übergang aus Haft in Freiheit intensivieren (B3)", „Beschäftigung durch flankierende Hilfen für Haftentlassene stabilisieren (B4)" sowie „Beschäftigungsanalysen und Erfolgskontrollen zur Programmsteuerung nutzen (B5)". Die folgenden Ausführungen sind auf den letzten Arbeitsbereich (B5) in Bezug auf die „beschäftigungsorientierte Entlassungsvorbereitung und Nachsorge" (B3 und B4) bezogen. Zur Darstellung des gesamten Arbeitsprogramms (vgl. Wirth 2016).

Wirkungsweise der beruflichen Förderung im Strafvollzug und diversen Modellprojekten, die der Kriminologische Dienst NRW anschließend mit Landes-, Bundes- und EU-Fördermitteln durchgeführt hat (vgl. dazu Wirth 2009). Die entsprechenden Begleitforschungsergebnisse wurden explizit zur evidenzbasierten Konzeptentwicklung des nunmehr in der Praxis landesweit verstetigten Übergangsmanagements genutzt. Als besonders bedeutsam haben sich dabei folgende Erkenntnisse und Schlussfolgerungen erwiesen:

- Es konnte zum einen empirisch bestätigt werden, dass berufsfördernde Maßnahmen im Strafvollzug nicht nur die Beschäftigungsfähigkeit der Inhaftierten erhöhen, sondern zudem von besonderer Bedeutung für die angestrebte Rückfallprävention sind – zum anderen aber auch, dass ihre rückfallmindernden Effekte tatsächlich verpuffen, wenn die Gefangenen nach der Haft keine angemessene Beschäftigungsperspektive finden.
- Darüber hinaus zeigte sich, dass die Chancen zur Aufnahme einer Beschäftigung nach der Entlassung steigen, wenn schon im Rahmen der Entlassungsvorbereitung entsprechende Vermittlungsbemühungen stattfinden – aber auch, dass eine *nachhaltige* berufliche Wiedereingliederung nicht nur möglichst nahtlos wirkende Vermittlungserfolge, sondern auch *nachsorgende* Hilfen zur Beschäftigungsstabilisierung verlangt, die in der traditionellen Vollzugsplanung in der Regel nicht vorgesehen sind.
- Ferner wurde belegt, dass das dazu erforderliche Übergangsmanagement neben der Vermeidung drohender Arbeitslosigkeit als übergeordnetem Ziel vor allem die Problemlagen „Qualifikationsmängel“, „Sucht“, „Schulden“ und „Wohnungslosigkeit“ in den Blick nehmen muss, um erfolgreich zu sein – aber auch, dass die multiplen Problemlagen der (ehemaligen) Gefangenen durch eine vollzugsübergreifende Zusammenarbeit mit ambulanten sozialen Diensten erfolgversprechender bearbeitet werden können als allein durch (intensivierte) Entlassungsvorbereitungen im stationären Kontext des Strafvollzuges.
- Die Erfolgskontrolle der Modellprojekte zur beruflichen Wiedereingliederung (ehemaliger) Gefangener zeigten beispielsweise für die Leistungsperiode 2013/2014, dass knapp 44 % der 1506 teilnehmenden Gefangenen schon in der Entlassungsvorbereitung in Arbeit oder (Folge-)Ausbildungen vermittelt werden konnten – aber auch, dass diese Integrationserfolge gerade bei jungen Gefangenen besonders fragil waren, sodass auch wegen der vorgenannten Problemlagen in der Nachentlassungszeit bei etwa einem Drittel aller unter 25-jährigen bzw. bei 28 % aller Teilnehmenden ein Beschäftigungsabbruch drohte.

- Den Ergebnissen ergänzender Bedingungsanalysen zufolge konnten diese Beschäftigungsabbrüche freilich in fast jedem zweiten Fall (48,4 %) durch stabilisierende Nachsorgeleistungen abgewendet werden – und auch Haftentlassene, die im Rahmen der Entlassungsvorbereitung noch nicht in Ausbildung oder Arbeit vermittelt worden waren oder deren berufliche Integration „im ersten Anlauf" nach der Entlassung gescheitert war, konnten in der Nachsorge zu über 60 % (erneut) vermittelt werden.
- Schließlich zeigte sich, dass die Kooperation mit Arbeitsagenturen und Jobcentern sowohl in der Entlassungsvorbereitung als auch in der Nachsorge zu weiteren Steigerungen der Vermittlungsergebnisse und Integrationserfolge führt – aber auch, dass deren fallbezogene Zusammenarbeit mit Justizvollzugsanstalten vielerorts verbesserungsbedürftig war und den Abbau zuständigkeitsbedingter Kooperationshürden durch eine fallübergreifende Kooperation auf übergeordneter Ebene erforderte.

Auf der Grundlage dieser und weiterer Forschungsergebnisse wurde die Gemeinschaftsinitiative B5 gemeinsam mit der Regionaldirektion NRW der Bundesagentur für Arbeit (weiter-)entwickelt mit dem erklärten Ziel, ein landesweites Übergangsmanagement zur beruflichen Wiedereingliederung von Strafgefangenen und Haftentlassenen aufzubauen und kontinuierlich zu optimieren. Dabei gilt es, die Ergebnisse der vielfältigen Fördermaßnahmen des Strafvollzuges zu sichern, die Mitwirkungsbereitschaft der Gefangenen durch motivierende Schaffung konkreter Beschäftigungsperspektiven zu steigern und Beschäftigungsverhältnisse, die in der Entlassungsvorbereitung vermittelt wurden, durch flankierende Eingliederungsleistungen im Rahmen einer vernetzten Nachsorge zu stabilisieren. Letztere ist angesichts der eingangs beschriebenen „Hochrisikozeit" für Rückfälle in der Regel auf die ersten sechs Monate nach der Entlassung bezogen.

Die nordrhein-westfälische Landesregierung hat der Umsetzung eines entsprechend differenzierten Übergangsmanagements durch neue und erweiterte gesetzliche Regelungen zur Vorbereitung der Entlassung und zur sozialen Eingliederung Rechnung getragen (vgl. Abschn. 11 StVollzG NRW) und ab dem Haushaltsjahr 2015 Mittel in Höhe von rund 1.500.000 EUR für entsprechende Maßnahmen bereitgestellt. Aus diesen Mitteln werden die Kosten für ergänzendes Personal finanziert, das auf der Grundlage einer öffentlichen Ausschreibung von vertraglich verpflichteten Dienstleistern für Aufgaben der beschäftigungsorientierten Entlassungsvorbereitung und Nachsorge sowie für fallübergreifende Vernetzungs- und Koordinationsaufgaben gestellt wird – wohlgemerkt zusätzlich zu dem in der

Gemeinschaftsinitiative eingesetzten Fachpersonal der Justizverwaltung und der Bundesagentur für Arbeit.

An dem Übergangsmanagement sind 34 Justizvollzugsanstalten beteiligt, darüber hinaus die für deren Einzugsbereich zuständigen Arbeitsagenturen und Jobcenter. Zusammen mit den vertraglich verpflichteten Dienstleistern nehmen diese ihre Aufgaben in jeweils einer von insgesamt fünf Regionen wahr, in die das Land für die Umsetzung des Programms aufgeteilt wurde. In jeder Region befinden sich sechs bis neun JVAen und zwei Nachsorgestellen. Das Trägerpersonal ist auf der Basis detaillierter Zielgruppen- und Aufgabenbeschreibungen mit der Verpflichtung zur wechselseitigen Kooperation beim Aufbau bedarfsgerechter Förderketten tätig. Dabei sind klare Erfolgskriterien vorgegeben, die sich sowohl auf Art und Anzahl der zu betreuenden Gefangenen und Haftentlassenen als auch auf deren Vermittlung in Arbeit und Ausbildung beziehen (s. dazu auch Abschn. 4).

Die zur erfolgreichen Gestaltung des Übergangsmanagements erforderliche Zusammenarbeit der Fachdienste in den Justizvollzugsanstalten wird durch speziell ausgebildete Mitarbeiter/innen des Sozialdienstes koordiniert; die regionale Zusammenarbeit des Personals der B5-Dienstleister, namentlich die Gestaltung der Übergänge aus der Entlassungsvorbereitung in die Nachsorge, durch ebenfalls entsprechend zertifizierte Fachkräfte, die auch für die fallübergreifende Vernetzung mit den Arbeitsagenturen und Jobcentern in „ihrer" Region zuständig sind.

Die vollzugsinternen und die vollzugsexternen Vernetzungsfachkräfte sind außerdem gehalten, eng mit dem Kriminologischen Dienst des Landes NRW (KrimD NRW) zusammenzuarbeiten, der aufseiten der Justiz landesweit mit der strategischen Steuerung betraut ist. Diese Aufgabe wird auf der Grundlage eines lange bekannten und dennoch zu häufig unbeachteten Befundes politikwissenschaftlicher Implementations- und sozialpolitischer Evaluationsforschung wahrgenommen, demzufolge die erfolgreiche Umsetzung eines (politisch) gesetzten Zieles oder eines (fachlich) vorgegebenen Programmkonzeptes vor allem dann nicht als selbstverständlich vorausgesetzt werden darf, wenn sie von der Kooperationsbereitschaft und der Kooperationsfähigkeit zahlreicher Akteure auf unterschiedlichen Handlungsebenen abhängig ist (vgl. Pressman und Wildavsky 1984). Bei der Schaffung fallbezogener und fallübergreifender Förderketten im Übergangsmanagement allgemein und speziell bei der Umsetzung der Gemeinschaftsinitiative B5 ist dies unbestreitbar der Fall.

Hier wie dort ist eine konzept- und zielgerechte Programmimplementierung als Resultat eines mehr oder weniger gelungenen Koordinationsprozesses zu betrachten, in dem es gelingen muss, wechselseitig abgestimmte und aufeinander aufbauende *Handlungsketten* zu schaffen – und zwar sowohl im interaktiven Zusammenwirken von Fachpersonal und Klienten als auch in und zwischen den zu beteiligenden Organisationen. Dabei sind nach Kaufmann (1986, S. 225) drei zentrale Funktionen zu gewährleisten:

- Die Setzung von Verfahrens- und Leistungsstandards für Akteure, die verbindlich zusammenwirken müssen, um die angestrebten Ziele zu erreichen.
- Die Kontrolle der Verfahrensabläufe zur Bereitstellung von Informationen für die Sicherung einer (intelligenten) Konformität des Handelns dieser Akteure in dem verknüpften Leistungssystem.
- Die Bewertung und Rückmeldung der Leistungsergebnisse als Voraussetzung für individuelles und institutionelles Lernen.

In der einschlägigen Fachliteratur sind diese Funktionen mit den Begriffen „Guidance, Control and Evaluation" (Kaufmann 1986) beschrieben worden, die allerdings nicht „eins-zu-eins" ins Deutsche übersetzt werden können. Hier bietet sich das Begriffspaar „Steuerung und Erfolgskontrolle" an, wobei der enthaltene Kontrollbegriff doppeldeutig ist. Zum einen bezieht er sich in tendenziell bürokratischer Manier auf die Kontrolle der erforderlichen *Handlungsketten* mithilfe eines Controllings, das im Idealfall eine rechtzeitige Erkennung von Fehlentwicklungen (etwa bei der Entwicklung der Fallzahlen in der Entlassungsvorbereitung und in der Nachsorge) erlaubt. Zum anderen beinhaltet er in einem eher wissenschaftlichen Sinn die inhaltliche Evaluierung der geschaffenen *Förderketten* mit Methoden sozialwissenschaftlicher Analyse, die idealiter auch eine verbesserte Erklärung der vorgenannten *Wirkungsketten* ermöglicht und so nicht nur (Um-) Steuerungsprozesse in der Praxis, sondern auch Forschungsprozesse in der Wissenschaft fördern kann.

Die systematische Erfolgskontrolle des Übergangsmanagements stellt somit das empirische Fundament der landesweiten Steuerung der Gemeinschaftsinitiative B5 dar, die der KrimD NRW im Sinne einer evidenzbasierten Koordinierung der beteiligten Akteure auf der Grundlage vorgegebener Verfahrensstandards und Zielerreichungskriterien umsetzt. Die dabei erarbeiteten Analyseergebnisse werden auch bei der Berechnung der finanziellen Vergütung der B5-Dienstleister berücksichtigt, vor allem aber zur konzeptionellen Weiterentwicklung des B5-Programms genutzt.

Dabei bietet ein *begleitend durchgeführtes Monitoring* Informationen über den Implementationsstand der B5-Angebote in den Justizvollzugsanstalten sowie monatlich aggregierte Daten über die Fallentwicklung und über die Vermittlung der Teilnehmenden in Arbeit oder Ausbildung. Eine *„eingebettete" Programmevaluation* bietet darüber hinaus empirisch fundierte Erkenntnisse über individuelle Handlungsbedarfe der Teilnehmenden und daran anknüpfende

Eingliederungsplanungen sowie über Art und Ergebnisse der erbrachten Eingliederungsleistungen, die in standardisierter Form von den zuständigen Fachkräften in einem elektronischen Dokumentationssystem erfasst werden.

Die somit stets unmittelbar nach Abschluss der Entlassungsvorbereitung und Nachsorge zur Verfügung stehenden Falldaten werden unter anderem für regional vergleichende Analysen genutzt. Deren Ergebnisse werden in quartalsweise durchgeführten Koordinationssitzungen und regionalen Arbeitskreisen mit Vertreterinnen und Vertretern der beteiligten Akteure erörtert, um Optimierungsbedarfe und best-practices identifizieren, einen fachlichen Austausch über die weitere (Zusammen-)Arbeit initiieren und so Lernprozesse für eine erfolgreiche(re) Leistungserbringung in Gang setzen zu können.

4 Innovationsketten: Von individuellem Lernen zu lernenden Institutionen

Als Beispiel mögen hier Zwischenergebnisse der beschäftigungsorientierten Entlassungsvorbereitung (B3) und Nachsorge (B4) zum Jahresende 2016 dienen. Sie zeigen, dass in der Aufbauphase des neu konzipierten Übergangsmanagements für 45,8 % der B3-Teilnehmer/innen ein Übergang in die B4-Nachsorge gelungen war und dass in der Entlassungsvorbereitung 43,2 % bzw. in der Nachsorge 58,9 % der Teilnehmenden in Arbeit oder Ausbildung vermittelt werden konnten. Damit wurden die Zielvorgaben von 40 % erfolgreicher Vermittlungen in B3 und von 60 % in B4 sowie von 50 % für den Übergang aus B3 in B4 landesweit bereits teilweise erreicht, teilweise aber noch knapp verfehlt.[9]

Allerdings wurden erhebliche Unterschiede in den Zielerreichungsbilanzen der für die fünf B5-Regionen zuständigen Dienstleister sichtbar. Bei den in B3 erreichten Vermittlungsquoten wurde eine Differenz von 26,9 Prozentpunkten zwischen dem besten und dem schlechtesten Ergebnis registriert; bei den in B4 erreichten Vermittlungsquoten eine Differenz von 29,4 Prozentpunkten.

[9]Die Zielerreichungsvorgaben sind in der B5-Leistungsbeschreibung definiert. Grundlegend ist dabei die Vorgabe eines Personalschlüssels von 45 laufenden Fällen pro Fachkraft. Bei Einhaltung der jeweils sechsmonatigen Entlassungsvorbereitung und Nachsorge führt dies zu 90 abgeschlossenen Fällen pro Jahr/Fachkraft. Im Rahmen der gegenwärtigen Personalausstattung ergeben sich daraus Sollwerte von jährlich 1641 Fällen in der Entlassungsvorbereitung (B3) und von 810 Fällen in der Nachsorge (B4). Eine differenzierte Darlegung der Erfolgskriterien ist bei Wirth (2016) zu finden.

Hinsichtlich der erfolgreichen Übergänge aus der Entlassungsvorbereitung in die Nachsorge gab es sogar Unterschiede von bis zu 40 Prozentpunkten zwischen den fünf B5-Regionen.

Durch die schnelle Verfügbarkeit der Daten konnten diese Befunde schon im ersten Quartal 2017 zum Gegenstand einer Koordinationssitzung mit den vertraglich verpflichteten B5-Dienstleistern gemacht werden, um über den fachlichen Austausch eine Steigerung der Leistungseffektivität zu erreichen. Dabei wurden individuelle und organisatorische Verfahrensfehlerquellen analysiert, regional unterschiedliche Erfolgsbedingungen identifiziert, diverse Prozessbeschreibungen optimiert und die beteiligten Akteure zur Intensivierung der zielorientierten Zusammenarbeit motiviert. Die zur Jahresmitte 2017 und anschließend jeweils alle drei Monate erfolgenden Datenaktualisierungen werden zeigen, ob und inwieweit sich dies in verbesserten Übergangs- und Integrationsergebnissen niederschlagen wird.

Bei Bedarf kann die strategische Steuerung des B5-Programms auf diese Weise folglich auch zukünftig regelmäßig Verfahrensregeln und Leistungsstandards kontinuierlich überprüfen, aktualisieren oder neu setzen. Die Befunde der Programmevaluation ermöglichen zudem eine empirisch begründete Weiterentwicklung des B5-Konzepts, das bei folgenden öffentlichen Ausschreibungen der Leistungen des Übergangsmanagements genutzt werden kann. Sie fließen darüber hinaus in zertifizierte Schulungsreihen und themenbezogene Schulungsangebote ein, die dem B5-Personal zur weiteren Professionalisierung der Arbeit angeboten werden und bieten schließlich eine solide Basis für weiterführende wissenschaftliche Analysen zur Evaluation des Übergangsmanagements.

Eine weitere fachliche Untermauerung erhält dieses strategische Steuerungskonzept der Gemeinschaftsinitiative B5 durch die systematische Anwendung des Handlungskonzeptes Case Management, das ebenfalls spezifische Monitoring- und Evaluationsschritte auf unterschiedlichen Handlungsebenen vorsieht. In der Anpassung dieses Konzeptes an die Erfordernisse des Strafvollzuges werden dabei ebenfalls drei analytisch trennbare, gleichwohl praktisch miteinander verbundene Steuerungsebenen unterschieden:

- Die Ebene der *individuellen Fallsteuerung,* in deren Zentrum die *Vermittlung* der (ehemaligen) Gefangenen in Arbeit oder Ausbildung steht. Neben den Prozessschritten der Teilnahmevereinbarung, Bedarfsklärung, Eingliederungsplanung und Vermittlung ist hier eine *Verlaufskontrolle* zur Prüfung der Planungsumsetzung sowie eine *Leistungsevaluation* vorgesehen, mit der die Entwicklung der Klienten bewertet und etwaige Folgebedarfe festgestellt werden, um ggf. nötige Anschlussleistungen einzuleiten.

- Die Ebene der *fallübergreifenden Netzwerksteuerung,* die sich im Kern auf intra- und interorganisatorische *Vernetzungen* bezieht. Hier geht es darum, vollzugsinterne und vollzugsexterne Akteure für die Zusammenarbeit zu motivieren und verbindliche Kooperationsverfahren zu vereinbaren, die Verfahrenssicherheit für die Fallarbeit schaffen können. Neben der Definition, Analyse, Planung und Durchführung der Vernetzung beinhaltet die Erfolgskontrolle hier ein *Netzwerkmonitoring,* das Auskunft über Anzahl und Verfügbarkeit relevanter Ansprechpartner gibt, sowie eine *Netzwerkevaluation* anhand der qualitativen Analyse von Sitzungsprotokollen und Ergebnisniederschriften der „Arbeitskreise Regionale Vernetzung".
- Die Ebene der *systematischen Implementationssteuerung* zur institutionellen *Verstetigung* des Übergangsmanagements. Ausgehend von der Setzung politischer und fachlicher Ziele, der Prüfung formaler Zuständigkeiten und der Formulierung von Kooperationsvereinbarungen bzw. von (unter-)gesetzlichen Vorgaben zur Verankerung des Übergangsmanagements sind hier sowohl das Bemühen um *Qualitätssicherung* im Rahmen der o. a. Koordinationssitzungen als auch die „eingebettete" *Programmevaluation* als steuerungsrelevante Prozessschritte vorgesehen.

Der KrimD NRW, der für dieses Verfahrensmodell einen Innovationspreis der Deutschen Gesellschaft für Care und Case Management (DGCC) erhalten hat[10], informiert freilich nicht nur die in der Praxis beteiligten Akteure, sondern auch das Justizministerium und die Regionaldirektion der Bundesagentur für Arbeit regelmäßig über Art und Entwicklung der geleisteten Arbeit. Auch auf dieser übergeordneten Steuerungsebene werden daraus Schlussfolgerungen zur konzeptionellen Weiterentwicklung der institutionellen Zusammenarbeit gezogen. Soweit damit Änderungen der Verfahrens- und Leistungsstandards in der individuellen Fallsteuerung, der regionalen Netzwerksteuerung und auch der landesweiten Implementationssteuerung verbunden sind, werden deren Folgen dann wiederum begleitend evaluiert und begründen so weitere Lernzyklen und Entwicklungsschritte.

[10]Der KrimD NRW wurde anschließend von der DGCC das Recht zuerkannt, Case Management Ausbildungen durchzuführen und hat inzwischen diverse Schulungsreihen mit einem eigens entwickelten Curriculum abgeschlossen, um unter anderem sicherzustellen, dass den Sozialdiensten jeder Justizvollzugsanstalt eine zertifizierte Case-Management Fachkraft zur Verfügung steht, die dort für die örtliche Institutionalisierung des Übergangsmanagements zuständig ist (Weiteres dazu bei Grosch und Wirth 2011, 2015a).

In Form eines abschließenden Fazits kann die „Steuerung und Erfolgskontrolle des Übergangsmanagements" in der Gemeinschaftsinitiative B5 als aktuelles Beispiel für die praxisorientierte Verknüpfung von Forschung und Entwicklung im deutschen Strafvollzug verstanden werden. Die erfolgreiche Gestaltung des Übergangsmanagements zur Wiedereingliederung von Gefangenen und Haftentlassenen ist angesichts der Komplexität der Aufgaben und der Vielzahl der zu beteiligenden Akteure auf Koordinationsleistungen angewiesen, die sich mit den klassischen Steuerungsinstrumenten des Marktes („Preis") und der Verwaltung („Hierarchie") allein nicht zielgerecht lösen lassen. Ergänzend ist eine professionelle Steuerung auf der Grundlage fachlicher Diskurse (vgl. Majone 1986) unabdingbar, die auf eine empirische Leistungs- und Programmevaluation angewiesen ist und so institutionelles Lernen (auch) auf der Grundlage individueller und interaktiver Lernerfahrungen ermöglicht.

Die Bereitschaft zu individuellem Lernen wird im Strafvollzug und im Übergangsmanagement gewöhnlich von den Inhaftierten erwartet. Soweit diese nicht fähig sind, nach der Haft ein Leben ohne neue Straftaten zu führen, ist es die erklärte Aufgabe des Strafvollzuges, ihnen das erforderliche „Know-How" zu vermitteln. Im Übergangsmanagement gilt es dann, die zielführende Umsetzung des im Vollzug Gelernten durch eine begleitende Unterstützung nach der Entlassung zu ermöglichen. Allerdings verlangt die erfolgreiche Wahrnehmung dieser Aufgabe auch aufseiten des zuständigen Personals ein spezielles „Know-How", das angesichts der Neuartigkeit des Übergangsmanagements bisher erst in Ansätzen verfügbar ist. Empirische Erfolgskontrollen, die im Sinne „eingebetteter Evaluationen" unmittelbar mit der praktischen Steuerung des Übergangsmanagements verbunden sind, können hier Abhilfe schaffen, indem sie zeigen, welche Integrationseffekte in verschiedenen Kooperationsszenarien mit unterschiedlichen Zielgruppen erreicht werden. Dieses und weiteres Wissen kann systematisch zur kontinuierlichen Verbesserung der Leistungen und nicht zuletzt auch für die Sicherung politischer und öffentlicher Unterstützung, einschließlich der erforderlichen Finanzierung des Übergangsmanagements, genutzt werden.

So ist das Übergangsmanagement einerseits eine bedeutende Innovation, die im Zuge der Strafvollzugsreformen der letzten Jahre entwickelt wurde. Zum anderen bietet es aber auch beste Voraussetzungen zur Generierung neuen Wissens für die klassische Vollzugsgestaltung, das über den praktischen Steuerungsnutzen hinaus auch wissenschaftlichen Erkenntnisgewinn verspricht. Dieses Wissen kann und sollte zur evidenzbasierten Schaffung weiterer Innovationsschritte herangezogen werden, zu denen auch der Strafvollzug angesichts des gesellschaftlichen Wandels weiterhin gezwungen sein wird.

Literatur

Aos, S., & Drake, E. (2013). *Prison, police and programs: Evidence-based options that reduce crime and save money*. Washington: Olympia.

Aos, S., Miller, M., & Drake, E. (2006). *Evidence-based public policy options to reduce future prison construction. Criminal justice costs and crime rates*. Washington: Olympia.

Davis, L. M., Steele, J. L., Bozick, R., Williams, M. V., Turner, S., Miles, J. N. V., Saunders, J., & Steinberg, P. S. (2013). *How effective is correctional education, and where do we go from here?* Santa Monica: Rand Corporation.

Dollinger, B. (2015). Was wirkt aus wessen Perspektive? Aktuelle Tendenzen der, evidence-based criminology' und ihre Konsequenzen für Politik und professionelle Praxis. *Monatsschrift für Kriminologie und Strafrechtsreform, 98,* 428–443.

Grosch, B., & Wirth, W. (2011). Case Management im Strafvollzug. Das Modellprojekt INA. *Case Management, 8*(4), 187–189.

Haunberger, S., & Gilgen, C. (2016). Wirkungsnachweise im Justizvollzug – methodologische Herausforderungen und „blinde Flecken". Eine systematische Literaturübersicht. *Bewährungshilfe, 63*(4), 38–406.

Jehle, J.-M., Albrecht, H.-J., Hohmann-Fricke, S., & Tetal, C. (2016). *Legalbewährung nach strafrechtlichen Sanktionen. Eine bundesweite Rückfalluntersuchung 2010–2013 und 2004 bis 2013*. Berlin: Forum Verlag Godesberg GmbH.

Kaufmann, F. X. (1986). The Relationship between Guidance, Control, and Evaluation. In F. X. Kaufmann, G. Majone, V. Ostrom with assistance of W. Wirth (Hrsg.), *Guidance, control, and evaluation in the public sector* (S. 211–228). Berlin: De Gruyter.

Kerner, H.-J., & Wirth, W. (1996). Erfolgsbeurteilung nach Strafvollzug. Ein Teil des umfassenden Problems vergleichender Sanktionsforschung. In H.-J. Kerner, G. Dolde, & H.-G. Mey (Hrsg.), *Jugendstrafvollzug und Bewährung. Analysen zum Vollzugsverlauf und zur Rückfallentwicklung* (S. 1–114). Bonn: Forum Verlag Godesberg.

Landtag Nordrhein-Westfalen. (2014). Gesetzesentwurf der Landesregierung. Gesetz zur Regelung des Vollzuges der Freiheitsstrafe und zur Änderung des Jugendstrafvollzugsgesetzes in Nordrhein-Westfalen. Drucksache 16/5413 – Neudruck 27.03.2014.

Lobitz, R., & Wirth, W. (2015). Evaluation des Jugendstrafvollzuges in Nordrhein-Westfalen. Ergebnisbericht 2013. Düsseldorf.

Lösel, F. (2010). What works in reducing reoffending: A global perspective. "First European Seminar of the STARR Project, 27 April 2010, Cambridge, UK. http://www.starr-probation.org/uploaded_files/Pres%20STARR%20Cam%2010%20Loesel.pdf. Zugegriffen: 31. Okt. 2016.

Lösel, F. (2016). Wie wirksam ist die Straftäterbehandlung im Justizvollzug? In M. Rettenberger & A. Dessecker (Hrsg.), *Behandlung im Justizvollzug* (S. 17–52), Wiesbaden: KrimZ.

Lösel, F., Köhler, J. A., & Hamilton, L. (2012). Resozialisierung junger Straftäter in Europa: Ergebnisse einer internationalen Studie über Maßnahmen zur Rückfallprävention. *Bewährungshilfe, 59*(2), 175–190.

Maelicke, B., & Wein, C. (2016). *Komplexleistung Resozialisierung. Im Verbund zum Erfolg*. Baden-Baden: Nomos.

Majone, G. (1986). Mutual adjustment by debate and persuasion. In F. X. Kaufmann, G. Majone, V. Ostrom with assistance of W. Wirth (Hrsg.), *Guidance, control, and evaluation in the public sector* (S. 445–458). Berlin: De Gruyter.

Matt, E. (2014). *Übergangsmanagement und der Ausstieg aus der Straffälligkeit. Wiedereingliederung als gemeinschaftliche Aufgabe*. Herbolzheim: Centaurus.

Ostendorf, H. (2016). Vollzugsplanung. In H. Ostendorf (Hrsg.), *Jugendstrafvollzugsrecht. Handbuch* (S. 145–192). Baden-Baden: Nomos.

Pressman, J., & Wildavsky, A. (1984). Implementation: How great expectations in Washington are dashed in Oakland: Or, why it's amazing that federal programs work at all, this being a saga of the economic development administration as told by two sympathetic observers who seek to build morals on a foundation of ruined hopes. Berkeley: University of California Press.

Pruin, I. (2016). „What works?" and what else do we know? Hinweise zur Gestaltung des Übergangsmanagements aus der kriminologischen Forschung. In F. Dünkel, J. Jesse, I. Pruin, & M. von der Wense (Hrsg.), *Die Wiedereingliederung von Hochrisikotätern* (S. 247–271). Mönchengladbach: Forum Verlag Godesberg.

Suhling, S. (2012). Evaluation des Jugendstrafvollzugs: Begriffe und Konzepte. *Bewährungshilfe, 59*(2), 101–114.

Suhling, S. (2016). Wirksamkeitsuntersuchungen im Strafvollzug. *Forum Strafvollzug, 65*(3), 163–167.

Wirth, W. (1996). Legalbewährung nach Jugendstrafvollzug: Probleme und Chancen von Aktenanalyse, Wirkungsanalyse und Bedingungsanalyse. In H.-J. Kerner, G. Dolde, & H.-G. Mey (Hrsg.), *Jugendstrafvollzug und Bewährung. Analysen zum Vollzugsverlauf und zur Rückfallentwicklung* (S. 467–496). Bonn: Forum Verlag Godesberg.

Wirth, W. (2009). Innovation auf der Grundlage praxisorientierter Forschung. Die strategische Nutzung von Modellprojekten zur verbesserten Arbeitsmarktintegration von Strafgefangenen. In H. Preusker, B. Maelicke, & C. Flügge (Hrsg.), *Das Gefängnis als Risikounternehmen* (S. 231–245). Baden-Baden: Nomos.

Wirth, W. (2014). 10 Gebote im Übergangsmanagement. Was die Strafvollzugspraxis von der Strafvollzugsforschung lernen kann. In F. Neubacher & M. Kubink. (Hrsg.), *Kriminologie – Jugendkriminalrecht – Strafvollzug. Gedächtnisschrift für Michael Walter* (S. 653–667). Berlin: Duncker & Humblot.

Wirth, W. (2015a). Übergangsmanagement im Strafvollzug: Rechtliche Grundlagen und fachliche Herausforderungen. *Case Management, 12*(2), 60–67.

Wirth, W. (2015b). Übergangsmanagement im und nach (Jugend-)Strafvollzug: Von der Entlassungsvorbereitung zum Übergangssystem. In M. Schweder (Hrsg.), *Handbuch Jugendstrafvollzug* (S. 599–617). Weinheim: Juventa.

Wirth, W. (2016). Übergangsmanagement zur beruflichen Eingliederung von (ehemaligen) Gefangenen. Leistungsbeschreibung einer arbeitsmarktorientierten Entlassungsvorbereitung, Nachsorge und Vernetzung im Rahmen der Gemeinschaftsinitiative B5. In B. Maelicke & H.-J. Plewig (Hrsg.), *Erfolgreich, aber gescheitert – Der steinige Weg von Innovationen in der Kriminalpolitik* (S. 172–199). Köln: DBH.

Wirth, W. (2018). Jugendstrafvollzug: Maßnahmen der Wiedereingliederung und Übergangsmanagement aus kriminal- und sozialpolitischer Sicht. In B. Dollinger & H. Schmidt-Semisch (Hrsg.), *Handbuch Jugendkriminalität. Interdisziplinäre Perspektiven*. (3. Aufl., S. 711–728). Wiesbaden: Springer VS.

Wydra, B., & Pfalzer, S. (2013). Zusammenarbeit. Kommentierung zu § 154 StVollzG. In H. D. Schwind, A. Böhm, J.-J. Jehle, & K. Laubenthal (Hrsg.), *Strafvollzugsgesetz. Bund und Länder. Kommentar* (S. 1104–1112). Berlin: De Gruyter.

Soziale Dienste der Justiz – Traditionen und aktuelle Diskurse

Wolfgang Klug

1 Rahmenbedingungen

Unter den Sozialen Diensten der Justiz versteht man heute gemeinhin die unter dem Dach der Justiz organisierte ambulante Soziale Arbeit, insbesondere Bewährungshilfe, Führungsaufsicht und Gerichtshilfe, in manchen Bundesländern auch die Opferhilfe.

Die gesetzlichen Bestimmungen für die **Bewährungshilfe** in Deutschland sind denkbar knapp. Das Strafgesetzbuch legt fest:

> „*§56d Bewährungshilfe*
> (1) Das Gericht unterstellt die verurteilte Person für die Dauer oder einen Teil der Bewährungszeit der Aufsicht und Leitung einer Bewährungshelferin oder eines Bewährungshelfers, wenn dies angezeigt ist, um sie von Straftaten abzuhalten. (…)
> (3) Die Bewährungshelferin oder der Bewährungshelfer steht der verurteilten Person helfend und betreuend zur Seite. Sie oder er überwacht im Einvernehmen mit dem Gericht die Erfüllung der Auflagen und Weisungen sowie der Anerbieten und Zusagen und berichtet über die Lebensführung der verurteilten Person in Zeitabständen, die das Gericht bestimmt. Gröbliche oder beharrliche Verstöße gegen Auflagen, Weisungen, Anerbieten oder Zusagen teilt die Bewährungshelferin oder der Bewährungshelfer dem Gericht mit."

Analog dazu sind ergänzende Bestimmungen im § 57 StGB zur *Aussetzung des Strafrestes bei zeitiger Freiheitsstrafe.*

W. Klug (✉)
Eichstätt, Deutschland
E-Mail: wolfgang.klug@ku.de

B. Maelicke und S. Suhling (Hrsg.), *Das Gefängnis auf dem Prüfstand,*
Edition Forschung und Entwicklung in der Strafrechtspflege,
https://doi.org/10.1007/978-3-658-20147-0_24

Speziell für Jugendliche finden sich im Jugendgerichtsgesetz entsprechende Passagen, allerdings mit einer Erweiterung in Bezug auf den erzieherischen Auftrag *(§ 24 JGG).*

Eine weitere Bestimmung findet sich im Bereich der **Führungsaufsicht.** Diese kann bei bestimmten gesetzlich normierten Taten (§ 181b StGB i. V. mit § 68 Abs. 1 StGB) eine Führungsaufsicht anordnen, z. B. bei Vollverbüßern einer Haftstrafe von mindestens zwei Jahren (§ 68 f. StGB), bei Entlassenen aus der Sicherungsverwahrung (§ 67d Abs. 3 StGB), bei Beendigung der Maßregel wegen Ablauf der Höchstfrist (§ 67d Abs. 4 StGB). Voraussetzung für eine Führungsaufsicht ist die Gefahr, dass der Straftäter weitere Straftaten begehen wird (§ 68 Abs. 1 StGB). Im Gegensatz zur Bedingung für die Aussetzung einer Strafe zur Bewährung geht der Gesetzgeber bei Verhängung der Führungsaufsicht also von einer schlechten Prognose aus.

Der gesetzliche Rahmen für Bewährungshilfe/Führungsaufsicht lässt sich demnach so zusammenfassen: Die Sozialen Dienste sind im Auftrag des Gerichts einem Klienten zugeordnet, um diesem einerseits bei einer straffreien Lebensführung zu helfen, ihn andererseits aber auch zu überwachen, um mögliche Rückfallrisiken zu erkennen.

Die **Gerichtshilfe** ist im ursprünglichen Sinne ein Organ der Ermittlungs- und Entscheidungshilfe im Auftrag der Staatsanwaltschaft oder des Gerichtes.

Auch die Aufgabenbereiche der Gerichtshilfe werden in den einschlägigen gesetzlichen Bestimmungen nur sehr grob beschrieben (ausführlich zu Geschichte und gesetzliche Rahmenbedingungen: Klug und Schaitl 2012, S. 86 ff.). Das Oberlandesgericht München charakterisiert die Aufgaben der Gerichtshilfe wie folgt:

> Aufgabe der Gerichtshilfe ist es, Staatsanwaltschaften und Gerichten in verschiedenen Stadien des Ermittlungs-, Straf- und Vollstreckungsverfahrens durch die Erforschung der Persönlichkeit und des Umfelds erwachsener Straffälliger wichtige Entscheidungshilfen zu geben. Die Gerichtshilfe
>
> - ermittelt die persönlichen und wirtschaftlichen Verhältnisse von Beschuldigten und von Verurteilten
> - macht Vorschläge für geeignete Bewährungsauflagen
> - stellt Gründe für Auflagenverstöße fest
> - überprüft Gnadengründe
> - führt den Täter-Opfer-Ausgleich im Erwachsenenstrafrecht durch.
>
> Im **Ermittlungsverfahren** leistet die Gerichtshilfe damit einen Beitrag zur
>
> - Bestimmung täterbezogener Rechtsfolgen
> - Auswahl geeigneter Probanden für die Bewährungshilfe

- Ergänzung gerichtsmedizinischer und psychiatrischer Begutachtungen
- Einleitung bzw. Vermittlung erster Hilfs- und Behandlungsmaßnahmen.

Im **Vollstreckungsverfahren** trägt die Gerichtshilfe dazu bei

- Bewährungsauflagen an die Lebenswirklichkeit der Verurteilten anzupassen
- den gerichtlichen Entscheidungen Nachdruck zu verleihen
- vermeidbare Bewährungswiderrufe und damit Haftverbüßung abzuwenden (Oberlandesgericht München o. J.).

2 Traditionen und Bedingungen des Wandels

Traditionell ist die Bewährungshilfe/Führungsaufsicht **organisatorisch** den Landgerichten, die Gerichtshilfe den Staatsanwaltschaften zugeordnet. Dies ist nicht zwingend und schon gar nicht unproblematisch. In seiner empirischen Untersuchung sieht beispielsweise Kurze (1999) Probleme bei der hierarchischen Einbindung Sozialer Dienste in den justiziellen Verwaltungsapparat, dies sei ein Hemmnis für die professionelle Entfaltung der sozialen Dienste. Für die Professionsentwicklung ist besonders irritierend, dass im Landgerichts-/Staatsanwaltschafts-Modell die klare fachliche Führungslinie von Professionsangehörigen der Sozialen Arbeit durch strategische und operative Kompetenzen von Juristen (Landgerichtspräsidenten/Staatsanwälten) durchbrochen ist. In einigen Bundesländern gibt es noch ein „Sprecher-Modell", das eine direkte fachliche Kontrolle durch Professionsangehörige nicht zulässt (vgl. Klug und Schaitl 2012, S. 136 ff.), ein Umstand, der in keiner anderen Profession vorstellbar ist.

In vielen Bundesländern zeigte sich seit Mitte der 2000er Jahre ein Bedarf an erneuerten Strukturen, in denen insbesondere Fragen der strategischen Ausrichtung, der Weiterentwicklung methodischer Prozesse, aber auch der Personal- und Qualitätsentwicklung professionsspezifisch bearbeitet werden können. Da diese Fragestellungen nicht dem Zufall oder Professionsfremden überlassen werden sollten, erschien eine klare professionelle Führungsstruktur nötig. Eine solche ist in verschiedenen Bundesländern entstanden; man kann beispielsweise an die Zusammenfassung zu einem Allgemeinen Sozialen Dienst der Justiz denken, wie er in Niedersachsen praktiziert wird, oder an die Gründung eines Landesamtes wie in Mecklenburg-Vorpommern und die Übertragung der Bewährungshilfe an einen privaten Träger in Baden-Württemberg. Sie wurde ab 2017 unter Beibehaltung sämtlicher Strukturen und Personen wieder als Landesbehörde organisiert.

Anders als in angelsächsischen Ländern haben sich in Deutschland **Bewährungs- und Gerichtshilfe** auseinanderentwickelt. Das war durchaus nicht immer so. In den Gründerjahren der Justizsozialarbeit war man der Meinung, dass eine geregelte Zusammenarbeit beider Dienste *„sehr zweckmäßig"* sei, da eine frühzeitige zwischen Bewährungs- und Gerichtshilfe abgestimmte Berichterstattung für den Richter eine gute Grundlage für eine Entscheidung über die Art der Betreuung, der Gestaltung von Auflagen/Weisungen und die Person des Bewährungshelfers sein könne (Kruse 1956, S. 94).

In den Folgejahren ist jedoch erkennbar, wie die Gräben zwischen den Diensten größer wurden und sich insbesondere entlang des Selbstverständnisses des jeweiligen Dienstes bewegten. Neuerdings wurde im Landtag von Rheinland-Pfalz beschlossen:

> Die Trennung von Bewährungshilfe und Gerichtshilfe bietet beste Gewähr dafür, dass beide ihre je gesonderten gesetzlichen Aufgaben bestmöglich wahrnehmen können. Eine Abkopplung der Gerichtshilfe von den Staatsanwaltschaften, von denen sie ca. 90 Prozent ihrer Arbeitsaufträge erhält, würde zu einer deutlichen Verschlechterung ihrer Funktionserfüllung führen und insbesondere das beim Täter-Opfer-Ausgleich in Rheinland-Pfalz erreichte hohe Niveau hochgradig gefährden (Landtag Rheinland-Pfalz 2015).

Mittlerweile hat die überwiegende Mehrzahl der Bundesländer eine funktionierende einheitliche Struktur von Bewährungs- und Gerichtshilfe, ohne dass dies in eine „Verschlechterung ihrer Funktionserfüllung" gemündet wäre. Zudem kann man den Täter-Opfer-Ausgleich auch mit Freien Trägern organisieren, insofern ist eine Trennung beider Dienste rational nicht zu erklären, sondern lediglich ein weiterer Baustein einer ohnedies stark „versäulten" Justizsozialarbeit mit der Konsequenz einer lückenhaften oder zufälligen Zusammenarbeit zwischen den Diensten. Die Zuordnung zur Staatsanwaltschaft mit dem damit einhergehenden Selbstverständnis der Gerichtshilfe als „Ermittlungsbehörde" entkleidet diese zudem ihres sozialarbeiterischen Selbstverständnisses. Schon 1995 betonte Maelicke:

> Kritischer Ressourceneinsatz vermeidet Doppelarbeit und Aufgabenüberschneidungen: so [sic] soll ermöglicht werden, daß Diagnose, Prognose und Behandlung auch bei den ambulanten Diensten in einer Hand liegen: dies [sic] bedeutet ganzheitliche Aufgabenwahrnehmung von Gerichtshilfe und Bewährungshilfe (Maelicke 1995, S. 45).

Keineswegs also ist von einer „Verschlechterung ihrer Funktionserfüllung" auszugehen, wenn beide Dienste strukturell vernetzt sind, sondern die Verknüpfung nutzt im Gegenteil allen Beteiligten, nicht zuletzt der Justiz selbst (Beispiele hierfür: Schweden vgl. Persson und Svensson 2012; United Kingdom vgl. Raynor et al. 1994).

Während es zur **methodischen Arbeit** der deutschen Gerichtshilfe kaum im wissenschaftlichen Sinne brauchbare Darstellungen gibt, wurden in den letzten Jahren im Bereich der Bewährungshilfe in fast allen Bundesländern Standards entwickelt, die das methodische Vorgehen beschreiben sollen. Das zeigt, dass sich die Auffassung von dem Methodengebrauch gewandelt hat. Felix Braun (2014) hat in einem Artikel die verschiedenen Phasen der Methodenentwicklung nachgezeichnet und kommt zu einer erstaunlichen Bandbreite der verwendeten Methoden in den verschiedenen untersuchten Zeiträumen:

Methode	1980–1989	1990–1999	2000–2010
Klientenzentrierte Gesprächsführung	X		
Familientherapie	X		
Sozial-integrative Methode	X	X	
Soziale Gruppenarbeit	X	X	X
Supervision	X	X	X
Anti-Gewalt-Training		X	X
Case Management		X	X (inkl. Risiko Management)
Psychosoziale Diagnose		X	X (inkl. Risiko Management)
Erlebnispädagogik			X
Lösungsorientierte Beratung			X
Gemeinwesenarbeit	X		

(Braun 2014, S. 335)

Braun zeigt in überzeugender Weise, dass sich methodischer Wandel in der Bewährungshilfe immer vollzogen hat und immer auch gesellschaftliche oder wissenschaftliche Veränderungen für solche Veränderungen Pate standen.

3 Notwendigkeit des Wandels: die empirische Wende

Einige der aktuellen Gründe für Wandlungsprozesse seien im Folgenden nachgezeichnet.

3.1 Evidenzbasierte Soziale Arbeit

Je mehr sich seit den 90er-Jahren die Sozialarbeitswissenschaft etabliert und von traditionellen Leitwissenschaften (wie z. B. der Sozialpädagogik) emanzipiert hat, desto stärker wurde auch der Einfluss der **empirischen Wissenschaften** auf das

Selbstverständnis Sozialer Arbeit. Thomas Rauschenbach, Direktor des Deutschen Jugendinstitutes, hat für die Jugendhilfe die Notwendigkeit einer „empirischen Wende" diagnostiziert. Er grenzt Methoden gemäß empirischer Forschung von „leitmotivische(n) Untertöne(n) sozialpädagogischer Betroffenheitssemantik" ab (Rauschenbach 2011, S. 13), und verweist damit auf die Neigung mancher Fachkräfte, mit moralischer Empörung statt mit seriösen Forschungen für ihre Ziele einzutreten. Markenzeichen mancher Sozialpädagogen sei, so Rauschenbach, eine normative Ausrichtung an „Maximen der sozialen Gerechtigkeit, der Solidarität, der Parteilichkeit und der Teilhabe", sie seien „angetreten im Namen der guten Sache, stets mit einem verständnisvollen Überschuss für die Abweichungen, Eigenheiten und Schwächen der Menschen und des Einzelfalls" (ebd., S. 17), aber wenig interessiert an und wenig beeindruckt von empirischen Erkenntnissen. Aber erst mit der **„empirischen Wende"**, mit seriösen empirischen Ergebnissen sei die Sozialpädagogik ein „Mitspieler"(ebd., S. 16).

Die diesbezügliche Ausgangslage der Bewährungshilfe, wie sie von der Wissenschaft Anfang der 2000er-Jahre beschrieben wird, ist nicht erheiternd. Die Wissenschaft attestiert der Praxis in angelsächsischen Ländern: *„lack of hard evidence that traditional probation practice had been effective in reducing recidivism rates"* (Burnett und McNeill 2005, S. 230), was auch für Deutschland gilt. Denn auch Kurze wird in seiner Untersuchung der deutschen Praxis deutlich: Er bezeichnet den (rein auf Sammlung von vermeintlich gemeinsamer guter Praxis beruhenden) Versuch der Standardisierung als misslungen, vor allem wegen „zu sehr auf ethische(n) oder moralische(n) Appelle(n)" aufbauenden Konstruktionen, deren Konkretisierungsgrad zu wünschen übrig lasse (Kurze 1999, S. 27). Der moralische Appell zur Veränderung gesellschaftlicher Verhältnisse ist wohlfeil, die methodische Konkretion zur Verwirklichung der Ziele (z. B. ein „Bewusstsein der Gesellschaft" für die strukturelle Bedingtheit der Kriminalitätsentstehung zu schaffen) muss folgen, sonst geraten die Ansprüche an das, was verändert werden soll, in einen Gegensatz zu den Möglichkeiten Sozialer Arbeit und sind dann nur verbale Veränderungs-Appelle an andere („die Politik", „die Gesellschaft").

3.2 Auftragsklärung

Es ist auffallend, dass im Bereich der Sozialen Dienste der Justiz bisweilen Klarheit bzgl. des eigentlichen **Arbeitsauftrags** fehlt, vielmehr wird diese Klarheit unterstellt. Legt man die Europäischen „Probation Rules" zugrunde, ist die Zielbestimmung der Sozialen Dienste klar:

> Als Hauptziel der Europäischen Bewährungshilfegrundsätze und Hauptaufgabe für die Bewährungshilfeeinrichtungen wird die Vermeidung von Rückfällen festgeschrieben (Morgenstern 2012, S. 224).

Da Soziale Arbeit in ihrem Selbstverständnis immer einen Eingliederungs- und Hilfeauftrag hat, kann man deshalb von der doppelten **Zielsetzung der Rückfallverhinderung und der Sozialen Integration** sprechen. Hinter diesem „Doppelauftrag" verbirgt sich das in der Fachliteratur hinlänglich beschriebene „Doppelte Mandat", das nichts anderes besagt, als dass Soziale Arbeit

> ein stets gefährdetes Gleichgewicht zwischen den (…) Bedürfnissen und Interessen der Klienten einerseits und den jeweils verfolgten sozialen Kontrollinteressen seitens öffentlicher Steuerungsagenturen andererseits aufrecht zu erhalten hat (Bönisch und Lösch 1998, S. 368).

Haselmann bringt dieses für die Soziale Arbeit konstitutive Verständnis auf folgenden Nenner:

> Die Kategorie **Hilfe** setzt voraus, dass es ein Hilfeersuchen gibt, d. h. (professionelles) **Helfen** ist eine ‚Reaktion auf Bitte um Hilfe' (…). Kennzeichnend hierfür ist, dass der Hilfesuchende zugleich Auftraggeber und Empfänger der Hilfeleistung ist. (…) Die **Kontrolle** (…bedeutet) immer eine (u. U. gewaltsame) Einschränkung der Selbstbestimmung des Betroffenen (Haselmann 2009, S. 187; Hervorhebung im Original).

Stärker akzentuiert wird seit den 2000er-Jahren das **Sicherheitsbedürfnis der Bevölkerung.** Über die knappen gesetzlichen Normierungen der Sozialen Dienste der Justiz hinaus lässt sich eine gesellschaftliche Erwartung in Bezug auf die Arbeit mit Straftätern erkennen: Justizsozialarbeit soll zur öffentlichen Sicherheit beitragen, sie soll versuchen, mit ihren Mitteln Rückfälle von Straftätern zu verhindern. Ein schönes Beispiel für diese Erwartung der Öffentlichkeit findet sich in der Süddeutschen Zeitung vom 13.08.2013[1]. Im Artikel – überschrieben mit „Mehr Straftäter kommen wohl bald frei" – wird berichtet, dass ehemals sicherungsverwahrte Straftäter frei kämen. Im Schlusssatz greift der Artikel die Ängste der Bevölkerung vor diesen Straftätern auf und zitiert den Nürnberger OLG-Richter Michael Hammer. Was die Entlassenen betreffe, so stünden für sie nun Bewährungshelfer bereit. „Da wird sich gekümmert", beruhigt Hammer die Öffentlichkeit.

---

[1]http://www.sueddeutsche.de/bayern/sicherungsverwahrung-in-straubing-mehrere-straftaeter-kommen-wohl-bald-frei-1.1745.988.

3.3 Neue wissenschaftliche Erkenntnisse

Den doppelten Auftrag von Hilfe und Kontrolle vorausgesetzt, stellt sich die entscheidende Frage: Wie muss Soziale Arbeit in der Justiz arbeiten, damit sie nach allem, was die Wissenschaft weiß, Rückfall verhindernd und sozial integrativ ist?

Im Lehrbuch von Suhling und Greve (2010, S. 171–173) wird der aktuelle wissenschaftliche Forschungsstand bezüglich des Auftrages zur **Rückfallverhinderung** zusammengefasst. U. a. heißt es dort sinngemäß:

- Die Qualität der Zusammenarbeit zwischen den verschiedenen Instanzen (JGH, Gerichte, Freie Träger der Straffälligenhilfe etc.) ist entscheidend für den kriminalpräventiven Erfolg,
- die Maßnahmen sollten möglichst frühzeitig einsetzen, also im späten Kindergarten- oder frühen Schulalter,
- „hohes Risiko – intensive Maßnahmen", d. h., dass die Behandlungsintensität dem Risikoniveau des Probanden anzupassen ist: Je höher das Rückfallrisiko liegt, desto intensiver muss die Behandlung des Täters sein,
- Maßnahmen sollten an den empirisch nachgewiesenen Bedingungen kriminellen Handelns ansetzen,
- Maßnahmen müssen zielgruppenspezifisch sein, also z. B. die Motivationssituation des betreffenden Straftäters berücksichtigen und seine Möglichkeiten zu lernen einbeziehen,
- Programme sollten ständig auf ihre Wirksamkeit und Qualität überprüft werden.

Diese Aussagen, auf die sich Suhling und Greve hier beziehen, bauen auf einem klaren und empirisch gut abgesicherten Fundament auf. Andrews und Bonta (2010) haben dies in jahrzehntelanger Forschung auf den Nenner der drei mittlerweile hinlänglich bekannten Prinzipien (Risikoprinzip, Bedürfnisprinzip, Ansprechbarkeitsprinzip) gebracht (siehe auch ausführlich Klug und Schaitl 2012).

Die für die Sozialen Dienste im Hilfehandeln adäquate **Methode der Behebung sozialer Notlagen** liegt in dem ebenfalls ausgiebig erforschten Handlungskonzept des Case Management.

Bereits 2002 wiesen Engels und Martin als Ergebnis der Lebenslagenuntersuchung der Arbeitsgemeinschaft Deutscher Bewährungshelfer (ADB) darauf hin, dass Case Management als methodische Konsequenz der multiplen Problemlagen der Klientel notwendig sei. In diesem Prozess, so die Autoren weiter,

> kann in aufeinander aufbauenden Schritten vom umfassenden Verständnis der mehrdimensionalen Lebenslagen der Klientinnen und Klienten
>
> - über eine Ermittlung von objektiven Integrationschancen
> - und individuellen Kompetenzen
> - bis zur Auswahl unterstützender Maßnahmen
>
> ein detaillierter Plan ausgearbeitet werden, der entlang konkreter Ziele den Weg der sozialen und beruflichen Integration entwirft und überprüfbar macht (Engels und Martin 2002, S. 47).

Die Vorgehensweise im Case Management wurde oft detailliert beschrieben (z. B. Klug 2003), sodass es keiner ausführlichen Prozessbeschreibungen mehr bedarf. Entscheidend dürfte sein, im Case-Management-Prozess die Voraussetzungen für Hilfe (nämlich die Motivation des Klienten, sich helfen zu lassen) angemessen zu berücksichtigen. Insbesondere das Assessment macht dies deutlich: Es bedarf des Prozesses einer genauen Bestandsaufnahme, was Wünsche, Probleme, Ressourcen und Anliegen des Klienten sind (Bedarfs-Assessment), um herauszuarbeiten, worin die Aufträge des Klienten bestehen. Ein besonderes Gewicht liegt im Case Management auf einem passgenauen „Linking", d. h. einer systematischen Leistungssteuerung und -überprüfung. Hier ist die Netzwerkarbeit mit anderen Stellen von zentraler Bedeutung, das methodische Handeln nach Einschalten anderer Dienste zur Erfüllung der Hilfeplanziele darf sich nicht auf zufälliges Nachfragen oder „Weiterschicken" des Klienten beschränken.

Dass dabei bestimmte Handlungsschritte „manualisiert" sind, d. h. nach einer bestimmten Logik auch vollzogen werden sollen (z. B. den Klienten tatsächlich nach seinen Wünschen zu fragen statt anzunehmen, sie zu wissen), und dass diese Schritte auch nachvollziehbar zu dokumentieren sind, damit wichtige Themen im Gedächtnis und auf der Agenda bleiben, dient dem Klienten und seinem Recht auf Beteiligung an dem Hilfeprozess. Zu unterstellen, dass der primäre Zweck von Manualen und Dokumentation in der *„(…) Grundlage für Geschäftsprüfungen und beförderungsrelevante Beurteilungen"* (Bohrhardt 2014, S. 12) zu sehen sei, ist hingegen keine hilfreiche wissenschaftliche Aussage zu einem notwendigen professionellen Diskurs um die Notwendigkeit von Manualen und Dokumentation.

Nebenbei sei bemerkt, dass die Durchführung der Handlungslogik von Case Management in keiner Weise selbstverständlich ist und quasi von allen Mitarbeitenden automatisch praktiziert wird. Dies konnten wir am Beispiel der Praxis des Case Managements im Jugendamt zeigen (Klug et al. 2012).

4 Diskurse der Wissenschaft und Praxis der Sozialen Dienste der Justiz

Der zukünftige Weg der Sozialarbeit in der Justiz ist alles andere als unumstritten. Die Diskurse werden auf verschiedenen Ebenen geführt, die beiden „Hauptlinien" lassen sich an der Auseinandersetzung um das Konzept der „Risikoorientierten Bewährungshilfe" versus Lebenslagenansatz festmachen. Weitere Diskurse werden in der Frage der Rezeption kriminologischer Erkenntnisse und sich daran anknüpfender Handlungsmaximen geführt. An dieser Stelle können nur die Grundlinien der strittigen theoretischen Grundlagen nachgezeichnet werden.

4.1 Sozialarbeitswissenschaftlicher Diskurs

Der traditionelle Lebensweltansatz lässt sich wie folgt kurz charakterisieren:

> Lebensweltorientierung verbindet die Analyse von gegenwärtig spezifischen Lebensverhältnissen mit pädagogischen Konsequenzen. Sie betont – in der Abkehr von traditionell defizitärem und individualisierendem Blick auf soziale Probleme – das Zusammenspiel von Problemen und Möglichkeiten, von Stärken und Schwächen im sozialen Feld und gewinnt daraus das Handlungsrepertoire zwischen Vertrauen, Niedrigschwelligkeit, Zugangsmöglichkeiten und gemeinsamen Konstruktionen von Hilfsentwürfen, das Handlungsrepertoire liegt auf der Skala zwischen einem Akzeptieren der vorgefundenen Lebensentwürfe auf der einen Seite und auf der anderen Seite einem Sich-Einmischen in Verhältnisse, einem Entwerfen und Unterstützen von Optionen aus der Distanz des professionellen Wissens (Thiersch et al. 2012, S. 175).

Für diesen Ansatz sind Diagnosen, gar ein Risikoassessment, per se „individualisierend", „stigmatisierend" und „pathologisierend", diese würden den Blick auf Defizite statt auf Ressourcen lenken und damit den Blick auf die Rolle der Gesellschaft bei der Entstehung von Kriminalität verstellen.

Methodisch wird im zitierten Absatz folgendes deutlich:

- Soziale Arbeit setzt auf ein Vertrauensverhältnis zum Klienten und zielt auf gemeinsam ausgehandelte Hilfepläne.
- Der Ansatz versteht sich als niedrigschwellig.
- Soziale Arbeit will sich zur Veränderung der Verhältnisse „einmischen",

- sie operiert mit dem „Verstehen" der Widersprüche und Verwerfungen des Klienten, lehnt aber methodische Strukturierungen (z. B. Manualisierung) im Hilfeprozess strikt ab.
- Auf diese Weise plädiert der Ansatz für eine Aufwertung der allgemeinen vor spezialisierten Diensten (Thiersch et al. 2012; Thiersch 2002).

Schon vor über zehn Jahren formulierte Erath den zentralen Einwand gegen diese Vorstellungen von Sozialer Arbeit in Zwangskontexten:

> sein Zugriff [bleibt] merkwürdig blind gegenüber den Klienten, die nicht bereit sind, sich in die gemeinsamen Aktionen einbinden zu lassen. Auch in diesem Ansatz kann nur dem geholfen werden, der die ‚gute Tat' (…) des Sozialarbeiters, sein sich Einlassen auf den Alltag der Klientel durch seine Beteiligung honoriert (Erath 2002, S. 32).

Mit anderen Worten: Der Ansatz von Thiersch passt nicht zu den Bedingungen des justiziellen Zwangskontextes, weil er Rahmenbedingungen annimmt, die die Justiz nicht zu bieten hat (z. B. ist sie kein „niedrigschwelliges" Angebot), und voraussetzt, was dort nicht vorauszusetzen ist (Bereitschaft des Klienten, sich helfen zu lassen). Gerade in der Justizsozialarbeit sammeln sich aber Personen mit gravierenden Interaktionsstörungen (z. B. mit Persönlichkeitsstörungen), die mehr als andere

- kein Problembewusstsein haben,
- nicht wahrnehmen, wo ihr eigener Anteil am Zustandekommen des Problems zu suchen wäre, und
- damit keinen Grund sehen, ihr eigenes Handeln auch nur infrage zu stellen (Sachse 2010).

Wenn zur Interaktion mit diesen Menschen, mit denen gemäß dem „doppelten Mandat" helfend und kontrollierend umzugehen ist, nur gesagt wird, man müsse die schwierigen Arbeitsbedingungen reflektieren, nicht aber, wie man unter diesen Bedingungen praktisch handeln kann, ohne einen Teil (nämlich den Kontrollanteil) zu ignorieren, ist das theoretisch, aber auch praktisch zu wenig.

Ungeklärt scheint im Ansatz von Thiersch auch das Verhältnis zu anderen Professionen, z. B. der Psychotherapie, die für Menschen mit diesen großen Interaktionsproblemen eine wirklich notwendige Ressource darstellt. Wenn man von einer generellen Bereitschaft der Klienten zur Zusammenarbeit ausgeht, erübrigt sich die Frage der Motivationsarbeit. Genau diese Vorannahme ist aber in der

Zusammenarbeit mit Klienten, die Kontakte (und Hilfe) vermeiden wollen, nicht nur in praktischer Hinsicht problematisch.

Für eine integrierte methodische Hilfe- und Kontrollstrategie auf der Basis von Case Management und wichtigen kriminologischen Erkenntnissen steht ein modernes Konzept der Risikoorientierung (ausführlich: Klug 2015). Es basiert auf den schon ausgeführten Prinzipien von Andrews und Bonta (2010) und versucht diese unter Integration klassischer Hilfeansätze für die praktische Arbeit fruchtbar zu machen. Charakteristisch für diesen Ansatz ist seine starke Betonung von Erhebung und Veränderung von Rückfallrisiken, sowie der Aufbau von protektiv-stabilisierenden Faktoren. In diesem am ökosozialen Sozialarbeitskonzept orientierten Modell soll sowohl das Ziel der Alltagsbewältigung (Hilfebedarfe für die Themen, in denen Kooperation mit dem Klienten möglich ist) als auch der Rückfallverhinderung (Bearbeitung kriminogener Faktoren) in multiprofessioneller Zusammenarbeit erreicht werden, ohne der Einseitigkeit einer reinen Hilfestrategie oder Kontrollorientierung zu erliegen (vgl. Klug und Schaitl 2012).

4.2 Kriminologische Fundierung

Wenn an dieser Stelle von verschiedenen Auffassungen über die Vorgehensweise und das Selbstverständnis der Sozialen Arbeit in der Justiz zu sprechen ist, so hat dies auch und besonders damit zu tun, dass (zumindest implizit) theoretische Vorannahmen über **kriminologische Zusammenhänge** zugrunde gelegt werden. So beschreibt Bohrhardt seine Vorstellung von Sozialer Arbeit wie folgt:

> Im Kern unterstützt sie [Soziale Arbeit, W. K.] Menschen jenseits des sozialen Mainstreams in der Komplexität und Widersprüchlichkeit ihrer Alltagsverhältnisse (Thiersch). Hierzu arbeitet sie nicht nur mit Individuen, sondern auch an den Verhältnissen, die die Lebensbedingungen dieser Individuen bestimmen (systemischer Ansatz). So unterstützte Personen werden weniger gegen Strafgesetze verstossen, ohne dass dies das sozialarbeiterische Ziel der Unterstützung ist. Straffreiheit ist quasi ein Nebenprodukt guter Sozialarbeit (Bohrhardt 2014, S. 11).

Explizit wird hier Rückfallverhinderung als Ziel der Sozialen Arbeit der Justiz abgelehnt (ebenso bei Kawamura-Reindl und Schneider 2015). Offenkundig wird ein (nicht explizit kriminologisch belegter) Zusammenhang zwischen der Entstehung von Kriminalität und „Komplexität und Widersprüchlichkeit ihrer Alltagsverhältnisse" angenommen, Kriminalität weist auch wiederum eine (nicht näher erläuterte) „systemische" Beziehung zu Verhältnissen und Lebensbedingungen auf. Warum in diesem Zusammenhang allerdings Personen, nur weil sie von Sozialer

Arbeit (wie eigentlich?) „unterstützt“ werden (wenngleich nur als „Nebenprodukt“), weniger straffällig werden sollten, bleibt doch etwas rätselhaft.

Etwas klarer drücken Kawamura-Reindl und Schneider (2015, S. 84 f.) den Zusammenhang aus, sie formulieren als Aufgaben für die Soziale Arbeit:

> Erstens müssen die Zusammenhänge zwischen Kriminalität und Armut bzw. Ausgrenzung thematisiert und in den Prozess politischer Meinungsbildung eingebracht werden. Zweitens geht es um eine infrastrukturelle Verbesserung von Lebenslagen Straffälliger.

Nun ist es ohne Zweifel empirisch nachvollziehbar, dass viele Spielarten der Kriminalität als Folge von Armut einhergehen und dass insbesondere ausgegrenzte Personen Objekte strafrechtlicher Verfolgung sind. Dass es zu den unverzichtbaren Aufgaben von Sozialer Arbeit gehört, das Nötige für und mit der Person und deren Umfeld zu unternehmen, ist ebenfalls unumstritten und wurde oben dargelegt. Wenn Klienten in Not und Elend dieses verändern wollen, ist es notwendig, dass ihnen Soziale Arbeit bei ihren Alltagsproblemen hilft, bei vielen ist dies sogar lebensnotwendig, man denke nur an Drogenabhängige oder Menschen in Haftentlasssituationen. Legt man etwa den ökosozialen Sozialarbeitsansatz zugrunde, ist es auch nachvollziehbar, dass Soziale Arbeit nicht „nur“ an der Person arbeiten kann, es bedarf zwingend auch einer Strategie für das Gemeinwesen (vgl. Klug 2003).

Problematisch erscheint es allerdings, davon auszugehen, dass bei jedem Klienten die Hilfe zur Armutsbewältigung auch gleichzeitig zur Kriminalitätsverhinderung führt, so als sei Armut quasi immer ursächlich für Kriminalität. Wird die **Deliktentstehungsdynamik** genauer betrachtet, so wird man differenzieren müssen. Legen wir ein allgemeines Modell der Entstehung kriminellen Verhaltens zugrunde, kann man ontogenetische (personenbezogene) und aktualgenetische (situationsbezogene) Prozesse unterscheiden, die in einem sozialen Kontext stattfinden. Jede Straftat hat insofern eine „Handschrift“, sie entsteht unter bestimmten biografisch-sozial-physiologischen-psychologischen Bedingungen in einer räumlich-zeitlichen Situation. In der Person vorfindliche Überzeugungen, Bewertungen von Situationen, Motivationen etc. treffen in einer konkreten Situation auf befindliche Möglichkeiten, Begrenzungen, soziale Kontexte etc. (ausführlich: Suhling und Greve 2010, S. 52 ff.).

Eine auf diesen Zusammenhang aufbauende Unterscheidung der Deliktdynamiken bietet Urbaniok (2012) an. Er unterscheidet zwischen „Persönlichkeitstäter“ und „Situationstäter“:

Der *„Persönlichkeitstäter schafft aktiv eine entsprechende Tatausgangssituation. Aufgrund der starken Eigenmotivation sind Regeln und Normen für Persönlichkeitstäter tendenziell unwichtig. Ebenso sind Strafe und Abschreckung wirkungslos, weil der Persönlichkeitstäter aufgrund seiner stabilen Bedürfnislage sein Verhalten nicht einfach ohne Weiteres ändern kann"* (Urbaniok 2012, S. 30).

Anders ein Situationstäter:

Bei ihm *„finden sich keine risikorelevanten Persönlichkeitseigenschaften oder solche sind nur schwach ausgeprägt. Er begeht Delikte nur, wenn er zufällig in eine hochspezifische, unwahrscheinliche Ausgangssituation gerät" (ebd.).*

Für Situationstäter kann eine Veränderung der äußeren Situation (z. B. Arbeit, neue Beziehungen, Freizeitstätten) ursächlich kriminalitätspräventiv sein, für Persönlichkeitstäter möglicherweise nicht. Hier lässt sich an „äußeren" Versorgungstatbeständen kein Rückschluss auf eine neue Kriminalitätsentstehung erkennen.

In einer Studie mit dem provozierenden Titel „Sind Vergewaltiger normale Männer?" haben Haas/Killias schon vor vielen Jahren wichtige empirische Forschung zu diesem Thema vorgelegt. Nach ihren Erkenntnissen zeigt sich die Kriminalitätsentwicklung häufig janusköpfig. Zum einen wirken die Täter sozial integriert:

- 70 % haben eine feste Stelle
- 67 % haben eine Berufslehre oder eine höhere Ausbildung abgeschlossen
- 60 % haben schon einmal eine feste Freundin gehabt (…)
- 40 % machen in einem Klub oder einer Vereinigung mit (Haas und Killias 2001, S. 214)

Deshalb, so die Autoren,

> müssen wir davon ausgehen, dass es eine grosse Gruppe von Vergewaltigern gibt, welchen es gelingt, sich äusserlich anzupassen (Haas und Killias 2001, S. 215).

Zum anderen liegen schwere psychische Probleme (z. B. Persönlichkeitsstörungen) vor, die ein kriminelles Ausagieren jederzeit möglich machen. Dieses Geschehen lässt sich nach Überzeugung der beiden Autoren nicht hinreichend mit äußeren Faktoren (z. B. Randständigkeit, Armut, Labeling) erklären, sodass man trotz äußerer Normalität nicht von „normalen" Männern sprechen könne. Ihr Fazit lautet:

> Zusammenfassend können wir sagen, dass Vergewaltiger, entgegen der feministischen Hypothese nicht „normale" Männer sind. (…) Damit spricht sehr viel gegen die Grundannahmen der kritischen Kriminologie und der Antipsychiatrie, die besa-

gen, dass Menschen ohne jegliche Notwendigkeit psychiatrisiert würden und dass es viele psychisch normale Mittelschichttäter gäbe, welche jahrelang unerkannt delinquieren könnten, weil die Polizei selektiv gegen Unterschichtsangehörige und Minderheiten vorgehe (Haas und Killias 2001, S. 216 f.).

Mit diesem doppelten Befund, dass bei Tätern einerseits Verhaltensprobleme, kriminogene Einstellungen und Werte, aber auch – insbesondere bei schwerer Kriminalität – psychische Störungen vorliegen, dass aber andererseits rein äußerlich diese Menschen sozial integriert sind, stellt die Empirie eben jenes „Glaubensbekenntnis" infrage, wonach „soziale Integration" und „Rückfallverhinderung" ein und dasselbe ist. Gerade bei beispielsweise pädophilen Tätern ist es weitgehend unerheblich, ob sie aktuell eine Arbeit haben oder nicht, weil ihre Tatmotive von diesen äußeren situativen Faktoren unabhängig sind. Mit anderen Worten: Die Rückfallgefahr dieser Täter ist auch gegeben, wenn sie „versorgt" sind, wie ein aktuelles Beispiel aus der Süddeutschen Zeitung zeigt, in der ein sozial voll integrierter, verheirateter, gut verdienender Vater trotz sozialer Kontrolle durch seine Ehefrau wiederholt seine Tochter missbrauchte[2].

Dass diese Konstellationen und Tatmotive für die Soziale Arbeit keine Randphänomene sind, das man mit einem „Exkurs" kurz abhandeln könnte, zeigt die Untersuchung von Schönfeld et al. (2006) an Haftinsassen: Sie stellten eine extrem hohe Komorbiditätsrate psychischer Diagnosen (durchschnitt 2,7 Diagnosen/Fall) sowie eine hohe Prävalenzrate bei Persönlichkeitsstörungen (53 %) fest.

Aus der Erfahrung mit dieser Klientel schreibt Goderbauer:

> Einige der Entlassenen konnten das niedrigschwellige Wohnangebot der Sozialberatung kaum nutzen. Mit ihrer Aggressivität und ihrer niedrigen Anstrengungsbereitschaft störten sie den Wohnbetrieb und übten einen schlechten Einfluss auf die anderen Bewohner aus (Goderbauer 2008, S. 122).

Für all diese Menschen genügt es nicht, sie mit dem Lebensnotwendigen zu versorgen (wenn sie dies überhaupt wollen) und zu hoffen, dass sich mit einer „Unterstützung" die Straffreiheit als „Nebenprodukt" (Bohrhardt 2014) schon automatisch einstelle. Sie brauchen begleitend zur Restrukturierung ihres Alltags z. B. eine psychotherapeutische Hilfe. Dies zu erkennen, genauer gesagt, den diesbezüglichen personenbezogenen „kriminogenen Faktor" herauszuarbeiten,

[2]Pia Ratzesberger: Mein Mann, in: Süddeutsche Zeitung vom 02.09.2016, S. 3.

sowie dem Klienten zu helfen, die Ressource (Therapie) zu nutzen, ist Aufgabe der Sozialen Arbeit der Justiz.

Es erscheint im Übrigen nicht hilfreich, sich des psychiatrischen, kriminologischen und forensischen Wissens zu berauben, indem man es als professionsfremd und damit irrelevant erklärt. Soziale Arbeit war und ist immer eine Wissenschaft und Praxis gewesen, die Wissen anderer Professionen und Disziplinen auf ihre Fragestellungen bezogen hat.

4.3 Beziehungsgestaltung und Ressourcenorientierung

Der Vorstand des Verbandes der Sozialarbeiter in der Niedersächsischen Strafrechtspflege e. V. (VDS) fasst die Kritik an der Risikoorientierung der Justizsozialarbeit so zusammen:

> Hat bislang die Soziale Arbeit in der Bewährungshilfe den Probanden ganzheitlich betrachtet und ausgehend von einer professionellen Beziehung praktische Lebensbewältigung mit dem Ziel der Verhinderung neuer Straftaten geleistet, geht es jetzt in erster Linie um die Bearbeitung von ‚kriminogenen Faktoren'. Der Fokus liegt nicht mehr auf den Ressourcen der Probanden, er liegt auf den Defiziten, die bearbeitet werden sollen (Blume und Vosgerau 2012, S. 50).

Was die von Blume und Vosgerau (2012) angesprochene Beziehungsgestaltung betrifft, ist zunächst anerkennend festzuhalten, dass diese in der Tat von eminenter Bedeutung für die Soziale Arbeit in der Justiz ist. In der Therapieforschung ist es seit Jahren Konsens, dass die Beziehung ein bedeutender Wirkfaktor für den Erfolg von Therapien ist. Lambert (1992) hat in einer viel beachteten Untersuchung versucht, die Wirksamkeit von verschiedenen Faktoren in einen numerischen Zusammenhang zu bringen. Wenn die von Lambert genannten Größenverhältnisse annähernd stimmen, bedeutet dies, dass ca. 30 % der Therapieerfolge auf die Beziehung zurückzuführen sind und ca. 15 % auf die spezifischen Techniken, auf die Erfolgserwartung (also Hoffnung) weitere 15 %, was ebenfalls auf die Wichtigkeit der Beziehung zum Therapeuten hindeutet. Diese Zahlen machen die Frage der helfenden Beziehung bedeutsam, was aber zugleich besagt, dass die Beziehungsgestaltung in den Mittelpunkt der helfenden Prozesse zu stellen ist, umso mehr, als manche sozialpädagogischen Fachkräfte dem Beitrag von 15 %, den Lambert der Methodik zuschreibt, nicht trauen.

Nadai et al. (2005) haben in ihrer Untersuchung u. a. das Beziehungsverständnis von Bewährungshelfern untersucht. Ihre Beobachtung: Viele Sozialarbeiter konzeptualisieren ihre „Beziehung zum Klienten als eine *nicht rollenförmige Beziehung zweier Mitmenschen* (…)", was bedeutet, dass „diese im Kern nicht professionelle Beziehungsarbeit genau so gut ein Freiwilliger übernehmen kann" (Nadai et al. 2005, S. 134; Herv. W. K.). Sollte diese Erkenntnis zutreffen, würde dies darauf hindeuten, dass sozialarbeiterische Fachkräfte Beziehungsgestaltung als einen „naturwüchsige(n) Prozess, der selbstverständlich erfolgt" (Ansen 2009, S. 382) ansehen, um dessen Gestaltung sich die Fachkraft kaum Gedanken zu machen braucht. Dem ist natürlich nicht so. Für die Arbeit mit Straftätern gibt es eine Reihe von Untersuchungen, die für die Beziehungsgestaltung relevant sind (z. B. Kennealy et al. 2012; Trotter 2001; Snyder et al. 1999; Stanley 2009). Sie alle laufen darauf hinaus, Beziehungsgestaltung als etwas zu begreifen, das methodisch gestaltet werden muss.

Eine sehr interessante empirische Untersuchung haben Skeem und Manchak (2008) durchgeführt. Sie konnten Beziehungshaltungen von Bewährungshelfern in drei Kategorien feststellen:

- weitgehend empathisch und bemüht um eine gute Atmosphäre (Modell „Caring"),
- weitgehend konfrontativ und kontrollorientiert (Modell „Controlling"),
- Balance zwischen beiden Haltungen (Modell „Hybrid").

Interessanterweise hatte das Hybrid-Modell in allen Belangen die besten Werte, sowohl was die attestierte Beziehungsqualität betrifft als auch bezüglich der Rückfallraten. Das Fazit der Autorinnen lautet:

> The authors found that officers who were both highly caring (i. e. empathy) and highly directive toward conventional values (i. e. socialization) obtained higher probationer ratings of relationship quality, greater improvement in probationer's attitudes over time, and lower rates of new convictions during supervision (Skeem und Manchak 2008, S. 228).

Blume und Vosgerau 2012 kritisieren weiterhin einen vorgeblichen Paradigmenwechsel weg von der Ressourcen-, hin zu einer Defizitorientierung, wenn gefordert wird, kriminogene Faktoren zu verändern. Auch hier ist die Einsicht der Wichtigkeit des Ressourcenblicks von großer Bedeutung. So stellen Grawe et al. (1994) die „Ressourcenaktivierung" als einen zentralen Wirkfaktor erfolgreicher Therapien vor. Die notwendige Stärkung der Bewältigungskompetenzen des Klienten kann durch Hilfen zur Problembewältigung, durch Übungen, Hausaufgaben, Beobachtungsaufgaben, Verhaltensexperimente, Kompetenztraining geschehen, sofern diese Methoden dazu führen, dass der Klient neue Erfahrungen der Kompetenz zur Problemlösung macht. Doch schon in der Formulierung „Kompetenz zur Problemlösung“ wird die Anforderung deutlich, die der Ressourcenblick mit sich bringt: Ressourcen zu betrachten, ist nutzlos, wenn nicht klar ist, wofür sie verwendet werden sollen. Insofern ist Bohmeyer (2011) zuzustimmen, wenn er darauf hinweist, dass Defizitblickwinkel und Ressourcenorientierung zwei sich notwendig ergänzende Perspektiven sind, die nicht als sich ausschließend behandelt werden dürfen. Vielmehr

> müssen die spezifischen Problemlagen der Klientinnen und Klienten aufgedeckt werden, und zugleich müssen die jeweiligen Ressourcen identifiziert werden, um diese zur Bearbeitung der Problemlagen handlungspraktisch nutzbar zu machen (Bohmeyer 2011, S. 381).

Für die Sozialen Dienste der Justiz bedeutet dies: Klientenressourcen können dazu genutzt werden, die notwendigen Veränderungen („kriminogene Faktoren“) beim Klienten zu erleichtern.

5 Zusammenfassung und Leitgedanken zur Weiterentwicklung

Wir wie gesehen haben, ist der gesetzliche Rahmen, der den Sozialen Diensten vorgegeben ist, sehr groß. Wichtig sind daher die Festlegung und die Kommunikation der grundlegenden Ziele, die die Sozialen Dienste im Auftrag der Justiz und in Erfüllung ihres eigenen Selbstverständnisses anstreben sollen. Hier sind bis in die 2000er Jahre vornehmlich Klienten bezogene Ziele der Hilfe und der Emanzipation formuliert worden, während das Ziel der Rückfallprävention im besten Fall als im Hilfeverständnis inbegriffen erschien, von vielen aber auch generell abgelehnt wurde. Dementsprechend wurden weder wissenschaftlich und praktisch adäquate Methoden der Rückfallprävention entwickelt, noch die in der Justiz und der öffentlichen Verwaltung unüblichen Teamstrukturen hinterfragt. Die Zustimmung zu den sogenannten „Sprechermodellen“, die auf eine professionseigene Führung verzichten, wurde „erkauft“, indem man sich fachlich als Profession professionsfremden Landgerichtspräsidenten unterordnete (kritische Einschätzung hierzu vgl. Pfeiffer 1984; Klug und Schaitl 2012). Dieses „Leitungsmodell“, das auf fachliche Autonomie als zentralem Bestimmungsmerkmal einer Profession verzichtet, ist zwar mittlerweile bis auf wenige Ausnahmen (z. B. Rheinland-Pfalz, Brandenburg) Geschichte, der Prozess der Modernisierung der Strukturen ist aber bei Weitem nicht abgeschlossen. So sind beispielsweise die üblichen „Geschäftsprüfungen" ein fachlich untaugliches Rückmeldesystem, um die Einhaltung von Standards zu garantieren. Auch fehlen bundesweit weitgehend Systeme des Übergangsmanagements.

Auch im methodischen Bereich haben sich die meisten SDJ in den letzten 10–15 Jahren in erheblichem Maße gewandelt. Dies ist an ihnen nicht ohne „Reibungsverluste" vonstattengegangen, stellen die Prämissen der konsequenten Rückfallprävention doch die über Jahrzehnte für unangreifbar gehaltenen sozialpädagogischen Vorstellung der Vorgehensweise („Lebensweltorientierung") in Frage und fordern, insbesondere im Hinblick auf eine mangelnde Kompatibilität dieses traditionellen Ansatzes mit Erfordernissen des Zwangskontextes und der Evidenzbasierung in Bezug auf Rückfallverhinderung, eine Ergänzung um Aspekte des stärker zu akzentuierenden Kontrollhandelns (vgl. Klug und Schaitl 2012). Die Notwendigkeit zu diesen Veränderungen ergab sich zum einen aus der Veränderung der politischen Ausgangslage, die sich beispielsweise in den oben genannten Passagen der European Probation Rules über den Auftrag der Sozialen Dienste widerspiegelt und andererseits mit dem Wandel der Sozialen Arbeit zu einer auf Empirie basierenden Profession („evidence based social work"). Rückblickend kann konstatiert werden, dass ein Anfang der Reform, die über Jahre hinweg aufgeschoben worden war, gemacht wurde. Es gilt nun, diese weiter zu führen. Deshalb soll der Artikel mit fünf pointiert zugespitzten Leitgedanken für eine Weiterentwicklung der Sozialen Dienste der Justiz schließen:

(1) Soziale Dienste der Justiz (SDJ) müssen zu einem echten integrativen Dienst werden, d. h. Bewährungshilfe, Gerichtshilfe und Sozialarbeit in der JVA müssen zu einem einheitlichen Dienst verschmelzen. Zudem müssen sie enge Vernetzungsstrukturen zur Freien Straffälligenhilfe aufbauen.

Angesichts der genannten internationalen und nationalen Erfahrungen mit integrierten Diensten der Gerichts- und Bewährungshilfe sind organisatorisch und fachlich getrennte Dienste nicht nur ein Anachronismus, sondern auch eine ineffiziente Doppelung. Die Gerichtshilfe sollte nach dem Vorbild angelsächsischer Dienste („presentence report") als vorgeschaltete – aber schon auf die Bewährung bezogene – Instanz neben dem unmittelbaren Auftraggeber (Gericht oder Staatsanwaltschaft) immer die sozialarbeiterische Dimension der Initiierung und Gestaltung von Veränderungsprozessen des Klienten im Auge haben. Wenn die Vermutung des Bewährungshelfers Schulze stimmt, dass „von jeweils zehn der vom [Richter] erkorenen Probanden vier für uns ungeeignet sind" (Schulze 1979, S. 45), dann könnte die Gerichtshilfe im Vorverfahren eingesetzt werden, um in Zusammenarbeit und in Kenntnis des gemeinsamen sozialarbeiterischen Konzeptes für den Richter Entscheidungshilfe anzubieten, wer für die Unterstellung unter die Bewährungshilfe infrage kommt und wer nicht. Sie könnte zudem brauchbare Vorschläge für Auflagen und Weisungen geben. Die Logik von Veränderungsprozessen legt zudem nahe, dass Soziale Arbeit nicht ihn ihren jeweiligen organisatorischen Settings (z. B. Soziale Arbeit in Haft) denken darf, sondern sich auf Gestaltung der lang dauernden Prozesse konzentrieren sollte, die Veränderung von Personen ermöglichen. Diese Prozesse müssen angestoßen, reflektiert, weitergeführt und beendet werden, egal in welchem justiziellen Arrangement sich der Klient gerade befindet (ausführlich: Matt 2014). Anders ausgedrückt: Soziale Arbeit als Profession muss ein „Verständnis eines integrierten Hilfe- und Unterstützungsprozesses über lange Handlungsketten, möglichst [über] den ganzen Hilfeprozessverlauf" (Maelicke und Wein 2016, S. 152) entwickeln, und sich nicht von den durch die Justiz vorgegebenen Strukturen in isolierte „Säulen" festbinden lassen.

(2) SDJ müssen gemäß dem Doppelten Mandat den Integrations- und Risikofokus gleichermaßen konzeptionell weiterentwickeln.

Aus dem oben ausführlich Dargelegten ergibt sich, dass der Modernisierungsprozess strukturell und methodisch weitergeführt werden muss. Es erscheint angesichts des (berechtigten) Drucks der Öffentlichkeit und des in den letzten Jahren erworbenen Wissens um evidenzbasierte Methoden nicht mehr zeitgemäß, sich allein auf den Standpunkt zurück zu ziehen, man sei in der Vergangenheit mit dem Althergebrachten gut gefahren und brauche keine Neuerungen. Eine solche Haltung verschanzt sich, so zumindest beschreibt es die „Grande Dame" der Sozialarbeit, Eileen Gambrill (1999), häufig hinter empirisch nicht überprüften Behauptungen von Wirkungen, pseudowissenschaftlichen Versatzstücken und einer vermeintlichen Wissensbasis, die bei genauerem Hinsehen keine ist. Angesichts von Aufgaben und empirischen Erkenntnissen ist es nicht mehr situationsadäquat, sich bezüglich eines Hilfe- oder Risikofokus' in einem „Entweder-oder" zu verkämpfen und ideologisch für die jeweilige Position die „wahre" Sozialarbeit zu reklamieren. Zukünftige Entwicklungen von Konzepten und Methoden müssen vielmehr dahingehen, beide Fokusse, den der klassischen Hilfe- und den in den letzten Jahren entwickelten Risikofokus miteinander in ein vernünftiges, praktisch handhabbares und an evidenzbasierten Erkenntnissen orientiertes Ganzes zu integrieren. Ein Blick über den (ideologischen und nationalen) Zaun zeigt, dass diese Integration international längst diskutiert wird (z. B. Weaver 2014).

(3) SDJ müssen Modelle entwickeln, die neben einem generalistischen Zuschnitt einen Fokus auf spezialisierte Konzepte legen.

Eine weitere Integrationsaufgabe wird sich den SDJ stellen: Sie brauchen sowohl eine generalistische, an den multiplen Versorgungsdefiziten orientierte Methodik, als auch hoch spezialisierte Verfahren für die Kommunikation der Veränderungsthematiken mit einer schwierigen Klientel.

Wie beschrieben, haben es die SDJ u. a. mit Menschen zu tun, die in vielerlei Hinsicht nicht vergleichbar sind mit Klienten in vielen anderen Bereichen der Sozialen Arbeit. Wenn wir beispielsweise auf die Klientinnen und Klienten mit Persönlichkeitsstörungen schauen, muss mit Sachse festgehalten werden: „Will man (…) mit derart schwierigen Klienten konstruktiv umgehen, dann benötigt man neben einem guten Informationsfluss auch eine theoretische Basis, aufgrund derer man das Verhalten der Klienten analysieren und Strategien zum Umgang mit ihnen planen kann" (Sachse 2010, S. 9). Das wiederum setzt einen Fundus vertiefter, differenzierter und hochkomplexer Wissensbeständen voraus, ohne die sich Soziale Arbeit – zumindest was diese Personengruppe betrifft – selbst auf eine einfache Hilfstätigkeit festgelegt, für die man im Prinzip kein großes Fachwissen benötigt (vgl. Sommerfeld 2003). Mit dem Wissensfundus verbunden ist die Entwicklung und Nutzung von Instrumenten, die das methodische Handeln stützen, gemeint sind beispielsweise Guidelines und Manuale, Assessment-Tools oder Checklisten. Diese, von sozialpädagogischer Seite als fachfremd und demzufolge als deprofessionalisierende „cookbook social work" (Otto und Ziegler 2008, S. 275) disqualifizierten Instrumente, werden beispielsweise von der Klinischen Sozialarbeit selbstverständlich benutzt, ohne dass dieser per se mechanische Kälte unterstellt werden müsste. Gerade aber die mit schwierigem Klientel verbundenen Handlungsprobleme, beispielsweise in der Motivationsarbeit, lassen die systematische und strukturierte Vorgehensweise unumgänglich erscheinen. Der Schritt zu einem der sozialarbeiterischen Fachlichkeit angemessenen Manual ist von daher nicht mehr weit (vgl. z. B. Klug und Zobrist 2016). Diese Entwicklung der Sozialen Arbeit folgt einem „how-to-reach" Paradigma, das die realen Probleme von Klienten in ihrer Komplexität zum Anlass nimmt, die eigene Methodik zu hinterfragen und passgenaue Lösungen zu finden, statt die Klientel als „beratungsresistent", „unmotiviert", kurz: als „hard-to-reach" zu bezeichnen, weil sie nicht in die althergebrachten Methoden passt (vgl. Niebauer 2015).

Neben diesen Klienten, die eine erhöhte Anforderung an das methodische Handeln stellen, gibt es natürlich auch viele, die gerne Hilfe annehmen und dankbar sind, wenn ihnen geholfen wird. Für sie kommt ein generalistisches, am Case Management orientiertes Hilfeverfahren infrage (ausführlich Klug 2003).

(4) SDJ brauchen eine dauernde Forschung und Entwicklung ihrer Methoden und Strukturen, was eine beständige Vernetzung von Wissenschaft und Praxis bedeutet.

Der sich aus dem Gesagten ergebende Forschungsbedarf in den Sozialen Diensten ist schon deshalb gewaltig, weil wir empirisch so gut wie nicht über den derzeitigen Ist-Stand des „Innenlebens" der SDJ geforscht haben: Wir wissen kaum etwas über den faktischen Methodengebrauch der SDJ, so gut wie nichts von Wirkungen ihrer Methoden, sehr wenig über Potenziale der Zusammenarbeit zwischen den Diensten, ganz zu schweigen von evidenzbasierten Manualen.

Hinzu kommt die Notwendigkeit der fachlichen Weiterentwicklung der Konzepte, die nach einigen Jahren im Regelbetrieb dringend evaluiert und weitergeführt werden müssen. Diese Handlungskonzepte können nur in enger Tuchfühlung zwischen Wissenschaft und Praxis weiterentwickelt werden, damit sie den Anforderungen an zeitgemäße Methodenentwicklung entsprechen (Niebauer 2017). Langfristig braucht eine solche spezialisierte Methodenentwicklung zur Integration der fortschreitenden internationalen und nationalen Erkenntnisse in die Praxis eine stabile und verlässliche Zusammenarbeit zwischen Hochschulen und Praxis der Straffälligenhilfe. Es wird immer weniger möglich sein, von der Wissenschaft punktuell „Lösungen“ für anstehende Handlungsprobleme anzufordern, weil der entsprechende wissenschaftliche Sachverstand auch an den Hochschulen nur dann aufgebaut und vorhanden sein wird, wenn er verlässlich genutzt und abgerufen wird. Auch eine handlungswissenschaftlich orientierte Hochschule kann es sich nicht leisten, für einen hoch spezialisierten Bedarf der (zahlenmäßig relativ überschaubaren) Praxis zu forschen, ohne zu wissen, ob die Praxis an den Ergebnissen interessiert ist. Schon jetzt zeigt sich das (vom Autor wahrgenommene) Fehlen entsprechender Forschungsambitionen aufseiten der Hochschulen, was eigentlich am meisten die Praktiker/innen alarmieren sollte.

Zudem wächst der Bedarf der Träger an langfristig angelegter Personalentwicklung, was insofern dringlich wird, da es der zunehmenden Spezialisierung Rechnung zu tragen gilt.

Das alles führt zu dem zwingenden Schluss, dass es strategischer Partnerschaften zwischen Hochschulen und den Trägern der Praxis der Straffälligenhilfe bedarf, die, langfristig angelegt, sowohl den Hochschulen Planungssicherheit für ihre Forschungs-Investitionen garantiert, als auch den Trägern Möglichkeiten der passgenauen Qualifizierung und der Methodenentwicklung bietet. An dieser Stelle wird regelmäßig das Finanzierungsargument eingeführt, als sei es ein Naturgesetz, dass eine solche Kooperation nicht finanzierbar sei. Abgesehen davon, dass es auch Geld kostet, Dienste zu haben, die ihr Effizienzpotenzial nicht ausschöpfen (mehr noch: von deren Potenzialen auch die Träger zumindest gemessen an wissenschaftlichen Maßstäben gar nichts wissen), erscheint eine weitere Disparität sehr augenfällig: Während es offenbar keinerlei Probleme bereitet, für einen JVA-Neubau zweistellige Millionenbeträge bereit zu stellen (so soll z. B. die JVA Kempten lt. Wikipedia 49,5 Mio. EUR gekostet haben[3]), ist Forschung in der Justiz-Sozialarbeit selbst im zweistelligen Tausenderbereich eine große Seltenheit. Diese Relationen sind dringend einer generellen Analyse zu unterziehen, eine Analyse, die beispielsweise darin bestehen könnte, Möglichkeiten zu erforschen, wie Haft vermieden, verkürzt, oder wie flächendeckend intramurale mit den ambulanten Diensten vernetzt werden könnten (vgl. Maelicke und Wein 2016).

(5) Um diese Prozesse weiter zu führen, bedarf es zuallererst fördernde Haltungen in Profession und Disziplin Sozialer Arbeit selbst.

Wer sich die vier besprochenen Thesen vor Augen führt, wird sich vielleicht fragen, wie die Chancen für diese Reformagenda stehen, oder woran sie scheitern könnte. Vor vielen Jahren hat der bekannte Kriminologe und nachmalige niedersächsische Justizminister Christian Pfeiffer als, wie er sagt, „Außenstehender" seine Antwort auf die Frage der Reformfähigkeit der Sozialen Arbeit beschrieben. Er bezog sich auf die Weigerung der Bewährungshilfe-Basis, sich der Notwendigkeit funktionaler Leitungsstrukturen zu öffnen und statt professionseigener Vorgesetzter lieber die fachfremde Vorgesetztenfunktion eines Juristen zu akzeptieren und führte aus: „Als Außenstehender wird man jedoch den Verdacht nicht los, daß sich hinter dieser Tabuisierung einer hierarchischen aufgebauten Bewährungshilfeorganisation bei nicht wenigen fundamentale Ängste und Abwehr gegen jegliche Kontrolle des eigenen beruflichen Handelns verbergen, die über die Einsichtnahme in die Aktenführung hinausgeht. Man will sich abschirmen gegen die befürchtete Auseinandersetzung über die eigene Arbeit" (Pfeiffer 1984, S. 72).

Pfeiffer formuliert hier einen Verdacht, der für die Soziale Arbeit zum Problem werden könnte: das Sich-Abschirmen gegen Anforderungen von außen und die Weigerung, das eigene Handeln infrage stellen zu lassen, sind Haltungen, die in der Öffentlichkeit immer weniger akzeptiert werden. Wenn Pfeiffers Verdacht auch heute noch zutrifft, wird Wissenschaft von Praxis nur dann akzeptiert, wenn sie sich von vornherein affirmativ und eben nicht (im aufklärerischen Sinne) kritisch zeigt. Eine solche Wissenschaft wäre vielleicht bei manchen Praktikern/innen beliebt, aber sie hätte eine ihrer wichtigsten Funktionen verloren, ja als Disziplin ihre Daseinsberechtigung aufs Spiel gesetzt. Wer braucht schon eine Wissenschaft, die der Praxis nur das sagen kann, was diese ohnedies über sich weiß? Doch auch für die Profession wäre die Verweigerung von Kooperation mit der (kritischen) Wissenschaft eine Gefahr, weil sie die Angst davor verrät, die eigene Arbeit selbstkritisch anzuschauen und von außen anschauen zu lassen. Das wird

[3]https://de.wikipedia.org/wiki/Justizvollzugsanstalt_Kempten#cite_note-3.

in gesellschaftlichen Diskursen um die Wirksamkeit und die Gestaltungskraft von Professionen auf Dauer immer weniger akzeptiert werden. Die Fortschritte der letzten Jahre haben gezeigt, dass die SDJ Sorge um ihre Anschlussfähigkeit immer dann nicht zu haben brauchen, wo sie sich offen für den Dialog gezeigt haben. Dort wurden im Verbund mit der Wissenschaft praxistaugliche und zugleich wissenschaftlich tragfähige Lösungen gefunden, die die Profession der Sozialen Arbeit auf Augenhöhe mit anderen Professionen bringen. Insofern sollte eigentlich klar sein, dass Offenheit und Dialog auch und gerade mit der kritischen Wissenschaft im Vergleich zu einer rückwärtsgewandten und ängstlich sich abschließenden Haltung der weitaus erfolgversprechendere Weg ist.

Literatur

Andrews, D. A., & Bonta, J. (2010). *The psychology of criminal conduct* (5. Aufl.). New Providence: Anderson.

Ansen, H. (2009). Beziehung als Methode in der Sozialen Arbeit. *Soziale Arbeit, 58*(10), 381–389.

Blume, D., & Vosgerau, R. (2012). Bewährungshilfe auf Abwegen? NRB Mitteilungsblatt März 2012. http://www.vds-niedersachsen.info/images/pdf/Bewaehrungshilfe_auf_Abwegen_NRB_Maerz_2012.pdf. Zugegriffen: 30. Aug. 2016.

Bohmeyer, A. (2011). Ressourcenorientierung. Kritisch konstruktive Reflexion über einen Paradigmenwechsel sozialprofessionellen Handelns. *Soziale Arbeit, 60,* 378–383.

Bohrhardt, R. (2014). Haftvermeidung durch Risikomanagement? Warum die Handlungslogik der Ökonomie in der Bewährungshilfe ihr Ziel verfehlt. *SozialAktuell, 46*(7–8), 10–13.

Bönisch, L., & Lösch, H. (1998). Das Handlungsverständnis des Sozialarbeiters und seine institutionelle Determination. In W. Thole, M. Galuske, & H. Gängler, (Hrsg.), *Klassikerinnen der Sozialen Arbeit* (S. 367–373). Neuwied: Luchterhand.

Braun, F. (2014). Die Methodendiskussion in der Bewährungshilfe zwischen 1980 und 2010. *Bewährungshilfe, 61*(4), 325–339.

Burnett, R., & McNeill, F. (2005). The place of the officer-offender relationship in assisting offenders to desist from crime. *Probation Journal, 52,* 221–242.

Engels, D., & Martin, M. (2002). *Typische Lebenslagen und typischer Unterstützungsbedarf von Klientinnen und Klienten der Bewährungshilfe. Sekundäranalyse von Befragungsdaten der Arbeitsgemeinschaft Deutscher Bewährungshelferinnen und Bewährungshelfer e. V.* Berlin: ISG.

Erath, P. (2002). Sozialarbeit als gute Tat und effiziente Praxis – Perspektiven einer zukunftsfähigen Theorie der Sozialarbeit. *Sozialmagazin, 27*(3), 30–36.

Gambrill, E. (1999). Evidence-based practice: An alternative to authority-based practice. *Families in Society: The Journal of Contemporary Social Services, 80*(4), 341–350.

Goderbauer R. (2008). Die Nachsorge als wichtiger Baustein der Resozialisierung. *Bewährungshilfe, 55*(2), 115–133.

Grawe, K., Donati, R., & Bernauer, F. (1994). *Psychotherapie im Wandel*. Göttingen: Hogrefe.
Haas, H., & Killias, M. (2001). Sind Vergewaltiger normale Männer? Aspekte ihrer Resozialisierung. *Bewährungshilfe, 48*(3), 211–220.
Haselmann, S. (2009). Systemische Beratung und der systemische Ansatz in der Sozialen Arbeit. In B. Michel-Schwartze (Hrsg.), *Methodenbuch Soziale Arbeit* (2. Aufl., S. 155–206). Wiesbaden: VS Verlag.
Kawamura-Reindl, G., & Schneider, D. (2015). *Lehrbuch Soziale Arbeit mit Straffälligen*. Weinheim: Juventa.
Kennealy, P. J., Skeem, J. L., Manchak, S. M., & Eno Louden, J. (2012). Firm, fair, and caring officer-offender relationships protect against supervision failure. *Law and Human Behavior* (online publication), *36*(6), S. 1–9.
Klug, W. (2003). *Mit Konzept planen – effektiv helfen. Das ökosoziale Case Management in der Gefährdetenhilfe*. Freiburg: Lambertus.
Klug, W. (2015). Nach der Haft – Theorie und Praxis einer risikoorientierten Bewährungshilfe. In M. Schweder (Hrsg.), *Handbuch Jugendstrafvollzug* (S. 657–676). Weinheim: Juventa.
Klug, W., Lehmann, R., & Burghardt, J. (2012). Case Management in Diensten der Kriminalprävention im Jugendamt. *Case Management, 9*, 73–82.
Klug, W., & Schaitl, H. (2012). *Soziale Dienste der Justiz. Perspektiven aus Wissenschaft und Praxis*. Mönchengladbach: Forum.
Klug, W., & Zobrist, P. (2016). *Motivierte Klienten trotz Zwangskontext. Tools für die Soziale Arbeit* (2. Aufl.). München: Reinhardt.
Kruse, H. (1956). Die Ermittlungshilfe der Strafrechtspflege in Hamburg. *Bewährungshilfe, 3*(2), 90–95.
Kurze, M. (1999). *Soziale Arbeit und Strafjustiz*. Wiesbaden: KrimZ.
Lambert M. J. (1992). Implications of outcome research for psychotherapy integration. In J. C. Norcross & M. R. Godfried (Hrsg.), *Handbook of psychotherapy integration* (S. 94–129). New York: Oxford University Press.
Landtag Rheinland-Pfalz. (2015). Wahlperiode Drucksache 16/5226: Entschließung: Für funktionierende, effektive und zukunftsfähige Soziale Dienste in der Justiz.
Maelicke, B. (1995). Grundlegende Reformen sind notwendig. *Blätter der Wohlfahrtspflege, 142*(3), 45–46.
Maelicke, B., & Wein, C. (2016). *Komplexleistung Resozialisierung. Im Verbund zum Erfolg*. Baden-Baden: Nomos.
Matt, E. (2014). *Übergangsmanagement und der Ausstieg aus der Straffälligkeit*. Herbolzheim: Centaurus.
Morgenstern, C. (2012). Europäische Standards für die Bewährungshilfe. *Bewährungshilfe, 59*(3), 213–238.
Nadai, E., Sommerfeld, P., Bühlmann, F., & Krattiger, B. (2005). *Fürsorgliche Verstrickung: Soziale Arbeit zwischen Profession und Freiwilligenarbeit*. Wiesbaden: VS Verlag.
Niebauer, D. (2015). Von „hard-to-reach“ zu „how-to-reach“. Erfolgreiche Partizipation wohnungsloser Menschen in Praxis und Forschung. *TUP Theorie und Praxis der Sozialen Arbeit, 66*(6), 412–421.
Niebauer, D. (2017). Methoden der Sozialen Arbeit – eine zeitgemäße Begriffsbestimmung im Kontext sogenannter „hard-to-reach“-Zielgruppen. *Bewährungshilfe, 64*(3) (im Druck).
Oberlandesgericht München (o. J.). Gerichtshilfe. http://www.justiz.bayern.de/gericht/olg/m/bwh/#anker_sprungmarke_0_36. Zugegriffen: 1. Juni 2011.

Otto, H.-U., & Ziegler, H. (2008). The Notion of Causal Impact in evidence-based social work: An introduction to the special issue on what works? *Research on Social Work Practice, 18*(4), 273–277.
Persson, A., & Svensson, K. (2012). Shades of professionalism: Risk assessment in pre-sentence reports in Sweden. *European Journal of Criminology, 9*(2), 176–190.
Pfeiffer C. (1984). Bewährungshilfe auf falschen Gleisen? *Bewährungshilfe, 31*(1), 66–73.
Rauschenbach, T. (2011). 20 Jahre Kinder- und Jugendhilfe im Spiegel ihrer Statistik. Eine Bilanz der empirischen Wende. In T. Rauschenbach & M. Schilling (Hrsg.), *Kinder- und Jugendhilfereport Bd. 3: Bilanz der empirischen Wende* (S. 15–24). Weinheim: Juventa.
Raynor, P., Smith, D., & Vanstone, M. (1994). *Effective probation practice*. Houndmills: McMillan Press.
Sachse, R. (2010). *Persönlichkeitsstörungen verstehen. Zum Umgang mit schwierigen Klienten*. Bonn: Psychiatrie verlag.
Schulze W. (1979). Konzepte – ja! Rezepte – nein! *Bewährungshilfe, 26*(1), 37–50.
Skeem, J. L., & Manchak, S. (2008). Back to the Future: From Klockars' model of effective supervision to evicence-based practice in probation. *Journal of Offender Rehabilitation, 47,* 220–247.
Snyder, C.R., Scott, T.M., & Cheavens, J.S. (1999). Hope as a psychotherapeutic foundation of common factors, placebos and expectancies. In M. Hubble, B. L. Duncan, & S. D. Miller (Hrsg.), *The heart and soul of change* (S. 179–200). Washington: American Psychological Association.
Sommerfeld, P. (2003). *Zukunftsszenarien Sozialer Arbeit. Überlegungen zur Lösung sozialer Probleme. Sonderdruck*. Schiess: Aarau.
Stanley, S. (2009). What works in 2009: Progress or stagnation? *Probation Journal, 56,* 153–174.
Suhling, S., & Greve, W. (2010). *Kriminalpsychologie Kompakt*. Weinheim: Beltz.
Thiersch, H. (2002). *Positionsbestimmungen der Sozialen Arbeit*. Weinheim: Juventa.
Thiersch H., Grunwald K., & Köngeter S. (2012). Lebensweltorientierte Soziale Arbeit. In W. Thole (Hrsg.), *Grundriss Soziale Arbeit* (4. Aufl., S. 175–196). Wiesbaden: Springer VS.
Trotter, C. (2001). Soziale Arbeit mit unfreiwilligen KlientInnen. In M. Gumpinger (Hrsg.), *Soziale Arbeit mit unfreiwilligen KlientInnen* (S. 99–305). Linz: edition pro mente.
Urbaniok, F. (2012). Persönlichkeitstäter, Situationstäter und Prognostische Syndrome als Konzepte für Risikobeurteilung und Risikomanagement. In J. Endrass, A. Rossegger, F. Urbaniok, & B. Borchard (Hrsg.), *Interventionen bei Gewalt- und Sexualstraftätern* (S. 27–33). Berlin: Medizinisch Wissenschaftliche Verlagsgesellschaft.
von Schönfeld, C.-E., Schneider, F., Schröder, T., Widmann, B., Botthof, U., & Driessen, M. (2006). Prävalenz psychischer Störungen, Psychopathologie und Behandlungsbedarf bei weiblichen und männlichen Gefangenen. *Nervenarzt, 77,* 830–841.
Weaver, B. (2014). Control or change? Developing dialogues between desistance research and public protection practice. *Probation Journal, 61*(1), 8–26.

Freie Straffälligenhilfe – Probleme und Perspektiven angemessener Wirkungsforschung

Klaus Roggenthin

1 Weites, unbekanntes Land

Brauchen wir mehr Wissen über die Wirkungen der Freien Straffälligenhilfe? Ja, zweifellos, denn seit Langem sucht man vergebens nach neueren, wissenschaftlich fundierten Erkenntnissen über die gesellschaftlichen Verdienste dieses Sektors Sozialer Arbeit. Dabei liegen die Vorteile auf der Hand: Ganzheitliche Wirkungsanalysen könnten dazu beitragen, das sozial- und justizpolitische Ansehen der Freien Straffälligenhilfe zu verbessern.

Politische Entscheidungsträger scheinen jedoch deren Bedeutung und ihr Potenzial für den Zusammenhalt der Gesellschaft zu unterschätzen. Anderenfalls säße die Freie Straffälligenhilfe nicht seit jeher am Katzentisch der öffentlichen und zivilgesellschaftlichen Finanzierung. Vielleicht könnten empirische Belege für die Leistungsfähigkeit der eigenständigen, nicht-staatlichen Arbeit mit straffällig gewordenen Menschen und ihren Familien tatsächlich das Interesse der Politik, Partei- und Verbandsfunktionäre steigern. Es käme zumindest auf einen Versuch an. Denn mit einer angemesseneren Finanzierung könnten die Betroffenen besser versorgt und individueller gefördert werden. Nicht zuletzt stellen seriöse Wirkungsanalysen für eine lernende Straffälligenhilfe eine große Chance dar, ihre eigene Fachlichkeit zu reflektieren und bei Bedarf weiterzuentwickeln.

K. Roggenthin (✉)
Bonn, Deutschland
E-Mail: roggenthin@bag-s.de

B. Maelicke und S. Suhling (Hrsg.), *Das Gefängnis auf dem Prüfstand*,
Edition Forschung und Entwicklung in der Strafrechtspflege,
https://doi.org/10.1007/978-3-658-20147-0_25

2 Hindernisse

Warum aber, fragt man sich dann, kommt die Wirkungsforschung einfach nicht in die Puschen? Eine hohe Hürde könnte im Forschungsgegenstand selbst liegen. Die Wissenschaftler bekämen es, wie vor ein paar Jahren die Tübinger Kriminologen Wolfgang Stelly und Jürgen Thomas, mit der ungeheuren fachlichen und organisatorischen Heterogenität der Freien Straffälligenhilfe und zudem der Vielfalt der Lebensrealitäten der Betroffenen zu tun. In ihrer Bestandsaufnahme ermittelten sie 500 bis 600 vor allem kleinere Anlaufstellen und Einrichtungen, die sich zu vier Fünfteln unter dem Dach der Wohlfahrtsverbände organisiert haben (s. Stelly und Thomas 2009, S. 7). Nur ein Teil von ihnen hat sich ausschließlich auf die Zielgruppe straffällig gewordener Menschen spezialisiert. Daneben gibt es Einrichtungen, die außer Straffälligenhilfe noch allgemeine Schuldnerberatung, Suchtberatung, Hilfen für Wohnungslose und mehr anbieten. Schließlich sind Einrichtungen der Wohlfahrtspflege zu nennen, die Angebote vorhalten, die neben anderen Personengruppen auch von straffällig gewordenen Menschen in Anspruch genommen werden (s. Kawamura-Reindl 2009, S. 206). Unterschiedlich fallen auch die Nähe beziehungsweise Distanz zur justiziellen Straffälligenhilfe aus. Je nach Spezialisierungsgrad und Traditionen der Träger orientiert sich ihr Selbstverständnis an den beiden Polen „Anwalt der Straffälligen“ und „Dienstleister der Justiz“ (s. Stelly und Thomas ebd., S. 14).

Diese höchst unterschiedlichen Settings nicht-staatlicher Beratung und Hilfe für straffällig gewordene Menschen werden auf der Ebene der Einrichtungen und Anlaufstellen weder regelmäßig noch vollständig dokumentiert. Noch nicht einmal die „Orte“, an denen Freie Straffälligenhilfe in Deutschland stattfindet, werden systematisch und wiederkehrend kartografiert. Ganz zu schweigen davon, dass Informationen über deren Leistungsspektrum, Selbstverständnis oder gar deren Personal- und Finanzausstattung erhoben und kontinuierlich auf Bundesebene zusammengeführt werden. Das ist schade, denn wenn zumindest die Einrichtungsdaten und Bedingungen, unter denen Soziale Arbeit mit straffällig gewordenen Menschen stattfindet, von Zeit zu Zeit erhoben würden, fiele es interessierten Wissenschaftlern sicher leichter, sich auf empirische Wirkungsstudien einzulassen.

Dass sich einer der Spitzenverbände der Wohlfahrtsverbände dieser Aufgabe zuwendet, erscheint unwahrscheinlich. Das Arbeitsfeld Straffälligenhilfe scheint auf Bundesebene der Verbände in den letzten fünf Jahren eher von Einsparungs- als von Ausbauprozessen gekennzeichnet zu sein. Dies lässt sich unter anderem daran beobachten, dass auf Bundesebene die Stellen einiger Fachreferenten für Straffälligenhilfe durch Zusammenlegen von Arbeitsfeldern mittelbar gekürzt wurden.

Auch der angekündigte Rückzug des Gründungsmitgliedes Deutsches Rotes Kreuz aus der Bundesarbeitsgemeinschaft für Straffälligenhilfe, der Ende 2017 vollzogen sein wird, muss wohl als Trend nachlassenden Engagements und Zeichen der Entsolidarisierung im Zuge zunehmenden Ökonomisierungsdrucks gedeutet werden.

3 Wie könnte eine angemessene Wirkungsforschung aussehen? Einige Vorüberlegungen

Ich möchte an dieser Stelle die Gelegenheit nutzen, einige Überlegungen anzustellen, wie man sich in Zukunft dieser Frage annähern könnte. Es gilt zunächst mehrere Stolperfallen zu umgehen.

a) Stolperfalle 1: Das betriebswirtschaftliche Wirkungsparadigma
Der erste Fallstrick hängt an einem betriebswirtschaftlichen Verständnis von Erfolg und Wirkung, das mit der fortschreitenden Ökonomisierung der Sozialen Arbeit einhergeht. Das Problem der „Verwirtschaftlichung" von Angeboten der sozialen Daseinsvorsorge liegt darin, dass ökonomische Prinzipien wie Wettbewerb, Nachfrage und Preis zunehmend in den Vordergrund rücken, und zwar zu Lasten der Fachlichkeit (s. Seithe 2014, S. 9–15). Mit dieser Entwicklung korreliert, dass die Erwartungen der Geldgeber und der Öffentlichkeit an die Ergebnisse der finanzierten Dienstleistungen nicht immer trennscharf zwischen Wirkung (Effektivität) und Wirtschaftlichkeit (Effizienz) unterscheiden. Gerhard Timm, Geschäftsführer der BAG Freie Wohlfahrtspflege, beobachtet, dass sich auch die Wohlfahrtsverbände zunehmend verpflichtet fühlen, Wirkungsanalysen durchzuführen: „Ob im staatlichen, wirtschaftlichen oder zivilgesellschaftlichen Sektor – es besteht die gesellschaftliche Erwartung, dass Organisationen mit ihrem Handeln eine Wirkung erzielen, die idealtypisch auch dokumentierbar ist" (Timm und Friedrich 2016, S. 212). Er beklagt in diesem Zusammenhang, dass hierbei „(...) die ökonomische Wirkung von Handlungen so dominant [ist, d. Verf.], dass sie im öffentlichen Bewusstsein oftmals als die Wirkung schlechthin angesehen und wahrgenommen wird" (ebd.). Aus dem Blick geraten dabei Wirkungen auf die Lebensqualität des Hilfeempfängers, zum Beispiel sein emotionales Wohlbefinden, seine sozialen Beziehungen, seine materielle Absicherung, seine persönliche Entwicklung, sein körperliches Wohlbefinden, seine Selbstwirksamkeit, seine gesellschaftliche Teilhabe und die Fähigkeit, seine Rechte wahrzunehmen. Ein weiterer Bereich umfasst die Wirkungen auf das gesellschaftliche Sozialklima, auf das ich hier nicht weiter eingehen kann (s. Schneider, A. 2016,

S. 205–211). Ein auf ökonomische Effekte eingeschränktes Verständnis birgt die Gefahr, dass erst gar nicht mehr untersucht wird, ob soziale Hilfen erfolgreich sind, weil sie sich positiv auf die Lebenslagen und Befindlichkeiten der Adressaten niederschlagen. Der Fokus richtet sich vielmehr darauf, zu überprüfen, ob die Hilfen wirtschaftlich waren und in der Konsequenz darauf, zu entscheiden, ob man sie noch braucht oder ob man sie wenigstens günstiger bekommt. Der betriebswirtschaftliche Blick auf die Wirkungen der Freien Straffälligenhilfe ist jedoch kurzsichtig. Aus der industriellen Produktion entlehnte, trendige Anglizismen und fachfremde Lehrmeinungen sind meines Erachtens nicht geeignet, die Folgen menschlicher Interaktionen zwischen Fachkraft und Adressat, erhaltener materieller Unterstützung und so weiter in ihrer Abhängigkeit von uneinheitlichen und interdependenten Bedingungskonstellationen, Sozialisationseinflüssen, Reifungsprozessen sowie Zufallsereignissen zu erfassen. Dass dies unweigerlich zu einer Banalisierung der komplexen Wirklichkeit fachlichen Handelns in der Sozialen Arbeit und entsprechenden Forschungsartefakten führen muss, ist noch das geringere Problem. Schwerer wiegt, dass die Ergebnisse standardisierter betriebswirtschaftlicher Wirkungsanalysen auch solche politischen Steuerungsprozesse legitimieren können, mit denen sich fachliche Standards aushebeln lassen. „Soziale Arbeit ist damit immer weniger in der Lage, ihre Ziele, Wege und Zielgruppen selbst zu bestimmen" (Seithe ebd., S. 12).

Der Sinn Sozialer Arbeit und damit der Straffälligenhilfe hat nichts mit fiskalischen Nützlichkeitserwägungen zu tun. Das heißt aber nicht, dass die ökonomische Dimension von Wirkung für die Soziale Arbeit und ihre Wahrnehmung in der Gesellschaft gänzlich bedeutungslos ist. Es wäre beispielsweise höchst interessant zu erfahren, welcher volkswirtschaftliche (und nicht betriebswirtschaftliche) Nutzen durch die Arbeit der Freien Straffälligenhilfe im Verhältnis zu den eingesetzten Mitteln jährlich erzielt wird. Wie viel „soziales Kapital" produziert ein in die Freie Straffälligenhilfe investierter „Eingliederungseuro"? Anders gewendet: Welche Ausgaben und Einnahmen hätte die öffentliche Hand, wenn es die Freie Straffälligenhilfe nicht gäbe? (s. Schneider, A. ebd.) Positive volkswirtschaftliche Effekte sind zum Beispiel dadurch zu erwarten, dass ein Teil straffällig gewordener Menschen nach der Entlassung durch vermittelnde Tätigkeit der Freien Straffälligenhilfe ins Erwerbsleben integriert werden kann oder erfolgreich motiviert wird, Suchterkrankungen aktiv anzugehen. In diesen Kontext fällt auch die Überlegung, welchen mittelbaren Beitrag die Arbeit der Freien Straffälligenhilfe leistet, um zu verhindern, dass straffällig gewordene Menschen erneut als Straftäter und Strafgefangene in Erscheinung treten. Dies führt mich direkt zur zweiten Stolperfalle. Diese verbirgt sich hinter einem sich aktuell wandelnden Verständnis von Resozialisierung.

b) Stolperfalle 2: Engführung Rückfallvermeidung

Noch bis vor wenigen Jahren bestand weitestgehende Einigkeit zwischen öffentlichen Geldgebern und der (staatlichen und freien) Straffälligenhilfe, dass Resozialisierungsarbeit auf die soziale Eingliederung des straffällig gewordenen Menschen zielt und durch die gemeinsame Erschließung sozialstaatlicher, lebensweltlicher und personaler Ressourcen umzusetzen ist.[1] Diese sozialpädagogische Auffassung sieht sich in der Praxis der Straffälligenhilfe mehr und mehr mit sicherheitsstrafrechtlichen Erwartungen konfrontiert. Unter politischen Druck ist gegenwärtig insbesondere die Bewährungshilfe geraten, die im Zuge einer erstarkenden restriktiven Kriminalpolitik zunehmend aufgefordert wird, ihren Integrationsauftrag zugunsten eines auszubauenden Kontrollauftrags zurückzustellen. Dies lässt sich unter anderem daran ablesen, dass mehrere Landesjustizverwaltungen mittlerweile Ansätze einer sogenannten ‚risikoorientierten Bewährungshilfe' eingeführt haben (s. Grosser 2016, S. 95–127). Damit rückt „die Verhinderung des Rückfalls als Kernaufgabe der Bewährungshilfe in den Mittelpunkt der Tätigkeit" (ebd., S. 96). Auch die Freie Straffälligenhilfe bewegt sich in einigen Bereichen, in denen sie als Dienstleister der Justiz in Erscheinung tritt, etwa bei der Durchführung von hoch spezialisierten Angeboten wie Anti-Gewalt-Trainings oder der Arbeit mit Sexualstraftätern bereits auf einem Terrain, das auf Verbrechensverhütung abhebt.

> Viele freie Träger [verpflichten sich, der Verf.] bei Übernahme von Aufgaben (...) in der Untersuchungshaftvermeidung, der Diversion oder bei der Organisation gemeinnütziger Arbeit zur Vermeidung der Vollstreckung von Ersatzfreiheitsstrafen zu Berichten an die Gerichte, Staatsanwaltschaften, den Justizvollzug oder allgemein die Justizverwaltung. Den Mitarbeitern und Mitarbeiterinnen dieser freien Träger ist durchaus auch bewusst, dass eine Folgefinanzierung von der Erfüllung dieser Berichtspflichten abhängen kann (Cornel 2015, S. 38).

Von dort aus ist es kein allzu weiter und riskanter Weg, Wirkungen, sprich Erfolge der Freien Straffälligenhilfe generell daran „messen" zu wollen, ob sie nachweisbar „rückfallvermeidungsrelevant" sind und die Bewilligung von Fördergeldern an diesen Anspruch zu knüpfen. Eine Freie Straffälligenhilfe, die sich aus finanziellen oder anderen Sachzwängen auf diesen Deal einlässt, muss sich im Klaren sein, dass sie damit das Risiko eingeht, der um sich greifenden eindimensionalen justiziellen Kontrollkultur auf dem Leim zu gehen. Mehr noch: Sie läuft Gefahr, ihre Identität als Soziale Arbeit aufs Spiel zu setzen.

---

[1] In der Theoriebildung erlebt dieser Gedanke gerade wieder eine Renaissance, s. Schneider, S. (2016): Lebensweltorientierung in der Straffälligenhilfe.

c) Stolperfalle 3: Das Kausalitätsversprechen

„Wirkung ist im Grunde ein Konzept, das aus den Naturwissenschaften kommt" (Schneider, A. ebd., S. 204). Dazu muss man sich vergegenwärtigen, dass sie seit ihren Anfängen stets auf der Suche nach universal gültigen und zeitlosen Gesetzen waren. Folgt man ihrer traditionellen Erkenntnislehre, sind beobachtbare Veränderungen (Wirkungen), zum Beispiel dass Wasser zu Eis wird, als messbare lineare Ursache-Wirkungszusammenhänge zu verstehen. In diesem Fall heißt das natürlich, dass eine Temperatur ab 0 Grad Celsius und darunter (Ursache), flüssiges Wasser in einen anderen Aggregatszustand verwandelt, nämlich in eine Form festen Wassers (Wirkung). Schwieriger wird es bereits dann, wenn man die heilende Wirkung bestimmter Pharmazeutika exakt bestimmen möchte. Bei dem einen Patienten scheinen sie zu einer Verbesserung seines Gesundheitszustandes zu führen, bei dem anderen bleiben sie folgenlos, während möglicherweise der dritte rasch daran stirbt. Hinzukommen kann eine Vielzahl unbeabsichtigter, nicht-letaler schädlicher oder auch positiver Nebenwirkungen, die in jedem einzelnen Fall wiederum unterschiedlich und unterschiedlich intensiv ausfallen. Ferner beobachten die Mediziner vielleicht günstige oder ungünstige Wechselwirkungen mit anderen Pharmaka. Die erwünschte Wirkung (Heilung) scheint also nicht nur von einer klar bestimmbaren Ursache (Medikament) abzuhängen. Viele weitere Wirkkräfte sind zu berücksichtigen, wie Erbgut, Alter, psychische und physische Konstitution, Vorerkrankungen, Geschlecht, soziale Beziehungen, Kultur, Temperament, Lebenswillen, Ernährung, Klinikatmosphäre, Zufälle, unerklärliche Spontanheilungsprozesse und der individuelle „Medikamentencocktail" sowie Wechselwirkungen zwischen diesen Bedingungen. Weil es in unserer komplexen Welt jenseits der Grenzen von Mathematik und Physik äußerst schwierig ist, Gesetzmäßigkeiten und Kausalitäten, also Ursache-Wirkungszusammenhänge zu identifizieren, zeichnet sich in Teilen der Scientific Community der Naturwissenschaften allmählich ein Umdenken ab. Die Wissenschaftstheoretikerin Sandra Mitchell fordert in diesem Sinne, „dass unsere Erklärung der Welt deren Komplexität und Kontingenz[2] widerspiegeln muss. Unsere Auffassung muss berücksichtigen, wie die Welt sich konstituiert, welche Art von Erkenntnis wir gewinnen können, wie wir die Welt untersuchen sollen und wie wir auf der Grundlage der

[2]In der Evolutionstheorie meint Kontingenz, dass die langfristige Entwicklung des Lebens auf der Welt von zufälligen Ereignissen abhängt. Kontingenz ist darüber hinaus im Lebenslauf jedes einzelnen Menschen präsent und wirkt sich auf die Lebensführung und Lebensplanung aus.

Ergebnisse dieser Untersuchungen handeln müssen“ (s. Mitchell 2008, S. 9). Während in den Naturwissenschaften angesichts der Einsicht in die Komplexitäten der zu untersuchenden Phänomene zunehmend nach elaborierteren erkenntnistheoretischen Modellen Ausschau gehalten wird, orientieren sich Teile der Sozialwissenschaften und angrenzender Arbeitsfelder, insbesondere das Sozialmanagement, methodologisch weiterhin an Vorstellungen deduktiv-nomologisch[3] ausgerichteter Forschung/Evaluation. Diese können den untersuchten Phänomenen in der Regel jedoch nicht vollständig gerecht werden. Diese Ausrichtung drückt sich auch in der unterschiedlichen Wertschätzung der beiden Forschungsparadigmen aus. Nach wie vor vertraut man im Mainstream der sozialwirtschaftlichen Wirkungsforschung den quantitativ-klinischen Ansätzen. Da diese am Ende insbesondere Zahlen, also „harte Fakten“ liefern, vermitteln sie nach außen Seriosität und vermeintliche Objektivität. Es wurde ja gemessen! Übersehen wird dabei, dass eine Messung, soweit sie überhaupt möglich ist, „immer nur eine verkürzte Abbildung der Wirklichkeit dar[stellt, d. Verf.], wie auch eine Landkarte nur einige Dimensionen einer tatsächlichen Landschaft darstellt und andere bewusst auslässt oder gar nicht darstellen kann“ (Schneider, A. ebd., S. 206). Qualitativ-rekonstruktiven Forschungskonzepten, die nicht den Anspruch haben zu messen, sondern einzuschätzen und zu verstehen, schlägt hingegen nach wie vor viel Skepsis entgegen. Deren Erkenntnisse – meist in Form von Typisierungen und Beschreibungen – gelten als vorwissenschaftlich, subjektiv und nicht verallgemeinerbar, obwohl die qualitativen Verfahren noch am ehesten in der Lage sind, die Verwobenheit und Zeitbezogenheit der Einflussfaktoren auf menschliche Interaktionen und psychosoziale Entwicklungsprozesse zu identifizieren und darzustellen. Meine Haltung als ehemaliger Sozialforscher ist in diesem Punkt eindeutig und kann am besten mit den Worten von Armin Schneider wiedergegeben werden: „Anstatt sich auf einen Rechenwettbewerb einzulassen, gilt es, die bearbeiteten sozialen Probleme, die spezifische Methode der Organisation, die handelnden Personen und die Erfolge [und Misserfolge, der Verf.] gemeinnütziger Organisationen transparent darzustellen“ (Schneider ebd., S. 207). Denn „nicht alles, was gezählt werden kann, zählt. Und nicht alles was zählt, kann gezählt werden“ (Rock 2015, zit. in Schneider, A. ebd.).

[3]Das deduktiv-nomologische Modell bezeichnet die wissenschaftliche Erklärung eines Kausalzusammenhangs. Eine deduktiv-nomologische Erklärung eines Sachverhaltes beziehungsweise des Phänomens besteht im Nachweis, dass das Phänomen den bekannten allgemeinen Gesetzen gehorcht, die auf die speziellen Gegebenheiten anzuwenden sind.

4 Koordinaten eines gegenstandsbezogenen sozialwissenschaftlichen Forschungsansatzes

Ich habe in den vorangegangenen Abschnitten versucht, die Untiefen und Stromschnellen aufzuzeigen, in die man unversehens geraten kann, wenn man Wirkungen der Freien Straffälligenhilfe ermitteln will. Nun ist Zeit für einige konstruktive Vorschläge. Wenn sich Wirkungsforschung aussagekräftig einer beobachtbaren Wirklichkeit annähern will, müssen der Forschungsgegenstand und das Forschungsdesign zueinander passen. Forschungsgegenstand ist die Freie Straffälligenhilfe und ihre Adressaten. Freie Straffälligenhilfe ist ein Handlungsfeld der Sozialen Arbeit. Insofern muss ein Forschungsansatz, der sich anschickt, die Wirkungen professioneller Sozialarbeit auf eine seiner Zielgruppen zu untersuchen, in einem ersten Schritt den gesellschaftlichen Auftrag, die Ziele Sozialer Arbeit als Profession und die Bedürfnisse/Bedarfe der Adressaten in den Blick nehmen. In einem zweiten Schritt ist dann zu ermitteln, wieweit es gelingt, Auftrag, fachliche Ziele und Bedürfnisse der Adressaten zu erreichen und zu erfüllen.

a) Wert- und Handlungsfundamente Sozialer Arbeit

Soziale Arbeit in ihrer sozialpolitischen Dimension kann nach Werner Thole als ein „gesellschaftliches Allgemeinangebot [verstanden werden, das damit beauftragt ist, der Verf.], die Eskalation von materiellen, kulturellen und sozialen Problemlagen bei gesellschaftlichen Teilgruppen mittels Hilfs-, Unterstützungs- und Bildungsaufgaben abzufedern" (Thole 2016, S. 258) Ihre Fachkräfte stehen dabei vor der Herausforderung, „Zugänge zu Menschen zu finden, Vertrauen aufzubauen sowie Freiwilligkeit herzustellen – selbst dann, wenn Menschen unfreiwillig zu Adressat/innen Sozialer Arbeit werden oder wenn aus gesellschaftlicher Perspektive problematische Deutungs- und Handlungsmuster für die Adressaten selbst zentrale Normalitätsmuster darstellen" (Füssenhäuser 2016, S. 776). In dieser Beschreibung scheint ein Leitprinzip Sozialer Arbeit durch, die sogenannte Subjektorientierung. Diese besagt, dass die Fachkräfte dem Klienten mit Respekt begegnen sollen, indem sie grundsätzlich deren freien Willen und deren Entscheidungen anerkennen. Dahinter steht die Einsicht, dass Sozialarbeiter zwar Vorschläge und Angebote machen können, dem Menschen aber nicht die Verantwortung für die eigene Lebensführung abnehmen kann. Das heißt mitnichten, dass sich Sozialarbeiter mit eigenen Vorschlägen vollständig zurückhalten sollen. Vielmehr geht es darum, mit dem Klienten Problemlösungsstrategien individuell auszuhandeln. Im Idealfall wird die Problemlösung gemeinsam zwischen Fachkraft und Klient entwickelt. Dies ist mit dem Begriff Koproduktion gemeint, der eng mit dem Prinzip der Subjektorientierung verbunden ist.

Auf die Freie Straffälligenhilfe gewendet heißt das: Leitziel der Freien Straffälligenhilfe ist es, straffällig gewordene Menschen und ihre Familien dabei zu unterstützen, ihren Weg zu einem in ihrer subjektiven Sicht gelingenden und verantwortungsvollen Leben zu finden und zu verfolgen (s. Roggenthin 2011). Methodisch soll dies in einem kommunikativen Prozess geschehen, der auf Verständigung setzt, Lernprozesse anstößt und Potenziale des Klienten und des sozialen Umfeldes/des Sozialraumes einbezieht (s. Seithe 2014).

b) Überwindung der Resozialisierungsideologie

Wenn nach dem Auftrag und der Funktion der Freien Straffälligenhilfe gefragt wird, wird geradezu reflexartig der Resozialisierungsauftrag in den Mittelpunkt gestellt. Der Begriff ist offensichtlich „gesetzt“ und wird von Hochschullehrern, Sozialarbeitern, Verwaltungsmitarbeitern und anderen mit großer Selbstverständlichkeit auch in Selbstbeschreibungen für das Arbeitsfeld der Freien Straffälligenhilfe verwendet. Dennoch erlaube ich mir, ihn an dieser Stelle (wieder) einmal grundsätzlich infrage zu stellen. Als Soziologe irritiert mich die Ähnlichkeit des Resozialisierungsbegriffs mit dem Begriff Sozialisation. Sozialisation ist einer der Grundbegriffe der Sozialwissenschaften. Vereinfacht gesagt, beschreibt der Sozialisationsprozess das fortlaufende Hineinwachsen eines Menschen in die jeweils unterschiedlichen Zivilisationen, historischen Zeiten und Kulturen, in denen er lebt. Die mentale und tatsächliche Einbindung in die Gesellschaft findet also in Auseinandersetzung mit der vorgefundenen sozialen Umwelt und den bedeutsamen Menschen und Gruppen statt. Dieser Prozess beginnt bereits beim Neugeborenen und endet mit dem Tod. Ohne Sozialisation ist der Mensch nicht lebensfähig. Das heißt, Sozialisationsprozesse ereignen sich in jedem Lebensalter von der Kindheit, über das Jugendalter und Erwachsenenalter bis ins hohe Alter. Zu den Sozialisationsinstanzen gehören unter anderem die Familie, die Schule, die Gleichaltrigen, die Arbeitswelt, der Sportverein und in unserem Zusammenhang auch das Gefängnis. Es gibt keine gute oder schlechte Sozialisation, sondern nur ein Set von Werten, Normen, Regeln, Orientierungen und Verhaltensweisen, das ein Mensch in Auseinandersetzung mit seinen Sozialisationsinstanzen bis zu dem beobachteten Zeitpunkt hervorgebracht hat und die seine Persönlichkeit formen. Der in seinem Land weitgehend regelkonform lebende Mitbürger als auch der „Verbrecher“ sind beide vorläufige Resultate ihrer Sozialisation. Die Vorstellung, dass ein lebender Mensch (noch) im Jugend- oder Erwachsenenalter nicht sozialisiert ist, also keine Sozialisation erfahren hat, ist schlicht Unsinn und führt deshalb in die Irre. Daher kann es auch keine Resozialisation/Resozialisierung im Sinne einer Nachsozialisation geben. Bei Behandlungsmaßnahmen im Gefängnis und Angeboten der Freien Straffälligenhilfe haben wir es mit der Fortführung eines lebenslangen individuellen Sozialisationsprozesses zu tun, dessen Ergebnis davon abhängt, welche „Inhalte“ der Sozialisant in die eigene Lebensführung integriert. Problematisch am Resozialisierungsbegriff ist vor allem, dass er die Vorstellung fördert, es gebe nur die Wahl zwischen einem „außerhalb“ und „innerhalb“ der Gesellschaft. Dies würde die Existenz einer zeitlosen, überall gültigen Ordnung voraussetzen, aus der hervorgeht, was erlaubt und was verboten ist. Der Terminus Resozialisierung maskiert die eigentliche, durchaus nachvollziehbare Absicht: Die Korrektur abweichenden Verhaltens und strafbarer Handlungen, die den geltenden gesellschaftlichen Regeln, Erwartungen und Gesetzen widersprechen, die anderen Menschen aber nicht immer Schaden zufügen. So wurde in Deutschland zum Beispiel die Kriminalisierung von Homosexualität Ende der 1960er- bis Anfang der 1970er-Jahre überwunden, während der Konsum bestimmter (illegaler) Drogen noch immer strafbewehrt ist.

Kritisch ist ferner zu sehen, dass Resozialisierung, selbst wenn sie nicht als „sozialer Reset“, sondern als Wiedereingliederungs- und Bildungsprozess verstanden wird, häufig die Bringschuld des straffällig gewordenen Menschen hervorhebt (s. Scheurer und Rothes 2016). Gelungene Integration ist hingegen, das zeigt uns die Migrationsforschung, fundamental auf die Integrationsbereitschaft der Aufnahmegesellschaft angewiesen.[4] Die Integrationschancen sind abhängig von mehreren Bedingungen: Erstens, der Bereitschaft des straffällig gewordenen Menschen zu einer Lebensführung, die ihn nicht in Konflikt mit den geltenden Gesetzen bringt, zweitens tragfähige Angebote zur sozialen Teilhabe (Arbeit, Wohnraum, Gesundheit, soziale Beziehungen, Schuldenregulierung u. a. m.) und drittens die aktive Mitverantwortung der Verwaltung, der Medien und der Nachbarschaft und anderer Akteure im Sozialraum für das Gelingen der Integration (s. Scheurer und Rothes ebd.).

c) Resozialisierung als gesamtgesellschaftliche Aufgabe

Das Bundesverfassungsgericht hat 1973 festgestellt, dass das vorrangige Ziel des Strafvollzuges die Resozialisierung ist, verstanden als Wiedereingliederung des Straftäters in die Gesellschaft. Dies fand später auch Niederschlag im Strafvollzugsgesetz (1977). Zugleich muss der Vollzug allerdings auch den „Schutz der Allgemeinheit“ sicherstellen. Diese beiden Orientierungen sind im Großen und Ganzen auch nach der Föderalismusreform in den Landesvollzugsgesetzen übernommen worden. Relativ neu ist jedoch die Rede von der gesamtgesellschaftlichen Verantwortung, welche die Umsetzung des Resozialisierungsziels mit sich bringe. Insbesondere Landesjustizministerien bedienen sich heute gerne dieser Formel.

[4] Dies habe ich an anderer Stelle beschrieben, s. Roggenthin (2000).

Was steht dahinter? Vieles spricht dafür, dass es sich um eine Umarmungsstrategie der Justizverwaltungen angesichts des Scheiterns des Resozialisierungsanspruches in der Aufbewahrungs- und Vergeltungswirklichkeit in den deutschen Gefängnissen handelt. Es sind die immanenten Widersprüche des Strafvollzuges, die trotz einiger Angebote des Behandlungsvollzuges einer erfolgreichen Vorbereitung der Gefangenen auf ein selbstbestimmtes, regelkonformes Leben massiv im Wege stehen. Wie soll das auch funktionieren: Integration durch Einsperren/Ausschluss? Persönlichkeitsstärkung durch Entmündigung? Gemeinschaftsfähigkeit durch Isolation? Wenn nun nach den anderen (zivilgesellschaftlichen) Akteuren – und laut „Übergangsmanagement!" – gerufen wird, reicht das allein nicht aus und lenkt von eigenen strukturellen Problemen ab. Die Justizpolitik muss endlich wieder mutiger werden, ihre eigenen Leichen aus dem Keller holen oder zumindest ihre liegengebliebenen Hausaufgaben machen. Es werden immer noch mehr Menschen eingesperrt als unbedingt nötig, die Ersatzfreiheitsstrafe ist wider besseres Wissen nicht abgeschafft worden, viele Suchtkranke werden weiter kriminalisiert und vollzugsöffnende Maßnahmen wurden zurückgefahren.

Eine Schlüsselrolle fällt dem Wohngruppenvollzug zu, weil sozialverträgliches Zusammenleben und eine eigenverantwortliche Lebensführung noch am ehesten in kleinen Einheiten von maximal 15 Gefangenen eingeübt werden können. Außerdem müssen die Gefängnisse kleiner werden, dürfen wie vielerorts in den skandinavischen Staaten nicht mehr als 200 bis 300 Haftplätze umfassen, um eine Subkulturbildung zu vermeiden, die Gefangenen zu schützen und Kontrolle zu gewährleisten (s. Ziethener Kreis 2012). Ausbildungs- und Arbeitsmöglichkeiten müssen bedarfsgerecht zur Verfügung stehen, angemessen vergütet (Stichwort Mindestlohn) und sozialversicherungsrechtlich angerechnet werden (Stichwort Rentenanwartschaften). Zusätzlich müssen soziale Kontakte zur Außenwelt, insbesondere zur Familie, gefördert werden. Für diese Aufgaben ist ausreichend Personal bereitzustellen, das selbstverständlich entsprechend aus- und fortgebildet werden muss (s. ebd.).

Solange aber straffällig gewordene Menschen im Strafvollzug eher noch weiter beschädigt als gefördert werden, sollte sich die Freie Straffälligenhilfe nicht zum „Resozialisierungsathleten" oder gar zum „Legalbewährungsgaranten" emporheben lassen. Schon gar nicht, wenn sich parallel dazu nicht ihre prekäre finanzielle Ausstattung und Absicherung grundlegend verbessert. Dies soll keine Gegenrede zur partnerschaftlichen Zusammenarbeit der Freien Straffälligenhilfe mit dem Strafvollzug sein. Die verschiedenen Länderinitiativen zum Übergangsmanagement sind durchaus ein Schritt in die richtige Richtung. Nur: Mit dem Übergangsmanagement sollte nicht die gesamte Verantwortung für die Eingliederung auf die freien Träger abgewälzt werden. Der Strafvollzug muss indes vom ersten Hafttag an gemeinsam mit dem Gefangenen Perspektiven für ein Leben in Freiheit entwickeln.

d) Aufgaben und Ziele Freier Straffälligenhilfe

Der sozialpolitische Auftrag der Freien Straffälligenhilfe knüpft am Sozialstaatsprinzip aus Art. 20 Abs. 1 Grundgesetz an. Im ersten Buch des Sozialgesetzbuches in § 9 wurde es wie folgt konkretisiert:

> Wer nicht in der Lage ist, aus eigenen Kräften seinen Lebensunterhalt zu bestreiten oder in besonderen Lebenslagen sich selbst zu helfen, und auch von anderer Seite keine ausreichende Hilfe erhält, hat ein Recht auf persönliche und wirtschaftliche Hilfe, die seinem besonderen Bedarf entspricht, ihn zur Selbsthilfe befähigt, die Teilnahme am Leben in der Gemeinschaft ermöglicht und die Führung eines menschenwürdigen Lebens sichert (s. Cornel 2015, S. 20–48).

Die zentralen Aufgaben der Freien Straffälligenhilfe liegen in der Beratungsarbeit, die vor und nach der Entlassung in ihren eigenen Anlaufstellen stattfindet. Während der Haft werden zudem Sprechstunden innerhalb der Gefängnisse abgehalten, oft im Zusammenhang mit der Entlassungsvorbereitung, etwa in Form von Hilfen bei der Beantragung von Ausgängen, Planung der einzelnen Schritte (zum Beispiel Behördengänge, Wohnungssuche). Nach der Entlassung geht es vor allem darum, den Klienten beim unvertrauten Umgang mit den zahlreichen Behörden und anderen Akteuren zu unterstützen. Eine große Rolle spielen Hilfen bei der Beantragung von Transferleistungen (Aufklärung über Ansprüche, Unterstützung bei der Beantragung von Leistungen), die Suche nach einer Unterkunft und einer Anstellung, die Regulierung der Schulden oder Vermittlung zur Bewältigung von Suchterkrankungen.[5] Einige Träger verfügen auch über eigene Wohnprojekte für Haftentlassene, Beratungsangebote für Angehörige, für straffällig gewordene Frauen oder ein Angebot zum Täter-Opfer-Ausgleich.

Die Freie Straffälligenhilfe stellt mithin nicht die „Straftat", die „kriminelle Vorgeschichte" oder das Rückfallrisiko des Klienten in den Fokus, sondern richtet ihre Arbeit an der gesamten Person und der schwierigen Lebenssituation, in der sie sich befindet, aus.

> Eine der wichtigsten konkreten gesetzlichen Grundlagen für die Resozialisierung und Integration von erwachsenen Straffälligen bzw. Strafentlassenen (…) bilden die §§ 67 ff. SGB XII mit der Überschrift Hilfe in besonderen Lebenslagen (…) Grundlage sind besondere Lebensverhältnisse, die mit besonderen sozialen

[5]Einen Einblick in das vielfältige Beratungs- und Hilfespektrum bietet zum Beispiel der Jahresbericht der Straffälligenbetreuung Bremen http://tinyurl.com/SFB-Bremen, S. 8–10 (Abruf 26.11.2016).

Schwierigkeiten verbunden sind. Die Hilfen umfassen ‚alle Maßnahmen, die notwendig sind, um Schwierigkeiten abzuwenden, zu beseitigen, zu mildern oder ihre Verschlimmerung zu verhüten, insbesondere Beratung und persönliche Betreuung für die Leistungsberechtigten und ihre Angehörigen, Hilfen zur Ausbildung, Erlangung und Sicherung eines Arbeitsplatzes sowie Maßnahmen bei der Erhaltung und Beschaffung einer Wohnung' (§ 68 Abs. 1 SGB XII). Dieser Lebenslagenansatz hat den Vorteil, dass er die besonderen Lebensverhältnisse und die sozialen Schwierigkeiten der Hilfesuchenden insgesamt umfasst und damit eine Einheit von materieller und persönlicher Hilfe verdeutlicht (Kawamura-Reindl ebd., S. 205 f.).

Freie Straffälligenhilfe vermeidet also die „Fürsorgliche Belagerung" (Heinrich Böll), stattdessen leistet sie Hilfe zur Selbsthilfe, wohl wissend, dass entscheidende Faktoren des Gelingens auch außerhalb der Person des Klienten liegen. Nichtsdestoweniger fördert sie die Selbstwirksamkeit, regt dazu an, sich mit der eigenen Lebensplanung zu befassen. Sie versucht, die Versagenstoleranz und die Beziehungsfähigkeit zu stärken. Und möchte erreichen, dass der Mensch Verantwortung für sein Leben sowie das seiner Angehörigen und Mitmenschen übernimmt.[6] Zugleich sollte Freie Straffälligenhilfe gut im Sozialraum vernetzt sein. Für die Überwindung der sozialen Schwierigkeiten des Klienten ist die vertrauensvolle Zusammenarbeit der jeweiligen Anlaufstelle mit Justizvollzugsanstalt, Bewährungshilfe, Arbeitsagentur/Jobcenter, Beschäftigungsträgern, Wohnungsamt, Gesundheitsamt, Ausländerbehörde, Krankenkassen, Suchthilfeeinrichtungen und anderen Akteuren fundamental.

Auf den Punkt gebracht lässt sich sagen, das Ziel Freier Straffälligenhilfe als Soziale Arbeit ist die Unterstützung ihrer Adressaten bei der Gewinnung oder Wiedererlangung ihrer Autonomie in der Lebensgestaltung (s. Thole 2016, S. 256–258).

e) Ein rekonstruktiv-biografischer Blick auf Wirkungen Freier Straffälligenhilfe

Wie lässt sich mit wissenschaftlich soliden Methoden feststellen, ob die Freie Straffälligenhilfe als Soziale Arbeit erfolgreich (wirksam) ist? Wie kann man herausfinden, ob es ihr gelingt, ihre Klienten dabei zu unterstützen, ihr Leben zu ordnen, soziale und materielle Probleme sowie Straffälligkeit zu überwinden? Anders gewendet: Tragen Maßnahmen, Dienstleistungen und Initiativen der Freien Straffälligenhilfe dazu bei, dass ihre Adressaten zu einer selbstbestimmten Lebensführung

[6]Diese Wortwahl verdanke ich zum großen Teil einem Vortrag, den Hans-Jürgen Kerner am 18.11.2016 in Recklinghausen zum Thema „Sozialarbeit/Sozialpädagogik im Justizvollzug – vom Fürsorger zum Sozialmanager: Eine Erfolgsgeschichte!?" gehalten hat.

finden und auf diesem Wege schwierige Lebenslagen und persönliche Lebensprobleme bewältigen?

Weiter oben habe ich erläutert, warum ich nichts davon halte, diese Fragen mit einem deduktiv-nomologischen Ansatz klären zu wollen. Die Lebenswelt und die individuelle Biografie eines Menschen, aber auch die Freie Straffälligenhilfe sind zu vielschichtig und zu verflochten, als dass man zufriedenstellend beobachtete Veränderungen des in Bezug auf die individuelle Lebenslage, das Verhalten und das Wohlbefinden mit isolierten Einflüssen Sozialer Arbeit erklären könnte. Die Bedingungskonstellationen, unter denen Hilfe gelingt oder verpufft, sind hochkomplex. Sie lassen sich nicht mit Wirkungsmodellen erfassen (messen), die auf Kausalität zielen. Hinzu kommt, dass Wirkungen sich selten unmittelbar einstellen, sondern sich unter Umständen erst nach Jahren – zum Beispiel in Folge eines lebensphasenspezifischen Reifungsschubes – entfalten, wie Studien zur Kriminalitätsentwicklung im Lebenslauf gezeigt haben.[7]

Eine Erfolg versprechende Forschungsstrategie scheint mir daher im biografischen Ansatz zu liegen. Die biografische Methode ist in der kriminologischen Forschung durchaus nicht neu. Schon in den 1930er-Jahren analysierte Clifford R. Shaw die Lebensläufe straffällig gewordener Jugendlicher.[8]

Der große Vorteil dieser Methode besteht darin, dass man die etwaigen Einflüsse und die Bedeutung sozialer Hilfen im Kontext des gelebten Lebens mithilfe der Einlassungen und Bewertungen des damaligen Adressaten untersuchen kann.

Lebenslauf und Biografie werden in dem vorgeschlagenen Ansatz als Einheit von personaler, sozialer und historischer Zeit aufgefasst (s. Neugarten und Datan 1979). Der Lebenslauf einer Person lässt sich grundsätzlich als ein Ablauf von Lebensphasen verstehen, der sowohl von Entwicklungsaufgaben und Lebensthemen als auch entsprechenden Rollenmustern sowie Arbeits- und Lebensmustern bestimmt wird. Eingebettet in den Zusammenhang zwischen personaler und sozialer Zeit lassen sich drei unterscheidbare Lebenslinien – definiert als wichtige Lebens-, Handlungs- und Erfahrungsbereiche der Person – beschreiben: a) Die private Lebenslinie, welche die Bereiche Liebe, Partnerschaft, Freundschaft, Familie, Krankheit, Straffälligkeit etc. umfasst, b) die Lebenslinie der Ausbildung und des Berufs und c) die der politischen, kulturellen und religiösen Interessen

[7]Diese Information stammt aus einem persönlichen Gespräch mit Hans-Jürgen Kerner, der mir über seine Forschungsergebnisse berichtete.

[8]Clifford R. Shaw: The Jack Roller. A Delinquent Boy's Own Story, London 2006, (ursprünglich Chicago 1930) und The Natural History of a Delinquent Career, New York 1968 (ursprünglich Philadelphia 1931).

beziehungsweise Orientierungen (s. Schütze 1984). Der Lebensverlauf wird darüber hinaus von der historischen Zeit, also der Gesellschaftsgeschichte, beeinflusst. Dies bezieht sich zum einen auf den fortschreitenden sozialen und kulturellen Wandel, zum anderen aber auch auf historische Großereignisse, wie gewaltsame politische Umwälzungen, Kriege, Naturkatastrophen und Fluchtbewegungen.

Als Erhebungsinstrument schlage ich das „strukturierte, narrative[9] autobiografische Interview" vor. Es verbindet die Vorzüge des klassischen, von Fritz Schütze eingebrachten narrativen Interviews (Ergebnisoffenheit) mit denen des qualitativen Leitfadeninterviews, das dafür Sorge trägt, dass alle wichtigen Aspekte bei allen Befragten angesprochen werden.[10] In unserem Fall bedeutet das, dass einbettet in einer Erzählung, die in der frühen Kindheit beginnt und im Heute endet, der befragte ehemalige Klient der Freien Straffälligenhilfe gebeten wird, entlang der beiden Lebenslinien und der Gesellschaftsgeschichte die eigene Lebensgeschichte zu erzählen und zu bewerten. Ein zu entwickelnder Leitfaden enthielte selbstverständlich auch Fragen zu etwaigen Wendepunkten im Leben und zu den Erfahrungen mit der Freien Straffälligenhilfe. Das Mindestalter der befragten nicht-inhaftierten und inhaftierten Männer und Frauen sollte so gewählt werden, dass sich auch Langzeitwirkungen der sozialen Hilfen abbilden lassen. Im Ergebnis sind subjektive Einschätzungen der Befragten zur Bedeutung der Angebote der Freien Straffälligenhilfe auf ihre heutige Lebensführung zu erwarten und zwar vor dem Hintergrund der jeweiligen Sozialisations-/Lebenserfahrungen und Lebenslagen. Um zu verallgemeinerbaren Aussagen zu kommen, sollte meiner Erfahrung nach das Sample eine Mindestgröße von 100 Befragten nicht unterschreiten. Ziel der Analyse wäre eine Typologie, die aufzeigt, unter welchen Bedingungen Freie Straffälligenhilfe in welcher Weise wirkt. Höhere Fallzahlen (200 und mehr) würden darüber hinaus auch quantifizierbare Ergebnisse ermöglichen.

Es würde an dieser Stelle zu weit führen, das Forschungsdesign noch weiter zu entfalten. Mir ging es bis hierher vor allem darum aufzuzeigen, dass es aus Sicht der Sozialforschung durchaus möglich und äußerst interessant wäre, sich mit der Bedeutung der Freien Straffälligenhilfe für ihre Klienten zu befassen. Ob ein so ambitioniertes und elaboriertes qualitatives Forschungsprojekt jemals finanziert und realisiert werden kann, wird die Zukunft zeigen.

[9]Lateinisch narrare „erzählen", hier: in erzählender Form darstellend.

[10]Vertiefend: Roggenthin (2000, S. 30 ff.).

Bis dahin warten Lernmöglichkeiten außerhalb der Wirkungsforschung. Auch eine noch aufzubauende, aussagekräftige Datenbank mit guter Praxis nicht-staatlicher Straffälligenhilfe, die über die Grenzen Deutschlands hinausreicht, hätte einen hohen Praxisnutzen.

In diesem Sinne möchte ich mit Erich Kästners vielzitierten Bonmot in die Zukunft weisen: „Es gibt nichts Gutes, außer man tut es."

Literatur

Cornel, H. (2015). Der Resozialisierungsauftrag der freien Straffälligenhilfe. Verzahnung von staatlichen und freien Trägern. In DBH-Fachverband für Soziale Arbeit, Strafrecht und Kriminalpolitik (Hrsg.), *Im Norden zu neuen Horizonten Kriminalpolitik gestalten, Inhaftierungen vermeiden, Straffälligenhilfe ausbauen: Dokumentation der 22. DBH-Bundestagung 2015 in Damp* (S. 20–48). Köln: DBH e. V.

Füssenhäuser, C. (2016). Soziale Arbeit. In Fachlexikon der Sozialen Arbeit (Hrsg.), *vom Deutschen Verein für öffentliche und private Fürsorge* (S. 774–778).

Grosser, R. (2016). Risikoorientierung in der Bewährungshilfe – Anmerkungen zu fachlichen und rechtlichen Aspekten. *DBH-Fachverband für Soziale Arbeit, Strafrecht und Kriminalpolitik* (Hrsg.), (S. 95–127).

Kawamura-Reindl, G. (2009). Freie und kommunale Hilfen für Straffällige. In H. Cornel et al. (Hrsg.), *Handbuch der Resozialisierung* (S. 200–219). Baden-Baden: Nomos.

Mitchell, S. (2008). *Komplexitäten. Warum wir erst anfangen, die Welt zu verstehen.* Berlin: Suhrkamp.

Neugarten, B. L., & Datan, N. (1979). Soziologische Betrachtung des Lebenslaufs. In P. B. Baltes (Hrsg.), *Entwicklungspsychologie der Lebensspanne* (S. 361–378). Stuttgart: Klett-Cotta.

Rock, J. (2015). Wirkung und Werte: Zwei Seiten einer Medaille. *Blätter der Wohlfahrtspflege, 2015*(5), 173–175.

Roggenthin, K. (2000). *Identität im Alter. Die Auseinandersetzung deutscher Vertriebener mit ihrer Biographie.* Kassel: Kassel University Press.

Roggenthin, K. (2011). Arm aber sexy. Anmerkungen zur sozialen Lage und zum Charme der Freien Straffälligenhilfe. *Forum Strafvollzug, 2011*(6), 344–347.

Scheurer, F., & Rothes, S. (2016). Zum Resozialisierungsbegriff in der Diskussion um ein Landesresozialisierungsgesetz für Hamburg. Anmerkungen aus der Praxis. Gesellschaftliche Integration, soziale Teilhabe und aktiver Opferschutz. *Informationsdienst Straffälligenhilfe, 2016*(1), 22–23.

Schneider, A. (2016). Konzepte der Wirkungsmessung und -forschung. Zwischen Goldstandard und vergoldeten Attrappen. *Soziale Arbeit, 2016*(6–7), 204–211.

Schneider, S. (2016). Lebensweltorientierung in der Straffälligenhilfe. In K. Grunwald & H. Thiersch (Hrsg.), *Praxishandbuch Lebensweltorientierte Soziale Arbeit. Handlungszusammenhänge und Methoden in unterschiedlichen Arbeitsfeldern.* (3. Aufl., S. 288–301). Weinheim: Beltz Juventa.

Schütze, F. (1984). Kognitive Figuren des autobiographischen Stegreiferzählens. In M. Kohli & G. Robert (Hrsg.), *Biographie und soziale Wirklichkeit* (S. 78–117). Stuttgart: Metzler.

Seithe, M. (2014). Ökonomisierung der Sozialen Arbeit und ihre Auswirkungen auf die Straffälligenhilfe. *Informationsdienst Straffälligenhilfe, 2014*(1), 9–15.

Stelly, W., & Thomas, J. (2009). Straffälligenhilfe unter Veränderungsdruck. Projektbericht, Tübingen. http://tinyurl.com/Studie2006-2008. Zugegriffen: 9. Okt. 2016.

Thole, W. (2016). Erziehungswissenschaftliche Grundlagen der Sozialen Arbeit. In Fachlexikon der Sozialen Arbeit (Hrsg.), *vom Deutschen Verein für öffentliche und private Fürsorge* (S. 256–258).

Timm, G., & Friedrich, P. (2016). Wirkungsmessung (in) der Freien Wohlfahrtspflege. Eine neu diskutierte Selbstverständlichkeit mit Herausforderungen. *Soziale Arbeit, 2016*(6–7), 212–217.

Ziethener Kreis. (2012). Neue Strafvollzugsgesetze: Nur gut gemeint reicht nicht! *Neue Kriminalpolitik, 2012*(3), 85–86.

Faktencheck ambulante und stationäre Resozialisierung in Schleswig-Holstein

Johannes Sandmann und Jürgen Kilian-Georgus

1 Einleitung

Dieser Faktencheck 2016 zur ambulanten und stationären Resozialisierung in Schleswig-Holstein schreibt den ersten Faktencheck fort, der bereits 2012 in FORUM STRAFVOLLZUG veröffentlicht wurde. Die Daten sind so vergleichbar und zeigen auf, wie sich die für die fachliche und politische Steuerung wichtigsten Daten der durch das Justizministerium angestrebten Qualität des Reso-Systems entwickelt haben.

Im engeren Sinn geht es in dieser Form der Darstellung (noch) nicht um die erzielte Wirkung der Programme und Maßnahmen in Bezug auf die Resozialisierung der Gefangenen bzw. der Probanden der ambulanten Angebote. Hierzu sind aufwendige Dokumentations- und Bewertungsverfahren erforderlich, die mit den jetzt bestehenden Ressourcen der Fachabteilung noch nicht umgesetzt werden konnten.

J. Sandmann (✉) · J. Kilian-Georgus
Kiel, Deutschland

J. Kilian-Georgus
E-Mail: Juergen.Kilian-Georgus@jumi.landsh.de

B. Maelicke und S. Suhling (Hrsg.), *Das Gefängnis auf dem Prüfstand*,
Edition Forschung und Entwicklung in der Strafrechtspflege,
https://doi.org/10.1007/978-3-658-20147-0_26

Für die fachliche und fachpolitische Begründung der Zuteilung von personellen und sächlichen Haushaltsmittel – auch im Vergleich zu anderen Bundesländern – und für entsprechende Zielvereinbarungen mit den verantwortlichen Akteuren hat sich dieses Instrument allerdings sehr bewährt.

2 Ambulante Resozialisierung

2.1 Soziale Dienste der Justiz

2.1.1 Organisation

Die Bewährungshilfe ist Bestandteil der vier Landgerichte, bei denen auch die Führungsaufsichtsstellen angebunden sind. Die Gerichtshilfe ist integraler Bestandteil der Staatsanwaltschaften. Die Landgerichte und Staatsanwaltschaften nehmen auch die Dienst- und Fachaufsicht wahr.

2.1.2 Auftragszahlen Bewährungshilfe Ende 2016

Der Bewährungshilfe waren 3142 Probanden unter Bewährungsaufsicht und weitere 814 Probanden unter Führungsaufsicht unterstellt. Hinzukamen 384 Probanden im Rahmen der Vor- und Nachbetreuung sowie der Amtshilfe.

2.1.3 Auftragszahlen Gerichtshilfe 2015

Die Gerichtshilfe bearbeitete im Jahr 2015 insges. 3864 Aufträge, die sie von den Staatsanwaltschaften sowie Strafrichterinnen und -richtern erhielten.

Den Schwerpunkt bildeten hierbei 3560 Aufträge im Ermittlungs- und Hauptverfahren. Hierin enthalten sind 764 Aufträge im Rahmen des Täter-Opfer-Ausgleichs und 981 Aufträge für Opferberichte.

2.1.4 Stellen der Fachkräfte

Insgesamt standen Ende 2016 der Bewährungshilfe 71,0 Stellenanteile zur Betreuung der Klientel zur Verfügung. Organisatorisch verfügt die Bewährungshilfe über 14 Bürostandorte.

Die Gerichtshilfe verfügte Ende 2016 über 17,0 Stellenanteile und hat ihre Büros in den Gebäuden der vier Staatsanwaltschaften.

Sämtliche Bewährungs- und Gerichtshelferinnen und -helfer verfügen über einen Studienabschluss der Fachrichtung Sozialarbeit/-pädagogik.

2.2 Freie Straffälligenhilfe

Förderung von Maßnahmen der Freien Straffälligenhilfe und von Maßnahmen des Opferschutzes	
Haushaltsansätze 2017	In T€
Forensische Ambulanzen sowie weitere therapeutische Angebote und Trainingsprogramme für Sexual- und Gewaltstraftäter	705
Präventionsprojekt zur Verhinderung sexueller Übergriffe auf Kinder	130
Täter-Opfer-Ausgleich in Strafverfahren gegen Erwachsene	306
Täter-Opfer-Ausgleich in Strafverfahren gegen Jugendliche	175
Vermittlung in gemeinnützige Arbeit zur Vermeidung von Ersatzfreiheitsstrafen	464
Ambulante Sanktionsalternativen für straffällige junge Flüchtlinge	155
Freiwillige Leistungen der psychosozialen Prozessbegleitung	35
Ambulante Maßnahmen zur Unterstützung von Kindern und anderer Angehöriger Inhaftierter	100
Aus- und Fortbildungsmaßnahmen für Ehrenamtliche sowie zur Durchführung der Grundqualifikation Mediation in Strafsachen (TOA)	40
Fortentwicklung und Koordinierung der Straffälligenhilfe	40

2.2.1 Finanzielle Förderung

Zur Förderung stehen im Justizhaushalt 2017 der Freien Straffälligenhilfe insgesamt 2150,0 € zur Verfügung. Alle Projekte und Maßnahmen werden ausschließlich aus dem Justizhaushalt finanziert. In geringem Umfang setzten die Träger Eigenmittel ein, die vorrangig aus zugewiesenen Geldbeträgen in Ermittlungs- und Strafverfahren resultieren. Bei einigen Projekten werden in geringem Umfang und nur wenn es wirtschaftlich vertretbar ist, Teilnehmergebühren erhoben.

2.2.2 Fachkräfte

In allen Projekten und Maßnahmen sind je nach Aufgabenstellung Dipl.-Psychologen, Dipl.-Sozialpädagogen und Verwaltungskräfte tätig. Etwas 80 % der bewilligten Mittel werden von den Trägern für Personalkosten eingesetzt, etwa 20 % für Sachkosten.

3 Stationäre Resozialisierung

3.1 Vollzugsanstalten

- 5 Anstalten für den Erwachsenenvollzug (JVA Neumünster, Lübeck. Kiel, Flensburg, Itzehoe)
- Jugendanstalt Schleswig (zzgl. einer Jugendabteilung in der JVA Neumünster)
- Jugendarrestanstalt Moltsfelde

Zahl der Haftplätze (31.08.2016)		
JVA Flensburg	66	(geschlossener Vollzug)
JVA Itzehoe	32	(geschlossener Vollzug)
JVA Kiel	276	(25 offener Vollzug, 251 geschl. Vollzug)
JVA Neumünster	516	(66 offener Vollzug, 450 geschl. Vollzug)
JVA Lübeck	507	(Männer 438, davon 38 im off. Vollzug und 400 im geschl. Vollzug, Frauen: 69, davon 11 im offenen Vollzug u. 58 im geschl. Vollzug)
	1397	**(Männer: 1328; Frauen: 69)**
Jugendanstalt Schleswig	112	(10 offener, 102 geschl. Vollzug)
Jugendabt. der JVA NMS	80	(geschlossener Vollzug)
	192	
Jugendarrestanstalt Moltsfelde	**57**	
Zahl der Haftplätze insgesamt	**1646**	

Zahl der Inhaftierten (am 31.08.2016)	1187	
Davon Männer	1132	
Davon Frauen	55	
Jugendvollzug männlich	103	
Jugendarrestanten	21	(19 Männer, 2 Frauen)

Inhaftierte nach Haftarten		
Untersuchungshaft	203	(198 Männer, 5 Frauen)
Strafhaft (einschl. Jugendstrafe, Sicherungsverwahrung)	944	(897 Männer, 47 Frauen)
Sonstige Freiheitsentziehungen	19	(18 Männer, 1 Frau)

Inhaftierte nach Haftarten		
Jugendarrest	21	(19 Männer, 2 Frauen)
Unter den Strafhaft Verbüßenden befanden sich		
„Ersatzfreiheitsstrafen“	80	(71 Männer, 9 Frauen)
„Lebenslängliche“	40	(Männer)
„Sicherungsverwahrte“	3	(Männer)

Vollzugsdauer (am Stichtag in Strafhaft befindliche Personen abzüglich der zu einer Jugendstrafe Verurteilten):		
Bis zu 6 Monaten	174	(160 Männer, 14 Frauen)
6 Monate bis einschl. 1 Jahr	160	(150 Männer, 10 Frauen)
Mehr als 1 Jahr	533	(510 Männer, 23 Frauen)

Weitere Vollzugsdaten (Stichtag 31.08.2016)		
a) Unterbringung im offenen Vollzug	83	(72 Männer, 11 Frauen)
b) In Abschiebungshaft	0	
c) Ausländeranteil (Stichtag: 31.03.2016)	27,41 %	
d) Gefangenenrate auf 100.000 (30.11.2015)	40,01	
e) Jugendarrestanten	21	(19 Männer, 2 Frauen)

Personal (Haushalt 2016)
904 Planstellen und Stellen
49 Stellen für Anwärterinnen und Anwärter
Anteil der weiblichen Bediensteten: ca. 20 %

3.2 Gesamtkosten Justizvollzug (ohne Bau)

Kamerales Globalbudget:	**Ist 2015 in T€**
Gesamteinnahmen	1617,8
Gesamtausgaben	54.844,2
Davon	
Personalausgaben	37.917,1
Sachausgaben	2273,9

Kamerales Globalbudget:	**Ist 2015 in T€**
Zuwendungen (ohne Investitionen)	1094,0
Investitionen	60,5
Besondere Finanzierungsausgaben	10,9
Arbeit und Qualifizierung von Gefangenen (MG 01)	6527,2
Versorgung und Behandlung (MG 02)	6960,6
Saldo	**−53.226,4**

Der Tageshaftkostensatz nach dem bundeseinheitlichen Berechnungsschema betrug in 2015:

	Nach Belegungsfähigkeit	Nach tatsächlichen Hafttagen
Tageshaftkosten	116,15 €	158,49 €
Bau-Investitionskostensatz	14,63 €	19,96 €
Sach-Investitionskostensatz	0,84 €	1,15 €
Gesamt-Tageshaftkostensatz	**131,62 €**	**179,60 €**

KLR-Budget:

	Ist 2013 in T€
+Erlöse	2396,2
−Personalkosten[a]	45.562,9
−Sachkosten	12.058,1
Davon Fremdleistungen u. Zuschüsse	3761,9
−Kalkulatorische Kosten[b]	406,4
−Interne Verrechnungen/Umlagen	12.462,2
=Deckungsbeitrag	**−68.093,0**

[a]Durchschnittswerte für den Justizvollzug. Diese Werte berücksichtigen einen Aufschlag für künftige Ausgaben für Pensionszahlungen und durchschnittliche Ausgaben für Beihilfe
[b]Abschreibungen auf Anlagevermögen einschließlich kalkulatorischer Zinsen

Anbei die Erläuterung der KLR-Zahlen aus 2013 (siehe Abb. 1).

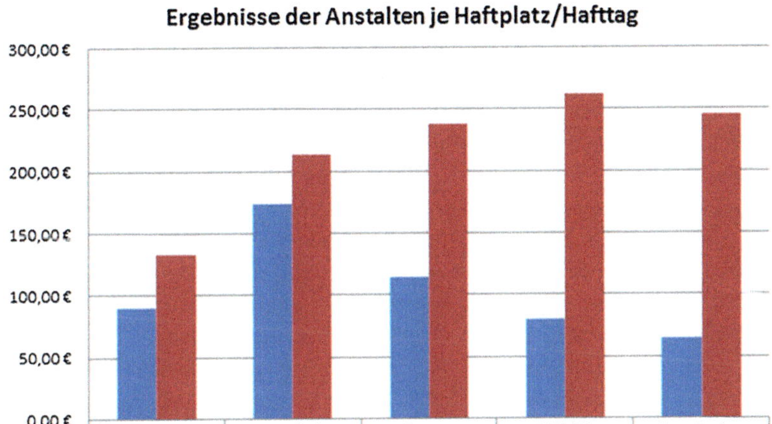

	Männer	Jugendliche	Frauen	AHE RD	Arrestanten
je Haftplatz	90,44 €	174,33 €	114,58 €	80,30 €	64,43 €
je Hafttag	133,24 €	213,63 €	237,72 €	262,00 €	245,31 €

Abb. 1 Ergebnisse der Anstalten je Haftplatz/Hafttag

3.3 Struktur des Justizvollzuges in Schleswig-Holstein

Der Personalstruktur der Anstalten liegt ein ganzheitlicher Organisationsansatz zugrunde. Kern des Systems ist die Vollzugsabteilung. Zu ihr gehören in der Regel nur 30 bis 40 Gefangene, 5–6 fest zugeordnete Bedienstete des Allgemeinen Vollzugsdienstes, die Vollzugsabteilungsleitung sowie die Räumlichkeiten. Die Mitarbeiter/Innen der Vollzugsabteilung sind Schnittstellen für die Anliegen ihrer Gefangenen und versuchen, diese Anliegen mit den Möglichkeiten der Anstalt und des externen Umfeldes in Einklang zu bringen. Sowohl die Vollzugsgestaltung wie auch die Sicherheit vor Ort obliegen den Mitarbeiter/Innen der Abteilung. Mehrere Abteilungen bilden einen Vollzugsbereich, für den eine Vollzugsleitung verantwortlich ist.

Das Personal in den Vollzugsanstalten wird regelmäßig jährlich für eine Statistik des Europarats (SPACE 1) erfasst. In 2015 waren danach 71 Bedienstete für 100 Gefangene vorhanden. Im Bundesvergleich ist dieses Verhältnis relativ günstig. Ein Ländervergleich ist allerdings nur bedingt zulässig, da die Anstalten unterschiedlich groß und unterschiedlich organisiert sind.

3.4 Externe Dienstleister im Justizvollzug

Die Justizvollzugsanstalten arbeiten intensiv mit unterschiedlichen Institutionen und Beratungsstellen zusammen. Da die hauptamtlichen Sozialarbeiter und Psychologen größtenteils in Leitungspositionen als Abteilungsleiter oder Vollzugsleiter eingesetzt sind, kommt den Externen Dienstleistern bei der Behandlung und Therapie der Gefangenen eine besondere Bedeutung zu. Externe Fachkräfte sind insbesondere als Sucht- und Schuldnerberater sowie bei Therapiemaßnahmen für Sexual- und Gewaltstraftäter im Einsatz. Insbesondere im Bereich der beruflichen Qualifizierung sind neben den Werkmeistern zahlreiche Ausbilder von unterschiedlichen Trägern vorhanden. Die Gefangenen erhalten auch Unterstützung im Rahmen eines beruflichen Übergangsmanagement bei der Suche nach einen Ausbildungs- oder Arbeitsplatz nach der Haftentlassung. Externe Fachkräfte helfen darüber hinaus im Rahmen der Entlassungsvorbereitung bei der Suche nach einer geeigneten Unterkunft oder stellen selbst Wohnraum zur Verfügung.

Externe Dienstleister		Soll 2016 in T€[a]
Berufliche Bildung	47 Stellen	2566
Schulische Bildung	Diverse Lehrkräfte, die bedarfsgerecht eine unterschiedliche Anzahl von Wochenstunden zur Ergänzung des Pädagogischen Dienstes des Vollzugs leisten[b]	150
Therapiemaßnahmen	Monatlich 740 Fachleistungsstunden	500
Suchtberatung	Monatlich 700 Fachleistungsstunden	370
Schuldnerberatung	Monatlich 255 Fachleistungsstunden	150

[a]incl. Sach- und Gemeinkosten
[b]Der Pädagogische Dienst verfügt über 8 Stellen

3.5 Beschäftigungssituation

Beschäftigungsjahr	2015
Durchschnittsbelegung	1196
Durchschnittliche Beschäftigungszahl	841
Gesamtbeschäftigung in %	70,3
Davon in:	

Beschäftigungsjahr	2015
Eigenbetrieben	15,04 %
Unternehmerbetrieben	9,29 %
Hauswirtschaftsbetrieben/Hilfstätigkeiten	33,7 %
Beruflichen Bildungsmaßnahmen	27,2 %
Schulischen Bildungsmaßnahmen	9,9 %
Freiem Beschäftigungsverhältnis	4,8 %

3.6 Rückfallquote

Gemäß der aktuellsten hier vorliegenden Studie1[1] liegt die allgemeine Rückfälligkeit bei entlassenen erwachsenen Straftätern in Schleswig-Holstein nach 3 Jahren bei 47 %, nach 6 Jahren bei 60 %. Allgemeine Rückfälligkeit bedeutet hier, dass es zu irgendeiner Art von Folgesanktion kommt. Die Rückfälligkeit nach 3 Jahren kann wie folgt differenziert werden: 23 % der Haftentlassenen wurden erneut zu einer Freiheitsstrafe ohne Bewährung verurteilt, 10 % zu einer Freiheitsstrafe mit Bewährung, bei 14 % erfolgte eine sonstige ambulante Sanktion und bei 53 % keinerlei Folgeentscheidung.

Die Rückfälligkeitsraten bei Jugendlichen liegen deutlich höher: die allgemeine Rückfälligkeit bei Entlassenen aus dem Jugendstrafvollzug in Schleswig-Holstein liegt nach 3 Jahren bei 77 %, nach 6 Jahren bei 88 %. Die Rückfälligkeit nach 3 Jahren kann wie folgt differenziert werden: 40 % der Haftentlassenen wurden erneut zu einer Jugend- oder Freiheitsstrafe ohne Bewährung verurteilt, 17 % zu einer Jugend- oder Freiheitsstrafe mit Bewährung, bei knapp 20 % erfolgte eine sonstige ambulante Sanktion und bei 23 % keinerlei Folgeentscheidung.

3.7 Ehrenamtliche Mitarbeit

Neben den externen Fachkräften gibt es in den Anstalten eine große Anzahl ehrenamtlich engagierter Frauen und Männer, die eine wichtige Brückenfunktion zwischen straffällig gewordenen Menschen und der Gesellschaft bildet.

[1]Die Angaben zur Rückfälligkeit entstammen einer landesspezifischen Teilauswertung der bundesweiten sogenannten „Jehle-Studie" zur Legalbewährung bezüglich des Ausgangsjahres 2004. Die Rückfälligkeitswerte wurden also in den Jahren 2007 und 2010 erhoben.

Die ehrenamtlich Tätigen betreuen Gefangene einzeln oder bieten Gesprächs- oder Freizeitgruppen an. Sie unterstützen damit die Rückführung der Gefangenen in die Gesellschaft und leisten so einen wichtigen Beitrag zur Wiedereingliederung der Gefangenen.

3.8 Übergangsmanagement

3.8.1 Arbeitsmarktorientierte Integrationsbegleitung (IB)

Das Leistungsspektrum der im Vollzug tätigen externen Bildungsträger umfasst auch eine arbeitsmarktorientierte Integrationsbegleitung. Diese zielt darauf ab, die erheblichen Investitionen im Vollzug insbesondere für die schulische und berufliche Qualifizierung durch eine dauerhafte Integration in den externen Ausbildungs- und Arbeitsmarkt erfolgreich abzuschließen. Das Netzwerk der arbeitsmarktorientierten Integrationsbegleitung umfasst aktuell insgesamt 5 Stellen, je eine in Neumünster, Kiel und Lübeck sowie zwei in der JA Schleswig.

Nach ersten nicht miteinander vernetzten Ansätzen ab dem Jahr 2007 wurde die Entwicklung eines Netzwerkes der Integrationsbegleitung zunächst über ein Xenos-Projekt finanziert (2009–2012) und danach mit Landesmitteln verstetigt.

3.8.2 Kooperation mit Arbeitsmarktakteuren

Der Unterstützung durch Arbeitsagenturen und Jobcentern kommt im Rahmen der Entlassungsvorbereitung eine besondere Bedeutung zu. Mit der Eckpunktevereinbarung für ein „Arbeitsmarktliches Beratungskonzept für Gefangene in schleswig-holsteinischen Justizvollzugseinrichtungen“ wurden im Jahr 2010 Grundlagen für die Beratung zu Angelegenheiten des SGB II bzw. SGB III im Vollzug gelegt.

Leitgedanke der Vereinbarung ist, dass die Beratung der Gefangenen durch den örtlichen SGB-Träger am Haftstandort erfolgt, der nach der Haft in der Regel zuständig ist. Dies ist an den Haftstandorten Kiel, Lübeck und Neumünster der SGB II-Träger. Am Haftstandort Schleswig ist dies der SGB III-Träger, da in der Regel unter 25-Jährige aus der Haft entlassen werden.

Seit 2011 stellt die Regionaldirektion Nord seit 2011 einen Referenten für eine jährliche Fortbildungsveranstaltung des MJKE zu Grundlagen des SGB II bzw. III. Die ursprüngliche Zielgruppe, Vollzugs(abteilungs)leitungen und arbeitsmarktorientierte Integrationsbegleitungen der Bildungsträger wurde ab 2015 auf die Fachkräfte der Gerichts- und Bewährungshilfe ausgedehnt. In 2017 können erstmals auch Fachkräfte aus dem Bereich der Integrierten Beratungsstellen teilnehmen.

3.8.3 „Übergangsmanagement – Rückfallvermeidung durch Koordination und Integration"

Das Projekt startete 2016 und zielt auf die Bildung und den Ausbau von nachhaltigen regionalen und überregionalen Netzwerken. Neben der weiteren Optimierung der Zusammenarbeit mit den Arbeitsmarktakteuren kommt der Vernetzung des Vollzuges mit den Hilfsangeboten der kommunalen Ebene eine besondere Bedeutung zu.

Das Projekt kann auf bereits erfolgreiche Kooperationen und Verfahren (z. B. zwischen dem Vollzug und der Bewährungshilfe oder zwischen der Regionaldirektion Nord und dem Vollzug) aufbauen. Im Projekt erfolgt zunächst eine umfassende Ist-Analyse der bestehenden Systeme und Angebote. Die Bestandsaufnahme der bestehenden Leistungsangebote von verschiedenen Institutionen umfasst auch die jeweiligen Arbeitsstrukturen und Entscheidungswege. Darauf aufbauend sollen rechtskreisübergreifende Lösungswege entwickelt werden. Ziel ist es, möglichst optimierte Ressourceneinsätze zu erreichen, z. B. durch die Vermeidung von Doppelstrukturen und systembedingten Reibungsverlusten. Eine besondere Herausforderung des Projektes ist die Struktur des Flächenlandes. Aus geografischen oder ordnungspolitischen Gründen ist die sozial- und justizpolitische Gesamtsteuerung eines Resozialisierungssystems hier besonders schwierig.

Ist Resozialisierung eine exklusive Aufgabe des Strafvollzuges?

Jörg Jesse, Ronny Werner und Sabine Kramp

1 Einführung

Bereits 2001 hat Maelicke hervorgehoben, dass der Strafvollzug überwiegend als statisch und nahezu veränderungsresistent dargestellt wird. Daran hat sich bis heute wenig geändert, denn es sind überwiegend die Sicherheitsvorfälle in Justizvollzugsanstalten von öffentlichem Interesse, „die dann als Zeichen für menschliches, technisches oder organisatorisches Versagen in der jeweiligen Anstalt gewertet werden" (Maelicke 2001, S. 9). Mag eine derart defizitorientierte Sicht auf den Justizvollzug eine gewisse Veränderungsresistenz nahelegen, so ist die Realität des Strafvollzuges durch ständigen Wandel geprägt.

Justizvollzugsanstalten sind „Brennpunkte und Spiegel der Zustände der Gesellschaften und Staaten" (Maelicke, in diesem Band). Politische Trends und Richtungswechsel, aktuelle Ereignisse, die öffentliche Meinung sowie die zur Verfügung stehenden Ressourcen wirken sich immer direkt auf die Möglichkeiten und Abläufe in Justizvollzugsanstalten aus. Bestehende gesellschaftliche

J. Jesse (✉)
Schwerin, Deutschland
E-Mail: joerg.jesse@jm.mv-regierung.de

R. Werner
Güstrow, Deutschland
E-Mail: ro.werner@fh-guestrow.de

S. Kramp
Rostock, Deutschland
E-Mail: Sabine.Kramp@lastar.mv-justiz.de

B. Maelicke und S. Suhling (Hrsg.), *Das Gefängnis auf dem Prüfstand*,
Edition Forschung und Entwicklung in der Strafrechtspflege,
https://doi.org/10.1007/978-3-658-20147-0_27

Probleme finden sich als ihr Destillat im Justizvollzug wieder. Beispiele wären hohe Arbeitslosigkeit, Suchtproblematiken, Ausländerkriminalität, rechte, linke und religiöse Radikalisierungen oder misslungene Integrationsbemühungen. Der Justizvollzug ist in Abhängigkeit von gesellschaftspolitischen Gegebenheiten laufend Veränderungen unterworfen. Insofern ist es zu begrüßen, dass der Blick auf andere am Prozess der Resozialisierung Beteiligte erweitert wird. Der Erfolg von Resozialisierungsbemühungen hängt eben nicht – wahrscheinlich nicht einmal überwiegend – von der Arbeit der Justizvollzugsanstalten ab. Abgesehen von der dortigen Arbeit wird eine gelungene Resozialisierung bzw. Straftatvermeidung auch durch die Sozial- und Bildungspolitik, die Prävention, Gerichte, Bewährungshilfe, Führungsaufsicht sowie die Städte und Gemeinden beeinflusst. Dies verdeutlicht Wiedereingliederung als eine weit über den Strafvollzug hinausgehende Aufgabe.

2 Ausgangssituation

Die Ziele des Vollzuges sind in den Strafvollzugsgesetzen der Länder definiert. Der Vollzug dient dem „Ziel, die Gefangenen zu befähigen, künftig in sozialer Verantwortung ein Leben ohne Straftaten zu führen. Er hat die Aufgabe, die Allgemeinheit vor weiteren Straftaten zu schützen" (§ 2 StVollzG). Um dieses Ziel verlässlich zu erreichen, soll sich hier mit drei großen Problembereichen auseinandergesetzt werden.

1. Die interne Struktur und Standardisierung der Abläufe und Dokumentation in den Justizvollzugsanstalten und in den ambulanten Diensten
2. Die Kooperation der justizinternen Akteure
3. Die Kooperation mit den justizexternen Akteuren im Sinne einer Wahrnehmung gesamtgesellschaftlicher Verantwortung

3 Interne Struktur und Standardisierung

Die Angebote an Behandlungs- und Qualifizierungsmaßnahmen in den Justizvollzugsanstalten und den ambulanten Diensten der Justiz sind in den vergangenen Jahrzehnten bundesweit ausgebaut worden. Heute verfügen viele Justizvollzugsanstalten über eine mehr oder weniger strukturierte und standardisierte Diagnostik und Vollzugsplanung, deutlich mehr Ausbildungs- und Arbeitsplätze sowie ein differenziertes Behandlungsangebot. Gleichwohl sind weiterhin

Defizite erkennbar. Die diagnostischen Standards und die zur Verfügung stehenden Behandlungsmaßnahmen unterscheiden sich selbst innerhalb der Bundesländer zwischen einzelnen Justizvollzugsanstalten erheblich. Gleiches gilt für die Struktur, die Organisation und die inhaltliche Ausgestaltung der Bewährungshilfe. Damit ist eine Organisation offenbar nicht in der Lage bei der Arbeit mit den Gefangenen und den Probanden ein einheitliches fachliches Niveau zu garantieren. Ein solches Vorgehen bedingt dann in jedem Fall eine allgemein geringe Vergleichbarkeit und Schwierigkeiten bei einem systematischen Personaleinsatz.

Selbstverständlich müsste ein individuelles Vorgehen nicht automatisch als Nachteil verstanden werden. Das würde zumindest dann gelten, wenn die Fachlichkeit sich zwar am Einzelfall orientiert, aber gleichzeitig dem nötigen Niveau genügt. Allerdings kann eben das fachliche Niveau des Vorgehens auch nicht der Beliebigkeit des Einzelnen überlassen bleiben. Die fachliche Fundiertheit der inhaltlichen Arbeit darf für die Gefangenen nicht von der zufälligen Unterbringung auf einer Vollzugsabteilung bzw. für die Probanden nicht von der zufälligen Zuweisung an einen bestimmten Bewährungshelfer abhängen.

Warf man beispielsweise in Mecklenburg-Vorpommern vor ca. 15 Jahren einen Blick in die Betreuungsakten von Bewährungshelfern oder in die Gefangenenpersonalakten, so wichen ihr Aufbau und Inhalt von Bewährungshelfer zu Bewährungshelfer, von JVA zu JVA und von Mitarbeiter zu Mitarbeiter ab. Mit dem Ziel, die Arbeitsabläufe zu vereinheitlichen, wurde sowohl bei den Sozialen Diensten als auch in den Justizvollzugsanstalten – zunächst unabhängig voneinander – damit begonnen, die inhaltliche Arbeit nach zuvor formulierten Qualitätsstandards zu strukturieren.

Die Justizvollzugsanstalten harmonisierten das Aufnahmeverfahren, die Behandlungsuntersuchung, die Vollzugsplanung und Fortschreibung bis hin zur Entlassungsvorbereitung und die dazu gehörigen Dokumente. Diese Abstimmung der Prozesse bildete die Grundlage, um fortan in allen Justizvollzugsanstalten des Landes nach der gleichen Systematik zu arbeiten. Alle wesentlichen Dokumente sind innerhalb des Landes einheitlich gestaltet. Bei Verlegungen von Gefangenen wird mit den gleichen Vorgabedokumenten weitergearbeitet. In ähnlicher Weise wurde bei den Sozialen Diensten verfahren. Die Arbeitsabläufe wurden auch hier beschrieben und die Dokumente vereinheitlicht. Die Bewährungshilfeplanung und -fortschreibung erfolgt nach einheitlichem Standard (Rohde und Werner 2014). Im Ergebnis dieses Prozesses wurde ein Qualitätshandbuch erstellt, in dem die standardisierten Arbeitsabläufe beschrieben werden.

4 Kooperation der justizinternen Akteure

Die Erkenntnis, dass Maßnahmen zur Überbrückung der Schnittstellen zwischen Justizvollzug und Sozialen Diensten nicht nur wünschenswert, sondern auch notwendig sind, ist nicht neu (vgl. Wirth, in diesem Band). Sie wird in der Fachöffentlichkeit in Publikationen und Diskussionen begrüßt. Dem gegenüber hat man sich in der Praxis überwiegend in der Gewohnheit strikter Trennung der Bereiche gut eingerichtet und sieht in der Veränderung zu einem gemeinsamen Verständnis der Arbeit eher eine Last.

Insbesondere in den letzten 10 Jahren haben sich Beispiele für neue Kooperationsformen entwickelt. Bei bestimmten Deliktgruppen gehen die Kooperationen teilweise über den Justizbereich heraus. Gleichwohl werkeln nach wie vor selbst im Justizbereich die Mehrheit der Gerichts- und Bewährungshelfer, der Führungsaufsicht und des Strafvollzuges weiterhin voneinander getrennt vor sich hin. Dies führt zu Informationsverlusten und behindert ein kontinuierliches und zielgerichtetes Einwirken auf die Verurteilten im Sinne des gesetzlichen Auftrags.

Darüber hinaus ist ein kollektiver Lernprozess mit dem Ziel einer gesamtgesellschaftlichen Verantwortungsübernahme für die Aufgaben der Resozialisierung und Straftatvermeidung überfällig. Dafür ist eine substanzielle Verbesserung der Kooperation zwischen dem Justizvollzug und der Bewährungshilfe ein erster Schritt. Die vordringliche Aufgabe der Justizressorts (nicht allein des Justizvollzuges) ist zunächst, die nötigen Schnittstellen zwischen den beteiligten Fachbereichen in der Justiz, zwischen Gerichten, Staatsanwaltschaften, der Führungsaufsicht, der Forensischer Ambulanz, den Sozialen Diensten, der Gerichtshilfe und der Bewährungshilfe sowie den Justizvollzugsanstalten zu überbrücken. Insbesondere muss ein schlüssiges und kontinuierlich-verbindliches Kooperationssystem zwischen den Justizvollzugsanstalten, den Sozialen Diensten der Justiz und der Forensischen Ambulanz auf der Basis eines gemeinsamen Verständnisses zu einer Synchronisierung von Informationserhebung und Informationsweitergabe, zu verzahnten konzeptionellen Überlegungen und zu einer symmetrischen Kommunikation führen.

Die Herauslösung der Sozialen Dienste aus den Landgerichten, ihre Zusammenfassung zu einem einheitlichen Dienst in einer oberen Landesbehörde und die Konzentration der gesamten Straffälligenarbeit in einer verantwortlichen Abteilung des Justizministeriums in Schwerin waren Signal und Voraussetzung für einen umfassenden Veränderungsprozess, hin zu einer gemeinsamen Konzeption für eine zeitgemäße Umsetzung des Gesetzesauftrages.

Bereits vor ca. 12 Jahren wurde in Mecklenburg-Vorpommern damit begonnen, in drei Modellprojekten in verschiedener Form die Beteiligung der Sozialen Dienste im Haftaufnahme- und Entlassungsverfahren zu erproben. Nach Auswertung dieser Projekte erstellte eine Arbeitsgruppe das Konzept zur Integralen Straffälligenarbeit InStar (Jesse und Kramp 2008; Koch 2009), das 2007 verbindlich in Mecklenburg- Vorpommern eingeführt wurde. Damit ging nicht nur die Entwicklung gemeinsamer Dokumente einher, die jeweils an den Übergängen in standardisierter Form und mit verbindlichen Fristen hinterlegt zum Einsatz kommen. Vielmehr wurde es als notwendig erkannt, dass die Mitarbeiter im ambulanten und stationären Bereich ein gemeinsames Verständnis für die Aufgaben und Ziele der Organisation entwickeln. Sowohl in den Justizvollzugsanstalten als auch bei den Sozialen Diensten wird die Datenerhebung, Verwaltung und Dokumentation inzwischen außerdem durch elektronische Fachanwendungen („co.libri" im Justizvollzug und „eStar" bei den ambulanten Diensten der Justiz) unterstützt (vgl. Werner 2014). Die Nutzung einer gemeinsamen Datenbank ist hier nur ein weiterer logischer Schritt. Mit dieser Fachanwendung ist zukünftig ein Austausch nicht nur an Schnittstellen möglich, sondern die Mitarbeiter des Justizvollzuges und der ambulanten Dienste werden in die Lage versetzt, die Informationen über Gefangene und Probanden elektronisch in einem durchlaufenden Prozess personenbezogen kontinuierlich zu bearbeiten.

Wird ein Straftäter inhaftiert, so informiert die JVA die Sozialen Dienste über die Aufnahme des Gefangenen. Die gesetzlichen Bestimmungen erlauben es den Sozialen Diensten im Haftaufnahmeverfahren bisher erst nach erteilter Schweigepflichtentbindung durch den Betroffenen, Informationen über den Verlauf der Bewährungs- bzw. Führungsaufsicht an den Justizvollzug weiterzuleiten. Diese Schweigepflichtentbindung wird im Rahmen der Haftaufnahme durch die JVA eingeholt. Für dieses Vorgehen wurde in Abstimmung mit dem Datenschutzbeauftragten ein Vorgabedokument entwickelt. Die Erfahrungen der vergangenen Jahre haben gezeigt, dass die Schweigepflichtentbindung von der deutlichen Mehrheit der Inhaftierten erteilt wird. Gleichwohl besteht hier aus Sicht der Verfahrensbeteiligten ein gesetzlicher Regelungsbedarf.

Im Sinne einer auf die individuellen Bedürfnisse des Einzelnen fokussierten Vollzugsplanung sind die Erkenntnisse aus dem Bewährungsverlauf über die Delinquenz, das Sozialverhalten, psychische Auffälligkeiten, Behandlungsnotwendigkeiten etc. unverzichtbar. Die Sozialen Dienste nehmen zur Mitwirkung im Bewährungsverlauf, zur Einkommenssituation, zu Schulden, Unterhaltsverpflichtungen, zum Umgang mit Suchtmitteln und zum persönlichen und sozialen Umfeld Stellung. Schließlich unterbreiten sie Vorschläge und Empfehlungen für die vollzugliche Planung. Des Weiteren erhalten sie die Möglichkeit der Teilnahme an der Vollzugsplankonferenz. Mit diesen zusätzlichen Informationen aus der Lebenswelt des Probanden und den Ursachen für das Scheitern während der Zeit der Bewährung kann die Zeit der Inhaftierung besser genutzt werden, den Gefangenen durch geeignete Behandlungsmaßnahmen hin zu einer positiven Sozialprognose zu leiten, die ein erster Schritt für eine gelingende Wiedereingliederung ist.

Bei Freiheitsstrafen bis zu einem Jahr ist der Bewährungshelfer nach StVollzG M-V schon im Aufnahmeverfahren zu beteiligen. Kurze Freiheitsstrafen dienen unmittelbar der professionellen Vorbereitung auf die Entlassung unter maßgeblicher Beteiligung der Bewährungshilfe, um durchgehende Interventionen zu ermöglichen und zu verbessern.

Bei Inhaftierten, die Haftstrafen von über 5 Jahren zu verbüßen haben und/oder dem Personenkreis zuzuordnen sind, die der Verwaltungsvorschrift FoKuS (Für optimierte Kontrolle und Sicherheit) unterliegen, werden die Sozialen Dienste bereits 1 Jahr und 6 Monate vor dem geplanten Entlassungszeitpunkt beteiligt. Dem Überwachungskonzept FoKuS unterliegen Probanden, die wegen eines Tötungs- oder Sexualverbrechens verurteilt und unter Führungsaufsicht gestellt wurden (VV Meckl.-Vorp. Gl.Nr. 3121 – 25). Die enge Zusammenarbeit von Gerichten, Führungsaufsichtsstelle, Bewährungshelfer/-in, Landeskriminalamt und Polizeiinspektionen wurde standardisiert und zusammengefasst. So soll sichergestellt werden, dass Informationen effektiv und schnell ausgetauscht und polizeiliche mit juristischen Instrumentarien sinnvoll ergänzt werden können.

Ziel der frühzeitigen Einbeziehung der Sozialen Dienste ist eine möglichst gut strukturierte Vorbereitung der Entlassung und Eingliederung des Inhaftierten. Hierbei geht es nicht nur um eine formelle Beteiligung, sondern um eine gemeinschaftliche Verantwortungsübernahme. Dem Justizvollzug und der Bewährungshilfe kommt außerdem die Aufgabe zu, den Inhaftierten zu motivieren, aktiv an der Gestaltung seiner Resozialisierung mitzuwirken.

Für entlassene Straftäter ohne Bewährung oder Führungsaufsicht wird auf freiwilliger Basis eine „Nachbetreuung“ über Träger der freien Straffälligenhilfe im Rahmen einer Projektförderung angeboten. Da es sich für diese Zielgruppe nur um ein freiwilliges Angebot handeln kann, kommt dem Justizvollzug und den entsprechenden freien Trägern die Aufgabe zu, Inhaftierte über die Unterstützungsmöglichkeiten zu informieren und sie zu motivieren, aktiv an ihrer Entlassungsvorbereitung mitzuwirken. Wird das Angebot angenommen, erfolgt mittels sozialpädagogischer Einzelfallhilfe die erforderliche Begleitung und Unterstützung bei der Entlassungsvorbereitung und für einen begrenzten Zeitraum darüber hinaus. Ziel ist hier die Befähigung der Entlassenen, das zur Verfügung stehende

Netzwerk an sozialen Trägern und Unterstützungsangeboten selbstständig weiterführend für sich zu nutzen.

Den Rahmen der Zusammenarbeit regelt für Probanden, die unter Bewährungs- oder Führungsaufsicht gestellt werden – wie auch im Haftaufnahmeverfahren – der sogenannte InStar- Leitfaden. Darin ist u. a. festgelegt, wem wann welche Dokumente zuzusenden sind, wann Konferenzen organisiert werden und wer daran teilnehmen soll. Dabei geht es um die Beschaffung notwendiger persönlicher Dokumente, die Organisation gesicherten Wohnraums oder die Sicherstellung der finanziellen Lebensgrundlage. Darüber hinaus werden der Strafvollstreckungskammer vorzuschlagende Weisungen erörtert, eine Maßnahmenplanung zur Wiedereingliederung des Inhaftierten erarbeitet und Kontakte zu anderen im Einzelfall zu beteiligenden Institutionen hergestellt. Innerhalb der Justiz sind dies z. B. die Psychologen der Forensischen Ambulanz und/oder die Führungsaufsichtsstelle.

Standardisierte Inhalte sichern ein strukturiertes Vorgehen an den Schnittstellen. Durch dieses Vorgehen ergibt sich für die Betroffenen ein wichtiger Nebeneffekt: Sie nehmen den ambulanten und stationären Bereich der Straffälligenarbeit als ein gemeinsames System wahr. Der Transfer des straftat- und täterbezogenen Wissens der jeweils anderen Institution führt dazu, Informationsverluste zu vermeiden, begonnene Maßnahmen fortzuführen, Risikofaktoren zu kennen, um so auf Entwicklungen angemessen reagieren zu können.

Während der praktischen Umsetzung dieses Konzeptes wurde schnell deutlich, dass die Qualität der Kooperation sehr stark vom Verständnis für das Arbeitsfeld des jeweils anderen Kooperationspartners beeinflusst wird. Deshalb wurden top-down flächendeckend gegenseitige Hospitationen organisiert. Die Vollzugsleitungen der Anstalten und die Leitungen der Geschäftsbereiche der Sozialen Dienste wurden gegenseitig für 2 Wochen in die Arbeitsbereiche des Gegenübers eingewiesen. Alle Bewährungshelfer hospitierten für 4 Wochen in den betreffenden Justizvollzugsanstalten und wurden dort in die Arbeit der Vollzugsabteilungsleiter eingewiesen, während die Vollzugsabteilungsleiter ebenfalls für 4 Wochen bei der Bewährungshilfe hospitierten. Dieses System hat sich bewährt und wird daher auch bei Neueinstellungen im Vollzug und der Bewährungshilfe beibehalten (vgl. Jesse 2012).

5 Kooperation mit den justizexternen Akteuren

Das Konzept InStar wird jährlich im Rahmen eines Workshops überarbeitet und angepasst. Teilnehmer sind regelmäßig Mitarbeiter des Justizvollzugs, der Bewährungshilfe und der Forensischen Ambulanz. Mittlerweile ist die Kooperation an den Schnittstellen durch die verschiedenen Bereiche der Straffälligenarbeit fest etabliert. Die auf den Einzelfall bezogene Trennung zwischen der ambulanten und stationären Straffälligenarbeit ist weitgehend aufgehoben. Gleichwohl reicht diese verbindliche justiz-interne Kooperation allein nicht aus, um eine stabile Wiedereingliederung nach der Entlassung zu etablieren.

Selbst wenn Justizvollzug und Bewährungshilfe die Haft- und Bewährungszeit für Behandlungs- und Resozialisierungsmaßnahmen vollständig nutzen, bedarf es für eine erfolgreiche Wiedereingliederung der Straftäter einer stärkeren Verantwortungsübernahme anderer Akteure. Hier sind weitere Ministerien sowie die Städte, Landkreise und Gemeinden gefragt. Der Erfolg aller Maßnahmen ist davon abhängig, wie die Integration in das zukünftige Wohnumfeld vor Ort gelingt. Entlassene Gefangene kehren i. d. R. in ihr früheres Umfeld zurück, sind Nachbarn, Kollegen, Vereinsmitglieder, Kunden, kurz Bürger des Ortes, in den sie ziehen. Insofern kann und darf sich die Betreuungsarbeit nicht nur auf den ambulanten und stationären Bereich der Straffälligenarbeit beschränken. Die Erweiterung des Netzwerks um Institutionen wie die Arbeitsverwaltungen (Jobcenter, Bundesagentur für Arbeit), Kommunalverwaltungen, Sozialämter, Jugendämter, Wohnungsbaugenossenschaften, Kirchengemeinden, (Sport-)Vereine, Ehrenamtliche und freie Träger ist erforderlich.

Die Versorgung mit Wohnraum, finanzielle Absicherung, die rechtzeitige Entscheidung über die Finanzierung nachgeschalteter Suchtbehandlungen, die Vermittlung in Arbeit oder die Integration in das soziale Umfeld liegen jedoch weitgehend außerhalb der Einflussmöglichkeiten der Justiz.

Das Erkennen dieser Notwendigkeit führt nicht dazu, externe Kooperationspartner für eine verbindliche Zusammenarbeit – und zwar nicht nur auf regionaler Ebene, sondern landes- und bundesweit – zu gewinnen, sondern ist ein Ergebnis des Lernprozesses der vergangenen Jahre. Trotz vorhandener Widerstände und einer weit verbreiteten Behäbigkeit wird die stärkere Verantwortungsübernahme anderer Ministerien und Institutionen auf regionaler Ebene künftig von zentraler Bedeutung sein. Der Erfolg einer neuen Ausrichtung der Wiedereingliederung hängt davon ab, inwieweit eine solche Einbeziehung gelingt. Fest steht jedenfalls, dass regelmäßig die Bürger in den Städten und Gemeinden das Risiko misslungener Resozialisierung tragen. Insofern verwundert es, dass die Initiativen zu einer Risikoreduktion und Verbesserung der Integration nicht aus eben diesen Städten und Gemeinden kommen. Ein strukturiertes Zusammenwirken hinsichtlich der Beteiligung externer staatlicher und privater Akteure muss mindestens durch Kooperationsvereinbarungen sichergestellt werden. Zu sehr ist das Engagement sonst von einzelnen Personen abhängig. Es bedarf einiger Überzeugungsarbeit, um die Einsicht zu fördern, dass die Resozialisierung von Straftätern keine exklusive Obliegenheit der Justiz ist.

Um sich diesem Ziel zu nähern, sind verschiedene Ansätze denkbar. So können Kooperationsvereinbarungen mit externen Akteuren – z. B. Jobcentern – einige Teilbereiche abdecken. Darüber hinaus wäre die Änderung gesetzlicher Normen (z. B. SGB) notwendig, um die Zuständigkeit und Verantwortung anderer Ressorts zu definieren. Hierzu sei beispielsweise auf die Ergebnisse der 87. Konferenz der Justizministerinnen und Justizminister am 1. und 2. Juni 2016 verwiesen. Die JuMiKo hat sich einstimmig für die Wiedereingliederung als gesamtgesellschaftliche Aufgabe ausgesprochen und die Bundes- und Landesministerien zur Mitwirkung aufgefordert. Damit ist der Grundstein für eine bundesweite Initiative zur Einbindung weiterer Ressorts gelegt.

Weiterhin ist die intensive Kontaktaufnahme zu weiteren Partnern nötig. Beispiele könnten hierfür die maßgebliche Mitarbeit in Präventionsräten und „Stadtteiltischen", der Abschluss von Kooperationsvereinbarungen, die Kontaktaufnahme zu den Bürgermeister/innen der Städte und Gemeinden, zur freien Straffälligenhilfe, zu den Suchtberatungs- und Behandlungsstellen, zu den Kliniken und Betreuungseinrichtungen sowie zu sonstigen kommunalen Gremien sein.

International existieren Beispiele für eine Verbesserung bzw. Ausweitung der Zusammenarbeit. Am weitreichendsten ist das Norwegische „Import Model" (vgl. Bottolfs 2015). In Norwegen ist es wie in Deutschland selbstverständlich, dass Strafgefangene weiterhin Bürger mit allen Rechten bleiben. Zusätzlich zur Situation in Deutschland stehen ihnen aber aus diesem Grund auch weiterhin jegliche Sozial-, Versorgungs- und Bildungsleistungen wie allen anderen Bürgern zu. Beispielsweise obliegt die medizinische Versorgung von Gefangenen durchgängig den örtlichen Gesundheitsämtern und die Bildung von Gefangenen den Schulämtern. Mit der durchgehenden Zuständigkeit werden Brüche weitgehend vermieden. Das staatliche Gesundheitswesen sorgt demnach für die medizinische Versorgung der Gefangenen auf dem gleichen Niveau wie für die anderen Bürger. Das Bildungssystem entsendet entsprechende Lehrkräfte und sorgt für das vergleichbare Niveau im Rahmen der Ausbildung. Kurz: Das externe Versorgungssystem liefert alle seine Leistungen in den Vollzug.

Ein weiteres Beispiel ist ein Konzept der sogenannten „Safety Houses" in den Niederlanden (vgl. van Duijvenbooden 2015). Dabei handelt es sich um Institutionen, die für die soziale und berufliche Wiedereingliederung zuständig sind. In Fallkonferenzen kommen bei jedem aus der Haft in eine bestimmte Region zu entlassenen Strafgefangenen u. a. Polizei, Staatsanwaltschaft, Bewährungshilfe, Strafvollzug und alle relevanten kommunalen Institutionen zusammen und stimmen notwendige Verfahrensschritte und Interventionen miteinander ab. Alle Betroffenen, deren Unterstützungsbedarf bei der Wiedereingliederung als komplex und risikoreich angesehen werden, können an der Konferenz teilnehmen.

Ein Vorbild könnte auch die Entwicklung der Zusammenarbeit mit dem Gemeinwesen in Dänemark sein (vgl. Storgaard 2015). Seit 2010 existiert eine verbindliche Kooperationsvereinbarung aller an der Entlassung von Personen aus dem Strafvollzug beteiligten Institutionen. Feste Ansprechpartner in den Gemeinden werden durch speziell hierfür verantwortliche Mitarbeiter aus dem Geschäftsbereich des Justizministeriums begleitet, die gleichzeitig auch das Netzwerk der an der Wiedereingliederung von Haftentlassenen beteiligten Fachleute pflegen.

Literatur

Bottolfs, H. (2015). Übergangsmanagement – Wege in die Freiheit: Import Model. http://story.testrange.net/de/ubergangsmanagement/. Stand: 08.11.2016.

Duijvenbooden, K. van. (2015): Übergangsmanagement – Wege in die Freiheit: Safety Houses. http://story.testrange.net/de/ubergangsmanagement/. Stand: 08.11.2016.

Jesse, J. (2012). Wo sind die Widerstände geblieben? Fünf Jahre verbindliche Zusammenarbeit zwischen stationärer und ambulanter Straffälligenarbeit – Entwicklung und Perspektive. In N. Queloz et al. (Hrsg.), *Am selben Strick ziehen: Vernetzung und interdisziplinäre Zusammenarbeit im Justizvollzug – Beiträge der 8. Freiburger Strafvollzugstage* (S. 47–60). Bern: Stämpfli.

Jesse, J., & Kramp, S. (2008). Das Konzept der Integralen Straffälligenarbeit – InStar – in Mecklenburg – Vorpommern. *Forum Strafvollzug, 1,* 14–17.

Koch, R. (2009). Integrale Straffälligenarbeit in Mecklenburg-Vorpommern: Nicht nur ein neuer Begriff. *Bewährungshilfe – Soziales • Strafrecht • Kriminalpolitik, 2,* 116–134.

Maelicke. (2001). Vorwort. In C. Flügge, B. Maelicke, & H. Preusker (Hrsg.), *Das Gefängnis als lernende Organisation.* (S. 31–58). Baden-Baden: Nomos.

Rohde, A., & Werner, R. (2014). Bewährungshilfeplanung bei den Sozialen Diensten der Justiz in Mecklenburg-Vorpommern. *Forum Strafvollzug, 2,* 93–95.

Storgaard, A. (2015). Übergangsmanagement – Wege in die Freiheit: Zusammenarbeit mit dem Gemeinwesen. http://story.testrange.net/de/ubergangsmanagement/. Stand: 08.11.2016.

Werner, R. (2014). Neue Software im Justizvollzug. *Forum Strafvollzug, 3,* 188–191.

Printed by Printforce, the Netherlands